KB045368

이 책에 쏟아진 찬사

오래전 무명의 스코틀랜드 철학자가 국가의 성공 및 실패 원인에 관한 책을 쓴 적이 있다. 그가 쓴 《국부론》은 아직도 읽힌다. 그와 같은 통찰력과 폭넓은 역사적 관점에서 대런 애쓰모글루와 제임스 A. 로빈슨은 동일한 문제를 우리 시대에 맞게 고찰한다. 《국부론》이 그랬듯이, 두 세기가 지나면 우리의 손주, 그 손주의 손주, 또 그 손주의 손주가 이 책을 읽고 있을 것이다.

_ 조지 애커로프, 2001년 노벨 경제학상 수상자, 《야성적 충동》 저자

제레드 다이아몬드, 조지프 슘페터, 제임스 매디슨 등이 한 테이블에 둘러앉아 2,000년이 넘는 정치·경제 역사를 논의한다고 상상해보라. 그런 석학이 자신들의 생각을 한데 모아 착취의 제한, 창조적 파괴 장려, 권력 분점을 위한 강력한 정치제도 수립 등을 골자로 일관성 있는 이론적 토대를 창출한다면? 탁월하고 흡인력 있는 바로 이런 책이 나오지 않겠는가.

_ 스콧 E. 페이지, 미시간대학교 교수

애쓰모글루와 로빈슨은 언뜻 유사해 보이는 나라가 사뭇 다른 정치·경제 발달 양상을 보이는 원인을 둘러싼 논쟁에 중대한 공헌을 했다. 폭넓은 역사적 사례를 통해 때로 대단히 우연한 상황에서 비롯된 제도 발달이 엄청난 결과로 이어진다는 사실을 보여준다. 사회의 개방성, 창조적 파괴를 허용하려는 의지, 법치 등이 경제 발전에 결정적인 요소라 할 만하다.

_ 케네스 J. 애로, 1972년 노벨 경제학상 수상자

두 세계적 경제학 거두가 까다롭기 그지없는 문제를 파헤친다. 왜 어떤 나라는 잘살고 또 어떤 나라는 못사는가? 경제학과 정치 역사에 관한 해박한 지식을 바탕으로 쓴 이 책은 '중요한 것은 제도'라는 지금까지 가장 강력한 논거를 제시한다. 도발적이고 유익하면서도 대단히 흡인력 있는 책이다.

_ 조엘 모커, 노스웨스턴대학교 교수

저자들은 특히 사유재산권과 경쟁 환경 등의 적합한 경제제도를 갖춘 나라만이 가난을 벗어날 수 있다는 설득력 있는 주장을 편다. 경쟁을 통한 공직 진출, 광범위한 유권자층, 새로운 정치 지도자가 자유롭게 진입할 수 있는 환경 등을 완비한 개방적 다원주의 정치체제만이 올바른 제도를 발전시킬 수 있다는 논거는 한층 더 독창적이다. 정치제도와 경제제도의 긴밀한 연관성을 밝힌 것은 저자들의 지대한 공헌이며, 그 덕분에 경제학과 정치경제학 분야에서 핵심적으로 이 문제를 다루고자 하는 의욕을 불태우리라 믿는다.

_ 게리 S. 베커, 1992년 노벨 경제학상 수상자

국가의 경제적 운명이 지리 또는 문화적 요인에 따라 결정된다고 생각하는 사람이라면 대런 애쓰모글루와 제임스 A. 로빈슨에 뒤통수를 맞게 될 것이다. 한 나라의 빈부를 결정하는 것은 지리적 형세나 조상의 풍속이 아니라 인간이 만든 제도다. 오늘날 중국 성장을 견인하고 있는 권위적이고 '착취적인' 제도하에서는 성장을 이룬다 해도 결국 제동이 걸릴 수밖에 없으며 포용적 제도가 뿌리 내리지 않는 한 지속 가능한 성장은 요원하다. 왜냐하면 진실된 자유사회만이 진정한 혁신에 불을 지피고 이에 수반되는 창조적 파괴를 수용할 수 있기 때문이다. 애쓰모글루와 로빈슨은 애덤 스미스에서 더글러스 노스는 물론, 최근의 경험적 연구 자료까지 절묘하게 결합해 설득력 있고 대단히 재미있는 책을 내놓았다.

_ 니얼 퍼거슨, 하버드대학교 교수, 《시빌라이제이션》《금융의 지배》 저자

탁월하고 고무적이면서도 대단히 충격적인 경종을 울리는 책이다. 애쓰모글루와 로빈슨은 경제 발전의 거의 모든 면에 관해 설득력 있는 이론을 풀어낸다. 성장 친화적인 정치제도를 뿌리내린 나라는 흥하지만 그런 제도가 퇴보하거나 시대에 적응하지 못하면, 심할 때는 폭삭 망한다는 것이다. 권력을 가진 이들은 언제 어디서나 정부를 완전히 장악해 광범위한 사회적 진보를 훼손해서라도 자신들의 배를 채우려 든다. 민주주의를 효과적으로 운용해 바로 그런 자들을 견제하지 않으면 여러분의 나라는 실패할 수밖에 없다.

_ 사이먼 존슨, MIT 교수, 《위험한 은행》 저자

(위) 담장의 북쪽 – 애리조나 주 노갈레스
Jim West/imagebroker.net/Photolibrary

(아래) 담장의 남쪽 – 소노라 주 노갈레스
Jim West/age fotostock/Photolibrary

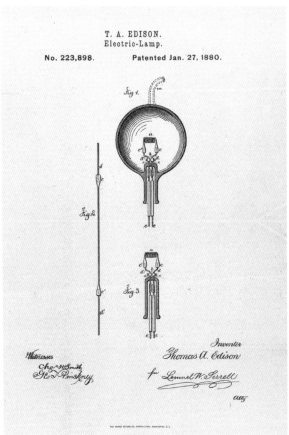

(위) 공정한 경쟁의 장이 마련된 결과 – 1880년 토머스 에디슨 전구 특허 취득
Records of the Patent and Trademark Office; Recofd Group 241; National Archives

(아래) 창조적 파괴의 경제적 패자 – 19세기 초 영국에서 기계를 부수는 러다이트 운동가들
Mary Evans Picture Library/Tom Morgan

소말리아 중앙집권정부 완전 부재의 결과
REUTERS/Mohamed Guled/Landov

콩고 착취적 제도의 잇따른 수혜자
− 콩고의 왕 © CORBIS

레오폴트 2세
The Granger Collection, NY

조지프 모부투
© Richard Melloul/Sygma/CORBIS

로랑 카빌라
© Reuters/CORBIS

명예혁명 – 의회가 오렌지 공 윌리엄 3세에게 왕관을 수여하기 전 권리장전을 낭독하는 장면
After Edgar Melville Ward/The Bridgeman Art Library/Getty Images

14세기 흑사병은 결정적 분기점을 마련해주었다 –
흑사병을 묘사한 대大 피터르 브뤼헐Pieter Brueghel
the Elder의 〈죽음의 승리The Triumph of Death〉

The Granger Collection, NY

제도 혁신의 수혜자 – 쿠바왕국의 왕
Eliot Elisofon/Time & Life Pictures/Getty

(위) 농경사회 이전 신분질서 및 불평등의 태동 –
나투프 엘리트층의 유물
http://en.wikipedia.org/wiki/File:Natufian-
Burial-ElWad.jpg

(아래) 착취적 성장 – 구소련 강제노동수용소에서
동원한 노동력으로 지은 백해White Sea 운하
SOVFOTO

(위) 크게 뒤처진 영국 – 빈돌란다의
로마제국 유적
Courtesy of the Vindolanda Trust
and Adam Stanford

(아래) 포용적 경제성장의 정수인
혁신 – 제임스 와트의 증기기관
The Granger Collection, NY

ARKWRIGHTS FIRST COTTON FACTORY AT CROMFORD

포용적 제도의 결과인 조직적 변화 –
크롬포드Cromford 소재 리처드 아크
라이트의 공장 (그림 캡션: 크롬포드
소재 아크라이트의 첫 방적 공장)
The Granger Collection, NY

지속 불가능한 착취적 성장의
결실 – 콜럼버스의 산타 마리아
호와 비교한 중국 영락제 때 정
화의 배
Gregory A. Harlin/National
Geographic Stock

한눈에 내려다보이는 남아프리카 이중 경제
– 트란스케이의 빈곤과 나탈의 번영
Roger de la Harpe/Africa Imagery

(위) 산업혁명의 결과 – 바스티유 감옥 습격 Bridgeman-Giraudon/Art Resource, NY
(아래) 포용적 제도에 대한 도전 – 스탠더드오일 컴퍼니 Library of congress Prints and Photographs Division
Washington, D.C.

비창조적 파괴 – 시에라리온에서
보로 이어지는 철도 중간에 자리
잡은 버려진 헤이스팅 철도역
© Matt Stephenson: www.
itsayshere.org

오늘날 착취적 제도 – 우즈베키스탄
면화밭에서 노동하는 아이들
Environmental Justice Foundation,
www.ejfoundation.org

(위) 기존의 틀 깨기 – 런던으로 향하는
츠와나 추장들
Photograph by Willoughby, courtesy
of Botswana National Archives &
Records Services

(아래) 또 다른 틀 깨기 – 로자 파크스는
미국 남부의 착취적 제도에 항거했다
The Granger Collection, NY

자기 자녀마저 집어삼키는 착취적 제도 –
중국의 문화대혁명 VS. "타락한 지성인들"
Weng Rulan, 1967, IISH Collection,
International Institute of Social
History(Amsterdam)

국가는 왜 실패하는가

WHY NATIONS FAIL

Copyright © 2012 by Daron Acemoglu and James A. Robinson.
All Rights Reserved.
Korean translation copyright © 2012 by SIGONGSA Co., Ltd.
Korean translation rights arranged with Brockman, Inc.

이 책의 한국어판 저작권은 Brockman, Inc.와 독점 계약한 ㈜SIGONGSA에 있습니다.
저작권법에 의하여 한국 내에서 보호를 받는 저작물이므로 무단 전재와 복제를 금합니다.

국가는 왜
실패하는가

대런 애쓰모글루 · 제임스 A. 로빈슨 지음 | 최완규 옮김 | 장경덕 감수

WHY
NATIONS
FAIL

SIGONGSA

일러두기
이 책에 나오는 인·지명은 국립국어원 외래어 표기법을 따르되 원어 발음을 고려하였다.

더불어 잘사는 길을 찾는 신新국부론

지구촌은 왜 평평하지 않은가. 왜 어떤 나라는 부유하고 어떤 나라는 가난한가. 왜 미국인들은 짐바브웨 사람들보다 100배나 잘사는가.

이는 사회과학의 영원한 화두다. 풍요와 번영을 갈망하는 이들이라면 누구나 풀고 싶은 수수께끼다.

부국클럽으로 가는 좁은 문은 쉽게 열리지 않는다. 위대한 사상가와 석학들이 지난 몇 세기 동안 찾아낸 성공의 열쇠 가운데 언제 어디서나 통하는 건 없다. 무엇이 더불어 잘사는 길인가 묻는 것은 글로벌 불평등과 자본주의의 위기가 한껏 심화된 오늘날 더욱 절실하게 들린다.

애덤 스미스가 《국부론》을 낸 지 230여 년이 지난 지금 새로운 통찰을 보여주는 또 하나의 국부론이 나왔다. 대런 애쓰모글루 MIT 경제학과 교수와 제임스 A. 로빈슨 하버드대학교 정치학과 교수가 함께 낸 이 책 《국가는 왜 실패하는가*Why Nations Fail*》가 바로 그것이다.

애쓰모글루와 로빈슨의 주장은 참으로 명료하다. 모두를 끌어안는 포용적인 정치·경제 제도가 발전과 번영을 불러오고 지배계층만을 위한 수탈적이고 착취적인 제도는 정체와 빈곤을 낳는다는 것이다. 포용적인 제도는 소수의 엘리트에게만 기회를 주는 것이 아니다. 누구나 재능을 발휘할 수 있도록 동기를 부여하고 유인을 제공한다. 국가 실패의 뿌리에는 이런 유인을 말살하는 수탈적 제도가 있다. 이 책의 결론은 이처럼 간명하다. 그럴수록 울림은 커진다.

무엇보다 이 책은 재미있다. 딱딱하거나 지루하지 않아 보통 사람들도 쉽게 빨려들게 된다. 애쓰모글루와 로빈슨은 박제된 관념만 갖고 장광설을 늘어놓지 않는다. 오늘날 지구촌의 내로라하는 부자나라는 물론이고 로마제국과 마야 도시국가, 중세의 베네치아, 혁명기 영국과 프랑스, 옛 소련, 개방 이후의 중국, 남미와 아프리카 독재국가들을 숨 가쁘게 넘나들며 부의 탄생과 쇠퇴의 거대하고 생생한 파노라마를 보여준다.

이들은 먼저 미국과 멕시코의 국경에 걸쳐 있는 노갈레스라는 도시로 독자를 이끈다. 담장 하나로 나뉜 이 도시의 한쪽 주민은 평균 소득이 3만 달러에 이르지만 다른 쪽은 소득 수준이 그 3분의 1에 불과하다. 인종과 역사와 문화가 같은 두 지역의 극명한 대조는 오로지 제도의 차이가 지금의 격차를 낳았음을 웅변한다. 한밤중에 내려다본 한반도의 북쪽은 암흑천지지만 남쪽은 눈부시게 빛난다. 이 엄청난 격차 역시 지리나 문화가 아니라 제도에서 비롯된 것이다.

기존의 통념과 상투적인 주장을 뒤집을 때 저자들의 통찰력은 더욱 빛난다. 이들은 국가의 실패를 지도자의 무지 탓으로 돌리는 건 오해라고 본다. 소수 엘리트가 수탈적 제도(착취적 제도)를 고집하는 것은 경제 발전으로 가는 길을 몰라서가 아니라 포용적 제도가 불러올 창조적 파괴에 대한 두려움 때문이라는 것이다. 창조적 파괴는 부와 소득뿐만 아니라 정치권력도 재분배한다. 수탈적 체제(착취적 체제)의 지배층이 인민을 통제하기 어렵게 되는 것이다.

식민지시대 콩고의 지배자는 농업 발전에 필요한 쟁기는 보급하지 않았다. 하지만 전쟁과 노예장사에 필요한 총기는 재빨리 받아들였다. 합스부르크 황제와 러시아 차르는 산업발전을 촉진할 철도를 놓지 못하게 했다. 이슬람 왕조는 대중을 일깨울 인쇄기술 보급을 막았다. 이 수탈적 체제의 지배자들은 인민의 힘을 키워줄 어떤 변화에도 반대했기 때문이다. 라틴아메리카나 아프리카의 식민지 노예와 중세 유럽의 농노는 혁신에 애쓸 유인이 없었다. 혁신으로 늘어난 산출을 모두 빼앗아가는 수탈적 체제 때문이었다.

지구촌 각국의 엄청난 빈부격차는 돌이켜보면 아주 작은 차이에서 비롯됐다. 저자들이 이들의 운명이 갈린 결정적 단계를 추적해가는 과정은 흥미진진하다.

14세기 서유럽에서는 흑사병으로 노동력이 부족해지면서 인민의 힘이 강해졌다. 하지만 동유럽에서는 봉건체제 지배자들이 오히려 수탈을 강화했다. 왕권이 약한 영국에서는 명예혁명이 일어나고 어느 한 집단의 권력 독점을 허용하지 않는 다원적인 정치제도가 뿌리내렸다. 영국은 혁신과 투자의 유인을 제공하는 포용적인 사회로 나아갔기 때문에 산업혁명의 꽃을 피울 수 있었다. 하지만 신대륙의 황금과 수지맞는 교역의 기회를 왕가가 독점한 스페인은 결국 패권 경쟁에서 밀려나고 말았다.

저자들은 역사의 수많은 수수께끼를 명쾌하게 풀어준다. 금과 은이 많이 나고 노동력이 풍부했던 남미는 제국주의의 극심한 수탈에 시달렸다. 하지만 북미에는 착취할 자원도 노동력도 없었다. 식민지를 키우려면 열심히 일하고 투자할 유인을 만들어줘야 했다. 이 지역의 번영은 결정적 단계(결정적 분기점)에서 포용의 길로 나아간 덕분이었다.

수탈적 체제 아래서도 경제는 발전할 수 있다. 생산성이 떨어지는 부문에 자원을 몰아줌으로써 한동안은 빠른 경제성장을 이룰 수 있다. 하지만 진정한 혁신과 창조적 파괴 없이 이뤄지는 성장은 지속될 수 없다.

옛 소련은 한때 미국을 제칠 기세였다. 1970년 노벨 경제학상을 탄 폴 새뮤얼슨은 1961년에 나온 경제학 교과서에 소련의 국민소득이 1984년이나 1997년 미국을 제칠 것이라고 썼다. 1981년 판에서는 그 시기만 2002년이나 2012년으로 늦췄을 뿐 여전히 소련의 추월을 내다봤다. 새뮤얼슨은 수탈적 체제 아래 이뤄지는 성장의 한계를 보지 못했던 것이다. 같은 맥락에서 저자들은 수탈적 체제에서 벗어나지 않는 한 중국의 고속성장은 지속될 수 없다고 본다.

저자들은 포용적 사회가 수탈적 체제로 퇴행할 수도 있다는 경고도 잊지 않는다. 진정한 혁신과 창조적 파괴를 이루지 못해 결국 쇠퇴의 길을 걷게 된 로마제국이나 한때 지중해를 주름잡던 강소국에서 이제는 한낱 역사박물관으로 전락한 베네치아가 단적인 예다.

이 흥미로운 지적 탐사는 모두 한 지점에서 만난다. 경제적 번영의 길로 가려면 무엇보다 포용적인 사회를 만들어야 한다는 점이다. 제도를 만드는 것은 정치이고 정치는 사람이 하는 것이다. 결국 한 나라의 진정한 가치는 사람에게서 찾아야 한다는 철학이 이 책의 바탕에 깔려 있다.

이 책의 저자 애쓰모글루는 마흔 살 전의 탁월한 경제학자에게 주는 존 베이츠 클라크 메달을 받았다. 젊은 시절부터 학계의 주목을 받은 그는 이 책으로 세계인의 눈길을 단숨에 사로잡은 슈퍼스타가 됐다. 또 로빈슨은 남미와 아프리카 정치와 경제를 탐구하는 세계적인 권위자다. 이 둘은 정치와 경제, 역사를 아우르는 학제 간 연구와 제도에 초점을 맞춘 더욱 체계적이고 설득력 있는 발전이론으로 학계에서도 많은 찬사를 받고 있다.

이 책은 단순히 독자의 지적 호기심을 충족시켜주는 데 그치지 않는다. 지구촌 여러 나라의 앞날을 가늠하는 데에도 유용한 사고의 틀을 제공하고 있다.

저자들은 역사의 진보나 발전에 필연이나 예정된 운명 같은 건 없다고 본다. 역사의 흐름은 숱한 우연에 부딪혀 방향이 바뀌었고 앞으로도 그럴 것이다. 하지만 제도는 사람이 만드는 것이고 그 제도의 포용성이 지속적인 발전에 결정적인 요인이라는 점은 변하지 않을 것이다.

이 책은 글로벌 금융위기 이후 지구촌이 자본주의의 새로운 진로를 찾아야 하는 시점에 나와서 더욱 관심을 모았다. 이념의 좌표에서 어느 한쪽에만 치우치지 않은 것도 이 책의 미덕이다. 저자들은 시장경제체제 자체가 반드시 포용적 제도를 보장하는 것은 아니라고 본다. 공정한 경쟁의 장이 만들어지지 않으면 시장을 지배하는 독과점기업이 혁신적인 경쟁자의 진입을 방해할 수 있다. 2001년 노벨 경제학상을 받은 조지프 스티글리츠가 지적했듯이 놀라운 성장의 활력을 보여주었던 미국의 자본주의도 포용성이 떨어지면 한낱 짝퉁으로 전락할 수 있는 것이다.

더불어 잘사는 열린사회를 만들어가려는 우리에게 이 책은 유용한 길잡이가 될 수 있다. 한국은 불과 반세기 만에 선진국들을 거의 따라잡았다. 하지만 진정한 혁신과 창조적 파괴를 용인하는 포용적인 제도가 확립되지 않으면 한 차원 높은 발전 단계로 뛰어오를 수 없다. 때마침

나온 이 책은 한국인에게도 오랫동안 간직하며 되새겨볼 수 있는 귀중한 선물이 될 것이다. 이 해박한 석학들과 놀라운 탐사를 함께한 독자라면 어느 저녁 모임에서 한 나라의 부와 빈곤에 관한 토론이 벌어질 때 남다른 통찰력으로 깊은 공감을 이끌어낼 수 있을 것이다. '왜 어떤 나라는 부유하고 어떤 나라는 가난한가'라는 화두를 품고 사는 이라면 누구나 이 흥미로운 지적 탐사에서 역사를 꿰뚫는 통찰력과 더불어 잘사는 지혜를 얻을 수 있으리라 믿는다.

장경덕 작가 · 번역가

‖ 차 례 ‖

무엇이 남북한의 운명을 갈랐을까

남한과 북한은 붙어 있지만, 선진국과 저개발국의 극명한 차이를 드러낸다. 남한의 1인당 국민소득은 미국의 3만 2,000달러에 육박하며 유럽연합 평균에도 크게 뒤처지지 않는다. 남한은 또 특별한 나라에만 문호를 개방하는 OECD의 일원이다. 그만큼 경제 성과를 인정받고 있고, 삼성, 현대, LG 등 한국산 유명 브랜드 제품을 세계가 기꺼이 소비한다.

반면 북한은 1인당 소득이 1,800달러에 그쳐 케냐 등 그나마 성공했다 할 수 있는 아프리카 국가나, 방글라데시와 같은 가난한 남아시아 국가와 다를 바 없다. 북한산 제품을 사려는 사람은 찾아보기 어렵다. 남한의 평균 수명은 북한보다 10년이 더 길다. 심지어 북한 주민은 늘 기아의 위협에 시달린다. 남북한의 이런 차이는 온갖 측면에서 중요한 의미를 지닌다.

한국인이라면 누구나 이런 차이가 어디서 비롯되는지 분명히 알고 있다. 제2차 세계대전이 끝나자, 문화, 사회, 정치적으로 오랜 단일민족의 역사를 자랑하던 한반도는 두 동강이 나고 말았다. 북쪽은 먼저 소련의 입김에 휘둘리더니 이내 중국의 영향권에 놓여, 사유재산권과 시장을 철폐하고 사회주의 경제체제를 수립했다. 미국과 연합국의 통제를 받은 남한은 시장경제를 세웠다.

남북한이 이처럼 경제적으로 다른 길을 걸은 연원은 분명하다. 남한에서는 경제적 삶을 지배하고 인센티브를 제공하는 규칙인 경제제도가 국민의 저축과 투자, 혁신을 보상해준 반면, 북한은 그렇지 못했다. 양측 모두 중앙집권화의 역사를 통해 성장이 가능했지만, 원래 그런 권력이란 좋게도 쓰이지만 나쁘게도 쓰이는 법이다. 남한은 박정희 정권하에서 수출과 혁신을 장려하고 공공재를 제공했지만, 북한은 탄압과 통제를 위해 권력을 휘둘렀을 뿐이다. 한국은 재능과 혁신, 창의성에 보답하는 경제를 수립한 덕분에 제조업 부문에서 세계를 선도하는 위치에 올랐지만, 북한은 그렇지 못하다. 남한은 '경제 기적'을 이루었지만, 북한은 '경제 재앙'을 초래했을 뿐이다.

하지만 한국인이 모두 안다고 할 수 없는 사실이 한 가지 있다. 한반도에서 발생한 어마어마한 제도적 차이에 전 세계 모든 나라가 부국과 빈국으로 나뉜 이유를 설명할 수 있는 일반 이론의 모든 요소가 포함돼 있다는 사실이다. 물론 가난한 나라라고 해서 죄다 공산주의 체제를 따르는 것은 아니며, 언뜻 보기와 달리 북한이 가난한 것도 공산주의 국가이기 때문만은 아니다.

이 책에서 설명하듯, 세상의 다른 가난한 나라들과 북한의 공통점은 대다수 국민의 인센티브를 꺾어버려 필연적으로 가난을 초래하는 착취적 경제제도를 보유하고 있다는 사실이다. 착취적 경제제도를 지탱해 주는 것은 착취적 정치제도다. 그 요체는 소수 엘리트층에 정치권력을 몰아주는 공산당의 정치 독점이다. 북한 엘리트층이 여타 지역 엘리트 층과 다른 양상을 보이는 것도 사실이지만, 북한, 방글라데시, 케냐 같 은 가난한 나라의 저개발을 초래하는 주요 동력은 바로 그런 엘리트층 의 통제다. 북한에서도 시민이 가난에 찌들어 단명할 수밖에 없는 것은 착취적 정치·경제 제도가 결합된 탓이다. 반면 남한에서 꾸준히 번영이 지속되는 것은 경제적 인센티브를 창출하고 사회 전반에 정치권력을 분산시켜주는 포용적 정치·경제 제도가 자리 잡은 덕분이다.

늘 지금과 같았던 것은 아니다. 남한은 1963년 박정희가 집권했을 때 만 해도 권력을 자신과 군부에 몰아주는 착취적 성향의 정치제도를 도 입했다. 하지만 이런 정치체제 속에서도 경제제도는 꽤 포용적이었다. 북한에 비하면 더욱 포용성이 두드러졌다. 말 많은 재벌 그룹들 역시 사 유재산권과 시장경제를 토대로 하고 있다.

이 책에서 우리가 보여주듯이, 이와 같은 착취적 정치제도와 포용적 경제제도의 결합은 불안정하기 마련이다. 착취적 정치제도가 경제까지 잠식해 경제제도마저 착취적 성향을 띠거나, 반대로 정치제도 역시 개 방되어 포용적으로 바뀔 수밖에 없다. 한국의 사례에서도 알 수 있듯이, 잠깐은 착취적 정치제도하에서도 경제성장이 가능하지만, 지속될 수는 없다. 한국에서 경제성장이 지속된 것은 1980년대에 경제 성공을 보장 하는 포용적 정치제도로 이행했기 때문이다.

이 책에서 우리는 북한처럼 가난한 나라가 못사는 것은 착취적 제도 를 가졌기 때문이며, 남한처럼 부유한 나라가 잘사는 이유는 포용적 제도 덕분이라는 사실을 보여줄 것이다.

한국인들이 모를 수도 있는 또 한 가지 사실은, 지난 50년간 한국의 성공 사례를 통해서도 어느 정도 영감을 얻은 이 이론이 주류 사회학자 및 경제학자들의 믿음과 크게 동떨어져 있다는 점이다. 지리적 위치나 자연환경에 따라 한 나라 또는 지역의 경제 성공 여부가 결정된다는 학자도 있지만, 누가 봐도 한국에 적용할 수 없는 이론이다. 한 민족의 문화, 사회 규범, 가치관, 노동 윤리 등이 경제적 성공 여부를 가른다는 주장도 있다. 하지만 이번에도 한국은 그런 이론을 반박할 확실한 증거가 된다. 한반도에 사는 사람들은 같은 문화와 언어를 가진 오랜 단일민족의 역사를 자랑한다. 남북한의 운명을 가른 것은 1945년 두 사회가 수립된 경위가 달라서이지 문화 때문이 아니다.

마지막으로, 독자가 유수 대학 경제학과에서 경제 발전에 관한 수업을 들었다면, 사실 남한이 잘살고 북한이 못사는 이유를 알지 못한다고 배웠을 것이다. 남한 경제 전문가가 더 뛰어났거나 그냥 운이 좋았을 수도 있고, 북한은 정신 나간 사회주의자나 이데올로기 옹호자의 말에 속아 잘못된 정책을 채택했을 수도 있다는 것이다. 하지만 이런 견해는 모조리 틀린 것이다. 한국인들의 평균적인 생각이 옳다. 한국인이라면 왜 북한은 못살고, 남한은 잘사는지 안다. 단지 온 세상에 자신들이 이해하는 바를 전달할 올바른 개념이 부족했을 뿐이다. 이 책에서 제시하는 바가 바로 그런 개념이다.

왜 이집트는 미국보다 가난할까

이 책은 미국, 영국, 독일 등 부유한 나라와 사하라 이남 아프리카, 중앙아메리카, 남아시아 등지의 가난한 나라 사이에 존재하는 막대한 소득 및 생활수준 차이를 다룬다.

우리가 머리말을 쓰고 있는 지금 이 순간에도 북아프리카와 서아시아 지역은 '아랍의 봄Arab Spring' 기운이 휘몰아치고 있다. 아랍의 봄에 불을 지핀 것은 2010년 12월 17일, 노점상인 모하메드 부아지지Mohamed Bouazizi의 분신자살이었다. 그의 자살에 분노한 대중은 이른바 재스민혁명Jasmine Revolution을 일으켰다.

2011년 1월 14일, 1987년부터 줄곧 튀니지를 다스려온 벤 알리Zine El Abidine Ben Ali 대통령이 물러났지만, 튀니지 특권 엘리트층의 지배를 반대하는 혁명의 불길은 잦아들기는커녕 한층 더 거세졌고 다른 서아시아 지역으로까지 확산되고 있다. 30년 가까이 이집트를 철권통치한 호스니 무바라크Hosni Mubarak도 2011년 2월 11일 쫓겨났다. 이 머리말을 쓰고 있는 지금 바레인, 리비아, 시리아, 예멘 정권의 운명은 아직 확정되지 않고 있다(리비아에서는 무아마르 카다피^{Muammar Gaddafi}가 2011년 10월 20일 반군의 총에 살해되며 독재정권이 막을 내렸고, 예멘에서는 2012년 2월 알리 압둘라 살레^{Ali Abdullah Saleh} 대통령이 모든 범죄 혐의에 대해 면책을 받는 조건으로 부통령에게 권력을 이양하고 물러났다. 번역서가 나오는 시점에도 바레인과 시리아의 운명은 아직 매듭짓지 못하고 있다 - 옮긴이).

이들 나라 국민이 불만을 품는 근본적인 이유는 가난 때문이다. 이집트인의 소득수준은 미국 시민 평균의 12퍼센트에 불과하고 기대 수명도 10년이나 짧다. 총인구의 20퍼센트가 극심한 가난에 시달린다. 엄청난 격차지만 사실 북한, 시에라리온, 짐바브웨 등 인구의 절반 이상이 빈곤에 허덕이는 극빈국과 미국을 비교하면 이집트는 그나마 나은 형편이다.

왜 이집트는 미국과 비교해 이토록 가난할까? 이집트인이 더 번영하지 못하게 발목을 잡는 요인은 무엇일까? 이집트의 가난은 불변일까, 아니면 퇴치할 수 있을까? 이 문제를 고민해보는 자연스러운 방법은 이집트인 자신들이 당면 문제에 대해 어떻게 생각하며 무바라크 정권에 맞서 봉기한 이유는 무엇인지 살펴보는 것이다.

카이로 광고회사에서 일하는 스물네 살의 노하 하메드^{Noha Hamed}는 타흐리르 광장^{Tahrir Square}에서 시위를 벌이며 자신의 견해를 분명히 밝혔다. "우리는 부정부패와 탄압, 형편없는 교육으로 신음하고 있다. 우리가 사는 썩어빠진 체제를 바꿔야만 한다." 광장에서 시위를 벌인 약대생 모사브 엘 샤미^{Mosaab El Shami}는 이렇게 맞장구를 친다. "올해 말까지 민주적으로 새 정부를 선출하고 만인이 보편적 자유를 누리며 이 나라를 온통 뒤덮고 있는 부정부패를 뿌리 뽑을 수 있기 바란다." 타흐리르 광장에 모인 시위대는 정부가 부패했고 공공서비스를 제대로 제공하지도 못하며 온 국민이 평등한 기회를 누리지 못한다고 한목소리로 비난했다. 특히 탄압과 정치적 권리의 부재를 지적했다.

모하메드 엘바라데이Mohamed ElBaradei 국제원자력기구IAEA 전 사무총장은 2011년 1월 13일 트위터에 이런 메시지를 올렸다. "튀니지: 탄압 + 사회정의 부재 + 평화적 변화의 길 부정 = 언제 터질지 모르는 시한폭탄." 이집트와 튀니지인 모두 자신들의 경제적 문제가 근본적으로 정치적 권리가 결여되어 있기 때문에 발생한다고 믿었다. 시위대는 체계적으로 요구 사항을 정리하기 시작했다. 와엘 칼릴Wael Khalil은 소프트웨어 엔지니어이자 블로거로, 이집트 반정부 운동 지도자 중 하나로 떠오른 인물이다. 그가 게시한 요구 사항 중 첫 열두 가지는 정치 변화에 초점을 맞추고 있다. 최저임금 인상 등의 쟁점은 나중에 시행될 과도기적 요구 사항에 포함되어 있었다.

이집트인이 번영을 누리지 못한 이유는 재능과 포부, 독창성, 미미한 수준이나마 그간 받은 교육을 한껏 발휘할 수 없는 사회 여건과, 비효율적이고 부패한 정부를 들 수 있다. 하지만 근본적인 문제의 뿌리가 정치적인 데 있다는 사실을 이들은 잘 알고 있다. 이들이 당면한 온갖 경제적 걸림돌은 이집트의 정치권력을 소수 엘리트층이 독점하고 제멋대로 행사하는 데서 비롯된다. 이집트인이 가장 먼저 변해야 한다고 믿는 부분이다.

타흐리르 광장 시위대의 이런 한결같은 믿음은 이 주제에 대한 일반적인 통념에서 크게 벗어나는 것이다. 이집트 등의 나라가 가난한 이유에 대해 대부분의 학자와 평론가는 전혀 다른 요인을 강조했다. 이집트의 빈곤이 주로 지리적 위치 때문이라고 주장하는 이들도 있었다. 이집트는 대부분 땅이 사막이고 강우량이 부족하며 토양과 기후 역시 농업 생산성을 높이기에는 역부족이라는 것이다. 다른 이들은 경제 발전과 번영을 저해하는 이집트인의 문화적 속성을 탓했다. 이들은 이집트인이, 번영을 누리는 다른 나라 국민의 직업윤리와 문화적 특징을 가지지 못했으며 경제 성공에 어울리지 않는 이슬람적 신념을 받아들였기 때문이라고 주장한다.

가장 많은 경제 전문가와 정책 분석가가 신봉하는 세 번째 접근 방법은 이집트 지배층이 나라 번영을 위해 필요한 것이 무엇인지 알지 못해 지금까지 그릇된 정책을 시행했기 때문이라고 지적한다. 적합한 조언자로부터 제대로 된 조언을 받을 수만 있다면 번영은 당연히 뒤따르기 마련이라고 주장한다. 이런 학자와 평론가는 온 사회를 희생시키더라도 자기 배만 부르면 된다는 소수 엘리트층이 이집트를 다스려왔다는 사실은 안중에도 없는 듯하다.

이 책을 통해 우리는 대부분의 학자와 평론가가 아닌 타흐리르 광장에 모인 이집트인의 생각이 옳다고 주장할 것이다. 아닌 게 아니라, 이집트가 가난한 것은 소수 엘리트층이 대다수 인민을 희생시켜가며 사리사욕을 채우려고 사회를 조직했기 때문이다. 정치권력은 소수의 손에 편중되어 있고, 권력을 가진 자는 그 권력을 사용해 부를 축적해왔다. 호스니 무바라크 전 대통령의 재산이 무려 700억 달러에 달한다는 것만으로도 증명되는 사실이다. 손해를 보는 것은 늘 국민이라는 사실을 이집트인은 너무나 잘 알고 있다.

우리는 앞으로 이집트가 가난한 이유에 대한 이집트 인민의 해석이 다른 가난한 나라의 빈곤도 보편적으로 설명해준다는 사실을 증명할 것이다. 북한, 시에라리온, 짐바브웨 등 어떤 나라든 이집트와 같은 이유로 가난에 찌들어 있다. 영국과 미국이 부유해진 것은 시민이 권력을 쥔 엘리트층을 무너뜨려 정치권력을 한층 고르게 분배했고, 시민에 대한 정부의 책임과 의무가 강조되며 일반 대중이 경제적 기회를 균등하게 누릴 수 있는 사회를 만든 덕분이다. 오늘날 세계 불평등의 원인을 이해하려면 과거를 돌아보고 각 사회의 역사적 배경을 연구할 필요가 있다. 영국이 이집트보다 잘사는 이유는 1688년 영국(더 정확히 말하자면 잉글랜드)에서 정치를 뒤바꾸고 내처 나라의 경제 환경마저 탈바꿈시킨 혁명이 발생했기 때문이다. 인민이 투쟁을 통해 더 많은 정치적 권리를 획득했고, 그런 권리를 사용해 경제적 기회를 확대한 것이다. 그 결과 근본적으로 다른 정치·경제적 항로를 경험했고, 그 변화는 산업혁명으로 절정에 달했다.

산업혁명은 물론 이를 통한 신기술 혁신 역시 이집트까지 파급되지 못했다. 훗날 무바라크 일가와 다를 바 없는 방식으로 오스만제국Ottoman Empire이 이집트를 통치했기 때문이다. 1798년 나폴레옹 보나파르트가 이집트를 다스리던 오스만제국을 무너뜨렸지만, 이집트는 곧 영국 식민지로 전락하고 만다. 영국은 오스만제국만큼이나 이집트의 번영은 안중에도 없었다. 이집트는 결국 오스만제국과 영국제국의 굴레를 벗어던지고 1952년에는 군주제를 타도했지만, 1688년 잉글랜드의 혁명과는 거리가 멀었다. 이집트의 정치를 근본적으로 바꾸지 못하고, 오스만과 영국제국이 그러했듯이 일반 이집트 대중의 번영에는 무관심한 다른 엘리트층의 손에 권력을 쥐여주었을 뿐이다. 그 결과 사회의 근본 골격이 고스란히 유지된 탓에 이집트는 여전히 가난하게 살고 있다.

우리는 이 책을 통해 시간이 흐르면서 왜 이런 패턴이 되풀이되며, 1688년 잉글랜드의 명예혁명과 1789년 프랑스혁명처럼 왜 이따금 그

항로가 바뀌는지 살펴볼 것이다. 이를 통해 오늘날 이집트의 상황이 과연 바뀌었는지, 또 무바라크 정권을 무너뜨린 혁명이 이집트 보통 사람에게 번영을 가져다줄 수 있는 새로운 제도적 기틀로 이어질지 더 잘 이해하게 될 것이다. 이집트에서는 과거에도 혁명이 일어났지만 바뀐 것이 없었다. 혁명을 일으킨 세력이 반대 세력으로부터 정권을 찬탈해 유사한 체제를 재창출한 탓이다. 여간해서는 일반 시민이 실질적인 정치권력을 획득해 사회가 돌아가는 방식을 바꾸기 어렵다. 하지만 불가능하지도 않다는 사실을 잉글랜드, 프랑스, 미국, 일본, 보츠와나 및 브라질의 사례를 통해 확인하게 될 것이다.

가난한 사회가 부유해지려면 이런 근본적인 정치적 환골탈태가 필요하다. 이집트에서 이런 일이 벌어질 기미가 보이고 있다. 타흐리르 광장에서 목소리를 높인 또 한 명의 시위자 레다 메트왈리Reda Metwaly는 이렇게 주장한다. "이제 회교도와 기독교인이 한목소리를 내고 있다. 노인과 젊은이도 한목소리로 같은 변화를 바라고 있다." 성공적으로 정치 변혁을 이루어낸 나라에서도 바로 그런 광범위한 사회운동이 핵심적인 역할을 했다는 사실을 이 책을 통해 확인하게 될 것이다.

여태껏 숱하게 경험한 것처럼 그런 운동이 실패하는 것은 언제일까? 또 그런 운동이 성공해 수많은 이들의 삶을 개선해줄 것이라 기대할 수 있는 때는 또 언제일까? 성공적인 정치 변혁을 향한 이행 과정이 전개되는 시기와 이유를 이해하면, 이런 의문에 대해 한층 더 정확한 예상이 가능할 것이다.

가깝지만 너무 다른 두 도시

1장

한 나라의 빈부를 결정하는 데 경제제도가 핵심적인 역할을 하지만,
그 나라가 어떤 경제제도를 갖게 되는지를 결정하는 것은 정치와 정치제도다.
정치 및 경제 제도의 상호작용이 한 나라의 빈부를 결정한다는 것이
우리가 제시하는 세계 불평등 이론의 골자다.

갈라진 도시

노갈레스Nogales 시는 담장으로 허리가 뚝 끊겨 있다. 담벼락을 기준으로 북쪽을 바라보면 미국 샌타크루즈 카운티Santa Cruz County에 있는 애리조나 주 노갈레스 시가 보인다. 연평균 가계 수입은 3만 달러가량이다. 청소년 대부분이 학교에 다니며, 성인 대다수가 고등학교 졸업장을 보유하고 있다. 미국 건강보험제도가 허술하다고 말들이 많지만, 세계 표준으로 따지면 미국인은 기대 수명도 높고 대체로 건강하다. 상당수 주민이 65세 이상으로 메디케어Medicare(65세 이상의 노인을 대상으로 한 미국의 공공건강보험 - 옮긴이) 수혜자들이다. 이 지역 주민은 메디케어는 물론 전기, 전화, 상하수도, 공중 보건, 주변 도시 및 미국의 다른 지역으로 이어지는 도로망, 그리고 무엇보다 중요한 법질서 유지 등 국가로부터 받는 다양한 서비스를 당연하게 여긴다.

애리조나 주 노갈레스 시에 사는 사람은 생명의 위협을 느끼거나 안

전을 걱정하며 하루하루를 살지 않는다. 도둑질을 당하거나 강제 몰수 등의 형태로 자신들이 사업이나 집에 투자한 돈을 빼앗기지나 않을까 노심초사하는 법도 없다. 무엇보다 중요한 것은 애리조나 주 노갈레스 시의 주민들은 지방 정부가 아무리 허술하고 간간이 썩은 냄새가 난다 해도 자신들의 대리인이라 믿는다는 사실이다. 투표를 통해 시장과 국회의원을 갈아치울 수 있고, 나라를 이끌어갈 최고 지도자를 뽑는 대통령 선거에도 참여할 수 있다. 이들에게 민주주의는 제2의 천성이나 다름없다.

몇 발짝 떨어지지 않은 담장 남쪽의 사정은 사뭇 다르다. 소노라^{Sonora} 주의 노갈레스 주민 역시 멕시코에서는 비교적 잘사는 축에 들지만, 연평균 가계 수입은 애리조나 주 노갈레스 주민의 3분의 1 수준에 불과하다. 소노라 주 노갈레스에 사는 성인 대다수는 고등학교를 졸업하지 못했고, 학교에 다니지 않는 청소년도 수두룩하다. 영아 사망률이 높아 엄마들의 시름이 끊이지 않는다. 공중 보건 환경이 어찌나 열악한지 한 살을 넘긴다 해도 영유아의 건강이 양호하다 장담할 수 없다. 소노라 주 노갈레스에 사는 주민들의 평균수명이 북쪽 이웃에 비해 짧은 것은 당연한 결과다. 북쪽 이웃이 당연하게 여기는 공공서비스를 누리지 못하기도 한다.

남쪽의 도로망은 실로 엉망이다. 법질서는 더욱 열악하다. 범죄율은 하늘을 찌르고 사업을 벌인다는 것은 위험천만한 일이다. 강도를 당할 위험만 가리키는 것이 아니다. 무수한 허가를 받아내려면 그만큼 뒷돈을 쥐여주어야 할 관리가 부지기수라는 뜻이기 때문에 창업 자체가 여간 어려운 일이 아니다. 소노라 주 노갈레스 주민은 매일같이 부패하고 무능한 정치인들을 맞닥뜨려야 한다.

북쪽 이웃과 달리 이들은 아주 최근 들어서야 민주주의의 맛을 보기 시작했다. 2000년 정치개혁 이전까지 소노라 주 노갈레스는 멕시코의 다른 지역과 마찬가지로 썩을 대로 썩은 제도혁명당Institutional Revolutionary Party이 통치하고 있었다. 소노라 주 노갈레스 주민을 비롯해 왜 그토록 많은 멕시코인이 경계가 삼엄한 미국 국경을 필사적으로 넘으려고 하는지 그 심정을 십분 이해할 만하다.

본디 한 몸이나 다름없는 도시에 거주하는 사람들이 담장 하나를 사이에 두고 어찌 이토록 다른 삶을 살 수 있을까? 지리나 기후는 물론 이 지역에 창궐하는 질병의 종류까지 다를 게 없다. 세균들은 아무런 제약 없이 미국과 멕시코를 넘나들 수 있기 때문이다. 물론 주민의 건강 상태는 극명한 차이가 나지만 질병에 걸리는 환경이 달라서 그런 것은 아니다. 멕시코 쪽 주민의 건강이 상대적으로 안 좋은 이유는 그만큼 위생 상태가 열등하며 변변한 건강보험의 혜택조차 누리지 못하기 때문이다.

혹시 양쪽 주민이 전혀 달라서 그런 것으로 오해할지 모른다. 애리조나 주 노갈레스의 주민은 유럽에서 건너온 이민의 후손이고 남쪽 주민은 멕시코 원주민인 아즈텍의 후손이라서 그런 게 아닐까? 그렇지도 않다. 양쪽 주민의 배경 또한 거의 흡사하다. 1821년 멕시코가 에스파냐로부터 독립한 이후 이른바 '로스 도스 노갈레스Los dos Nogales(멕시코 말로 '두 노갈레스'라는 뜻 – 옮긴이)'는 비에하 캘리포니아Vieja California 주라는 멕시코 영토의 일부였고, 심지어 1846년에서 1848년 사이 멕시코와 미국이 전쟁을 치르고 나서도 달라진 게 없었다. 미국 국경이 이 지역까지 확장된 것은 1853년 '개즈던 매입(1853년 12월 30일, 주 멕시코 공사 제임스 개즈던James Gadsden이 멕시코로부터 현재의 애리조나 남부와 뉴멕시코 남서부를 사들였다 – 옮긴이)'이 성사된 이후였다. 당시 국경을 살피던 너새니

얼 미힐러^{Nathaniel Michler}(개즈던 매입 당시 멕시코 국경의 지형 측량을 맡았던 공병 장교 – 옮긴이) 중위는 '로스 노갈레스라는 아담하고 예쁜 계곡'을 발견한다. 그 계곡을 기준으로 국경이 만들어지고 두 도시가 생겨난 것이다. 결국 애리조나 주 노갈레스와 소노라 주 노갈레스의 주민은 조상도 같고 즐겨 먹는 음식과 즐겨 듣는 음악마저 다르지 않다. 아예 '문화'마저 같다고 해도 과언이 아니다.

물론, 두 노갈레스가 이처럼 현격한 차이를 보이는 이유를 아주 간단명료하게 설명할 수도 있다. 두 도시를 갈라놓은 경계에 바로 그 해답이 있다고 생각하면 된다. 애리조나 주 노갈레스는 미국 땅이다. 그곳 주민들은 미국이 마련해놓은 경제적 제도를 누리며 산다. 그 덕분에 자유롭게 직업을 선택하고, 학교에 다니고, 기술을 습득할 수 있다. 최고의 기술에 대한 기업인의 투자를 장려하므로 궁극적으로 임금도 상승한다. 민주주의 과정에 참여할 수 있는 정치제도도 뿌리내리고 있다. 자신들의 대표를 뽑고, 정도를 벗어나면 갈아치운다. 따라서 정치인은 공중 보건에서 도로, 법질서에 이르기까지 시민이 요구하는 기본적인 공공서비스를 제공한다.

소노라 주 노갈레스 주민들은 이만큼 운이 좋지 못하다. 사뭇 다른 제도가 지배하는 전혀 다른 세계에 살고 있기 때문이다. 이처럼 제도가 다르다 보니 두 노갈레스 주민뿐 아니라 두 곳에 투자하려는 사업가나 기업마저 대단히 다른 인센티브를 느끼게 된다. 이처럼 양쪽의 제도와 소속 국가가 달라 생겨나는 사뭇 다른 인센티브가, 담장 하나를 사이에 두고 두 도시가 경제적으로 다른 발전상을 보여주는 주요 원인이다.

미국의 제도가 멕시코를 비롯한 다른 라틴아메리카 국가보다 경제적 성공에 훨씬 더 크게 기여하는 이유는 무엇일까? 이 질문에 대한 해답을 찾으려면 초기 식민지 시대에 각기 사회가 어떻게 형성되었는지 살펴보아야 한다. 당시에 비롯된 제도적 차이가 오늘날까지 영향을 미치고 있기 때문이다. 그 차이를 이해하기 위해 북아메리카와 라틴아메리카의 식민지가 형성된 시기로 거슬러 올라가보자.

부에노스아이레스의 건설

1516년 에스파냐의 항해사 후안 디아스 데 솔리스^{Juan Díaz de Solís}는 남아메리카 동부 해안의 광활한 어귀에 도착했다. 뭍에 오른 데 솔리스는 이곳을 에스파냐의 땅이라 선언하고 이 강에 리오 데 라 플라타^{Río de la Plata}(은의 강)라는 이름을 붙였다. 현지 인디오가 온몸을 은으로 치장했기 때문이다. 강어귀 양편에는 서로 다른 원주민들이 살았다. 지금의 우루과이 땅에는 차루아스^{Charrúas} 인디오가 살았고 아르헨티나의 영토가 된 팜파스 대초원 지대에는 케란디^{Querandí} 인디오가 살았는데, 이들 모두 이방인을 곱지 않은 시선으로 바라보았다. 원주민들은 작은 집단을 이뤄 사냥과 채집생활을 했으므로 강력한 권한을 가진 중앙정치기구가 없었다. 에스파냐 영토를 넓히려고 새로운 지역을 탐사하던 데 솔리스는 바로 그런 차루아스 인디오 무리에게 몽둥이찜질을 당해 목숨을 잃고 말았다.

1534년 여전히 희망을 버리지 않던 에스파냐는 페드로 데 멘도사^{Pedro de Mendoza}의 지휘하에 1차 정착민을 파견했다. 같은 해 정착민들은 부에노스아이레스 땅에 도시를 건설했다. 유럽인에게는 더할 나위 없이 이상적인 곳이었을 법하다. 부에노스아이레스라는 말 자체가 '맑은 공기'

를 뜻할 정도로 기후가 쾌적하고 온화했다. 하지만 에스파냐 1차 정착민은 오래가지 못했다. 이들이 좇던 것은 맑은 공기가 아니었다. 자원과 노동력을 착취하는 것이 목적이었다. 문제는 차루아스와 케란디 인디오가 고분고분 말을 듣지 않았다는 것이었다. 이들은 에스파냐인에게 음식을 제공하길 거부했고 강제로 붙잡는다 해도 일을 하지 않았다. 활과 화살로 새 정착촌을 공격하기도 했다. 에스파냐인들은 굶주림에 시달려야 했다. 제 손으로 직접 음식을 마련해야 하는 지경에 이르리라고는 예상하지 못했기 때문이다. 부에노스아이레스는 이들이 꿈꾸던 모습이 아니었다. 원주민에게 강제노동을 시킬 수도 없었고 빼앗을 은이나 금도 존재하지 않았다. 데 솔리스가 발견한 은은 사실 서쪽으로 한참 멀리 떨어진 안데스산맥에 자리 잡은 잉카제국에서 온 것이었다.

에스파냐인들은 살기 위해 몸부림치면서도 더 많은 보물과 복속시키기 쉬운 원주민을 찾아 사방으로 원정대를 보냈다. 1537년, 그중 한 원정대를 후안 데 아욜라스Juan de Ayolas가 지휘했다. 이들은 잉카제국으로 향하는 길을 찾기 위해 파라나 강Paraná River을 따라 올라갔다. 그 과정에서 과라니Guaraní 인디오를 만난다. 옥수수와 카사바를 재배하는 농경문화를 영위하며 정착생활을 하는 원주민이었다. 데 아욜라스는 과라니 인디오가 차루아스나 케란디와는 근본적으로 성질이 다르다는 사실을 단박에 알아차렸다. 과라니의 저항을 간단히 물리친 데 아욜라스는 지금의 파라과이 수도로 남아 있는 누에스트라 세뇨라 데라 아순시온 Nuestra Señora de Santa María de la Asunción(아순시온 산타 마리아의 성모 마리아)이라는 이름의 도시를 건설한다. 데 아욜라스와 그의 부하들은 과라니의 공주들과 결혼해 곧바로 신흥귀족의 지위를 꿰찬다. 기존의 부역 및 조세 징수체제를 받아들이고 자신들이 그 고삐를 쥔 격이어서 애초부터 이들이 창설하기를 바란 식민지 형태였다. 그로부터 4년도 안 돼 에스파냐인이 죄다 신도시로 떠나버리면서 부에노스아이레스는 버려진 땅이 되고 말았다.

'남아메리카의 파리Paris of South America'를 만들고자 팜파스 대초원의 비옥한 농경지대에 터를 닦아 유럽양식의 대로들이 들어선 대도시 부에노스아이레스에 다시 정착민이 몰려든 것은 1580년이 돼서였다. 부에노스아이레스를 버리고 과라니 인디오를 정복한 사례만 보더라도 당시 유럽인들이 아메리카 대륙을 어떤 식으로 식민지화하고자 했는지 어렵지 않게 짐작할 수 있다. 초기 에스파냐인이나 앞으로 살펴볼 영국 식민주의자들 역시 제 손에 흙을 묻힐 생각은 추호도 없었다. 누군가 대신 땀을 흘리고 금은보화는 자기들이 독차지하길 원했다.

에스파냐의 식민지 전략

데 솔리스, 데 멘도사, 데 아욜라스 이전에도 쟁쟁한 탐험가들이 미 대륙을 찾은 바 있었다. 1492년 10월 12일 크리스토퍼 콜럼버스가 바하마제도의 섬 하나를 발견한 것이 시발점이었다. 에스파냐가 본격적으로 영토를 확장해 미 대륙을 식민지화하기 시작하면서 많은 일이 벌어진다. 1519년 에르난 코르테스Hernán Cortés는 멕시코를 침략했다. 15년 후 프란시스코 피사로Francisco Pizarro는 페루로 원정을 나갔고, 페드로 데 멘도사가 리오 데라 플라타로 향한 것은 그로부터 2년 후였다. 이후 1세기 동안 에스파냐는 남아메리카 대륙 중부, 서부, 남부 대부분을 정복하고 식민지로 삼았다. 한편 포르투갈은 동쪽으로 브라질을 복속시켰다.

에스파냐의 식민지 전략은 그 효과가 탁월했다. 멕시코에서 코르테스가 완성한 전략이었는데 적대적인 원주민을 굴복시키는 가장 효과적인 방법은 인디오 지도자를 포로로 잡는 것이라는 사실을 깨달은 것이다. 이 전략 덕분에 에스파냐인은 인질로 잡은 지도자의 부를 빼앗고 휘하 토착민으로부터 공물과 식량을 얻어낼 수 있었다. 그런 다음 원주민 사회에서 신흥귀족 세력으로 입지를 굳혀나갔다. 기존에 시행되던 조세, 공물, 특히 강제노역체제를 고스란히 손에 넣은 것이다.

1519년 11월 8일, 코르테스 원정대는 아즈텍제국의 수도 테노치티틀란Tenochtitlan에 도착했다. 제국의 몬테수마Moctezuma 황제는 막료들의 빗발치는 충언에도 이미 에스파냐 원정대를 환대하기로 마음먹은 터였다. 그 후에 벌어진 일은 1560년대 프란체스코회 수사인 베르나르디노 데 사하군Bernardino de Sahagún이 남긴 유명한 고문헌인 '피렌체 사본'에 자세히 기술되어 있다.

> 그들(에스파냐 원정대)은 몬테수마를 옴짝달싹 못하게 붙잡았다. 그러더니 모든 총구가 불을 뿜었다. 공포가 엄습해왔다. 원주민은 겁에 질렸다. 어둠이 내리기도 전이었지만 이들은 공포와 경악, 두려움과 충격에 휩싸였다.
>
> 어둠이 내리자 (에스파냐인은) 필요한 것을 모조리 요구했다. 흰 토르티야, 구운 칠면조 고기, 달걀, 맑은 물, 목재, 장작, 숯에 이르기까지 실제로 명령을 내린 것은 몬테수마였다.
>
> 입지를 굳힌 에스파냐 원정대는 곧바로 몬테수마에게 도시의 모든 보물에 대해 캐물었다. 이들은 반미치광이처럼 황금을 찾아 나섰다. 몬테수마가 앞장서서 원정대를 이끌었다. 원정대는 몬테수마를 포위하고 있었

다. 저마다 그를 붙잡고 있던 터라 몬테수마는 옴짝달싹하지 못했다. 이들이 당도한 곳은 테오칼코Teocalco라는 보관소였고, 광택 나는 것이라면 모조리 빼앗았다. 케트살quetzal 깃털 머리장식, 황금 장치와 방패, 황금 원반, 황금 초승달 코장식, 황금 각대, 황금 완장, 황금 이마 띠 등. 원정대는 금붙이에서 금을 분리해냈다. 값진 것들을 죄다 불로 녹였다. 모두 활활 타올랐다. 에스파냐인은 녹인 황금으로 금괴를 만들었다. 원정대는 온통 들쑤시고 다녔다. 값나가게 생긴 것은 모조리 빼앗았다. 급기야는 몬테수마 개인 창고에까지 들이닥쳤다. 토토칼코Totocalco라는 곳이었다. 원정대는 (몬테수마의) 재물을 그러모았다. 값진 것들은 모조리… 펜던트가 달린 목걸이, 케트살 깃털로 장식된 완장, 황금 완장, 팔찌, 조개껍질로 장식된 황금 띠, 지배자의 상징인 터키석 왕관까지 빼앗았다. 원정대는 깡그리 약탈했다.

아즈텍에 대한 군사 정복은 1521년 마무리되었다. 누에바 에스파냐 Nueva España, New Spain(뉴스페인)의 총독으로 임명된 코르테스는 가장 값진 자산인 원주민을 이른바 엔코미엔다encomienda라는 제도를 통해 분배하기 시작했다. 에스파냐 남부는 8세기부터 이슬람교도인 무어인이 장악했다. 15세기 들어 에스파냐가 남부 국토회복운동을 벌이면서 공신에게 토지를 분양하기 위해 처음 도입한 제도가 바로 엔코미엔다였다. 하지만 신세계에서는 과거보다 해악이 훨씬 컸다. 일정수의 인디오와 토지를 엔코멘데로encomendero라 부르는 에스파냐 귀족에게 부여하는 제도로 변질된 것이다. 인디오는 엔코멘데로에게 공물과 노역을 제공해야 했다. 엔코멘데로는 인디오를 기독교로 개종시키는 책무에 대한 대가라는 평계를 댔다.

엔코미엔다의 정황을 후대에 가장 생생하게 남긴 것은 도미니카회 수사 바르톨로메 데 라스카사스Bartolomé de Las Casas였다. 그는 초창기부터 에스파냐의 식민정책을 가장 신랄하게 비판한 인물이었다. 데 라스카사스는 1502년 니콜라스 데 오반도Nicolás de Ovando 총독이 이끄는 함대와 함께 에스파냐령 히스파니올라Hispaniola 섬에 도착했다. 원주민이 잔인하게 착취당하는 광경을 매일같이 목격하면서 그는 갈수록 염증을 느꼈다. 데 라스카사스는 공로를 인정받아 엔코미엔다를 부여받았지만 1513년 에스파냐의 쿠바 원정 당시 선교사로 따라나섰다. 엔코미엔다의 혜택을 포기한 그는 에스파냐의 식민정책을 개혁하기 위한 기나긴 투쟁을 시작했다. 그의 이런 노력은 1542년 발간된 저서《서인도제도 파괴에 대한 간략한 보고서Short Account of the Destruction of the Indies》에서 절정에 달한다. 그는 이 책을 통해 원주민들에 대한 에스파냐의 야만적인 학정을 통렬하게 비판했다. 데 라스카사스는 니카라과를 예로 들어 엔코미엔다에 대해 이렇게 묘사했다.

> 정착민은 각자 할당된 도시에 거처를 마련한다(법적으로는 이를 엔코미엔다라 칭한다). 원주민을 강제노역에 동원하고 가뜩이나 부족한 식량을 독차지한다. 대대손손 땀 흘리며 작물을 길러온 원주민의 토지도 빼앗는다. 정착민은 신분이나 남녀노소를 가리지 않고 원주민이라면 모조리 자신의 하인으로 삼아 밤낮으로 쉴 새 없이 부려먹는다.

데 라스카사스는 오늘날 콜롬비아에 해당하는 뉴그라나다New Granada를 정복할 당시 에스파냐가 어떤 전략을 폈는지에 대해서도 낱낱이 고발한다.

에스파냐인은 장기적으로 마지막 한 줌의 황금까지 모조리 빼앗겠다는 일념으로 으레 그래 왔듯이 도시와 그곳에 거주하는 원주민을 나눠 갖는 전략을 폈다(언제나처럼 엔코미엔다를 시행한 것이다)…. 또 늘 그렇듯이 원주민을 하찮은 노예로 취급했다. 원정대를 이끄는 수장은 왕을 사로잡아 예닐곱 달 동안 인질로 삼고 터무니없이 많은 황금과 에메랄드를 요구했다. 보고타의 왕은 겁에 질린 나머지 고문하는 이들의 손아귀에서 벗어나야 한다는 일념으로 집 한 채를 온통 황금으로 채워 넘기라는 요구도 들어주었다. 그러기 위해 왕은 황금을 찾아오라고 원주민을 파견했고, 이들은 각자 손에 얼마간의 보석을 쥐고 돌아왔다. 하지만 집 한 채를 가득 채우기에는 역부족이었고 에스파냐 원정대는 결국 왕이 약조를 어겼다며 죽이겠노라 엄포를 놓았다.

원정대 수장은 법을 대변하는 자로서 자신이 사건을 심판하겠다고 했고, 원정대가 실제로 왕의 혐의를 공식적으로 제기하자 약조를 이행하지 않은 벌로 왕을 고문형에 처했다. 원정대는 왕의 손을 뒤로 묶어 공중에 매달기도 하고, 복부에 끓는 기름을 붓는가 하면, 양발과 머리를 형틀에 묶고 두 사람을 시켜 손을 붙잡게 한 뒤 발바닥을 지지기도 했다. 이따금 원정대 수장이 고문 현장을 들여다보고 황금을 더 내놓지 않으면 서서히 고문을 해 죽이겠다고 협박했다. 실제로 그런 결과가 빚어졌다. 왕은 결국 원정대의 모진 고문에 못 이겨 죽어갔다.

미타의 부활

멕시코에서 완성된 정복 전략과 제도는 에스파냐제국의 다른 지역에서 너도나도 모방하기에 바빴다. 가장 효과적으로 활용된 사례를 들라면 역시 피사로가 페루를 정복할 때였다. 데 라스카사스의 설명은 이렇게 시작된다.

1531년 여러 명의 부하를 이끌고 또 한 명의 지독한 악당이 페루왕국으로 향했다. 길을 떠나는 순간부터 신세계를 수탈한 동료 탐험가들의 전략과 전술을 그대로 따르겠다는 각오였다.

피사로는 페루의 툼베스Tumbes라는 도시의 인근 해안으로부터 남쪽으로 진군해 나아갔다. 1532년 11월 15일, 그는 카하마르카Cajamarca라는 고원도시에 당도했다. 잉카제국의 황제 아타우알파Atahualpa가 진을 치고 있던 곳이었다. 이튿날, 아버지 우아이나 카팍Huayna Capac의 사후 권력다툼을 벌이던 형 우아스카르Huascar를 추방한 바 있는 아타우알파는 태양신 인티Inti의 신전을 욕보이는 등 에스파냐 원정대가 이미 저지른 만행에 대해 전해 듣고 분통을 터뜨렸다.

이후 어떤 일이 벌어졌는지는 잘 알려져 있다. 에스파냐 원정대는 덫을 놓아 아타우알파를 붙잡았다. 2,000여 명에 달하는 친위병과 수하를 모조리 죽이고 아타우알파를 인질로 잡은 것이다. 아타우알파는 풀려나기 위해 방 하나를 금으로, 같은 크기의 방 둘은 은으로 채우겠다고 약속했다. 그는 이 약속을 지켰으나 에스파냐 원정대는 약속을 어기고 1533년 7월 아타우알파를 목 졸라 시해했다. 그해 11월 에스파냐 원정대는 잉카제국의 수도 쿠스코Cusco를 함락시키고 귀족들도 아타우알파와 똑같이 금은보화를 내놓을 때까지 가두어두는 만행을 일삼았다. 에스파냐 원정대는 성에 차지 않는 귀족은 산 채로 태워 죽였다. 태양의 신전 등 쿠스코의 예술 가치가 높은 보물에도 불을 놓아 한낱 금괴로 전락시키고 말았다.

이 시점에서 에스파냐 원정대는 잉카제국 원주민에 눈독을 들였다. 멕시코에서처럼 잉카제국 사람들은 엔코미엔다로 할당되었다. 피사로를 따라나선 정복자conquistador들은 저마다 엔코미엔다를 꿰차게 된 것이다. 초기 식민지 시절 엔코미엔다는 노동력을 장악하고 통제하기 위한 기본 제도로 활용되었지만 뒤이어 강력한 맞수가 등장한다. 1545년 디에고 구알파Diego Gualpa라는 인디오가 지금의 볼리비아가 있는 안데스산맥 고지대에서 원주민의 사원을 찾고 있었다. 일순 불어 닥친 강풍에 내동댕이쳐진 그의 눈에 은광석 한 무더기가 들어왔다. 엄청난 양의 은맥을 발견한 것이다. 에스파냐 원정대는 이 은광을 '엘 세로 리코El Cerro Rico(풍요로운 봉우리)'라고 칭송했다. 이 은광을 중심으로 포토시Potosí라는 도시가 번성한다. 절정기였던 1650년에는 당시 리스본이나 베네치아보다 많은 16만 명의 인구가 살았다.

은을 캐려면 광부가 필요했다. 많으면 많을수록 좋았다. 그렇게 에스파냐 식민지를 관장할 신임 총독 프란시스코 데 톨레도Francisco de Toledo가 파견되었다. 그의 최우선 과제는 당연히 노동력 문제였다. 1569년 페루에 도착한 데 톨레도는 처음 다섯 해 동안은 자신이 다스릴 땅을 구석구석 살펴보며 지냈다. 전체 성인 인구를 대상으로 대규모 인구조사를 벌이기도 했다. 그는 필요한 만큼 노동력을 확보하기 위해 먼저 원주민 인구 거의 전체를 이른바 레둑시온reducciones이라는 집단촌에 몰아넣었다. 이를 통해 에스파냐는 손쉽게 노동력을 착취할 수 있었다. 데 톨레도는 잉카제국의 노역제도인 미타mita를 부활시켜 응용했다. 미타는 잉카제국 언어인 케추아Quechua어로 '차례'를 뜻했다. 잉카제국은 미타제도로 강제노역을 징발해 신전과 귀족, 군대 등에 식량을 제공하는 농장을 운영했다. 강제노역을 징발하는 대가로 잉카 귀족은 기근이 들었을 때 노역자들을 구호해주고 안전을 보장했다.

하지만 데 톨레도가 응용한 미타, 특히 포토시의 미타는 에스파냐 식민지 시대에 가장 규모가 크고 악랄한 노동착취 수단으로 변질되었다. 그는 오늘날 페루 중부에서 볼리비아 대부분을 아우르는 권역을 설정했다. 무려 52만 제곱킬로미터에 달했다. 레둑시온에 갓 도착해 이 지역에 거주하던 청장년 남성 일곱 명 중 한 명은 포토시 광산 강제노역에 끌려갔다. 식민지 시대 거의 막바지까지 지속되던 포토시 미타는 1825년에 이르러서야 폐지되었다. 〈지도 1〉은 에스파냐가 정복했을 다시 잉카제국과 미타 권역을 비교해서 보여준다. 수도 쿠스코에 이르는 제국의 심장부까지 미타가 침범하고 있음을 잘 알 수 있다.

놀랍게도 페루에는 오늘날까지 미타의 잔재가 남아 있다. 칼카Calca와 아코마요Acomayo 지방은 가까이 있으면서도 사뭇 차이가 난다. 둘 다 산악지대에 자리하고 케추아 말을 하는 잉카의 후손들이 살지만 아코마요가 훨씬 가난하다. 아코마요 주민 세 명이 소비하는 양이 칼카 주민 한 명분에 지나지 않는다. 사람들도 이 사실을 모르지 않는다. 아코마요 주민은 겁 없는 외국인에게 이렇게 묻는다. "이곳 사람들이 우루밤바Urubamba나 칼카 사람보다 훨씬 가난하다는 걸 모르나요? 대체 왜 이곳에 왔나요?"

겁 없는 외국인이라고 하는 이유는 칼카와는 달리 고대 잉카제국의 중심지이자 수도인 쿠스코에서 아코마요에 오기란 여간 어려운 게 아니기 때문이다. 칼카로 이어지는 길은 잘 닦여 있다. 아코마요로 향하는 길은 끔찍할 정도로 황폐하다. 아코마요를 넘어가려면 말이나 노새가

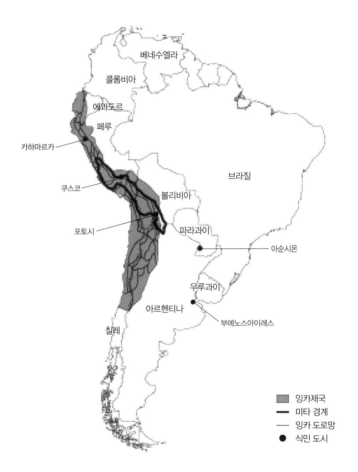

베네수엘라

콜롬비아

에콰도르

페루

카하마르카

쿠스코

볼리비아

포토시

파라과이

아순시온

브라질

우루과이

아르헨티나

부에노스아이레스

칠레

■ 잉카제국
▬ 미타 경계
— 잉카 도로망
● 식민 도시

지도 1 잉카제국, 도로망 및 광산 미타 권역

필요하다. 칼카와 아코마요 사람은 같은 작물을 재배하지만, 시장에 내다 팔아 돈을 버는 건 칼카 주민뿐이다. 아코마요에서는 오로지 생계를 위해 식량을 마련한다. 이곳에 사는 본인들 눈에도 뚜렷하게 드러나는 이런 불평등은 제도적 차이라는 관점에서 이해할 수 있다. 제도적 차이는 바로 데 톨레도와 그가 꾸민 효과적인 원주민 노동력 착취 계획에 역사적 뿌리를 두고 있다. 역사적으로 아코마요와 칼카의 운명을 가른 것은 아코마요가 포토시의 미타 권역에 포함되었지만 칼카는 제외되었다는 사실이다.

　데 톨레도는 노동인력을 한 자리에 모으고 미타를 응용하더니 내친 김에 엔코미엔다를 인두세로 확대했다. 모든 성인 남성은 매년 은으로 일정한 세금을 내야 했다. 인디오를 어쩔 수 없이 노동시장에 뛰어들게 해 에스파냐 지주가 지급하는 임금을 줄이려는 속셈이었다. 데 톨레도의 재임 동안 레파르티미엔토^{repartimiento}라는 강제 교환제도도 적극 활용되었다. '분배하다'라는 뜻의 에스파냐어 동사 레파르티르^{repartir}에서 유래한 레파르티미엔토 데 메르칸시아스^{repartimiento de mercancias}는 문자 그대로 해석하면 '재화 분배'를 뜻했지만, 인디오는 에스파냐인이 정한 가격에 강제로 물품을 사들여야 했다. 마지막으로, 데 톨레도는 트라진^{trajin}이라는 제도도 도입했다. 트라진은 말 그대로 해석하면 '짐'이라는 뜻이었다. 에스파냐 귀족의 사업을 위해 와인이나 코코아 잎, 직물 등 무거운 짐을 나르는 데 짐승 대신 원주민을 활용한 것이다.

　에스파냐가 미 대륙에 식민지를 개척하는 내내 비슷한 제도와 사회구조가 생겨났다. 약탈과 금은보화에 눈이 먼 식민지 개척 초기가 지나자 에스파냐는 원주민을 수탈하기 위한 제도를 거미줄처럼 뽑아냈다. 엔코미엔다, 미타, 레파르티미엔토, 트라진에 이르는 온갖 제도가 죄다

원주민의 삶을 연명 가능한 최저 생계 수준까지 끌어내리고 그 잉여분은 모조리 에스파냐가 수탈하기 위한 것이었다. 그들의 땅을 몰수하고 강제노역을 시키면서도 최저임금만을 지급하며 높은 세금을 부과하고, 자발적으로 사지 않은 물품에 대해서도 고가의 가격을 매기는 방법으로 수탈을 자행한 것이다. 이런 제도 덕분에 에스파냐 왕실은 엄청난 부를 축적했고 정복자들과 그 후손들 역시 부를 누릴 수 있었지만, 이 때문에 남아메리카는 세상에서 가장 불평등하고 경제적 잠재력을 송두리째 빼앗긴 대륙으로 전락하고 말았다.

잉글랜드의 북아메리카 식민지화

1490년대 에스파냐가 미 대륙 정복을 시작했을 때만 해도 잉글랜드는 내전인 장미전쟁에 따른 심각한 후유증에서 갓 회복하던 변방 세력에 지나지 않았다. 그들은 전리품으로 금은보화를 챙기고 미 대륙의 원주민을 착취할 기회를 모색할 겨를이 없었다. 그로부터 거의 100년이 지난 1588년, 잉글랜드는 운 좋게도 에스파냐의 펠리페 2세가 침략을 작심하고 파견한 무적함대를 패퇴시켜 유럽 전체에 엄청난 정치적 파문을 일으켰다. 행운이 따랐다고는 해도 무적함대를 상대로 승리를 거두었다는 사실은 바다에서 잉글랜드의 위세가 그만큼 커질 것이라는 신호였고 마침내 식민제국 건설에 동참할 수 있게 되었다는 것을 뜻했다.

따라서 잉글랜드가 정확히 같은 시기에 북아메리카의 식민지화에 나선 것은 우연이 아니었다. 하지만 후발 주자 신세를 면치 못했던 게 사실이다. 이들이 북아메리카를 선택한 것은 이 땅이 매력적이어서가 아니라 남은 게 그곳밖에 없어서였다. 아메리카 대륙에서 착취할 원주민이 많고 은광이 있는 '노른자 땅'은 이미 남의 차지가 되어 있었다. 잉글랜드는 찌꺼기에 만족해야 했다. 18세기 영국작가이자 농학자였던 아서 영Arthur Young은 수익성 높은 '주요 농산물(수출 가능한 농산물을 뜻했다)'이 어디서 생산되었는지에 대해 다음과 같이 기록했다.

> 우리 식민지에서 생산되는 주요 농산물은 대체로 태양에서 멀어질수록 그에 비례해 가치가 감소한다. 그중 가장 기온이 높은 서인도제도에서는 두당 8파운드 12실링 1페니어치를 생산한다. 남부 지역에서는 5파운드 10실링어치를 생산한다. 중부 지역은 9실링 6.5페니로 급감한다. 북부 정착촌은 2실링 6페니에 불과하다. 생산량만 비교하더라도 대단히 중요한 교훈을 얻을 수 있다. 북부 지역의 식민지화는 피해야 한다.

1585년에서 1587년 사이 잉글랜드는 노스캐롤라이나의 로어노크Roanoke에 처음으로 식민지를 만들려고 시도했지만 완전한 실패작이었다. 잉글랜드는 1607년에 다시 도전한다. 1606년이 저물기 직전 수전 콘스턴트 호, 갓스피드 호, 디스커버리 호 등 세 척의 배가 크리스토퍼 뉴포트Christopher Newport 선장의 지휘하에 버지니아로 향했다. 버지니아회사Virginia Company의 후원을 받은 정착민은 체서피크 만Chesapeake Bay에 도착해 강을 따라 거슬러 올라갔다. 당시 군주였던 제임스 1세의 이름을 따 이 강을 제임스라 이름 지었다. 1607년 5월 14일, 이들은 마침내 제임스타운이라는 정착촌을 건설했다.

버지니아회사가 소유한 배를 타고 온 정착민은 잉글랜드인이었지만 코르테스, 피사로, 데 톨레도의 식민정책에 크게 영향을 받은 식민지 모형을 시도했다. 이들 역시 먼저 현지 인디언 추장을 인질로 잡아 필요한 물자를 얻어내고 원주민으로부터 식량과 보물을 빼앗을 계획이었다.

처음 제임스타운에 도착했을 때 잉글랜드 정착민은 자신들이 포우하탄 동맹Powhatan Confederacy의 영토에 발을 들여놓았다는 사실을 깨닫지 못했다. 그들은 와훈수나콕Wahunsunacock이라는 왕에 충성을 맹세한 30여 인디언 부족의 연합체로 수도 위로오코모코Werowocomoco는 제임스타운에서 불과 30여 킬로미터밖에 떨어지지 않은 도시에 자리 잡고 있었다. 정착민은 상황을 좀 더 자세히 살펴보기로 했다. 인디언들에게서 식량과 노동력을 얻어낼 수 없다면 최소한 거래라도 할 수 있을 것이라 여겼다. 정착민 스스로 땀 흘려 먹을 것을 기르겠다는 생각은 아예 하지 않았다. 신세계 정복자가 할 짓이 아니라 생각했기 때문이다.

와훈수나콕은 곧 정착민의 존재를 알게 되었고 이들이 불순한 의도로 왔을 것이라는 의혹의 눈초리를 거두지 않았다. 그가 다스리던 땅은 북아메리카에서는 자못 방대한 제국이었다. 하지만 적이 많았고 잉카 제국과 달리 중앙집권적인 정치력을 발휘하지도 못했다. 와훈수나콕은 잉글랜드인의 의도가 무엇인지 파악해보기로 마음먹고, 일찌감치 사절단을 보내 이들과 우호적인 관계를 희망한다고 알렸다.

1607년 겨울이 다가오자, 제임스타운 정착민의 식량은 바닥을 드러냈고, 식민지 자치위원회 위원장으로 선출된 에드워드 마리 윙필드Edward Marie Wingfield는 당혹감에 쩔쩔맸다. 이 위기를 극복한 것은 존 스미스John Smith 대위였다. 그가 남긴 글을 통해 초기 식민지 개발 역사에 대한 많은 정보를 얻을 수 있다. 존 스미스는 전설적인 인물이었다. 잉글랜드 농촌 지역인 링컨셔Lincolnshire에서 태어난 그는 사업가가 되길 바라는 아버지의 기대를 저버리고 용병이 되었고, 잉글랜드군과 함께 네덜란드에서 처음으로 전쟁에 참여했다. 이후에는 헝가리에서 오스트리아 군과 함께 오스만제국 군대와 맞서 싸웠다. 루마니아에서 포로가 된 스미스는 노예로 팔려가 강제노역에 시달리기도 했다. 그러던 어느 날 주인을 제압하고 그의 옷과 말을 훔쳐 오스트리아 영토로 도망쳤다. 스미스는 버지니아 항해 당시부터 말썽에 휘말렸다. 윙필드의 명령에 불복해 반란 혐의로 수전 콘스턴트 호에서 갇힌 것이다. 배들이 신세계에 도착했을 때만 해도 스미스를 재판에 회부할 계획이었지만, 봉인된 칙령을 열어본 윙필드와 뉴포트 등 지도급 인사들은 버지니아회사가 제임스타운을 다스릴 자치위원회의 일원으로 스미스를 임명했다는 사실에 아연실색한다.

뉴포트가 보급품과 함께 추가로 정착민을 공급받기 위해 잉글랜드로 떠나고 윙필드가 우왕좌왕하는 상황에서 식민지를 구한 것이 바로 스미스였다. 그는 시급한 식량을 확보하기 위해 잇따라 무역 사절단을 이끌었다. 그러던 중 한 번은 와훈수나콕의 동생 중 하나인 오페찬카노우 Opechancanough에게 붙잡혀 위로오코모코의 왕 앞에 끌려가게 되었다. 잉글랜드인으로서는 처음으로 와훈수나콕을 대면한 것이다. 이 첫 만남에서 스미스가 목숨을 구할 수 있었던 것은 와훈수나콕의 어린 딸 포카혼타스 Pocahontas가 끼어든 덕분이라는 이야기가 전해지기도 한다. 스미스는 1608년 1월 2일 풀려나 제임스타운으로 귀환했다. 제임스타운의 식량난은 여전히 심각했다. 공교롭게도 바로 그날 늦게 뉴포트가 영국에서 돌아왔다.

제임스타운 정착민들은 이 초기 경험에서 배운 게 거의 없었던 듯하다. 1608년 들어서도 이들은 황금 등 귀금속을 찾는 데 혈안이 돼 있었다. 강압적으로든 거래를 통해서든 인디언들로부터 식량을 얻어내는 것만으로는 생존할 수 없다는 사실을 여전히 깨닫지 못했다. 코르테스와 피사로가 톡톡히 효과를 봤던 식민지 모형이 북아메리카에서는 통하지 않는다는 사실을 가장 먼저 알아차린 것도 스미스였다. 여러 가지 여건이 워낙 달랐다. 스미스는 아즈텍이나 잉카와 달리 버지니아의 인디언에게는 황금이 없다는 사실에 주목했다. 실제로 일기에 이렇게 쓰기도 했다. "그들이 가진 것이라고는 먹을 것뿐이다." 자세한 일기를 남긴 초기 정착민 중 하나인 아나스 토드킬Anas Todkill은 스미스를 비롯한 실태를 깨달은 일부 정착민의 좌절감을 잘 표현하고 있다.

> 대화도 희망도 일도 없었다. 마냥 금을 캐고, 정제해 실어 나르는 데만 열중했다.

뉴포트는 1608년 4월 영국으로 귀항할 때 흔히 바보들의 금이라 부르는 가짜 금인 황철광을 잔뜩 싣고 갔다. 그해 9월 돌아올 때는 버지니아회사로부터 현지 인디언을 더 확실히 장악하라는 명령을 받았다. 이들은 와훈수나콕 추장에게 왕위를 수여할 계획이었다. 잉글랜드 왕 제임스 1세에 순종하게 하려는 심산이었다. 정착민은 와훈수나콕을 제임스타운에 초청했으나 여전히 이들에 대한 의심을 품고 있던 그는 인질로 잡힐지 모를 위험을 무릅쓰려 하지 않았다. 존 스미스는 와훈수나콕이 이런 답변을 보내왔다고 기록했다. "그대들의 왕이 내게 선물을 보내왔다 하나 나 또한 왕이며 이 땅의 주인이노라…. 그대들의 아비가 내게 와야지 내가 그에게 가거나 그대들의 요새에 갈 이유는 없다. 나는 그런 미끼를 물지 않을 것이다."

와훈수나콕이 '그런 미끼를 물지 않겠다'면 뉴포트와 스미스가 대관

식을 거행하러 위로오코모코로 가는 수밖에 없었다. 하지만 결국 큰 낭패를 보고 말았던 듯하다. 이를 계기로 오히려 와훈수나콕이 식민지를 쓸어버릴 때가 되었다는 각오를 다졌기 때문이다. 그는 무역 금지령을 내렸고, 제임스타운은 더는 필요한 물자를 거래할 수 없었다. 와훈수나콕은 이들을 굶겨 죽일 셈이었다.

뉴포트는 1608년 12월 또 한 차례 배를 타고 잉글랜드로 향했다. 그는 버지니아회사 이사진에 식민지에 대한 생각을 바꿔달라고 간청하는 스미스의 서한을 소지하고 있었다. 멕시코와 페루처럼 버지니아를 착취해 일확천금을 얻을 가능성은 없었다. 황금 등 귀금속도 존재하지 않았다. 인디언을 강제노역시키거나 식량을 빼앗을 수도 없었다. 스미스는 식민지가 살아남으려면 정착민이 제 손으로 일해야 한다는 사실을 깨달았다. 따라서 이사들에게 그에 걸맞은 사람을 보내달라고 요청한 것이다. "다시 사람을 보내주실 때는 30명가량의 목수, 농사꾼, 채소 재배 일꾼, 어부, 대장장이, 석공, 나무뿌리 캐는 일꾼 등을 연장까지 제대로 갖춰서 보내주시기 바랍니다. 지금 있는 사람 1,000명보다 나을 것입니다."

이제는 스미스에게 금세공인 따위는 필요하지 않았다. 제임스타운은 다시 한 번 그의 수완 덕분에 살아남을 수 있었다. 스미스는 인디언 부족을 어르고 위협해가며 다시 거래를 트게 했다. 여의치 않으면 모조리 강제로 빼앗았다. 정착촌에서도 스미스의 태도는 단호했다. '일하지 않는 자 먹지도 못한다'는 규율을 시행했다. 그렇게 제임스타운은 두 번째 겨울을 날 수 있었다.

새로운 통치 모형

　버지니아회사는 돈을 벌 목적으로 설립된 기업이었지만, 악몽과도 같은 2년이 지난 후에도 이윤이라고는 눈곱만치도 얻지 못했다. 회사 이사진은 새로운 통치 모형이 필요하다는 판단을 내리고 자치위원회를 단일 총독 체제로 교체했다. 초대 총독으로 임명된 인물은 토머스 게이츠 경Sir Thomas Gates이었다. 회사는 스미스의 경고도 일부 수용해 새로운 시도가 필요하다는 사실을 인정하게 되었다. 1609년에서 1610년에 이르는 혹한기를 이르는 '기근 시대'를 겪고 나자 이런 깨달음은 더욱 절실해졌다. 새로운 통치 모형에서 스미스의 역할은 없었다. 그는 결국 불만만 가득 안고 1609년 가을 잉글랜드로 귀국했다. 더는 스미스의 수완에 의지할 수도 없는 데다 와훈수나콕이 식량 공급로를 옥죄는 통에 제임스타운의 개척민은 하나둘씩 죽어나갔다. 500명 중 겨울을 나고 이듬해 3월까지 살아남은 이는 고작 60명에 불과했다. 상황이 어찌나 절박했던지 식인 행위도 불사했다.

　게이츠와 부총독 토머스 데일 경Sir Thomas Dale이 식민지에서 시행한 '새로운 시도'란 잉글랜드 정착민에게 모진 노동체제를 강요하는 것이었다. 물론 식민지의 지도층 인사에게는 해당되지 않았다. '신성 윤리 군법Lawes Divine, Morall and Martiall'을 전파한 것은 데일이었다. 이 법에는 다음과 같은 조항들이 포함되어 있었다.

- 남녀를 불문하고 식민지를 떠나 인디언에게 도망치는 자는 사형에 처한다.
- 공사를 불문하고 정원이나 포도밭에서 도둑질을 하거나 옥수수 낟알

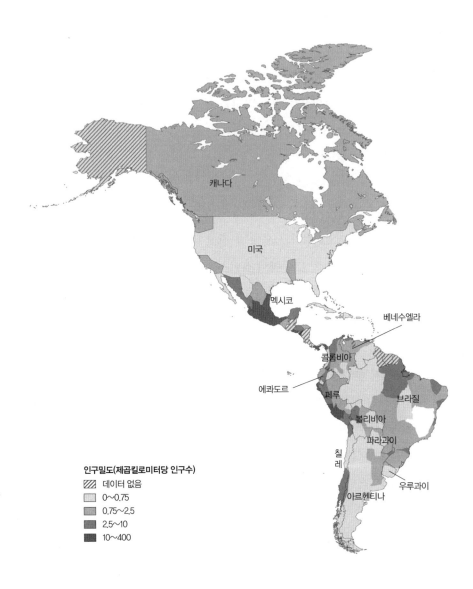

인구밀도(제곱킬로미터당 인구수)
- 데이터 없음
- 0~0.75
- 0.75~2.5
- 2.5~10
- 10~400

지도 2 1500년경 아메리카 대륙의 인구밀도

을 훔치는 자는 사형에 처한다.

- 식민지 개척민 중 누구라도 상선이든 군선이든 선장이나 선원에게 사리사욕을 채우려 물품을 팔거나 건네주어 식민지 밖으로 빼돌리는 자는 사형에 처한다.

인디언을 착취할 수는 없을망정 개척민은 가능할지 모른다는 것이 버지니아회사의 계산이었다. 새로운 식민지 개발 모형에 따라 토지 역시 모조리 버지니아회사의 소유로 돌렸다. 남자는 병영에 머물게 하고 배급량도 회사가 정해주었다. 무리를 지어 일하게 하고 회사의 대리인이 감독을 맡았다. 법을 위반하면 즉결 처분이 단행되어 계엄령이 선포된 것이나 다름없었다. 식민지에 적용되는 새 제도의 일부로서 신성법의 첫 번째 조항은 대단히 중요했다. 회사는 도망치는 자를 처형시키겠다고 으름장을 놓았다. 날이 갈수록 정작 일을 해야 하는 개척민으로서는 혹독한 강제노동을 견디느니 달아나서 인디언과 함께 생활하는 편이 한결 나은 선택 같았다. 당시 버지니아는 원주민조차 인구밀도가 현저히 낮았던 터라 버지니아회사의 통제권 밖으로 도망쳐 스스로 변경을 개척하는 방안도 고려해볼 만했다. 이런 대안들이 있는 상황이다 보니 회사의 강제력은 제한적일 수밖에 없었다. 최저 생계 수준으로 배급량을 유지하면서 정착민에게 노역을 강요할 수는 없었던 것이다.

〈지도 2〉에 에스파냐 정복 당시 미 대륙의 지역별 인구밀도 추정치가 나와 있다. 미국의 인구밀도는 일부 지역을 제외하면 1제곱마일(약 1.6 제곱킬로미터)당 0.75명에 불과했다. 중부 멕시코와 안데스산맥에 자리 잡은 페루의 인구밀도는 북아메리카보다 최고 500배에 육박하는 1제곱마일당 400명에 달했다. 멕시코나 페루에서는 가능했던 일이 버지니

아에서는 현실성이 떨어질 수밖에 없었던 이유다.

얼마간 시간이 흐르고 나서야 버지니아회사는 초기 식민지 모형이 버지니아에서 실효성이 없다는 사실을 깨닫게 되었다. '신성 윤리 군법'이 실패작이라는 사실 역시 머지않아 인정한다. 1618년 들어 획기적으로 새로운 전략이 채택되었다. 인디언은 물론 정착민도 강요할 수 없다면 남은 대안은 정착민에게 인센티브를 주는 것뿐이었다. 1618년, 회사는 '인두권제도headright system'를 도입했다. 개척민 남성에게 50에이커의 땅을 주고 가족 구성원 한 명당 또다시 50에이커를 추가로 부여하며, 그 가족이 버지니아로 데려오는 모든 하인에 대해서도 따로 토지를 주는 제도였다. 정착민은 살 집을 부여받고 계약으로부터 해방되었다. 1619년에는 '식민지의회General Assembly'가 발족되어 식민지 통치와 관련된 법과 제도 수립 과정에서 사실상 모든 장년 남성에게 발언권을 주었다. 미국 민주주의의 시발점이었던 것이다.

에스파냐가 멕시코와 중남아메리카 대륙에서 성과를 거둔 전략이 북아메리카에서는 통하지 않는다는 첫 번째 교훈을 얻는 데 12년이나 걸린 꼴이었다. 이후 17세기 내내 두 번째 교훈을 두고 투쟁의 역사가 계속되었다. 경제적으로 성장 가능한 식민지를 건설하는 유일한 대안은 개척민이 투자를 하고 땀 흘려 일할 의욕이 생길 만한 인센티브를 주는 제도를 만들어야 한다는 것이다.

북아메리카를 개척하면서 잉글랜드 지도층은 에스파냐가 그랬던 것처럼 걸핏하면 식민지의 소수 엘리트층을 제외한 나머지 개척민의 정치·경제적 권리를 극도로 제한하는 제도를 수립하려 들었다. 하지만 버지니아 사례에서 보듯 그런 모형은 번번이 무너져 내렸다.

버지니아회사의 전략이 수정된 직후 어느 때보다 야심적인 시도가 있었다. 1632년 잉글랜드 왕 찰스 1세가 체서피크 만 북부의 1,000만 에이커에 달하는 토지를 볼티모어 경Lord Baltimore인 세실리우스 캘버트 Cecilius Calvert에게 하사한 것이다. 메릴랜드 특허장Charter of Maryland은 볼티모어 경에게 그가 원하는 어떤 방식으로든 정부를 구성할 수 있는 전폭적인 재량권을 부여했다. 헌장 제8조에는 볼티모어 경이 "토지를 하사한 취지에 따라 상기 지방의 탁월하고 만족스러운 통치를 위해 어떤 종류의 법이라도 정하고 만들어 집행할 수 있는 자유롭고 완전한 절대권력을 가진다"고 명시되어 있다.

볼티모어 경은 장원사회를 건립하기 위한 구체적인 계획을 마련했다. 17세기 잉글랜드 지방을 북아메리카 대륙에 걸맞게 이상적으로 변형한 형태였다. 먼저 토지를 수천 에이커의 대지로 나누고 지주로 하여금 경영하게 했다. 지주는 소작농을 부릴 수 있고, 소작농은 토지를 관장하는 엘리트 계층에 세금을 내는 구조였다. 1663년 후반, 앤서니 애슐리-쿠퍼 경Sir Anthony Ashley-Cooper 등 여덟 명의 영주가 캐롤라이나를 건립할 때도 이와 유사한 시도가 있었다. 애슐리-쿠퍼 경은 잉글랜드의 내로라하는 철학자이자 그의 서기였던 존 로크John Locke와 함께 캐롤라이나 기본 헌법Fundamental Constitutions of Carolina을 제정했다. 이전에 만들어진 메릴랜드 특허장과 마찬가지로 이 문서 역시 지주 엘리트 계층이 장악하는 엘리트 위주의 계급사회 건설을 위한 청사진이라 할 수 있다. 서문에는 이런 문구가 포함되어 있었다. "우리는 군주제하에서 살고 있고 이 지역 역시 군주국의 일부다. 따라서 이 지역 정부는 그런 군주제에 가장 부합하는 형태로 구성되어야 한다. 이에 따라 다수가 참여하는 민주제 설립을 피해야 한다."

기본 헌법의 조항에도 엄격한 사회구조가 명시되어 있었다. 가장 하층민은 농노^{leetmen}로 제23조에는 "농노의 모든 자녀 역시 농노의 신분을 가지며 그 후손 역시 그러하다"고 규정되어 있었다. 아무런 정치적 권한이 없는 농노를 다스리는 것은 대지주^{landgrave}와 소지주^{crazique}였다. 대지주는 4만 8,000에이커의 땅을 할당받았고, 소지주에게는 2만 4,000에이커가 주어졌다. 대지주와 소지주를 대표하는 의회도 구성한다는 계획이었지만 여덟 명의 소유주가 사전 승인한 사안에 관해서만 토론이 허용되는 구조였다.

버지니아에서 가혹한 규칙을 강제 시행하려는 시도가 실패했듯이 메릴랜드와 캐롤라이나에서도 같은 형식의 제도를 만들려는 계획은 수포로 돌아갔다. 실패 원인도 비슷했다. 세 가지 사례 모두 정착민을 엄격한 계층사회에 예속하는 것이 불가능하다는 사실만 입증했을 뿐이다. 그도 그럴 것이 신세계에서는 정착민이 선택할 수 있는 대안이 수두룩했다. 따라서 규제를 가하는 대신 자발적으로 일할 의욕이 생기도록 인센티브를 제공해야 했다.

머지않아 이들은 더 많은 경제적 자유와 정치적 권리를 요구하고 나섰다. 메릴랜드 정착민도 곧 자기들만의 토지를 달라고 요구했고 볼티모어 경은 이들의 압력에 굴복해 의회를 창설하기에 이른다. 1691년 메릴랜드 의회는 국왕을 설득해 메릴랜드를 왕실 직할 식민지로 선포하게 했다. 볼티모어 경이 이끄는 지주의 정치적 특혜를 없애버린 것이다. 캐롤라이나에서도 이와 유사한 투쟁이 오랫동안 계속되었고 이번에도 두 손을 든 것은 지주들이었다. 사우스캐롤라이나 역시 1729년 잉글랜드 왕의 직할 식민지로 거듭난 것이다.

1720년대 들어서는 앞으로 미합중국이 될 13개 식민지 모두 비슷한 통치 구조를 가지게 되었다. 하나같이 총독 한 명과 유산계급 남성만 참여하는 의회로 구성되었다. 그렇다고 민주주의라 할 수는 없었다. 여성, 노예 및 무산계급은 투표할 수 없었기 때문이다. 하지만 동시대 다른 사회와 비교해보면 대단히 광범위한 정치적 권한을 누리고 있었다. 바로 이런 의회와 그 지도자들이 힘을 합쳐 만들어낸 것이 미합중국 독립의 전신이라 할 만한 1774년 제1차 대륙의회First Continental Congress였다. 이들 의회는 구성원을 결정할 권리와 과세에 대한 권리 또한 가지고 있다 믿었다. 그러다 보니 이미 모두 알다시피, 잉글랜드 식민정부로서는 골칫거리가 아닐 수 없었다.

미국 헌법 vs. 멕시코 헌법

이쯤 되면 미국이 민주주의 원칙을 옹호하고, 정치권력에 대한 제한 수단을 마련했으며, 그 권력을 사회에 골고루 분산시키는 헌법을 채택하고 강제한 반면 멕시코는 왜 그러지 못했는지 분명해진다. 1787년 5월 필라델피아에서 대표들이 둘러앉아 작성한 문서는 1619년 제임스타운 의회가 구성된 이래 시작된 기나긴 여정의 결실이었다.

미국이 독립한 이후 머지않아 멕시코도 독립하게 되지만 양국의 입헌 과정은 사뭇 달랐다. 1808년 2월, 나폴레옹 보나파르트의 군대는 에스파냐를 침공했고, 5월에는 에스파냐의 수도 마드리드마저 함락되고 말았다. 페르디난트 에스파냐 국왕이 붙잡혀 폐위된 것은 그해 9월 무렵이었다. 국왕을 대신해 프랑스군과 싸운 것은 전국적 독립투쟁 기구인 중앙평의회Central Junta였다. 평의회가 처음 소집된 곳은 아랑후에스Aranjuez였지만 프랑스군에 밀려 남쪽으로 퇴각하고 만다.

마침내 이들은 나폴레옹군에 포위되어 있으면서도 함락되지 않고 버티던 카디스Cádiz라는 항구에 당도했다. 평의회는 이곳에서 에스파냐 의회인 코르테스Cortes를 창설했다. 1812년, 코르테스는 훗날 카디스 헌법Cádiz Constitution이라 알려진 법을 제정해 공포했다. 국민주권에 기반을 둔 입헌군주제 도입을 주창한 것이다. 이와 함께 특혜를 근절시키고 만인이 법 앞에 평등하다는 이념을 도입했다. 하나같이 남아메리카 엘리트 계층에는 저주와도 같은 요구였다. 이들이 시행하던 제도적 환경의 밑거름은 여전히 자신과 식민지에 부여된 엔코미엔다와 강제노역, 무소불위의 권력이었기 때문이다.

나폴레옹 침공으로 에스파냐가 몰락하자 라틴아메리카 대륙 식민지 전체의 헌정 질서에 위기가 몰아닥쳤다. 중앙평의회의 권위를 인정해야 하는지를 두고 논쟁이 많았고, 이에 따라 자체적인 평의회를 구성하는 라틴아메리카 식민지도 적지 않았다. 에스파냐로부터 진정한 독립을 쟁취할 가능성을 감지하는 것은 이제 시간문제였다. 가장 먼저 독립을 선언한 것은 1809년 볼리비아 라파스La Paz였지만 페루에서 파견된 에스파냐 군대에 곧바로 진압되고 말았다.

멕시코에서는 1810년 미겔 이달고 사제Father Miguel Hidalgo가 이끈 '이달고 반란'이 터지면서 에스파냐에 대한 독립운동의 불길이 한층 거세졌다. 이달고의 군대는 9월 23일 과나후아토Guanajuato로 진군해 고위 식민 관료인 감독관을 살해하고 눈에 띄는 백인은 모조리 죽여버렸다. 독립운동이라기보다 계급투쟁 또는 인종 전쟁의 양상을 띤 터라 귀족들이 이들에 맞서 일치단결할 수밖에 없었다. 독립으로 인민의 정치 참여가 가능해진다면 에스파냐인뿐 아니라 현지 귀족도 타격을 입을 것이 뻔했기 때문이다. 따라서 멕시코 귀족은 민중이 정치에 참여하는 길을 열어준 카디스 헌법을 곱지 않은 시선으로 바라보았다. 이들은 눈에 흙이 들어가도 카디스 헌법을 인정할 리 없었다.

1815년 나폴레옹의 유럽제국이 몰락하자 페르디난트 7세가 왕위에 복귀했고 카디스 헌법은 철폐되었다. 에스파냐 국왕은 아메리카 식민지를 되찾으려고 시도했고, 국왕을 지지했던 멕시코는 문제될 게 없었다. 하지만 1820년 지배권을 되찾기 위해 카디스 항에 집결해 아메리카 식민지로 항해를 준비하던 중, 에스파냐 군대가 페르디난트 7세에 반기를 든다. 전국에서 이들과 뜻을 같이하는 군대들이 속속 모여들자 페르디난트 국왕은 카디스 헌법을 복원하고 코르테스를 재소집할 수밖에 없었다. 이번 코르테스는 카디스 헌법을 제정했던 때보다 한층 더 급진적이어서 모든 형태의 강제노역 철폐를 제안하고 나섰다. 특혜라면 모조리 싸잡아 비난했다. 가령 군인이 범죄를 저질렀을 때 군 법정에서 재판을 받을 권리가 인정되는 것도 문제 삼았다. 급기야 멕시코에서도 이 헌법을 적용하려 들자, 멕시코 귀족은 차라리 독자적으로 독립을 선언하는 편이 낫다는 판단을 내렸다.

이 독립운동을 이끈 것은 에스파냐 군사령관 출신의 아우구스틴 데 이투르비데Augustín de Iturbide였다. 1821년 2월 24일, 그는 멕시코 독립의 청사진을 담은 이구알라 계획Plan de Iguala을 공표했다. 멕시코 황제를 내세운 입헌군주제는 물론, 멕시코 귀족이 자신들의 지위와 특혜를 박탈당할까 봐 그토록 염려했던 카디스 헌법의 관련 조항 삭제를 골자로 했다. 그의 계획은 곧바로 대대적인 호응을 얻었고, 에스파냐도 곧 불가피한 일임을 인정하기에 이르렀다.

이투르비데는 단지 왕권 이양을 돕는 데 그치지 않는다. 권력 공백을 알아차린 그는 군부의 지지를 등에 업고 재빨리 자신이 직접 황제의 자리에 올랐다. 남아메리카 독립의 위대한 영웅 시몬 볼리바르^{Simón Bolívar}는 그의 황제 즉위를 가리켜 '신의 은총과 총검에 기댄 것'이라고 비아냥거리기도 했다. 미국 대통령의 권한을 견제하던 정치제도 따위를 이투르비데는 신경 쓸 이유가 없었다. 그는 곧장 독재자의 길을 걷기 시작했다. 1822년 10월에 이르러서는 헌법에 따라 마련된 의회를 해산하고 자신이 직접 평의회를 구성했다. 이투르비데 정권은 그리 오래가지 못했지만 이런 일련의 일들이 벌어지는 패턴은 19세기 멕시코에서 수도 없이 되풀이되었다.

미국의 헌법도 오늘날 기준으로는 민주주의를 만들어냈다 할 수 없다. 선거에서 누가 투표권을 갖는지는 각 주에서 개별적으로 결정할 사안이었다. 북부의 주들은 머지않아 소득이나 소유한 재산 규모에 상관없이 모든 백인 남성에게 투표권을 인정했으나 남부 주들은 더딘 행보를 보였다. 여성이나 노예에게까지 투표권을 부여한 주는 단 한 곳도 없었다. 백인 남성에 대한 토지 및 재산 규모 제한이 풀리면서 흑인 남성의 투표권을 명시적으로 인정하지 않는 인종차별적 선거권 제도가 도입되기도 했다.

필라델피아에서 미국 헌법이 만들어졌을 때만 해도 노예제도는 당연히 합헌으로 여겨졌고, 주마다 하원에서 몇 개의 의석을 분배받느냐를 두고 추악하기 그지없는 협상을 벌였다. 의석은 주 인구를 근거로 할당할 예정이었는데 남부 주 의회 대표들은 노예도 계산에 넣어달라고 요구했다. 북부 대표들은 고개를 저었다. 결국 하원 의석을 배분할 때 노예 한 명을 일반 자유민 대비 5분의 3명으로 인정하자고 타협하기에 이른다. 제헌 과정에서는 5분의 3 규칙 등 타협안이 도출되면서 북부와 남부의 갈등이 일단락되는 듯 보였지만 시간이 흐르면서 다른 수정안들이 추가되었다. 가령 새로운 주가 연방에 가입할 때 노예제도를 인정하지 않는 자유 주와 노예제도를 인정하는 노예 주를 동시에 가입시켜 상원에서 노예제도 찬반론자의 세력 균형을 유지하자는 미주리 협정Missouri Compromise도 마련되었다. 이런 미봉책들 덕분에 미합중국의 정치제도는 당분간 평화적으로 운용될 수 있었으나, 마침내 남북전쟁이 발발하면서 갈등은 결국 북부에 유리한 쪽으로 해소되었다.

남북전쟁은 많은 피를 흘렸고 재산 피해도 컸다. 하지만 남북전쟁 전후로 미합중국 인구의 상당수가 다양한 경제적 기회를 누렸다. 특히 남부와 서부에 살던 미국인이 큰 수혜를 입었다. 멕시코의 상황은 완전 딴판이었다. 1860년과 1865년 사이 미국은 5년간의 정치 불안을 겪었을 뿐이지만 멕시코는 독립 이후 50년 동안 거의 끊임없이 정치 불안에 시달려야 했다. 안토니오 로페스 데 산타 아나Antonio Lopez de Santa Ana의 경력을 살펴보면 당시 상황을 가장 잘 이해할 수 있다.

식민 관료 베라크루스Veracruz의 아들인 산타 아나가 처음 두각을 나타낸 것은 독립전쟁 당시 에스파냐 편 군인으로 싸우면서부터였다. 1821년 그는 이투르비데를 따라 에스파냐에 등을 돌린 이후로는 앞만 보고 달렸다. 1833년 5월에는 처음으로 멕시코 대통령으로 취임하지만 한 달도 채 안 되어 발렌틴 고메스 파리아스Valentín Gómez Farías에게 자리를 양보해야 했다. 고메스 파리아스가 권좌에 머무른 것은 고작 15일에 불과했다. 이후에는 산타 아나가 재집권했다. 하지만 그의 재집권 기간 역시 첫 번째만큼이나 짧았다. 7월 초에 다시 고메스 파리아스에 밀려나고 만 것이다.

산타 아나와 고메스 파리아스의 줄다리기는 산타 아나가 미겔 바라간Miguel Barragán에게 밀려난 1835년 중반까지 계속되었다. 그 이후에도 산타 아나의 도전은 계속되었다. 1839, 1841, 1844, 1847년 그리고 마지막으로 1853년에서 1855년까지 그는 대통령 자리에 앉았다. 총 열한 차례 대통령직을 맡은 산타 아나는 재임 동안 알라모Alamo와 텍사스 전투는 물론 치명적이었던 멕-미 전쟁Mexican-American War까지 패배를 거듭했다. 지금의 뉴멕시코와 애리조나 주를 미국에 넘겨준 것도 멕-미 전쟁에서 패했기 때문이었다. 1824년에서 1867년까지 멕시코에는 무려 52명의 대통령이 들어섰지만, 헌법 절차에 따라 합법적으로 권력을 쥔 인물은 거의 없었다.

유례없는 정치 불안으로 경제제도 및 경제적 인센티브가 제 기능을 할 수 없었던 결과는 불을 보듯 뻔했다. 정치 기반이 흔들리니 재산권도 대단히 불안했다. 멕시코 국가 권력도 극도로 악화될 수밖에 없었다. 과세하거나 공공서비스를 제공할 권위는 고사하고 그럴 능력도 턱없이 부족했다. 실제로 산타 아나가 멕시코의 대통령이었다고는 하지만 국토의 상당 부분이 그의 통제권 밖에 있었고, 미국이 텍사스를 합병할 수 있었던 것도 이런 배경 덕분이었다.

더군다나 앞서 살펴보았듯이 멕시코가 독립을 선언한 동기 자체가 식민통치 시절에 발달한 경제제도를 보호하기 위한 것이었다. 독일의 위대한 탐험가로 라틴아메리카를 연구한 지질학자 알렉산더 폰 훔볼트 Alexander von Humbolt가 멕시코를 '불평등의 나라country of inequality'라고 기록했던 것도 바로 이런 경제제도들 때문이었다. 멕시코의 불평등한 제도는 원주민을 착취하고 독점을 정당화하는 기반 위에 사회를 건립함으로써 대다수 민중의 경제적 인센티브와 일할 의욕을 꺾어버렸다. 19세기 전반, 미국이 산업혁명을 겪기 시작했을 때도 멕시코는 나날이 가난해졌을 뿐이다.

아이디어와 특허제도

산업혁명은 잉글랜드에서 시작되었다. 처음에는 수차, 나중에는 증기기관 등의 동력으로 움직이는 새로운 기계를 사용해 면직물 생산에 혁명을 일으킨 것이 산업혁명의 첫 번째 성과였다. 면 생산의 기계화는 직물에서 시작해 나중에는 다른 산업에서도 노동 생산성을 엄청나게 향상시켰다. 경제 전반에 걸쳐 기술적 돌파구의 원동력이 된 것은 다름 아닌 혁신이었고, 이런 혁신을 주도한 것은 자신들의 새로운 아이디어를 적극 실현하려고 애쓴 새로운 기업가 및 상인들이었다. 이렇게 꽃피기 시작한 산업혁명은 북대서양을 건너 미국에까지 확산되었다. 사람들은 잉글랜드에서 개발한 신기술을 채택하면 엄청난 경제적 기회를 맞이할 수 있을 것으로 생각했다. 또 스스로 발명품을 만들어보겠다는 의욕도 불살랐다.

이 발명품의 성격을 이해하려면 먼저 어떤 이들에게 특허가 주어졌는지 따져보아야 한다. 아이디어에 대한 재산권을 보호하는 특허제도는 1623년 잉글랜드 의회에서 독점법Statute of Monopolies이 통과되면서 체계화되었다. 독점법은 국왕의 자의적인 '특허증letters patent' 남발을 막기 위한 노력의 일환이었다. 왕에게 특허증을 하사받은 자는 특정 활동이나 사업을 수행할 독점적 권리를 가질 수 있었기 때문이다. 미국 특허제도에서 발견되는 특징을 살펴보면 놀랍게도 부유층과 엘리트층뿐 아니라 배경과 신분에 상관없이 온갖 다양한 이들이 특허권을 인정받았다는 사실을 알 수 있다. 특허 덕분에 큰 부를 축적한 사람도 적지 않았다. 축음기와 전구를 발명한 토머스 에디슨이 바로 그런 인물 중 하나였다. 그가 창립한 제너럴 일렉트릭General Electric은 지금까지도 세계 최대 규모의 기업 중 하나로 남아 있다. 에디슨은 일곱 자녀 중 막내로 태어났다. 아버지 새뮤얼 에디슨Samuel Edison은 지붕 널빤지 장사에서 재단사, 술집에 이르기까지 온갖 직업을 전전했다. 토머스 에디슨은 정규 교육을 받은 적이 거의 없고 집에서 어머니의 가르침을 받은 게 전부였다.

1820년에서 1845년 사이 미국에서 특허를 받은 사람 중 부모가 전문직 종사자이거나 유력한 지주 가문 출신인 경우는 19퍼센트에 불과했다. 같은 시기 특허를 받은 사람 중 40퍼센트는 에디슨처럼 기본 정규 교육밖에 받지 못한 이들이었다. 게다가 역시 에디슨처럼 사업을 시작할 때 걸핏하면 부모에게 손을 벌린 사람들이다. 19세기 미국은 세계 어느 나라보다 정치적으로만 민주적인 양상을 띤 것이 아니라 혁신에서도 민주적이었다. 이런 면이 세계에서 으뜸가는 경제 혁신을 이루는 나라로 성장하는 데 밑거름이 된 것은 두말할 나위가 없다.

근사한 아이디어를 떠올릴 만한 능력이 부족하다 해도 특허는 그리 어렵지 않게 받을 수 있었다. 특허 비용이 그다지 비싸지 않았기 때문이다. 하지만 그 특허를 이용해 돈을 벌기란 여간 어려운 일이 아니었다. 물론 특허를 다른 사람에게 팔아서 돈을 벌 수도 있었다. 초기에는 에디슨도 자본 조달을 위해 특허를 팔기도 했다. 4중 전신기Quadruplex telegraph (네 개의 메시지를 동시에 전송할 수 있는 전신기 – 옮긴이)를 1만 달러를 받고 웨스턴 유니언Western Union에 팔아넘기기도 했다. 하지만 특허 판매는 아이디어를 실현하는 시간에 차라리 좋은 아이디어를 쏟아내는 게 더 생산적인 에디슨 같은 사람에게나 어울리는 돈벌이 수단이었다(에디슨은 미국에서만 1,093개, 전 세계적으로는 1,500개의 특허를 받은 세계적인 기록을 세운 위인이니 두말할 나위가 없다). 특허로 돈을 버는 가장 실질적인 방법은 스스로 사업을 벌이는 것이었다. 하지만 창업을 하려면 자본이 필요했고, 그러려면 또 돈을 대출받을 은행이 있어야 했다.

이런 면에서도 미국의 발명가들은 운이 좋았다. 19세기에 걸쳐 급속도로 팽창한 금융 중개업과 은행업은 경제의 가파른 성장과 산업화를 이끄는 중대한 견인차 역할을 했다. 1818년에만 해도 미국에서 영업하던 은행은 겨우 338개로 총 자산도 1억 6,000만 달러에 불과했지만, 1914년 무렵에는 무려 2만 7,864개의 은행이 성업했으며 총 자산은 273억 달러에 육박했다. 꿈을 가진 미국의 발명가라면 진작부터 창업에 필요한 자금 조달이 수월했다는 뜻이다. 그뿐만 아니라 미국에서는 은행과 금융기관의 경쟁이 치열해서 상당히 낮은 금리로 자금을 빌릴 수 있었다.

이번에도 멕시코의 사정은 달랐다. 실제로 멕시코혁명Mexican Revolution이 발발한 1910년까지도 멕시코에서 영업한 은행은 42개에 불과했고 그중 두 곳이 총 은행 자산의 60퍼센트를 차지했다. 경쟁이 치열했던 미국과는 달리 멕시코 은행 간에는 사실 경쟁이랄 게 없었다. 경쟁할 필요가 없으니 은행은 고객에게 굉장히 높은 금리를 요구할 수 있었고, 대체로 엘리트층과 이미 부를 축적한 이들에게만 대출을 해주곤 했다. 엘리트층과 부유층은 그렇게 자금을 끌어다 경제 전반을 강하게 장악할 수 있었다.

19세기와 20세기 멕시코 은행 산업 형태에 직접적인 영향을 미친 것은 독립 이후 정치제도였다. 산타 아나 시대의 대혼란에 이어 나폴레옹 3세가 이끄는 프랑스 정부는 1864년에서 1867년에 이르는 동안 막시밀리안Maximilian을 황제로 내세워 멕시코의 식민통치를 시도했으나 뜻대로 되지 않았다. 프랑스인들은 쫓겨났고 새 헌법이 제정되었다. 베니토 후아레스Benito Juárez가 세운 정권은 그가 사망하자 세바스티안 레르도 데

테하다Sebastián Lerdo de Tejada가 물려받았지만 포르피리오 디아스Porfirio Díaz 라는 젊은 군인의 도전에 직면한다. 디아스는 프랑스와 맞서 싸우면서 전과를 올린 장군으로 권력에 대한 야심을 키우고 있었다. 반란군을 모은 그는 1876년 11월 테코악Tecoac 전투에서 정부군을 물리쳤다. 이듬해 5월 디아스는 대통령으로 선출되었다. 이렇다 할 부침 없이 멕시코를 다스리던 그의 정부는 갈수록 권위주의적인 모습으로 변질되더니 집권 34년 만에 혁명이 발발해 전복되고 말았다.

앞서 이투르비데 및 산타 아나와 마찬가지로 디아스 역시 군사령관으로 사회생활을 시작한 인물이었다. 물론 군인의 정계 입문 사례는 미국에서도 찾아볼 수 있다. 미국의 초대 대통령인 조지 워싱턴도 독립전쟁에서 큰 전과를 올린 장군이었다. 1869년 대통령이 된 율리시스 S. 그랜트Ulysses S. Grant도 남북전쟁 당시의 영웅으로 북군 총사령관을 지낸 인물이며, 1953년에서 1961년까지 대통령직을 맡은 드와이트 D. 아이젠하워 역시 제2차 세계대전 당시 유럽 연합군 최고 사령관 출신이었다. 하지만 이투르비데, 산타 아나, 디아스와 달리 이들 미국 군인 중 무력으로 집권한 경우는 단 한 명도 없었다. 정권을 내놓지 않으려고 무력을 사용한 적도 없으며, 모두 헌법을 준수했다. 멕시코 역시 19세기에 헌법이 있었으나 이투르비데, 산타 아나, 디아스는 이에 아랑곳하지 않았다. 이들은 하나같이 자신들이 집권한 것과 같은 방식으로 권좌에서 물러났다. 무력에 의해 쫓겨난 것이다.

디아스는 국민 소유의 광대한 토지를 몰수하기 위해 재산권을 침해했고 은행업 등 온갖 업종에서 자신의 측근에게 독점권과 특권을 부여했다. 그의 이런 행동은 낯설지 않은 것이었다. 에스파냐 정복자들이 자행했고 산타 아나가 답습한 행태를 디아스도 그대로 본받은 것이다.

멕시코보다 미국의 은행업이 경제 번영을 촉진하기에 대단히 유리했던 이유는 은행을 소유한 이들의 동기가 달랐기 때문이 아니다. 멕시코 은행업의 독점적 성향에서 강조되는 이윤 동기profit motive는 미국이라고 다를 게 없었다. 하지만 제도가 근본적으로 달랐기 때문에 미국의 이윤 동기는 적용 방식도 달랐다. 은행가가 직면하는 경제제도 자체가 달랐기 때문이다. 미국의 은행가는 경쟁이 훨씬 치열한 환경에서 사업을 해야 했다. 그 가장 큰 이유는 은행가를 규제하는 규율을 마련한 정치인 역시 사뭇 다른 인센티브에 직면해 있었기 때문이다. 정치인에게 인센티브를 제공하는 정치제도 또한 달랐다는 뜻이다.

실제로 미국 헌법이 시행된 직후인 18세기 후반에는 멕시코와 별반 다름없는 은행체제가 슬슬 시동을 걸었다. 정치인들은 국가가 독점하는 은행체제를 시도했다. 측근 및 후원자에게 독점권을 부여하고 그 대가로 독점에서 얻는 이윤을 나누어 갖길 바란 것이다. 곧 미국 은행들도 멕시코와 마찬가지로 자신들을 규제하는 정치인들에게 대출을 몰아주는 경향을 보였다.

하지만 미국에서는 이런 상황이 오래가지 못했다. 독점적인 은행을 만들려고 시도하는 정치인이라도 멕시코와 달리 선출직이어서 재선에 신경을 써야 했기 때문이다. 독점적인 은행을 만들어 자신이 대출을 받는다면 정치인에게는 이보다 수지맞는 장사가 없었다. 그러고도 무사하다면 말이다. 하지만 시민에게는 대단히 불리한 일일 수밖에 없다. 멕시코와 달리 미국에서는 시민이 정치인을 견제하고, 자신의 직위를 남용해 축재하거나 측근에게 독점권을 챙겨주는 이들을 제거해버릴 수 있었다. 결과적으로 독점적 은행체제는 무너질 수밖에 없는 운명이었다. 특히 멕시코와 비교해 미국에서는 정치적 권리가 워낙 광범위하게 분배되어 있어 누구나 동등하게 금융 서비스 및 대출을 활용할 수 있는 권리를 보장받았다. 이에 따라 아이디어를 내거나 발명품을 만들어낸 사람은 누구든 그 혜택을 볼 수 있었던 것이다.

경로의존성의 산물

1870년대와 1880년대, 세계는 변하고 있었다. 라틴아메리카도 예외는 아니었다. 포르피리오 디아스가 확립한 제도는 산타 아나 정권이나 에스파냐 식민통치 시절과는 분명한 차이가 있었다. 19세기 후반, 세계 경제는 호황을 누렸고 증기선과 철도 등 교통수단의 혁신으로 국제무역이 크게 확대되었다. 멕시코처럼 자원이 풍부한 나라(그런 나라의 상류층이라 해야 더 적합한 표현이겠지만)는 이런 세계화 물결을 타고 한창 산업화 과정을 겪고 있던 북아메리카 및 서유럽에 원자재와 천연자원을 수출해 부를 누릴 수 있었다는 뜻이다. 디아스와 그 측근은 과거와 달리 급변하는 세계에 살고 있었다. 이들은 멕시코 역시 변해야 한다는 사실을 깨달았다. 하지만 식민지제도를 철폐해 미국과 유사한 제도로 대체하겠다는 의도는 아니었다. 대신 오로지 원하는 방향으로만 이끌어 가는 '경로의존성path-dependent' 변화를 선택했다. 따라서 이미 라틴아메리카 대부분 나라에서 가난과 불평등을 초래하던 제도를 개혁하기는커녕 다음 단계에 맞게 손질했을 뿐이다.

세계화는 미 대륙의 방대한 열린 공간, 즉 '주인 없는 변경들open frontiers'의 가치를 높여주었다. 이런 미지의 변경에 주인이 없다는 것은 개척자들이 머릿속에 그리던 신화에 지나지 않았다. 실제로 그곳에 정착해 살던 원주민이 무자비하게 쫓겨난 것도 그런 신화를 완성하는 과정이었다. 여하튼 새삼 가치를 인정받게 된 열린 변경이라는 자원을 둘러싼 투쟁은 19세기 후반 아메리카 대륙의 형세를 결정짓는 중요한 과정 중 하나였다.

귀중한 변경이 갑작스레 열렸다고는 하나 미국과 라틴아메리카에서 똑같은 과정이 전개되기는커녕 서로의 간극은 도리어 전보다 크게 벌어졌다. 특히 토지 소유권과 관련해 그간 존재하던 제도적 차이가 라틴아메리카의 발목을 잡았다. 미국에서는 1785년 공유지 불하 조례Land Ordinance, 1862년 자영 농지법Homestead Act 등 잇따른 입법 활동 덕분에 변경의 미개척 토지를 많은 이들이 함께 향유할 수 있었다. 원주민이 뒷전으로 밀려나긴 했어도 평등하고 경제활동이 왕성한 개척시대가 열릴 수 있었던 이유다. 반면 라틴아메리카 대부분의 나라에서는 미국과 상이한 정치적 제도로 인해 전혀 다른 결과가 초래되었다. 정치권력자와 부유층, 연줄이 있는 자만 개척지의 과실을 누렸고, 그 덕분에 이들은 더 강대해질 수 있었다.

디아스 역시 국제무역을 방해하는 식민지 시절의 제도적 잔재를 대거 척결하기 시작했으나 이 또한 자신과 측근이 부를 축적할 수 있을 것이라 기대했기 때문이었다. 하지만 이마저도 리오그란데 북쪽에서 목격되던 경제 발전과는 거리가 멀었다. 그보다는 코르테스, 피사로, 데톨레도 등이 그러했듯이 엘리트층만 큰돈을 벌고 나머지는 배제되는 불공정한 모형에 가까웠다. 엘리트층의 투자로 경제가 다소 성장하는 듯 보여도 그런 경제적 성장은 늘 실망스러운 수준에 그치기 마련이었다. 또 새로운 질서가 도래하면 권리를 갖지 못한 이들은 희생되기 일쑤였다. 노갈레스 내륙 소노라 사막에 살던 야키족Yaqui도 그런 사례였다.

1900년에서 1910년 사이 3만 명에 달하는 야키족이 추방되었을 것으로 추정된다. 결과적으로 이들은 노예로 전락해 유카탄Yucatan반도 특산물인 헤네켄Henequen 농장에서 강제노역에 시달렸던 것이다(헤네켄 섬유는 밧줄과 노끈의 원료로서 수출 효자 품목이었다).

멕시코를 비롯하여 라틴아메리카의 성장을 저해하는 특유의 제도적 패턴은 20세기까지도 질긴 생명력을 자랑했다. 19세기와 마찬가지로 권력의 열매를 차지하기 위한 집단 투쟁이 끊이지 않았던 것도 바로 그런 제도적 패턴 때문이었다. 지속적인 권력 투쟁으로 경제는 답보 상태를 면치 못했고, 정치는 늘 불안했으며, 내전과 쿠데타가 빈번했다. 마침내 디아스가 혁명 세력에게 권력을 내준 것은 1910년의 일이었다. 멕시코혁명이 성공하자 1952년 볼리비아, 1959년 쿠바, 1979년 니카라과 등에서도 비슷한 혁명이 잇따랐다.

한편 콜롬비아, 엘살바도르, 과테말라, 페루 등지에서는 내전이 끊이지 않았다. 이와 함께 볼리비아, 브라질, 칠레, 콜롬비아, 과테말라, 페루, 베네수엘라 등 대규모 농지 개혁이 시행된(또는 그런 개혁이 시도된) 나라의 국민은 자산 몰수 또는 몰수 위협에 밤낮으로 시달려야 했다. 혁명, 재산 몰수 및 정치 불안은 군사정권 등 다양한 형태의 독재로 이어졌다. 정치적 권리가 점진적으로 보장되었지만, 라틴아메리카 대부분의 나라가 민주화된 것은 1990년대 들어서였고, 민주화가 된 이후에도 여전히 정치 불안에 시달렸다.

정치 불안과 함께 민중은 억압과 대량 학살로 신음했다. 1991년 칠레의 진실과 화해를 위한 국가위원회 보고서National Commission for Truth and Reconciliation Report에 따르면 1973년에서 1990년에 이르는 피노체트Pinochet 독재정권 시설 정치적인 이유로 살해된 사람은 무려 2,279명에 달한다.

감옥에 들어가 고문을 당한 사람만도 5만 명에 이르며 수십만 명이 일자리를 잃은 것으로 추정된다. 1999년 과테말라의 국가 역사 규명위원회 보고서^{Commission for Historical Clarification Report}는 이름이 알려진 피해자만 4만 2,275명에 이른다고 밝혔지만, 1962년에서 1996년 사이 많게는 20만 명이 살해되었다고 주장하는 이들도 있다. 이 중 7만 명은 에프라인 리오스 몬트^{Efraín Ríos Montt} 장군 정권하에서 발생한 희생자들이다. 이런 범죄를 자행하고도 그는 처벌을 받기는커녕 2003년 대통령 선거에도 출마했다. 그가 당선되지 않은 것은 그나마 천만다행이었다. 아르헨티나의 국가 실종자 조사위원회^{National Commission on the Disappearance of Persons}는 1976년에서 1983년까지 군부의 손에 살해된 희생자 수를 9,000명으로 추정하면서도 실제 사망자 수는 더 많을지도 모른다고 발표했다(인권단체들은 대개 3만 명 정도가 희생되었다고 추산한다).

다른 길을 걸은 두 억만장자

지금까지 살펴본 바와 같이 오늘날 미국과 멕시코가 사뭇 다른 양상을 보이는 것은 식민지 사회의 조직과 그 사회가 남긴 제도적 잔재가 끈질기게 살아남았기 때문이다. 빌 게이츠와 카를로스 슬림^{Carlos Slim}이 세계 최고의 갑부가 된 과정만 살펴보아도(워런 버핏^{Warren Buffet}도 경쟁자 중 한 명이다) 그 차이를 쉽게 이해할 수 있다.

빌 게이츠와 마이크로소프트의 성공사례는 잘 알려져 있다. 하지만 1998년 5월 8일 미 법무부는 게이츠가 세계 최고의 부자인 데다 세상에서 기술적으로 가장 혁신적인 회사의 창업자라는 사실에 아랑곳하지 않고 마이크로소프트의 독점적 권력 남용을 주장하며 민사 소송을 제기했다. 마이크로소프트가 자사의 웹브라우저인 인터넷 익스플로러를 윈도 운영체제와 함께 끼워 팔았다는 점을 가장 큰 문제로 지목했다. 정부는 그 이전부터 게이츠를 예의주시하고 있었으며, 일찍이 1991년 연방 거래위원회Federal Trade Commission도 마이크로소프트의 PC 운영체제에 대한 독점적 지위 남용 여부를 조사한 바 있었다. 2001년 11월, 마이크로소프트는 법무부와 타협하기에 이른다. 많은 이들이 기대하는 것보다 가벼운 처벌에 그쳤지만, 마이크로소프트의 날개가 꺾이는 순간이었다.

멕시코에서 카를로스 슬림에게 부를 가져다준 것은 혁신이 아니었다. 그는 초반부터 주식 거래 및 적자 기업을 인수해 회생시키는 능력에서 탁월한 수완을 보였다. 그의 가장 큰 성과는 1990년 카를로스 살리나스 대통령이 민영화한 멕시코 독점 통신회사 텔멕스Telmex의 인수였다. 1989년 9월, 정부는 보통주 51퍼센트(전체 발행 주식의 20.4퍼센트)를 매각하겠다고 발표했고, 1990년 11월 경쟁 입찰을 시행했다. 슬림이 최고가를 제시하지 않았음에도 그가 이끄는 그루포 카르소Grupo Carso 컨소시엄이 낙찰을 받았다. 슬림은 당장 대금을 치르는 대신 지급을 계속 미루다가 텔멕스의 배당금을 사용해 대금을 납입했다. 한때 국영 독점기업이었던 텔멕스는 슬림의 독점기업으로 전락했고, 그에게 엄청난 수익을 안겨주었다.

지금의 카를로스 슬림을 있게 한 멕시코의 경제제도는 미국과 딴판이다. 멕시코 기업가는 창업 단계부터 번번이 진입 장벽에 부딪힌다. 값비싼 면허 비용을 치러야 하는 것은 물론 번잡한 행정 절차에 시달려야 하고 정치인과 기존 사업자의 견제를 받아야 하는 데다 경쟁을 벌여야 할 기존 사업자와 결탁한 금융기관으로부터 자금을 조달받기도 여간 어려운 것이 아니다. 이런 진입 장벽은 어느 편에 서느냐에 따라 수익성 높은 사업에 아예 진출조차 못하게 막는 난관이 될 수도 있고, 경쟁자를 옴짝달싹 못하게 하는 철통같은 방책이 될 수도 있다. 물론 연줄과 영향력 행사 가능성에 따라 시나리오가 갈린다. 또 누구를 뇌물로 구워삶을 수 있느냐도 당연히 중요한 역할을 한다. 수완 좋고 야심이 대단한 카를로스 슬림은 레바논 이민자 출신이라는 비교적 평범한 배경에도 불구하고 독점적 계약을 따내는 데 탁월한 능력을 발휘했다. 노다지나 다름없는 멕시코 통신시장을 독점하더니 더 나아가 라틴아메리카까지 손을 뻗친 것이다.

슬림이 텔멕스를 독점기업으로 키우는 과정에서 도전이 없었던 것은 아니다. 하지만 그런 도전은 모조리 실패로 돌아갔다. 1996년 장거리전화 사업자인 아반텔Avantel은 멕시코 공정거래위원회Mexican Competition Commission에 텔멕스가 통신시장에서 지배적인 입지를 구축하고 있는지 밝혀달라고 청원했다. 1997년, 위원회는 텔멕스가 시내전화, 국내 장거리전화, 국제 장거리전화 등의 부문에서 상당한 독점적 지위를 누리고 있다는 결정을 내렸다.

하지만 이런 독점을 규제하려는 멕시코 당국의 시도는 무위에 그쳤다. 그 이유 중 하나는 슬림과 텔멕스가 이른바 문자 그대로 '구제 청원appeal for protection'이라 번역할 수 있는 레쿠르소 데 암파로recurso de amparo라는 헌법소원을 제기했기 때문이다. 암파로는 쉽게 말해 특정 법이 자신에게 적용되지 않는다고 주장하는 청원을 가리킨다. 암파로라는 개념은 1857년 멕시코 헌법으로 거슬러 올라간다. 본디 개인의 권리와 자유를 보호하기 위한 안전장치로 마련된 것이었지만 텔멕스를 비롯하여 멕시코 독점사업자에게는 독점적 권력을 강화하는 가공할 만한 도구로

변질되었다. 민중의 권리를 보호하기는커녕 법 앞에 만인이 평등하다
는 기본 이념에 커다란 구멍을 뚫어놓은 꼴이었다.

슬림이 멕시코 경제에서 막대한 부를 축적한 것은 대체로 정치적 인
맥을 활용할 수 있었기 때문이었다. 미국에 진출해서는 별다른 성공을
거두지 못했다. 1999년 슬림의 그루포 카르소는 컴퓨터 유통업체 콤프
유에스에이CompUSA를 사들였다. 당시 콤프유에스에이는 멕시코에서 자
사 상품을 판매할 수 있는 독점사업권을 COC 서비스COC Services라는 회
사에 부여한 상태였다. COC와 경쟁할 생각이 전혀 없었던 슬림은 자신
만의 유통 체인을 구축하기 위해 곧바로 이 계약을 위반했다. 그러자
COC는 콤프유에스에이를 상대로 댈러스 법원에 소송을 제기한다. 댈
러스에는 멕시코와 같은 암파로 헌법 소원제도가 없었기 때문에 슬림
은 소송에서 패했고 4억 5,400만 달러의 벌금을 물었다. COC의 변호인
인 마크 워너는 훗날 "이번 평결에 담겨 있는 의미는 아무리 세계화된
경제 환경이라지만 미국에서 사업하려는 기업은 미국의 규칙을 따라야
한다는 것"이라고 평가했다. 슬림이 미국 제도하에서 사업을 하려 했을
때는 그가 일반적으로 사용하던 돈벌이 전략이 먹혀들지 않았다는 뜻
이다.

세계 불평등 이론을 제기하며

우리는 불평등한 세상에 살고 있다. 나라 간의 차이는 규모가 더 클
뿐 허리가 잘린 노갈레스 시의 사정과 크게 다르지 않다. 부자 나라에서
는 개인들이 더 건강하고 오래 살며 교육도 잘 받는다. 또 휴가나 직업

같은 가난한 나라 사람이 꿈에서나 그려볼 수 있는 혜택과 선택권을 누리고 산다. 부자 나라 사람이 차를 모는 도로는 여기저기 푹푹 패여 있지도 않다. 이들은 자기 집에서 화장실과 전기, 수돗물을 마음껏 쓸 수 있다. 또 그런 나라의 정부는 대개 멋대로 사람을 체포하거나 괴롭히지도 않는다. 부자 나라 정부는 오히려 교육, 보건, 도로망, 법질서 등 공공서비스를 제공한다. 특히 주목해야 할 것은 시민이 선거에서 투표권을 행사해 자신의 나라가 정치적인 면에서 어느 방향으로 나아가야 하는지 일정 수준 발언권을 행사할 수 있다는 사실이다.

세계 불평등으로 비롯되는 이런 엄청난 차이는 누구에게나 자명하다. 텔레비전과 인터넷이 없는 가난한 나라의 사람들도 이런 차이를 모르지 않는다. 바로 이런 차이를 인지하고 피부로 느끼기 때문에 가난한 나라 사람이 부자 나라의 생활수준과 기회를 경험하기 위해 리오그란데와 지중해를 불법적으로 건너는 것이다. 이런 불평등은 가난한 나라에 사는 개인의 삶에 영향을 미치는 것에 그치지 않고, 불만과 분노를 조장해 미국 등 다른 나라에서도 무시 못할 정치적 파문을 불러일으키기 마련이다. 왜 이런 차이가 존재하고 발생하는지 그 원인을 이해하자는 것이 이 책의 주된 목적이다. 물론 그런 이해에 도달하는 것에서 그치지 말아야 한다. 이는 여전히 빈곤에 시달리고 있는 수십억 인구의 삶을 개선해줄 방법에 대해 더 실효성 있는 아이디어를 도출해내는 첫걸음일 뿐이다.

담장 하나로 엇갈린 두 노갈레스의 엄청난 괴리는 빙산의 일각일 뿐이다. 나머지 멕시코 북부 지역도 마찬가지지만 전부가 합법적인 것은 아니더라도 노갈레스의 주민은 미국과 무역을 통해 수혜를 입으며 연평균 가계소득이 5,000달러에 불과한 다른 멕시코 사람보다는 더 나은 삶을 사는 게 사실이다. 소노라 주 노갈레스가 이처럼 비교적 크게 번성할 수 있었던 것은 산업단지에 집결해 있는 마킬라도라maquiladora(값싼 노동력을 활용해 멕시코에서 제품을 조립해 수출하는 외국계 공장 – 옮긴이) 제조공장 덕분이다.

그 첫 번째 공장은 캘리포니아 바구니 생산업체를 운영하는 리처드 캠벨Richard Campbell, Jr.이 세웠다. 처음으로 공장을 임대한 것은 애리조나 주 노갈레스에서 아틀리Artley라는 플루트 및 색소폰 제조업체를 운영하는 리처드 보스Richard Bosse의 코인 아트Coin-Art로 악기 제조업체였다. 뒤를 이어 메모렉스Memorex(컴퓨터 주변기기), 아벤트Avent(병원용품), 그랜트Grant(선글라스), 체임버레인Chamberlain(시어즈Sears에 차고 문 개방장치 납품), 샘소나이트Samsonite(여행가방) 등이 둥지를 틀었다. 무엇보다 이들 모두 미국에 기반을 두고 미국 자본과 노하우를 활용하는 기업이자 사업가였다는 사실이 의미심장하다. 결국 소노라 주 노갈레스가 멕시코의 다른 지역에 비해 번성할 수 있었던 것도 외부 도움 덕분이었다는 것이다.

미국과 멕시코의 차이는 지구촌 전체에서 발견되는 불평등에 비하면 비교적 적은 게 사실이다. 평균적인 미국 시민은 평균적인 멕시코 시민에 비해 일곱 배는 더 잘산다. 하지만 페루나 중앙아메리카 지역과 비교하면 그 수준은 열 배로 뛴다. 사하라 이남 지역의 아프리카 사람에 비하면 20배에 달하고 가장 가난한 말리, 에티오피아, 시에라리온과 견주어보면 무려 40배는 더 잘산다. 아직 그 수가 많지 않지만, 부자 나라 클럽 회원국 수는 날로 늘고 있다. 그 대부분은 유럽과 북아메리카에 있고, 호주, 일본, 뉴질랜드, 싱가포르, 한국, 대만 등도 속속 부자 클럽에 가입하고 있다. 이런 나라의 시민은 지구촌 다른 지역 거주자와는 사뭇 다른 삶을 누리고 있는 것이다.

애리조나 주 노갈레스가 소노라 주 노갈레스보다 부유한 이유는 간단하다. 국경을 사이에 두고 양쪽에서는 전혀 다른 제도가 시행되고 있고, 그에 따라 애리조나 주 노갈레스와 소노라 주 노갈레스 주민에게 부여되는 인센티브도 사뭇 달라질 수밖에 없기 때문이다. 미국이 오늘날 멕시코나 페루보다 한층 부유한 것도 기업가, 개인, 정치인 모두에게 인센티브를 제공하는 정치·경제적인 제도가 마련되어 있기 때문이다. 모든 사회는 국가와 시민이 함께 만들고 집행하는 정치·경제적 규율에 따라 제 기능을 수행한다. 경제제도는 교육을 받고, 저축과 투자를 하며, 혁신을 하고 신기술을 채택하는 등 경제적 인센티브를 제공한다. 국민이 어떤 경제제도하에서 살게 될지는 정치 과정을 통해 결정되며, 이 과정의 기제를 결정하는 것이 바로 정치제도다.

가령 한 나라의 정치제도는 시민이 정치인을 통제하고 그들의 행위에 영향을 미칠 수 있는 능력을 결정한다. 불완전하나마 정치인이 시민의 대리인 역할을 착실히 수행할지는 바로 그런 능력으로 결정된다. 시민에게 그럴 능력이 없거나 부족하다면 정치인은 주어진 또는 찬탈한 권력을 남용하거나 자신의 부를 축적하며 시민의 이익을 저버리고 자기 잇속만 챙길 수도 있다. 정치제도에는 국가가 사회를 규제하고 다스릴 권한과 역량도 포함된다. 사회 전반에 정치권력이 분배되는 방식을 결정하는 요소들 역시 폭넓게 고려할 필요가 있다. 특히 다양한 그룹이 결탁해 집단 이익을 추구하거나 다른 집단의 이익 추구를 가로막을 힘을 키우는지 주시해야 한다.

제도는 일상생활과 인센티브에 영향을 미치므로 국가의 영고성쇠 역시 결정한다. 사회의 어느 한구석 개인의 재능이 중요하지 않은 곳이 없으나 그런 재능이 긍정적인 힘으로 발전하려면 그럴 만한 제도적 틀이 마련되어 있어야 한다. 마이크로소프트는 미국의 경제성장을 견인하는 역동적인 정보기술산업의 첨병 역할을 해왔다. 빌 게이츠는 정보기술 업계의 다른 전설적인 인물들(폴 앨런Paul Allen, 스티브 발머Steve Ballmer, 스티브 잡스Steve Jobs, 래리 페이지Larry Page, 세르게이 브린Sergey Brin, 제프 베조스Jeff Bezos)과 마찬가지로 비상한 재능과 야심을 가졌던 인물이다.

하지만 빌 게이츠도 궁극적으로 인센티브에 반응한 것이었다. 게이츠 등은 미국의 경제제도 덕분에 자신의 재능을 발휘할 만한 독보적인 기술을 습득할 수 있었다. 이들이 극복 불가능한 장벽에 부딪히지 않고 손쉽게 회사를 차릴 수 있었던 것도 경제제도 덕분이었다. 그런 제도 덕분에 사업자금을 조달하는 데도 무리가 없었다. 미국 노동시장은 유능한 인재를 공급해주었고 비교적 경쟁적인 시장 환경은 사세를 확장하고 제품을 널리 판매할 수 있게 해주었다. 이 기업가들은 애초부터 자신이 꿈꾸는 사업이 실현 가능하다는 사실을 알고 시작한 것이다. 이들은 제도와 그 제도가 만들어놓은 법질서를 믿었기 때문에 자신의 재산권이 침해될지 모른다는 걱정도 하지 않았다.

마지막으로 안정과 계속성을 보장해준 것은 정치제도였다. 정치제도는 한편으로 독재자가 집권해 시장 환경을 지배하는 규칙 자체를 바꿔버리고 이들의 재산을 몰수한 다음 감옥에 보내버리거나 목숨과 생계를 위협할 위험을 제거해주었다. 또 한편으로는 사회 특정 이익집단이 정부를 경제적 재앙으로 몰고 가지 못하도록 막아주었다. 이런 기능이 가능한 것은 정치권력 자체가 제한적이고 워낙 광범위하게 분배되어 있어 번영의 밑거름인 인센티브를 창출하는 경제제도가 태동할 수 있기 때문이다.

이 책은 한 나라의 빈부를 결정하는 데 경제제도가 핵심적인 역할을 하지만, 그 나라가 어떤 경제제도를 갖게 되는지를 결정하는 것은 정치와 정치제도라는 사실을 강조한다. 궁극적으로 미국의 좋은 경제제도는 1619년 서서히 부상한 정치제도에서 비롯되었다. 정치 및 경제 제도의 상호작용이 한 나라의 빈부를 결정한다는 것이 우리가 제시하는 세계 불평등 이론의 골자다. 또 지구촌 각 나라가 어떤 연유로 지금과 같이 서로 다른 제도를 갖게 되었는지 역시 이 이론으로 설명할 수 있다.

간단히 살펴본 아메리카 대륙의 역사만 보더라도 어떤 힘에 의해 정치·경제 제도가 만들어지는지 가늠해볼 수 있다. 오늘날 제도가 서로 다른 패턴을 보이는 이유는 과거 역사에서 그 뿌리를 찾아야 한다. 일단 사회가 특정한 방식으로 조직된 이후에는 그런 경향이 지속되는 관성을 보이기 때문이다. 이 또한 정치·경제 제도의 상호작용에서 비롯된다는 사실을 살펴볼 것이다.

세계 불평등을 제거하고 가난한 나라를 부유하게 하는 것이 그토록 어려운 이유도 그런 관성과 그 관성을 유발하는 힘 때문이다. 두 노갈레스 시 및 멕시코와 미국의 차이가 근원적으로 다른 제도에서 비롯된다고 해서 멕시코인이 그런 제도를 개혁해야 한다며 한목소리를 낼 거라는 뜻은 아니다. 사회가 경제성장과 시민의 복지에 가장 좋은 제도를 발전시키고 채택하라는 법은 없다. 정치와 정치제도를 장악하고 있는 이들이 더 큰 이익을 취할 수 있는 제도도 있기 때문이다. 권력층 같은 사회 일부 계층은 어떤 제도를 남겨놓고 어떤 제도를 바꿔야 하는지 의견을 달리하는 경우가 적지 않다. 카를로스 슬림은 정치적 연줄이 끊기고 자신의 사업을 보호해주던 진입 장벽이 무너지는 것을 달가워할 리 없다. 새로운 기업이 진입하면 다른 수백만 멕시코인이 윤택한 삶을 누릴 수 있다는 가능성 따위는 안중에도 없을 것이다. 정치를 통해 사회를 지배하는 규율을 만드는 것도 사회가 그런 합의를 이룰 수 없기 때문이다. 누가 권력을 쥐고 그 권력을 어떻게 행사하는지가 중요한 이유다.

카를로스 슬림은 원하는 것을 얻을 수 있는 권력을 쥐고 있다. 반면 빌 게이츠의 권력은 자신의 사유재산에 해당하는 회사나 개인자산에 관해서가 아니라면 이보다 극히 제한적이다. 우리의 이론이 경제뿐 아니라 정치(또는 정치·경제적인 측면)에 주목하는 이유다. 이 이론은 나라의 성패를 가르는 제도의 효과에 대한 것이다. 그런 면에서는 빈곤과 번영의 경제학이라 할 수 있다. 또 제도가 어떻게 결정되고 시간에 따라 어떻게 변화하며, 수많은 국민을 빈곤과 도탄에 빠뜨리는데도 바뀌지 않는 이유를 살펴본다. 이런 면에서는 빈곤과 번영의 정치학이라 할 만하다.

맞지 않는
이론들

2장

세계 불평등을 이해하려면 일부 사회가 왜 그토록 비효율적이고
바람직하지 못한 방식으로 짜여 있는지 이해할 필요가 있다.
가난한 나라는 무지나 문화적 요인이 아니라,
권력자들의 빈곤을 조장하는 선택 때문에 잘못된다.

빈곤과 번영, 성장의 패턴

이 책의 주목적은 세계 불평등과 조금만 들춰보아도 어딜 가나 그 안에서 쉽게 발견되는 패턴을 설명하는 것이다. 가장 먼저 지속적인 경제 성장을 경험한 것은 잉글랜드다. 또는 1707년 잉글랜드, 웨일스, 스코틀랜드가 연합해 탄생한 그레이트브리튼(또는 간단히 브리튼)이라고 할 수도 있다. 대단한 기술적 혁신들이 산업에 응용된 산업혁명이 뿌리를 내리면서 18세기 후반 서서히 성장 가능성이 고개를 들기 시작했다.

잉글랜드의 산업화에 이어 머지않아 서유럽과 미국 대부분 지역에서도 산업화가 전개되었다. 잉글랜드의 번영은 캐나다, 호주, 뉴질랜드 등 다른 잉글랜드 '정착 식민지들'로 빠르게 확산되었다. 일본, 싱가포르, 한국과 함께 이들은 오늘날 가장 잘사는 30개 나라 명단에 올라 있다. 언급한 아시아 3개국의 번영은 대만에 이어 중국까지 최근 급성장을 경험한 동아시아 국가 전반에서 발견되는 패턴의 일부라 할 수 있다.

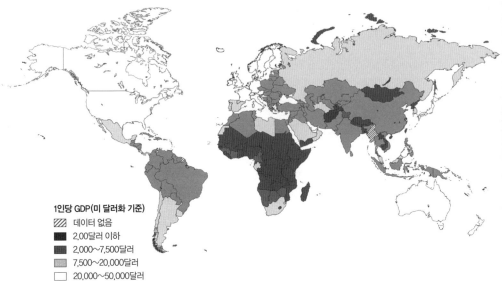

1인당 GDP(미 달러화 기준)

⬚⬚ 데이터 없음
■ 2,00달러 이하
▨ 2,000~7,500달러
▨ 7,500~20,000달러
□ 20,000~50,000달러

지도 3 2008년 세계 빈부 현황

　지구촌을 소득수준으로 나눠보면 그 하단부를 차지하는 절대 빈곤을 겪고 있는 나라들이 상단부만큼 뚜렷하고 분명하게 구별된다. 가장 못 사는 30개 나라를 꼽아보면 거의 모두 사하라 이남 아프리카에서 발견된다. 아프가니스탄, 아이티, 네팔 등 아프리카 이외의 나라도 있지만, 앞으로 살펴보듯 모두 근본적인 공통점을 갖고 있다. 시계추를 50년만 돌려놓아도 상단 30개국과 하단 30개국의 사정이 크게 다르지 않았다. 싱가포르와 한국은 가장 부유한 나라가 아니었고 하단 30개국에도 여러 다른 나라가 자리 잡고 있었을 것이다. 하지만 우리 눈에 비친 큰 그림은 예나 지금이나 놀라우리만치 일관된 모습을 보였을 것이다. 시계추를 100년이나 150년 뒤로 돌려도 양극단에 거의 비슷한 속성의 나라가 발견되었을 것이다.

〈지도 3〉은 2008년의 세계 빈부 현황을 보여준다. 가장 짙은 색이 지구촌 최빈국으로 1인당 평균 소득이 2,000달러를 밑돈다. 아프리카 나라 대부분이 여기 속하고 아프가니스탄, 아이티, 그리고 동남아시아 일부(캄보디아와 라오스 등)도 포함된다. 북한도 이런 최빈국 중 하나다. 흰색이 가장 부유한 나라로 연평균 1인당 소득이 2만 달러를 웃돈다. 누구나 알아챌 수 있겠지만 북아메리카, 서유럽, 호주 등이 여기 속한다.

아메리카 대륙에서는 또 다른 흥미로운 패턴이 눈에 띈다. 아메리카 대륙의 나라를 가장 부유한 나라에서 가장 가난한 나라 순으로 순위를 매겨보면 맨 꼭대기에 미국과 캐나다가 있고, 그 뒤를 이어 칠레, 아르헨티나, 브라질, 멕시코, 우루과이, 또 유가 등락에 따라 베네수엘라가 상위권을 차지할지 모른다. 콜롬비아, 도미니카공화국, 에콰도르, 페루 등이 허리 부분에 해당하고 맨 아래쪽에는 도드라지게 훨씬 더 가난한 볼리비아, 과테말라, 파라과이 등이 자리를 잡게 된다. 50년 뒤로 돌아가도 순위는 같다. 100년 전이라고 다를 게 없다. 150년 전이라도 결과는 같다. 다시 말해 단순히 미국과 캐나다가 라틴아메리카보다 잘사는 것이 아니라 라틴아메리카 내에서도 빈부의 분명한 경계선이 굳어져 있다는 뜻이다.

마지막 흥미로운 패턴은 서아시아에서 발견된다. 상위 30개국에 버금가는 소득수준을 자랑하는 사우디아라비아와 쿠웨이트 등 산유국이 있지만, 유가가 하락하면 이런 나라조차 순위가 곤두박질친다. 원유가 거의 또는 아예 없는 이집트, 요르단, 시리아 등 동부권 나라의 소득은 과테말라와 페루에 비견될 정도로 고만고만한 수준이다. 중앙아메리카와 안데스산맥 나라처럼 서아시아 지역 나라도 원유가 없다면 가난하기는 마찬가지라는 뜻이다. 하지만 사하라 이남 지역만큼 가난하지는 않다.

오늘날 우리가 지구촌에서 목격하는 번영의 패턴이 끈질기게 이어지기는 해도 아예 변하지 않거나 영원히 사라지지 않는 것은 아니다. 먼저 앞서 강조했듯이 오늘날 세계 불평등은 대체로 산업혁명을 기점으로 18세기 후반 태동한 것이다. 18세기 중반까지만 해도 빈부격차는 그리 크지 않았으며 이후 안정을 유지해온 국부 순위 역시 역사를 더 거슬러 올라가면 다른 양상을 보인다. 아메리카 대륙을 예로 들면 지난 150년 동안 국부 순위는 500년 전과 비교하면 사뭇 다른 모습이다. 둘째, 지난 수십 년 동안 고속 성장을 경험한 나라가 수두룩하다. 제2차 세계대전 이후 동아시아 대부분이 그렇고 최근에는 중국도 그런 경험을 하고 있다. 고속 성장을 구가하던 나라가 훗날 도리어 뒷걸음질을 치는 경우도 적지 않다. 이를테면 아르헨티나는 1920년까지 50년 동안 고속 성장을 거듭해 세계에서 가장 부유한 나라 중 하나로 발돋움했지만, 이후 장기 마이너스 성장 추세를 면치 못하고 있다. 구소련은 더 특기할 만한 사례다. 1930년에서 1970년까지 고속 성장을 했지만, 그만큼이나 빠르게 몰락한 바 있다.

빈곤과 번영, 성장 패턴이 이토록 크게 차이가 나는 것은 어떤 연유에서일까? 서유럽 국가와 유럽 정착민으로 붐볐던 식민지 해방 국가들이 19세기 이래 거의 후퇴하지 않고 성장을 거듭하는 까닭은 무엇일까? 아메리카 대륙의 불평등 순위가 요지부동인 이유는 무엇일까? 동남아시아 나라 대부분이 눈부신 고속 성장을 경험하는 동안 왜 사하라 이남 아프리카와 서아시아 지역 나라들은 서유럽에서 볼 수 있는 형태의 경제 성장을 이루지 못한 것일까?

세계 불평등이 워낙 엄청나고 부작용이 많은 데다 극명하게 드러나는 패턴들이 존재하는 것으로 미루어 그 원인에 대한 보편타당한 설명이 이미 오래전에 제기되었을 것이라 여길지도 모른다. 사실은 그렇지 못하다. 사회과학자들이 빈부격차의 기원으로 제시한 대부분의 가설은 맞지 않을 뿐더러 이런 형세를 설득력 있게 설명해주지도 못한다.

지리적 위치 가설

세계 불평등의 원인에 대해 가장 널리 받아들여지는 이론은 극심한 빈부격차가 지리적 위치의 차이에서 비롯된다는 지리적 위치 가설 geography hypothesis이다. 아프리카, 중앙아메리카, 남아시아 등 상당수 가난한 나라가 북회귀선과 남회귀선 사이의 열대 지역에 자리 잡고 있다. 반면 잘사는 나라는 대개 온난한 지역에 둥지를 틀고 있다. 빈곤과 번영이 이처럼 지리적으로 편중되다 보니 지리적 위치 가설이 언뜻 그럴듯해 보이는 게 사실이다. 실제로 지리적 위치 가설을 자신의 이론과 견해를 피력하는 토대로 삼는 사회과학자와 전문가가 적지 않다. 하지만 신봉하는 이가 많다고 해서 옳은 이론은 아니다.

가깝게는 18세기 후반, 위대한 프랑스 정치철학자 몽테스키외가 빈곤과 번영의 지리적 편중 현상에 주목하고 이에 대한 설명을 시도했다. 그는 열대기후에 사는 사람이 게으르고 호기심이 부족한 경향이 있다고 주장했다. 그 결과 일을 하지 않고 혁신적이지도 못하기 때문에 가난하다는 것이다. 몽테스키외는 또 가난한 사람이 절대군주의 지배를 받기 십상이라고 말한다. 마치 열대 지역이라는 지리적 위치 요인 하나로 빈곤은 물론 걸핏하면 들어서는 절대주의 정권 등 경제적 실패에 따른 일부 정치 현상까지 설명할 수 있다는 주장과 다름없다.

더운 나라는 태생적으로 가난할 수밖에 없다는 이론은 싱가포르, 말레이시아, 보츠와나 등 최근 경제가 급성장하는 나라들이 그 모순을 시사해주는데도 경제학자 제프리 삭스Jeffrey Sachs 등 일각에서 여전히 강력한 지지를 받고 있다. 좀 더 최근에 다듬어진 이론은 노동 의욕과 사고 과정에 대한 기후의 직접적 영향보다 다른 두 가지를 강조한다. 첫째, 특히 말라리아와 같은 열대성 질병이 건강을 해치고 그에 따라 노동 생산성에 막대한 악영향을 끼친다는 주장이다. 둘째, 열대 토양은 농업 생산성을 떨어뜨린다고 강조한다. 그래 봤자 결론은 다르지 않다. 온대 지역이 열대 내지 아열대 지역에 비해 비교우위가 있다는 것이다.

기후나 질병 또는 지리와 관련된 어떤 면을 강조하든 지리적 위치 가설로 세계 불평등을 설명할 수는 없다. 노갈레스 사례만 보더라도 금세 알아챌 수 있다. 두 도시를 갈라놓는 것은 기후도, 지리적 위치도, 발병 환경도 아닌 미국과 멕시코의 국경이다.

남북 노갈레스, 남북한, 베를린 장벽 철폐 이전 동서독의 차이를 설명하지 못하는 지리적 위치 가설이 과연 북아메리카와 남아메리카의 차이를 설명하는 데 쓸모가 있을까? 유럽과 아프리카의 차이를 설명할 수 있을까? 천만의 말씀이다.

경제적 성패와 기후나 지리적 위치 사이에 확연하고 지속적인 상관관계가 존재하지 않는다는 사실은 역사를 통해서도 잘 알 수 있다. 가령 열대 지역이 온대 지역보다 늘 가난했던 것도 아니다. 1장에서도 살펴보았지만, 콜럼버스가 아메리카 대륙을 정복할 당시만 해도 오늘날 멕시코, 중앙아메리카, 페루, 볼리비아가 속한 북회귀선 이남과 남회귀선 이북 지역에는 아즈텍과 잉카문명이 찬란하게 꽃피고 있었다. 이들 제국은 정치적으로 고도의 중앙집권체제였으며 도로를 건설했고 민생 구제 정책을 펴기도 했다. 아즈텍인은 화폐와 문자를 사용했으며 이 두 가지 핵심 기술이 없었던 잉카인도 키푸스^{quipus}라는 매듭을 사용한 결승문자^{結繩文字}로 방대한 양의 정보를 기록했다. 이와 대조적으로 아즈텍과 잉카인이 살던 지역을 제외한 오늘날 미국, 캐나다, 아르헨티나 및 칠레 등이 포함된 이북 및 이남에는 대체로 여전히 이런 기술이 결여된 석기 시대인이 살고 있었다. 아메리카 대륙에서는 열대 지역 사람이 온대 지역보다 훨씬 더 윤택한 삶을 살았던 것이다. 열대 지역의 빈곤이라는 언뜻 '분명한 사실'이 실제로는 분명하지도 사실도 아니라는 뜻이다. 오히려 오늘날 미국과 캐나다의 번영은 유럽인이 처음 도착했을 때와 비교하면 엄청난 운명의 반전이라고 해야 한다.

이런 반전은 앞서 살펴보았듯이 이들 지역이 식민지화되는 과정과 관계가 있을지는 몰라도 분명 지리적 위치와는 아무런 상관이 없다. 또 이런 반전이 아메리카 대륙에 국한된 것만도 아니다. 특히 인도 아대륙과 중국에 살던 사람들은 아시아 대다수 지역은 물론 호주와 뉴질랜드에서 원시적으로 널리 흩어져 정착해 살던 이들보다 확실히 더 윤택하게 살았다. 하지만 이들 역시 운명이 반전되고 만다. 한국, 싱가포르, 일본 등이 아시아에서 가장 잘사는 나라가 되었고 호주와 뉴질랜드도 번영이라는 잣대로만 보면 아시아 대부분 나라보다 앞서고 있다. 심지어 사하라 이남 아프리카에서도 이와 유사한 반전이 목격되었다. 이보다 가까운 예를 들자면, 유럽이 아프리카와 강도 높은 접촉을 시작하기 전까지만 해도 아프리카 남부 지역은 인구밀도가 가장 떨어지고 영토를 다스릴 만한 발전된 국가 형태와는 가장 거리가 먼 곳이었다.

하지만 오늘날 사하라 이남 아프리카에서 가장 잘사는 나라 중 하나는 남아프리카공화국이다. 역사를 더 거슬러 올라가보면 열대 지역에서 더 많은 번영 사례가 발견된다. 현대 캄보디아의 앙코르Angkor 왕국, 남부 인도의 비자야나가라Vijayanagara 제국, 에티오피아의 악숨Aksum 왕조 등은 물론 오늘날 파키스탄 지역의 모헨조다로Mohenjo Daro와 하라파 Harappa 등 인더스 문명 역시 열대 지역에서 융성했다. 이처럼 열대 지역이라는 위치와 경제적 성패 간에 분명한 상관관계가 없다는 것은 역사를 돌이켜보아 의심의 여지가 없다.

아프리카에서 열대성 질병이 고통을 야기하고 영아 사망률을 높이는 원인인 것은 분명한 사실이지만 그렇다고 아프리카가 가난한 이유는 아니다. 주로 빈곤과 질병을 박멸하는 데 필요한 공중 보건 정책을 취할 능력이나 의지가 없는 정부 때문에 질병이 창궐한다. 19세기 영국도 굉장히 건강에 해로운 곳이었다. 하지만 영국 정부는 차츰 깨끗한 물 공급과 적절한 하수 및 오물 처리는 물론 더 나아가 효과적인 공중 보건 서비스를 위해 투자를 늘려나갔다. 공중 보건이 증진되고 기대 수명이 늘어나서 영국 경제가 성공한 것이 아니라, 반대로 정치·경제적 변화의 결실이었다는 것이다. 애리조나 주 노갈레스 역시 마찬가지다.

지리적 위치 가설의 나머지 부분은 열대 농업이 태생적으로 비생산적이기 때문에 가난을 면치 못한다는 것이다. 열대 토양은 척박해서 영양소를 빨아들이지 못한다는 주장이다. 또 열대성 폭우 때문에 토양이 급속도로 침식된다는 사실도 강조한다. 물론 일리가 없지는 않지만, 앞으로 살펴보듯 특히 사하라 이남 아프리카의 가난한 나라에서 대체로 농업 생산성(에이커당 농작물 생산량)이 바닥을 그리는 주된 요인은 토양의 품질과는 거의 상관이 없다. 그보다는 토지 소유구조, 정부 및 제도 때문에 농부들이 인센티브를 기대하지 못하기 때문이라 할 수 있다. 앞으로 세계 불평등을 농업 생산성의 차이로 설명할 수 없다는 것도 살펴볼 것이다. 19세기에 고개를 들기 시작한 근대의 엄청난 세계 불평등은 산업기술 및 생산 기반의 불공정한 분배에서 기인한다. 농업 생산성의 차이에서 비롯된 것이 아니다.

재레드 다이아몬드 이론의 한계

또 다른 유력한 지리적 위치 가설을 개진한 인물은 생태학자이자 진화생물학자인 재레드 다이아몬드Jared Mason Diamond다. 역사적으로 서로 다른 동식물 자원을 부여받은 것이 근대가 시작된 500여 년 전 대륙 간 불평등의 기원이 되었다고 주장한 인물이다. 환경 자원의 차이가 결과적으로 농업 생산성에 영향을 주었다는 것이다. 근대 서아시아의 비옥한 초승달지대Fertile Crescent와 같은 일부 지역에서는 인간이 집에서 기를 수 있는 동식물종이 대단히 많았다.

반면 아메리카 대륙 등에서는 사정이 그렇지 못했다. 길들일 수 있는 동물과 재배할 수 있는 식물이 많아지면 사냥과 채집생활을 하던 사회가 농경생활로 이행할 충분한 동기가 생긴다. 그 결과 아메리카 대륙보다 비옥한 초승달지대에서 훨씬 일찍 농업이 발달했다. 인구밀도가 높아지자 노동의 분화, 무역, 도시화 및 정치 발달도 빨라졌다. 무엇보다 중요한 것은 농업 중심 사회에서는 다른 지역에 비해 기술혁신이 한층 더 급속도로 전개되었다는 사실이다. 따라서 다이아몬드는 활용할 수 있는 동식물종의 차이 때문에 농경생활의 강도가 달라졌고, 이는 각 대륙이 서로 다른 기술 변화와 번영의 길을 걸을 수밖에 없었던 연원이라고 주장한다.

다이아몬드의 이론은 그가 주력하는 수수께끼를 푸는 데는 강력한 힘을 발휘하는 접근 방법이지만 이를 확대해 세계 불평등을 설명하려 들면 무리가 따른다. 가령 다이아몬드는 에스파냐가 아메리카 대륙 문명을 지배할 수 있었던 것이 오랜 농경의 역사와 그에 따른 탁월한 기술 덕분이었다고 주장한다. 하지만 과거 아즈텍과 잉카제국의 땅에 사는 멕시코와 페루인들이 왜 가난하게 살아가는지는 설명하지 못한다. 밀과 보리를 재배하고 말을 키울 수 있어 에스파냐가 잉카보다 잘살았을지는 모르지만, 그 소득 격차는 그리 크지 않았다. 에스파냐 시민의 평균 소득은 기껏해야 잉카제국 시민의 두 배가 채 안 되었을 것이다.

다이아몬드의 이론에 따르면 잉카제국 사람들이 모든 식물과 동물종을 기를 수 있고 스스로 개발하지 못한 기술을 습득했더라면 에스파냐의 생활수준을 빠르게 따라잡았어야 한다. 하지만 그런 일은 벌어지지 않았다. 오히려 19세기와 20세기 들어 에스파냐와 페루의 소득 격차는 더 크게 벌어졌다. 오늘날 에스파냐는 페루에 비해 평균적으로 여섯 배는 더 윤택한 삶을 살고 있다. 이 소득 격차 역시 불균등한 현대 산업기술의 분배와 밀접한 관련이 있는 것이지 에스파냐와 페루의 동식물종 차이나 근본적인 농업 생산성 차이에서 비롯되는 것이 아니다.

다소 늦긴 했어도 에스파냐는 증기력, 철도, 전기, 기계화, 공장 생산 기술을 채택했지만, 페루는 그러지 못했거나 그랬다 해도 아주 더디고 불완전하게 받아들였을 뿐이다. 이런 기술적 격차는 오늘날까지 지속되고 있다. 특히 정보기술 등 신기술이 도입되어 여러 선진국과 일부 급성장 개도국의 성장이 한층 더 빨라지면서 이런 현상은 더 극심하게 되풀이되고 있다. 이런 핵심 기술들이 왜 고루 확산되지 않아 지구촌 소득 수준을 평등하게 만들지 못했을까? 다이아몬드의 이론으로는 답하지 못하는 질문이다. 500년 전만 해도 같은 문명에 속해 있었는데 담장 하나를 두고 북부 노갈레스가 남부 이웃사촌보다 훨씬 더 잘사는 이유 역시 설명하지 못한다.

다이아몬드 이론을 채택하면 또 다른 큰 문제점이 생긴다. 노갈레스 사례가 이를 잘 드러내준다. 앞서 살펴보았듯이, 1532년의 잉카와 아즈텍 제국에 어떤 단점이 있었든 페루와 멕시코가 종국에는 미국과 캐나다로 발전한 아메리카 대륙의 다른 지역보다 훨씬 더 융성했었다는 사실은 의심의 여지가 없다. 북아메리카가 더 번영한 것은 분명 기술과 산업혁명의 선진 문물을 적극 받아들였기 때문이다. 남아메리카와 대조적으로 교육수준이 높아졌고 대초원 지대를 가로지르는 철도가 깔렸다. 이런 현상은 북남아메리카의 지리적 천혜 자원 차이로 설명될 수 없는 것이다. 그것만 따진다면 오히려 남아메리카에 유리했기 때문이다.

현대 세계의 불평등은 대부분 불균등한 기술의 분배와 수용에 따른 것이며 다이아몬드의 이론에도 중요한 관련 논거들이 포함돼 있다. 가령 다이아몬드 역시 유라시아가 동서향이어서 작물이나 동물, 혁신 문물이 비옥한 초승달지대에서 서유럽으로 확산되기 수월했던 반면, 아메리카 대륙은 남북향이어서 멕시코에서 만들어진 문자체계가 안데스 산맥 지역이나 북아메리카로 확산되지 못했다는 역사학자 윌리엄 맥닐 William Mcneill의 주장을 되풀이한다.

하지만 대륙의 방향으로 오늘날 세계 불평등을 설명할 수는 없다. 아프리카가 그렇다. 북에서 사하라 이남 아프리카 지역으로 문물과 사상이 이동하는 데 사하라사막이 엄청난 장애물 역할을 하는 것은 사실이지만 그렇다고 극복 못할 수준은 아니었다. 포르투갈에 이어 다른 유럽인들 역시 해안을 따라 내려가 지적 수준의 차이를 없애버렸다. 당시는 오늘날과 비교해 소득 격차가 미미했다. 이후 아프리카는 유럽을 따라 잡지 못했다. 오히려 아프리카 대부분과 유럽 국가 간 소득 격차는 과거에 비해 크게 벌어졌다.

대륙 간 불평등을 거론하는 다이아몬드의 주장은 오늘날 세계 불평등의 요체라 할 만한 대륙 내부의 변이에 대해서도 설득력을 잃고 만다. 가령 유라시아 대륙의 방향이 동서향이어서 잉글랜드가 수고를 들이지 않고 서아시아의 혁신으로부터 수혜를 입었다고 설득할 수 있을지 모르지만, 산업혁명이 왜 몰도바Moldova에서 일어나지 않고 굳이 잉글랜드에서 발생했는지는 설명하지 못한다. 그뿐만 아니라 다이아몬드 자신도 지적하듯 중국과 인도는 대단히 다양한 동식물종이라는 천혜의 자원을 자랑하며 유라시아 대륙 방향성에서도 유리하다. 하지만 오늘날 지구촌에서 가장 가난한 사람 대부분이 바로 이 두 나라에 살고 있다.

다이아몬드 이론의 한계는 그가 사용하는 설명 변수를 살펴보면 한눈에 알 수 있다. 〈지도 4〉에는 현대 돼지의 조상인 서스 스크로파sus scrofa와 현대 소의 조상인 아우락스aurochs의 분포자료가 나와 있다. 두 동물 모두 유라시아는 물론 북아프리카 전역에 걸쳐 분포되어 살았다는 사실을 알 수 있다. 〈지도 5〉는 아시아 재배 벼의 조상인 오리자 사티바Oryza sativa나 밀, 보리의 조상 등 오늘날 재배작물의 야생 조상이 분포되어 있던 현황을 보여준다. 벼의 조상은 남아시아와 동남아시아 전역에 골고루 분포되어 있는 반면 보리와 밀의 조상은 이란에서 아프가니스탄을 거쳐 이른바 '스탄국가들(투르크메니스탄, 타지키스탄, 키르기스스탄)'까지 레반트 지역을 따라 긴 호를 그리며 퍼져 있다는 것을 알 수 있다. 이들 조상 종들이 유라시아 전역에서 광범위하게 고루 분포하고 있었다는 것은 동식물종을 근거로 한 이론으로 유라시아 내의 불평등을 설

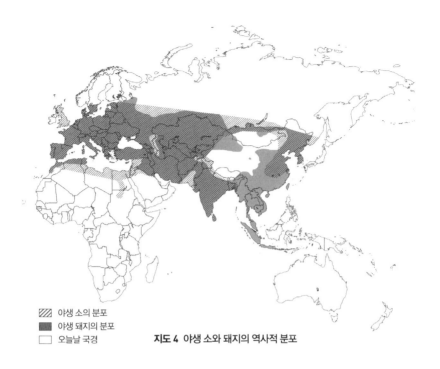

야생 소의 분포
야생 돼지의 분포
오늘날 국경

지도 4 야생 소와 돼지의 역사적 분포

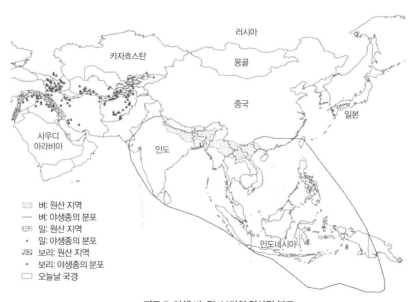

러시아
카자흐스탄
몽골
사우디
아라비아
인도
중국
일본
인도네시아

벼: 원산 지역
벼: 야생종의 분포
밀: 원산 지역
밀: 야생종의 분포
보리: 원산 지역
보리: 야생종의 분포
오늘날 국경

지도 5 야생 벼, 밀, 보리의 역사적 분포

명하지 못한다는 사실을 시사해준다.

지리적 위치 가설은 역사적으로도 번영의 기원을 설명하기에 도움이 되지 않으며, 대체로 주장하는 논거 자체가 잘못되었거니와 이 장 도입부에서 지적한 형세 역시 설명하지 못한다. 아메리카 대륙 내에서 관찰되는 소득 격차나 유럽과 서아시아 간에 장기적으로 극명하게 드러나는 차이 등 좀처럼 사라지지 않는 패턴을 불변의 지리적 위치로 설명할 수 있다고 주장할지도 모른다. 하지만 사실이 아니다. 앞서 살펴보았듯이 아메리카 대륙 내의 불평등 패턴이 지리적 요인으로 초래되었을 가능성은 극히 희박하다. 1492년 이전만 해도 멕시코 중심부의 계곡, 중앙 아메리카, 안데스산맥의 문명이 북아메리카나 아르헨티나 및 칠레 등의 나라보다 월등히 탁월한 기술과 생활수준을 자랑했다. 지리적 위치는 변함이 없지만, 유럽의 식민통치자들이 강요한 제도가 '운명의 반전'을 야기한 것이다.

비슷한 맥락에서 지리적 위치로는 서아시아의 빈곤 역시 설명하기 어렵다. 그도 그럴 것이 신석기혁명을 주도한 것이 바로 서아시아였고 처음으로 도시가 발달한 것도 오늘날 이라크에 해당하는 지역이었다. 최초로 철을 주조한 것은 튀르키예였으며, 중세시대까지도 서아시아는 기술 발달이 활발했다. 5장에서 살펴보겠지만, 서아시아의 지리적 위치 때문에 이곳에서 신석기혁명이 일어난 것은 아니다. 같은 맥락에서 서아시아가 가난에 시달리는 것 역시 지리적 위치 때문이 아니다. 오늘날 서아시아가 가난을 면치 못하는 것은 세력을 확장하며 이 지역을 통합한 오스만제국의 제도적 유산 때문이라고 보아야 한다.

마지막으로, 지리적 요인은 오늘날 세계 각지에서 발견되는 차이는 고사하고 일본이나 중국 등 오랜 세월 성장이 정체되어 있던 여러 나라가 갑작스레 고속 성장 과정을 거치는 이유도 설명하지 못한다. 따라서 더 설득력 있는 다른 이론이 필요하다.

문화적 요인 가설

두 번째로 널리 받아들여지는 이론은 문화적 요인 가설로, 번영이 문화와 관련이 있다는 주장이다. 문화적 요인 가설도 저 멀리 위대한 독일 사회학자 막스 베버Max Weber까지 거슬러 올라갈 정도로 지리적 위치 가설만큼이나 뼈대 있는 계보를 자랑한다. 베버는 종교개혁과 이를 통해 고양된 프로테스탄트적 윤리가 서유럽에서 근대 산업사회가 부상하는 데 핵심적 역할을 했다고 주장한 바 있다. 문화적 요인 가설은 이제 종교에만 의존하지 않고 다른 유형의 믿음과 가치, 윤리 등도 강조한다.

인종차별적인 발언이라 공공연히 밝히기는 꺼리지만, 여전히 아프리카 사람이 가난한 이유가 올바른 노동 윤리가 부족하고 아직도 미신이나 마법을 믿고 서방의 신기술을 거부하기 때문이라고 믿는 이들이 적지 않다. 라틴아메리카 사람들이 태생적으로 낭비벽이 있고 원래 가진 게 없어 영원히 부자가 되지 못할 거라 믿는 이들도 많다. 이베리아Iberian 또는 마냐나mañana('내일'이라는 뜻으로 오늘 할 일을 내일로 미룬다는 의미 – 옮긴이) 문화의 부작용이라고 지적하기도 한다. 하긴 과거 중국문화와 공자의 가치관이 경제성장을 저해한다고 믿었던 이들도 많았다. 하지만 지금은 오히려 중국은 물론 홍콩 및 싱가포르의 성장 동력으로서 중국식 노동 윤리의 중요성을 치켜세운다.

문화적 요인 가설이 세계 불평등을 이해하는 데 도움이 될까? 그렇기도 하고 아니기도 하다. 문화와 관련이 있는 사회 규범이 중요하고 바꾸기 쉽지 않다는 점에서 이 책이 세계 불평등을 설명하는 근거인 제도적 차이를 그런대로 입증해주기 때문에 그렇다고 할 수 있다. 하지만 대체로 아니라고 해야 옳다. 종교, 국민 윤리, 아프리카나 라틴아메리카의 가치관 등 흔히 강조되는 문화적 측면이 오늘날 우리가 왜 여기까지 왔으며 세계 불평등이 사라지지 않고 끈질기게 남아 있는 이유를 이해하는 데 그다지 중요하지 않기 때문이다. 사람들이 서로 어디까지 신뢰할 수 있고 얼마나 협력할 수 있는지 등 다른 문화적 측면도 중요하긴 하지만 이는 대부분 제도 때문에 생겨나는 것이지 독립적인 원인이라 할 수 없다.

노갈레스로 돌아가보자. 앞서 지적했듯이 담장 북쪽이나 남쪽의 문화적 측면은 상당 부분 일치한다. 물론 실천적인 면이나 규범, 가치관에서 일부 현저한 차이가 발견될 수도 있지만, 이는 양쪽의 발전 경로가 달랐던 결과로 나타난 것이지 그 원인은 아니다. 가령 여론조사를 해보면 멕시코인은 미국 시민에 비해 타인에 대한 신뢰도가 떨어진다고 한다. 하지만 멕시코 정부가 마약 밀매 조직을 소탕하거나 올바른 기능을 하는 불편부당한 법제도를 제공하지 못한 게 사실이기 때문에 국민이 서로 믿지 못하는 것도 무리는 아니다.

다음 장에서 다루겠지만 남북한도 마찬가지다. 한국은 세계에서 가장 잘사는 편에 드는 반면 북한은 주기적인 기근과 극심한 가난에 시달린다. 오늘날 남북한의 '문화'가 사뭇 다르긴 해도 두 분단국가의 엇갈린 경제적 운명을 가르는 데는 아무런 역할도 하지 않았다. 한반도는 유구한 공통의 역사를 자랑한다. 한국전쟁으로 38선을 따라 허리가 잘리기 전까지는 언어, 인종, 문화적인 면에서 유례를 찾아보기 어려울 정도의 동질성을 가졌다. 노갈레스처럼 남북한 역시 국경이 문제다. 북쪽에는 다른 제도를 시행하는 다른 정권이 들어서 있다. 당연히 다른 인센티브가 만들어진다. 결국 국경을 사이에 두고 남북 노갈레스나 남북한 간에 목격되는 문화적 차이는 번영의 차이를 초래하는 원인이 아니라 결과라는 뜻이다.

아프리카와 아프리카문화는 또 어떤가? 역사적으로 사하라 이남 아프리카는 지구촌의 다른 대부분 지역보다 가난했고 이들의 고대문명역시 바퀴나 문자(에티오피아와 소말리아는 예외), 쟁기 등을 만들지도 않았다. 19세기와 20세기 초 공식적으로 유럽의 식민지화가 강화되기 전까지는 이런 기술이 널리 활용되지는 않았지만, 아프리카 사회는 훨씬이전부터 알고 있었다. 유럽인이 이미 15세기 후반부터 서해안을 따라항해해 왔고, 아시아 사람도 훨씬 오래전부터 끊임없이 동아프리카를찾아왔기 때문이다.

콩고 강 어귀에 둥지를 틀었던 콩고왕국의 역사를 통해 왜 이런 기술들이 도입되지 않았는지 이해할 수 있다. 오늘날 콩고민주공화국Democratic Republic of Congo이란 이름은 콩고왕국에서 유래한 것이다. 〈지도6〉을 보면 콩고왕국은 물론 앞으로 다룰 또 다른 중요한 아프리카 중심부 국가인 쿠바왕국의 위치를 확인할 수 있다.

콩고가 포르투갈과 접촉이 잦아지기 시작한 것은 1483년 항해사 디오고 캉Diogo Cão이 처음 방문하고 나서부터였다. 당시 콩고는 아프리카기준으로는 고도로 중앙집권화된 정치체제를 갖추고 있었다. 수도인음반자Mbanza에는 6만 명에 달하는 인구가 살았다. 포르투갈의 수도 리스본에 견줄 만한 규모였고 1500년 5만 명이 살고 있던 런던에 비하면훨씬 컸다. 콩고의 왕 은징가 아 은쿠우Nzinga a Nkuwu는 가톨릭으로 개종

나이지리아

카메룬

중앙아프리카
공화국

그바돌리테

적도 기니

상투메
프린시페

가봉

브라자빌 콩고

킨샤사

쿠바왕국
렐레
부숑

콩고왕국

■ 과거 왕국들
— 카사이 강
···· 콩고 강

지도 6 콩고왕국, 쿠바왕국, 부숑 부족, 렐레 부족

하고 이름을 주앙João 1세로 개명했다. 훗날 음반자의 이름도 상살바도르São Salvador로 바뀌었다. 포르투갈인들 덕분에 콩고 사람들은 바퀴와 쟁기에 대해 배우게 되었고 포르투갈은 내친김에 1491년과 1512년 두 차례에 걸쳐 농업 선교단을 파견하기도 했다. 하지만 이런 시도는 모두 수포로 돌아갔다.

그렇다고 콩고가 전반적으로 근대 기술에 혐오감을 느낀 것은 전혀 아니었다. 탄복할 만한 서양 혁신 문물 한 가지는 급속도로 받아들여졌는데, 다름 아닌 총이었다. 콩고인들은 총이라는 새롭고 강력한 도구를 사용해 시장 인센티브에 대응했다. 다름 아닌 노예를 잡아 수출하는 것이었다. 이 사실만으로도 아프리카의 가치관이나 문화 때문에 신기술을 받아들여 현실에 적용하지 못했다는 주장은 설득력이 떨어진다.

　유럽과의 교류가 돈독해지면서 콩고는 문자와 의복, 주택양식 등 다른 서양 문물도 받아들였다. 19세기에는 생산양식을 바꿔 산업혁명이 가져다준 온갖 경제적 기회를 십분 활용하는 아프리카 사회도 적지 않았다. 서아프리카에서는 팜유와 땅콩 수출을 토대로 경제가 비약적으로 발전했고 남아프리카 전반에 걸쳐 적지 않은 부족들이 급속도로 확장되고 있던 란드^{Rand} 지역의 산업 및 광산지대에 수출길을 열었다. 하지만 이런 전도유망하던 경제적 실험이 무위에 그친 것은 아프리카문화나 자기 이익을 추구할 줄 모르는 아프리카 보통 사람들의 무능력 때문이 아니었다. 먼저 유럽 식민통치로 망가지기 시작해 뒤이어 독립 이후 아프리카 정부들의 손에 완전히 씨가 말라버렸을 뿐이다.

　콩고가 탁월한 기술을 채택하지 않은 진짜 이유는 그럴 만한 인센티브가 없었기 때문이다. 생산성을 높여보았자 가톨릭 개종 여부와 무관하게 막강한 권력을 휘두르는 왕에게 모조리 빼앗길 위험이 컸다. 사실 재산만 불안한 게 아니었다. 이들의 존재 자체가 풍전등화의 운명이었다. 그만큼 붙잡혀 노예로 팔려가는 이들이 워낙 많았다. 장기 생산성을 늘리겠다고 투자를 할 만한 환경이 전혀 아니었다. 왕도 대대적으로 쟁기를 도입하거나 농업 생산성 증진을 최우선 과제로 삼을 만한 인센티브가 없었다. 노예를 수출하는 것이 훨씬 수지맞는 장사였기 때문이다.

　오늘날 아프리카인이 지구촌 다른 지역 사람보다 서로에 대한 신뢰가 떨어지는 건 사실일지도 모른다. 하지만 이는 역사적으로 아프리카에서 인권과 재산권을 유린한 제도들이 워낙 오래 살아남았기 때문에 발생한 결과다. 언제든 붙잡혀 노예로 팔려갈 수 있다는 불안감은 역사적으로 아프리카인들이 서로 믿지 못하게 된 직접적 원인 중 하나라는 것이다.

그렇다면 막스 베버의 프로테스탄트 윤리는 어떨까? 네덜란드와 영국 등 주로 프로테스탄트 국가가 근대에 가장 먼저 경제적 성공을 거둔 것은 사실이지만 종교와 경제적 성공 간에는 상관관계가 거의 없다. 가톨릭이 주도하는 프랑스는 19세기 네덜란드와 영국의 경제 성과를 빠르게 따라잡았으며 오늘날 이탈리아 역시 부유한 나라로서 이들과 어깨를 나란히 하고 있다. 동쪽으로 더 멀리 가보면 동아시아에서 경제적 성공을 일군 나라치고 어떤 형태로든 그리스도교와 관련이 있는 사례는 하나도 없다는 사실을 알 수 있다. 프로테스탄트와 경제적 성공 간에 특별한 관계가 있다는 이론은 근거가 빈약하다는 뜻이다.

문화적 요인 가설을 주창하는 이들이 가장 목소리를 높이는 부분을 살펴보자. 바로 서아시아다. 서아시아 지역은 이슬람 국가들이 장악하고 있다. 앞서 지적했듯이 이들 중 가장 가난한 나라는 비산유국들이다. 산유국이 비교적 잘사는 것은 사실이지만 사우디아라비아와 쿠웨이트 등의 나라가 운이 좋아 얻어걸린 이런 국부로 다변화된 현대식 경제체제를 수립하지는 못했다. 오히려 이런 사실이 종교의 중요성을 역설하는 것 아니냐고 반문할지도 모른다. 그럴듯하지만 이 또한 올바르지 못한 주장이다. 시리아와 이집트 등도 가난한 나라이고 국민 대부분이 이슬람교도인 게 사실이다. 하지만 이런 나라는 번영에 더 중요한 역할을 하는 여러 가지 다른 부문에서 본질적으로 다른 양상을 띠고 있다.

가령 이들은 모두 오스만제국의 통치를 받던 지역에 자리를 잡고 있다. 이런 역사는 이들 나라 발전에 엄청나게 불리하게 작용했다. 오스만제국이 몰락하자 서아시아는 영국과 프랑스라는 식민제국의 통치하에 놓이며 또다시 발전 기회를 빼앗기고 말았다. 독립 이후에도 기존 식민지 시대의 유산을 극복하지 못하고 엄격한 계층 분화가 이루어진 권위주의 정권이 속속 들어섰다. 그 바람에 경제적 성공의 밑거름이 되는 정치·경제적 제도는 거의 수립되지 못했다는 것이 우리의 주장이다. 대체로 이들이 그런 길을 걸을 수밖에 없었던 것은 오스만제국과 유럽 식민제국의 통치를 받았기 때문이었다. 이슬람이라는 종교와 서아시아 지역 빈곤 간의 상관관계는 대부분 오해에 불과하다.

문화적 요인이 아니라 역사적 사건들 때문에 서아시아 국가의 경제적 발자취가 달라졌다는 사실은 일시적으로나마 오스만제국과 유럽 열강의 손아귀에서 벗어난 지역이 급격한 경제적 변화의 길을 걸었다는 사실로도 설명할 수 있다. 1805년부터 1848년까지 무함마드 알리Muhammad Ali 집권 당시 이집트가 바로 그런 예다. 무함마드 알리는 나폴레옹 보나파르트의 통치를 받던 이집트에서 프랑스군이 철수하자 정권을 잡았다. 당시 이집트 영토에 대한 오스만제국의 장악력이 약화된 틈을 타 알리는 새로운 왕조를 세울 수 있었고, 이후 정권의 형태는 달라졌을지언정 1952년 가말 압델 나세르Gamal Abdul Nasser가 이집트혁명을 일으키기 전까지 줄곧 이집트를 다스렸다. 강압적이긴 했어도 무함마드 알리의 개혁 덕분에 이집트는 성장할 수 있었다. 나라의 관료, 군사, 조세체계 등이 근대화되었고 농업과 산업 역시 성장했다. 하지만 이런 근대화 및 성장의 동력은 알리가 죽고 난 이후 이집트가 유럽의 영향권에 놓이게 되자 멈춰버리고 말았다.

이런 논리가 문화에 대한 오해에서 비롯된다고 생각할지도 모른다. 중요한 역할을 하는 문화적 요인이란 종교와 결부된 것이 아니라 각기 다른 '민족문화'와 관련이 있는 게 아니냐는 것이다. 다시 말해 미국, 캐나다, 호주 등이 이토록 번성한 것은 영국문화가 그만큼 중요한 역할을 했기 때문이 아닐까? 일견 그럴듯해 보이는 생각이지만 이 또한 합당하지 않다. 캐나다와 미국이 영국 식민지로 출발한 것은 사실이다. 하지만 시에라리온과 나이지리아 역시 그랬다. 번영이라는 잣대로 볼 때 영국 식민지의 이후 운명은 지구촌 다른 지역만큼이나 그 격차가 심하다. 북아메리카가 성공한 원인은 영국의 유산 덕분이 아니라는 것이다.

또 다른 측면에서 문화적 요인 가설을 주장하기도 한다. 영국이 아닌 유럽을 잣대로 삼는 것이다. 노동 윤리, 인생관, 유대-그리스도교적 가치관 또는 로마의 유산 덕분에 유럽이 우월한 것은 아닐까? 대개 유럽인의 후손으로 분류되는 서유럽과 북아메리카 지역이 세계에서 가장 부유한 것은 사실이다. 탁월한 유럽의 문화유산이 번영의 뿌리라고 주장하는 것이 문화적 요인 가설을 내세우는 이들에겐 최후의 보루일지도 모른다. 하지만 이런 주장 역시 다른 문화적 요인 가설 주창자와 마찬가지로 현실과 큰 괴리를 보인다. 캐나다와 미국에 비해 아르헨티나와 우루과이에 더 많은 유럽 후손이 살고 있지만, 아르헨티나와 우루과이의 경제적 성과는 보잘것없는 게 사실이다. 일본과 싱가포르에 사는 유럽의 후손은 손꼽을 정도지만 이들 나라는 다른 서유럽 국가만큼이나 큰 부를 누린다.

경제와 정치체제에 많은 허점이 있다고는 해도 중국은 지난 30여 년간 가장 빠르게 성장해온 나라다. 마오쩌둥이 죽기 전까지 중국의 빈곤은 중국문화와 아무런 관계가 없었다. 마오쩌둥이 경제와 정치를 운영한 방식이 큰 해악을 끼쳤을 뿐이다. 1950년대, 그는 대약진운동大躍進運動이라는 급격한 산업화 정책을 추진했지만 엄청난 기근과 가난만 초래했다. 1960년대에는 문화대혁명文化大革命을 주도해 지식인들과 교육받은 사람 등 당에 대한 충성심을 의심할 만한 그 누구라도 탄압하기 시작했다. 또 한 차례 온 나라를 극심한 공포로 몰아넣으면서 엄청난 사회적 인재와 자산을 낭비하는 결과를 낳았다.

같은 맥락에서 오늘날 중국의 성장은 중국인의 가치관이나 중국문화의 변화와는 아무런 관계가 없다. 마오쩌둥이 죽고 나서 덩샤오핑과 그의 측근이 농업에 이어 공업에서까지 차츰 사회주의적 경제정책과 제도를 버리고 개혁을 추진한 덕분에 가능했던 경제적 변혁 과정에서 비롯된 것이다.

지리적 위치 가설과 마찬가지로 문화적 요인 가설 역시 오늘날 우리가 목격하는 빈부격차 형세의 다른 측면에 대해서도 설명력이 부족하다. 미국과 라틴아메리카 국가의 믿음과 문화적 태도, 가치관 등이 다른 것은 사실이지만 애리조나 주 노갈레스와 소노라 주 노갈레스, 남북한의 사례처럼 그런 차이는 양측의 다른 제도와 제도의 역사에서 비롯되는 것이다. '히스패닉'이나 '라틴'문화가 에스파냐제국이 만들어지는 밑거름이었다고 강조하는 문화적 요인 가설은 라틴아메리카 대륙 내부의 차이를 설명하기엔 무리가 따른다. 가령 아르헨티나와 칠레가 왜 페루와 볼리비아보다 잘사는 나라가 되었는가? 당대 원주민문화 등 다른 유형의 문화적 요인을 주장하는 것도 설득력이 떨어지긴 마찬가지다. 아르헨티나와 칠레는 페루와 볼리비아에 비해 원주민이 거의 없다. 분명한 사실이기는 해도 원주민문화로도 역시 설명이 불가능하다. 콜롬비아, 에콰도르, 페루 등은 소득수준이 비슷하지만, 오늘날 콜롬비아에 사는 원주민의 수는 극히 미미하다. 반면 에콰도르와 페루에는 수많은 원주민이 살고 있다.

마지막으로, 대개 서서히 변화하기 마련인 문화적 태도 역시 동아시아와 중국의 성장 기적을 설명하기에는 역부족이다. 제도라는 것이 끈질긴 생명력을 갖기 마련이지만 어떤 상황에서는 급격한 변화를 보이기도 한다는 사실을 곧 살펴볼 것이다.

무지 가설

빈부격차를 설명하는 데 널리 채택되는 마지막 이론은 무지 가설 ignorance hypothesis이다. 그 나라의 국민이나 통치자가 가난을 극복하고 부유해지는 방법을 알지 못하기 때문에 세계 불평등이 존재한다는 주장이다. 무지 가설은 가장 많은 경제학자가 통설로 받아들이는 이론이다. 1935년 영국 경제학자 라이어널 로빈스Lionel Robbins가 제시한 경제학의 정의에서 힌트를 얻은 듯하다. 그는 "경제학이란 선택적으로 용도를 결정할 수 있는 희소한 수단과 목적 사이의 관계라는 측면에서 인간의 행위를 연구하는 과학"이라고 정의했다.

이러고 보면 경제학이란 사회적 목적을 달성하기 위해 희소한 수단을 가장 효율적으로 사용하는 데 주력하는 것이라고 결론짓기 십상이다. 실제로 경제학에서 가장 유명한 이론적 성과 중 하나인 이른바 후생경제학의 제1정리The first theorem of Welfare economics는 경제적 관점에서 '시장경제'의 자원을 어떻게 분배하는 것이 사회적으로 바람직한가를 설명하고 있다. 시장경제란 모든 개인과 기업이 원하는 재화나 서비스를 자유롭게 생산하고, 사고팔 수 있는 추상적인 환경이다. 이런 상황이 조성되지 못하면 '시장실패market failure'라고 한다. 바로 이런 실패가 세계 불평등 이론의 근거를 마련해준다. 바로잡지 못하는 시장실패가 많아질수록 해당 국가는 더 가난해질 수밖에 없기 때문이다. 무지 가설은 가난한 나라가 가난한 이유는 시장실패가 수두룩한데도 경제 전문가나 정책입안자가 그 해결 방법을 알지 못하고 과거 잘못된 조언에 귀를 기울였기 때문이라고 주장한다. 부유한 나라가 부유한 이유는 더 나은 정책을 마련하고 이런 시장실패를 성공적으로 제거해왔기 때문이라는 것이다.

무지 가설로 세계 불평등을 설명할 수 있을까? 아프리카의 국가들이 지구촌 다른 지역에 비해 못사는 것은 지도자들이 죄다 국가 운영 방법을 오해하여 가난을 초래했기 때문이고, 서유럽의 지도자들은 더 잘 알고 도움이 되는 조언도 많이 받기 때문에 비교적 성공을 거두는 것일까? 결과에 대해 오판을 한 나머지 엄청난 해악을 몰고 올 정책을 채택한 지도자들의 잘 알려진 사례가 많지만, 무지는 세계 불평등의 극히 일부만을 설명해줄 뿐이다.

표면적으로는 영국으로부터 독립한 직후 가나가 지속해서 경제적 후퇴를 경험할 수밖에 없었던 것은 무지 때문이었다. 당시 콰메 은크루마Kwame Nkrumah 정부의 고문으로 있던 영국 경제학자 토니 킬릭Tony Killick은 숱한 문제들을 자세히 기록하고 있다. 은크루마의 정책은 국유산업을 키우는 데 초점이 맞추어져 있었지만, 곧 대단히 비효율적이었다는 사실이 드러났다. 킬릭은 다음과 같이 회고한다.

신발공장을 만들려 했는데, 그러려면 북쪽의 고기공장에서(800킬로미터의 거리를 이동해) 남쪽의 (지금은 단념한) 염색공장까지 가죽을 차로 실어 날라야 했다. 그런 다음 가죽을 다시 염색공장에서 320킬로미터 가량 떨어진 가나 중심부의 쿠마시Kumasi 신발 공장으로 끌고 가야 했다. 큰 신발시장은 아크라Accra 대도시 지역에 자리 잡고 있었기 때문에 완성된 신발은 또다시 남쪽으로 320킬로미터를 더 실어 가야 했다.

킬릭은 이 사업이 '입지 선정 잘못으로 실패했다'는 식으로 다소 과소 평가하는 경향을 보인다. 신발공장 이외에도 이런 식으로 기획이 허술했던 사업은 수두룩했다. 망고가 재배되지도 않는 지역에 망고 통조림 공장을 세우면서도 세계 전체 수요를 뛰어넘는 생산량을 목표로 삼기도 했다. 경제적 합리성이 떨어지는 개발 사업을 끊임없이 쏟아낸 이유는 은크루마와 그 조언자들이 잘 알지 못하거나 경제적으로 올바른 정책에 대해 무지했기 때문이 아니었다. 킬릭 같은 사람도 도왔고 노벨상까지 받은 아서 루이스 경Sir Arthur Lewis도 조언을 아끼지 않았다. 이들은 정책이 허술하다는 것을 모르지 않았다. 그런데도 경제정책이 그런 방향으로 흘러간 것은 은크루마가 이들을 이용해 정치 기반을 다지고 자신의 비민주적 정권을 지탱하려 했기 때문이다.

독립 이후 가나의 실망스러운 성과나 수많은 다른 경제적 실책 사례를 단지 무지 때문이라 치부할 수는 없다. 무지가 문제였다면 선정을 베풀기 바라는 지도자가 어떤 정책을 펴야 시민의 소득 및 복지가 증진되는지 곧 깨달았을 것이기 때문에 점차 당연히 그런 정책 쪽으로 기울었을 것이다.

판이한 길을 걸어온 미국과 멕시코를 보자. 두 나라 지도자들이 지적 차이를 보였기 때문이라고 설명한다면 억지스럽다. 존 스미스와 코르테스의 지적 수준이나 의도가 달랐기 때문에 식민통치 시절 두 나라가 서로 다른 길을 가는 운명에 놓인 것이 아니다. 훗날 포르피리오 디아스는 무지해서 19세기 말과 20세기 초 엘리트층의 배만 불리고 나머지 서민은 희생시키는 경제제도를 선택했고, 시어도어 루스벨트나 우드로 윌슨 같은 미국 대통령은 지적 수준이 높아 그 반대의 길을 걸었던 것이 아니다. 두 나라 대통령과 엘리트층이 서로 다른 제도적 제약에 직면했기 때문이라 할 수 있다.

마찬가지로 지난 반세기 동안 불안정한 재산권과 경제제도 때문에 온 국민은 입에 풀칠하기도 급급한 상황에서도 아프리카 지도자들이 실정을 계속하는 이유는, 그것이 경제적으로 옳은 정책이라 믿어서가 아니라 국민을 희생시켜 축재하면서도 살아남는 방법이었기 때문이다. 핵심 집단과 엘리트층의 지지를 얻어내 계속 집권할 수 있다는 측면에 서는 좋은 정치라고 여겼을지도 모른다.

1971년 코피 부시아^{Kofi Busia} 가나 총리의 경험은 무지 가설의 오류를 단적으로 보여준다. 부시아는 위태로운 경제 위기에 직면했다. 1969년 집권한 이후 은크루마와 마찬가지로 부시아 역시 지속 불가능한 경제 확장정책을 추구했고 유통 조합과 고평가 환율을 통해 여러 방면에서 가격을 통제했다. 은크루마에 반대해 민주주의 정부를 이끈 부시아지만 가나의 역사가 길지 않았던 터라 은크루마와 똑같이 수많은 정치적 제약에 직면했다.

은크루마와 마찬가지로 부시아의 경제정책 역시 그가 '무지'하고 그 정책이 좋다거나 국가 개발에 이상적인 방법이라 판단해 채택한 것이 아니다. 부시아는 예컨대 도시 지역 등 정치적 영향력이 큰 집단의 지지 를 얻기 위해 이들에게 자원을 몰아주는 것이 정치적으로 올바른 선택 이라 믿었던 것뿐이다. 가격 통제로 농민을 쥐어짜서 값싼 식품을 도시 유권자에게 제공하고 정부 지출을 지탱하기 위한 재원으로 활용했다. 하지만 이런 통제는 지속될 수 없었다. 가나는 잇따른 재정 위기와 외환 보유고 부족에 시달렸다. 곤경에 처한 부시아는 1971년 12월 27일, 국 제통화기금^{International Monetary Fund, IMF}과 대규모 통화 평가절하를 포함한 협정을 맺기에 이른다.

IMF와 세계은행World Bank을 비롯한 국제사회 전체가 부시아에게 약속한 개혁을 실천하라고 압력을 가했다. 국제기구들은 차라리 모르는 게 나았을지 모르지만 부시아는 엄청난 정치적 도박을 하고 있다는 사실을 잘 알고 있었다. 통화 평가절하는 이내 가나의 수도 아크라에서 폭동과 사회불안으로 비화되었다. 혼란이 걷잡을 수 없게 심화되더니 부시아 정권은 마침내 아케암퐁Acheampong 중령이 이끄는 군부의 손에 전복되고 만다. 아케암퐁은 집권하자마자 통화 평가절하를 번복했다.

무지 가설이 지리적 요인이나 문화 가설과 다른 점은 빈곤 문제에 대한 '해법'을 제시한다는 것이다. 무지 때문에 가난해졌다면, 지도자와 정책입안자를 계몽해 교육하면 시련에서 벗어날 수 있고 적절한 조언을 제공하고 올바른 경제 운용이 어떤 것인지 정치인을 설득하면 지구촌의 번영을 '도모'할 수 있다는 주장이다. 하지만 부시아의 경험만 놓고 보아도 시장실패를 줄이고 경제성장에 불을 지필 수 있는 정책을 채택하는 데 가장 큰 걸림돌은 정치인의 무지가 아니라 이들이 사회에서 직면하는 인센티브와 제약이라는 사실을 잘 알 수 있다.

대부분 경제학자와 (무엇보다 번영을 도모하는 데 주력하는) 서방 정책입안자 사이에서는 여전히 무지 가설을 신봉하는 이들이 많지만 이 역시 맞지 않는 가설일 뿐이다. 번영의 기원이나 오늘날 지구촌 형세를 설명해주지 못하기 때문이다. 가령 멕시코와 페루가 미국이나 영국과 달리 대다수 시민을 가난에 찌들게 하는 제도와 정책을 채택한 이유를 설명하지 못한다. 거의 모든 사하라 이남 아프리카와 중앙아메리카 나라 대부분이 서유럽이나 동아시아보다 못사는 이유도 설명하지 못한다.

빈곤의 굴레를 초래한 제도적 패턴을 깨고 나와 성장의 길로 접어드는 데 성공한 나라는 무지했던 지도자가 느닷없이 정치나 경제에 대해 더 잘 알게 되었다거나, 덜 이기적이 되었다거나, 더 나은 경제 전문가로부터 조언을 얻었기 때문이 아니다. 안타깝게도 이 책에는 영웅이 거의 등장하지 않는다. 가령 중국은 숱한 국민을 빈곤과 기아에 허덕이게 했던 경제정책에서 벗어나 경제성장을 추구하는 정책으로 전환한 나라다. 나중에 더 자세히 논의하겠지만 이런 변화는 중국공산당이 농지와 산업의 공동 소유가 알맹이 없는 경제적 인센티브를 제공할 뿐이라는 사실을 마침내 깨달았기 때문에 가능했던 것이 아니다. 덩샤오핑과 그 측근들은 정적들만큼이나 이기적이긴 했어도 그들과 다른 이해관계와 정치 목적을 품고 있었다. 이들은 공산당에서 정적을 물리치고 일종의 정치혁명을 주도했다. 당 지도부와 정책 방향에 급격한 변화를 이뤄낸 것이다. 농업에 이어 산업에서도 시장 인센티브를 마련한 이들의 경제 개혁은 바로 이 정치혁명에서 비롯된 것이다. 중국이 공산주의에서 시장 인센티브쪽으로 전환하게 된 결정적 계기 역시 효율적인 경제 운용 방법에 대한 더 나은 조언이나 이해가 아닌 정치였다는 뜻이다.

세계 불평등을 이해하려면 일부 사회가 왜 그토록 비효율적이고 사회적으로 바람직하지 못한 방식으로 짜여 있는지 이해할 필요가 있다는 것이 우리의 주장이다. 어떻게 해서든 효율적인 제도를 채택해 번영을 이룩하는 나라도 가끔 있지만 안타깝게도 그런 사례는 극히 드물다. 경제 전문가와 정책입안자 대부분이 어떻게 '바로잡을지'만 몰두한다. 진짜 필요한 것은 왜 가난한 나라가 '잘못되는지'를 설명하는 것이다. 이들이 잘못되는 이유는 대개 무지해서나 문화적 요인 때문이 아니다. 앞으로 살펴보겠지만 가난한 나라가 가난한 이유는 권력을 가진 자들이 빈곤을 조장하는 선택을 하기 때문이다. 지도자가 실수와 무지 때문에 잘못된 선택을 하는 것이 아니라 의도적이라는 뜻이다.

이를 이해하기 위해서는 경제학 논리나 최선책에 대한 전문가의 조언을 넘어 실제로 어떻게 의사결정이 내려지며 누가 그런 의사결정을 하고 그들이 왜 그런 의사결정을 내리는지 연구해야 한다. 다름 아닌 정치 및 정치 과정을 연구해야 한다는 뜻이다. 전통적으로 경제학은 정치를 외면해왔지만, 세계 불평등을 설명하려면 정치에 대한 이해는 필수적이다. 경제학자 아바 러너Abba Lerner가 1970년대 지적했듯이 "경제학이 사회과학의 꽃이라 불릴 수 있는 것은 이미 해결된 정치문제를 주요 연구분야로 삼은 덕분"이다.

우리는 번영을 이뤄내기 위해서는 일부 기본적인 정치문제를 해결해야 한다고 주장한다. 그간 경제학은 정치적 문제들이 이미 해결되었다고 가정해왔다. 세계 불평등에 대해 설득력 있게 설명하지 못했던 이유는 바로 그런 가정 때문이었다. 세계 불평등을 설명하려면 서로 다른 정책과 사회적 환경이 경제적 인센티브와 행태에 어떤 영향을 주는지 이해해야 하므로 경제학이 필요하다. 하지만 정치적 설명도 반드시 필요하다는 사실을 잊지 말아야 한다.

번영과
빈곤의
기원

3장

경제성장에는 포용적 시장의 잠재력을 활용하고,
기술혁신을 장려하며, 인재 육성에 투자하고,
개인이 재능과 능력을 동원할 수 있는 경제제도가 필요하다.
왜 그토록 많은 경제제도가 이런 간단한 목표를 달성하지 못하는가.

38선의 경제학

　제2차 세계대전이 막바지로 접어들던 1945년 여름, 일본의 한국 식
민통치는 무너져 내리기 시작했다. 8월 15일 일본이 무조건 항복을 선
언한 지 한 달도 채 안 되어 한반도는 38선을 경계로 서로 다른 영향권
으로 허리가 두 동강이 나고 만다. 남쪽은 미국이, 북쪽은 러시아가 맡
았다. 살얼음을 걷는 듯했던 냉전 속 평화는 1950년 북한 인민군이 남
한을 침공하면서 산산조각이 났다. 초반에는 남한의 수도를 함락시키
는 등 북한군이 남한 영토 대부분을 잠식해 들어갔으나 가을 즈음에는
전면 퇴각하는 처지에 놓였다.
　황평원이 동생과 헤어진 것도 이 무렵이었다. 황평원은 가까스로 숨
어 북한 인민군 징용을 모면할 수 있었고 이후 계속 남한에 머물면서 약
사로 활동했다. 반면 서울에서 부상당한 남한군 병사를 치료하는 의사
로 일하던 동생은 퇴각하던 인민군에게 붙잡혀 북쪽으로 끌려갔다.

1950년 뿔뿔이 흩어진 형제는 2000년 서울에서 50년 만에 처음으로 상봉의 기쁨을 맛보게 된다. 남북한 정부가 마침내 제한적이나마 이산가족 상봉에 합의한 덕분이었다.

의사였던 황평원의 동생은 공군에서 일하게 되었는데 군사독재국가에서는 괜찮은 직업이었다. 하지만 북한에서는 특권을 가진 이들조차 잘살지 못한다. 두 형제가 만났을 때 황평원은 38선 이북의 생활이 어떤지 물었다. 자신은 차가 있었지만, 동생은 없다고 했다. 동생에게 전화는 있느냐고 물었지만 없다면서 "외교부에서 일하는 딸은 전화가 있는데 코드를 모르면 전화를 걸 수가 없다"고 덧붙였다. 황평원은 북쪽에서 상봉장에 나온 가족이 하나같이 돈을 달라 부탁했다고 회고했다. 자신도 동생에게 얼마간 돈을 주려 했지만 동생은 "가져가봐야 정부가 '그 돈 내놓으라'고 할 게 뻔하니 그냥 넣어두라"고 했다. 황평원은 동생이 해진 외투를 입고 있는 것을 보고 이렇게 말했다. "그 외투 벗어두고 이걸 입고 가라." 하지만 동생은 고개를 저었다. "그럴 수 없다. 여기 오려고 정부에서 빌린 거다." 동생은 헤어질 때도 마치 누군가 감시라도 하는 듯 눈치를 살피고 내내 불안해했다. 동생은 황평원이 예상한 것보다 더 가난했다. 동생은 잘산다고 말했지만 황평원의 눈에는 초췌하고 나무젓가락처럼 비쩍 마른 모습이었다.

남한 국민의 생활수준은 포르투갈이나 에스파냐와 비슷하다. 소위 조선인민민주주의공화국이라 부르는 38선 이북의 북한은 생활수준이 사하라 이남 아프리카 나라와 비등하다. 남한 평균 생활수준의 10분의 1에 불과하다는 뜻이다. 북한 주민의 건강은 더 열악하다. 북한 주민은 평균적으로 38선 이남 동포보다 10년은 수명이 짧다. 〈지도 7〉은 두 나라의 경제 격차를 적나라하게 보여준다. 위성사진을 통해 밤에 얼마나

지도 7 대낮같이 밝은 남한의 밤과 칠흑 같은 북한의 어둠

많은 조명이 켜져 있는지 가늠해볼 수 있다. 북한은 전력난으로 거의 칠흑 같은 밤을 보내야 한다. 반면 남한은 대낮같이 휘황찬란하다.

　이런 극명한 격차가 오래전부터 있었던 것은 아니다. 실제로 제2차 세계대전 이전만 하더라도 존재하지 않았다. 하지만 1945년 남북한 정부가 판이한 경제 운용 방식을 채택하면서 운명이 갈렸다. 남한은 미국의 적극적 후원을 받아 하버드와 프린스턴 대학에서 교육을 받은 골수 반공주의자 이승만이 정부를 이끌며 초기 경제 및 정치 제도를 정비했다. 이승만은 1948년 대통령에 선출되었다. 한국전쟁 와중에 기틀이 세워지고 공산주의가 38선 이남까지 확산될 위협에 맞서야 했던 남한 정부도 민주주의와는 거리가 멀었다. 이승만은 물론 그만큼이나 유명한 후계자 박정희 장군 역시 독재자로 역사에 기록되고 있다. 하지만 두 사람 모두 사유재산이 인정되는 시장경제를 채택했고 1961년 이후 박정희는 성공적인 기업에 대출과 보조금을 몰아주며 사실상 고속 경제성장에 온 나라의 힘을 실었다.

한편 38선 이북의 상황은 달랐다. 제2차 세계대전 당시 항일 공산주의 빨치산 부대를 이끌던 김일성이 소련을 등에 업고 1947년 독재자로 자리를 굳혔고 이른바 주체사상의 일환으로 엄격한 중앙계획경제를 도입했다. 사유재산이 불법화되고 시장 역시 금지되었다. 북한 주민은 시장뿐 아니라 삶의 모든 측면에서 자유를 제한받았다. 물론 김일성과 그의 아들이자 후계자인 김정일 주변의 극소수 지배 엘리트 계층은 예외였다.

남북한의 경제적 운명이 극명하게 엇갈린 것도 놀랄 일은 아니다. 김일성의 중앙통제경제와 주체사상은 머지않아 재앙이나 다름없는 결과를 낳았다. 철저히 외부 세계와 단절된 나라이다 보니 북한에 대한 구체적인 통계 자료를 입수할 수는 없다. 하지만 알려진 증거만 보더라도 걸핏하면 되풀이되는 기근에서 그 참상을 유추할 수 있다. 산업 생산성이 제자리를 맴도는 것은 물론 심지어 농업 생산성까지 추락하고 말았다. 사유재산이 없다는 것은 투자하거나 생산성을 높이기는커녕 현상 유지를 해야 할 인센티브를 느끼는 사람이 드물다는 뜻이다. 북한 정권의 숨막히는 억압에 시달리다 보니 혁신이나 신기술 도입 등은 꿈도 꾸지 못한다. 하지만 김일성과 김정일, 이들의 막료는 체제를 개혁하거나 사유재산, 시장, 사적 계약제도를 도입하거나, 경제 및 정치 제도를 손질하려는 의사가 전혀 없었다. 북한이 경제적으로 답보 상태를 면치 못하고 있는 이유다.

한편 남한은 투자와 교역을 장려하는 경제제도를 갖추고 있다. 남한의 정치인이 교육에 투자한 덕분에 문맹률은 현저히 낮고 교육수준은 대단히 높다. 남한 기업은 비교적 잘 교육받은 인력과 투자 및 산업화를 독려하는 정책, 수출시장, 기술 이전 등을 십분 활용했다. 남한은 머지않아 동아시아에서 '경제 기적을 이룬 나라', 세계에서 가장 빠르게 성장하는 나라 중 하나로 발돋움했다.

1990년대 후반까지 남한은 성장을 계속하고 북한은 답보 상태에서 벗어나지 못하면서 겨우 반세기 만에 하나의 뿌리에서 갈라져 나온 두 나라의 소득 격차는 열 배까지 벌어졌다. 실로 놀라운 결과가 아닐 수 없다. 남한의 경제적 성공에 견주어 성장을 짓누르고 수많은 주민을 굶주림으로 몰고 간 북한의 경제 재앙은 충격적이라 할 만하다. 남북한이 왜 이토록 완연히 다른 운명의 길을 걸었는지는 문화나 지리적 요인, 무지로 설명할 수 없다. 그 해답은 '제도'에서 찾아야 한다.

착취적 경제제도 vs. 포용적 경제제도

나라마다 경제적 성패가 갈리는 이유는 제도와 경제 운용에 영향을 주는 규칙, 사람들에게 동기를 부여하는 인센티브가 다르기 때문이다. 남북한 청소년이 자신의 삶에서 어떤 기대를 할지 상상해보라. 궁핍하게 자란 북한 청소년은 숙련직을 꿈꿀 만큼 진취적인 기상이나 창의력도 부족하고 교육도 충분히 받지 못한다. 학교에서 받는 교육이라고 해봐야 정권의 정통성을 지탱하려는 순수한 체제 선전이 대부분이다. 컴퓨터는 고사하고 책도 별로 없다. 학교를 마치면 하나같이 10년 동안이나 군 복무를 강요받는다. 불법적인 사적 경제활동을 통해 생계를 꾸려가는 이들이 수두룩하지만, 북한 청소년은 자기만의 재산을 갖거나, 회사를 차리거나, 생활수준 향상을 꾀할 수조차 없다는 것을 모르지 않는다. 합법적인 방법으로는 자신이 습득한 기술이나 번 돈을 사용해 필요하거나 원하는 물품을 살 수 있는 시장 근처에도 가지 못한다는 사실도 잘 알고 있다. 이들에게는 어떤 인권이 주어질지조차 불확실하다.

남한의 청소년에게는 양질의 교육을 받고 자신이 선택한 직업에서 온 힘을 다해 두각을 나타낼 만한 인센티브가 주어진다. 남한은 사유재산을 기반으로 하는 시장경제 국가다. 남한 청소년은 기업가나 근로자로서 성공한다면 언젠가 자신의 투자와 노력의 결실을 누릴 수 있다는 사실을 알고 있다. 이들은 돈만 있으면 생활수준을 높이고 자동차와 집 등의 소비재를 살 수 있으며 보건도 걱정할 이유가 없다.

남한에서는 국가가 경제활동을 지원하고 법질서를 유지해준다. 그 덕분에 기업가는 은행과 금융시장에서 돈을 빌릴 수 있고 외국 기업이 남한의 기업과 제휴를 맺을 수 있으며, 개인은 담보대출을 받아 집을 살 수 있다. 남한에서는 대체로 원하면 무슨 사업이든 벌일 수 있다. 북한에서는 어림도 없는 소리지만, 실제로는 굶어 죽지 않기 위해 불법적으로 은밀히 이런 활동을 하는 주민이 적지 않다. 남한에서는 근로자를 고용하고, 상품과 서비스를 팔며, 어떤 식이든 원하는 대로 시장에서 돈을 쓸 수 있다. 북한에 있는 시장이라고는 암시장뿐이다. 남북한 사람들은 바로 이런 전혀 딴판인 제도하에 살고 있다.

한국과 미국은 더 많은 일반 대중이 경제활동에 참여해 자신의 재능과 역량을 충분히 발휘하며 개개인이 원하는 바를 선택할 수 있는 포용적 경제제도inclusive economic institutions를 시행하고 있다. 경제제도가 포용적이라는 것은 사유재산이 확고히 보장되고, 법체제가 공평무사하게 시행되며, 누구나 교환 및 계약이 가능한 공평한 경쟁 환경을 보장하는 공공서비스를 제공한다는 뜻이다. 포용적 경제제도는 또한 새로운 기업의 참여를 허용하고 개인에게 직업 선택의 자유를 보장한다.

미국과 라틴아메리카는 물론 남북한 간의 이런 극명한 대조를 통해 일반적인 원리 하나를 도출해낼 수 있다. 포용적인 경제제도가 도입되면 경제활동이 왕성해지고 생산성이 높아지며 경제적 번영을 이룰 수 있다는 것이다. 여기서 핵심적 역할을 하는 것은 사유재산권 보장이다. 사유재산권을 가진 자만이 기꺼이 투자하고 생산성을 높이려 할 것이기 때문이다. 생산하는 족족 도둑맞거나 몰수당하거나 세금을 내고 나면 남는 게 없을 것이라고 걱정하는 사업가는 투자와 혁신을 도모할 인센티브는커녕 일하고자 하는 인센티브조차 가지지 못할 것이다. 당연히 사유재산권은 사회 대다수 구성원에게 공평무사하게 적용되어야 한다.

1680년 잉글랜드 정부는 서인도제도 식민지인 바베이도스Barbados에 대한 인구조사를 시행했다. 조사 결과 총인구 6만 명 중 거의 3만 9,000명이 아프리카 노예로, 나머지 인구 3분의 1에 예속된 재산이라는 사실이 드러났다. 사실 대부분은 가장 규모가 큰 사탕수수 농장을 운영하는 175명의 재산이었다. 이들은 토지도 대부분 소유했다. 대형 농장주는 토지는 물론 노예에 대한 확고한 재산권을 보장받았다. 한 농장주가 다른 농장주에게 노예를 팔고 싶다면 자유롭게 거래할 수 있었다. 법원이 그런 거래를 집행해주었기 때문이다. 농장주가 작성하는 어떤 계약도 법적 효력이 있었던 것이다.

왜 그랬을까? 섬에 있는 법관과 치안판사 40명 중 29명이 대형 농장주였으니 당연한 결과였다. 최고위 군 지도자 여덟 명도 대형 농장주였다. 바베이도스의 엘리트층은 꼼꼼히 규정된 확고한 재산권과 계약을 보장받았지만, 포용적 경제제도가 뿌리내리지는 못했다. 섬사람 셋 중 둘은 교육과 경제적 기회를 부여받지 못할 뿐 아니라 자신의 재능이나 기술을 사용할 능력 또는 인센티브가 없는 노예였기 때문이다. 포용적 경제제도가 자리 잡으려면 엘리트층뿐 아니라 사회계층 전반에 공평하게 재산권과 경제적 기회가 보장되어야 한다.

확고한 사유재산권, 법질서, 공공서비스, 계약 및 교환의 자유는 모두 정부에 의존한다. 질서를 집행하고 절도와 사기를 방지하며 당사자 간 계약 의무 이행을 명령할 수 있는 강압적인 역량을 가진 것이 바로 정부라는 제도이기 때문이다. 사회가 제 기능을 하려면 여러 가지 다른 공공서비스가 필요하다. 재화를 운송할 수 있는 도로 등 교통망, 경제활동이 번성할 수 있는 공공인프라, 사기와 부정을 막기 위한 기본적인 규제 등이 갖추어져야 한다. 이런 공공서비스는 상당수 시장과 민간 부문에서 제공할 수도 있지만, 대규모 조율이 필요한 경우 중앙당국에 의존할 수밖에 없다. 법질서와 사유재산권, 계약을 강제 집행하고 때로 핵심 공공서비스를 제공하는 역할을 하는 정부가 경제제도에 깊숙이 관여할 수밖에 없는 이유다. 포용적인 경제제도는 정부가 필요할 뿐 아니라 정부를 이용한다는 뜻이다.

미타, 엔코미엔다, 레파르티미엔토 등 앞서 설명한 식민통치 시절 라틴아메리카나 북한의 경제제도는 이런 속성이 결여되어 있다. 북한에서는 사유재산을 찾아볼 수 없다. 식민지 시절 라틴아메리카에 존재했던 사유재산권은 에스파냐인을 위한 것이었고 원주민의 재산은 늘 불안하기 짝이 없었다. 두 사회 모두 사회 구성원 대다수를 차지하던 민중은 자신이 원하는 대로 경제적 결정을 내릴 수 없었다. 집단으로 강압에 억눌린 삶을 살아야 했다. 두 사회 모두 번영을 견인할 핵심 공공서비스를 제공하는 데 정부의 힘을 사용하지도 않았다. 북한에서 정부가 마련한 교육체제는 오로지 선전용으로 수립된 터라 기근을 막는 데는 속수무책이었다. 식민통치하의 라틴아메리카 정부 역시 원주민을 쥐어짜는 데만 혈안이 되어 있었다. 두 사회 모두 공정한 경쟁의 장이나 공평무사한 법체제와는 거리가 멀었다. 북한에서 법체제란 집권 공산당의 도구에 지나지 않는다. 라틴아메리카에서도 민중을 차별하는 수단에 불과했다. 포용적 경제제도와 정면으로 배치되는 속성을 가진 그런 제도를 우리는 착취적 경제제도extractive economic institutions라고 부른다. 착취적이라고 하는 이유는 말 그대로 한 계층의 소득과 부를 착취해 다른 계층의 배를 불리기 위해 고안된 제도이기 때문이다.

번영의 원동력

포용적 경제제도는 포용적인 시장을 만들어낸다. 포용적 시장에서는 자신의 재능에 가장 걸맞은 직업과 소명을 추구할 자유를 누릴 수 있을 뿐만 아니라 공정한 경쟁의 장을 통해 그럴 만한 기회를 잡게 된다. 근사한 아이디어를 가진 사람은 창업할 수 있고, 근로자는 생산성을 높일 수 있는 곳에서 일하길 바라며, 효율성이 떨어지는 기업은 효율성이 높은 기업에 자리를 내주게 된다. 포용적 시장에서 직업을 선택하는 방법을 식민지 시절 페루나 볼리비아에 비교해보자. 미타가 시행되던 시기여서 대다수가 기술이나 자신의 의사와는 무관하게 은광이나 수은 광산에서 강제노역을 했다.

포용적 시장은 단순히 자유시장만을 가리키지 않는다. 17세기 바베이도스에도 시장은 존재했다. 하지만 농장주 엘리트층에게만 사유재산권이 존재했으므로 바베이도스의 시장은 포용성과는 한참 거리가 멀었다. 바베이도스의 경제제도는 체계적으로 대다수 인민을 강압적으로 착취했고 직업을 선택할 능력과 재능을 활용할 기회를 빼앗았다. 노예시장도 그런 착취적 경제제도의 일부였다.

포용적 경제제도는 기술과 교육이라는 번영의 또 다른 두 원동력을 마련해준다. 지속적인 경제성장에는 으레 기술적 진보가 뒤따르기 마련이다. 기술적 진보는 사람(노동력), 토지, 기존 자본(건물이나 기계 등)의 생산성을 높여준다. 고조할아버지가 살던 100년 전쯤으로 돌아가보라. 오늘날 우리가 당연하게 여기는 비행기나 자동차, 대부분 의약품과 보건 서비스 등이 존재하지 않던 시절이다. 실내 상하수도 시설이나 에어컨, 쇼핑몰, 라디오, 영화는 더 말할 것도 없다. 정보기술과 로봇, 컴퓨터로 제어하는 기계류는 상상도 못했다. 오늘날 우리의 건강을 지켜주고 생산성을 비약적으로 높여주는 이기들도 존재하지 않았다. 그보다 몇 세대 더 과거로 돌아가보면 기술적 노하우와 생활수준이 한참 더 낙후된 세상을 살았다. 대체 그런 고달픈 삶을 어떻게 버텨냈을까 고개를 갸웃할 정도다.

이런 기술적 진보는 과학 발전과 토머스 에디슨 같은 진취적 기업가들 덕분에 가능했다. 알짜 사업에 과학을 적용한 덕분이다. 사유재산을 장려하고, 계약을 집행하며, 공정한 경쟁의 장을 만들고, 신기술을 도입해줄 새로운 기업의 참여를 부추기고 허용하는 경제적 제도가 있어야 이런 혁신의 과정이 전개될 수 있다. 멕시코나 페루가 아닌 미국 사회에서 토머스 에디슨 같은 인물이 배출되었다는 사실은 놀랄 일이 아니다. 오늘날 삼성과 현대 같은 기술혁신 기업을 배출하는 것이 북한이 아닌 남한이라는 사실도 주목해야 한다.

기술혁신은 학교는 물론 집이나 직장에서 쌓는 교육, 업무 능력, 숙련도, 근로자의 노하우 등과 밀접한 관련이 있다. 우리가 한 세기 전보다 한층 더 높은 생산성을 자랑하게 된 것은 기술 발전으로 기계가 좋아졌기 때문만은 아니다. 근로자도 뛰어난 노하우를 갖추게 된 덕분이다. 아무리 좋은 기술이 있기로서니 근로자가 사용 방법을 모른다면 아무런 소용이 없다. 업무 능력과 숙련도는 단지 기계를 다룰 수 있는 능력만 뜻하는 것이 아니다. 근로자의 교육과 기능 향상으로 과학적 지식이 쌓이고 그 토대 위에서 인류의 발전이 가능한 것이다. 기술을 다양한 사업 분야에 알맞게 다듬고 적용할 수 있는 것도 근로자의 교육과 업무 능력 덕분이다. 1장에서 산업혁명과 토머스 에디슨 등 그 이후의 혁신가들 상당수가 교육수준이 그다지 높지 않다고 했지만, 이들의 혁신은 현대 기술에 비하면 대단히 단순한 것이었다. 오늘날 기술 변화를 위해서는 혁신가는 물론 근로자 역시 교육이 필요하다.

여기서 공정한 경쟁의 장을 마련해주는 경제제도의 중요성을 알 수 있다. 미국은 빌 게이츠, 스티브 잡스, 세르게이 브린, 래리 페이지, 제프 베조스 같은 인물을 자국에서 배출하거나 국외에서 끌어들일 수 있다. 이들 기업가가 사업을 벌인 정보기술, 원자력, 생명공학 분야의 수많은 과학자 역시 마찬가지다. 미국에 사는 대부분 청소년이 원한다면 얼마든지 학교교육을 받을 수 있기 때문에 인재는 끊임없이 공급된다. 국민

상당수가 학교에 다닐 방도가 없거나 학교에 다닌다 해도 교육의 질이 형편없고, 선생님이 출근을 안 하기 일쑤거나 출근한다 해도 가르칠 책이 없는 콩고나 페루 등 다른 사회와 비교해보라.

가난한 나라의 교육수준이 낮은 것은 부모가 아이를 교육하고 싶게 만드는 인센티브를 제공하지 못하는 경제제도 때문이다. 또 학부모와 아이의 소망대로 정부가 학교를 짓고 후원할 만한 인센티브를 제공하는 정치제도가 없기 때문이다. 국민의 교육수준이 낮고 포용적 시장을 갖추지 못한 가난한 나라가 치러야 하는 대가는 클 수밖에 없다. 타고난 재능을 활용하지도 못한다. 빌 게이츠나 알베르트 아인슈타인 같은 숨은 인재가 형편없는 교육을 받고 농사를 짓거나, 원치 않는 일을 강제로 하거나, 군대에 끌려가고 있을지도 모른다. 자신에게 주어진 소명을 실현할 기회가 없다는 것이다.

경제성장을 위해서는 포용적 시장의 잠재력을 적극 활용하고, 기술혁신을 장려하며, 인재 육성에 투자하고, 수많은 개인이 재능과 업무 능력을 동원할 수 있는 경제제도가 반드시 필요하다. 왜 그토록 많은 경제제도가 이런 간단한 목표를 달성하지 못하는지 설명하는 것이 이 책의 핵심 주제다.

착취적 정치제도 vs. 포용적 정치제도

모든 경제제도는 사회가 만든다. 가령 북한의 경제제도는 1940년대 정권을 장악한 공산주의자들이 시민에게 강요한 것이다. 라틴아메리카 식민지가 에스파냐 정복자의 손에 경제제도를 강요받은 것과 마찬가지다. 남한이 북한과 완연히 다른 경제제도를 갖게 된 것은 사회구조를 결정한 이들의 이해관계와 목적이 달랐기 때문이다. 다시 말해 남한은 정치가 달랐다. 정치란 사회 구성원이 자신의 사회를 다스릴 규율을 선택하는 과정이다.

정치는 사회제도와 떼려야 뗄 수 없는 관계에 있다. 포용적 제도가 한 나라의 경제 번영에 좋은 것이기는 하지만, 북한 공산당 엘리트층이나 식민지 시절 바베이도스의 사탕수수 농장주처럼 일부 개인이나 집단은 착취적 제도를 통해 더 큰 이익을 챙길 수 있다. 제도를 둘러싸고 갈등이 벌어지면 정치게임에서 이기는 사람이나 집단이 그 결과를 결정하기 마련이다. 누가 더 많은 지지와 자원을 확보하며 효과적인 동맹을 맺는가에 성패가 달려 있다. 요컨대 사회에 정치권력 분배가 그런 경쟁의 승자를 결정한다는 것이다.

이런 게임의 결과를 결정하는 열쇠가 바로 그 사회의 정치제도라는 뜻이다. 정치에서 인센티브를 좌우하는 규칙이기도 하다. 정부를 선택하는 방법과 정부의 각 부문이 갖는 권한도 정치제도가 결정한다. 사회에서 누가 권력을 쥐며 그 권력을 어떤 목적으로 사용할 수 있는지 역시 정치제도가 결정한다. 권력이 편중되어 있고 견제를 받지 않으면 절대주의 정치제도라 할 수 있다. 과거 역사 대부분을 장식하며 세계 곳곳을 장악했던 절대군주들이 바로 그런 예다. 북한이나 식민통치 시대 라틴 아메리카와 같은 절대주의적 정치제도하에서는 권력을 휘두르는 자들이 사회 전체를 희생시켜가며 치부致富하거나 권력 강화를 위해 경제제도를 제멋대로 구성할 수 있다. 반면 사회 전반에 권력을 고루 분배하고 견제하는 정치제도는 다원적pluralist이라 할 수 있다. 한 개인이나 편협한 집단이 권력을 독점하지 않고, 광범위한 연합이나 복수의 집단이 정치

권력을 고루 나누어 갖는 형태를 말한다.

　다원주의pluralism와 포용적 경제제도 간에는 당연히 밀접한 관계가 있다. 하지만 한국과 미국이 포용적 경제제도를 가질 수 있었던 것은 이들이 다원적 정치제도뿐 아니라 중앙집권체제도 갖추고 있었기 때문이라는 사실을 잊어서는 안 된다. 이 점에서 극명하게 대비되는 나라가 바로 동아프리카의 소말리아다. 앞으로 살펴보겠지만, 소말리아의 정치권력은 언뜻 다원적이라고 불러도 좋을 만큼 오래전부터 고루 분배되어 있었다. 소말리아의 제도는 대단히 광범위하게 분산되어 있어 실제로 누군가의 행동을 통제하거나 제한할 수 있는 실질적인 당국이 존재하지 않는다. 사회 전체가 반목이 심한 부족으로 분열되어 있지만, 어느 부족도 절대 우위를 점하지 못한다. 한 부족의 힘은 다른 부족의 무력으로만 제약을 받는다. 이런 식의 권력 분배는 포용적 제도를 낳는 게 아니라 혼란만 불러일으킨다. 이런 혼란의 근본적인 이유는 소말리아에 정치의 중앙집중화 또는 중앙집권체제라는 개념이 존재하지 않고, 그렇다 보니 최소한의 법질서도 강제하지 못해 경제활동이나 교역은 물론 심지어 시민의 기본적 안전조차 보장할 수 없기 때문이다.

　막스 베버가 내린 유명한 정부의 정의는 널리 통설로 받아들여진다. 베버는 사회에서 "합법적인 폭력 사용을 독점monopoly of legitimate violence"하는 것이 곧 정부라고 규정한 바 있다. 합법적 폭력의 독점과 그에 따른 일정 수준의 중앙집권화가 없다면 정부는 공공서비스를 제공하고 경제활동을 규제하는 것은 물론 법질서를 강제할 수도 없다. 정부가 중앙집권화에 실패하면 그 사회는 소말리아처럼 곧 혼란에 빠지고 만다.

　우리는 충분히 중앙집권화되고 다원적인 정치제도를 포용적 정치제도inclusive political institutions라고 부를 것이다. 두 조건 중 하나라도 충족하지 못한다면 착취적 정치제도extractive political institutions라 할 만하다.

경제와 정치 제도 간에는 강력한 시너지 효과가 생겨날 수 있다. 착취적 정치제도는 소수 엘리트층의 손에 권력을 쥐여주며 권력 행사를 특별히 제한하지도 않는다. 이들은 으레 나머지 사회 구성원의 자원을 착취할 수 있도록 경제제도의 틀을 짠다. 따라서 착취적 경제제도는 자연스레 착취적 정치제도를 수반한다. 사실 이들은 태생적으로 생존을 위해서라도 착취적 정치제도에 의존할 수밖에 없다. 권력을 두루 분배하는 포용적 정치제도는 다수의 자원을 몰수하고, 진입 장벽을 세우며, 소수가 혜택을 누리도록 시장의 기능을 억압하는 경제제도를 뿌리 뽑으려 하기 때문이다.

가령 바베이도스에서 노예를 억압하고 정치 과정에서 완전히 배제하는 정치제도가 없었다면 노예 착취를 기반으로 하는 농장체제는 살아남지 못했을 것이다. 북한 역시 공산당이 완전히 정치를 독점하지 못했다면 소수 공산 엘리트층의 배를 불리기 위해 헤아릴 수 없이 많은 주민을 배곯게 하는 경제체제는 상상도 할 수 없었을 것이다.

착취적 경제제도와 정치제도 간의 시너지 관계는 강력한 순환 고리feedback loop를 만들어낸다. 착취적 정치제도 덕분에 정치권력을 쥔 엘리트층은 제약이나 반대 세력이 거의 없는 경제제도를 선택할 수 있다. 또 향후 정치제도와 그 발전 방향도 멋대로 선택할 수 있다. 이와 함께 착취적 경제제도 역시 동일한 엘리트층의 배를 불려주고, 그렇게 축적한 부와 권력으로 정치 지배력을 강화하는 순환 고리가 형성되는 것이다. 예컨대 바베이도스와 라틴아메리카에서는 식민통치자들이 정치권력을 사용해 원주민을 희생시켜가며 부를 누리는 경제제도를 시행할 수 있었다. 이런 경제제도를 통해 얻은 자원으로 엘리트층은 군대를 키우고 절대적 정치권력을 독차지할 목적으로 안보를 강화할 수 있었다. 결국 착취적 정치제도와 경제제도는 서로 밀어주고 끌어주며 꿋꿋이 살아남는 경향이 있다는 것이다.

착취적 경제제도와 정치제도 간에는 시너지 효과 이상의 관계가 존재하는 게 사실이다. 착취적 정치제도하에서 기존 엘리트층이 신흥 세력의 도전을 받아 몰락하게 되더라도, 그 신흥 세력 역시 별다른 제약을 받지 않는 상황에 놓이게 된다. 따라서 신흥 세력도 기존 정치제도를 유지하고 유사한 경제제도를 만들고자 하는 인센티브를 갖게 된다. 19세기 말엽 멕시코에서 포르피리오 디아스와 그 측근 엘리트층도 이를 답습한 바 있다.

반면 포용적 경제제도는 포용적 정치제도가 닦아놓은 토대 위에 형성된다. 포용적 정치제도는 사회 전반에 고루 권력을 분배하고 자의적 권력 행사를 제한하는 구조다. 그런 정치제도하에서는 다른 세력이 권력을 찬탈해 포용적 제도의 기반을 훼손시키기가 여간 어렵지 않다. 정치권력을 쥐고 있는 자들이 사리사욕을 채우기 위해 착취적 경제제도를 수립하기도 어렵다. 이어 포용적 경제제도는 더욱 공정하게 자원을 분배해 포용적 정치제도가 지속될 수 있는 여건을 조성해준다.

1618년 버지니아회사는 식민지 개척자에게 토지를 주고 한때 강요하려고만 했던 엄격한 계약에서 풀어주었다. 바로 이듬해 개척자들은 총회를 만들어 자치를 시작했다. 이런 상황은 우연히 벌어진 것이 아니다. 개척민은 정치 권리가 결여된 경제적 권리를 신뢰하지 않았을 것이다. 버지니아회사가 끈질기게 그런 권리를 강요하려 애쓰는 모습도 의심을 부르기에 충분했다. 경제 역시 안정되거나 탄탄하지 못했을 것이다. 실제로 착취적 제도와 포용적 제도가 뒤섞이면 흔히 불안정하기 마런이다. 바베이도스의 사례에서 보듯이 포용적 정치제도하에서는 착취적 경제제도를 시행한다 해도 오래 살아남기 어렵다.

마찬가지로 포용적 경제제도와 착취적 정치제도 역시 공존하기 어렵다. 포용적 경제제도가 권력을 가진 소수 엘리트층의 이익을 대변하는 착취적 경제제도로 변질되든가, 반대로 역동적 경제 덕분에 착취적 정치제도의 기반이 흔들려 포용적 색채를 띠는 길이 열린다는 것이다. 포용적 경제제도는 엘리트층이 착취적 정치제도를 남용해 누릴 수 있는 혜택을 감소시키는 경향이 있다. 착취적 정치제도가 포용적 경제제도와 경쟁해야 할 뿐 아니라 나머지 사회 구성원의 계약과 재산권에 따라 제약을 받기 때문이다.

왜 늘 번영을 선택하지 않는가

정치 및 경제 제도는 궁극적으로 사회가 선택한다. 포용적이어서 경제성장을 촉진하는 촉매가 될 수도 있지만, 착취적이어서 경제성장을 저해하는 태산과 같은 걸림돌이 될 수도 있다. 국가가 실패하는 이유는 경제성장을 저해하거나 심지어 발목을 잡는 착취적 정치제도를 기반으로 착취적 경제제도를 시행하기 때문이다. 결국 제도의 선택, 즉 제도의 정치가 국가의 성패를 이해하는 데 핵심적인 열쇠라는 것이다. 일부 사회의 정치는 경제성장을 촉진하는 포용적 제도로 이어진 반면 역사를 통틀어 심지어 오늘날까지도 대다수 사회의 정치가 경제성장의 숨통을 죄는 착취적 제도로 이어진 이유를 이해할 필요가 있다.

번영을 가져오는 경제제도라면 그 누가 눈길을 주지 않겠는가. 이는 언뜻 오해하기 쉽다. 시민이든 정치인이든 심지어 착취를 일삼는 독재자든 자기 나라가 더 잘살 게 되는 걸 바라지 않는 사람이 누가 있겠는가?

앞서 논의했던 콩고왕국으로 되돌아가보자. 이 왕국은 17세기에 몰락했지만, 1960년 벨기에 식민통치에서 독립한 오늘날의 콩고라는 국명이 여기서 유래했다. 독립국가가 되었지만 1965년에서 1997년에 이르기까지 조지프 모부투Joseph Mobutu 정권하에서 콩고 경제는 끝 모르고 추락을 거듭했고 민생은 도탄에 빠졌다. 모부투가 로랑 카빌라Laurent Kabila의 손에 전복된 이후에도 날개 없는 추락은 계속되었다. 모부투는 극심한 착취적 경제제도를 수립했다. 시민은 가난으로 내몰렸지만, '레그로스 레귐Les Grosses Legumes(덩치 큰 채소라는 뜻)'이라고 알려진 모부투를 필두로 하는 엘리트층은 엄청난 부를 누리고 살았다. 모부투는 또 북부 지역 자신의 고향인 그바돌리테Gbadolite에 궁전을 짓고 살았다. 초음속 콩코드 제트기가 착륙할 수 있을 만큼 널찍한 공항도 완비하고 있었다. 실제로 모부투는 에어프랑스 항공사에서 콩코드기를 전세 내어 유럽을 오가곤 했다. 유럽에서는 벨기에의 수도 브뤼셀의 땅은 물론 성까지 사들였다.

콩고 국민이 빈곤에 허덕이게 하는 대신 모두가 잘살 수 있는 경제제도를 수립하는 것이 모부투에게도 더 낫지 않았을까? 잘사는 나라를 만들었다면 더 많은 돈을 착취해 콩코드 기를 전세 내는 대신 아예 한 대 사버리고, 더 많은 성과 저택을 사들이는 것은 물론 더 나아가 훨씬 규모가 큰 막강한 군대를 키울 수도 있지 않았을까? 여러 나라의 시민이 땅을 치며 애통해할 일이지만 그 답은 '아니오'다. 경제 발전의 밑거름이 되는 인센티브를 마련해주는 경제제도는 동시에 소득과 권력을 고루 분배하게 되고 착취를 일삼는 독재자 등 정치권력을 가진 엘리트층은 오히려 형편이 나빠지게 된다.

근본적인 문제는 경제제도를 둘러싸고 분쟁과 갈등이 뒤따르기 마련이라는 것이다. 제도가 달라지면 한 국가의 번영에 다른 결과를 가져오게 된다. 그 번영의 결실이 어떻게 분배되고 누가 분배할 힘을 갖는지도 달라진다. 제도가 가져다주는 경제성장은 승자와 패자를 낳기 마련이다. 오늘날 부유한 국가에서 볼 수 있는 번영의 토대를 마련한 잉글랜드의 산업혁명만 보더라도 잘 알 수 있는 사실이다. 산업혁명은 증기력, 운송수단, 직물 생산 등 잇따른 획기적인 기술적 변화가 그 주역이었다. 기계화를 통해 총소득이 급격히 증가했고 궁극적으로 현대 산업사회의 토대가 되었지만 이에 극력 반대하는 세력도 적지 않았다. 무지하거나 한 치 앞을 내다보지 못해서가 아니었다. 오히려 정반대였다. 경제성장을 반대하는 이들은 안타깝지만 나름대로 일관적인 논리를 폈다.

경제성장과 기술 변화에는 위대한 경제학자 조지프 슘페터Joseph Schumpeter가 지적한 이른바 '창조적 파괴creative destruction'가 수반된다. 옛것을 새것으로 갈아 치운다는 것이다. 새로운 분야가 낡은 분야에서 자원을 빼앗아오고, 신생기업이 기성기업의 시장을 잠식하며, 신기술이 기존업무 능력과 기계를 무용지물로 만들어버리는 것 등이 바로 창조적 파괴의 예다. 경제성장 과정과 그 기반이 되는 포용적 제도는 정치 현장은 물론 경제시장에서도 승자와 패자를 만들어낸다. 포용적 경제제도 및 정치제도를 반대하는 이면에는 창조적 파괴에 대한 공포가 숨어 있다.

유럽 역사를 살펴보면 생산적 파괴가 어떤 결과를 낳는지 생생히 목격할 수 있다. 산업혁명의 동이 트기 전인 18세기 무렵 유럽 정부 대부분은 귀족 등 전통적인 엘리트층이 장악하고 있었다. 이들의 주 소득원은 군주가 하사하고 집행하는 독점권과 진입 장벽 덕분에 누리던 교역상의 특혜와 토지였다. 창조적 파괴 논리에 맞게 산업과 공장, 도시가 확산되면서 토지로부터 자원을 빼앗아갔고 지대는 감소한 반면, 지주가 노동자에게 지불하던 임금은 껑충 뛰었다. 누가 보아도 산업화의 패자로 전락한 것이다. 도시화와 사회의식을 가진 중산층 및 노동계급의 등장은 토지를 장악한 귀족계급의 정치적 독점마저 위태롭게 했다. 산업혁명의 확산으로 귀족은 경제적으로만 패자가 된 것이 아니었다. 정치권력을 빼앗기고 정치적 패자로 추락할 위험에 노출된 것이다. 경제는 물론 정치권력마저 위태로워지자 이들 엘리트층은 산업화를 완강하게 반대하곤 했다.

산업화의 패자는 귀족만이 아니었다. 기계화로 손재주가 쓸모없게 된 장인 역시 마찬가지로 산업의 확산에 저항했다. 조직적으로 움직인 이들도 많았다. 폭동을 일으키고 생계를 위협받는 근본 원인이라 여겨 기계를 파괴하기도 했다. 이들을 러다이트^{Luddite}라고 불렀고 오늘날에도 기술적 변화를 반대하는 사람을 이렇게 부른다. 1733년 영국의 존 케이^{John Kay}는 '플라잉 셔틀^{flying shuttle}(직조 기계의 씨실을 자동으로 넣는 장치 - 옮긴이)'을 발명해 직조 작업의 기계화에 처음으로 지대한 공헌을 한 바 있는데, 1753년 러다이트 운동가들이 그의 집에 불을 질렀다. 방적기술을 혁신적으로 보완해준 '다축 방적기^{spinning jenny}'를 발명한 제임스 하그리브스^{James Hargreaves}도 비슷한 대접을 받았다.

현실적으로 장인은 지주 등 엘리트층보다 산업화 반대 노력의 성과가 떨어질 수밖에 없었다. 영주 귀족과 달리 러다이트 운동가는 특정 집단의 이해에 반하는 정치적 결정에 입김을 행사할 만한 정치권력이 없었다. 잉글랜드에서는 러다이트 운동에도 불구하고 산업화가 착착 진행되었다. 귀족의 반대가 있긴 했지만 결국 무시되었기 때문이다. 하지만 절대군주와 귀족이 훨씬 잃을 게 많았던 오스트리아-헝가리 및 러시아제국에서는 산업화가 봉쇄되었다. 그 결과 오스트리아-헝가리 및 러시아제국의 경제는 답보 상태를 면치 못했고 19세기 경제성장이 탄력을 받았던 다른 유럽 국가에 비해 뒤처질 수밖에 없었다.

특정 집단의 성패와 관련 없이 한 가지 분명한 사실은 권력집단이 종종 경제 발전과 번영의 원동력에 반대한다는 것이다. 경제성장은 단순히 효율적인 기계를 더 많이 만들고, 더 많은 사람을 더 잘 교육하는 데 그치지 않는다. 창조적 파괴 효과가 고루 미치는 과도기적이고 불안정한 과정이기도 하다. 따라서 경제적 특혜가 사라질 것을 우려하는 경제적 패자와 정치권력이 침해당할 것을 두려워하는 정치적 패자가 가로막는다면 경제성장은 지속되기 어렵다.

희소한 자원, 소득과 권력을 둘러싼 갈등은 게임의 규칙인 경제제도를 둘러싼 갈등이나 다름없다. 경제활동은 물론 그 혜택이 누구에게 돌아가는지 결정하는 것도 경제제도이기 때문이다. 갈등이 존재할 때 모든 이해 관계자의 바람을 동시에 충족시킬 수는 없다. 바람이 이루어지지 않아 실망하는 이가 있으면, 또 자신이 바라는 결과를 확보해 기뻐하는 이도 있기 마련이다. 누가 이런 갈등의 승자가 되느냐가 한 나라의 경제 운명을 근본적으로 좌우한다. 성장을 가로막으려는 집단이 승자가 된다면, 실제로도 경제성장을 봉쇄할 것이고 경제는 제자리를 맴돌기 십상이다.

권력자가 반드시 경제적 성공을 촉진할 만한 경제제도를 수립하라는 법은 없다는 논리는 이들의 정치제도 선택에도 어렵지 않게 적용할 수 있다. 절대주의 정권이라면 일부 엘리트층이 원하는 대로 경제제도를 수립할 권력을 휘두를 수 있다. 그런 자들이 정치제도를 바꿔 다원적으로 만들려 할까? 으레 그럴 이유가 없다. 다원적 제도를 도입하면 자신들의 정치권력만 희석되고, 원하는 대로 경제제도의 틀을 짜기도 어려워지거나 아예 불가능해질 것이 뻔하기 때문이다. 이 대목에서도 갈등의 소지가 분명하게 드러난다. 착취적 경제제도하에서 신음하는 이들은 절대적 통치자가 자발적으로 정치제도를 바꿔 사회 전반에 권력을 재분배할 것이라 기대할 수가 없다. 이런 정치제도를 바꾸는 유일한 방법은 엘리트층이 한층 더 다원적인 제도를 수립하도록 압력을 행사하는 것뿐이다.

가만 내버려둔다고 해서 정치제도가 다원적이 될 수 없는 것처럼 중앙집권화 역시 자연 발생적으로 가능한 것이 아니다. 어느 사회든 중앙집권적 제도를 만들고자 하는 인센티브가 있기 마련이다. 특히 그런 중앙집권화가 결여된 사회라면 더욱 그렇다. 가령 소말리아에서 한 부족이 나라 전체의 질서를 좌우할 만한 중앙집권정부를 설립할 수 있다면 경제적 혜택이 창출되고 그 부족은 더 부유해질 것이다. 그런데 왜 아무도 나서지 못하는 것일까?

중압집권화의 가장 큰 장벽은 변화에 대한 두려움이라 할 수 있다. 중앙집권화에 성공하는 부족이나 집단, 정치인이 있다면 이는 바로 그 당사자의 손에 권력이 집중된다는 것을 뜻하기도 한다. 당연히 이 과정에서 정치적 패자로 전락하는 다른 부족과 집단, 개인은 적의를 품게 된다. 중앙집권화가 미흡한 국가는 그 대부분 영토에서 법질서를 유지하기가 어려울 뿐 아니라 무슨 일이든 저지하거나 와해시킬 충분한 힘을 가진 세력이 많아지게 된다. 그런 반대 세력과 폭력적 대응에 대한 두려움 때문에 중앙집권화를 꿈꾸기 어려워지는 것이다. 중앙집권화는 정부를 수립할 수 있을 정도로 한 집단의 힘이 나머지에 비해 막강할 때만 가능하다. 소말리아는 권력이 고루 분배되어 있다. 그 어떤 부족도 다른 부족을 제압하지 못한다. 이후 벌어질 참상이 두려워 그럴 시도조차 하지 않는다. 이런 연유로 소말리아의 중앙집권화는 여전히 요원하기만 하다.

콩고의 오랜 시련

역사를 돌이켜 봐도 착취적 제도하에서 경제가 번영하는 사례는 극히 드물며 착취적 경제제도와 정치제도는 서로 시너지 효과를 낸다. 이 두 가지 논리를 콩고만큼 극명하고 처절하게 드러내주는 사례도 드물다. 15세기와 16세기 콩고를 찾던 포르투갈과 네덜란드인들이 이미 '처참한 빈곤miserable poverty'에 대해 언급했다. 유럽 기준으로는 기술도 보잘것없는 수준이었다. 콩고에는 문자나 바퀴, 심지어 쟁기도 존재하지 않았다. 콩고가 이처럼 극도로 가난하고, 콩고 농민이 더 나은 기술을 접하고도 수용하길 꺼렸던 이유는 역사적 사실을 통해 분명하게 이해할 수 있다. 국가의 경제제도가 착취적 성향이었기 때문이다.

앞서 살펴보았듯이, 콩고왕국은 이후 상살바도르로 이름이 바뀐 수도 음반자의 왕이 다스렸다. 수도에서 멀리 떨어진 지역은 왕국 각지의 제후 역할을 했던 엘리트층이 통치했다. 이런 엘리트층은 상살바도르 부근의 노예농장과 나머지 지역에서 착취한 세금을 통해 부를 축적했다. 엘리트층 자신들의 농장은 물론 해안의 유럽인에게까지 노동력을 공급했던 노예제도는 콩고왕국 경제의 근간이었다. 조세는 제멋대로여서, 심지어 왕의 모자가 벗겨질 때마다 걷는 세금도 있었다.

더 잘살려면 콩고 사람은 저축과 투자를 해야 했다. 가령 쟁기를 샀어야 한다. 하지만 아무런 소용이 없었을 것이다. 더 나은 기술을 사용해 쥐꼬리만큼의 잉여 생산분이라도 있었다면 왕과 엘리트층이 죄다 빼앗 아갔을 것이기 때문이다. 따라서 생산성을 높이고 생산품을 시장에 내 다 팔기보다 오히려 시장에서 멀리 떨어진 곳으로 마을을 옮겨버렸다. 도로에서도 가급적 멀리 떨어지려 애썼다. 수탈을 당할 빌미를 줄이고 노예 사냥꾼의 손아귀에서 벗어나고 싶었던 것이다.

따라서 콩고의 빈곤은 번영의 원동력을 모두 차단하거나 심지어 후 진시켰던 착취적 경제제도에서 비롯된 것이다. 콩고 정부는 사유재산 이나 법질서 보장과 같은 최소한의 기본적 공공서비스조차 백성에게 거의 제공하지 않았다. 오히려 피지배층의 재산과 인권을 가장 심하게 위협한 것이 바로 정부였다. 직업 선택의 자유는 경제 번영의 핵심 동력 이라 할 만하다. 노예제도가 존재한다는 것은 가장 기본적인 시장, 즉 자유롭게 직업을 선택할 수 있는 자유로운 노동시장조차 부정한다는 뜻이다. 더군다나 장거리 교역 및 상업 활동은 왕의 통제를 받았고 측근 에게만 허용되었다. 포르투갈인이 문자를 소개한 이후 엘리트층은 이 내 글을 읽게 되었지만, 왕은 일반 백성에게 글을 가르치려는 어떤 노력 도 기울이지 않았다.

'처참한 빈곤'이 만연했음에도 콩고왕국의 착취적 제도가 유지된 데 는 그만한 이유가 있었다. 그런 제도 덕분에 정치권력을 손에 쥔 소수 계 층은 막대한 부를 누렸기 때문이다. 16세기 콩고의 왕과 귀족은 유럽에 서 사치품을 수입할 수 있었고 이들 주변에는 종복과 노예가 즐비했다.

콩고 사회의 경제제도는 그 뿌리가 사회의 정치권력 분배에 닿아 있 으니 결국 정치제도의 성격에서 비롯되었다 할 수 있다. 민중봉기의 위 협 말고는 왕이 백성의 소유물이나 노동력을 착취하는 것을 막을 방도가 없었다. 그런 위협이 없었던 것은 아니지만 인명과 재산을 지켜줄 만큼 큰 영향력을 발휘하지는 못했다. 콩고의 정치제도는 뿌리까지 철저히 절대주의적이었다. 왕과 엘리트층은 그 어떤 제약도 받지 않았으며 일반 백성은 사회구조에 대한 발언권이 전혀 없었다.

권력이 제한받고 폭넓게 분배된 포용적 정치제도와 비교하면 콩고의 정치제도가 착취적이라는 사실은 어렵지 않게 알 수 있다. 콩고는 절대주의 체제를 무력으로 지켰다. 17세기 중반까지 왕은 500명의 소총 정예군 등 5,000명에 달하는 상비군을 보유하고 있었다. 당시로서는 막강한 군사력이었다. 왕과 귀족이 왜 유럽의 화기를 앞다투어 받아들였는지 어렵지 않게 이해할 수 있다.

이런 제도하에서 경제성장은 꿈도 꿀 수 없었다. 경제제도 개혁을 통해 사유재산권을 향상시켰다면 콩고 사회는 전반적으로 더 잘살았을 것이다. 하지만 더 많은 사회 구성원이 잘사는 나라에서 기존 엘리트층의 이권은 줄어들기 마련이다. 첫째, 그런 개혁은 노예무역과 노예농장으로 축적하는 부를 훼손해 엘리트층을 경제적 패자로 전락시켰을 것이다. 둘째, 어차피 그런 개혁이 이루어지려면 왕과 엘리트층의 정치 권한이 먼저 제한되어야 한다. 가령 왕이 500명에 달하는 정예군을 계속 거느린다면 노예제도가 철폐되었다는 포고령을 누가 믿겠는가? 나중에 왕이 마음을 바꾸기라도 하는 날엔 어찌 되는가? 유일한 보장책은 정치제도를 바꿔 백성도 조세나 정예군의 활동에 대한 발언권을 갖는 등 얼마간 저항할 수 있는 정치권력을 지녀야 한다. 하지만 그렇게 되면 왕과 엘리트층의 소비 행태나 생활수준을 백성이 최우선적으로 고려해줄 리 만무하다. 따라서 경제제도를 개선하는 변화가 일어난다면 결국 왕과 귀족은 경제적으로는 물론 정치적으로도 패자가 될 수밖에 없다.

오늘날 콩고라는 나라가 왜 그토록 처절할 정도로 가난한지 제대로 이해하려면 500년 전 경제 및 정치 제도의 상호작용도 무시할 수 없다. 유럽이 이 지역을 넘보기 시작하고, 이른바 아프리카 쟁탈전Scramble for Africa이 한창이던 19세기 후반 콩고 강 유역까지 장악하면서 인권과 사유재산의 불안정은 식민지 시대 이전보다 한층 더 극심해졌다. 그뿐만 아니라 민중을 희생시켜 소수의 힘을 키우고 배를 불리는 착취적 제도와 절대주의 정치 패턴이 되풀이되었다. 바뀐 것이라고는 그 소수 엘리트층이 레오폴트 2세Leopold II를 필두로 하는 벨기에 식민통치자였다는 사실뿐이었다.

1960년 콩고가 독립했을 때도 착취적 경제제도와 인센티브, 그에 따른 빈곤의 패턴은 그대로 되풀이되었다. 콩고의 착취적 경제제도를 뒷받침한 것은 이번에도 극도로 착취적인 정치제도였다. 오히려 상황은 더 악화되었다. 유럽 식민통치를 통해 콩고라는 정치체제가 만들어지긴 했지만, 식민지 이전의 다양한 정부와 사회로 구성되어 있었기 때문에 킨샤사Kinshasa의 중앙정부는 이들에 대한 지배력이 미미했다. 모부투 대통령은 정부를 이용해 자신과 막료의 배를 불리는 데만 혈안이 되어 있었다. 가령 1973년에는 식민지 잔재를 청산한다는 미명하에 자이르화Zairianization라는 기치를 내걸고 외국인 자산을 대거 몰수하기도 했다. 하지만 모부투의 권력은 중앙집권화되어 있지 않았으므로 나라 구석구석까지 권한이 미치지 못했다. 1960년대 카탕가Katanga와 카사이Kasai 지방이 독립하려 했을 때도 외세에 지원을 요청해야 했을 정도다. 정부가 붕괴 위기에 처할 정도로 중앙집권화가 미약하다는 것은 콩고뿐 아니라 사하라 이남 아프리카 국가에서 공통으로 드러나는 현상이다.

오늘날 콩고민주공화국이 여전히 궁핍한 이유는 아직도 시민이 사회 번영에 필요한 기본적 인센티브를 제공하는 경제제도를 누리지 못하기 때문이다. 콩고를 가난하게 하는 것은 지리나 문화적 요인, 시민이나 정치인의 무지가 아니다. 바로 착취적 경제제도다. 그 오랜 세월이 흐르도록 착취적 경제제도가 질기게 살아남은 것은 줄곧 소수 엘리트층의 손에 정치권력이 편중되어 있기 때문이다. 이들은 국민의 사유재산을 보장하거나, 삶의 질을 높여줄 기본적 공공서비스를 제공하거나, 경제 발전을 장려할 아무런 인센티브를 갖고 있지 않다. 이들은 오로지 국민의 소득을 착취하고 자신들의 권력을 유지하는 데만 혈안이 되어 있다. 이들은 그 권력을 중앙집권정부를 수립하는 데 사용하지도 않는다. 그랬다면 경제성장을 추구할 때 필연적으로 수반되는 반발과 정치적 도전에 직면할 것이기 때문이다. 더군다나 사하라 이남 아프리카의 다른 대부분의 나라처럼 착취적 제도를 차지하려는 경쟁 집단의 내분으로 중앙집권화의 싹은 행여 존재한다 해도 늘 짓밟히기 일쑤다.

콩고왕국의 역사와 오늘날 콩고의 최근 역사를 돌이켜보면 정치제도가 어떤 경제제도를 낳는지, 이 제도들이 어떻게 경제적 인센티브와 경제성장의 숨통을 옥죄는지 생생하게 목격할 수 있다. 소수가 권력을 틀어쥐고 다수를 희생시켜가며 치부할 수 있게 해주는 절대주의적 정치체제 및 경제제도 간의 공생 관계 역시 쉽게 이해할 수 있다.

착취적 정치제도하의 성장

무법천지에 사유재산도 극도로 불안한 오늘날 콩고는 극단적인 예에 해당한다. 이런 극단적인 상황에서는 엘리트층도 이익을 취하기 어렵다. 경제적 인센티브의 씨를 말리고 착취할 자원도 거의 생겨나지 않기 때문이다. 경제성장과 번영의 밑거름은 포용적 경제 및 정치 제도이며 착취적 제도는 으레 정체stagnation와 빈곤으로 이어진다는 것이 이 책의 핵심 주제다. 그렇다고 해서 착취적 제도하에서는 눈곱만큼도 성장이 불가능하다거나 모든 착취적 제도가 한결같다는 뜻은 아니다.

착취적 정치제도하에서도 성장이 가능한 개별적이면서도 보완적인 두 가지 방법이 있다. 첫째, 경제제도가 착취적이라 해도 엘리트층의 통제가 가능하고 생산성이 높은 활동에 자원을 분배하면 성장이 가능하다. 착취적 제도하에서 이루어지는 이런 성장의 가장 두드러진 사례는 16세기에서 18세기 사이의 카리브 해 제도Caribbean Islands에서 찾아볼 수 있다. 주민 대부분은 농장의 가혹한 환경에서 혹사당하며 최저 생계 수준의 생활을 근근이 이어가는 노예였다. 영양실조와 탈진으로 죽어가는 이들이 수두룩했다. 17세기와 18세기 바베이도스, 쿠바, 아이티, 자메이카 등에서는 농장을 소유한 소수 엘리트층이 정치권력을 모조리 장악하고 노예를 비롯해 모든 자산을 소유했다. 대다수의 권리가 무시되는 한편 농장을 경영하는 엘리트층의 재산과 자산은 철저한 보호를 받았다. 대다수 인구를 잔혹하게 수탈하는 착취적 경제제도에도 불구하고 카리브 해 섬들은 세계에서 으뜸가는 부를 누렸다. 설탕을 생산해 세계 시장에 내다 팔 수 있었기 때문이다. 카리브 해 섬들의 경제가 정체를 보인 것은 새로운 경제활동으로 이행해야 할 필요성이 대두될 때뿐이었다. 그럴 때면 농장 소유 엘리트층의 소득과 정치권력이 위협받았기 때문이다.

제1차 경제 5개년 계획에 착수한 1928년부터 1970년대까지 고속 경제성장과 산업화를 누렸던 소련 역시 비슷한 사례다. 정치 및 경제 제도는 심하게 착취적이었고 시장 역시 과도한 제약이 가해졌다. 그런데도 소련의 경제가 급속도로 성장할 수 있었던 것은 정부 권력을 사용해 효율성이 대단히 떨어지던 농업에서 공업으로 자원의 재분배가 가능했기 때문이다.

착취적 정치제도하에서 가능한 두 번째 성장 유형은 완전하지는 않더라도 그런 제도가 어느 정도 포용적 경제제도의 발달을 허용하는 상황에서 목격된다. 착취적 정치제도를 갖춘 사회라면 으레 창조적 파괴가 두려워 포용적 경제제도를 꺼리기 십상이다. 하지만 사회마다 엘리트층이 권력을 독점할 수 있는 정도가 다르기 마련이다. 엘리트층의 입지가 워낙 확고해 자신들의 정치권력이 위협받지 않을 것이라는 확신을 한다면 어느 정도 포용적 경제제도를 수용할 수도 있다는 것이다. 또는 역사적 상황 때문에 착취적 집권 세력이 얼마간 포용적 성향의 경제제도를 물려받게 되고, 어떤 이유에서든 그런 제도를 차단하지 않을 수도 있을 것이다. 바로 이럴 때가 착취적 정치제도하에서도 성장이 가능한 두 번째 경우라 할 수 있다.

박정희 대통령 시절 한국이 급속도로 산업화한 것이 그런 예다. 박정희는 1961년 군사 쿠데타로 집권했지만, 당시 한국 사회는 미국의 전폭적인 지원을 받고 있었고 경제 또한 본질적으로 포용적이었다. 박정희 정권이 권위주의적이라고는 해도 경제성장을 추진할 만큼 권력 기반에 대한 확신이 있었다는 것이다. 실제로 박정희 정권은 대단히 적극적으로 경제성장을 추구했다. 아마도 그가 정권을 지탱하기 위해 반드시 착취적 경제제도가 필요한 것은 아니었기 때문이었는지도 모른다. 착취적 제도하에서 성장을 이룬 소련 등 다른 대부분 사례와 달리 한국은 1980년대 들어 착취적 정치제도 역시 포용적 정치제도로 변모한다. 성공적 이행이 가능했던 것은 다양한 요인들이 맞아떨어진 덕분이었다.

1970년대 들어 한국의 경제제도는 충분히 포용적으로 변모했고 착취적 정치제도를 탐내게 하는 한 가지 강력한 논리적 근거를 약화시켜 주었다. 경제 엘리트층 입장에서 자신들이나 군부가 정치를 장악해 얻을 게 별로 없어진 것이다. 한국 사회가 비교적 고르게 소득 균형을 이루면서 다원주의와 민주주의에 대한 엘리트층의 두려움도 줄어들었다. 북한의 위협 때문에라도 미국의 입김이 셀 수밖에 없는 상황이어서 군부독재에 저항하는 강력한 민주화 의지를 더는 억누르기 어려웠던 게 사실이다. 1979년 박정희가 암살된 직후 전두환이 재차 군사정변을 일으키긴 했지만, 그가 직접 선택한 후계자인 노태우는 정치개혁을 허용할 수밖에 없었고 결국 1992년 이래 다원적 민주주의가 뿌리를 내리게 되었다. 물론 소련에서는 이런 변혁이 일어나지 않았다. 그러다 보니 소련의 경제성장이 김이 빠지기 시작한 것도 무리는 아니었다. 1980년대 무너지기 시작한 소련 경제는 1990년대 들어 산산조각이 나고 말았다.

요즘 중국의 경제성장도 소련이나 한국의 경험과 일맥상통하는 면이 적지 않다. 중국 경제성장의 초기 단계는 농업 부문의 급진적 시장 개혁이 주도했지만, 이후 공업 부문의 개혁은 한층 조용히 진행됐다. 심지어 요즘도 어떤 부문과 기업이 추가적인 자본을 수혈받아 성장 기회를 잡을지 결정하는 것은 주로 정부와 공산당이다. 이들의 결정에 따라 성패가 갈리는 것이다. 전성기의 소련과 마찬가지로 중국 역시 고속 성장을 경험하고 있지만, 여전히 착취적 제도하에서 포용적 정치제도로 이행할 기미가 거의 보이지 않는 정부의 통제를 받아가며 이루어지는 성장이다. 중국의 경제제도는 포용적이 되려면 아직 멀었다고 할 수 있다. 중국에서 한국과 같은 변혁이 불가능한 것은 아니겠지만, 그 가능성은 낮다는 뜻이다.

착취적 정치제도하에서 성장이 가능한 두 가지 경우 모두 중앙집권화가 필수적이라는 사실에 주목해야 한다. 제법 중앙집권화가 되어 있지 않았다면 바베이도스, 쿠바, 아이티, 자메이카의 농장 경영 엘리트층은 법질서를 유지하거나 자신들의 재산과 부동산을 보호하지 못했을 것이다. 고도의 중앙집권화로 정치권력을 확실히 장악하지 못했다면 한국의 군부 엘리트층이나 중국공산당은 의미 있는 경제개혁을 추진하면서도 권력을 잃지 않을 수 있다는 확신을 하기 어려웠을 것이다. 또 소련과 중국이 경제활동을 조율해 더 생산성이 높은 부문으로 자원을 분배할 수 있었던 것도 중앙집권화가 되어 있었기 때문이다. 따라서 착취적 정치제도를 구분하는 잣대는 중앙집권화의 정도라 할 수 있다. 여러 사하라 이남 아프리카 국가의 사례에서 보듯이 중앙집권화 없이는 제한적인 성장조차 달성하기 어렵다는 뜻이다.

착취적 제도하에서 그런대로 성장이 가능하다 해도 지속적인 경제성장으로 이어지는 경우는 드물며 창조적 파괴가 수반되는 본격적인 성장은 불가능하다. 정치제도와 경제제도 모두 착취적이라면 창조적 파괴와 기술 변화를 유발할 인센티브가 아예 존재하지 않게 된다. 일정 기간 정부가 강제로 자원과 인력을 분배해 급속도로 경제성장을 이룰 수도 있지만, 이 과정은 태생적으로 한계가 있기 마련이다. 한계점에 다다르면 1970년대 소련이 그랬던 것처럼 성장은 멈추고 만다. 소련이 고속 경제성장을 달성하던 시절에도 자원을 군사력 증강에 집중함으로써 군사기술을 개발하고 심지어 우주 개척과 핵무기 개발 경쟁에서 잠시나마 미국을 앞서기도 했지만, 경제 전반적으로 기술적 변화는 거의 없었다. 창조적 파괴와 광범위한 기술혁신이 수반되지 않는 성장은 지속될 수 없으므로 급제동이 걸리고 만 것이다.

그뿐만 아니라 착취적 정치제도하에서 경제적 성장을 뒷받침하는 토대는 본질적으로 빈약하기 마련이다. 착취적 제도에서 비롯되는 내부 분쟁으로 쉽게 무너지거나 파괴되고 만다. 아닌 게 아니라 착취적 정치·경제 제도는 그런 내부 분쟁으로 귀결되는 경향이 짙다. 그런 제도 덕분에 소수 엘리트층이 부와 권력을 독점하기 때문이다. 다른 집단이 기존 엘리트층을 압도해 몰아내고 정부를 장악하면 그 부와 권력을 누리는 새로운 지배층으로 자리를 잡는다.

따라서 앞으로 로마제국 후기 및 마야 도시국가들의 붕괴를 논의하면서 살펴보겠지만, 막강한 정부 권력을 둘러싼 암투가 늘 이면에 도사리고 있기 마련이며 주기적으로 심화되어 결국 기존 정권을 무너뜨리곤 한다. 그런 분쟁이 내전으로 비화되거나 심지어 정부를 완전히 와해 또는 몰락시키기도 한다. 한 사회가 착취적 제도하에서 초기에 어지간한 중앙집권화에 성공한다 해도 오래가지 못한다는 사실을 시사해준다. 실제로 착취적 제도를 장악하기 위한 내부 분쟁이 내전이나 무법천지로 이어지는 사례가 적지 않다. 사하라 이남 아프리카의 여러 나라와 라틴아메리카 및 남아시아 일부 국가에서 오랜 세월 중앙집권화 기반이 마련되지 못하는 것도 바로 이런 이유 때문이다.

마지막으로, 한국의 사례처럼 착취적 정치제도에도 불구하고 경제제도가 포용적 성향을 띤 덕분에 성장이 가능하다 해도, 경제제도가 더 착취적으로 바뀌거나 성장이 멈춰버릴 위험이 상존한다. 정치권력을 장악한 이들이 결국 그 권력을 이용해 경쟁을 제한하고 자신들의 파이를 키우거나, 심지어 다른 이들로부터 훔치고 약탈하는 것이 경제성장을 추구하는 것보다 더 많은 이익을 챙기는 방법이라 여기게 될지도 모른다는 것이다. 정치제도가 착취적 성향에서 포용적 성향으로 바뀌지 않는 한 권력을 분배하고 행사할 능력은 언제든 경제적 번영의 기반을 훼손할 수 있다는 뜻이다.

작은 차이와
결정적
분기점

/
4장

결정적 분기점에서 전개되는 사건의 결과는 역사의 무게에 따라
달라진다. 당대의 힘의 균형은 물론 정치적 실현 가능성을 결정하는 것은
기존의 정치·경제 제도라는 뜻이다. 하지만 그 결과는
역사적으로 미리 정해진 필연이 아니라 우발적인 것이다.

페스트가 창조한 세계

흑사병이라고 알려진 가래톳페스트^{bubonic plague}가 흑해 돈 강^{River Don} 하구의 항구도시 타나^{Tana}에 상륙한 것은 1346년이었다. 생쥐에 기생하는 쥐벼룩이 옮기는 흑사병은 실크로드를 여행하는 상인을 따라 중국에서 들어왔다. 제노바 상인을 따라다니는 생쥐 벼룩은 타나에서 지중해 일대로 흑사병을 빠르게 옮겼다. 1347년 초, 흑사병은 콘스탄티노플^{Constantinople}까지 퍼졌다. 1348년 봄에는 프랑스와 북아프리카, 이탈리아 일원으로 번져나갔다. 흑사병이 창궐한 지역은 인구의 절반가량이 죽어나갔다. 이탈리아 중부 도시 피렌체에 당도한 병마를 직접 목격한 이탈리아 작가 조반니 보카치오^{Giovanni Boccaccio}는 훗날 이렇게 회고했다.

괴질이 엄습하자 인간의 지혜와 재주는 죄다 부질없었다…. 페스트는 예측불허의 가공할 모습으로 번져나갔고, 처참한 광경이 이어졌다. 동

부와는 다른 양상을 띠었다. 그곳에선 코피를 흘리면 누구라도 죽음이 임박했다는 뜻이었다. 하지만 이곳에서는 사타구니나 겨드랑이가 도드라지게 부어오르는 초기 증상을 보였다. 달걀 모양으로 붓는 이가 있는가 하면 종기의 크기가 어림잡아 사과만 한 이들도 있었다. 훗날 역병의 증상이 바뀌었고 팔과 허벅지 등 몸 곳곳에 검은 반점과 멍이 생기는 이들이 많았다. 이런 병마에 의사의 조언과 약제의 효능 따위는 죄다 쓸데없고 부질없었다. 대부분 환자가 앞서 설명한 증상을 보인 지 며칠 만에 목숨을 잃었다.

잉글랜드인도 페스트가 몰려오고 있어 이내 재앙이 닥칠 것이라는 사실을 잘 알고 있었다. 1348년 8월 중순, 에드워드 3세 국왕은 캔터베리 대주교에게 기도회를 주관해달라 당부했고, 수많은 주교가 재앙을 알리는 서한을 보내 사제들로 하여금 교회 신도 앞에서 낭독하도록 했다. 바스의 주교인 슈루즈베리의 랠프Ralph of Shrewsbury, Bishop of Bath는 사제에게 다음과 같은 서한을 보냈다.

전능하신 하나님은 죄를 씻고자 하는 아들에게 재앙을 내리실 때 보좌에서 천둥과 번개 같은 불행을 내리치신다. 이럴진대 동부에서 비롯된 페스트의 재앙이 인근 왕국에 당도했다 하니 성심을 다해 쉴 새 없이 기도하지 않는다면 유사한 페스트가 병마의 손길을 이곳까지 뻗쳐 재난을 부르고 주민의 생명을 앗아갈 것임을 두려워할지어다. 이에 우리 모두 주님 앞에 엎드려 고해하고 찬송할지어다.

아무 소용이 없었다. 흑사병의 창궐로 삽시간에 잉글랜드 인구 절반이 목숨을 잃었다. 이런 재앙은 사회제도에 지대한 영향을 미칠 수 있다. 심지어 정신이 나간 이들도 적지 않았다. "이 끔찍한 병마를 이겨내는 묘책은 폭음하고, 구석구석 삶을 즐기며, 어딜 가나 노래하며 즐겁게 놀고, 기회 있을 때마다 갖은 욕구를 채우면서 이 모든 것이 엄청난 장난에 지나지 않는다고 무시해버리는 것이라 믿는 이들도 있었다…. 앓고 난 여인네들의 정조 관념이 흐트러진 이유를 이해할 만하다." 보카치오의 기록이다. 하지만 페스트는 사회, 경제, 정치적으로 중세 유럽 사회에 변화의 바람을 몰고 왔다.

14세기 들어서도 유럽은 로마제국 몰락 이후 서유럽에서 처음 태동한 봉건질서를 유지하고 있었다. 봉건제도는 왕 밑에 영주가 있고 가장 아래층에 소작농이 있는 신분질서를 기본으로 한다. 왕은 자신이 소유한 토지를, 군사력을 제공하는 대가로 영주에게 하사한다. 영주는 하사받은 봉토를 소작농에게 분배한다. 그 대가로 소작농은 끝없는 부역에 종사해야 함은 물론 각종 벌금과 세금을 징수당했다. '노예' 신분이었기 때문에 소작농은 농노라고 불렸다. 토지에 예속된 소작농은 영주의 허락 없이는 거주 이전의 자유도 없었다. 영주는 단순한 지주가 아니라 판사이자 배심원이자 경찰력이었다. 봉건제도는 다수 소작농으로부터 극소수 영주로 부가 흘러가는 극도로 착취적인 체제였다.

흑사병으로 노동력이 급감하자 봉건질서의 기반이 흔들렸다. 소작농이 변화를 요구할 힘을 얻게 된 것이다. 엔셤 수도원Eynsham Abbey에서는 소작농이 벌금과 부역을 대폭 줄여달라고 목소리를 높이기도 했다. 이들은 실제로 그 뜻을 이루었고 새로운 계약을 맺었는데, 이런 기록이 덧붙여져 있다. "1349년 창궐한 페스트로 숨진 사망자가 많아 영지에는 소작농이 고작 둘밖에 없었다. 이들은 당시 영주이자 수도원장이었던 업턴의 니컬러스 사제Brother Nicholas of Upton가 새로운 계약을 맺지 않는다면 떠나겠다는 입장을 밝혔다." 영주는 계약을 맺을 수밖에 없었다.

엔섬 수도원의 사례는 곳곳에서 되풀이되었다. 소작농은 강제노역을 비롯해 영주에 예속됨으로써 져야 했던 온갖 부담에서 풀려나게 되었다. 임금도 차츰 올랐다. 정부는 이를 저지하려 했고 1351년 노동자법Statute of Laborers을 통과시켰다. 그 내용은 다음과 같았다.

> 페스트가 기승을 부리면서 특히 근로자와 하인 등 인구의 상당수가 죽어 없어지자 주인의 고난과 하인의 부족 현상을 기회 삼아 과도한 임금을 요구하며 의무를 다하길 거부하는 자들이 생겨났다. 특히 쟁기꾼과 같은 노동력의 부족에서 초래되는 심각한 불편을 우려하는 바 잉글랜드 왕국의 모든 남녀에게 명하노니 자신의 봉사가 필요하다고 여기는 주인의 명령에 따라야 할 것이며, 자신이 봉사하는 현장에서 지급하는 제복과 보상, 임금만 받을지어다. 국왕 폐하 통치 20년(에드워드 3세는 1327년 1월 25일 즉위했으므로 1347년을 가리킨다) 혹은 이후 5년에서 6년은 평균적으로 받던 수준으로 임금을 제한하는 바다.

이 법은 사실상 흑사병 이전 수준으로 임금을 동결시키려는 의도였다. 잉글랜드 엘리트층이 가장 염려한 것은 가뜩이나 귀한 소작농을 스카우트하려는 다른 영주들의 '유혹'이었다. 고용주의 허락 없이 고용을 파기하면 징역형에 처하는 해결책이 제시되었다.

> 수확하는 자나 풀 베는 자, 어떤 지위와 조건의 노동자와 하인이라 하더라도 해당 신역이 주인에 예속되어 있음에도 불구하고 계약 기간이 만

료되기 전 주인의 허락이나 합당한 사유 없이 상기 신역을 파기하는 자는 징역형에 처한다. 그 누구도 상기한 관습적 수준 이상의 임금, 제복, 보상을 요구하거나 허용하지 못한다.

흑사병의 여파로 시작된 제도와 임금의 격변을 막아보려던 잉글랜드 정부의 시도는 수포로 돌아가고 만다. 1381년 와트 타일러^{Wat Tyler}가 이끄는 농민반란^{Peasants' Revolt}이 발발했고 반란군은 내처 런던 일대를 장악하기도 했다. 반란군이 무릎을 꿇고 타일러도 처형되고 말았지만 노동자법을 강제 집행하려는 시도는 더는 눈에 띄지 않았다. 봉건적 노역이 차츰 자취를 감추면서 잉글랜드에서 포용적 노동시장이 꿈틀대고 임금도 상승세를 타기 시작했다.

흑사병은 세계 구석구석을 휩쓸었고 가는 곳마다 상당수의 목숨을 빼앗아갔다. 동유럽의 인구 피해는 잉글랜드 및 서유럽과 비등한 수준이었다. 사회·경제적 영향력도 마찬가지였다. 노동력은 희소해졌고 사람들은 더 많은 자유를 요구했다. 하지만 동유럽에서는 더 강력한 모순 논리가 힘을 얻고 있었다. 자유 노동시장에서 사람이 적다는 것은 임금이 높아진다는 뜻이었다. 그럴수록 영주는 노동시장을 자유롭지 못하게 하고 소작농을 예속시키려는 인센티브가 강했다. 노동자법에서도 보듯 잉글랜드에서도 그런 욕구를 느끼는 영주가 많았다. 하지만 충분한 힘을 얻게 된 노동자들이 자신들의 뜻을 관철시켰던 것이다. 동유럽에서는 사정이 달랐다. 더 많은 토지를 장악해 이미 서유럽 영주보다 규모가 컸던 동유럽 영주는 사유지를 더 확대해나갔다. 도시는 미약했고 인구도 적었다. 노동자는 자유로워지기는커녕 그나마 있던 자유마저 침해당하는 꼴을 두고 볼 수밖에 없었다.

1500년 이후 그 효과가 피부로 느껴지기 시작했다. 밀, 호밀, 가축 등 동유럽에서 생산되는 농산품에 대한 서유럽의 수요가 늘기 시작한 것이다. 암스테르담이 수입하는 호밀의 80퍼센트는 엘베^{Elbe}, 비스툴라^{Vistula}, 오데르^{Oder} 강 계곡을 거쳐 들어왔다. 무역 호황기를 맞은 네덜란드 역시 교역량의 절반을 동유럽에서 들여왔다. 서유럽의 수요가 확대되자 동유럽 영주는 공급을 늘리기 위해 노동력을 더 쥐어짜기 시작했다. 이른바 재판농노제$^{Second\ Serfdom}$라는, 중세 초기 원형과 크게 대별되는 한층 가혹한 착취제도가 자리 잡은 것이다. 영주는 소작농 소유의 땅까지 세금을 늘렸고 전체 소출의 절반을 빼앗아갔다.

폴란드 코르친^{Korczyn}에서는 1533년만 해도 영주에 대한 노동이라면 모두 임금을 지불했다. 1600년경에는 그 절반가량이 무임금 강제노역인 요역^{徭役}으로 바뀌었다. 1500년만 해도 독일 동부, 메클렌부르크^{Mecklenburg}의 노동자는 기껏해야 연간 며칠 치 임금이 밀리는 게 고작이었다. 1550년 무렵이 되자 일주일에 하루는 임금이 체납되었고, 1600년에 이르자 일주일에 나흘로 늘어났다. 노동자의 자녀도 몇 년간은 영주를 위해 무료로 봉사해야 했다. 헝가리는 1514년, 영주가 토지를 완전히 장악했고, 일주일에 하루는 모든 노동자가 요역에 종사하는 법까지 만들었다. 1550년에 요역 일수는 일주일에 이틀로 확대되었다. 16세기 말에 이르면 일수는 사흘로 늘어난다. 이 무렵 이런 규율에 예속된 농노가 전체 농촌 인구의 90퍼센트에 육박했다.

1346년까지만 해도 정치·경제 제도에 관한 한 동서유럽은 별다른 차이를 보이지 않았지만 1600년 무렵에는 격차가 극심하게 벌어진다. 서유럽의 노동자는 봉건적 세금이나 벌금, 규제 등으로부터 자유로워졌고 호황을 맞은 시장경제의 핵심 일원이 되었다. 동유럽 역시 그런 경제 호황을 맞았지만, 식량과 농산품에 대한 서유럽의 수요를 맞추려고 농노를 강제로 부린 덕분이었다. 동서유럽 간 제도적 차이는 언뜻 아주 사소한 차이에서 비롯된 것이었다. 동유럽의 영주는 비교적 조직적이었다. 그런대로 권리도 많았고 영지에 대한 지배력도 조금 더 강했다. 서유럽에 비해 도시는 미약했고 작았으며 소작농의 결집력은 약했다. 역사적 큰 그림에서 본다면 작은 차이일지 모른다. 하지만 동서유럽에서 흑사병으로 봉건질서가 흔들릴 때 일반 대중의 삶과 제도 발전의 운명을 완전히 갈라놓은 것도 바로 이런 작은 차이들이었다.

흑사병은 대형 사건이나 요인이 한데 어우러져 기존 사회의 경제 또는 정치 균형을 뒤흔들어놓는 '결정적 분기점critical juncture'의 생생한 사례라 할 수 있다. 결정적 분기점은 한 나라가 나아갈 길을 급변시킬 수 있는 양날의 칼이다. 한편으로는 잉글랜드에서처럼 착취적 제도라는 악순환 고리를 끊고 좀 더 포용적인 제도가 태동할 수 있는 계기를 마련해주기도 한다. 하지만 동유럽의 재판농노제에서 보듯이 착취적 제도가 다시 고개를 들어 공고하게 자리를 잡는 시발점이 되기도 한다.

빈곤과 번영이 어떤 차이에서 비롯되는지 그 연원에 대한 이론을 완성하려면 역사적으로 경제 및 정치 제도의 운명이 어떻게 결정되는지 이해할 필요가 있다. 특히 한 사회의 힘의 균형을 뒤흔드는 대형 사건의 영향을 면밀히 살펴보아야 한다. 이와 함께 오늘날 빈부의 형세를 설명하고 포용적 정치·경제 제도로 이행하는 나라와 그렇지 못한 나라의 차이를 이해하는 데도 도움이 될 것이다.

포용적 제도의 형성

17세기, 지속적인 경제성장의 기틀을 마련한 잉글랜드는 입지가 남달랐다. 경제적 대격변이 가능했던 것은 이전 사회보다 한결 포용적인 정치·경제 제도의 밑거름이 된 정치혁명이 앞서 불을 지핀 덕분이었다. 이런 제도들은 훗날 경제적 인센티브와 번영에 지대한 영향을 주었다. 그뿐만 아니라 번영의 결실을 누리는 주체도 달라졌다. 이 제도들은 사회적 합의에 기반을 둔 것이 아니라 권력을 둘러싼 첨예한 갈등의 산물이었다. 온갖 세력이 저마다 상대를 장악하고 자신들에게 유리하도록 제도를 손질하려 시도했다. 제도를 둘러싼 투쟁이 절정에 달한 16세기와 17세기 두 가지 획기적인 사건이 터진다. 1642년에서 1651년까지 계속된 잉글랜드내전English Civil War과 1688년의 명예혁명Glorious Revolution 이었다.

명예혁명으로 왕과 가신의 권한은 약화되었고 경제제도를 결정할 권한은 의회에 귀속되었다. 동시에 사회 각계각층이 폭넓게 참여하는 정치체제가 마련되었다. 사회 전반이 정부의 기능에 상당한 영향력을 행사할 수 있게 된 것이다. 명예혁명은 다원적 사회를 만드는 발판을 마련했고 더 나아가 중앙집권화에 박차를 가하는 계기가 되었다. 이처럼 세계 최초로 포용적 정치제도를 만들어낸 것이 바로 명예혁명이었다.

그 영향으로 경제제도 역시 포용적으로 바뀌어갔다. 17세기 초엽, 잉글랜드에서는 농노제와 같은 중세 시절의 봉건적 노예제도나 엄격한 경제 제약은 이미 자취를 감춘 지 오래였다. 하지만 여전히 사람들이 영위할 수 있는 경제활동에는 여러 제약이 가해졌다. 국내는 물론 국외 경제활동은 독점 때문에 숨통이 막혀 있었다. 국가는 자의적으로 세금을 부과하고 법제를 멋대로 해석했다. 대부분 토지는 구시대적 사유재산권에 매여 있어 매매할 수가 없었고 투자하기도 위험했다.

명예혁명은 이 모든 것을 바꾸어놓았다. 정부는 투자와 거래, 혁신을 꾀할 만한 인센티브를 제공하는 경제제도를 채택했다. 아이디어에 대한 재산권인 특허권을 부여해 혁신을 추구할 의욕을 불러일으키는 등 사유재산권도 단호하게 집행했다. 법질서도 수호했다. 잉글랜드 법을 온 시민에게 적용한 것은 역사를 통틀어 전례를 찾아볼 수 없는 일이었다. 자의적 과세는 중단되었고 독점은 거의 철폐되었다. 잉글랜드 정부는 상업 활동을 적극 장려했고 국내 산업 육성에 힘썼다. 이를 위해 산업 활동 확대를 가로막는 장벽을 제거하는 한편 잉글랜드 해군을 총동원해 상인의 상업 활동을 보호했다. 사유재산권을 완연히 합리화함으로써 잉글랜드 정부는 도로망, 운하에 이어 훗날 철도에 이르기까지 산업 성장의 밑거름이 되는 사회 기간시설 건설에 박차를 가했다.

이런 토대 덕분에 사람들이 느끼는 인센티브가 완전히 바뀐 것은 물론 성장의 기틀을 마련해 산업혁명에 불을 지피는 계기가 되었다. 무엇보다 주목해야 할 것은 산업혁명이 과거 수 세기 동안 유럽에서 축적된 지식 기반을 적극 활용하며 주요 기술적 진보에 의존했다는 사실이다. 걸출한 위인들의 과학적 탐구와 재능 덕분에 과거와 급격한 단절이 가능했던 것이다. 산업혁명이 고속 궤도에 오를 수 있었던 것은 바로 시장이었다. 이제 시장은 기술을 개발해 적용하면 높은 수익을 올릴 수 있는 기회를 제공했다. 시장의 이러한 포용적 성격 덕분에 사람들은 적절한 사업 부문에 자신의 재능을 집중할 수 있었다. 교육과 업무 능력도 한몫했다. 당시 기준으로는 비교적 교육수준이 높아진 덕분에 새로운 기술을 도입하고, 그 기술을 활용할 수 있는 일꾼을 찾아낼 만한 비전을 가진 사업가가 등장할 수 있었던 것이다.

잉글랜드에서 명예혁명에 이어 몇십 년 만에 산업혁명이 시작된 것은 우연이 아니다. 증기기관을 완성한 제임스 와트, 최초의 증기기관차를 만든 리처드 트레비식Richard Trevithick, 수력 방적기를 발명한 리처드 아크라이트Richard Arkwright, 혁신적인 증기선을 여러 척 창안한 이점바드 킹덤 브루넬Isambard Kingdom Brunel 등 위대한 발명가는 자신의 아이디어가 창출해준 경제적 기회를 살릴 수 있었고, 사유재산권이 보장될 것이라 믿었으며, 자신의 혁신이 이윤을 남기며 팔리고 사용되는 시장에 참여할 수 있었다. 1775년, '화력기관Fire Engine'이라는 이름을 붙인 증기기관의 특허권을 갱신한 뒤 제임스 와트는 아버지에게 다음과 같은 편지를 썼다.

아버님께,

다방면에서 잇따라 극렬한 반대가 있었지만, 마침내 영국 전역과 농장들plantations에서 향후 25년 동안 새 화력기관의 재산권을 저에게 부여하는 의회 법안이 통과되었습니다. 이미 그 수요가 상당한 수준이라 저에게 크게 도움이 될 듯합니다.

이 편지로 두 가지를 분명하게 알 수 있다. 첫째, 와트는 자신이 기대하는 시장 기회 덕분에 일할 의욕을 느꼈다. 영국과 그 농장들, 즉 해외 식민지에서 '상당한 수요'가 있었다는 것이다. 둘째, 의회에 호소해서 원하는 바를 얻었다는 사실이다. 의회가 개인 및 혁신가의 호소에 귀를 기울였다는 뜻이다.

사업 확장과 투자의 밑거름이 되는 기술이 진보하고 인재의 기량 및 재능을 효율적으로 사용할 수 있었던 것은 잉글랜드가 발달시킨 포용적 경제제도 덕분이었다. 그런 포용적 경제제도가 포용적 정치제도에서 비롯된 것은 두말할 나위가 없다.

잉글랜드가 포용적 정치제도를 발달시킨 것은 두 가지 요인 덕분이었다. 먼저, 중앙집권화를 비롯해 정치적 제도가 명예혁명의 결과로 포용적 제도라는 대단히 급진적이고 사실상 유례가 없는 단계로 전개되었기 때문이다. 이런 요인으로 다른 지역에 비해 잉글랜드가 도드라져 보이긴 하지만 프랑스와 에스파냐 등 서유럽 나라와 큰 차이가 나는 것은 아니다. 더 중요한 것은 두 번째 요인으로, 명예혁명으로 이어지는 일련의 사건들을 통해 이미 군주와 귀족의 권한에 항구적인 제한을 가할 수 있는 광범위하고 막강한 연합세력이 형성되었다는 사실이다. 지배층은 어쩔 수 없이 이 연합세력의 요구를 받아들일 수밖에 없었다. 이에 따라 다원적 정치제도의 기틀이 마련되었고, 이어 경제제도의 발달이 가능했으며, 종국에는 첫 번째 산업혁명에 불을 당긴 것이다.

작지만 중요한 차이들

잉글랜드(훗날 영국이 되지만)의 산업혁명으로 세계 불평등은 급격히 심화되었다. 아크라이트와 와트, 그들의 뒤를 이은 다른 발명가들이 일구어놓은 혁신과 신기술을 채택한 것은 지구촌 일부 지역에 불과했기 때문이다. 기술혁신의 물결에 어떻게 대응하느냐에 따라 가난에 시달릴 것인지 지속 가능한 경제성장을 달성할지 엇갈린 운명을 걸게 된다. 하지만 각 나라의 대응은 역사적으로 어떤 제도를 발전시켜왔느냐에 따라 크게 달랐다. 18세기 중엽이면 이미 전 세계의 정치·경제 제도가 두드러진 차이를 드러내고 있을 때였다. 대체 이런 차이는 어디서 유래하는 것일까?

1688년경, 잉글랜드의 정치제도는 프랑스나 에스파냐 등에 비해 한층 더 다원적인 방향으로 나아가고 있었지만 100년만 뒤로 돌아가 1588년의 상황을 살펴보면 그 차이는 미미하기 짝이 없다는 것을 알 수 있다. 세 나라 모두 비교적 절대권력을 휘두르는 군주의 지배를 받던 시절이었다. 잉글랜드에는 엘리자베스 1세, 에스파냐에는 펠리페 2세, 프랑스에는 앙리 3세가 집권하고 있었다. 또 세 나라 모두 시민의 모임에 대적하던 중이었다. 잉글랜드는 의회Parliament, 에스파냐는 코르테스, 프랑스는 삼부회Estates-General가 판을 치며 군주보다 더 많은 권리를 요구하고 있었다.

각 나라의 모임은 저마다 권한과 범위가 달랐다. 가령 잉글랜드 의회와 에스파냐 코르테스는 조세권이 있었지만, 삼부회는 그렇지 못했다. 에스파냐에서는 어차피 큰 의미가 없었다. 에스파냐 왕실은 1492년 이후 광활한 아메리카 제국을 보유하고 그곳에서 발견된 막대한 금과 은을 챙기고 있었기 때문이다. 잉글랜드의 사정은 달랐다. 엘리자베스 1세 여왕은 주머니 사정이 그리 넉넉지 못해 세금을 더 거두게 해달라고 의회에 사정하다시피 했다. 그 대가로 의회는 양보를 요구했다. 특히 엘리자베스 여왕이 독점권을 남발하지 못하도록 제한을 강화했다. 군주와 갈등에서 결국 승리한 것은 의회였다. 에스파냐는 유사한 분쟁에서 코르테스가 패하고 만다. 그 결과 무역은 독점당했고, 그 독점권을 수중에 넣은 것은 다름 아닌 에스파냐 왕실이었다.

처음에는 대수롭지 않아 보이던 이런 차이들이 17세기 들어 중요한 의미를 띠기 시작했다. 아메리카 대륙이 1492년에 발견되었고 바스코다 가마^{Vasco da Gama}가 아프리카 최남단의 희망봉을 돌아 인도에 닿은 것은 1498년의 일이었지만, 대서양을 통해 세계무역이 크게 확대되기 시작한 것은 1600년이 넘어서였다. 1585년, 잉글랜드의 북아메리카 식민지화는 오늘날 노스캐롤라이나에 해당하는 로어노크에서 출발했다.

1600년, 잉글랜드 동인도회사^{East India Company}가 만들어졌다. 1602년에는 네덜란드도 동인도회사를 차렸다. 버지니아회사가 제임스타운 식민지를 건립한 것은 1607년이었다. 1620년대에 들어서자 카리브 해도 식민지로 전락하고 있었다. 바베이도스는 1627년 점령당했다. 프랑스도 대서양에서 식민지 확장에 여념이 없었다. 1608년에는 오늘날 캐나다가 된 뉴프랑스^{New France}의 수도로 퀘벡시티^{Quebec City}를 건립했다. 이런 경제적 확장은 잉글랜드, 에스파냐, 프랑스의 제도에 저마다 사뭇 다른 영향을 주었다. 바로 초기의 작은 차이에서 비롯된 결과였다.

엘리자베스 1세는 물론 그 후계자들도 아메리카 대륙과 통상을 독점할 수는 없었다. 다른 유럽 군주들은 보란 듯이 독점권을 휘둘렀다. 따라서 잉글랜드에서는 왕실과 연분이 거의 없으면서도 막대한 부를 거머쥐는 무역상인이 생겨나기 시작했지만, 에스파냐와 프랑스는 남의 나라 이야기였다. 잉글랜드 상인은 왕실의 통제에 반발해 정치제도의 변화와 왕실 특권의 제한을 요구했다. 잉글랜드내전과 명예혁명에서 중추적인 역할을 한 것도 바로 이런 거상들이었다. 유사한 분쟁은 도처에서 빈발했다. 가령 프랑스의 왕들은 1648년에서 1652년까지 프롱드의 난^{Fronde Rebellion}으로 몸살을 앓아야 했다. 잉글랜드와 에스파냐, 프랑스는 비슷한 경험을 하면서도 그 결과는 전혀 딴판이었다. 잉글랜드 절대왕정에 반대하는 이들이 다른 두 나라에 비해 비교적 부유하고 그 수도 많았기 때문이다.

17세기 잉글랜드와 프랑스, 에스파냐 사회가 사뭇 다른 길을 걸은 것만 보아도 결정적 분기점에서 발견되는 작은 제도적 차이의 상호작용이 얼마나 중요한지 알 수 있다. 결정적 분기점에서 터지는 주요 사건이나 일련의 요인들은 정치·경제적인 면에서 기존에 있던 한 나라의 힘의 균형을 뒤흔들어놓는다. 그 영향력이 한 나라의 국경 밖으로 파급되지 않는 예도 있다. 1976년 마오쩌둥의 죽음이 그런 예다. 처음에는 오로지 중국공산당에만 결정적 분기점으로 작용했다. 하지만 흔히 결정적 분기점은 다수의 사회에 영향을 미친다. 이를테면 식민지화와 탈식민지화가 지구촌 사회 대부분에 영향을 미쳤던 것이 그런 예다.

결정적 분기점이 중요한 이유는 착취적 정치·경제 제도가 시너지 효과를 발휘하며 서로 지탱해줌으로써 점진적인 개선을 방해하는 엄청난 장애물이 생겨나기 때문이다. 이런 순환 고리가 두고두고 반복되며 악순환을 만들어내는 것이다. 현상 유지를 통해 이익을 얻는 것은 돈 많고 인맥을 다진 엘리트층으로, 이들은 자신들의 경제적 특권과 정치권력을 침해할 만한 큰 변화를 효과적으로 막아낼 수 있다.

일단 결정적 분기점에 다다르면, 초기의 제도적 차이는 사뭇 다른 반응을 불러일으키게 되고, 언뜻 사소해 보였지만 알고 보니 의미가 큰 차이였다는 사실이 밝혀지게 된다. 잉글랜드, 프랑스 및 에스파냐의 비교적 사소해 보이는 제도적 차이가 근본적으로 다른 발전 과정으로 이어진 이유이기도 하다. 이런 갈림길이 만들어진 것은 유럽인이 대서양 무역을 통해 경제적 기회를 잡게 되면서 결정적 분기점이 도래했기 때문이다.

결정적 분기점에서는 작은 제도적 차이가 큰 의미가 있기는 하지만 그렇다고 모든 제도적 차이가 사소한 것은 아니다. 당연히 제도적 차이가 클수록 분기점에 닿아 있는 갈림길의 간격은 더 크게 벌어질 수밖에 없다. 1588년 잉글랜드와 프랑스 간의 제도적 차이는 크지 않았지만, 서유럽과 동유럽의 차이는 훨씬 심했다. 서유럽에는 잉글랜드, 프랑스, 에스파냐 등 강력한 중앙집권국가가 (의회, 삼부회, 코르테스 등) 잠재적인 헌정제도를 보유하고 있었다. 농노제도가 사라지는 등 경제제도의 기조 역시 유사점이 많았다.

동유럽은 사정이 달랐다. 가령 폴란드-리투아니아Poland-Lithuania왕국은 슐라흐타Szlachta라는 엘리트층의 지배를 받았다. 왕을 선출하는 제도를 도입할 정도로 막강한 권력을 휘두른 이들이었다. 태양왕 루이 14세 치하의 프랑스만큼 절대권력은 아니었다 하더라도 엘리트층이 주도하는 절대주의 체제이자 착취적 정치제도라는 점은 다를 게 없었다. 슐라흐타는 주로 농노가 대부분인 지방사회를 다스렸다. 농노는 이전의 자유나 경제적 기회를 누리지 못했다. 더 동쪽으로 가면 표트르대제Peter the Great가 심지어 루이 14세도 울고 갈 만큼 한층 더 강도 높고 착취적인 절대왕정을 강화하고 있었다. 〈지도 8〉은 19세기 초엽 서유럽과 동유럽의 편차가 얼마나 심했는지 간략하게 보여준다. 1800년까지도 농노제도가 존속한 나라와 그렇지 않은 나라를 대별해준다. 어두운색의 나라는 농노제가 있었고 밝은색의 나라는 농노제가 없었다. 당연히 동유럽은 어둡고 서유럽은 밝게 나타난다.

하지만 서유럽의 제도가 줄곧 동유럽과 크게 달랐던 것은 아니다. 앞서 살펴보았듯이, 간격이 벌어지기 시작한 것은 1346년 흑사병이 상륙한 14세기부터였다. 서유럽과 동유럽의 정치·경제 제도에는 작은 차이만 존재했다. 잉글랜드와 헝가리는 심지어 두 나라 모두 앙주 가문Angevins의 지배하에 있었다. 흑사병 이후 태동한 더 중요한 제도적 차이

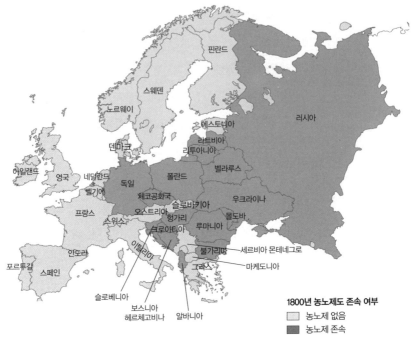

지도 8 1800년 유럽의 농노제도

들은 17세기, 18세기, 19세기 내내 동서유럽이 극심하게 엇갈린 행보를
보인 배경이 되었다.

  대체 이런 갈림길로 이어지는 작은 제도적 차이는 애초에 어디서 비
롯되는 것일까? 14세기 동유럽이 서유럽과 다른 정치·경제 제도를 갖
게 된 이유는 무엇일까? 잉글랜드의 왕실과 의회는 어떻게 프랑스나 에
스파냐와 다른 힘의 균형을 갖게 되었을까? 다음 장에서 살펴보겠지만,
오늘날 우리가 사는 사회보다 한결 덜 복잡했던 사회조차 그 구성원의
삶에 막강한 영향력을 행사하는 정치·경제 제도를 만들어낸 게 사실이
다. 농경은커녕 영구적으로 정착해 살지도 않으면서 사냥과 채집으로

먹고사는 원시사회라고 해서 다를 게 없다. 보츠와나에 사는 부시먼 등 지금까지 살아남은 원시사회가 이를 여실히 증명해준다.

제도는 사회마다 다를 수밖에 없다. 저마다 특유의 관습과 상이한 소유권 체제를 가지며 죽인 동물이나 다른 집단에서 훔친 노획물을 분배하는 방식도 다르다. 연장자의 권위를 인정하는 사회가 있는가 하면 그렇지 않은 사회도 있다. 초반부터 그럭저럭 중앙집권화를 달성하는 사회도 있지만 안 그런 사회도 있다. 어느 사회나 끊임없이 정치·경제적 갈등에 노출되고 개인의 역할이나 임의적인 요인 등 구체적인 역사적 차이에 따라 서로 다른 방식으로 갈등을 해소한다.

이런 차이들이 처음에는 아주 사소한 것일 수도 있지만 그런 차이가 쌓이다 보면 제도적 부동浮動, institutional drift 과정이 시작된다. 두 격리된 생명체의 개체군이 유전적 부동genetic drift 과정을 통해 임의적인 유전적 변동으로 서서히 멀어지듯이, 다른 모든 면이 유사한 사회라 하더라도 제도적인 면에서 서서히 멀어져 가는 현상을 가리킨다. 유전적 부동과 마찬가지로 제도적 부동 역시 정해진 경로가 없으며 반드시 축적되는 것도 아니지만, 수 세기를 거치며 두드러지기도 하고 때로는 중요한 차이로 이어지기도 한다. 제도적 부동으로 초래된 차이가 특히 중요한 이유는 사회가 결정적 분기점에 직면했을 때 정치·경제적인 상황에서 비롯되는 변화에 대응하는 방식에 영향을 주기 때문이다.

결정적 분기점과 제도적 부동의 상호작용에 따라 전 세계의 경제 발전은 대단히 다른 패턴을 보이게 된다. 기존의 정치·경제적 제도들은 (이 역시 이전 결정적 분기점에서 엇갈린 반응이 일어나고, 그에 따라 기나긴 제도적 부동 과정이 이어지면서 형성되곤 한다) 미래의 변화가 전개될 반석 역할을 한다. 흑사병과 1600년 이후 세계무역 확대는 유럽 열강에 대단히 결정적인 분기점으로 작용했을 뿐 아니라 기존의 상이한 제도와 상호작용을 하면서 심각한 차이를 만들어내기 시작했다. 1346년 서유럽 소작농은 동유럽보다 비교적 많은 권리와 자율성을 누렸다. 그 결과 흑사병은 서유럽에서 봉건제도의 몰락으로 이어진 반면 동유럽에서는 재판농노제라는 상이한 결과를 낳았다. 동서유럽은 이미 14세기부터 갈림길에 들어섰기 때문에 17세기, 18세기, 19세기에 걸친 새로운 경제적 기회는 유럽의 양대 지역에 근본적으로 다른 의미를 띠게 되었다. 1600년 잉글랜드 왕실의 힘은 프랑스와 에스파냐에 비해 약했기 때문에, 대서양을 통한 무역은 잉글랜드에 더 폭넓은 다원주의를 바탕으로 하는 새로운 제도가 만들어지는 길을 열어주었지만, 프랑스와 에스파냐에서는 왕실의 힘만 강화되었을 뿐이다.

역사의 우발적 경로

결정적 분기점에서 전개되는 사건의 결과는 역사의 무게에 따라 달라진다. 당대의 힘의 균형은 물론 정치적 실현 가능성을 결정하는 것은 기존의 정치·경제 제도라는 뜻이다. 하지만 그 결과는 역사적으로 미리 정해진 필연이 아니라 우발적contingent인 것이다. 결정적 분기점에서 기존 제도가 정확히 어떤 발전 경로를 따를지는 서로 충돌하는 힘 중에서 어느 쪽이 살아남느냐, 어떤 집단이 효율적인 연합세력을 구성하느냐, 어떤 지도자가 자신에게 유리한 쪽으로 사건을 이끌어가느냐에 달려 있다.

잉글랜드에서 포용적 정치제도가 생겨난 연원을 살펴보면 우발성이 얼마나 큰 역할을 하는지 가늠해볼 수 있을 것이다. 1688년 명예혁명 당시 왕실의 권한을 제한하고 더 다원적인 제도들을 도입하기 위해 싸운 이들이 마침내 승리를 거둔 것은 역사적 운명이 아니었다. 이 정치혁명으로 이어지는 길의 방향을 결정한 것은 우발적인 사건들이었다. 대서양을 통한 무역이 활발해지면서 왕실에 반대하는 상인이 큰돈을 거머쥐고 대담해진 덕분에 결정적 분기점이 만들어졌고, 정치혁명 세력의 승리와 그 분기점 간에는 분명한 연결 고리가 존재한다.

하지만 한 세기 전만 하더라도 잉글랜드가 해상권을 쥐고 카리브 해와 북아메리카의 수많은 지역을 식민지화하거나, 아메리카 및 아시아와 무역을 통해 그토록 많은 이익을 챙기리라고는 생각지도 못했을 것이다. 엘리자베스 1세는 물론 이전의 튜더왕조 군주들도 강력하고 통합된 해군력을 기른 적이 없었다. 잉글랜드 해군은 사나포선私拿捕船, privateer(전시에 적선을 공격하고 나포할 권리를 인정받은 사유 선박을 가리킨다 – 옮긴이)과 개별적인 상선에 의존했기 때문에 에스파냐 함대보다 힘이 약했다. 하지만 대서양 무역이 큰돈이 되자 사나포선이 꼬여들며 에스파냐의 해상 독점권에 도전하기 시작했다. 1588년 에스파냐는 해상 독점권에 도전하는 무리를 뿌리 뽑기로 한다. 이참에 독립투쟁을 벌이던 식민지 네덜란드의 일까지 간섭하던 잉글랜드도 혼쭐을 내줄 작정이었다.

에스파냐의 군주 펠리페 2세는 메디나 시도니아 공작Duke of Medina Sidonia의 지휘 아래 막강한 무적함대를 출정시킨다. 결과는 뻔해 보였다. 에스파냐는 잉글랜드를 물리치고 대서양 해상 독점권을 굳힐 것이며, 더 나아가 엘리자베스 1세를 폐위시키고, 심지어 브리튼제도 전체를 손에 넣게 될지도 모를 일이었다. 그런데 사뭇 다른 일이 벌어졌다. 악천후가 겹친 데다 더 경험이 많은 사령관이 숨진 직후 막판에 투입된 공작의 실수 탓에 에스파냐의 무적함대는 강점을 살리지 못했다. 전혀 승산이 없어 보였던 잉글랜드는 훨씬 막강한 에스파냐 함대를 거의 무찔렀다. 이제 대서양 바닷길이 잉글랜드에도 한결 공평하게 활짝 열린 것이다.

이런 언뜻 불가능할 것 같았던 승리가 아니었다면 1688년 이후 결정적 분기점과 맞물려 잉글랜드에서 확연한 다원주의적 정치제도를 낳은 사건들은 아예 싹도 피우지 못했을 것이다. 〈지도 9〉는 무적함대가 브리튼제도 주변에서 쫓겨다니는 과정에서 파손된 에스파냐 난파선의 흔적을 보여준다(에스파냐 함대가 도버해협을 건넜을 때 폭풍우가 일었고, 제대로 싸워보지도 못하고 달아나던 무적함대는 잉글랜드해협을 피해 스코틀랜드 북쪽과 아일랜드 서쪽으로 진로를 바꿨는데 하도 위험한 항로여서 배가 대부분 좌초되었다고 한다 - 옮긴이).

말할 것도 없이 1588년에는 천운에 가까운 잉글랜드의 승리가 어떤 결과를 가져올지 아무도 예상하지 못했을 것이다. 한 세기가 지나면 일대 정치혁명으로 이어질 결정적 분기점을 생성할 것이라는 사실을 내다본 이도 거의 없었을 것이다.

결정적 분기점이라고 해서 죄다 성공적인 정치혁명이나 개선을 향한 변혁으로 이어진다고 가정할 수는 없다. 역사를 돌이켜보면 혁명과 급진적 운동으로 절대주의 체제가 무너졌지만 이내 또 다른 폭군이 들어선 사례가 수두룩하다. 독일 사회학자 로베르트 미헬스Robert Michels가 강조한 이른바 '과두제의 철칙iron law of oligarchy(특히 이데올로기를 중심으로 한 정당 등 대규모 조직은 원칙적으로 민주제를 지향한다 해도 수뇌부가 그 조직을 지배하려는 권력욕을 버리지 못해 실질적인 권한이 소수에 집중되는 과두제가 불가피하다는 의미로 철칙이라는 이름을 붙였다 - 옮긴이)'이라는 특히 치명적인 형태의 악순환이 번번이 되풀이되는 것이다. 제2차 세계대전 직후 몇십 년간 탈식민지화가 진행되면서 여러 이전 식민지들이 결정적

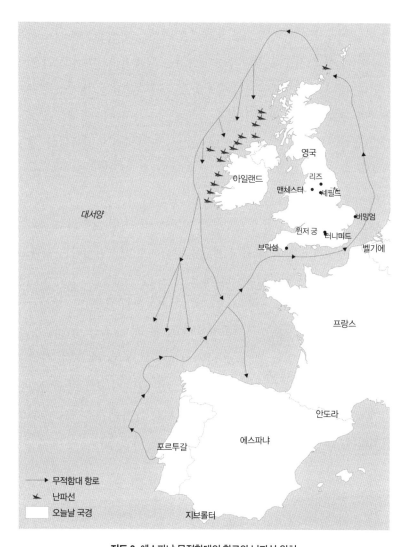

대서양

아일랜드

영국

리즈

맨체스터 • 셰필드

버밍엄

윈저 궁 러니미드

브릭섬

벨기에

프랑스

안도라

에스파냐

포르투갈

지브롤터

→ 무적함대 항로
✶ 난파선
□ 오늘날 국경

지도 9 에스파냐 무적함대의 항로와 난파선 위치

분기점에 선 바 있다.

　하지만 사하라 이남 아프리카 대부분 나라와 아시아의 여러 나라에서 독립 이후 들어선 정부들은 로베르트 미헬스의 책을 교과서로 삼은 게 아닌가 싶을 정도로 전임자들의 학정을 되풀이하거나 오히려 뛰어넘었다. 걸핏하면 정치권력이 편중되고, 거추장스러운 제약이 철폐되었으며, 투자와 경제 발전을 위해 경제제도가 제공하는 인센티브가 가뜩이나 척박한 상황을 개선은커녕 도리어 악화시키기 일쑤였다. 결정적 분기점을 활용해 정치 변화와 경제개혁으로 경제성장의 발판을 마련한 나라는 보츠와나 등 일부에 지나지 않았다.

　결정적 분기점은 착취적 제도에서 멀어지기는커녕 오히려 가까워지는 결과를 낳기도 한다. 포용적 제도는 나름대로 선순환이라는 순환 고리를 갖고 있지만, 결정적 분기점에서 직면하는 도전으로 점차 착취적으로 변질되기도 한다. 이런 현상이 일어날지 역시 역사의 우발성으로 결정된다. 6장에서 살펴볼 베네치아공화국$^{Venetian\ Republic}$은 중세에 포용적인 정치와 경제 제도를 향해 장족의 발전을 이룬 바 있다. 그런데 1688년 명예혁명 이후 잉글랜드에서는 그런 제도가 점차 더 강화되었지만, 베네치아는 경제적 기회와 정치권력을 독점한 소수 엘리트층의 통치하에서 궁극적으로 착취적인 성향을 띠게 되었다.

형세에 대한 올바른 이해

　18세기 잉글랜드에서 포용적 제도와 지속적인 경제성장에 기반을 둔 시장경제가 태동하면서 전 세계에 파문을 일으켰다. 시장경제 덕분에 잉글랜드가 광활한 식민지를 거느리게 된 것도 크게 한몫한 게 사실이다. 하지만 잉글랜드의 경제성장이 지구촌 전역에 영향을 미친 것은 사실이나, 그렇다고 잉글랜드의 경제와 정치 제도까지 저절로 전파된 것은 아니었다. 흑사병이 서유럽 및 동유럽에 서로 다른 영향을 주고, 대서양을 통한 교역의 확대 역시 잉글랜드와 에스파냐에 사뭇 다른 영향을 미쳤듯이 산업혁명의 확산 영향도 지역마다 다르게 나타났다. 어떤 영향을 미칠지는 지역마다 자리 잡고 있던 기존 제도에 따라 결정되었다. 실제로 지역마다 제도가 달랐다. 이전의 결정적 분기점에서 만들어진 작은 차이들이 시간이 흐르면서 증폭되었기 때문이다. 이런 제도의 차이와 그 영향은 악순환과 선순환이 거듭된 탓에 오늘날까지 지속되는 경향이 있고, 세계 불평등의 기원과 요즘 우리가 목격하는 형세를 이해하는 데 열쇠가 된다.

경로가 사뭇 다르긴 했지만, 잉글랜드와 대단히 근접한 제도를 발전시킨 지역도 없지 않았다. 산업혁명이 한창 진행되던 터라 제도 역시 막 형성되던 호주, 캐나다, 미국 등 유럽의 '정착민 식민지'가 특히 두드러진 사례다. 1장에서 살펴보았듯이 1607년 제임스타운 식민지 건설부터 시작해 독립전쟁과 미국 헌법 발효로 절정에 달했던 과정은, 군주를 상대로 한 잉글랜드 의회의 오랜 투쟁과 여러 면에서 닮아 있다. 다원적 정치제도를 갖춘 중앙집권국가로 이어졌기 때문이다. 이후 산업혁명은 이런 나라로 빠르게 확산되었다.

여러 역사 과정을 공유했던 서유럽은 산업혁명 당시 잉글랜드와 유사한 제도를 보유하고 있었다. 잉글랜드와 다른 유럽 나라 사이에는 작지만 중대한 차이점이 존재했다. 산업혁명이 프랑스가 아닌 잉글랜드에서 발생한 것도 이 때문이다. 산업혁명은 전과는 사뭇 다른 상황을 만들어냈고 유럽 정권들은 다방면에서 대단히 낯선 도전에 직면하게 된다. 그렇게 촉발된 새로운 갈등은 프랑스혁명으로 절정에 달한다. 프랑스혁명은 서유럽의 제도가 잉글랜드에 가까워지고 동유럽의 제도는 한층 더 멀어지는 또 다른 결정적 분기점이었다.

유럽 이외의 세상은 제도적으로 다른 길을 걸었다. 아메리카 대륙에서 제도적 이질성이 심화되는 계기를 마련한 것은 유럽의 식민지 건설이었다. 미국과 캐나다에서는 포용적 제도가 발달했지만, 라틴아메리카에서는 착취적 제도가 고개를 들었다. 오늘날 아메리카 대륙에서 발견되는 불평등 패턴을 설명해주는 대목이다. 라틴아메리카의 에스파냐 정복자들이 만든 정치·경제적으로 착취적인 제도는 끝까지 살아남아 대부분 지역을 가난에 찌들게 했다. 그나마 아르헨티나와 칠레는 나머지 대부분 나라보다 형편이 나았다. 인디오가 거의 살지 않았고 광물도 별로 없어 에스파냐인이 아즈텍, 마야, 잉카문명의 땅에 정신이 팔려 있는 동안 '외면당한' 덕분이다. 아르헨티나에서 가장 가난한 지역이 북서부라는 사실은 우연이 아니다. 유일하게 에스파냐 식민경제에 통합된 지역이었기 때문이다. 착취적 제도의 유산인 질긴 가난은 볼리비아와 페루에서 포토시 미타가 초래한 가난과 닮아 있다.

아프리카의 악순환

산업혁명이 선사한 기회를 활용할 능력이 가장 떨어지는 제도를 가진 지역은 아프리카였다. 극히 일부 지역과 제한적인 시기를 제외하면 적어도 과거 1,000년 동안 아프리카는 기술, 정치 발전, 번영이라는 측면에서 다른 지역에 뒤처진 게 사실이다. 중앙집권정부의 등장도 타 지역보다 워낙 늦었고 그 권위 역시 극히 미약했다. 중앙집권국가가 들어섰다 해도 콩고처럼 극도로 절대주의적이고 단명하기 일쑤였으며, 대개는 무너지고 말았다. 아프리카처럼 중앙집권정부가 없기는 아프가니스탄, 아이티, 네팔 등의 나라도 마찬가지였다. 자국 영토에서 질서를 확립하지 못했고 안정과도 거리가 멀었기 때문에 경제 발전을 거의 달성하지 못한 나라들이다. 전혀 다른 지역에 있지만 아프가니스탄, 아이티, 네팔 등은 제도적으로 사하라 이남 아프리카 국가와 많이 닮았고 오늘날 세상에서 가장 가난한 나라들이다.

아프리카 제도들이 오늘날의 착취적인 형태로 진화한 경위만 보더라도 결정적 분기점에서 출발한 제도적 부동 과정 탓이라는 사실을 잘 알 수 있지만, 그 결과는 더 참혹한 경우가 많았다. 특히 대서양을 통한 노예무역이 활발하던 시기에 참상은 극에 달했다. 유럽 상인이 도착하자 콩고왕국에는 새로운 경제적 기회가 찾아왔다. 유럽을 변모시킨 장거리 무역은 콩고왕국 역시 탈바꿈시켰지만, 이번에도 제도적 차이가 문제였다. 콩고의 절대왕정은 애초부터 사회를 완전히 틀어쥐고 착취적 경제 제도를 통해 시민의 모든 농업 생산물을 몰수하는 형태였다. 이제 한발 더 나아가 엘리트 지배층이 사용할 총과 사치품을 얻으려고 백성을 대거 노예로 전락시켜 포르투갈인에게 팔아넘기는 나라로 전락했다.

잉글랜드와 콩고는 출발부터 달랐다. 새로운 장거리 무역의 기회가 만들어준 결정적 분기점이 잉글랜드에서는 다원적 정치제도가 발달하는 계기가 되었지만, 콩고에서는 오히려 절대왕정이 무너질 희망의 불씨를 아예 파묻어버렸다. 노예무역을 통해 막대한 부를 거머쥘 수 있게 되자 아프리카 대부분 지역에서 노예무역이 심화되었고 사유재산권이 극도로 불안정해졌을 뿐 아니라 시도 때도 없이 전쟁이 터지고 기존의 많은 제도가 붕괴되었다. 수 세기 만에 그나마 진행 중이던 중앙집권화 과정마저 뒷걸음질쳤고 상당수 아프리카 정부가 대체로 무기력해졌다. 노예무역에서 이익을 취하려는 새로운 정부가 때로 막강한 권력을 휘두르기도 했지만, 행패와 약탈을 일삼을 뿐이었다. 아메리카 대륙의 발견이라는 결정적 분기점을, 잉글랜드는 포용적 제도를 발전시킬 기회로 삼았을지 모르지만, 아프리카의 제도는 오히려 한층 더 착취적인 양상을 띠게 된 것이다.

1807년 이후 노예무역은 대체로 막을 내렸지만 뒤이은 유럽인의 식민지 개척으로 남아프리카 및 서아프리카에서 걸음마 단계이던 경제 근대화가 퇴보했을 뿐 아니라 토착민 나름의 제도 개혁 가능성 역시 사라져버렸다. 콩고, 마다가스카르, 나미비아, 탄자니아 등 약탈과 극심한 분열, 대량 살상으로 점철된 나라를 비롯해 아프리카 대부분 지역에서 제도적 발전의 방향이 바뀔 희망이 거의 없었다는 뜻이다.

이후의 상황은 더 심했다. 식민통치의 뼈대는 식민지 시절 초기보다 1960년대에 훨씬 더 복잡하고 해로운 제도적 유산을 남겼다. 아프리카 식민지의 정치·경제 제도 발전은 유럽과 사뭇 다른 양상으로 전개되었다. 이들의 독립은 제도적 개선을 위한 결정적 분기점을 만들기는커녕 부도덕한 지도자가 권력을 쥐고 유럽 식민통치자가 남긴 착취 환경을 한층 더 강화하는 기회를 마련해주었을 뿐이다. 착취에 기반을 둔 식민지 정치구조는 독립 이후에도 유사한 정치 스타일로 이어졌다. 그러다 보니 강력한 절대주의 성향의 정부 아래 불안정하고 비효율적인 사유 재산권이라는 역사적 패턴을 답습했다. 그러면서도 전 영토를 장악할 만한 중앙집권화된 권력은 여전히 등장하지 않았다.

산업혁명이 아프리카에 확산되지 못한 것도 착취적인 정치·경제 제도가 끈질기게 유지되고 재생산되는 기나긴 악순환을 경험했기 때문이다. 보츠와나는 예외다. 앞으로 살펴보겠지만, 독립 후 첫 번째 총리가 된 세레체 카마Seretse Khama의 할아버지인 카마 추장은 일찍이 19세기에 자기 종족의 정치·경제 제도를 근대화할 목적으로 제도 개혁을 시작했다. 특이하게 식민통치 시절에도 이런 변화의 싹이 잘리지 않았다. 카마와 다른 추장들이 영리하게 식민지 당국에 도전한 결과이기도 하다. 식민통치로부터 해방되면서 만들어진 결정적 분기점이 이런 변화의 기운과 맞물려 보츠와나 경제와 정치가 성공하는 기틀을 마련한 것이다. 작은 역사적 차이가 훗날 중요한 역할을 한 또 다른 사례다.

역사적 사건들이 뿌리 깊은 영향력 때문에 생기는 불가피한 결과라고 여기는 경향이 있다. 우리는 정치·경제 제도의 역사가 악순환과 선순환을 만든다는 사실을 크게 강조하지만, 앞서 잉글랜드 제도 발전의 맥락에서 강조했듯이 우발성 역시 늘 무시할 수 없는 요인이다. 1940년대 영국에서 유학한 세레체 카마는 루스 윌리엄스Ruth Williams라는 백인 여성과 사랑에 빠졌다. 인종을 차별하는 남아프리카공화국의 아파르트헤이트 정권은 당시 베추에날란드Bechuanaland라고 불리던(보츠와나는 남아프리카공화국 고등판무관이 행정을 담당하던 영국령이었다) 영국령에서 카마를 추방해달라고 영국 정부를 설득했다. 카마는 결국 왕위를 버린다. 카마가 돌아와 반식민지 투쟁을 이끌었을 때는 전통적 제도를 강화하는 게 아니라 근대세계에 어울리도록 적응시킬 작정이었다. 카마는 개인적인 부에는 관심이 없고 오로지 조국의 건설에만 전념했던 비범한 인물이었다. 다른 대부분 아프리카 나라는 보츠와나만큼 운이 좋지 못했다. 두 가지 모두 보츠와나의 성공 요인이었다. 역사적으로 제도가 발달했을 뿐 아니라 우발적인 요인 역시 힘을 보태 아프리카 다른 지역과 달리 그런 제도들이 버려지거나 왜곡되지 않고 다져질 수 있게 한 것이다.

19세기 아시아의 상황

19세기 아시아에서도 산업화의 길을 가로막은 것은 아프리카와 서유럽 상황과 별반 다르지 않은 절대주의 체제였다. 중국만 봐도 정부가 강력한 절대주의 정치를 펼쳤고 독립도시나 상인, 기업인은 존재하지 않거나 정치적으로 힘이 훨씬 미약했다. 중국은 해상력이 막강해서 유럽인보다 수 세기 앞서 장거리 무역이 활발했다. 하지만 잘못된 시점에 바다에서 눈을 돌리고 만다. 14세기 후반에서 15세기 초, 명왕조 황제들은 장거리 무역이 늘면서 창조적 파괴로 자신들의 정권이 위협받을 것으로 판단했다.

인도에서는 제도적 부동 현상이 다른 양상으로 전개되어 독특할 정도로 엄격한 세습 카스트제도의 발달로 이어졌다. 카스트제도는 중세 유럽의 봉건질서보다 더 심하게 시장 기능 및 직업 간 노동력 이동을 제한했다. 무굴Mughal제국 통치 아래 또 다른 강력한 형태의 절대주의를 지탱해주는 기반이기도 했다. 대부분 유럽 국가도 중세시대에 유사한 제도를 시행하고 있었다. 베이커Baker, 쿠퍼Cooper, 스미스Smith 등 근대 앵글로-색슨 성姓은 세습 직업군의 유산을 고스란히 간직하고 있다. 베이커는 빵을 구웠고, 쿠퍼는 통을 만들었으며 스미스는 금속을 주조했다. 하지만 이런 직업군은 인도 카스트제도만큼 엄격히 구분된 것이 아니어서, 성만 듣고 사람의 직업을 추정하기란 갈수록 어려워졌다. 인도 상인도 인도양을 통해 무역했고 대규모 섬유산업이 발달한 것은 사실이지만, 카스트제도와 무굴제국의 절대주의는 인도에서 포용적 경제제도의 발달을 가로막는 심각한 장애물이었다. 19세기 들어 인도가 영국이 착취하는 식민지로 전락하자 산업화 환경은 한층 더 열악해졌다.

중국은 유럽 열강의 공식 식민지였던 적은 없지만 1839년에서 1842년에 걸친 아편전쟁 때는 물론 1856년에서 1860년 사이에도 영국이 전쟁을 승리로 이끌면서, 중국은 굴욕적인 조약에 잇따라 서명하고 유럽 수출업자에게 문호를 개방했다. 중국과 인도 등의 나라가 상공업적 기회를 활용하지 못하면서 일본을 제외한 아시아 국가들은 서유럽이 대약진에 성공할 때 뒤처질 수밖에 없었다.

19세기 일본에서 전개된 제도적 발전 과정 역시 결정적 분기점과 제도적 부동 현상으로 만들어진 작은 차이들의 상호작용을 여실히 드러내준다. 중국과 마찬가지로 일본도 절대주의 통치하에 있었다. 1600년 집권한 도쿠가와德川막부(현재 도쿄에 해당하는 에도에 수립했기 때문에 에도江戸막부라고도 한다 – 옮긴이) 역시 봉건제도 아래 나라를 다스리며 국제무역을 금지했다. 1853년 7월, 미국의 매슈 C. 페리Matthew C. Perry 제독이 이끄는 네 척의 전함이 도쿄 만에 진입해 아편전쟁을 통해 영국이 중국에서 얻어낸 것과 유사한 무역협정을 이끌어냈다. 이런 서방의 개입으로 일본에도 마침내 결정적 분기점이 마련된 것이다. 하지만 일본에서는 이런 결정적 분기점이 사뭇 다른 양상으로 전개되었다. 지리적으로 가깝고 교류가 빈번했지만 19세기에 이르자 중국과 일본은 이미 제도적으로 다른 길로 흘러가고 있었기 때문이다.

일본의 도쿠가와막부는 절대왕정이자 착취적 성향을 띠었지만 도처에 할거하던 지방 유력자인 다이묘大名에 대한 통제력이 미미했으며 도전받기 일쑤였다. 중국에서도 농민반란이나 백성과 갈등이 없었던 것은 아니지만, 중국의 절대왕정은 훨씬 더 강력했고, 저항 세력은 조직력이 약하고 자율성도 떨어졌다. 또한 중국에서는 황제의 절대적 권력에 도전해 다른 제도적 갈림길을 갈 만한 일본의 다이묘에 해당하는 세력이 존재하지 않았다. 여러모로 중국이나 일본을 서유럽과 비교할 때보다 그다지 크지 않은 제도적 차이지만, 영국과 미국이 강압적으로 문호개방을 요구하며 만들어진 결정적 분기점에서는 여전히 결정적인 영향을 미쳤다. 중국은 아편전쟁 이후에도 절대주의를 고수했지만, 일본에서는 미국의 위협이 도쿠가와막부에 대한 반대 세력이 결집하는 계기가 되었고, 10장에서 살펴보겠지만 이내 메이지유신明治維新이라는 정치혁명으로 이어졌다. 일본의 정치혁명은 한층 포용적인 정치제도로 이어졌고 그에 따라 더 포용적인 경제제도 역시 발달할 수 있었으며, 궁극적으로 빠른 경제성장의 토대가 되었다. 반면 중국은 절대주의 체제를 고수한 탓에 한참 뒤처지고 말았다.

미국 전함의 위협에 일본은 근본적인 제도적 변혁으로 대응했다. 이를 통해 우리는 오늘날 세계 형세의 또 다른 측면을 이해할 수 있다. 정체 상태에 있던 나라가 초고속 성장 과정으로 들어선 사례인 것이다. 제2차 세계대전 이후 한국과 대만에 이어 마침내 중국도 일본과 유사한 길을 걸으며 초고속 경제성장을 구가하고 있다. 이들 각 나라에서 성장이 가능했던 것은 이에 앞서 경제적 제도에(정치적 변화가 반드시 수반되지는 않는다) 역사적인 변화가 있었기 때문이다. 중국의 사례는 특히 두드러진다.

초고속 성장에 느닷없이 제동이 걸리고 오히려 퇴보하는 사례도 같은 논리로 이해할 수 있다. 포용적 경제제도를 향한 결정적인 행보가 초고속 경제성장을 촉발할 수 있는 것처럼 포용적 제도에서 급선회하면 경제적 정체로 이어질 수 있다. 하지만 아르헨티나와 소련에서처럼 고속 성장의 붕괴는 착취적 제도하에서 성장이 멈추었기 때문인 경우가 많다. 앞서 살펴보았듯이 이런 결과는 착취 이득을 둘러싸고 내분이 벌어져 정권이 무너졌기 때문이거나 착취적 제도하에서는 혁신과 창조적 파괴의 부재로 지속 가능한 성장에 한계가 있기 때문이기도 하다. 소련이 이런 한계에 부닥치게 된 경위는 다음 장에서 살펴본다.

오스만제국의 식민통치

지난 500여 년 동안 라틴아메리카의 정치·경제 제도가 에스파냐 식민통치로 결정되었다면, 서아시아의 제도를 결정한 것은 오스만제국의 식민통치였다. 1453년 술탄 메흐메트 2세^{Mehmet II}가 이끄는 오스만제국은 동로마제국의 수도 콘스탄티노플을 점령해 수도로 삼았다. 이후 15세기 내내 오스만제국은 발칸반도 대부분과 튀르키예의 나머지 지역을 정복했다. 16세기 전반, 오스만제국은 서아시아와 북아프리카까지 세력을 떨쳤다. 1566년에 이르자 서방에서 대제^{大帝}라 일컬어졌던 술탄 술레이만 1세^{Süleyman I the Magnificent}가 숨을 거둘 당시 오스만제국의 영토는 동부 튀니지에서 이집트를 거쳐 아라비아반도의 메카에서 오늘날 이라크에 이르는 지역까지 아우르고 있었다.

오스만제국은 절대주의 정권이었으며 술탄을 탓할 수 있는 이가 거의 없었고 권력을 나누어 갖지도 않았다. 제국이 시행한 경제제도 역시 대단히 착취적이었다. 땅에 관한 한 사유재산이란 없었다. 땅은 모조리 중앙정부의 소유였기 때문이다. 정부의 수입은 대체로 토지와 농산품에 대한 과세 및 전리품이었다. 아나톨리아Anatolia 심장부에 대한 오스만제국의 장악력이나 훗날 라틴아메리카 대륙에 대한 에스파냐 정부의 장악력에 비해 서아시아에서만큼은 오스만제국의 위세가 그리 강하지 못했다.

오스만제국은 베두인족Bedouins 등 아라비아반도의 유력 종족으로부터 끊임없이 위협받았다. 그만큼 서아시아 대부분 지역에 안정적인 질서를 유지할 능력도 없었고 세금을 거둘 만한 행정력도 부족했다. 따라서 가능하면 누가 되었든 세금을 거둘 수 있는 자에게 그 권리를 팔아넘기며 해당 지역을 '분양farming'하다시피 했다. 조세권을 분양받은 이들은 이내 자치가 가능해지고 힘이 세졌다. 서아시아 지역의 세금은 농가 생산량의 절반에서 3분의 2까지 엄청나게 높았다. 이 수입의 대부분을 세금 징수인이 챙겼다. 오스만제국은 이들 지역에 안정적인 질서를 확립하지 못해 사유재산권은 불안하기 짝이 없었고, 지역마다 무장 세력이 패권을 다투는 통에 무법천지인 데다 도적질이 기승을 부렸다. 가령 팔레스타인에서는 16세기 후반, 견디다 못한 농부들이 가장 비옥한 땅을 버리고 도적질을 덜 당할 만한 산악지대로 이주하기도 했다.

오스만제국의 도시 지역 역시 숨 막히는 경제제도에 시달리기는 마찬가지였다. 상업은 정부의 통제를 받았고 직업은 조합과 독점으로 엄격한 제한이 가해졌다. 그 결과 산업혁명 당시에도 서아시아의 경제제도는 착취적 성향을 벗어나지 못했다. 이 지역이 경제적으로 답보 상태를 면치 못한 것도 그 때문이다.

1840년대 들어 오스만제국도 제도 개혁을 시도했다. 예컨대 조세징수권을 박탈하고 제멋대로 굴던 지역 세력을 통제했다. 하지만 제1차 세계대전 전까지도 절대주의 체제가 계속되었고, 창조적 파괴에 대한 두려움과 이내 경제적으로나 정치적으로 밀려날 것이라는 엘리트층의 불안감을 떨쳐버리지 못해 개혁 노력은 물거품이 되고 말았다. 오스만 제국의 개혁 세력은 농업 생산성 향상을 위해 토지의 사유재산권을 도입하겠다고 말했지만, 정치적 통제와 조세에 대한 욕심을 버리지 못해 별반 달라진 게 없었다.

오스만 식민통치에 이어 1918년 이후에는 유럽인의 식민통치가 시작되었다. 유럽이 물러가자 이번에는 사하라 이남 아프리카에서 볼 수 있는 패턴이 그대로 되풀이되었다. 착취적 성향의 식민제도를, 독립을 이룬 엘리트층이 고스란히 물려받은 것이다. 요르단의 군주제처럼 식민 열강이 직접 만들어낸 엘리트도 없지 않았는데 앞으로 살펴보게 되겠지만, 아프리카에서는 흔히 있는 일이었다. 오늘날 산유국이 아닌 서아시아 지역 나라는 라틴아메리카의 가난한 나라와 다를 바 없는 소득 수준을 유지하고 있다. 노예무역과 같은 빈곤을 초래하는 요인에 시달리지도 않았고, 오히려 오랫동안 유럽에서 유입된 기술 덕을 많이 본 나라들이다. 중세시대에는 서아시아 자체가 전 세계에서 경제적으로 비교적 앞선 지역이었다. 따라서 오늘날도 아프리카만큼 가난하지는 않지만, 서아시아 지역 사람 대부분은 여전히 궁핍한 생활을 한다.

오늘날 세상의 형세를 설명하는 데 지리와 문화, 무지에 기댄 이론들은 아무런 도움이 되지 않는다는 사실을 살펴보았다. 세계 불평등의 두드러진 패턴을 설명하는 데 미흡한 이론들이다. 18세기와 19세기 잉글랜드 산업혁명에서 시작된 경제적 격차 확대 과정은 서유럽에 이어 유럽인이 정착한 식민지로 확대되었다. 아메리카 대륙은 지역마다 경제적 확산이 지속되고 있으나 아프리카나 서아시아는 여전히 가난하다. 동유럽과 서유럽 역시 경제적 격차가 심하다. 정체 상태에서 고속 성장으로 급속히 이행하기도 하고 때로는 고속 성장이 느닷없이 멈추고 만다. 이런 패턴을 설명해주는 것은 우리가 이 책에서 제시하는 제도 이론뿐이다.

앞으로는 이 제도 이론이 어떻게 적용되는지 구체적으로 설명하고, 신석기혁명에서 여러 문명의 몰락에 이르기까지 이론으로 설명되는 다양한 현상들을 살펴볼 것이다. 과거 문명이 몰락한 것은 착취적 제도하에서 태생적으로 성장이 제한된 탓도 있지만, 그나마 진행되던 포용적 제도를 향한 노력이 퇴보했기 때문이기도 하다.

잉글랜드 명예혁명 당시 포용적 정치제도를 향한 결정적 행보가 시작된 경위와 이유에 대해서도 알아본다. 구체적으로 다음을 살펴보게 될 것이다.

- 대서양 무역을 통해 마련된 결정적 분기점과 잉글랜드 기존 제도의 특성이 한데 어우러지면서 포용적 제도가 태동하게 된다.
- 이런 제도들이 지속적으로 강화되어 산업혁명의 기틀을 마련할 수 있었던 것은 선순환과 우발적 행운 덕분이었다. 그 경위도 살펴본다.
- 산업혁명이 선사한 신기술의 확산에 완강히 거부하며 절대주의적이고 착취적인 제도를 고집하는 정권이 수두룩했다. 그 이유도 살펴본다.
- 유럽인 스스로 자신들이 정복한 여러 지역에서 경제가 성장할 수 있는 가능성의 싹을 잘라버렸다. 그 이유를 살펴본다.
- 악순환과 과두제의 철칙은 착취적 제도가 존속할 만한 굳건한 환경을 조성했고, 그 때문에 산업혁명이 애초에 확산되지 못한 지역은 여

전히 비교적 가난하게 살고 있다. 그 경위를 살펴본다.

• 최소한의 중앙집권화마저 달성 못한 지역에는 산업혁명과 신기술이 확산되지 못했고 지금도 그럴 가능성이 낮다. 그 이유를 살펴본다.

프랑스와 일본처럼 한층 포용적인 방향으로 제도를 개혁한 지역이나, 미국과 호주처럼 착취적 제도의 고착화를 방지한 지역은 산업혁명의 확산을 기꺼이 받아들였고, 다른 지역에 비해 크게 발전할 수 있었다는 사실도 논의하게 될 것이다. 잉글랜드에서도 그러했듯이 늘 순탄한 과정은 아니었다. 포용적 제도를 뿌리내리기까지 때로는 악순환의 여파로, 또 때로는 역사의 우발적 경로 때문에 수많은 도전을 헤쳐나가야 했다.

마지막으로 오늘날 국가의 실패가 제도의 역사에서 기인하는 바가 크고, 정책 관련 조언이 그릇된 가정에 기반을 두는 사례가 많아 올바르지 못한 길로 인도할 위험이 있지만, 여전히 세계 각국은 결정적 분기점을 최대한 활용해 기존의 틀을 깨고 제도를 개혁해 더 찬란한 번영의 길로 들어설 수 있다는 사실을 증명할 것이다.

착취적
제도하의
성장

5장

착취적 제도하에서 달성한 성장은 포용적 제도에서
창출된 성장과는 성격이 사뭇 다르다. 그 성격상 창조적 파괴를
이끌어내지 못하고 기술적 진보 역시 제한적인 수준에 그친다.
따라서 착취적 제도를 통한 성장은 단명하고 만다.

나는 미래를 보았다

역사를 통틀어 경제성장을 설명하는 데 가장 결정적인 역할을 하는
것이 바로 제도적 차이다. 하지만 역사 속 사회 대부분이 착취적 성향의
정치·경제 제도를 기반으로 했다면 성장은 단 한 번도 실현되지 못한
것일까? 그건 분명히 아니다. 착취적 제도는 그 근본 논리만 보더라도
착취할 만한 부를 창출해야 한다. 정치권력을 독점하고 중앙집권화된
정부를 틀어쥔 지배자도 어지간한 법질서, 규범 체계를 도입해 경제활
동을 자극할 수 있다.

하지만 착취적 제도하의 성장은 포용적 제도가 가져다주는 성장과
근본적으로 다르다. 무엇보다 중요한 차이점은 착취적 제도하의 성장
은 기술적 변화를 필요로 하는 지속적인 성장이 아니라 기존 기술에 바
탕을 둔 성장이라는 점이다. 구소련의 경제 역사만 보더라도 생생하게
드러나는 사실이다. 착취적 제도하에서 정부가 권위와 인센티브를 내

세우며 고속 경제성장을 주도할 수 있을지라도 이런 성장은 머지않아 제동이 걸리고 결국 무너지고 만다.

제1차 세계대전이 끝나자 승전국과 패전국은 파리 외곽의 베르사유 궁전에 모여 강화 조건을 협상했다. 눈에 띄는 참석자 중에는 우드로 윌슨 미국 대통령도 있었다. 빈자리가 가장 크게 느껴진 것은 아무런 대표도 보내지 않은 러시아였다. 1917년 10월 볼셰비키혁명으로 구시대 차르정권이 무너진 뒤였다. 이후 러시아는 적백내전에 휘말려 있었다(볼셰비키는 붉은 군대, 귀족 등 보수반동 세력이 이끄는 반볼셰비키 연합은 하얀 군대라고 불렀다 - 옮긴이). 영국, 프랑스, 미국은 원정군을 파견해 볼셰비키에 대항해 싸웠다. 젊은 외교관 윌리엄 불릿^{William Bullitt}과 베테랑 지식인이자 언론인인 링컨 스테펀스^{Lincoln Steffens}가 이끄는 사절단을 모스크바에 보내 레닌을 만나 볼셰비키의 의도를 파악하고 그들과 협력하는 방안을 모색하기도 했다.

스테펀스는 미국 자본주의의 폐단을 끈질기게 물고 늘어지며 구습을 타파하고 부정부패를 파헤치는 언론인으로 이름을 날린 인물이었다. 혁명 당시 그는 러시아에 있었다. 사절단에 스테펀스가 낀 것은 믿음을 주고 적대적으로 보이지 않기 위해서였다. 사절단은 새로 창립된 소련과 평화를 유지하기 위한 전제조건이 무엇인지 레닌의 제안을 들고 돌아왔다. 스테펀스는 소련 정권의 엄청난 잠재력을 보고 매우 놀란 모양이었다.

그는 1931년 자서전에서 이렇게 회고했다. "소련은 점진적 계획을 갖춘 혁명정부였다. 그들의 계획은 가난과 부, 뇌물, 특혜, 압제, 전쟁 등의 패악을 직접 칼로 도려내는 것이 아니라 그 원인을 찾아내 완전히 뿌리 뽑겠다는 것이었다. 그들은 잘 훈련된 소수 집단이 이끄는 독재정부를 수립해 앞으로 몇 세대에 걸쳐 경제력을 과학적으로 재편하고, 그 결과로 먼저 경제 민주주의를 세운 다음 나중에 정치 민주주의를 확립하겠다는 의도다."

스테펀스는 모스크바에서 돌아와 오랜 친구인 조각가 조 데이비드슨 Jo Davidson을 찾아갔다. 데이비드슨은 부유한 재정가인 버나드 바루크 Bernard Baruch의 흉상을 만들고 있었다. "러시아에 다녀왔다고." 바루크가 물었다. 스테펀스는 이렇게 답했다. "미래를 다녀왔네. 잘 돌아가더군." 이후 그는 역사에 길이 남을 경구로 이 말을 다듬었다. "나는 미래를 보았고, 잘 돌아가고 있었다I've seen the future, and it works."

1980년대 초반까지만 해도 서방에는 소련에서 미래를 보는 이들이 적지 않았고 여전히 잘 돌아가고 있다고 믿었다. 어떤 의미에서는 실제로 그랬고, 최소한 일정 기간은 잘 돌아간 게 사실이다. 레닌은 1924년에 세상을 떠났고 1927년에는 이오시프 스탈린이 정권을 잡았다. 스탈린은 정적을 숙청하고 급격한 공업화 운동에 착수했다. 1921년 창설된 국가계획위원회State Planning Committee인 고스플란Gosplan을 적극 활용해 그 목적을 달성했다. 고스플란은 1928년에서 1933년까지 이어지는 제1차 5개년 계획Five-Year Plan을 수립했다.

스탈린식 경제성장은 단순했다. 정부 통제하에서 공업을 발전시키고, 이에 필요한 자원은 높은 세율로 농민으로부터 조세를 거두어 조달했다. 공산국가는 조세체계가 효율적이지 못하기 때문에 스탈린은 농업을 '집산화集産化, collectivization'했다. 먼저 토지에 대한 사유재산권을 철폐하고 인민을 모조리 공산당이 운영하는 농촌의 거대한 집단농장에 몰아넣었다. 이를 통해 스탈린은 농산물을 한결 수월하게 얻어낼 수 있었고, 세금으로 걷은 농산물로 새로운 공장을 짓고 그곳에서 일하는 모든 노동자를 먹여 살렸다. 농민이 치른 대가는 이루 말할 수 없이 끔찍했다. 집단농장은 인간이 열심히 일하고 싶은 욕구를 완전히 빼앗았기 때문에 생산성은 곤두박질쳤다. 워낙 많은 생산물을 착취당해 먹을 것조차 모자랐다. 인민이 굶어 죽기 시작했다. 종국에는 기아로 600만 명 가까운 인민이 목숨을 잃었고, 강제 집산화 과정에서 수십만 명이 살해당하거나 시베리아로 추방당했다.

집산화된 농장은 물론 신생 공업마저 경제적 효율성과는 거리가 멀었다. 다시 말해 소련이 보유한 자원을 제대로 활용하지 못했다는 뜻이다. 도리어 전면적인 붕괴까지는 아니더라도 경제적 재난과 정체를 향한 정책이나 다름없었다. 그런데도 소련은 급속도로 성장했다. 그 이유는 어렵지 않게 이해할 수 있다. 사회가 가장 효율적으로 자원을 사용하려면 시장을 통해 사람들이 자율적으로 의사결정을 내릴 수 있도록 허용해야 한다. 정부나 소수 엘리트층이 모든 자원을 통제한다면 올바른 인센티브가 만들어지지도 않고 기술이 있는 유능한 인재가 효율적으로 분배되지도 못한다.

하지만 착취적 제도하에서 위에서 모든 걸 통제하는 방식으로 경제를 운용하는데도 한 부문이나 활동에 노동력과 자본 생산성을 쏟아부으면 성장이 가능한 예가 더러 있다. 소련의 중공업이 그런 사례였다. 3장에서 살펴보았듯이 바베이도스, 쿠바, 아이티, 자메이카 등 카리브 해 섬나라의 착취적 제도 역시 모든 자원을 온 세상이 탐내는 상품인 설탕 생산에 집중적으로 분배했기 때문에 비교적 고소득을 올릴 수 있었던 것이다. 노예를 동원한 설탕 생산은 누가 보아도 '효율적'일 수가 없다. 하지만 이들 나라에서는 기술적 변화나 창조적 파괴가 없었는데도 착취적 제도하에서 그럭저럭 성장이 가능했다. 소련에서도 상황은 비슷했다. 카리브 해의 설탕 역할을 공업이 담당했다는 것만 다르다. 소련이 공업을 크게 발전시킬 수 있었던 것은 유럽이나 미국에 비해 워낙 낙후된 공업 기술 때문이기도 했다. 공업 부문의 자원 재분배는 비효율적이고 강압적으로 진행되었지만 기술 격차가 워낙 심해서 성장의 여지가 컸다는 뜻이다.

1928년 전까지만 해도 러시아인 대부분이 농촌에서 살았다. 농민이 사용하던 기술은 원시적인 수준이었고 생산성을 높일 만한 인센티브도 거의 없었다. 아닌 게 아니라 러시아 봉건제도의 마지막 잔재가 사라진 것은 제1차 세계대전 직전이었다. 그러다 보니 농업에서 공업으로 노동력을 재분배해서 얻을 수 있는 미실현 경제적 잠재력이 엄청났다. 스탈린은 이 잠재력을 활용하기 위해 야만적인 공업화 방법을 선택했다. 국가의 명령을 통해 스탈린은 대단히 허술하게 사용되던 자원을 공업에 쏟아부었다. 공업 자체가 실제 가능한 수준보다 훨씬 비효율적으로 조직되어 있었지만 그런 자원을 한층 더 생산적으로 활용할 수 있을 거라 여겼기 때문이다. 실제로 1928년에서 1960년까지 국민소득은 연간 6퍼센트씩 성장했다. 그때까지만 해도 역사상 가장 빠른 경제성장을 구가했을지도 모른다. 이런 빠른 경제성장은 기술적 변화로 가능했던 게 아니라 노동력을 재할당하고 새로운 도구와 공장을 만들어 자본을 축적한 덕분이었다.

성장이 어찌나 빨랐던지 링컨 스테펀스뿐 아니라 이후 몇 세대에 걸쳐 많은 서방인이 착각에 빠지기도 했다. 미 중앙정보국^{CIA}도 예외는 아니었다. 니키타 흐루쇼프^{Nikita Khrushchev} 등 소련 지도자도 마찬가지였다. 흐루쇼프는 1956년 서방 외교관을 상대로 한 연설에서 이렇게 떠벌렸

다. "당신네(서방)를 묻어버릴 것이다." 1977년까지도 영국 경제학자가
쓴 잘나가는 교과서에는 소비에트식 경제가 성장 면에서 자본주의 경
제보다 우월하다는 주장이 버젓이 실렸다. 완전 고용과 가격 안정이 가
능할 뿐 아니라 이타적인 동기를 지닌 사람들을 만들어내기 때문이라
는 것이다. 가엾은 구닥다리 서방 자본주의는 기껏해야 정치적 자유를
준다는 면에서 나아 보였을 뿐이다. 더군다나 경제학과에서 가장 널리
사용되는 노벨 경제학상 수상자 폴 새뮤얼슨Paul Samuelson이 쓴 대학 교과
서마저 소련이 경제적 우위를 점하는 시대가 올 것이라는 주장을 되풀
이했다. 1961년 판에서 새뮤얼슨은 소련 국민소득이 미국을 추월할 것
이며 그 시기는 1984년이면 어느 정도 가능성이 있고 1997년이면 거의
확실시된다고 예측했다. 1980년 판에서도 그의 분석은 거의 변화가 없
었다. 두 시기만 2002년과 2012년으로 미루어졌을 뿐이다.

착취적 제도의 한계

  스탈린과 그의 뒤를 이은 소련 지도자들의 정책이 급격한 경제성장
을 이룩할 수는 있었을지 몰라도 지속 가능한 방식은 아니었다. 1970년
대로 접어들자 경제성장은 아예 멈추고 만다. 착취적 제도는 두 가지 이
유로 지속 가능한 기술 변화를 가져올 수 없다는 사실을 가장 중요한 교
훈으로 삼아야 한다. 경제적 인센티브가 결여되어 있고 엘리트층의 반
발이 심하기 때문이다. 게다가 대단히 비효율적으로 사용되던 자원을
공업에 모조리 재분배하고 나니 국가가 명령으로 얻을 수 있는 경제적
이득이 거의 남지 않았다. 그러자 혁신의 결여와 부족한 경제적 인센티

브로 더는 전진이 불가능해졌고 소비에트 체제는 결국 벽에 부딪히고 말았다. 그나마 소련이 그럭저럭 혁신을 지속할 수 있었던 분야는 막대한 노력을 퍼부은 군사력과 우주항공 기술이었다. 이에 따라 소련은 최초로 우주여행을 한 유리 가가린Yuri Gagarin과 개 레이카Leika를 배출할 수 있었다. 군사 분야에서는 AK-47 소총을 유산으로 남긴 바 있다.

고스플란은 소비에트 경제의 중앙계획을 담당할 막강한 기획 부처로 만들어졌다. 고스플란이 작성하고 관장한 경제 개발 5개년 계획을 속속 시행해 얻고자 했던 이점 중 하나는 합리적 투자와 혁신에 필요한 장기적인 안목이었다. 하지만 현실적으로 소련 공업에서 실현된 내용은 5개년 계획과는 거의 무관했다. 5개년 계획은 걸핏하면 수정되고 다시 쓰이고 아예 무시당하곤 했다. 공업 발전은 스탈린과 공산당 정치국의 명령을 바탕으로 이루어졌는데, 이들은 마음을 바꾸기 일쑤였고 밥 먹듯이 이전 결정을 뒤집었다. 모든 계획에 '초안' 또는 '잠정적'이라는 딱지가 붙었다. '최종'이라는 딱지가 붙어 실천한 계획은 단 한 가지(1939년경 공업개발계획)뿐이었다.

1937년 스탈린 자신이 이런 말을 남겼다. "기획 작업은 계획을 수립함과 동시에 끝난다고 생각하는 건 오로지 관료들뿐이다. 계획의 수립은 시작에 불과하다. 계획의 진정한 방향성은 계획을 만든 다음에야 비로소 시작된다." 스탈린은 정치적으로 충성하는 이들에게 보상을 해주고 그렇지 않은 이들은 응징할 수 있는 자신의 재량을 극대화하길 바랐다. 고스플란의 주 역할은 스탈린에게 피아彼我를 구분할 수 있는 정보를 제공하는 것이었다. 실제로 고스플란은 의사결정하기를 꺼렸다. 잘못된 결과로 이어진 의사결정을 내린 자는 총살당할지도 모르기 때문이다. 그러니 책임은 죄다 피하는 게 상책이었다.

공산당이 원하는 것이 무엇인지 고민하기보다 알아서 열심히 해보겠다고 애쓰다가 어떤 일을 당할 수 있는지는 1937년 소련 인구조사가 잘 보여준다. 결과를 취합해보니 총인구는 1억 6,200만 명이었다. 스탈린이 기대한 1억 8,000만 명에 한참 모자랄 뿐 아니라 그가 1934년 발표했던 1억 6,800만 명에도 못 미쳤다. 1937년 인구조사는 1926년 이래 처음 시행된 것이다. 1930년대 초반 기아로 떼죽음을 당하고 대량 숙청이 이루어진 후 처음이었다는 뜻이다. 실제 인구수가 이를 고스란히 반영해주었다. 스탈린은 인구조사를 담당한 자들을 체포해 시베리아로 보내버리거나 총살시켰다. 그러더니 1939년 재조사를 명령했다. 이번에는 주최측이 그의 의도를 간파하고 있었다. 알고 보니 총인구는 사실 1억 7,100만 명이었다는 결과를 낸 것이다.

소비에트 경제에서 인민이 열심히 일할 인센티브가 거의 없다는 사실은 스탈린도 잘 알고 있었다. 그런 인센티브를 제공하는 게 당연한 대응이었을 것이다. 실제로 개선되는 부분이 있으면 이를 보상하려 간간이 인센티브를 주기도 했다. 가령 생산성이 떨어지는 지역에 식량 공급을 늘려주는 식이었다. 이와 더불어 스탈린은 일찍이 1931년 초반에 이미 금전적 인센티브가 없어도 기꺼이 일하는 '사회주의 남성과 여성'을 만들겠다는 생각을 포기한 바 있었다. 그가 유명한 연설을 통해 '평등에 목을 매는 짓equality mongering'을 강하게 비판한 이후, 직업마다 임금이 달라졌을 뿐 아니라 상여금 제도도 도입되었다.

어떻게 돌아가는 제도였는지 살펴보자. 중앙계획 방식의 회사라면 계획에 따라 생산량 목표를 정하고 맞춰야 할 것이다. 그러면서도 계획을 재협상하고 수정하는 일이 잦기 마련이다. 1930년대부터 소련 노동자도 목표 생산량이 달성되면 상여금을 받았는데, 꽤 많은 상여금을 주기도 했다. 예컨대 경영진이나 고급 엔지니어는 임금의 37퍼센트까지 상여금을 받았다. 하지만 이런 상여금은 기술적 변화 측면에서는 온갖 부작용을 낳아 인센티브를 오히려 약화시켰다. 가령 혁신을 추구하면 현재 생산수단에서 자원을 빼앗아가기 때문에 목표 생산량 달성이 어려워져 상여금을 못 받을 위험을 감수해야 했다. 이와 함께 목표 생산량은 대개 이전 생산량 수준을 잣대로 한다. 그러다 보니 생산량을 확대하지 말아야 한다는 엄청난 인센티브만 만드는 꼴이었다. 생산량을 늘려봐야 앞으로 목표치를 '대폭 상향'해야 하니 미래에는 더 많이 만들어내야 한다는 뜻이었기 때문이다. 결국, 적당히 생산하는 것이 늘 목표를 달성하고 상여금을 받는 가장 좋은 방법이었다. 게다가 상여금은 달마다 지급했다. 오늘을 희생해서 내일 더 많이 얻자는 것이 혁신이지만 바로 코앞의 성과에만 집중할 수밖에 없었다는 뜻이다.

상여금과 인센티브로 노동자의 행태를 효과적으로 바꾸어놓았다 해도 다른 문제들이 생겨나기 일쑤였다. 중앙계획경제는 18세기의 위대한 경제학자 애덤 스미스가 지적한 시장의 '보이지 않는 손'을 대체하기에 역부족이었다. 강판의 무게를 기준으로 계획을 세우면 판이 지나치게 무거웠다. 강판의 면적으로 계획을 세우면 반대로 지나치게 얇았다. 무게를 기준으로 샹들리에를 생산하면 너무 무거워서 천장에 붙어 있지 못했다.

1940년대로 접어들자 소련의 지도자들은 이런 비뚤어진 인센티브에 대해 잘 알게 되었다(서방에서 찬사를 보내던 인사들은 여전히 착각에 빠져 있었을지 모른다). 그들은 이를 마치 고칠 수 있는 기계적 문제처럼 다루었다. 가령 목표 생산량을 바탕으로 상여금을 지급하던 정책을 기업이 이윤 일부를 상여금 지급 목적으로 비축할 수 있게 허용하는 쪽으로 수정했다. 하지만 '이윤 동기' 역시 목표 생산량 기준처럼 혁신을 장려하는 데는 실패했다. 이윤을 계산하는 데 사용하는 가격 체계가 새로운 혁신이나 기술의 가치와는 거의 무관했기 때문이다. 시장경제와 달리 소련의 가격은 정부가 책정했으므로 가치와는 거리가 멀었다. 더 구체적으로 혁신을 위한 인센티브를 만들어내기 위해 소련은 1946년 노골적인 혁신 상여금 제도를 내걸었다. 1918년 초까지만 해도 혁신가는 그 대가로 금전적 보상이 주어져야 한다는 원칙이 인정되었지만, 보상이 워낙 미미했고 신기술의 가치와도 무관했다.

1956년에 들어서야 상황이 바뀌었다. 마침내 혁신의 생산성에 비례해 상여금이 지급되어야 한다고 규정한 것이다. 하지만 기존 가격 체계를 사용해 경제적 효익을 측정하고 이를 바탕으로 생산성을 계산했기 때문에 이 역시 혁신 욕구에 불을 지피는 인센티브는 되지 못했다. 이런 정책들이 가져다준 비뚤어진 인센티브의 사례는 수도 없이 늘어놓을 수 있다. 가령 혁신 상여금의 규모는 기업의 총임금에 따라 제한을 했기 때문에 노동 생산성을 끌어올리는 혁신을 창출하거나 채택하려는 인센티브를 대폭 줄여버리는 결과를 낳기도 했다.

다양한 규칙과 상여금 정책에만 정신이 팔려 있으면 제도 자체의 태생적 문제를 간과하기 십상이다. 정치적 권한과 권력이 공산당에 있는 이상 상여금과 상관없이 인민이 당면한 기본적 인센티브를 근본적으로 바꾸는 것은 불가능했다. 출발부터 소련공산당은 원하는 결과를 얻기 위해 당근과 채찍(물론 채찍이 훨씬 컸다)을 동시에 썼다. 경제의 생산성이라고 다를 바 없었다. 잇따라 법을 만들어, 꾀를 부린다 싶은 노동자는 모조리 범죄자로 몰았다. 가령 1940년 6월에는 새로운 법을 만들어 허락받지 않고 20분 이상 자리를 비우거나 농땡이를 부리는 것으로 정의된 무단결근을, 6개월 강제노동 또는 25퍼센트 감봉으로 응징 가능한 범죄로 규정했다.

온갖 유사한 처벌규정이 도입되고 놀라울 정도로 자주 적용되었다. 1940년에서 1955년 사이 성인 인구의 3분의 1에 해당하는 3,600만 명의 인민이 그런 혐의로 유죄판결을 받았다. 이 중 1,500만 명이 철창신세를 졌고 25만 명은 총살을 당했다. 매년 노동규정 위반으로 감옥신세를 지는 성인은 100만 명에 육박했다. 이외에도 스탈린은 250만 명을 시베리아 강제 수용소에 처넣었다. 그래도 결과는 신통치 않았다. 누군가를 공장에 데려다놓는다고는 해도 총을 들이대고 좋은 아이디어를 생각해내라고 강요할 수는 없는 노릇이다. 이런 강압적인 방법으로 바베이도스와 자메이카에서 설탕 생산량을 늘릴 수 있었을지 모르지만 근대 산업경제에서 인센티브의 부재를 해소할 만한 해법은 되지 못했다.

중앙계획경제하에서 진정으로 효과적인 인센티브를 도입할 수 없었던 것은 상여금 정책의 기술적 오류 때문이 아니다. 착취적 성장을 달성하는 방법 자체의 태생적인 문제다. 이런 성장은 정부의 명령으로 가능했다. 정부 명령은 일부 기본적인 경제적 문제를 해결할 수 있다. 하지만 지속 가능한 경제성장을 유도하려면 개인이 재능과 아이디어를 활용해야 하는데 소비에트식 경제제도로는 절대 달성할 수 없는 목표였다. 소련의 지배층은 착취적 경제제도를 포기해야 했지만 그렇게 되면 자신들의 정치권력을 위험에 빠뜨릴 수밖에 없었다. 아닌 게 아니라, 미하일 고르바초프가 1987년 이래 착취적 경제제도에서 벗어나자 공산당의 권력이 흔들렸고 이와 함께 소련도 맥을 못 추기 시작했다.

소련이 착취적 제도하에서도 고속 경제성장을 이룩할 수 있었던 것은 볼셰비키가 강력한 중앙집권정부를 수립해 자원을 공업에 집중적으로 분배했기 때문이었다. 하지만 착취적 제도하의 성장 사례가 모두 그러하듯이 소련의 경제성장 또한 기술적 변화가 따라주거나 지속성을 띠지 못했다. 먼저 성장이 주춤하는가 싶더니 이내 완전히 무너져 내렸다. 덧없기는 하지만 이런 유형의 성장은 착취적 제도라도 여전히 경제활동을 자극할 수 있다는 사실을 보여준다.

역사를 통틀어 대부분의 사회가 착취적 제도의 지배를 받았고, 자국 영토에 웬만큼 질서를 유지할 수 있었던 위정자들은 제한적이나마 성장을 이룩할 수 있었다. 그렇다 해도 착취적 사회가 지속 가능한 성장을 성공적으로 일구어낸 사례는 단 한 번도 없었다. 사실 역사적 주요 전환점의 특징 중 하나는 착취적 제도를 강화하는 제도적 혁신이다. 이를 통해 특정 집단은 법과 질서를 집행할 수 있는 권한이 강해져 착취를 통해 더 많은 이득을 얻게 된다.

지금부터는 착취적 제도하에서 그럭저럭 중앙집권화를 확립하고 성장을 이룩할 수 있는 제도적 개혁의 성격을 살펴본다. 그런 다음 이런 아이디어를 토대로 여러모로 현재 우리 문명의 토대가 되는 신석기혁명이라는 중대한 농경사회 이행 과정을 고찰해볼 것이다. 기술적 발전이 따라주지 못할 뿐 아니라 착취의 수혜를 노리고 정권을 잡으려는 경쟁 집단의 내분을 부추기기 때문에 착취적 제도를 통한 성장은 제한적일 수밖에 없다. 이를 마야 도시국가들의 사례를 들어 살펴보면서 이 장을 끝맺도록 하겠다.

카사이 강기슭의 두 부족

콩고 강의 가장 큰 지류 중 하나는 카사이Kasai다. 앙골라에서 시작해 북쪽으로 흐르다 오늘날 콩고민주공화국의 수도인 킨샤사의 북동부와 합류한다. 다른 지역과 비교하면 콩고민주공화국은 가난한 나라이지만 콩고 내에서만 보면 늘 집단마다 번영의 차이가 뚜렷했다. 카사이는 이 중 두 집단을 갈라놓는 경계선이다. 서안을 따라 콩고에 들어서자마자 만나는 것은 렐레Lele 부족이고, 동안에는 부숑Bushong 부족이 살고 있다(〈지도 6〉 참조). 표면적으로는 이 두 집단 간 번영에 별다른 차이가 없을 것으로 보인다. 단지 언제든 배를 타고 건널 수 있는 강 하나를 사이에 두고 있을 뿐이니 말이다. 두 부족은 조상도 같고 언어도 비슷하다. 더군다나 집이나 의복, 공예품까지 두 부족이 만드는 많은 것들이 흡사하다.

하지만 인류학자 메리 더글러스Mary Douglas와 사학자 얀 반시나Jan Vansina는 1950년대 이들 부족을 연구하면서 놀라운 차이점들을 발견한 바 있다. 더글러스는 이렇게 지적했다. "렐레 부족은 가난하지만 부숑 부족은 부유하다…. 렐레 부족이 무언가를 가지거나 또 할 수 있다면, 부숑 부족은 더 많이 가지거나 더 잘할 수 있다." 이런 불평등 현상은 쉽게 설명할 수 있다. 포토시 미타의 영향권에 있었느냐에 따라 페루의 지역들이 그러했듯이, 렐레 부족은 생계를 위해 생산하는 데 반해 부숑 부족은 시장에서 교환하려고 생산을 한다는 것이 한 가지 차이점이다. 또 더글러스와 반시나는 렐레 부족이 한층 낮은 수준의 기술을 사용한다는 사실도 발견했다. 가령 이들은 사냥할 때 엄청나게 생산성을 높여줄 수 있는데도 그물을 사용하지 않는다. 더글러스는 이렇게 주장한다. "그물의 부재는 장기적인 안목에서 장비에 시간과 노동력을 투자하지 않으려는 렐레 부족의 일반적인 경향과 일맥상통한다."

농경기술 및 조직에서도 중요한 차이가 났다. 부숑 부족은 2년을 주기로 돌아가며 연속해서 다섯 가지의 작물을 재배하는 정교한 형태의 다모작多毛作을 시행했다. 참마, 고구마, 카사바, 콩 등을 기르고 옥수수도 1년에 두 차례, 어떨 때는 세 차례 수확했다. 렐레 부족은 그런 체계가 없었고 옥수수도 1년에 한 번 거두면 그나마 다행이었다.

법과 질서 면에서도 깜짝 놀랄 차이를 보인다. 렐레 부족은 요새나 다름없는 마을에 뿔뿔이 흩어져 끊임없는 갈등 속에 살았다. 남의 마을을 기웃거리거나 심지어 먹을 것을 거두러 숲에 들어가도 해코지를 당하거나 끌려갈 위험이 있었다. 반면 부숑 지역에서는 극히 드문 일이었다.

생산성 패턴, 농경기술, 법질서 유지 면에서 왜 이런 차이가 존재하는 것일까? 렐레 부족의 열등한 사냥 및 농경기술이 지리적 요인 때문은 분명 아닐 것이다. 그들은 부숑 부족이 사용하는 도구에 대해 알고 있기 때문에 무지한 탓도 아니다. 문화를 이유로 들 수도 있을 것이다. 렐레 부족은 문화적인 이유로 사냥 그물이나 튼튼하게 잘 지은 집에 시간과 노력을 들이지 않는 것은 아닐까? 이 또한 사실이 아닌 듯했다. 콩고인과 마찬가지로 렐레 부족도 총을 사는 데 더없는 관심을 보였기 때문이다. 더글러스는 이렇게 설명했다. "총기류를 닥치는 대로 사들이는 것만 봐도… 장기적인 협력과 수고가 필요하지 않을 때는 그들의 문화가 열등한 기술에 발을 묶어놓는 것이 아님을 알 수 있다." 따라서 렐레 부족보다 부숑 부족이 잘사는 이유는 기술에 대한 문화적 혐오감이나 무지, 또는 지리적 요인으로 설득력 있게 설명하지 못한다.

이 두 부족 간의 차이는 부숑과 렐레의 땅에서 태동한 정치적 제도가 달라서 비롯된 것이다. 앞서 렐레 부족이 통합된 정치구조에 속하지 않고 요새화된 마을에 흩어져 살았다는 사실을 지적한 바 있다. 카사이 강 건너편의 사정은 달랐다. 1620년 샤이암Shyaam이라는 인물이 정치혁명을 이끌어 부숑 부족을 중심으로 쿠바왕국을 세우고 스스로 왕이 되었다. 이 시기 전까지만 해도 부숑과 렐레 부족 사이에는 별다른 차이가 없었을 것이다. 샤이암이 카사이 강 동쪽사회를 재구성한 방식의 결과로 차이가 생겨나기 시작한 것이다. 샤이암은 정부를 만들고 정치제도 피라미드를 구축했다. 이전보다 훨씬 더 중앙집권화되었을 뿐 아니라 고도로 정교한 구조였다. 샤이암과 그의 후계자들은 관료제를 창설해 세금을 거두고 법제도를 마련했으며 경찰력을 동원해 법을 집행했다. 지도자들은 의사결정을 내리기 전에 조언을 구해야 하는 자문기구의 견제를 받았다. 심지어 배심원 재판까지 있었다. 유럽 식민통치 이전에 사하라 이남 아프리카에서 벌어진 진기한 광경이었다. 하지만 샤이암이 구축한 중앙집권정부는 착취의 도구로서 극도로 절대주의적이었다. 투표 따위도 없었고 정부 정책은 인민의 참여가 아닌 지도층의 명령으로 만들어졌다.

중앙집권화와 법질서 확립을 이룩한 쿠바왕국의 정치적 혁명은 곧 경제적 혁명으로 이어졌다. 농경 방식이 정비되고 생산성을 높이기 위한 신기술이 채택되었다. 이전에 먹던 주식은 아메리카 대륙에서 들어온 생산량이 많은 새로운 곡식으로 대체되었다(특히 옥수수, 카사바, 고추 등). 강도 높은 다모작 농법이 도입된 것도 이 시기였고 1인당 식량 생산량은 두 배로 껑충 뛰었다. 새로운 작물을 기르고 농사 주기를 정비하려면 더 많은 일손이 필요했다. 따라서 결혼 연령을 스무 살로 낮추어 남자가 더 어린 나이에 농사일을 시작할 수 있도록 했다. 렐레 부족은 이와 사뭇 대조적이다. 렐레 부족 남자는 서른다섯 살이 되어서야 결혼을 하고, 그제야 들에 나가 일을 했다. 그전까지는 싸움질을 하고 약탈을 일삼으며 삶을 허비했다.

정치혁명이 경제혁명으로 이어진 경위는 간단하다. 샤이암 국왕과 추종자들은 쿠바왕국으로부터 더 많은 세금과 부를 거두어들이고자 했다. 그러자니 백성은 자신들이 소비하는 것보다 더 많은 생산량이 필요했다. 샤이암 왕과 가신들이 카사이 강 동안에 포용적 제도를 도입한 것은 아니지만, 그런대로 중앙집권화가 되고 법질서를 강행하는 착취적 제도라면 일정 부분 경제적 번영이 가능하기 마련이다. 경제활동을 장려하는 것은 물론, 샤이암을 비롯한 지배층의 이익에 부합하는 일이었다. 그래야 착취할 게 생기기 때문이다. 스탈린과 마찬가지로 샤이암 역시 이런 체제를 지탱하는 데 필요한 부를 창출해줄 제도를 명령을 통해 만들었다. 대부분 결실을 샤이암과 엘리트층이 착취했겠지만 이 때문에 법질서라는 개념조차 희박했던 카사이 강 건너편 기슭에 비해 엄청난 경제적 번영이 가능했다. 하지만 이런 식의 번영은 제한적일 수밖에 없었다. 소련처럼 쿠바왕국에서도 이런 초기 변화 이후에는 창조적 파괴와 기술적 혁신을 찾아볼 수 없었다. 19세기 후반 벨기에 식민지 관리들을 처음 맞닥뜨렸을 때도 왕국의 이런 현실은 거의 달라진 게 없었다.

샤이암 왕의 치적은 착취적 제도를 통해서도 제한적이나마 어지간한 경제적 성공은 거둘 수 있다는 사실을 보여준다. 그런 성장을 위해서는 중앙집권화된 정부가 필요하다. 중앙집권화는 정치혁명이 필요할 때가 많다. 샤이암은 일단 그런 정부가 만들어지자, 그 힘을 사용해 경제를 재편하고 농업 생산성을 비약적으로 향상시켜 두둑한 세금을 거둬들일 수 있었다.

부융은 가능했는데 왜 렐레 부족은 정치혁명을 일으키지 못했을까? 렐레 부족에서는 왜 샤이암 같은 왕이 출현하지 않았을까? 샤이암의 업적은 제도적 혁명이었고, 지리, 문화, 무지 등의 요인에 발이 묶인 역사적 필연이 아니었다. 렐레 부족도 혁명을 일으켜 유사한 방식으로 제도를 변화시킬 수 있었지만 그러지 않았다. 오늘날 그들의 사회에 대한 이해가 워낙 제한적이기 때문에 아마도 우리가 이해하지 못하는 이유가 있을지도 모른다. 가장 가능성이 큰 이유를 들라면 역사의 우발적 성격 때문일 것이다. 1만 2000년 전 서아시아 지역의 일부 사회 역시 이와 같은 우발성이 영향을 미쳤다. 이들은 한층 더 급진적인 제도 개혁에 착수해 정착하고 동식물을 기르기 시작했다. 이제부터 이들 사회를 살펴보자.

최초의 농경사회

기원전 1만 5000년경 지구의 기온이 따뜻해지면서 빙하기가 막을 내렸다. 그린란드 빙하코어ice core(빙하에 구멍을 뚫어 추출한 얼음 조각 –옮긴이)에서는 짧은 기간에 섭씨 15도나 평균기온이 치솟았을지도 모른다는 증거가 발견되기도 했다. 이와 함께 인구도 급격히 증가했다. 지구온난화 덕분에 동물의 수도 크게 늘었고 야생식물과 먹을 것이 풍부해졌기 때문이다. 기원전 1만 4000년경 이 과정은 이른바 영거 드라이아스 Younger Dryas(마지막 빙하기가 끝나가는 과정에서 기후가 악화되어 잠시 빙하기로 되돌아갔던 시기 – 옮긴이)라는 후퇴기를 거치는 동안 급속도로 역주행을 하게 된다.

하지만 기원전 9600년 이후에는 지구 평균기온이 10년 만에 섭씨 7도나 다시 상승했고 이후 계속 높은 온도를 유지했다. 고고학자 브라이언 페이건Brian Fagan은 이를 '긴 여름'이라고 부른다. 기후 온난화는 신석기 혁명의 토대가 된 대단히 결정적인 분기점이었다. 인류사회는 신석기 혁명을 통해 정착, 농경, 목축생활로 이행할 수 있었다. 이후 인류의 역사는 아직도 계속되고 있는 긴 여름의 햇살 아래 펼쳐져왔다.

농경과 목축, 수렵과 채집 사이에는 근본적인 차이가 있다. 농경은 야생 동식물을 길들이는 과정이 필요하다. 동식물의 생명 주기에 적극 간섭해 유전적인 변화를 일으켜 인간에게 더 유용한 종을 만들어내는 것이다. 식물 재배와 동물의 가축화는 인류가 동식물로부터 더 많은 식량을 얻게 해주는 기술적 변화다. 가령 옥수수 재배는 인간이 옥수수의 조상인 테오신테teosinte를 채집하면서 시작되었다. 테오신테의 대는 대단히 작아서 그 길이가 몇 센티미터밖에 되지 않는다. 오늘날 옥수숫대에 비하면 보잘것없는 크기다. 하지만 점차 비교적 알이 굵어 부서뜨리지 않고 수확할 수 있는 테오신테 알갱이를 선택해 재배하면서 인간은 같은 땅에서 훨씬 더 많은 영양분을 제공하는 작물인 오늘날의 옥수수를 만들어냈다.

가장 먼저 농경과 목축, 가축화와 식물재배 흔적이 발견되는 곳은 서아시아다. 특히 오늘날 이스라엘 남부에서 팔레스타인과 요르단 강 서안을 가로질러 시리아와 튀르키예 남동부, 이라크 북부, 이란 서부까지 이어지는 비옥한 초승달지대의 산지Hilly Flanks에 집중되어 있다. 기원전 9500년경 가장 먼저 재배한 야생식물인 에머 밀emmer과 두 줄 보리two-row barley는 팔레스타인 요르단 강 서안의 예리코Jericho에서 발견되었다. 에머 밀, 완두콩, 렌즈콩은 시리아 북부 텔아스와드Tell Aswad에서 나왔다. 두 지역 모두 이른바 나투프문화Natufian culture로 큰 취락들이 들어서 있었다. 예리코 취락의 인구는 이 무렵 500명에 달했을 것으로 추정된다.

최초의 농경 취락이 왜 유독 이 지역에서 생겨났고 다른 곳에는 없었던 것일까? 완두콩과 렌즈콩을 재배한 게 왜 유독 나투프인뿐일까? 그저 운이 좋아 재배하거나 가축화할 야생 동식물이 많은 곳에 살았던 것일까? 사실이기도 하지만 같은 동식물 주변에 살면서도 재배하거나 가축화하지 않았던 사람들이 수두룩하다. 2장의 〈지도 4〉와 〈지도 5〉에서도 살펴보았듯이 유전학자와 고고학자의 연구를 통해 오늘날 가축이나 재배작물의 야생 조상이 수백만 제곱킬로미터에 달하는 대단히 광활한 지역에 고루 퍼져 있었다는 사실을 알 수 있다. 오늘날 가축화된 동물종의 조상은 유라시아 전역에 흩어져 있었다. 야생 작물종만 놓고 보면 비옥한 초승달지대의 산지가 특히 풍요로웠던 것은 사실이지만, 유난히 이곳만 그랬던 것은 아니다. 나투프인이 유별나게 보일 정도로 특별히 야생 동식물이 풍부한 지역에 살았던 것도 아니다. 이들은 식물을 재배하고 가축을 기르기 이전부터 정착생활을 했다.

가젤의 이빨에서 한 가지 증거를 찾을 수 있다. 가젤의 이빨은 뼈처럼 단단한 얇은 막으로 일생을 통해 겹겹이 쌓이는 백악질cementum로 되어 있다. 백악질의 성장이 가장 빠른 봄과 여름에 쌓인 백악질 층은 겨울에 쌓인 층과 색깔이 다르다. 이빨을 잘라 단층면을 보면 가젤이 죽기 전에 만들어진 마지막 백악질 층을 확인할 수 있다. 이 기법을 활용하면 가젤을 죽인 계절이 여름인지 겨울인지 알 수 있다. 나투프 유적에서 발견되는 가젤은 계절을 가리지 않는다. 1년 내내 가축으로 길렀다는 뜻이다. 나투프문화 정착촌 중 가장 깊이 있는 연구 대상은 유프라테스 강 유역의 아부 후레이라Abu Hureyra라는 취락이었다. 농경사회 이행 전후의 정착생활에 관해 가장 잘 기록된 사례이기도 하다. 정착이 시작된 것은 기원전 9500년경이었을 것이다. 그 후에도 500년 정도는 더 수렵 및 채집 생활을 계속하다가 농경으로 전환했으리라 여겨진다. 고고학자들은 농경생활 이전 이 취락의 인구가 100명에서 300명 정도였을 것으로 추정한다.

한 사회가 정착생활이 더 나으리라 판단할 만한 이유는 숱하게 많을 것이다. 이동생활은 비용이 많이 든다. 아이와 노약자를 챙겨야 하고 이동 중에는 어려울 때를 대비해 먹을 것을 저장할 수도 없다. 게다가 숫돌이나 낫 등의 연장은 야생 먹을거리를 처리하는 데는 유용하지만 들고 다니기에 너무 무겁다. 수렵 채집생활을 하며 이동생활을 했던 구석기인도 동굴 등 특정 장소에 식량을 보관했다는 증거가 발견된다. 옥수수의 장점 중 하나는 저장이 대단히 용이하다는 점이다. 아메리카 대륙에서 너나 할 것 없이 옥수수를 재배하게 된 주된 이유이기도 하다. 저장된 식량을 효과적으로 처리하고 최대한 쌓아두기 위해 정착생활 방식을 택했을 가능성이 가장 크다.

무리 전체로 보면 정착생활이 바람직할지 모르지만, 꼭 그러리라는 법은 없다. 이동생활에 익숙한 수렵 채집인이 이에 동의하거나 누군가 강요할 수 있어야 가능한 일이다. 인구밀도 증가와 생활수준 악화가 정착생활이 주목받게 된 주요 요인이라고 지적하는 고고학자도 있다. 이동생활에 익숙했던 구석기인도 어쩔 수 없이 정착생활을 하게 되었다는 것이다. 하지만 나투프 유적지의 인구밀도는 이전과 다를 바가 없었다. 인구밀도가 딱히 증가했다는 증거는 발견되지 않는다. 뼈와 치아를 살펴보면 특별히 건강이 나빠졌다는 증거도 없다. 가령 먹을 것이 부족하면 발육부전으로 치아의 에나멜에 얇은 줄이 생긴다. 하지만 나투프인의 치아에서는 훗날 농경민보다 에나멜 줄이 적게 발견된다.

더 중요한 것은 정착생활이 장점과 함께 단점도 있었다는 사실이다. 정착집단은 갈등 해소가 한층 어려워질 수 있다. 이동생활을 하면 불화가 생겨도 성에 차지 않는 사람이나 집단이 떠나버리면 그만이기 때문이다. 하지만 영구 주거 건물을 짓고, 들고 다닐 수 있는 것보다 많은 자산을 쌓아두기 시작하면서 마음에 안 든다고 해서 그냥 떠나버릴 수는 없게 된 것이다. 따라서 취락은 더 효과적인 갈등 해소 방법과 더 정교한 재산 개념이 필요했다. 취락과 가까운 땅에 누가 들어갈 수 있는지, 누가 이런저런 나무에서 열매를 딸 수 있는지, 냇물 어디에서 누가 낚시를 할 수 있는지 온갖 의사결정을 내려야 했다. 규칙도 마련하고, 그 규칙을 집행할 제도를 만들어 다듬어야 했다.

따라서 정착생활이 가능해지려면 먼저 수렵 채집인을 강제로 정착시킬 필요가 있고, 그러기 위해서는 제도적 혁신이 선행되어야 했을 것이다. 그런 제도적 혁신으로 권력을 쥔 정치 엘리트가 사유재산권을 집행하고, 질서를 유지함과 동시에 자신들의 지위를 이용해 나머지 사회 구성원으로부터 자원을 착취할 수 있어야 했다는 것이다. 실제로 규모는 작더라도 샤이암 왕이 주도했던 것과 흡사한 정치혁명이 돌파구가 되어 정착생활로 이어졌을 가능성이 높다.

나투프인의 제도적 혁신

고고학적 증거를 살펴보면 나투프인은 실제로 농사를 짓기 오래전부터 (착취적 제도의 출발이라고 여길 만한) 계급과 질서, 불평등을 특징으로 하는 복잡한 사회를 발달시킨 것으로 보인다. 계급질서와 불평등의 유력한 증거는 나투프인의 묘지에서 나왔다. 일부는 엄청난 양의 흑요석 및 뿔조개껍데기를 부장품으로 함께 매장했는데, 이는 지중해 연안 인근의 마운트 카멜Mount Carmel에서 가져온 것이었다. 조개껍데기는 물론 송곳니나 사슴 뼈 등으로 만든 목걸이, 띠, 팔찌 등의 장신구도 출토되었다.

반면 이런 부장품이 전혀 없이 묻힌 이들도 많았다. 조개껍데기와 흑요석을 거래하기도 했는데, 이 거래를 통제하는 것이 권력 축적과 불평등의 연원이었을 가능성이 높다. 갈릴리 호Sea of Galilee 북단에 있는 아인 말라하Ain Mallaha 나투프 유적에서는 정치·경제적 불평등의 증거가 추가로 발견되었다. 50채가량의 움집을 짓고, 저장 장소로 사용했던 게 분명한 수많은 구덩이를 파놓았는데, 움집과 구덩이로 둘러싸인 중앙 부위의 바닥을 고르고 정성껏 회반죽을 바른 거대한 건물을 세워놓았다. 이 건물은 추장의 집이 거의 확실하다. 유적지의 묘지 일부는 훨씬 더 정교하고, 조상숭배를 시사해주는 두개골 제례의식의 흔적도 발견된다. 나투프 유적에서 곧잘 눈에 띄며, 특히 예리코에서 가장 많은 관련 유물이 출토되었다. 나투프 유적에서 발견된 방대한 증거로 미루어 볼 때 이들은 이미 엘리트 지위의 상속을 결정하는 정교한 제도를 갖춘 사회였을지도 모른다. 원거리 지역과 무역을 했을 뿐 아니라 초기 형태의 종교와 정치적 계급질서까지 있었다.

정치적 엘리트의 등장은 먼저 정착생활에 이어 나중에는 농경으로 이행하는 토대가 되었을 것이다. 나투프 유적이 보여주듯이 정착생활을 한다고 해서 반드시 농경과 목축이 수반된 것은 아니었다. 정착하고서도 수렵과 채집으로 생계를 꾸려갈 수도 있었다. 하기야 긴 여름 덕분에 야생 먹을거리가 넘쳐났을 테니 수렵 및 채집생활에 훨씬 더 끌렸을 법도 하다. 대부분 사람은 많은 수고가 필요 없는 수렵과 채집을 바탕으로 최저 생활을 하는 데 별다른 불만이 없었을지도 모른다. 기술혁신 역시 꼭 농업 생산성 향상으로 이어지는 것은 아니다. 아닌 게 아니라, 이르 요론트Yir Yoront로 알려진 호주의 원주민 중에는 철도끼의 등장이 생산성 향상은커녕 잠자는 시간만 늘려준 사례도 있다. 최저 생활 요건을 한결 수월하게 맞출 수 있게 된 마당에 더는 일할 인센티브가 없었기 때문이다.

2장에서 논의했던 재 레드 다이아몬드처럼 기존의 지리적 요인을 강조하는 이들은 운 좋게 재배와 가축화가 수월한 동식물이 많았기 때문에 신석기혁명이 가능했다고 설명한다. 그래서 농경과 목축에 관심을 두게 되었고 이내 정착생활로 이어졌다는 것이다. 구석기시대 사회가 정착생활과 농경을 시작하면서 정치적 계급질서, 종교는 물론 한층 더 복잡한 제도를 발달시켰다는 게 이들 이론의 골자다. 널리 받아들여지고 있는 이론이지만 나투프문화 유적에서 발견된 증거를 살펴보면 본말이 전도된 설명이다. 농경으로 이행하기 이전에 이미 제도적 변화가 생겨났고, 정착생활로 옮아간 것도 이 때문일 가능성이 크며(정착생활은 제도적 변화에 박차를 가했다), 더불어 뒤이은 신석기혁명의 원인이었을 것이다. 가장 활발하게 연구가 진행된 비옥한 초승달지대 산지에서 출토된 증거는 물론 아메리카 대륙, 사하라 이남 아프리카, 동아시아에 고루 퍼져 있는 증거를 통해서도 가늠해볼 수 있는 패턴이다.

농경사회로 이행하면서 농업 생산성이 크게 향상되고 인구가 엄청나게 늘어난 것은 분명한 사실이다. 가령 예리코와 아부 후레이라 등의 유적지에서는 농경사회 이전보다 훨씬 거대한 농경 위주 취락이 발견된다. 보통 농경사회로 이행하면서 취락은 두 배에서 여섯 배까지 커졌다.

이와 함께 그간 많은 이들이 주장한 대로 농경사회 이행이 다양한 결과를 낳았다는 것은 의심의 여지가 없다. 직업의 전문성이 심화되고 기술이 급격히 진보한 데 이어 한층 복잡하지만, 한층 평등하지 못한 정치제도의 발달로 이어졌을 가능성이 크다. 하지만 특정 지역에 이런 일이 벌어진 것은 동식물이 풍부했기 때문이 아니었다. 해당 사회가 정착생활에 이어 농경사회로 이행하는 기반이 되는 제도적, 사회적, 정치적 혁신을 경험한 결과였다.

긴 여름과 풍부한 동식물이 그 이행 과정에 힘을 보탠 것은 사실이지만 기후 온난화 이후 정확히 언제 어디서 그런 일이 벌어질지까지 결정지은 것은 아니다. 그보다는 긴 여름이라는 대단히 결정적인 분기점이, 작지만 중요한 의미가 있는 제도적 차이들과 상호작용을 하며 운명을 결정한 것이다. 기후가 따뜻해지자 나투프 등의 일부 사회는 오늘날 민족국가nation-state와 비교하면 대단히 미미한 수준이기는 하지만 중앙집권화된 제도와 계급질서의 요소들을 발달시켰다. 샤이암 왕 치세하의 부숑 부족처럼 구석기사회는 풍부해진 야생 동식물 덕분에 마련된 더 많은 기회를 활용하기 위해 재편되었고, 이런 새로운 기회의 최대 수혜자이자 중앙집권화 과정의 주역이었던 이들이 정치적 엘리트였다는 사실은 두말할 나위가 없다.

제도적으로 크지 않은 차이를 보이던 다른 지역들이 중앙집권화 과정도 더디고 농경 중심의 정착생활을 하는 한층 복잡한 사회를 만드는 데 훨씬 더 오래 걸린 것은, 정치적 엘리트가 이런 결정적 분기점을 활용하는 것을 허용하지 않았기 때문이다. 이를 계기로 고대사회 역시 앞서 살펴본 형태와 동일한 제도적 차이의 확산을 경험하게 된다. 이렇게 생겨난 제도적 차이가 파급된 지역도 있지만 그렇지 못한 지역도 있다.

이를테면 농경은 기원전 6500년경부터 서아시아에서 유럽으로 퍼져나갔다. 대개 농민의 이동에 따른 결과였다. 유럽의 제도는 아프리카 등 나머지 세계와 동떨어져 발달했다. 애초부터 제도적 차이가 있었고 긴 여름 덕분에 서아시아에서 촉발된 혁신이 한참 뒤에야 시작되었을 뿐 아니라 그 양상도 사뭇 달랐다.

나투프인의 제도적 혁신은 신석기혁명의 토대가 되었을 가능성은 높지만 그렇다고 세계사에 주목할 만한 유산을 남기거나 필연적으로 오늘날 이스라엘, 팔레스타인, 시리아 등의 본토에 장기적 번영을 가져다주지도 않았다. 오늘날 시리아와 팔레스타인은 비교적 가난한 나라에 속하고 이스라엘의 번영 역시 대체로 제2차 세계대전 이후 교육수준이 대단히 높고 첨단기술에 익숙한 유대인이 정착하면서 외부로부터 유입된 것이라 할 수 있다. 나투프의 초기 성장이 지속되지 못한 것은 소련의 성장이 흐지부지된 이유와 다르지 않다. 대단히 중요하고 당시에는 가히 혁명적이라 할 수 있지만, 여전히 착취적 제도하에서 이룬 성장이었다. 나투프 사회에서도 이런 형태의 성장은 누가 제도를 장악해 착취의 수혜를 입을 것인가를 두고 심각한 갈등을 초래했을 가능성이 크다. 착취로부터 이득을 얻는 엘리트가 있으면 이들을 갈아치우고자 혈안이 된 비엘리트층도 있기 마련이다. 때로는 내부 갈등이 엘리트층의 단순한 교체로 일단락되기도 한다. 때로는 착취적 사회 전체를 송두리째 흔들어놓아 국가와 사회 붕괴를 초래하기도 한다. 1,000여 년 전 마야 도시국가^{city-states}가 경험한 일이다.

불안정한 착취

농경은 세계 여러 지역에서 독립적으로 태동했다. 오늘날 멕시코에 해당하는 지역에서도 정부를 세워 정착하고 농경생활로 이행한 사회가 생겨났다. 서아시아의 나투프인과 마찬가지로 이들 역시 그런대로 경제성장을 달성했다. 아닌 게 아니라 멕시코 남부, 벨리즈, 과테말라, 온두라스 서부 등지의 마야 도시국가는 나름대로 착취적 제도를 뿌리내려 상당히 정교한 수준의 문명을 건설했다. 마야문명의 역사는 착취적 제도하에서도 성장이 가능하지만 그런 유형의 성장에는 늘 태생적인 한계가 따른다는 사실을 여실히 보여준다. 착취의 수혜자가 되길 바라는 서로 다른 집단과 개인의 투쟁으로 정치 불안이 초래되고 이내 사회와 정부의 몰락으로 이어지기 때문이다.

마야 도시가 처음 발달하기 시작한 것은 기원전 500년경이다. 이들 초기 도시는 기원후 1세기 즈음 결국 실패하고 말았다. 이후 새로운 정치 모형이 등장해 기원후 250년에서 900년까지 이어진 고전기Classic Era의 토대를 마련했다. 이 시기에 마야문화와 문명은 찬란하게 꽃을 피웠다. 하지만 이렇게 한층 정교해진 문명마저 이후 600년에 걸쳐 붕괴하고 만다. 16세기 초 에스파냐 정복자들이 도착했을 무렵 티칼Tikal, 팔렌케Palenque, 칼라크물Calakmul 등 마야 유적지의 웅장한 신전과 궁전은 숲 속 깊숙이 몸을 사린 뒤였고, 이들이 재발견된 것은 19세기에 이르러서였다.

일부 도시가 다른 도시의 지배를 받기도 하고 특히 전쟁할 때 서로 협력하는 사례도 많았지만, 마야의 도시들은 제국으로 통합된 적이 없다. 독자적인 상형문자로 구분할 수 있는 마야 도시국가의 수는 50개로, 이들을 하나로 묶어주는 고리는 마야 언어였다. 마야인은 31가지나 되지만 서로 밀접한 관계가 있는 언어를 사용했다. 독자적인 문자체계를 개발했고, 적어도 1만 5,000개에 달하는 명문銘文들이 엘리트층의 생활양식과 문화, 종교 등 다양한 면을 설명해준다. 장주기長週期, Long Count라는 정교한 달력을 사용해 날짜를 기록하기도 했다. 고정된 날짜를 기준으로 해바뀜을 계산했다는 점에서 오늘날 우리가 쓰는 달력과 거의 흡사하며, 모든 마야 도시가 장주기 달력을 사용했다. 장주기는 기원전 3114년에 시작되었지만 아직까지 마야인에게 이 날짜가 어떤 특별한 의미가 있는지는 밝혀지지 않고 있다. 마야 사회와 연결될 만한 증거가 등장하기 한참 전의 날짜이기 때문이다.

마야인은 시멘트를 독자적으로 발명했을 정도로 솜씨 좋은 건축가들이었다. 이들의 건축물과 명문은 장주기 달력에 따라 사건을 기록하는 사례가 많아 마야 도시가 걸었던 길에 관해 귀중한 정보를 제공한다. 고고학자들은 마야 도시를 한꺼번에 조망해봄으로써 특정한 연대에 몇 개의 건물이 완공되었는지 계산할 수 있다. 기원후 500년에는 날짜가 기록된 기념물이 거의 없었다. 가령 기원후 514년에 해당하는 장주기 일자에는 고작 10개라고 기록되었을 뿐이다. 그러더니 꾸준히 그 수가 증가해서 기원후 672년에는 20개, 8세기 중반에는 40개에 달했다. 이후 일자가 기록된 기념물의 수는 곤두박질친다. 9세기에 들어서자 연간 10개에 불과했고, 10세기 무렵에는 아예 한 개도 없었다. 일자가 기록된 명문은 마야 도시의 확장과 8세기 후엽 쇠퇴에 이르기까지 흥망성쇠 과정을 고스란히 보여준다.

날짜 분석은 마야인이 기록한 왕의 명단을 검토해 보완할 수 있다. 오늘날 온두라스 서부 지역의 마야 도시 코판Copán에는 제단석 Q Altar Q라는 유명한 유적이 있다. 여기에는 모든 왕의 이름이 기록되어 있는데 왕조를 창시한 태왕 킨이치 약스 쿡 모K'inich Yax K'uk' Mo'로 시작한다. 그의 이름은 'King Green-Sun First Queztal Macaw(푸른 태양왕 첫 케트살 마코앵무새)'라는 뜻으로 태양뿐 아니라 중앙아메리카에서 발견되는 두 마리의 이국적 새 이름도 포함되어 있다. 마야인은 케트살과 마코앵무새의 깃털을 대단히 소중하게 여겼다.

킨이치 약스 쿡 모가 코판에서 집권한 것은 기원후 426년의 일이다. 이 또한 제단석 Q의 장주기 날짜를 통해 알 수 있다. 그가 창건한 왕조는 400년 동안 코판을 다스렸다. 킨이치 약스의 후계자 중에는 그만큼이나 생생한 이름을 가진 이들도 있었다. 13번째 왕의 이름은 '18 토끼'였으며, 그 후계자는 '연기 원숭이Smoke Monkey', 그 뒤를 이은 것은 '연기 조개Smoke Shell'로 기원후 763년에 세상을 떠났다. 제단에 기록된 마지막 이름은 '첫 동틀 녘 하늘에 번개를 친 신First Dawned Sky Lightning God'이라는 뜻의 16대 왕 약스 파사이 찬 요아트Yax Pasaj Chan Yoaat로 '연기 조개' 사후 즉위했다. 이후 유일하게 알려진 왕은 우키트 투크Ukit Took(부싯돌의 수호자)로 다른 제단의 조각에서 발견되었다. 약스 파사이 왕 이후에는 건축물과 명문이 발견되지 않고 있어 얼마 지나지 않아 왕조가 전복된 것으로 보인다. 우키트 투크는 실제 왕위 계승자가 아니라 이를 사칭한 인물이었을지도 모른다.

앤코린 프리터AnnCorinne Freter, 낸시 곤린Nancy Gonlin, 데이비드 웹스터David Webster 등의 고고학자들은 코판의 증거를 살펴볼 마지막 방법을 개발한 바 있다. 기원후 400년에서 1250년에 이르는 850년 동안 코판 계곡의 취락 분포 현황을 확인해 코판의 영고성쇠를 분석한 것이다. 이들은 흑요석이 채굴되었을 당시의 수분 함유량을 계산하는 이른바 흑요석수화연대측정법obsidian hydration dating이라는 기법을 사용했다. 일단 채굴이 되면 흑요석의 수분 함유량은 일정한 비율로 떨어지기 때문에 고고학자들은 흑요석 조각이 언제 채굴된 것인지 계산해낼 수 있다.

프리터, 곤린, 웹스터는 연대 측정이 끝난 흑요석이 코판 계곡 어디에서 발견되었는지 위치를 파악해 도시의 확장과 축소 과정을 추적할 수 있었다. 특정 지역 내의 주택과 건축물의 수는 얼추 추정이 가능하므로 도시 전체 인구 역시 추산해낼 수 있다. 기원후 400년에서 449년까지 인구는 미미한 수준으로 600여 명에 불과했다. 이후 꾸준히 늘어나 기원후 750년에서 799년에는 2만 8,000명으로 절정에 달했다. 오늘날 도시 기준으로 보면 여전히 대수롭지 않은 숫자지만 당시로서는 엄청나게 많은 인구였다. 당시 기준으로는 오늘날 런던이나 파리보다 코판에 더 많은 사람이 살았다는 뜻이다. 티칼과 칼라크물 등 다른 마야 도시는 이보다 규모가 훨씬 컸다. 코판의 인구가 정점을 찍은 것은 기원후 800년으로 장주기 일자가 기록된 증거와 일치한다. 이후 인구수는 줄어들기 시작해 기원후 900년에는 1만 5,000명가량까지 떨어졌다. 이후에도 하락세가 이어져 기원후 1200년 무렵에는 800년 전 수준으로 돌아왔다.

마야문명의 붕괴

마야 고전기 경제 발달의 근간은 부숑 부족이나 나투프인과 다를 바 없다. 그런대로 중앙집권화를 이루어 착취적 제도를 수립한 것이다. 이런 제도들은 몇 가지 공통 요소를 특징으로 한다. 기원후 100년경, 과테말라 티칼 시에는 새로운 유형의 왕국이 등장했다. 아하우ajaw(군주 또는 지배자)를 중심으로 한 새로운 지배계급이 자리를 잡은 것이다. 이런 체제를 굳힌 것은 쿠훌 아하우ᵏ'uhul ajaw(신성한 군주)라는 왕으로 그 밑으로 귀족계급이 만들어졌다. 신성한 군주는 이 엘리트 계층의 협력으로 사회를 조직했고 신들과도 소통했다. 우리가 아는 한 이런 새로운 정치제도 수립에 인민의 참여는 어떤 형태로도 허용되지 않았지만, 안정을 가져온 것은 사실이다.

쿠훌 아하우는 농민으로부터 공물을 받고 거대한 기념물을 짓기 위해 부역을 동원했다. 이런 제도의 융합으로 비약적인 경제성장의 기틀이 마련되었다. 마야의 경제는 숙련된 도공, 직공, 목공, 장신구 제작공 등 광범위한 직업의 전문화에 바탕을 두고 있었다. 또 흑요석, 재규어 가죽, 조개껍데기, 카카오, 소금, 깃털 등을 서로 거래하거나 멕시코의 원거리 도시와 무역을 했다. 화폐를 사용했을 가능성이 높으며 아즈텍인과 마찬가지로 카카오 원두를 거래에 사용했다.

착취적 정치제도를 기반으로 하는 마야 고전기의 양상은 부숑 부족의 상황과 대단히 흡사하다. 약스 에브 주크ʸax Ehb' Xook가 샤이암 왕과 비슷한 역할을 했다. 새로운 정치제도는 상당한 경제 번영으로 이어졌고, 대부분의 결실은 쿠훌 아하우를 중심으로 한 새 엘리트층에 착취당했다. 하지만 기원후 300년경 이런 체제가 자리를 잡자 더 이상의 기술적 변화는 진행되지 않았다. 관개시설과 치수 기법이 개선되었다는 일부 증거가 있기는 하지만 농경기술은 여전히 미숙한 단계여서 거의 변화가 없었던 것으로 보인다. 건축기술과 예술 기법은 시간이 흐르면서 한층 더 정교해졌지만, 전체적으로 보면 혁신이랄 게 없었다.

창조적 파괴도 없었다. 하지만 다른 형태의 파괴는 줄기차게 이어졌다. 쿠훌 아하우와 마야 엘리트를 위해 만들어진 착취적 제도가 창출해

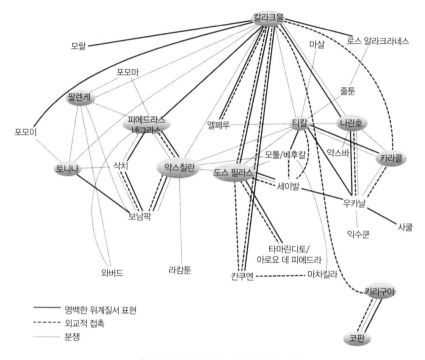

지도 10 마야 도시국가, 도시 간 접촉과 분쟁

내는 부를 노린 전쟁이 끊이지 않았고 시간이 갈수록 심해졌기 때문이다. 마야 명문에는 분쟁의 순서가 기록되어 있다. 특별한 문양은 전쟁이 일어난 날짜도 장주기로 시사해준다. 금성은 전쟁의 수호신으로 숭배했고 마야인은 금성 궤도의 일부 상태를 전쟁하기에 특별히 상서로운 징조로 여겼다. 전쟁을 상징하는 문양은 고고학자들이 '별들의 전쟁star wars'이라고 부르는데, 별이 물이나 피로 보이는 액체를 지구에 뿌리는 형상이다. 동맹과 경쟁의 패턴을 보여주는 명문도 있다. 티칼, 칼라크물, 코판, 팔렌케 등 큰 도시국가들은 오랜 세월 싸웠고 작은 도시국가

들은 속국으로 전락했다. 왕의 즉위를 기념하는 문양에서 그 증거를 발견할 수 있다. 이 시기에는 작은 도시국가가 다른 외부 통치자의 지배를 받는 문양이 나타나기 시작했다.

〈지도 10〉은 고고학자 니콜라이 그루베^{Nikolai Grube}와 사이먼 마틴^{Simon Martin}이 재구성한 마야 주요 도시 간 다양한 접촉 및 분쟁 패턴을 보여준다. 이 패턴만 봐도 칼라크물, 도스 필라스^{Dos Pilas}, 피에드라스 네그라스^{Piedras Negras}, 약스칠란^{Yaxchilan} 등 규모가 큰 도시국가는 외교적으로 폭넓게 접촉했지만, 일부는 다른 도시의 지배를 받거나 서로 싸웠다는 사실을 알 수 있다.

마야문명의 붕괴와 관련해 두드러진 사실은 쿠훌 아하우를 중심으로 한 정치 모형이 전복된 시기와 일치한다는 점이다. 코판에서는 기원후 810년 약스 파사이 사후 더는 왕이 나오지 않았다는 것을 이미 살펴본 바 있다. 이 무렵 왕실은 버려졌다. 코판에서 북쪽으로 32킬로미터가량 떨어진 곳에 있던 도시 키리구아의 마지막 왕 옥빛 하늘^{Jade King}은 기원후 795년에서 800년 사이에 즉위했다. 장주기 달력에 따라 마지막 기록된 기념물은 기원후 810년의 것으로 바로 약스 파사이가 죽던 해다. 이후 도시 전체가 버려졌다. 마야문명을 통틀어 같은 상황이 벌어졌다. 무역, 농경, 인구의 확장을 불러온 정치제도가 사라져버리자, 왕실은 제구실을 못했고 기념물과 신전이 세워지지 못했으며 궁전은 텅 비어버렸다. 정치 및 사회적 제도가 와해되면서 중앙집권정부가 무너지자 경제는 위축되고 인구는 급감했다.

전역에서 폭력 상황이 벌어져 중심부가 붕괴된 사례도 있다. 과테말라 페텍스바툰^{Petexbatun} 지역은 그런 생생한 사례를 보여준다(거대한 신전을 철거해 그 돌을 광대한 방어벽을 쌓는 데 사용했다). 다음 장에서 살펴보겠지만 로마제국 후기에 벌어진 상황과 매우 흡사하다. 코판 등도 몰락 당시 폭력의 흔적은 거의 없지만 훼손되거나 파괴된 기념물이 적지 않았다. 쿠홀 아하우가 쫓겨난 이후에도 엘리트층이 잔존한 지역도 있다. 코판에서는 엘리트층이 적어도 200여 년 정도는 더 새로운 건물을 세운 흔적이 있으나 이후에는 이들도 사라져버렸다. 다른 지역은 신성한 군주와 함께 엘리트층도 사라진 것으로 보인다.

지금까지의 고고학적 증거만으로는 쿠홀 아하우와 그를 둘러싼 엘리트 계층이 왜 전복되었으며 마야 고전기를 떠받쳤던 제도가 왜 무너졌는지 명백한 결론을 내리기 어렵다. 도시 간 전쟁이 심화되면서 벌어진 일임은 분명하므로, 도시 내에서도 아마 엘리트층의 다른 파벌이 이끄는 반대 세력이 힘을 키우고 반란을 일으켜 제도를 무너뜨렸을 수 있다.

마야인이 창출한 착취적 제도는 도시국가가 번영을 누리고 엘리트층이 부유해지면서 수많은 예술품과 기념물을 쏟아내기에 충분한 부를 가져다주었지만, 체제는 안정적이지 못했다. 착취적 제도를 등에 업고 소수 엘리트층이 지배하면서 불평등이 심화되었을 뿐 아니라, 인민으로부터 착취한 부를 나눠 가지는 자들 사이에서도 내분이 발생할 가능성이 커졌기 때문이다.

무엇이 잘못되었는가

역사 속에서 착취적 제도가 빈번하게 등장하는 이유는 그만큼 이면의 논리가 탄탄하기 때문이다. 제한적인 번영을 이룩하면서도 소수 엘리트의 손에 그 결실을 쥐여줄 수 있다는 것이다. 이런 성장을 위해서는 정치권력의 중앙집중화가 필요하다. 중앙집권화가 마무리되면 정부(또는 정부를 장악한 엘리트층)는 으레 투자를 통해 부를 창출하고, 정부가 자원을 착취할 수 있도록 다른 이들에게도 투자를 장려하며, 더 나아가 본디 포용적 경제제도와 시장을 통해 마련되는 일부 과정까지도 흉내 낼 인센티브가 생기게 된다.

카리브 해 대농장 경제의 착취적 제도는 엘리트층이 강압적으로 노예를 부려 설탕을 생산하는 양상을 띠었다. 소련에서는 공산당이 농업에서 공업으로 자원을 재분배하고 경영진과 노동자에게 일부 인센티브를 허용하는 형태였다. 하지만 앞서 살펴보았듯이 그런 인센티브는 체제의 성격 때문에 훼손될 수밖에 없었다.

정치권력을 중앙집중화하려는 욕구는 착취적 성장 가능성에서 비롯된다. 샤이암 왕이 쿠바왕국을 창건하려 했던 이유이며 나투프인이 서아시아에서 원시적인 형태이나마 법과 질서, 계급질서, 착취적 제도를 확립해 궁극적으로 신석기혁명으로까지 이어질 수 있었던 것도 그 근본적 동인은 착취적 성장 가능성이었을 것이다. 아메리카 대륙에서 정착 사회가 태동하고 농경생활로 이행하는 토대가 마련된 것도 비슷한 과정이 계기가 되었을 것이다. 소수 엘리트층의 이익을 위해 다수를 강압적으로 다스렸던 대단히 착취적인 제도를 기반으로 한 마야인의 발달한 문명에서도 그런 면을 볼 수 있다.

하지만 착취적 제도하에서 달성한 성장은 포용적 제도하에서 창출된 성장과는 성격이 사뭇 다르다. 무엇보다 중요한 것은 착취적 제도하의 성장은 지속 불가능하다는 사실이다. 그 성격상 착취적 제도는 창조적 파괴를 이끌어내지 못하고 기술적 진보 역시 기껏해야 제한적인 수준에 그친다. 따라서 착취적 제도를 통한 성장은 단명하고 만다. 소련의 경험은 이런 한계를 생생하게 보여준다. 구소련은 서방의 일부 진보한 기술을 급속도로 따라잡고 대단히 비효율적이었던 농업 부문에서 공업으로 자원을 재분배하면서 고속 성장을 이룩할 수 있었다. 하지만 이내 농업에서 공업에 이르기까지 전 부문에서 인센티브가 미흡했기 때문에 기술적 발전을 자극할 수는 없었다. 자원을 쏟아붓는 데다 서방과 경쟁에서 중요한 역할을 했으므로 혁신에 강력한 보상이 뒤따랐던 일부 영역에서만 그런 발전이 엿보였다. 아무리 급속도로 진행되었다 해도 소련의 성장은 비교적 단명할 운명이었고 이미 1970년대 들어 김이 빠지기 시작했다.

착취적 제도하의 성장이 극심한 제한을 받는 것은 창조적 파괴와 혁신이 결여되어 있기 때문만은 아니다. 마야 도시국가의 역사는 착취적 제도의 태생적인 논리에서 비롯되는 한층 더 불길하고, 안타깝게도 한층 보편적으로 귀결되는 운명을 여실히 보여준다. 이런 제도를 통해 엘리트층은 상당한 이득을 취할 수 있으므로 다른 이들이 현재 엘리트의 지위를 차지하기 위해 반기를 들 강력한 인센티브가 생기기 마련이다. 따라서 내부 분쟁과 불안정은 착취적 제도에 반드시 수반되는 태생적 특징이며, 비효율성을 심화시킬 뿐 아니라 중앙집권화된 정치권력을 와해시키기 일쑤이며, 심하면 법과 질서를 완전히 무너뜨려 사회 전체를 혼란에 빠뜨리기도 한다. 고전기를 거치는 동안 비교적 성공을 거두었던 마야 도시국가도 종국에는 이런 운명을 맞이할 수밖에 없었다.

태생적인 한계에도 착취적 제도하의 성장이 한창일 때는 눈부시게 대단해 보일지도 모른다. 1920년대, 30년대, 40년대, 50년대, 60년대, 늦게는 70년대까지도 소련의 경제성장에 입을 다물지 못한 사람들은 소련보다 서방세계에 더 많았다. 요즘 주체할 수 없을 정도로 빠른 중국의 경제성장을 바라보며 탄복하는 이들이나 다를 바가 없다. 하지만 15장에서 자세히 다루는 것처럼 중국 역시 공산당 통치하에 있기 때문에 착취적 제도하의 성장을 경험하는 또 다른 사례일 뿐이며 포용적 정치제도를 향한 근본적인 정치 변혁이 일어나지 않는 한 지속 가능한 성장으로 이어질 리 만무하다.

제도적
부동

6장

역사는 제도적 차이를 만들어내는 제도적 부동 과정에서
중요한 역할을 한다. 작은 차이일지라도 결정적 분기점과 상호작용을 통해
역사의 큰 물줄기가 만들어지기도 한다. 하지만 이런 차이는 워낙 작아
반드시 단순한 축적 과정의 산물이라 할 수도 없다.

베네치아가 박물관이 된 사연

우리가 베네치아라 부르는 도시는 아드리아 해^{Adriatic Sea} 북단에 있는
수많은 섬으로 이루어져 있다. 중세만 해도 베네치아는 아마 세상에서
가장 부유한 도시였을 것이다. 당시 움트고 있던 포용적인 정치 분위기
를 기반으로 어느 곳보다 포용적인 경제제도가 마련된 덕분이었다. 베
네치아는 기원후 810년 독립을 획득했는데, 돌이켜보면 그 시기가 기가
막히다. 로마제국 몰락으로 시련을 겪었던 유럽의 경제가 회복기로 접
어들고 샤를마뉴대제 같은 군주가 등장해 강력한 중앙집권화를 추진하
던 시기이기 때문이다.

그 덕분에 안정을 이루고 안보 또한 한층 강화되었으며 무역도 확대
되는 등 베네치아가 이점을 살리기에 더할 나위 없이 절묘한 환경이 조
성된 것이다. 동방의 향신료 및 비잔틴산 물품은 물론 노예까지 들어왔
다. 베네치아는 부유해졌다. 베네치아가 적어도 1세기가량은 경제적 확

장을 거듭한 후였던 1050년 무렵에는 인구도 4만 5,000명으로 불어나 있었다. 1200년에는 7만 명으로 50퍼센트 이상 증가했다. 1330년에는 또 한 차례 50퍼센트가 늘어나 11만 명에 달했다. 이즈음 베네치아는 파리에 견줄 만하고 런던에 비하면 세 배는 족히 되는 도시로 부상했다.

베네치아의 경제가 이처럼 확대될 수 있었던 토대 중 하나는 경제제도를 한층 포용적인 방향으로 이끌었던 잇따른 계약 혁신이었다. 가장 유명한 것은 코멘다commenda라는 초기 형태의 합자회사로 단 한 번의 무역 거래를 위해 수립되는 위탁계약이었다. 코멘다는 두 명의 파트너가 참여하는데 그중 하나는 베네치아에 '머물러' 있고 다른 하나는 무역을 하러 여행을 떠나야 했다. 머물러 있는 파트너는 자본을 대고 여행을 떠나는 파트너는 물품을 옮겨 거래했다. 자본 대부분을 투자하는 것은 으레 머물러 있는 파트너였다. 돈이 없는 젊은 사업가라면 상품을 위탁받아 여행을 떠남으로써 무역업에 뛰어들 수 있었다. 이는 신분 상승을 도모할 수 있는 주요 수단 중 하나였다.

무역 도중 초래되는 손실은 파트너들이 이미 출자한 자본 비율에 따라 부담했다. 무역을 통해 돈이 생기면 두 종류의 코멘다 계약에 따라 이윤을 분배했다. 일방적으로 자본을 투자하는 코멘다라면 머물러 있는 상인이 100퍼센트의 자본을 대고 이윤의 75퍼센트를 챙겼다. 쌍방 투자 형태의 코멘다에서는 머물러 있는 상인이 67퍼센트의 자본을 대고 50퍼센트의 이윤을 분배받았다. 공문서를 살펴보면 코멘다가 신분 상승을 위한 엄청난 동력이었음을 확인할 수 있다. 공문서에는 종전에 엘리트층에서 보이지 않던 새로운 이름이 수두룩하다. 기원후 960년과 971년, 982년의 정부 문서를 보면 기록된 새로운 이름은 각각 69퍼센트, 81퍼센트, 65퍼센트에 달한다.

이런 경제적 포용성과 무역을 통한 신흥 가문의 등장으로 정치체제역시 한층 개방적이 될 수밖에 없었다. 베네치아를 다스리는 수장인 도제doge는 종신직으로 민회General Assembly에서 선출했다. 본디 온 시민이참여하는 총회의 성격이었지만 민회는 사실상 일부 유력 가문이 장악했다. 도제 역시 막강한 권력을 휘둘렀으나 정치제도의 변화로 차츰 그힘이 약화되었다. 1032년 이후에는 도제와 함께 도제위원회Ducal Council도 선출했다. 도제위원회는 도제가 절대권력을 쥐지 못하도록 하는 임무를 띠었다. 도제위원회의 제재를 받은 최초의 도제는 도메니코 플라비아니코Domenico Flabianico였는데 이전까지 고위직에 진출한 적이 없는가문 출신으로 부유한 비단 무역상이었다. 이런 제도적 변화로 베네치아는 머지않아 무역 및 해상 강국으로 위세를 떨칠 수 있었다. 1082년에는 콘스탄티노플에서 폭넓은 무역 특혜를 인정받았고 베네치아 특구까지 설치할 수 있었다. 특구에는 곧 1만 명에 달하는 베네치아인이 거주하게 되었다. 포용적 경제제도와 정치제도가 한데 어우러져 상승효과를 내기 시작한 것이다.

베네치아의 경제 확장은 정치적 변화에 대한 압력을 한층 가중시켰다. 베네치아의 경제가 폭발적으로 확장하기 시작한 계기는 1171년 도제가 살해되면서 도입된 정치·경제 제도의 변화였다. 첫 번째 중요한혁신은 대평의회Great Council의 창설이었다. 이때부터 베네치아의 정치권력은 궁극적으로 대평의회에서 나왔다 할 수 있다. 대평의회는 판사 등베네치아 정부의 공직자로 구성되었으므로 귀족이 장악했다. 이들 공직자와 더불어 매년 100명의 신규 회원이 임명되었다. 이들을 임명한것은 기존 대평의회에서 제비를 뽑아 선택된 네 명의 위원으로 구성되는 지명 위원회였다. 대평의회는 하위 기구로 다양한 사법적, 행정적 임무를 수행하는 원로원Senate과 40인 평의회Council of Forty의 일원도 선택했다. 대평의회는 또 도제위원회도 구성할 수 있었는데 위원의 수는 두 명에서 여섯 명으로 늘어났다.

두 번째 혁신은 도제를 지명하기 위한 위원회의 창설이었으며 이 또한 대평의회가 제비뽑기를 통해 구성했다. 선택된 인물은 민회의 동의를 거쳐야 했으나 단일후보가 임명되었기 때문에 사실상 도제의 선출 권리는 대평의회가 쥐고 있었다. 세 번째 혁신은 도제로 하여금 권력을 제한하는 내용의 취임 선서를 하게 한 것이다. 시간이 흐를수록 이런 제약은 더욱 확대되어 도제는 법관의 명령에 따라야 했으며, 이내 의사결정을 내릴 때마다 도제위원회의 승인을 받아야 했다. 또 도제위원회는 도제가 대평의회의 모든 결정에 따르도록 감시하는 역할도 담당했다.

이런 정치적 개혁 덕분에 다른 제도적 혁신도 잇따랐다. 법 부문에서는 독립 치안판사와 법원, 상소법원은 물론 사적 계약 및 파산과 관련한 법이 신설되었다. 베네치아에 새로운 경제제도가 도입되면서 새로운 법인 사업체와 계약 유형을 만들 수 있게 되었다. 금융 혁신도 급속도로 진행되어 이 무렵 베네치아는 근대적 은행 업무의 효시가 되었다. 이런 역동적 기조 덕분에 베네치아는 완전한 포용적 제도를 향해 거침없이 나아가는 듯 보였다.

베네치아 폐쇄

하지만 이런 조류 속에서도 늘 갈등이 존재했다. 경제성장을 뒷받침했던 베네치아의 포용적 제도는 창조적 파괴를 수반했다. 코멘다와 다른 유사한 경제제도를 통해 신흥 부자가 되는 젊은 기업인의 물결이 출렁일 때마다 기성 엘리트층의 이익과 경제 성공의 결실을 갉아먹곤 했다. 단지 이익만 줄어드는 게 아니었다. 신흥 부자들은 기존 엘리트층의 정치권력에도 도전했다. 따라서 대평의회에 참여하는 기성 엘리트층은 늘 말썽만 생기지 않는다면 새로운 인물이 이 체제에 접근하지 못하도록 막아버리고 싶은 유혹을 느꼈다.

대평의회 초기에는 의원의 임기가 1년으로 정해져 있었다. 앞서도 살펴보았듯이 연말이 되면 무작위로 선출된 네 명의 의원이 이듬해 대평의회에 몸담을 100명의 의원을 지명했고, 일단 지명된 후보는 자동으로 선출되었다. 1286년 10월 3일, 엘리트 가문이 틀어쥐고 있던 40인 평의회에서 지명된 후보를 다수결로 승인하도록 규정을 수정하자는 안건이 제기되었다. 이 안건이 통과되면 예전과 달리 엘리트층이 대평의회 지명 후보에 대해 거부권을 행사할 권리를 지니게 되는 것이었다. 하지만 이 안건은 부결되었다. 1286년 10월 5일, 또 다른 안건이 상정되었고 이번에는 가결되었다. 이때부터 아버지나 할아버지가 대평의회 의원을 지냈던 사람은 의원 자격이 자동으로 확정되었다. 그렇지 않은 후보만 도제위원회의 승인을 받아야 했다. 10월 17일에는 규정을 다시 한 번 수정해 대평의회 지명 후보는 40인 평의회, 도제, 도제위원회의 승인을 모두 거치게 되었다.

1286년의 논란과 헌법 수정은 이른바 '베네치아 폐쇄'의 전주곡이었다. 1297년 2월에는 과거 4년 동안 대평의회 의원이었던 이는 자동으로 후보로 지명하고 승인하기로 했다. 새 후보 지명자는 40인 평의회의 승인을 받아야 했지만, 그 수는 12표에 불과했다. 1298년 9월 11일 이후에는 현직 의원과 그 가족은 더 이상 승인 절차가 필요 없게 되었다. 대평의회는 이제 사실상 외부인에게 문을 닫아걸었고 초기 의원은 세습귀족으로 변모했다. 이 체제는 1315년 확정되었다. 베네치아 귀족의 공식 명부인 '황금의 책Libro d'Oro'이 만들어진 것이다.

이들 신흥귀족에 속하지 못한 이들도 자신들의 권력이 녹아내리는 것을 호락호락 보고 있지만은 않았다. 1297년에서 1315년 사이 베네치아에서는 정치적 긴장감이 차츰 고조되었다. 대평의회는 그 규모를 늘려 그런대로 문제 해결을 시도했다. 가장 반발이 심했던 정적을 끌어들이려는 의도에서 의원 수를 450명에서 1,500명까지 늘렸다. 포용 정책과 함께 탄압도 이어졌다. 1310년에는 최초로 경찰력이 도입되었고 차츰 정치도 강압적으로 변모했는데 두말할 나위 없이 새로운 정치질서를 확립하기 위한 것이었다.

정치적 '폐쇄'를 단행한 대평의회는 이내 경제적 폐쇄 정책을 채택하기에 이른다. 착취적 정치제도로 선회하더니 곧이어 경제제도 역시 착취적으로 방향을 튼 것이다. 가장 중요한 변화는 이들이 베네치아에 부를 가져다준 탁월한 제도적 혁신 중 하나였던 코멘다 계약의 사용을 금지했다는 사실이다. 놀랄 일은 아니었다. 코멘다로 수혜를 보는 것은 신흥 상인인데 기성 엘리트층은 이들을 배제하려 했기 때문이다. 착취적 성향이 한층 더 강해진 것이다.

다음 행보는 1314년 베네치아 정부가 무역을 장악해 국유화하면서 시작되었다. 이를 통해 정부 소유 선박이 무역에 투입되었고 1324년부터는 개인이 무역하려면 높은 세금을 물어야 했다. 장거리 무역은 이제 귀족의 전유물이 되었다. 베네치아 번영 시대가 막을 내리기 시작했다는 신호였다. 갈수록 적은 수의 소수 엘리트가 주요 사업을 독점하면서 베네치아 경제는 쇠락의 길로 접어들었다. 베네치아는 세계 최초의 포용적 사회로 발돋움하는 문턱까지 갔다가 벽에 부딪힌 꼴이었다. 정치와 경제 제도가 착취적으로 변모하더니 베네치아 경제 역시 몰락을 경험하게 된다. 1500년경에는 인구가 10만 명까지 급감했다. 유럽 인구가 급격히 증가했던 1650년에서 1800년 사이에도 베네치아 인구는 오히려 줄어들었다.

오늘날 베네치아가 가진 경제라고는 어업 말고는 관광업뿐이다. 무역로와 경제제도를 선도하기는커녕 베네치아인은 떼로 몰려드는 외국인을 위해 피자를 굽고 아이스크림을 팔며, 입으로 색유리를 분다. 관광객은 두칼레 궁전Doge's Palace과 베네치아가 지중해를 호령하던 시절 비잔티움에서 약탈해온 성 마르코 성당의 청동기마상 등 폐쇄 이전의 경이로운 장관을 보러 베네치아를 찾는다. 베네치아는 경제 대국에서 박물관으로 전락한 것이다.

이번 장에서는 서로 다른 지역에서 제도 발달의 역사를 집중 조명해보며 왜 그렇게 다른 방식으로 발전했는지 살펴본다. 4장에서는 서유럽의 제도가 동유럽과 갈라져 발달하고 영국의 제도가 서유럽의 나머지 지역과 엇갈린 길을 걸었던 경위를 살펴본 바 있다. 이는 대체로 작은 제도적 차이의 결과였다. 그런 결과는 대체로 결정적 분기점과 제도적 부동 과정의 상호작용에 따른 것이다. 그러면 또 이런 오해를 하기 십상이다. 제도적 차이는 물밑 깊숙이 잠겨 있는 역사적 빙산의 일각일 테니 수면 아래로 내려가면 영국과 유럽의 제도가 다른 지역으로부터 갈려져 나온 분기점을 찾을 수 있을 것이고, 그 근원은 수천 년을 거슬러 올라가는 역사적 사건들이 아니겠는가? 시쳇말로 나머지는 역사가 말해준다고 생각하는 것이다.

그럴듯한 생각하지만, 역사는 두 가지 이유로 그런 말을 해주지 못한다. 첫째, 베네치아의 설명에서도 알 수 있듯이 포용적 제도를 향한 움직임은 뒷걸음질 치기도 한다. 베네치아는 번영을 누렸다. 하지만 정치와 경제 제도가 무너지자 번영의 동력은 후진 기어를 넣고 말았다. 오늘날 베네치아가 잘사는 이유는 다른 곳에서 돈을 번 이들이 관광을 와서 과거의 영화에 탄복하며 매상을 올려주기 때문이다. 포용적 제도가 후진할 수 있다는 것은 제도적 개선이 단순하게 축적 과정을 거쳐 차곡차곡 쌓이지 않는다는 뜻이다.

둘째, 결정적 분기점에서 대단히 중요한 역할을 하는 작은 제도적 차이는 본디 오래갈 수가 없다. 작아서 번복될 수 있고, 다시 고개를 들었다가 재차 번복되곤 하는 것이다. 다음 장에서는 지리나 문화 이론에서 기대하는 것과 대조적으로 17세기 포용적 제도를 향한 결정적 행보를 보였던 잉글랜드가, 서아시아의 신석기혁명 이후 수천 년 동안은 물론 서로마제국의 몰락 이후 중세 초기에도 후진성을 면치 못했다는 사실을 살펴볼 것이다. 로마제국의 관점에서 브리타니아는 서유럽과 북아프리카, 발칸반도, 콘스탄티노플 또는 서아시아의 대륙 지역보다 중요할 게 없는 변두리에 불과했다. 기원후 5세기 서로마제국이 몰락했을 때 가장 큰 쇠락의 시련을 겪은 것이 브리타니아였다. 하지만 산업혁명의 불씨를 당긴 제도적 혁명이 일어난 곳도 이탈리아나 튀르키예는 물론 서유럽 대륙이 아닌 브리타니아였다.

그럼에도 잉글랜드에서 산업혁명이 일어나고 다른 나라까지 확대되는 과정을 이해하는 데 로마의 유산은 여러 가지 이유에서 대단히 중요하다. 첫째, 로마 역시 베네치아와 마찬가지로 초기에 대대적인 제도 혁신을 경험했다. 베네치아처럼 초기 로마의 경제적 성공은(적어도 당시 기준으로는) 포용적 제도에 기반을 두었다. 역시 베네치아와 마찬가지로 시간이 흐르면서 로마의 제도도 확연히 착취적인 양상을 띠었다. 로마에서는 공화정(기원전 510년에서 49년)에서 제정(기원전 49년에서 기원후 476년)으로 이행한 결과였다. 공화정 시절에도 로마는 감탄할 만한 수준의 제국을 건설했고 장거리 무역과 운송이 번성했지만, 로마 경제 대부분은 착취를 바탕으로 했다. 공화정에서 제정으로 이행하면서 착취는 더 심해졌고 이내 마야 도시국가에서 목격했던 내분과 불안정, 몰락으로 이어졌다.

두 번째 유산은 더 중요한 의미를 띤다. 뒤이은 서유럽의 제도적 발달이 로마의 직접적 유산은 아니라 할지라도 서로마제국의 몰락 이후 이 지역 전반에 걸쳐 태동한 결정적 분기점의 결과라는 사실을 살펴볼 것이다. 서유럽의 결정적 분기점은 아프리카나 아시아, 아메리카 등 다른 지역과는 사뭇 다른 양상을 띠었다(물론, 에티오피아의 역사를 통해 비슷한 결정적 분기점을 경험하는 지역이 때로는 대단히 유사한 방식으로 대응하기도 했다는 사실도 살펴볼 것이다).

로마의 몰락은 봉건주의로 이어졌고, 그 부수 효과로 노예제도가 시들해졌으며 군주와 귀족의 통제권 밖에 존재하는 도시가 만들어졌다. 그 과정에서 지배층의 입김이 약화된 정치제도가 줄지어 도입되었다. 이런 봉건적 토대 위에서 흑사병이 창궐해 유럽 대륙을 엄청난 혼란에 빠뜨렸고 독립적인 도시와 농민의 권한이 한층 강화된 반면, 군주와 귀족, 대지주는 움츠러들 수밖에 없었다. 바로 이런 배경에서 대서양 해상 무역이 활발해지며 큰 기회가 마련되었다. 세상에는 이런 변화를 경험하지 못한 지역이 많았고 이 때문에 제도적 부양 과정을 통해 제 갈 길을 가게 된다.

로마의 미덕

로마의 호민관 티베리우스 그라쿠스Tiberius Gracchus는 기원전 133년 로마 원로원 의원들의 곤봉에 맞아 죽은 뒤 테베레Tiber 강에 아무렇게나 버려졌다. 그를 살해한 이들은 티베리우스처럼 귀족이었고 암살 음모를 꾸민 장본인은 그의 사촌인 푸블리우스 코르넬리우스 스키피오 나시카 Publius Cornelius Scipio Nasica였다. 일리리아전쟁Illyrian Wars(기원전 3세기에서 2세기에 걸쳐 아드리아 해변의 일리리아에서 해적 세력을 상대로 치른 두 차례 전쟁을 가리킨다 - 옮긴이)과 2차 포에니전쟁의 영웅인 루키우스 아이밀리우스 파울루스Lucius Aemilius Paullus와 같은 전쟁에서 카르타고의 한니발을 물리친 명장 스키피오 아프리카누스Scipio Africanus처럼, 티베리우스 그라쿠스는 흠잡을 데 없는 귀족 혈통을 자랑하던 인물이었다. 대체 왜 당시 막강한 원로원은 물론 그의 사촌까지 그런 인물에게 등을 돌렸을까?

그 해답에서 로마공화정 내부의 갈등과 뒤이은 몰락의 원인을 밝혀줄 적지 않은 실마리를 찾을 수 있다. 티베리우스와 유력한 원로원 의원들이 불화를 겪은 것은 당시 중대한 현안을 둘러싸고 그가 타협하지 않았기 때문이다. 현안이란 다름 아닌 토지의 분배와 로마의 일반 시민인 평민의 권리였다.

티베리우스 그라쿠스가 등장할 무렵 로마는 공화국으로서 기틀을 확실히 다지고 있었다. 로마의 정치제도와 로마 시민 병사의 미덕이 로마 공화국 성공의 토대였다고 여기는 역사가들이 여전히 적지 않다. 각자의 아버지에게 목숨을 다해 로마공화국을 수호하겠다고 맹세하는 두 아들을 그린 자크 루이 다비드의 대표작〈호라티우스 형제의 맹세Oath of the Horatii〉는 그런 로마 시민 병사의 덕목을 잘 보여준다. 로마 시민은 기원전 510년경 '거만한 타르퀴니우스'라 알려진 마지막 황제 루키우스 타르퀴니우스 수페르부스Lucius Tarquinius Superbus(수페르부스라는 말 자체가 '교만'을 뜻한다 – 옮긴이)를 몰아내고 공화정을 수립했다. 로마공화국은 다양한 포용적 요소를 도입한 정치제도를 설계하는 현명한 선택을 했다. 로마공화국을 다스린 것은 1년 임기의 행정관들magistrates이었다. 하지만 행정관은 1년 임기로 매년 새로 선출하고 한꺼번에 여러 명을 두어(이 중 행정 총 책임자를 집정관consul이라 했고 2인 체제였다 – 옮긴이) 단일 인물이 권력을 틀어쥐거나 전횡을 휘두를 가능성을 크게 줄였다. 로마공화국의 제도는 꽤 폭넓게 권력을 분배하는 견제와 균형 체제를 포함하고 있었다. 물론 간접투표 방식이었으므로 온 시민이 공평하게 대변된 것은 아니었다. 또 이탈리아 대부분 지역에서 생산성 유지에 필수적인 노예의 수도 상당했는데 아마도 총인구의 3분의 1가량이었을 것으로 추정된다. 노예는 당연히 정치 참여는 고사하고 아무런 권리를 갖지 못했다.

그럼에도 베네치아와 마찬가지로 로마의 정치제도는 다원적인 요소들을 품고 있었다. 평민plebeian은 독자적인 민회를 구성했고, 이를 통해 호민관을 선출했으며, 호민관은 행정관의 결정에 대해 거부권을 행사하고, 민회Plebeian Assembly를 소집하며, 법안을 제출할 권한을 가졌다(왕정시대에도 로마를 떠받치는 세 개의 기둥은 왕과 원로원, 민회였으며 공화정으로 이행한 후에도 왕이 집정관으로 바뀌었을 뿐 권력의 삼각구조는 그대로 존속했다. 공화정 출범 이후 민회의 권한은 그대로인데 원로원과 집정관의 간격은 갈수록 줄어들어 힘의 균형이 흔들렸고, 결국 평민과 귀족 간 갈등이 국가 비상사태를 불러올 정도로 심화되었으며, 이를 해소하기 위해 만들어진 관직이 호민관으로 평민 중에서 선출되어 집정관의 결정에 거부권을 행사할 권리를 가졌다. 참고로 호민관의 거부권은 전시에는 허용되지 않았는데 로마는 거의 쉴 새 없이 전쟁을 벌였기 때문에 사실상 거부권을 행사할 기회는 많지 않았다 - 옮긴이). 기원전 133년 티베리우스 그라쿠스에게 권력을 쥐어준 것도 바로 평민이었다.

이들이 이런 권한을 얻게 된 것은 '일탈secession'을 통해서였다. 평민 중에서도 특히 병사들이 일종의 파업을 벌인 것이다. 이들은 불만 사항이 처리될 때까지 행정관에 협력하길 거부하며 도시 외곽의 언덕에 틀어박혀 농성을 벌였다. 전시라면 이런 위협을 가벼이 여길 수 없었다. 로마 시민은 기원전 5세기경 이런 일탈 행위 덕분에 호민관을 선출해 공동체를 다스릴 법률을 만들 권리를 획득한 것으로 알려져 있다. 오늘날 기준으로 보면 제한적인 수준이긴 하지만 정치적으로나 법적으로 보호를 받은 덕분에 로마 시민은 경제적 기회를 누렸고 경제제도 역시 그런대로 포용성을 띨 수 있었다. 그 결과 지중해를 통한 무역은 로마공화국하에서 크게 융성한다. 고고학 사료를 들여다보면 시민과 노예 대다수가 최저 생계 수준을 크게 웃도는 생활을 하지 못한 게 사실이지만 평범한 시민을 비롯해 수많은 로마인이 높은 임금에 도시 하수 시스템과 거리 조명 등 공공서비스 혜택을 누리고 살았다.

그뿐만 아니라 로마공화정하에서도 어느 정도 경제가 성장했다는 증거가 발견된다. 난파선을 통해서 로마인의 경제적 부를 추적해볼 수 있다. 로마인이 건설한 제국은 어떤 의미에서 보면 동쪽으로는 아테네, 안티오크Antioch, 알렉산드리아에서 로마, 카르타고, 카디스를 거쳐, 멀리 서쪽의 런던까지 이어지는 거미줄처럼 연결된 항구도시의 연합체였다. 로마 영토가 확장되면서 무역과 해상 운송도 늘었다는 사실은 지중해 바닥에서 고고학자들이 발견한 난파선을 통해 확인할 수 있다. 난파선의 연대는 여러 가지 방법으로 추정이 가능하다. 당시 선박은 와인이나 올리브유가 가득한 큰 항아리를 이탈리아에서 갈리아로 실어 날랐다.

에스파냐 올리브유를 로마에서 팔거나 공짜로 나눠주기 위해 선적하기도 했다. 암포라라는 이 항아리는 진흙으로 만들어 밀봉하는 용기로 누가 언제 만들었는지 기록하곤 했다. 로마의 테베레 강 근처에는 몬테 테스타치오Monte Testaccio라는 동산이 있다. '도자기 산Pottery Mountain'을 뜻하는 몬테 데이 코치Monte dei Cocci로도 불릴 정도로 어림잡아 530만 개의 암포라가 쌓여 만들어진 언덕이다. 배에서 내린 암포라는 쓸모가 없어 내다 버렸는데 수백 년 동안 쌓여 동산이 생긴 것이다.

다른 선적 물품과 선박 자체도 때로 고고학자들이 유기 물질의 연대를 측정하는 데 사용하는 강력한 기법인 방사성탄소연대측정법radiocarbon dating을 사용해 연대를 알아낼 수 있다. 식물은 광합성을 통해 에너지를 만들어낸다. 광합성은 태양으로부터 흡수한 에너지를 사용해 이산화탄소를 포도당으로 변환시킨다. 식물은 광합성을 할 때 대기 중에 있는 자연 발생 동위원소인 탄소-14를 일정량 흡수한다. 식물이 죽은 순간부터 탄소-14는 더 이상 유입되지 않고 방사성 붕괴만 한다. 고고학자들은 난파선을 발견하면 선박의 나무에 남아 있는 탄소-14의 양과 대기 속의 정상적인 탄소-14의 양과 비교한다. 탄소-14의 반감기를 고려하면 나무가 언제 잘렸는지 측정할 수 있다(탄소-14의 양은 약 5,700여 년마다 반으로 줄어들지만, 오차가 있어 고고학자들은 5,000년에서 5,500년까지 오차를 고려한 다양한 기준을 사용한다 - 옮긴이). 멀리 기원전 500년 전까지 연대 측정이 가능한 선박은 20척 정도에 지나지 않는다. 모두 로마 선박도 아닐 것이다. 가령 카르타고의 배일지도 모른다. 그 이후로 로마 난파선의 수가 급증한다. 예수가 탄생할 무렵에는 180척에 달했다.

난파선은 로마공화정 시절 로마의 경제적 성과를 추적하는 훌륭한 방편이며 실제로 일정 수준 경제성장의 흔적이 엿보이지만, 종합적인 관점에서 바라볼 필요가 있다. 아마도 선적 물품의 3분의 2는 로마 정부의 재산이었을 것이다. 속주에서 로마로 들어오는 세금 및 공물이거나 로마 시민에게 공짜로 나눠주려고 북아프리카에서 들여온 곡물과 올리브유가 대부분이었다. 몬테 테스타치오를 쌓아 올린 것은 대체로 이런 착취의 결실이었다.

그린란드 빙핵 프로젝트라는 놀라운 방법을 통해서도 경제성장의 증거를 발견할 수 있다. 눈송이는 하늘에서 떨어지면서 대기 중에 떠돌던 소량의 오염물질을 머금는데 특히 납, 은, 구리 등의 금속성 물질이 많다. 새로 내린 눈은 얼어붙으면서 오래전에 지상에 쌓인 눈 위에 축적된다. 이 과정은 수천 년 동안 되풀이되기 때문에 과학자들에게 수천 년 전 대기오염 수준을 가늠할 특별한 기회를 제공한다. 1990년에서 1992년 사이 그린란드 빙핵 프로젝트는 인류 역사 25만 년에 해당하는 3,030미터의 빙하를 시추한 바 있다. 이 프로젝트와 이전 프로젝트들에서 발견된 중요한 사실 중 하나는 기원전 500년경부터 대기오염물질이 눈에 띄게 증가했다는 것이다. 납, 은, 구리 등 금속 오염물질의 양은 이후 꾸준히 늘어 기원후 1세기에 정점을 찍는다. 대기 중 납의 양이 전고점에 근접한 것은 놀랍게도 13세기 들어서였다. 그 이전은 물론 이후와 비교해서도 로마의 채굴활동이 그만큼 대단히 활발했다는 의미다. 채굴활동의 급증이 경제 확장을 시사해준다는 것은 두말할 나위가 없다.

미덕의 한계

하지만 포용적 성향과 착취적 성향이 병존하는 제도하에서 로마의 성장은 지속되기 어려웠다. 로마 시민이 정치·경제적 권리를 누린 것은 사실이지만, 노예제도가 널리 확산되었고 대단히 착취적이었으며 원로원 계급의 엘리트층이 경제와 정치를 모두 장악하고 있었다. 예컨대 민회와 호민관이 있었지만, 실질적인 권력은 원로원이 틀어쥐었고 의원들은 원로원 계급을 구성하는 대지주 층에서 나왔다. 로마 역사가 리비우스Livius에 따르면 로마의 태조인 로물루스가 100명의 가부장을 소집하여 원로원을 창설했다고 한다. 새로운 인물이 추가되기도 했지만 대개 그 후손이 원로원 계급을 형성했다. 토지 분배는 대단히 불공평했고 기원전 2세기 들어 더 심해졌을 가능성이 크다. 티베리우스 그라쿠스가 호민관이 되어 제기한 문제의 근본 원인이었다.

지중해 전역으로 패권을 확장하면서 로마에는 막대한 부가 유입되었다. 하지만 이런 전리품은 대개 원로원 계급의 소수 유력 가문이 독차지했으므로 빈부격차는 한층 더 벌어졌다. 원로원 의원이 부를 누릴 수 있었던 것은 노른자위 속주를 장악한 것은 물론 이탈리아 전역에 엄청난 규모의 사유지를 보유하고 있었기 때문이다. 이들 사유지에는 수많은 노예가 투입되었는데, 그중에는 로마가 전쟁을 벌이며 붙잡아온 자들이 많았다.

하지만 이 사유지를 획득한 경위 역시 대단히 중요하다. 공화정 당시 로마군을 구성한 것은 소규모 토지를 보유한 시민 병사였는데, 처음에는 로마에서, 나중에는 이탈리아 다른 지역에서도 차출되었다. 전통적으로 이들은 전쟁을 벌일 때만 군에 복무하고 평시에는 일상으로 복귀해 땅을 일구며 살았다. 로마의 영토가 넓어지고 전쟁 기간이 길어지면서 이런 전통은 더는 유지될 수 없었다. 병사들은 한 번 전쟁에 나가면 몇 년은 땅을 일구지 못하기 일쑤여서, 주인이 있지만 버려지다시피 하는 토지가 수두룩했다. 전쟁에 동원된 병사의 가족은 엄청난 부채에 시달리거나 아사 직전까지 내몰리곤 했다. 따라서 이들이 소유한 토지의 상당 부분은 점차 버려져 원로원 계층의 사유지로 흡수되었다. 원로원 계층은 갈수록 부유해졌으며 땅을 잃어버린 시민이 대거 로마로 모여들었고, 이들 중에는 군역에서 해제된 이들도 많았다. 돌아갈 땅이 없어진 자들은 로마에서 일거리를 찾았다.

기원전 2세기 후엽으로 접어들면서 상황은 일촉즉발의 위기로 치달았다. 유례가 없을 정도로 빈부격차가 심해진 데다 불만에 가득 찬 시민이 로마로 몰려들어 언제든 이런 불의에 항의해 로만 귀족에 반기를 들 기세였기 때문이다. 하지만 여전히 정치권력은 지난 2세기 동안 이어진 변화로 수혜를 입은 부유한 원로원 계급 지주가 쥐고 있었다. 그토록 짭짤한 체제를 바꾸고자 하는 귀족은 당연히 드물었다.

로마 역사가인 플루타르코스에 따르면 티베리우스 그라쿠스는 오늘날 이탈리아 중부에 해당하는 에트루리아^{Etruria}를 여행하며 시민 병사의 가족이 겪는 고통을 알게 되었다고 한다. 이런 경험 때문인지, 아니면 당시 막강한 원로원 의원과의 마찰 때문인지는 몰라도 티베리우스는 이탈리아의 토지 분배 문제를 해결하려는 과감한 계획에 착수했다. 기원전 133년 호민관직에 당선된 그는 곧바로 토지 개혁을 제안했다. 위원회를 구성해 불법 점유당한 공공용지가 없는지 조사하고 법적 한도인 300에이커를 넘는 토지는 땅이 없는 로마 시민에게 재분배하기로 했다. 300에이커라는 한도는 수 세기 동안 무시당하며 실현되지 않았지만 엄연한 옛 법의 일부였다.

티베리우스 그라쿠스의 제안은 원로원 계층에 큰 충격을 안겨주었지만 한동안은 그의 개혁을 막아낼 수 있었다. 그러다가 티베리우스는 민중의 지지에 힘입어 토지 개혁에 거부권을 행사하겠다고 위협하던 또 다른 호민관을 몰아낼 수 있었고, 마침내 그가 제안한 토지 개혁위원회가 설립되었다. 하지만 원로원은 자금줄을 틀어쥐어 위원회의 활동을 막았다.

로마가 병탄한 고대 그리스 도시왕국 페르가뭄Pergamum의 왕이 로마 인민에게 남긴 재산을 티베리우스 그라쿠스가 토지 개혁위원회의 소유라고 주장하면서 상황이 급박해졌다. 게다가 티베리우스는 호민관 재선에 도전했는데 그 이유는 퇴임 후 원로원의 박해가 두려웠기 때문이기도 했다. 원로원 의원들은 이를 빌미로 티베리우스가 스스로 왕이 되려 한다고 몰아붙였다. 티베리우스는 물론 여러 추종자가 공격당해 목숨을 잃었다. 티베리우스 그라쿠스 자신이 가장 먼저 희생당한 이들 중 하나였지만 그의 죽음만으로 문제가 해결되지 않았다. 다른 이들 역시 토지 분배는 물론 로마 경제 및 사회의 다른 면도 개혁하려 들었지만, 티베리우스와 비슷한 운명을 겪는 사례가 적지 않았다. 호민관직을 물려받은 티베리우스 그라쿠스의 동생 가이우스Gaius도 지주들의 손에 목숨을 잃었다.

다음 세기에도 이런 갈등은 주기적으로 불거졌다. 기원전 91년에서 87년까지 벌어진 동맹시전쟁Social War(로마 시민권을 갖지 못한 이탈리아 동맹군이 로마를 상대로 벌인 반란. 로마는 결국 동맹 시민 모두에게 시민권을 부여하기로 해 전쟁을 마무리했으며 이 전쟁을 계기로 이탈리아반도 사람 전체가 로마 시민이 되었다 - 옮긴이)도 그중 하나였다. 앞장서서 원로원의 이익을 지켰던 루키우스 코넬리우스 술라Lucius Cornelius Sulla는 변화 요구를 무참히 짓밟았을 뿐 아니라 호민관의 권한도 대폭 제한했다. 율리우스 카이사르가 원로원에 맞설 당시 로마 인민이 전폭적인 지지를 보낸 것도

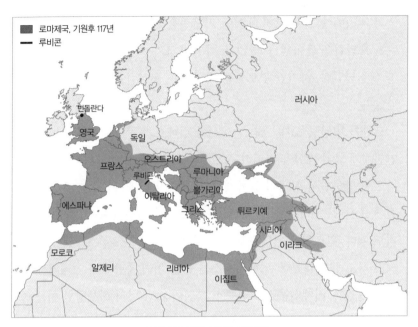

지도 11 기원후 117년 로마제국

문제의 핵심이 전과 다름없었기 때문이었다.

로마공화정의 근간을 이루는 정치제도를 무너뜨린 것은 율리우스 카이사르였다. 기원전 49년 그는 자신의 군단을 이끌고 갈리아 키살피나Cisalpine Gaul의 속주들과 이탈리아를 구분해주던 루비콘 강을 건넜다. 로마는 카이사르의 손에 떨어졌고 또 한 차례 내전이 발발했다. 카이사르가 승리를 거두긴 했지만, 기원전 44년 브루투스와 카시우스Cassius가 이끄는 불만 세력의 손에 살해당하고 만다.

이후 로마공화정은 복원되지 못했다. 특히 안토니우스Mark Anthony와 옥타비아누스Octavian를 중심으로 한 카이사르의 추종자와 정적 사이에 또다시 내전이 터졌다. 여기서 이긴 안토니우스와 옥타비아누스도 서로 싸웠고 결국 옥타비아누스가 기원전 31년 악티움해전을 승리로 이끌어 최종 승자로 우뚝 서게 된다. 이듬해부터 향후 45년간 옥타비아누스(기원전 28년 이후에는 아우구스투스 카이사르^{Augustus Caesar}라고 불렸다)는 로마를 단독으로 다스린다. 아우구스투스는 로마제국을 건설했지만, 로마 제1시민에 해당하는 프린켑스^{princeps}라는 직위로 불리길 원했고 자신의 정권 역시 원수정^{元首政, Principate}이라 칭했다. 〈지도 11〉은 기원후 117년 가장 광활한 영토를 호령하던 로마제국을 보여준다. 카이사르가 건넜던 운명의 루비콘 강도 포함되어 있다.

공화정에서 원수정, 이내 노골적인 제정으로 이행하면서 로마 몰락의 씨앗이 뿌려졌다고 할 수 있다. 경제적 성공의 토대를 마련한 정치제도의 부분적 포용성이 점차 훼손된 것이다. 로마공화정이 원로원 계급 등 다른 로마 부유층에 유리한 환경을 조성해준 것은 사실이지만 그렇다고 절대주의 체제는 아니었고 한 사람에게 그토록 막강한 권력을 몰아준 적도 없었다. 아우구스투스가 쏟아낸 변화는 베네치아의 폐쇄 정책과 마찬가지로 처음에는 정치적인 영향에 그쳤으나 나중에는 경제적으로도 엄청난 파문을 일으켰다. 이런 변화의 결과로 기원후 5세기 서로마제국(로마가 동과 서로 갈라진 이후 이렇게 불렸다)은 경제적으로나 군사적으로 쇠락의 길을 걸었고 멸망 직전까지 내몰렸다.

로마의 패악

플라비우스 아이티우스^{Flavius Aetius}는 《로마제국 쇠망사^{The Decline and Fall of the Roman Empire}》의 저자 에드워드 기번^{Edward Gibbon}이 '최후의 로마인'이라는 찬사를 아끼지 않았을 정도로 후기 로마제국에서 맹활약으로 주목받는 인물 중 하나이다. 발렌티니아누스 3세Valentinian III에게 살해되기 전인 기원후 433년에서 454년까지 아이티우스 장군은 아마도 로마제국에서 가장 막강한 인물이었을 것이다. 내정은 물론 외교정책까지 그의 손을 거쳤고 야만족을 상대로 잇따라 중요한 전쟁을 이끌었으며 내전이 터졌을 때는 다른 로마인과도 싸웠다. 내전을 치른 다른 유력한 장군들과 달리 아이티우스는 황제 자리를 노리지 않았다. 2세기 이후 로마제국에서 내전은 일상사가 되어버렸다. 마르쿠스 아우렐리우스가 세상을 떠난 기원후 180년에서 서로마제국이 멸망한 476년까지 내전이나 황제에 대한 궁정 쿠데타가 발생하지 않고 10년을 넘기기 어려웠다. 자연사하거나 전쟁터에서 사망한 황제가 드물 정도다. 대부분 쿠데타 세력이나 자신의 군대의 손에 살해당했다.

로마공화정과 초기 제정에서 후기 로마제국으로 가는 동안 어떤 변화가 있었는지는 아이티우스의 이력만 봐도 잘 알 수 있다. 그가 끊임없는 내전에 참가하고 제국 업무의 모든 면에서 권한을 가졌다는 것은 장군과 원로원 의원에게 제한적인 권력만 허용했던 초기 로마시대와 대비될 뿐 아니라 그동안 로마인의 운명이 다른 면에서도 얼마나 크게 바뀌었는지 잘 드러내주는 대목이다.

로마제국 후기에는 애초에 로마인이 제압해 군으로 흡수하거나 노예로 삼았던 이른바 야만인이 장악한 영토가 적지 않았다. 젊은 시절 아이티우스는 알라리크Alaric 왕이 이끄는 고트족에 이어 훈족에게까지 두 차례나 야만인에 인질로 잡힌 적도 있었다. 사나운 적이자 친구이기도 했던 알라리크는 405년에는 로마 군대에서 최고위급 장성으로 임명되기도 했던 인물이다. 하지만 이런 분위기는 오래가지 못했다. 408년 무렵 알라리크는 로마인과 전쟁을 벌여 이탈리아를 공격하고 로마를 약탈했다.

훈족 역시 로마인의 강적이었지만 자주 손을 잡기도 했다. 아이티우스를 인질로 잡은 적도 있지만, 나중에는 내전에서 그의 편에서 싸우기도 했다. 하지만 훈족은 한쪽 편에 오래 머물지 않았고 아틸라Attila 왕 치하에서는 451년 라인 강 가까이에서 로마와 한바탕 큰 싸움을 벌이기도 했다. 이때 로마인을 도와준 것은 테오도리크Theodoric 왕이 이끄는 고트족이었다.

그럼에도 로마 엘리트층은 야만족 수장을 달래려고 애를 썼는데, 로마 영토를 지키기 위해서가 아니라 내부 권력 투쟁에서 우위를 점하기 위한 목적일 때가 많았다. 예컨대 게이세리쿠스Geiseric 왕이 이끄는 반달족은 이베리아반도 상당 부분을 쑥대밭으로 만들고 429년부터는 북아프리카의 로마 곡창지대를 점령했다. 로마는 게이세리쿠스 왕에게 발렌티니아누스 3세의 딸을 신부로 맞으라고 제안했다. 당시 게이세리쿠스는 어느 고트족 지도자의 딸과 혼인한 상황이었지만 그렇다고 로마의 제안을 마다할 인물이 아니었다. 자신을 죽이려 한다는 구실로 결혼을 파기하고 아내의 두 귀와 코를 자른 다음 친정으로 돌려보냈다. 다행스럽게도 신부가 될 황제의 딸은 워낙 어려서 이탈리아에 머물렀고 게이세리쿠스와의 결혼은 성사되지 않았다.

훗날 그녀는 페트로니우스 막시무스Petronius Maximus와 결혼했는데 황제 발렌티니아누스 3세가 아이티우스를 암살할 때 배후 인물이었으며, 발렌티니아누스 3세 역시 곧 그가 꾸민 정치 공작에 말려들어 목숨을 잃었다. 막시무스는 얼마 후 자신을 황제라 칭했지만, 이탈리아에 대한 반달족의 대규모 공세 속에서 목숨을 잃어 그의 치세는 오래가지 못했다. 반달족의 약탈로 로마는 무너져 내렸고 이내 쑥대밭이 되었다.

5세기 초 야만인들은 말 그대로 문턱까지 쳐들어왔다. 로마제국 후기에 워낙 막강한 적들이 등장한 결과라고 주장하는 역사가도 있지만, 고트족, 훈족, 반달족이 마음대로 로마를 유린할 수 있었던 것은 로마 몰락의 증상이지 원인이 아니었다. 공화정 당시 로마는 카르타고처럼 한층 더 조직적이고 위협적인 적과도 싸운 바 있다. 로마의 몰락 원인은 마야 도시국가의 몰락과 궤를 같이한다. 갈수록 착취적인 정치·경제 제도로 내분과 내전이 잦아지면서 몰락을 자초한 것이다.

로마의 몰락

몰락의 연원은 최소한 아우구스투스의 권력 찬탈 시점까지 거슬러 올라간다. 정치제도가 한층 착취적으로 변하게 된 계기였기 때문이다. 군대 조직도 손질한 터라 평민의 철수가 불가능해졌다. 로마 평민의 정치적 대표성을 보장해주던 핵심 요소를 제거해버린 것이다. 기원후 14년 아우구스투스의 뒤를 이은 티베리우스 황제는 아예 민회를 없애버렸고 그 권한을 원로원에 이양했다. 정치적 목소리를 빼앗은 대신 로마 시민에게 밀을 시작으로 나중에는 올리브유, 포도주, 돼지고기까지 공짜로 나누어주었고 서커스와 검투사 대회 등 꾸준한 오락거리를 제공했다.

아우구스투스의 개혁 덕분에 황제들은 시민 병사로 구성된 군대보다 아우구스투스가 창설한 직업군인 엘리트 집단인 근위군Praetorian Guard에 의존하기 시작했다. 근위군은 머지않아 황제의 즉위 과정에도 개입하는 중요한 독립 조직으로 변모했는데, 평화적인 수단보다는 내전과 음모를 동원하기 일쑤였다. 아우구스투스는 또 로마 평시민에 비해 귀족의 권위를 강화했으므로 티베리우스 그라쿠스와 귀족 간 갈등의 원인이었던 불평등은 여전했고 오히려 심화되었을지도 모른다.

　권력이 중앙에 집중되다 보니 로마 평민의 사유재산권은 불안해질 수밖에 없었다. 제국 확장과 함께 몰수가 늘면서 국유지도 확대되었고 국유지가 거의 절반에 달하는 지역도 많았다. 사유재산권이 특히 불안정해진 이유는 권력이 황제와 막료의 손에 집중되었기 때문이다. 이어 권력을 빼앗으려는 내분이 잦았던 것도 마야 도시국가와 별반 다르지 않은 패턴이었다. 내전은 야만인이 기세등등하던 혼돈의 5세기 이전부터 이미 정례화되다시피 했다.

　가령 기원후 193년 페르티낙스Pertinax가 살해된 이후 스스로 황제가 된 디디우스 율리아누스Didius Julianus로부터 권력을 찬탈한 것은 셉티미우스 세베루스Septimius Severus였다. 세베루스는 한 해 동안 다섯 명의 황제가 난립한 이른바 '다섯 황제의 해Year of the Five Emperors'에 세 번째로 황제의 자리에 올라 정적이었던 페스케니우스 니게르Pescennius Niger 및 클로디우스 알비누스Clodius Albinus 장군과 전쟁을 벌였으며, 마침내 각각 기원후 194년과 197년에 승리를 거두었다. 세베루스는 뒤이은 내전을 거치며 정적의 재산을 모조리 몰수했다.

　트라야누스Trajan(기원후 98년에서 117년)와 하드리아누스, 다음 세기에 등장한 마르쿠스 아우렐리우스 등 유능한 지도자들이 몰락을 잠시 진정시키기는 했지만, 근본적인 제도적 문제는 해결하지 못했다(혹은 해결을 원치 않았을지도 모른다). 제국을 버리고 로마공화정 시절과 같은 효과적인 정치제도를 재수립하자고 제안한 지도자는 단 한 명도 없었다. 마르쿠스 아우렐리우스는 다방면에서 성공을 거둔 인물이지만 뒤를 이은 코모두스Commodus는 아버지보다는 칼리굴라Caligula나 네로를 닮은 인물이었다(영화 〈글래디에이터Gladiator〉에 등장하는 황제들이 바로 마르쿠스 아우렐리우스와 코모두스다 - 옮긴이).

제국 내 크고 작은 도시들의 형세와 위치만으로도 불안정이 심화되고 있다는 사실이 여실히 드러난다. 기원후 3세기 무렵이 되자 규모가 큰 도시는 죄다 방어벽을 설치해놓고 있었다. 기념물을 부숴 그 석재를 요새 건설에 사용한 사례도 많았다. 기원전 125년 로마인이 당도하기 전 갈리아에서는 으레 언덕 위에 정착촌을 지었다. 그만큼 방비가 쉬웠기 때문이다. 로마에 복속된 초기에는 갈리아의 정착촌들이 평지로 이주하게 된다. 하지만 3세기 들어 이런 추세는 역전되고 말았다.

정치 불안이 심해지면서 사회에도 경제제도의 착취적 성향을 가중시킨 변화가 뒤따랐다. 기원후 212년경에는 거의 모든 제국 거주자가 시민이었을 정도로 시민권이 확대되었지만, 시민 간의 지위도 달라졌기 때문에 큰 의미를 두기 어렵다. 설령 법 앞에 평등이라는 개념이 존재했다 하더라도 후퇴했던 게 분명하다. 가령 하드리아누스 황제(기원후 117년에서 138년) 치하에서는 로마 시민이라 하더라도 그 범주에 따라 법이 확연히 다르게 적용되었다. 이에 못지않게 중요한 것은 민회를 통해 정치·경제적 의사결정 과정에서 그런대로 권한을 행사할 수 있었던 로마공화정 시절과는 시민의 역할이 완연히 달랐다는 사실이다.

수 세기 동안 총인구 대비 노예의 비율이 얼마나 줄었는지는 여전히 논란이 있지만, 로마시대를 통틀어 노예제가 유지된 것은 엄연한 사실이다. 이에 못지않게 중요한 것은 제국이 발달하면서 노예나 다름없는 소작농 처지로 전락해 농사꾼이 갈수록 늘었다는 점이다. 이런 농노 수준의 '소작농coloni'의 지위에 관해서는 테오도시우스법전Codex Theodosianus과 유스티니아누스법전Codex Justinianus 등 법률 문서 곳곳에서 발견되며

디오클레티아누스^{Diocletian}(기원후 284년에서 305년) 치하에서 유래한 것으로 보인다. 소작농에 대한 지주의 권리는 점진적으로 늘어났다. 기원후 332년 콘스탄티누스 황제는 도망칠 위험이 있는 소작농을 사슬로 묶어놓을 권리를 지주에게 부여했고 기원후 365년부터는 소작농이 지주의 허락 없이 자신의 재산을 처분할 수도 없었다.

난파선과 그린란드 빙핵을 이용해 로마 초기의 경제 확장 흔적을 추적해볼 수 있듯이 그 몰락의 흔적 역시 마찬가지 방법으로 살펴볼 수 있다. 로마가 쇠락하면서 지중해 무역도 시들해졌고, 19세기 들어서야 로마 시절 찍었던 정점까지 복귀할 수 있었다고 주장하는 학자들도 있다. 그린란드 빙핵에서도 유사한 흔적을 발견할 수 있다. 로마인은 은으로 동전을 만들어 사용했고 납 역시 배관과 식기 등 다양한 용도로 활용했다. 기원후 1세기에 정점을 찍더니 빙핵에서 발견되는 납, 은, 구리 등의 매장량은 하향곡선을 그렸다.

소련 등 다른 착취적 제도하의 성장 사례와 마찬가지로 로마 역시 공화정 당시에는 괄목할 만한 경제성장을 경험했다. 하지만 일부 포용적 제도하에서 달성되었다 하더라도 그런 성장은 한계가 있었고 지속 가능하지도 않았다. 로마의 경제성장은 비교적 높은 농업 생산성, 속주에서 거두어들이는 막대한 공물과 장거리 무역에 의지했을 뿐 기술적 진보나 창조적 파괴를 토대로 한 것이 아니었다. 로마인도 철제 도구와 무기, 문자해득력, 쟁기 농업, 건축 기법 등 일부 기본적인 기술을 물려받았고 공화정 초기에는 시멘트 벽돌, 펌프, 수차水車 등 다른 기술을 만들어내기도 했다.

하지만 이후에는 로마제국 시대를 통틀어 기술은 답보 상태를 면치 못했다. 가령 조선 부문만 보더라도 배의 설계나 삭구索具에 거의 변화가 없었고, 로마인은 방향타를 개발한 적이 없어 늘 노를 저어 방향을 잡았다. 수차 역시 아주 더디게 확산된 탓에 수력 에너지가 로마 경제에 혁신을 가져다주지는 못했다. 송수로와 도시 하수도처럼 로마의 위대한 업적 역시 로마인이 완성했다고는 하지만 기존 기술을 사용했을 뿐이다. 혁신이 없어도 기존 기술에 의존해 어느 정도의 경제성장은 가능했지만, 창조적 파괴가 수반되지 않는 성장에 불과했으며 또 오래가지도 못했다. 사유재산권이 갈수록 불안해지고 시민의 경제적 권리가 정치적 권리와 더불어 움츠러들면서 경제성장 역시 퇴보하고 말았다.

로마시대 신기술에 대해 놀라운 점은 기술의 개발과 확산을 정부가 주도했다는 사실이다. 언뜻 그럴듯해 보이지만 정부가 기술 개발에 냉담해지면 사정은 사뭇 달라진다. 창조적 파괴를 두려워하면 으레 벌어지는 일이다. 로마의 위대한 작가인 대大 플리니우스Pliny the Elder는 이런 이야기를 들려준다. 티베리우스 황제 치세하에서 깨지지 않는 유리를 발명한 사내가 엄청난 보상을 기대하며 황제를 찾아갔다. 사내는 황제에게 자신의 발명품을 보여주었고, 티베리우스는 다른 이에게 보여준 적이 있느냐고 물었다. 그런 적 없다고 하자 티베리우스는 사내를 끌어내 죽이도록 명령했다. "황금이 진흙의 가치로 추락하는 일을 막기 위해서"라고 한다. 이 이야기에는 두 가지 흥미로운 점이 있다. 첫째, 스스로 사업체를 꾸리고 유리를 팔아 이윤을 챙기는 대신 사내는 애초에 보상을 바라고 티베리우스를 찾아갔다. 로마 정부가 기술을 통제했다는 사실을 엿볼 수 있다. 둘째, 티베리우스는 경제적인 역효과를 우려해 발명품을 기꺼이 파괴해버렸다. 창조적 파괴가 가져올 경제 효과를 두려워한 탓이다.

로마제국 시절 창조적 파괴의 정치적 후폭풍을 우려했다는 직접적인 증거도 발견된다. 수에토니우스^{Suetonius}(로마의 역사가이자 전기작가 – 옮긴이)는 기원전 69년에서 79년까지 재위했던 베스파시아누스^{Vespasian}의 일화를 들려준다. 한 사내가 로마의 성채인 카피톨리누스^{Capitol} 언덕으로 기둥을 운반할 수 있는 기구를 개발했다며 황제를 찾았다. 기둥은 워낙 크고 육중해서 운반하기가 대단히 까다로웠다. 채석장에서 이런 기둥을 깎아 로마까지 옮기려면 정부는 수천 명의 노동력과 엄청난 비용을 투입해야 했다. 이 사내를 죽이지는 않았지만, 베스파시아누스 역시 이런 이유로 발명품 사용을 거부했다. "그럼 백성을 어떻게 먹여 살리란 말인가?"

어차피 로마 정부는 기둥 생산과 운반에 많은 노력을 기울이고 있던 터라 깨지지 않는 유리보다 한결 자연스러운 일이었을 것이다. 하지만 이번에도 창조적 파괴의 위협을 두려워한 나머지 이 발명품도 거절했다. 경제적인 면이 아닌 정치적인 면에서 창조적 파괴를 두려워한 것이다. 베스파시아누스 황제는 백성을 만족시켜 통제하지 못하면 정치적 불안을 초래할 것이라 걱정했다. 로마 지도층은 바쁘게 살고 고분고분한 평민을 원했다. 따라서 기둥을 옮기는 것과 같은 일거리가 필요했다. 무상으로 제공하던 빵과 서커스 등 오락거리와 함께 민심을 다독이기 위한 보완책이었던 것이다. 특기할 만한 것은 이 두 가지 사례가 모두 공화정 몰락 직후 발생했다는 사실이다. 공화정 당시 지배층보다 로마 황제가 변화를 막기 위해 휘두른 권력이 한층 강력했다는 뜻이다.

기술혁신이 결여된 또 한 가지 중요한 이유는 노예제도가 만연했기 때문이다. 로마인이 장악한 영토가 확대되자 엄청난 수의 사람들이 노예로 전락했고, 걸핏하면 이탈리아로 데려와 대형 사유지에서 일을 시켰다. 로마 시민이 일해야 할 필요성은 그만큼 줄어들었다. 정부가 무상으로 나누어주는 물자로 먹고살면 그만이었다. 이런 환경에서 혁신이 고개를 들 수 있겠는가? 이미 혁신이란 새로운 아이디어를 가진 새로운 인물로부터 비롯된다고 주장한 바 있다. 그런 인물이 기존 문제에 대해 새로운 해법을 제시해야 가능한 일이다. 로마에서 생산을 담당한 계층은 노예였고, 훗날에는 준노예 신분의 소작농이 가세했다. 혁신을 이루어봐야 자신이 아닌 주인 배만 불릴 테니 혁신을 꾀할 인센티브가 거의 없었다는 뜻이다.

이 책에서 여러 차례 살펴보겠지만, 노예제도나 농노제도처럼 억압적인 노동환경에 기반을 둔 경제는 혁신과 거리가 멀기로 악명이 높다. 이 점에서만큼은 고대나 근대나 다를 게 없다. 가령 미국에서도 북부의 주들은 산업혁명에 참여했지만 남부는 그렇지 않았다. 물론 노예를 소유하고 농노를 틀어쥔 계층은 노예제도와 농노제를 통해 막대한 부를 축적했지만, 사회 전체를 위한 기술혁신이나 번영으로 이어지지는 못했다.

빈돌란다의 사례

기원후 43년 클라우디우스Claudius 황제는 잉글랜드를 정복했지만, 스코틀랜드는 손에 넣지 못했다. 로마 총독 아그리콜라Agricola가 마지막으로 원정을 시도했지만 뜻을 이루지 못했고, 결국 기원후 85년에 스코틀랜드를 포기하고 잉글랜드 북부 국경지대를 보호하기 위해 요새를 잇따라 건설했다. 〈지도 11〉에 나와 있듯이 가장 큰 요새 중 하나는 로마 제국 북서쪽 끝자락인 뉴개슬에서 서쪽으로 56킬로미터 정도 떨어진 빈돌란다^{Vindolanda}에 있다. 훗날 빈돌란다는 하드리아누스 황제가 구축한 137킬로미터에 달하는 방벽에 통합되었지만 기원후 103년 로마의 백부장 칸디두스^{Candidus}가 주둔했을 때는 고립된 요새였다. 칸디두스는 로마 수비대 물자 공급에 관해 옥타비아누스라는 친구와 서신을 교환했다. 다음은 그가 보낸 서신에 대한 옥타비아누스의 답신이다.

> 옥타비아누스가 형제 칸디두스에게,
>
> 안녕하신가,
>
> 이미 자네에게 여러 차례 편지를 썼듯이 5,000모디우스^{modius}(1모디우스는 52~63리터 또는 1.5부셸가량이다 – 옮긴이)에 달하는 곡물을 사두었다네. 해서 현금이 필요하네. 적어도 500데나리우스^{denarius}(로마공화정과 제국의 화폐인 은화 – 옮긴이)가 필요한데, 그 돈이 없으면 300데나리우스에 달하는 계약금을 날리게 되고 난 망신을 당할걸세. 허니 청컨대 하루빨리 현금을 좀 부쳐주게. 자네가 말한 가죽은 카타라토니움^{Catterick}에 있네. 그 가죽과 자네가 일전에 말한 마차도 내게 주도록 서찰을 한 장 써주게. 도로 사정이 워낙 안 좋아 동물이 다칠까 봐 미처 가져오지 못했네. 파탈리스가 테르티우스에게 8.5데나리우스를 줬으니 확인 좀 해주게. 테르티우스가 아직 내 계좌에 반영을 안 해주었네. 곡물을 탈곡할 수 있도록 꼭 좀 현금을 부쳐주게. 스펙타투스와 피르무스에게도 안부 전해주고. 잘 있게.

칸디두스와 옥타비아누스가 교환한 서신은 로마령 잉글랜드에서 펼쳐진 경제 번영의 중요한 면모를 드러내준다. 로마 치하의 잉글랜드는 금융 서비스를 갖춘 선진 화폐 경제였다. 때로 사정이 좋지 않았지만 잘 닦아놓은 도로가 있었다. 세금을 거두어 칸디두스의 녹봉을 지급하는 세무제도도 존재했다. 무엇보다 두드러지는 것은 두 사람이 글을 알았고 일종의 우편 서비스를 활용할 수 있었다는 사실이다. 로마령 잉글랜드는 또한 특히 옥스퍼드셔Oxfordshire에서 대량 생산되는 질 좋은 도기, 대중목욕탕과 공공건물이 들어서 있는 도심지, 회반죽과 지붕용 타일을 사용하는 주택 건축 기법 등 로마에서 건너온 여러 가지 혜택을 누리고 있었다.

4세기 무렵에는 이 모든 게 내리막길을 걸었고 기원후 411년 로마제국은 잉글랜드를 포기하기에 이른다. 병사들은 철수했고, 남아 있는 자들은 돈 한 푼 받지 못했으며, 로마 정부가 몰락하면서 행정관 역시 현지인에게 추방되고 말았다. 450년경에는 경제 번영의 흔적이 죄다 자취를 감추었다. 화폐도 유통되지 않았다. 도시 지역은 버려지고 벽돌을 뺀 건물은 흔적만 남았으며 도로는 잡초가 무성했다. 유일하게 만들어지는 도기는 조악한 수제품으로 대량 생산되지 않았다. 사람들은 회반죽을 사용하는 방법도 잊었고 문맹률이 급격히 증가했다. 지붕은 타일이 아닌 나뭇가지를 얹었다. 아무도 더는 빈돌란다에서 편지를 쓰지 않았다.

기원후 411년, 경제적 몰락을 경험한 잉글랜드는 낙후된 변방으로 전락했다. 이번이 처음도 아니었다. 이전 장에서 이미 기원전 9500년경 서아시아에서 신석기혁명이 일어나게 된 경위를 살펴본 바 있다. 예리코와 아부 후레이라 사람들이 작은 취락을 이뤄 농사를 짓고 살 때 잉글랜드인들은 여전히 수렵과 채집생활을 하고 있었고, 이후 적어도 5,500년 동안은 변화의 조짐이 보이지 않았다. 농경과 목축도 잉글랜드에서 고안하여 시작한 것이 아니라 수천 년 동안 서아시아 지역에서 유럽 전역으로 퍼져나간 이주민이 유입된 덕분이었다. 잉글랜드가 이런 주요 혁신을 따라잡을 즈음 서아시아는 이미 도시와 문자, 도기를 발명한 후였다.

기원전 3500년 무렵에는 오늘날 이라크에 해당하는 메소포타미아에 우루크Uruk와 우르Ur 등의 큰 도시가 들어섰다. 기원전 3500년경 우루크 인구는 1만 4,000명에 달했으며 머지않아 4만 명까지 불어났을 것으로 추정된다. 바퀴를 이용한 운송수단이 발명된 것과 비슷한 무렵에 도기를 만들 때 쓰는 돌림판도 발명되었다. 고대 이집트의 수도 멤피스도 곧 큰 도시로 성장했다. 문자는 두 지역에서 독자적으로 만들어졌다. 기원전 2500년경 이집트인이 기자에 최대의 피라미드를 건설하고 있을 때, 잉글랜드인도 가장 유명한 고대 유물을 만들고 있었다. 다름 아닌 거석 기념물 스톤헨지Stonehenge다. 잉글랜드 기준으로는 그럴듯해 보이지만 쿠푸 왕King Khufu의 피라미드 발치에 묻힌 의전용 배 한 척이 들어가기에 도 비좁은 수준이다. 잉글랜드는 로마의 지배를 받기 전은 물론 로마령 이 되어서도 서아시아와 유럽 다른 지역에 비해 낙후성을 면치 못했고 늘 외부 문물을 받아들이는 처지였다.

이런 불길한 역사에도 최초의 진정한 포용적 사회가 태동하고 산업 혁명이 시작된 곳은 다름 아닌 잉글랜드였다. 앞서 우리는 이것이 작은 제도적 차이와 결정적 분기점 간의 잇따른 상호작용의 결과라고 주장 한 바 있다. 가령 흑사병과 아메리카 대륙의 발견을 들 수 있다. 이처럼 잉글랜드가 여타 지역과 다른 길을 가게 된 것도 역사적 뿌리가 있지만, 빈돌란다의 사례만 봐도 그 뿌리는 그리 깊지 않으며 역사적으로 정해 진 운명도 아니었다. 신석기혁명이나 로마가 패권을 쥐고 있던 시절에 씨앗이 뿌려진 것도 아니었다. 역사가들이 '암흑시대Dark Ages'라 부르던 시기가 시작되는 기원후 450년, 잉글랜드는 가난과 정치적 혼란에 빠져

들었다. 이후 수백 년 동안 잉글랜드에는 실질적인 중앙집권정부가 등
장하지 않는다.

갈림길

잉글랜드에서 포용적 제도가 고개를 들고 그에 따라 산업이 성장할
수 있었던 것은 로마(또는 그 이전) 제도의 직접적 유산이 아니었다. 그렇
다고 서로마제국의 멸망이 아무런 의미 있는 영향도 미치지 않았다는
뜻은 아니다. 유럽 대부분 지역을 발칵 뒤집어놓은 대형 사건이었다. 지
역은 달라도 동일한 결정적 분기점을 공유했기 때문에 이들의 제도는
비슷한 양상으로 흘러간다. 유럽만의 독특한 양상이라 할 만하다. 서로
마제국 멸망이 그런 결정적 분기점의 요체였다. 유럽은 사하라 이남 아
프리카, 아시아, 아메리카 대륙 등 세계 다른 지역과 대비되는 길을 걸
었다. 이들 지역에는 유럽이 공통으로 경험한 결정적 분기점이 없었기
때문이다.

로마령 잉글랜드는 완전히 무너져 내렸다. 하지만 이탈리아와 지금
의 프랑스에 해당하는 로마령 갈리아, 심지어 북아프리카에서도 사정
이 달랐다. 상당수의 구제도가 이런저런 형태로 살아남은 것이다. 하지
만 로마의 단일 정부가 아닌 프랑크족, 서고트족, 동고트족, 반달족, 부
르군트족Burgundians 등 수많은 정권이 다스리는 체제로 이행되었다는 사
실은 큰 의미가 있다. 이들 정권의 힘은 로마에 비해 한층 미약했고, 오
랜 세월 주변 세력의 잇따른 침략에 시달렸다. 북쪽에서는 바이킹과 데
인인Danes이 대형 보트를 타고 쳐들어왔다. 동쪽에서는 기마민족인 훈족

이 달려들었다.

 마지막으로 기원후 632년 모하메드 사후 한 세기 동안 이슬람이 종교 및 정치세력으로 부상하면서 비잔틴제국, 북아프리카, 에스파냐 대부분 지역에 새로운 이슬람 정권이 들어섰다. 이런 공통적인 과정은 유럽을 뒤흔들었고 그 결과 흔히 봉건제라 알려진 특이한 형태의 사회가 만들어졌다. 샤를마뉴대제 등 일부 지도자가 재건을 시도했지만 강력한 중앙집권정부가 쇠퇴한 터라 봉건사회는 지방분권적일 수밖에 없었다.

 자유가 없는 강제노동(농노)에 의존하는 봉건제도는 노골적으로 착취적이었고 오랜 세월 중세시대 유럽이 저성장에 머무는 근본적인 원인이 되었다. 하지만 봉건제도는 다른 면에서도 큰 의미가 있다. 가령 농촌 인구가 농노의 처지로 전락하면서 유럽에서는 노예제도가 사라졌다. 엘리트층이 전체 농촌 인구를 농노로 삼을 수 있는 시대에, 이전 시대처럼 굳이 노예라는 계층을 따로 둘 필요가 없어 보였기 때문이다. 봉건제도는 또한 생산과 무역을 전문으로 하는 독립도시가 번성할 수 있는 권력 공백을 만들었다. 하지만 흑사병 이후 힘의 균형이 바뀌자 서유럽에서 농노제가 무너지기 시작했고, 노예가 전혀 없던 터라 한층 다원적인 사회가 만들어질 수 있는 환경이 조성되었다.

 봉건사회로 이어진 결정적 분기점은 단연 두드러지지만, 완전히 유럽에만 국한된 것은 아니었다. 근대 아프리카 국가인 에티오피아와 비교해보는 것도 의미가 있을 것이다. 에티오피아는 기원전 400년경 북부 지역에서 창건된 악숨왕국에서 발전한 나라다. 악숨은 인도, 아라비아, 그리스, 로마제국 등과 국제무역을 할 정도로 당시만 해도 비교적 선진 왕국이었다. 여러모로 그 시절 동로마제국과 비교할 만하다. 화폐를 사용하고 거대한 공공건물 및 도로를 건설했으며, 예컨대 농업과 조선 부

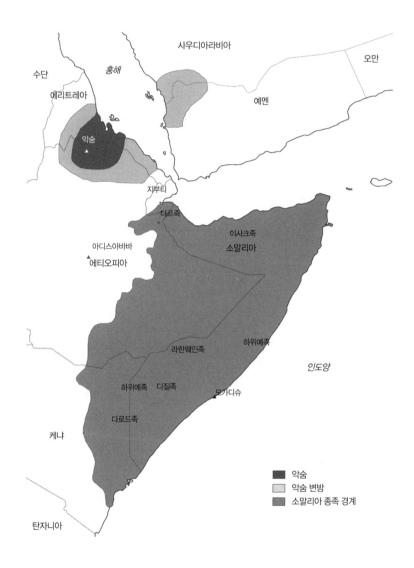

수단

에리트레아

홍해

사우디아라비아

오만

예멘

악숨

지부티

디르족

아디스아바바

에티오피아

이사크족

소말리아

라한웨인족

하위예족

인도양

하위예족   디질족

모가디슈

다로드족

케냐

탄자니아

■ 악숨
□ 악숨 변방
■ 소말리아 종족 경계

지도 12 악숨제국과 소말리아 씨족 가문

문 등 기술도 매우 유사했다. 악숨과 로마는 사상적으로도 흥미로운 유사점이 발견된다. 로마황제 콘스탄티누스가 기독교로 개종한 것은 기원후 312년이었는데, 악숨의 에자나Ezana 왕도 그 무렵 개종했다. 〈지도 12〉에도 나와 있듯이 악숨왕국은 오늘날 에티오피아와 에리트레아Eritrea에 걸쳐 본토가 있고 홍해 건너 사우디아라비아와 예멘에도 변방이 걸쳐 있었다.

로마가 몰락한 것처럼 악숨도 쇠락의 길을 걸었고, 몰락의 역사적 패턴 역시 서로마제국과 흡사했다. 로마를 몰락시킨 주역이었던 훈족과 반달족의 역할은 7세기 들어 홍해를 건너 아라비아반도까지 세력을 떨쳤던 아랍인이 맡았다. 악숨은 아라비아에 있던 식민지와 무역로를 잃었다. 이내 경제도 하루가 다르게 시들해졌다. 화폐는 더 이상 주조되지 않았고 도시 인구는 급감했으며, 왕국은 내륙으로 눈길을 돌려 오늘날 에티오피아의 고원 지대로 위축되었다.

유럽 봉건제도의 태동은 중앙집권정부의 몰락에 따른 것이었다. 에티오피아에서도 같은 일이 벌어졌다. 이른바 굴트gult라는 제도로 황제가 토지를 하사하는 형태였다. 이 제도는 13세기 문헌에 언급되어 있지만, 훨씬 이전에 유래했을지도 모른다. 굴트는 암하라어Amharic(에티오피아 공용어 - 옮긴이)로 '그가 봉지를 분배했다'는 뜻이다. 땅을 하사받은 대가로 굴트 보유자는 황제에게 노역을 제공할 의무를 졌는데, 특히 군역이 주를 이뤘다. 그 대가로 굴트 보유자는 토지를 경작하는 자로부터 공물을 착취할 권리를 가졌다. 굴트 보유자가 소작농이 생산한 작물의 절반에서 4분의 3까지 착취했다는 다양한 사료가 존재한다. 유럽 봉건제도와 유사점이 두드러지는 굴트는 독립적으로 발달한 제도였지만 한층 더 착취적이었을 가능성이 높다. 잉글랜드에서는 봉건제도가 극에 달했을 때도 농노가 지는 부담은 굴트보다 가벼웠으며 이런저런 형태로 영주에게 절반가량의 생산물을 빼앗기는 데 그쳤다.

하지만 에티오피아가 아프리카를 대변하지는 않았다. 노예제도가 농노제로 대체되지 않은 지역도 많아서 아프리카의 노예제도는 이후 몇 세기 동안 사라지지 않았다. 궁극적으로 에티오피아가 걸었던 길도 사뭇 달랐다. 7세기 이후 에티오피아는 동아프리카의 산악지대에 고립되어 제도적으로 유럽이 다른 길을 걷게 했던 과정으로부터 동떨어져 살았다. 가령 유럽에서는 독립적인 도시가 생겨났고, 군주에 제약이 가해지기 시작했으며, 아메리카 대륙 발견 이후 대서양 무역이 확대되었다. 하지만 외부와 단절되어 살았던 에티오피아의 독자적인 전제주의 제도는 대체로 별다른 도전에 직면하지 않았다.

아프리카 대륙은 훗날 유럽 및 아시아와 사뭇 다른 자격으로 교류하게 된다. 아랍 세계에 가장 많은 노예를 공급한 것은 동아프리카였고, 서아프리카와 중앙아프리카 역시 대서양 무역으로 유럽이 세력을 확장하는 동안 노예 공급처로서 세계경제에 동참하는 처지였다. 대서양 무역은 이처럼 서유럽과 아프리카가 사뭇 대조적인 길을 걷게 했으며, 결정적 분기점과 기존의 제도적 차이가 상호작용을 통해 제도적 갈림길을 만들어낸 또 한 번의 사례라 할 수 있다. 잉글랜드에서는 노예무역이 절대주의 체제에 반대하는 이들에 부를 가져다주었지만, 아프리카에서는 오히려 절대주의 체제를 수립하고 강화하는 데 기여했다.

유럽과 멀리 떨어질수록 제도적 부동 과정은 한층 더 걷잡을 수 없을 정도로 제 갈 길을 가고 있었다. 가령 기원전 1만 5000년경 알래스카와 러시아를 연결해주던 빙하가 녹아 유럽에서 떨어져 나간 아메리카 대륙에서는 나투프인과 유사한 제도적 혁신이 이루어져 정착생활과 계급질서, 불평등 사회로 이어졌다. 간단히 말해 착취적 제도가 탄생한 것이다. 맨 먼저 이런 일이 벌어진 곳은 멕시코와 안데스산맥의 페루와 볼리비아였고, 옥수수를 재배하게 되면서 아메리카식 신석기혁명으로 이어졌다. 마야 도시국가에서 보았듯이 초기 형태의 착취적 성장이 이루어진 것도 이들 지역에서였다. 하지만 유럽에서도 로마가 강하게 틀어쥐고 있는 지역일수록 포용적 제도와 산업 성장을 향한 대약진이 불가능했듯이, 이런 아메리카 대륙의 초기 문명에서도 포용적 제도는 발달하지 못했다. 아닌 게 아니라, 1장에서 살펴보았듯이 인구밀도가 높았던 이들 아메리카 문명은 유럽 식민주의에 휘말리면서 비교적 부유했던 지역이 오히려 다른 곳에 비해 가난해지는 '행운의 반전'을 경험한다. 고도로 발달한 멕시코, 페루, 볼리비아의 문명에 한참 뒤처져 있던 지역인 미국과 캐나다는 오늘날 아메리카 대륙의 다른 어떤 곳보다 부유한 나라가 되었다.

초기 성장의 영향

신석기혁명이 시작된 기원전 9500년에서, 잉글랜드에서 산업혁명이 한창이던 18세기 후반 사이의 오랜 세월 동안 급속한 경제성장이 수도 없이 눈에 띈다. 궁극적으로는 실패한, 제도적 혁신이 가져다준 급속 성장 사례들이다. 고대 로마에서는 어느 정도 경제에 활력을 불어넣어 주고 광활한 제국 건설에 이바지했지만, 공화정은 율리우스 카이사르의 쿠데타와 아우구스투스의 제정 수립 이후 와해되고 말았다. 로마제국이 마침내 멸망하기까지 수백 년이 더 걸렸고 몰락 과정이 더디긴 했지만 비교적 포용적이던 공화정이 한층 착취적인 제정으로 대체되면서 경제적 퇴보가 불가피해진 것이다.

베네치아의 사정도 비슷했다. 베네치아의 경제 번영은 중요한 포용적 요소를 지닌 제도 덕분에 가능했지만, 기존 엘리트층이 신규 참가자가 발을 들여놓지 못하도록 체제의 문을 닫아걸고 심지어 베네치아공화국에 번영을 가져다준 경제제도를 금지하면서 몰락의 길을 걷고 말았다.

로마의 역사가 아무리 도드라져 보인다 하더라도 로마의 유산이 잉글랜드의 포용적 제도나 잉글랜드 산업혁명으로 직접 연결되지는 않았다. 역사적 요인들의 영향을 받으며 제도가 발달하지만, 그렇다고 단순히 미리 정해진 축적 과정을 거치지는 않는다. 로마와 베네치아만 보더라도 포용성을 향한 초기 행보가 이내 후퇴로 이어지기도 한다는 사실을 잘 알 수 있다. 로마가 유럽과 서아시아 지역 일대에 가져다준 경제 및 제도적 기반이 훗날 한층 더 뿌리 깊은 포용적 제도로 고스란히 이어지지도 않았다. 오히려 그런 제도들이 최초로 가장 힘차게 기지개를 편 곳은 로마의 장악력이 가장 미약했고, 기원후 5세기 거의 흔적도 없이 사라지다시피 한 잉글랜드였다. 4장에서 살펴보았듯이 역사는 제도적 차이를 만들어내는 제도적 부동 과정에서 중요한 역할을 한다. 작은 차이일지라도 결정적 분기점과 상호작용을 통해 그 차이가 증폭되면서 역사의 큰 물줄기가 만들어지기도 한다. 하지만 이런 차이는 흔히 워낙 작아 되돌려질 때가 많으므로 반드시 단순한 축적 과정의 산물이라 할 수도 없다.

물론 로마가 유럽에 오랜 세월 영향을 준 것은 사실이다. 서로마제국이 멸망한 이후에도 야만인이 세운 왕국은 로마의 법과 제도로부터 영향을 받았다. 결국, 봉건질서로 이어진 분권화된 정치 분위기가 만들어진 것도 로마의 몰락 때문이었다. 오랜 세월이 걸리긴 했지만(물론 역사적 우발성이 작용하기도 했다) 이 과정의 부수 효과로 노예제도가 사라지고 독립도시가 탄생한 바 있다. 이는 흑사병이 봉건사회를 뒤흔들고 있을 때 특히 큰 영향을 미쳤다. 흑사병의 잿더미 속에서 더 강력한 도시가 부상했고 농민은 더 이상 땅에 예속되지 않아 봉건적 의무에서 해방되었다. 로마제국의 몰락으로 시작된 이런 결정적 분기점들은 엄청난 제도적 부동 과정으로 이어지며 유럽 전역에 영향을 미쳤다. 사하라 이남 아프리카, 아시아, 아메리카 대륙에서는 유례를 찾아보기 어려운 일이었다.

16세기에 이르면 유럽은 사하라 이남 아프리카 및 아메리카 대륙과 제도적으로 완연히 다른 길을 걷는다. 인도나 중국 등 가장 찬란하게 빛났던 아시아 문명에 비하면 크게 잘사는 것도 아니었지만, 유럽은 여러 중요한 면에서 이들 정치체제와는 달랐다. 가령 당시까지 유례가 없던 대의제도representative institutions를 발전시켰으며, 이들 제도는 포용적 제도를 발전시키는 데 핵심적인 역할을 했다. 이어지는 두 장에서도 살펴보겠지만, 유럽에서는 사소한 제도적 차이가 실제로 대단히 중요한 의미가 있었다. 그런 제도적 차이로 혜택을 입은 것은 잉글랜드였다. 봉건질서가 무너지면서 상인 및 산업가가 번창할 수 있는 독립도시와 상업적 성향의 농민이 가장 폭넓게 등장한 곳이기 때문이다. 이들 집단은 이미 군주에게 더 안정적인 사유재산권, 과거와 다른 경제제도, 정치적 발언권을 요구하고 있었다. 이 모든 과정이 절정에 달한 것은 17세기였다.

전환점

7장

산업혁명이 유독 잉글랜드에서 싹이 터 가장 크게 발전할 수 있었던 것은
포용적인 경제제도 덕분이었다. 물론 이런 경제제도는 명예혁명이 가져다준
포용적 정치제도의 기반 위에 마련된 것이다. 명예혁명은 경제적 필요성과
사회의 열망에 한층 더 민감한 개방적인 정치체제를 만들어주었다.

획기적인 생각

1583년 케임브리지대학에서 공부하던 윌리엄 리^{William Lee}는 사제가
되기 위해 잉글랜드 캘버턴^{Calverton}으로 돌아왔다. 엘리자베스 1세
(1558~1603)가 모든 백성이 늘 뜨개모자를 착용해야 한다는 칙령을 공
포한 직후였다. 리는 이런 기록을 남겼다. "그런 의복을 만들 수 있는 건
뜨개질하는 사람들뿐이었지만 하나 만드는 데 워낙 오랜 시간이 걸렸
다. 그래서 난 고민에 빠졌다. 어머니와 누이들이 밤새 침침한 불빛 아래
바늘을 놀리는 모습을 지켜보았다. 바늘 두 개와 실 한 가닥으로 옷을 지
을 수 있다면 여러 개의 바늘을 동원하지 못할 이유는 없지 않은가."

이런 획기적인 생각이 직물 생산 기계화의 출발이었다. 리는 손으로
뜨개질을 하는 고충을 덜어주는 기계를 만드는 데 전념했다. 그는 이렇
게 회고했다. "교회와 가족에 대한 의무를 등한시하기 시작했다. 오로지
기계에 대한 생각과 실제로 기계를 만드는 데 몸과 마음을 모두 바쳤다."

1589년 윌리엄 리는 마침내 '양말 짜는 틀' 편물기계를 만들어냈다. 그는 설레는 마음으로 곧장 런던으로 향했다. 엘리자베스 1세를 알현해 이 기계가 얼마나 유용한지 보여주고 다른 사람이 설계를 모방하지 못하도록 특허를 요청할 참이었다. 그는 현지 의원이던 리처드 파킨스Richard Parkyns의 도움으로 방을 하나 빌려 기계를 설치하고, 추밀원Privy Council 자문위원이던 헌즈던 백작Lord Hunsdon 헨리 캐리Henry Carey를 만났다. 캐리는 엘리자베스 여왕이 와서 기계를 직접 볼 수 있도록 주선했으나 여왕은 뜻밖에도 참담한 반응을 보였다. 여왕은 이런 이유를 들어 리에게 특허 내주기를 거부했다. "리 명장의 의도는 높이 사겠소. 허나 그대의 발명품이 나의 가엾은 백성에게 무슨 짓을 할지 생각해보오. 이런 기계를 만들면 백성이 일거리를 모조리 빼앗기고 거지가 될 게 불을 보듯 뻔하지 않소."

크게 낙담한 리는 프랑스로 넘어가 다시 도전했지만, 그마저도 실패하자 다시 잉글랜드로 돌아와서 엘리자베스의 후계자인 제임스 1세(1603~1625)에게 특허를 부탁했다. 제임스 1세 역시 엘리자베스 여왕과 같은 이유를 들어 특허를 거부했다. 두 군주 모두 양말 생산의 기계화는 정치적 불안으로 이어지리라 우려했다. 백성이 일자리를 잃어 실업자가 늘고 정치 불안으로 이어져 왕실의 권력마저 위협할지 모른다고 걱정한 것이다. 양말 짜는 틀은 엄청난 생산성 향상을 가져올 만한 혁신이었지만 창조적 파괴 역시 불가피했던 것이다.

리의 탁월한 발명품에 대한 당대의 반응은 이 책의 핵심 개념을 여실히 보여준다. 신석기혁명에서 산업혁명까지 생활수준이 지속적으로 나아지지 않은 주된 이유는 창조적 파괴를 두려워했기 때문이다. 기술혁신은 인류사회에 번영을 가져다주지만, 옛것을 새것으로 갈아치우고 특정 계층의 경제적 특권과 정치권력을 파괴한다. 지속적인 경제성장을 위해서는 새로운 기술과 새로운 업무 방식이 필요하고, 이런 것들은 곧잘 리와 같은 새로운 주역과 함께 등장한다. 사회에 번영을 가져준다 해도 그 때문에 촉발되는 창조적 파괴 과정은 옛 기술을 사용해 일하는 이들의 생계를 위협한다. 가령 리의 기술이 도입되었다면 손뜨개질을 하는 노동자는 실업자 신세가 되었을 것이다.

더 중요한 것은 리의 양말 짜는 틀 편물기계처럼 중대한 혁신은 정치권력의 판도마저 바꾸어놓을 수 있다는 사실이다. 엘리자베스 1세와 제임스 1세가 리에게 특허를 거부한 것은 사실 그의 기계 때문에 일자리를 잃게 될 백성이 가여워서가 아니었다. 정치적 패자로 전락할 것이 두려웠던 것뿐이다. 리의 발명품으로 곤경에 처한 백성이 정치 불안을 초래하고 자신들의 권력 기반을 뒤흔들 수 있다는 위협을 느꼈던 것이다.

앞서 살펴보았던 러다이트 운동과 마찬가지로 손뜨개질 인력과 같은 노동자의 저항은 어렵지 않게 물리칠 수 있는 때가 많다. 하지만 특히 정치권력을 위협받는 엘리트층은 그런 혁신을 도입하는 데 한층 가공할 만한 걸림돌이 된다. 창조적 파괴 과정에서 잃을 게 많은 세력은 새로운 혁신을 도입하지도 않을 뿐더러 그런 혁신에 저항하고 막아보려 애쓰기 일쑤다. 그것이 사회에 가장 급진적인 혁신을 도입해줄 새로운 주역이 필요한 이유이고, 그런 새로운 주역과 이들이 초래하는 창조적 파괴는 막강한 지도자와 엘리트층을 비롯해 이런저런 저항 세력을 반드시 극복해야 한다.

17세기 이전 잉글랜드에서는 역사를 통틀어 착취적 제도가 당연한 것으로 받아들여졌다. 이전 두 장에서 살펴보았듯이 그러면서도 베네치아와 로마처럼 특히 포용적 요소를 얼마간 머금고 있을 때 이따금 경제적 성장을 이뤄내기도 했다. 하지만 창조적 파괴까지 허용하지는 않았다. 이들이 일구어낸 성장이 지속되지 못한 것은 새로운 혁신이 마련되지 못하거나, 착취를 독차지하려는 세력이 내부에서 권력 투쟁을 벌이거나, 또는 베네치아처럼 미숙한 포용적 요인들이 이내 시들어버렸기 때문이었다.

나투프의 아부 후레이라 취락 주민의 기대 수명은 고대 로마 시민이나 크게 다를 바 없었을 것이다. 전형적인 로마인의 기대 수명은 17세기 잉글랜드 거주자의 평균수명에 매우 근접했을 것이다. 소득 면에서는 기원후 301년 로마황제 디오클레티아누스가 '최고 가격 제한 칙령Edict on Maximum Prices'을 공포해 다양한 업종에 종사하는 노동자의 임금을 못박아버렸다. 디오클레티아누스 황제의 임금 및 가격 통제 정책이 정확히 얼마나 제대로 시행되었는지는 알 수 없다. 하지만 경제역사가 로버트 앨런Robert Allen이 이 칙령을 토대로 전형적인 미숙련 노동자의 생활수준을 계산해본 결과 17세기 이탈리아 미숙련 노동자의 생활수준과 거의 일치한다는 사실을 발견했다. 한참 북쪽에 있는 잉글랜드에서는 임금이 훨씬 높았고 꾸준히 증가하는 등 사뭇 다른 양상이 전개되고 있었다. 왜 이런 일이 벌어졌는지 살펴보는 것이 이번 장의 주제다.

상존하는 정치 갈등

인류 역사를 통틀어 제도와 자원 분배를 둘러싼 갈등은 늘 존재해왔다. 예컨대 이미 우리는 정치 갈등이 고대 로마와 베네치아의 발선에 어떤 영향을 미쳤는지 이미 살펴본 바 있다. 정치 갈등은 결국 엘리트층에 유리하게 해소되었고, 이들은 더 확고하게 권력을 틀어쥘 수 있었다.

잉글랜드 역사 역시 군주와 백성 간의 갈등, 권력을 둘러싼 파벌 간의 갈등, 엘리트층과 시민 간의 갈등으로 점철되어 있다. 하지만 늘 권력을 가진 자의 힘만 키워주는 결과를 낳지는 않았다. 1215년 잉글랜드에서는 국왕 밑의 엘리트층을 구성하는 귀족이 존 왕에 맞섰고, 결국 러니미드Runnymede(〈지도 9〉 참조)에서 마그나카르타(대헌장)에 서명하게 했다. 이 문서를 통해 제정된 일부 기본 원칙은 국왕의 권위에 대한 심각한 도전이었다. 가장 중요한 것은 과세하려면 국왕이 귀족의 자문을 얻어야 한다는 사실이었다.

논란이 가장 심했던 조항은 제61조로 "왕국의 귀족이 원하는 바에 따라 25인의 귀족을 선임하며, 이렇게 선임된 25인으로 하여금 우리가 이 헌장으로 귀족에게 부여한 평화와 특권을 준수하고, 유지하며, 또 모두가 준수하도록 한다"고 명시되어 있었다. 사실상 귀족은 국왕이 헌장을 실천하도록 감시할 위원회를 창설한 것이나 다름없었다. 국왕이 헌장을 어기면 선임된 25인의 귀족은 "그 위반 사항이 시정될 때까지" 성채나 토지, 기타 재산을 압류할 권리를 가졌다. 존 왕은 마그나카르타를 달가워하지 않았고 귀족이 해산하자마자 교황에게 무효화를 부탁했다. 하지만 귀족의 정치권력과 마그나카르타의 효력은 그대로 유지되었다. 머뭇거리긴 했어도 잉글랜드는 마침내 다원주의를 향한 첫걸음을 내디딘 것이다.

정치제도를 둘러싼 갈등은 계속되었고 1265년 첫 의회가 들어서면서 군주의 권한은 한층 더 위축되었다. 로마의 민회나 오늘날 선출 입법기구와 달리, 잉글랜드 의회는 본디 봉건귀족으로 구성되어 있었고 이후에는 기사 및 부유한 다른 일반 귀족까지 의회에 진출했다. 이처럼 엘리트층으로 구성되어 있었지만, 잉글랜드 의회는 두 가지 특징을 보이게 된다. 첫째, 의회는 왕과 가까운 엘리트층만이 아니라 다른 이해관계를 폭넓게 대변했다. 상공업 등 다양한 부문에 관련된 소수 귀족은 물론 훗날에는 상업 및 농업으로 부를 축적한 '젠트리gentry'라는 신흥 하급 귀족 계층까지 포함되었다(중세 영국 신분계급의 상층부를 차지하는 귀족은 작위 귀족과 그 아래인 젠트리 계급으로 나뉘었다. 젠트리는 또 크게 기사, 에스콰이어, 젠틀맨 순의 3계급으로 구분된다. 젠틀맨은 원래 육체노동을 하지 않는 귀한 신분을 뜻하며, 넓은 의미로는 작위 귀족을 포함하지만 엄밀한 의미에서는 젠트리 계급 중 에스콰이어 아래의 소지주만을 가리켰다 - 옮긴이). 따라서 의회는 대단히 폭넓은 사회계층에 권한을 부여했다(당대의 기준으로는 특히 그랬다).

대체로 첫 번째 특징의 결과라 할 수 있는 두 번째 특징은 의회에 몸담았던 상당수 의원이 힘을 키우려는 왕실의 노력에 한사코 반기를 들었으며 잉글랜드내전에 이어 명예혁명에 이르기까지 왕실을 상대로 한 싸움에서 중심축을 이루었다는 사실이다.

마그나카르타에 이어 최초의 의회가 선출되었지만, 왕권과 왕위 계승 문제를 둘러싼 정치 갈등은 끊이지 않았다. 엘리트층 내부의 분쟁은 랭커스터Lancaster가家와 요크York가 사이의 오랜 왕위 쟁탈전인 장미전쟁과 함께 막을 내렸다. 이 전쟁에서 승리한 쪽은 랭커스터가였고, 1485년 왕위 계승권자였던 헨리 튜더Henry Tudor가 즉위해 헨리 7세라 칭하며 튜더왕조를 열었다.

이와 함께 두 가지 서로 연관된 과정이 전개되었다. 먼저 튜더왕조는 중앙집권화에 박차를 가했다. 1485년 이후 헨리 7세는 귀족을 무장 해

제시켰다. 사실상 무력을 빼앗고 중앙정부의 힘을 대폭 확대한 것이다. 그의 아들인 헨리 8세는 수석 장관이던 토머스 크롬웰Thomas Cromwell을 통해 정부에 가히 혁명적인 일을 실천한다. 1530년대 크롬웰은 기초적인 수준의 관료주의 정부를 도입했다. 더 이상 왕의 개인 살림을 도맡아 하지 않고 꾸준히 이어질 만한 독립된 제도로서 정부를 설립한 것이다. 헨리 8세가 로마 가톨릭교회와 인연을 끊고 '수도원 해산Dissolution of the Monasteries' 조치를 통해 모든 교회 토지를 몰수하면서 한층 더 튼튼한 기반이 마련되었다. 교회의 무력화는 중앙집권정부 강화 노력의 일환이었다.

정부제도를 중앙에 집중함으로써 처음으로 포용적 정치제도가 가능해졌다. 헨리 7세와 헨리 8세가 주도한 이 과정은 정부제도를 중앙으로 집중시켰을 뿐 아니라 폭넓은 대의정치에 대한 요구가 한층 커지는 계기를 마련했다. 정치권력의 중앙집권화 과정은 왕과 막료가 권력을 틀어쥐고 사회의 다른 권력집단을 탄압할 수 있기 때문에 사실 절대왕정으로 이어지기 십상이다. 앞서 3장에서 살펴보았듯이 정부제도의 중앙집권화를 반대하는 이들이 내세우는 한 가지 이유이기도 하다. 하지만 그런 욕구에 맞서 정부제도의 중앙집권화는 잉글랜드에서 튜더왕조가 그러했듯이 기초적인 수준이나마 다원주의를 외치는 목소리를 키워주기도 한다.

정치권력이 갈수록 중앙으로 쏠리고 그런 과정을 막을 수 없다는 사실을 깨달은 귀족과 지방 엘리트층은 중앙에 집중된 권력을 사용하는 방식에 대해 발언권을 요구하는 쪽으로 전략을 바꾸게 된다. 15세기 후반과 16세기 잉글랜드에서는 이런 세력이 왕실 권력에 대한 견제 기구로 의회를 활용하게 되었고 부분적으로나마 정부의 기능 역시 의회를 통해 통제할 수 있었다. 따라서 튜더왕조의 정책은 포용적 제도의 한 축인 중앙집권화만 성공시킨 것이 아니다. 포용적 제도의 또 다른 축인 다원주의에도 간접적으로 이바지한 것이다.

정치제도를 둘러싼 변화와 함께 사회의 성격에도 다른 중대한 변화가 감지되고 있었다. 특히 주목할 만한 것은 정치 갈등이 확산되면서 군주와 정치 엘리트층에 목소리를 높일 수 있는 세력도 확대되었다는 사실이다. 1381년 농민반란을 계기로 잉글랜드 엘리트층은 오랫동안 잇따른 민중반란에 시달렸다. 왕으로부터 귀족에게만 정치권력이 재분배된 것이 아니라 엘리트층에서 민중에게도 권력이 넘어가고 있었다. 왕권에 대한 제약이 확대됨과 동시에 이런 변화까지 겹쳐 절대왕정에 반대하는 광범위한 연합세력이 탄생할 수 있었고 그 덕분에 다원주의적 정치제도를 위한 토대가 마련된 것이다.

독점법

논란의 여지는 있지만 튜더왕조가 물려받아 유지한 정치·경제 제도는 분명 착취적 성향을 띠었다. 헨리 8세의 딸로 1558년 잉글랜드 왕위에 오른 엘리자베스 1세가 1603년 후사를 남기지 않고 세상을 떠나는 바람에 튜더왕조는 스튜어트Stuarts왕조에 왕위를 물려주게 된다. 스튜어트왕조의 첫 번째 왕인 제임스 1세는 제도뿐 아니라 이를 둘러싼 갈등까지 물려받았다. 제임스는 절대적인 지배자가 되길 바랐다. 정부가 한층 더 중앙집권화되고 사회 변화로 권력이 재분배되고 있었지만 정치제도는 아직 다원적이라 할 수 없었다. 경제제도의 착취적 성향은 단지 윌리엄 리의 발명품에 대한 반대에서만 엿보이는 게 아니라 한없이 이어진 독점을 통해서도 여실히 드러났다. 1601년 의회에서 독점 품목을 낭독하자 한 의원은 이렇게 비꼬았다. "거기 빵은 없소?" 1621년에 이르자 독점 품목은 무려 700여 개에 달했다. 영국 역사가 크리스토퍼 힐Christopher Hill은 당시 잉글랜드 인민의 삶을 다음처럼 서술하고 있다.

> 누구나 독점 벽돌로 지은 집에 산다. 창문 역시 독점 유리로 만든다. 난방은 독점 무쇠로 만든 난로에 독점 석탄(아일랜드에서는 독점 땔감)을 태워 해결한다. 독점 비누로 몸을 씻고 독점 전분으로 옷에 풀을 먹인다. 독점 레이스, 독점 섬유, 독점 가죽, 독점 금실로 지은 옷을 입는다. 독점 혁대와 독점 단추, 독점 옷핀으로 옷을 여민다. 옷감 염색도 독점 염료로 한다. 독점 버터와 독점 포도, 독점 청어, 독점 연어, 독점 가재로 배를 채운다. 양념도 독점 소금, 독점 후추, 독점 식초를 사용한다. 글을 쓸 때도 독점 종이 위에 독점 펜을 사용한다. 독서를 할 때도(독점 촛불 아래 독점 안경을 쓰고) 독점 책을 읽는다.

이외에도 수도 없이 많은 독점을 통해 개인이나 집단이 물품 생산을 통제할 권리를 독차지했다. 수많은 독점이 경제 번영을 위해 꼭 필요한 재능의 고른 분배를 방해한 것이다.

제임스 1세는 물론 그의 아들이자 후계자인 찰스 1세 역시 왕권을 강화하고 의회의 영향력을 제한하며, 에스파냐와 프랑스에서처럼 절대적인 제도를 확립해 왕실과 엘리트층이 더 확실하게 경제를 틀어쥘 수 있기를 바랐다. 결과적으로 한층 더 착취적인 제도를 만들고자 했던 것이다. 제임스 1세와 의회의 갈등은 1620년대 최고조에 달했다. 갈등의 핵심은 국외는 물론 브리튼제도 내의 무역에 대한 통제권을 누가 갖느냐였다. 독점권을 부여할 수 있는 왕실의 권한은 정부의 중요한 수입원이었고 왕을 추종하는 이들에게 배타적인 권리를 주기 위해 사용되기 일쑤였다. 당연히 신규 참여자의 진입을 막고 시장 기능을 저해하는 이런 착취적인 제도는 경제활동에 큰 해를 끼쳤고 의회에 몸담은 귀족에도 적지 않은 손해를 입혔다. 1623년 의회는 독점법Statute of Monopolies을 통과시켜 괄목할 만한 승리를 거두었다. 제임스 1세가 국내에서 새로 독점권을 부여하지 못하게 막은 것이다. 하지만 의회의 권위가 국제무대에까지 미치지는 못했기 때문에 여전히 해외무역에 대해서는 독점권을 부여할 수 있었다. 국내외를 막론하고 기존의 독점권은 아무런 영향을 받지 않았다.

의회는 주기적으로 개원하는 게 아니라 국왕의 소집 명령에 따랐다. 마그나카르타 서명 이후 국왕은 새로운 세금을 거두려 할 때 의무적으로 의회를 소집해 동의를 구하는 게 관례가 되었다. 1625년 즉위한 찰스 1세는 1629년 이후 의회 소집을 거부했고 더 확고한 절대왕정을 수립하려던 제임스 1세의 노력에 박차를 가했다. 심지어 인민이 의무적으로 왕에게 돈을 '빌려주어야 하는' 강제 대금제도까지 도입하고, 일방적으로 만기를 늘리는가 하면 아예 상환을 거부하기도 했다.

찰스 1세는 독점법에 따라 한쪽 방향으로만 독점권을 만들고 팔아댔다. 해외무역에 주력한 것이다. 재판 과정에 개입해 결과에 영향을 미치는 등 사법부의 독립성도 위협했다. 부당한 벌금과 수수료도 마구 거두어들였다. 그중 가장 논란이 많았던 것이 바로 '건함세Ship Money(찰스 1세가 에스파냐와 프랑스에 대항할 함대를 건설할 욕심으로 원래 전쟁 시 전함 건조를 위한 특별세였던 건함세를 무리하게 확대해 조세 저항이 거세게 일었다 - 옮긴이)'였다. 1634년에는 해군력 증강을 위해 해안 카운티에서만 건함세를 거두었지만, 1635년에는 내륙 카운티까지 확대했다. 건함세는 1640년까지 매년 거두어들였다.

찰스의 절대주의적 행태와 착취적 정책이 갈수록 심해지면서 전국적으로 반발과 저항이 거세졌다. 1640년, 스코틀랜드와 전쟁을 벌이던 찰스는 군자금이 모자라자 세금을 더 거두기 위해 어쩔 수 없이 의회를 소집하기에 이른다. 이른바 단기의회Short Parliament는 고작 3주 동안 존속했다. 런던에 온 의원들이 세금 이야기는 꺼내지도 못하게 하고 불평만 늘어놓는 통에 찰스가 의회를 해산해버린 것이다. 온 나라가 찰스를 지지하지 않는다는 사실을 알아차린 스코틀랜드는 잉글랜드를 침공해 뉴캐슬 시를 점령했다. 찰스는 협상을 시도했지만, 스코틀랜드는 의회의 개입을 요구했다. 이에 따라 찰스가 소집한 의회를 장기의회Long Parliament라 부른다. 찰스의 해산 명령에도 굴하지 않고 1648년까지 존속했기 때문이다.

1642년, 왕실의 편을 드는 의원이 적지 않았지만 찰스와 의회 사이에 내전이 발발했다. 이런 갈등은 정치·경제적 제도를 둘러싼 줄다리기의 패턴을 벗어나지 않는다. 의회는 절대주의적 정치제도를 척결해주길 바랐지만, 왕은 오히려 이를 강화하길 원했다. 이런 갈등의 뿌리에는 경제 논리가 숨어 있었다. 왕실을 지지하는 이들이 많았던 이유는 짭짤한 독점권을 하사받았기 때문이었다.

예컨대 슈루즈베리와 오스웨스트리Oswestry의 부유한 거상은 왕실의 보호 아래 독점 사업을 벌이며 런던 상인과 경쟁을 피할 수 있었다. 그런 상인은 당연히 찰스 편을 들었다. 다른 한편으로 버밍엄에서 제철업이 번성할 수 있었던 것은 독점이 약하고 다른 지역과 달리 신규 시장 참여자가 7년간의 도제 연수 기간을 거칠 필요가 없었기 때문이다. 이들은 내전 중에 의회 편에 서서 무기를 만들고 군역을 자원했다. 마찬가지로 랭커셔Lancashire 카운티에서는 길드 규제가 없어 새로운 형태의 가벼운 옷감인 '신모직물New Draperies'이 1640년 이전부터 발달할 수 있었다. 랭커셔 카운티에서 의회를 지지한 것은 이런 옷감 생산이 집중된 지역뿐이었다.

올리버 크롬웰Oliver Cromwell이 이끈 의회파(머리를 짧게 깎아 라운드헤즈Roundheads라고 불렸다)는 기사당Cavaliers이라 불리던 왕당파를 괴멸시켰다. 찰스 1세는 재판을 받고 1649년 처형되었다. 하지만 찰스의 처형과 왕정 폐지가 포용적 제도로 이어지지는 않았다. 오히려 왕정이 올리버 크롬웰의 독재정권으로 바뀌었을 뿐이다.

크롬웰이 죽자 1660년 왕정복고가 이루어졌고, 왕실은 1649년 빼앗겼던 특권을 상당수 슬그머니 복원시켰다. 찰스 1세의 아들인 찰스 2세는 잉글랜드에서 재차 절대왕정 수립을 위한 계획에 착수했다. 1685년 그가 죽자 왕위에 오른 아우 제임스 2세는 그런 노력을 한층 더 강화했다. 1688년, 절대왕정을 재확립하려는 제임스의 시도는 또 한 차례 위기를 불러 이내 다시금 내전이 터졌다. 하지만 이번에는 의회의 단결력과 조직력이 이전에 비할 바가 아니었다. 의회는 제임스를 대신해달라며 네덜란드의 지도자였던 오렌지 공 윌리엄과 제임스의 프로테스탄트교도 딸이자 윌리엄의 부인인 메리를 불러들였다. 윌리엄은 군대를 이끌고 쳐들어와 왕위를 요구했지만 절대군주가 아닌 의회가 마련한 입헌군주제하에서 다스리겠다고 선언했다. 데번Devon 카운티 해안가 마을인 브릭섬Brixham(〈지도 9〉 참조)에 윌리엄의 군대가 당도한 지 두 달 만에 제임스의 군대는 뿔뿔이 흩어졌고 그는 프랑스로 달아나버렸다.

명예혁명

 명예혁명에서 승리한 이후 의회와 윌리엄은 새로운 헌법을 협의했다. 이런 변화는 잉글랜드 침공 직전 윌리엄의 '선언'으로 이미 예견된 바 있었다. 1689년 2월 의회가 마련한 '권리선언Declaration of Rights'에도 충분히 반영되어 있었다. 의회는 윌리엄을 국왕으로 추대하는 자리에서 그에게 왕관을 주며 이 선언문을 낭독했다. 법으로 만들어진 후 '권리장전Bill of Rights'이라 불리게 된 이 선언문은 사실 여러모로 모호했다. 하지만 일부 핵심적인 헌정 원리를 확립하고 있다는 점은 주목할 만하다. 기존의 세습 원칙에서 크게 벗어난 왕위 계승 과정도 명시했다. 의회가 군주를 쫓아내고 입맛에 맞는 다른 군주를 세울 수 있었는데 다시 한 번 그러지 말라는 법은 없지 않겠는가?

 인권선언은 또 국왕이 법을 함부로 중단하거나 폐지하지 못하도록 했으며 의회의 동의 없는 과세는 불법이라고 재차 강조했다. 그뿐만 아니라 의회의 동의 없이는 잉글랜드에 상비군을 둘 수 없다고 규정했다. 모호성은 제8조 등에서도 발견된다. 제8조에 따르면 "의회 구성원의 선출은 자유로워야 한다"지만 '자유롭다'는 의미와 실천 방법은 구체적으로 명시하지 않고 있다. 의회가 자주 개원해야 한다는 내용을 골자로 하는 제13조는 한층 더 모호하다. 한 세기 내내 의회 개원 여부와 시기를 두고 다툼이 잦았기 때문에 누구나 이 조항에서 구체적으로 명시될 것이라 기대했을 법하다.

 하지만 왜 그런 모호한 문구를 사용했는지는 어렵지 않게 이해할 수 있다. 각 조항은 집행되어야 했다. 찰스 2세 치세하에서는 적어도 3년에 한 번은 의회를 소집해야 한다는 '3년 회기법Triennial Act'이 시행되었다.

하지만 찰스가 이를 무시했는데도 아무런 제지를 받지 않은 것은 이 법 조항을 집행할 수단이 없었기 때문이다. 1688년 이후 의회는 존 왕이 마그나카르타에 서명하고 나서 귀족 자문위원회를 마련했던 것처럼 이 조항을 집행하는 조치를 도입할 수도 있었다. 그러지 않았던 이유는 그럴 필요가 없었기 때문이다. 1688년 이후 정부의 권위와 의사결정 권한은 의회에 있었다. 구체적인 헌법 규정과 법률이 없었지만, 윌리엄은 별다른 저항 없이 이전 왕들이 누렸던 관행의 상당 부분을 포기해버렸다. 더 이상 사법적인 결정에 간섭하지도 않았고 평생 관세 수입을 거두어들이던 전통적인 '권리' 또한 포기했다.

종합적으로 보면 정치제도의 이런 변화는 국왕에 대한 의회의 승리를 의미했고 잉글랜드에 이어 훗날 영국에서도 절대왕정이 막을 내렸다는 뜻이었다(잉글랜드와 스코틀랜드는 1707년 연합법Act of Union에 따라 그레이트브리튼왕국으로 통합되었다). 이후 정부 정책을 주도한 것은 의회였고 이는 엄청난 변화를 의미했다. 의회의 이해관계는 스튜어트왕조와는 사뭇 달랐기 때문이다. 의회 귀족 중에는 무역과 산업에 막대한 투자를 하는 이들이 많았기 때문에 확고한 사유재산권을 집행해야 할 필요성을 누구보다 절실하게 느꼈다.

스튜어트왕조는 걸핏하면 사유재산권을 침해했지만, 이제 분명한 권리로 인정받게 된 것이다. 더군다나 스튜어트왕조가 정부 지출을 통제했을 때만 해도 의회는 세금 인상에 반대하고 국가 권력을 강화하려는 시도에 늘 제동을 걸었다. 하지만 의회가 직접 지출을 통제하게 되자 기꺼이 세금을 올리고, 필요하다고 판단하는 활동에는 무엇이든 투자를 아끼지 않았다. 가장 많이 투자가 단행된 분야 중 하나가 해군력이었는데, 해외무역에 관여하는 상당수 의원의 이해관계를 보호하기 위한 것임은 두말할 나위가 없었다.

의회파의 이해관계보다 더 중요한 것은 정치제도의 다원적 성격이 강해지고 있었다는 사실이다. 잉글랜드 인민은 이제 의회는 물론 의회가 만든 정책과 경제제도에도 접근할 수 있었다. 왕이 정책을 주도하던 시절에는 경험하지 못했던 일이다. 물론 의원들이 선출직이었기 때문이기도 하지만, 이 시절 잉글랜드는 민주주의와는 거리가 멀었으므로 인민이 의회와 가까워졌다 해도 반응은 대체로 미온적이었다. 불평등의 원인은 숱하게 많았다. 가령 18세기 투표권을 가진 인민은 전체의 2퍼센트에 불과했고 그나마도 남성만 투표할 수 있었다. 산업혁명이 일어났던 버밍엄, 리즈Leeds, 맨체스터, 셰필드Sheffield 등의 도시는 의회에 독립적인 대표를 파견하지 못했다. 이에 반해 농촌 지역은 오히려 대표가 너무 많았다.

투표권의 편중도 문제였다. 농촌 지역인 '카운티'에서는 토지 소유권에 따라 투표권을 주었고 도시 지역인 대다수 '버러borough(성벽으로 둘러싸인 성채를 중심으로 한 독립된 지방 행정구역에서 의회에 대표를 보내는 선거구로 발전했으며, 현재는 의원 선출 자격이 있는 자치구역을 가리킨다 - 옮긴이)'는 소수 엘리트층이 쥐락펴락하며 신흥 산업가에게 투표권이나 공직 출마 기회를 부여하지 않았다.

가령 버킹엄 버러에는 13명의 대의원만이 투표할 수 있었다. 또한 '유권자 격감'으로 자격이 없어야 하는데도 투표권을 유지한 이른바 '부패선거구rotten boroughs'도 있었다. 거주민이 이주했거나 동부 해안의 던위치Dunwich처럼 해안 침식작용으로 아예 바다에 잠겨버린 곳도 있었다. 이런 부패선거구에서도 각각 소수 유권자가 두 명의 의원을 선출할 수 있었다. 올드 새럼Old Sarum에는 유권자가 고작 7명이었고, 던위치는 32

명이었는데도 각기 두 명의 의원을 선출했던 것이다.

하지만 의회에 입김을 행사하고 그에 따라 경제제도에도 영향을 줄 수 있는 다른 방법도 있었다. 가장 중요한 방법은 청원을 통하는 것이었으며 명예혁명 이후 다원주의가 태동하는 데 당시로서는 제한적일 수밖에 없었던 민주주의보다 한층 더 의미가 컸다. 누구든 의회에 청원할 수 있었고 실제로 청원자가 밀려들었다. 인민이 청원하면 의회가 귀를 기울였다는 사실이 중요하다. 1688년 이후 잉글랜드에서 절대왕정이 무너지고, 대단히 폭넓은 사회계층까지 권한이 확대되었으며, 다원주의가 확산되었다는 사실을 가장 잘 드러내주는 증거일 것이다. 이처럼 대단히 치열했던 청원 활동만 봐도 단순히 의원들이나 그들이 대변하는 이들에 국한되지 않고 훨씬 폭넓은 사회집단이 정부의 운영 방식에 영향을 주었다는 것을 알 수 있다.

독점 철폐

이를 가장 잘 설명해주는 것이 독점의 사례였다. 17세기 착취적 경제제도의 중심에 자리 잡은 것이 독점이라는 사실은 이미 앞에서 살펴본 바 있다. 착취적 경제제도는 1623년 독점법으로 공격을 받기 시작했고 잉글랜드내전 당시에도 심각한 분쟁의 씨앗이었다. 장기의회는 인민의 삶을 찌들게 했던 국내 독점을 모조리 철폐했다. 찰스 2세와 제임스 2세는 국내 독점은 어찌해볼 도리가 없었으나 여전히 해외무역에 대한 독점사업권을 부여할 수 있는 권한을 유지하고 있었다.

그중 하나가 1660년 찰스 2세에게 독점 특허장을 하사받은 왕립아프리카회사^{Royal African Company}였다. 아프리카 노예무역이라는 노다지 사업을 독점하고 있던 이 회사의 수장이자 최대주주는 다름 아닌 찰스의 동생 제임스로, 찰스에 이어 제임스 2세로 왕위에 오를 인물이었다. 1688년 이후 회사는 수장이자 든든한 후원자였던 제임스를 잃게 된다. 제임스는 서아프리카에서 노예를 사서 아메리카 대륙에 가져다 파는 독립 무역상을 '침입자'로 여기며 부지런히 회사의 독점권을 보호해주었다. 워낙 이윤이 많이 남는 무역인 데다 대서양의 다른 잉글랜드 무역은 모두 자유로웠던 터라 왕립아프리카회사에 도전장을 내미는 이들이 많았다. 1689년 회사는 그런 침입자 중 하나였던 나이팅게일이라는 자의 화물을 압류했다. 나이팅게일은 불법 압류라며 회사를 고소했고 홀트 수석 재판관은 왕실 특혜로 만들어진 독점권을 행사했으므로 화물 압류는 불법이라고 판결했다.

홀트는 독점 특혜를 만들 수 있는 것은 정부뿐이며 이는 의회를 통해서만 가능하다는 결론을 내렸다. 이로써 홀트는 왕립아프리카회사뿐 아니라 이후 모든 독점권을 의회의 손에 쥐어준 것이다. 1688년 이전이라면 제임스 2세는 그런 판결을 내린 재판관을 냉큼 그 자리에서 쫓아냈겠지만 1688년 이후 사정은 그리 녹록지 않았다.

이제 의회가 나서서 독점을 처리해야 할 상황이었고, 청원서도 빗발쳤다. 대서양 무역에 자유롭게 참여하게 해달라는 침입자들의 청원만 135건에 달했다. 왕립아프리카회사 역시 맞대응했지만, 이들의 퇴출을 요구하는 청원의 수나 규모에 대적하기에는 역부족이었다. 침입자들은 독점에 대한 반대 논리를 편협한 사리사욕이 아닌 국익으로 포장해 설득력을 높일 수 있었다. 실제로 국익에 도움이 되는 일이기도 했다. 그러다 보니 135건의 청원 중 침입자들 스스로 서명한 것은 5건에 불과했고 런던 이외의 주에서 73건이 날아들었다. 회사를 지지하는 청원서는 고작 8건뿐이었다. 역시 청원이 허용된 식민지에서도 침입자들은 27건의 청원서를 모았지만, 회사는 11건에 그쳤다. 청원서에 서명한 인민의 수에서도 총 8,000명 대 2,500명으로 침입자들이 월등히 앞섰다. 이처럼 힘겨루기가 계속되다가 1698년 마침내 왕립아프리카회사의 독점이 폐지되었다.

1688년 이후 의회가 경제제도를 결정하는 새로운 장이 되고 인민의 요구에 전례 없이 민감하게 반응하게 되면서 의회파는 경제제도 및 정부 정책을 잇따라 개혁해 궁극적으로 산업혁명의 발판을 마련했다. 스튜어트왕조하에서 잠식당했던 사유재산권도 강화되었다. 의회는 과세를 통해 발전을 저해하는 대신 수공업 진흥을 위해 경제제도 개혁을 단행하기 시작했다. '아궁이세hearth tax(화로나 아궁이 하나당 매년 내던 세금으로 특히 부담이 큰 제조업자의 저항이 심했다)'도 윌리엄과 메리가 왕위에 오른 직후인 1689년 철폐되었다. 아궁이에 과세하는 대신 의회는 토지에 세금을 매기기 시작했다.

수공업을 진흥하기 위해 의회가 마련한 정책은 조세 부담 재분배뿐만이 아니었다. 모직물 시장을 확대하고 수익성을 높이는 데 필요한 전반적인 규정과 법률도 대거 통과시켰다. 정치적으로도 충분히 그럴 만했다. 제임스를 반대하던 상당수 의회파 인사가 신생 수공업에 대규모로 투자하고 있었기 때문이다. 의회는 또 사유재산권을 완전히 재편하는 법률도 통과시켜 수많은 낡아빠진 사유재산 및 사용자 권리를 통합하거나 폐지했다.

또 다른 의회의 시급한 과제는 금융 개혁이었다. 명예혁명까지 이어지는 기간에도 은행업과 금융은 확대된 바 있지만 1694년 업계에 자금

줄이 되어줄 잉글랜드은행Bank of England이 발족하면서 기반이 더 확고해 졌다. 이 또한 명예혁명이 직접적인 영향을 주었다. 잉글랜드은행 설립 은 한층 범위가 넓은 '금융혁명'으로 이어졌고 금융시장과 은행업이 크 게 확대되는 토대를 마련했다. 18세기 초에 이르자 담보를 댈 수 있다면 누구나 대출을 받을 수 있게 되었다. 1702년에서 1724년까지 건재했던 런던 소재 C. 호어스 앤 컴퍼니C. Hoare's & Co.라는 비교적 작은 은행의 기 록만 살펴보아도 이런 상황을 잘 알 수 있다. 귀족에게도 돈을 빌려주긴 했지만 존립 기간에 이 은행에서 가장 큰 규모로 대출을 받은 고객 셋 중 둘은 사회 엘리트층이 아니었다. 오히려 상인과 사업가가 많았다. 이 중에는 흔한 영국 이름인 존 스미스라는 고객이 있었는데 1715년에서 1719년까지 2,600파운드를 이 은행에서 대출받았다고 한다.

지금까지 명예혁명이 잉글랜드의 정치제도를 한층 다원적으로 변화 시켰으며 포용적 경제제도의 토대를 마련해주었다는 사실을 강조했다. 명예혁명이 가져다준 중요한 제도적 변화가 한 가지 더 있다. 의회는 튜 더왕조가 불을 지핀 중앙집권화 과정을 지속해나갔다. 정부가 제약만 늘리고, 경제 규제 방식만 바꾸거나 여기저기 돈만 쓴 것은 아니었다. 모든 면에서 정부의 기능과 역량이 확대되었다. 이 역시 중앙집권화와 다원주의 간의 상관관계를 증명해준다. 1688년 이전만 해도 의회가 정 부에 자원을 몰아주고 더 효율적으로 만드는 데 반대한 것은 통제가 불 가능했기 때문이다. 1688년 이후에는 상황이 사뭇 달라졌다.

정부의 규모도 확대되기 시작해 머지않아 정부 지출이 국민소득의 10퍼센트에 달하게 된다. 과세 표준이 확대됨으로써 가능해진 일이었 다. 특히 국내에서 생산되는 대다수 물품에 부과되던 소비세가 크게 늘 었다. 당시로서는 엄청난 규모의 정부 예산이었으며 오늘날 세계 여러 지역과 비교해봐도 훨씬 규모가 컸다. 가령 콜롬비아의 정부 예산이 이 정도 수준에 도달한 것은 1980년대에 이르러서였다. 사하라 이남 아프리카의 여러 지역(예를 들어 시에라리온)은 지금도 해외원조가 대량 유입되지 않는 이상 경제 규모에 비해 정부 예산이 초라한 수준이다.

하지만 정부 규모의 확대는 중앙집권화 과정의 일부분에 지나지 않았다. 더 중요한 것은 정부 기능의 질은 물론 정부를 통제하고 그 안에서 일하는 이들의 행태 역시 달라졌다는 사실이다. 잉글랜드에서 정부 제도가 만들어지기 시작한 것은 중세시대로 거슬러 올라가지만, 앞서 살펴보았듯이 중앙집권화와 근대 행정의 발달을 향한 행보에 박차를 가한 것은 헨리 7세와 8세였다. 하지만 본격적으로 정부가 근대적인 양상을 띤 것은 1688년 이후였다. 가령 각료들은 강점이나 능력이 아닌 주로 정치적인 이유로 임명되었고 정부의 과세 능력 역시 대단히 제한적이었다.

1688년 이후 의회는 과세를 통해 수입을 늘리는 정부의 역량을 개선하기 시작했다. 1690년 1,211명에 불과하던 소비세 담당 관료가 1780년에는 4,800명으로 크게 불어난 것만 봐도 잘 알 수 있는 변화였다. 전국에 소비세 조사원이 배치되었고, 이들을 관장하는 징수 감독관은 빵과 맥주 등 소비세 부과 품목의 양을 측정하고 확인하는 정기 시찰에 나섰다.

역사가 존 브루어John Brewer는 조지 쿠퍼스웨이트 감독관의 소비세 시찰 과정을 재구성해 당시 조세 업무가 어느 수준이었는지 가늠할 수 있게 해주었다. 1710년 6월 12일에서 7월 5일까지 쿠퍼스웨이트 감독관은 요크셔 주의 리치먼드 지구에서 470킬로미터를 시찰했다. 이 기간에 그는 식자재 공급처 263곳, 맥아 제조소 71곳, 잡화점 20곳, 양조업체한 곳을 방문했다. 종합해보면 쿠퍼스웨이트 감독관은 81차례 서로 다른 품목의 생산량을 측정했고 수하에 있는 조사원 아홉 명의 업무를 확인했다. 8년 후에도 관할 지역만 요크셔 주의 웨이크필드로 달라졌을 뿐 그는 전과 다름없이 열심히 일했다. 웨이크필드 지구에서 하루 평균 30킬로미터 이상을 돌아다녔고 일주일에 네다섯 곳을 돌며 엿새를 일했다. 휴일인 일요일에도 쿠퍼스웨이트 감독관은 장부 정리를 했다. 그 덕분에 지금까지도 그가 어떤 활동을 했는지 완전한 기록을 볼 수 있다.

아닌 게 아니라 소비세 제도는 대단히 정교한 장부 기록을 특징으로 했다. 관리들은 세 종류의 장부를 기록했는데 모든 장부가 서로 일치해야 했으며, 조금이라도 기록을 조작하면 중범죄로 여겨졌다. 당시 정부의 사회 감독 능력은 1710년이라는 시대적 배경에 비추어 보면 대부분의 가난한 나라가 지금도 엄두를 내기 어려운 실로 놀라운 수준이었다. 1688년 이후에는 정부 각료를 임명할 때 정치적 논리보다는 재능을 더 중시해 국정을 운영할 강력한 기반을 다져나갔다는 점도 중요하다.

산업혁명

잉글랜드 경제의 모든 면에서 산업혁명의 기운을 느낄 수 있었다. 운송, 제철, 증기동력 등의 분야에서 대대적인 개선이 이루어졌지만 가장 중요한 혁신 분야는 직물 생산의 기계화 및 직물 완성품을 대량 생산할 공장의 발달이었다. 이런 역동적인 과정이 진행될 수 있었던 것도 명예혁명에서 비롯된 제도적 변화 덕분이었다. 1640년 국내 독점이 철폐되고 세제가 달라졌으며 금융의 문이 활짝 열린 것만을 뜻하지 않는다. 한층 더 안정적이고 효율적인 사유재산권을 기반으로 혁신가와 기업인에게 유리하도록 경제제도가 근본적으로 재편되었다는 의미였다.

가령 사유재산권의 안정성과 효율성이 크게 개선되어 '운송혁명'에서 핵심적인 역할을 했고 이내 산업혁명의 토대를 마련해주었다. 1688년 이후 운하와 도로 등 이른바 유료 운송로에 대한 투자가 크게 늘었다. 이런 투자는 운송비용을 줄여주어 산업혁명의 중대한 선결 조건을 해결해주었다. 1688년 이전만 해도 그런 사회간접자본에 대한 투자는 스튜어트왕조의 자의적인 법률로 삐걱거리기 일쑤였다.

1688년 이후 상황이 어떻게 변했는지는 잉글랜드 우스터셔Worcestershire 주 솔워프Salwerpe 강의 사례를 보면 생생하게 알 수 있다. 1662년 의회는 솔워프 강에 배가 다닐 수 있도록 투자를 장려하는 법안을 통과시켰고 볼드윈 가문이 6,000파운드를 투자했다. 그 대가로 강에 배를 띄우는 이들에게 통행료를 징수할 권리를 부여받았다. 그런데 1693년, 슈루즈베리 백작과 코번트리 백작Earl of Coventry에게 징수권을 이양하는 법안이 의회에 상정되었다. 그러자 티머시 볼드윈 경Sir Timothy Baldwyn은 이 법에 대해 강하게 반발하며 곧바로 의회에 청원서를 제출했다. 통행료를 징수할 수 있다는 기대감에 강 개발에 막대한 투자를 한 아버지의 재산을 몰수하는 것이나 다름없다는 주장이 담겨 있었다. 볼드윈은 "새로운 법이 기존의 법을 무효화하고 기존 법을 믿고 투입한 모든 노력과 자산을 헛되게 만든다"고 목소리를 높였다. 이런 식의 권리 재분배는 사실 스튜어트왕조가 일삼던 짓이었다. 볼드윈은 "의회의 동의하에 사들인 권리를 의회의 동의 없이 빼앗는 것은 위험한 결과를 낳는다"고 지적했다. 결국 새로운 법은 폐기되었고 볼드윈 가문의 권리도 보호를 받았다.

1688년 이후 사유재산권이 한층 안정된 것은 의회의 이해관계와 맞아떨어졌기 때문이기도 하지만 청원을 통해 다원적 제도에 영향을 줄 수 있었기 때문이기도 하다. 여기서도 1688년 이후 정치제도가 훨씬 더 다원주의적으로 변모했고 잉글랜드 내에서 비교적 평등한 사회가 만들어졌다는 사실을 확인할 수 있다.

　　운송혁명에 이어 더 넓게는 18세기 토지 재편까지 가능했던 것은 의회가 사유재산권의 성격을 뒤바꾸어놓은 법안을 잇따라 통과시킨 덕분이었다. 1688년까지만 해도 잉글랜드의 토지가 결국 법적으로 모조리 왕실 소유라는 착각에 빠져 있었다. 사회가 봉건적으로 조직되다 보니 생겨난 유산이었다. 수많은 구시대의 사유재산권과 얽히고설킨 소유권 주장으로 제대로 활용되지 못하는 토지가 수두룩했다. 이른바 형평법衡平法상의 부동산권에 묶인 토지도 많았다(영미법에서 '보통법'과 함께 관습법 체계를 이루는 것이 형평법이다. 권익을 침해당했지만, 보통법 체계에서 구제받지 못하면 형평법 법원에 구제를 신청할 수 있고 주로 법관의 도덕과 양심에 따라 판단이 내려진다. 보통법은 law라고 하고 형평법은 equity라고 한다 – 옮긴이).

　　간단히 말해 그런 토지는 지주라 해도 저당을 잡히거나 임대하거나 매각할 수가 없었다. 공유지는 흔히 전통적인 용도로만 활용할 수 있었다. 경제적으로 바람직하게 토지를 사용하는 데 어마어마한 제약이 따랐던 것이다. 의회는 이런 상황을 바로잡기 시작했다. 사유재산권을 간단명료하게 재편하도록 의회에 청원할 수 있는 대상을 늘렸다. 훗날 의회가 쏟아낸 수백 건의 법률에 이런 변화가 반영되었다.

　　경제제도 재편은 외국 수입품으로부터 국내 모직물산업을 보호해야 한다는 움직임 속에서도 분명해졌다. 당연히 의원과 유권자들이 모든 진입 장벽과 독점에 반대하는 것은 아니었다. 자신들의 시장을 키우고 이윤을 늘려줄 신규 참여자라면 언제든 환영이었다. 하지만 무엇보다 중요한 것은 다원주의적 정치제도(의회가 폭넓은 사회층에 힘을 실어주고 이들을 대변하며, 이들의 말에 귀를 기울인다는 사실)가 뿌리를 내려 베네치아의 폐쇄 정책과 달리 그런 진입 장벽이 다른 산업가의 목을 조르거나 신규 진입을 완전히 차단하지 않는다는 사실이었다. 이는 유력한 모직업자들도 곧 깨닫게 된다.

1688년 잉글랜드에 유입되는 가장 중요한 수입품으로는 옥양목玉洋木과 모슬린muslin 등 인도에서 들어오는 옷감이 전체 직물 수입의 25퍼센트가량을 차지했다. 중국에서 오는 비단도 중요했다. 옥양목과 비단을 수입한 것은 동인도회사로, 1688년까지만 해도 아시아와 무역에서 정부가 허용한 독점권을 누린 바 있었다. 하지만 동인도회사가 독점권과 정치권력을 유지할 수 있었던 것은 제임스 2세에게 막대한 뇌물을 쥐여주었기 때문이었다.

1688년 이후에는 입지가 약해져 곧 공격에 시달리기 시작했다. 치열한 청원전쟁이 벌어진 것이다. 극동 아시아와 인도에서 무역하길 원하는 상인은 의회에 동인도회사와 경쟁을 허용해달라는 청원을 잇따라 냈고, 동인도회사는 의회에 자금을 빌려주겠다고 제안하며 반대 청원으로 맞섰다. 회사가 청원전쟁에서 패하고 함께 경쟁할 새로운 동인도회사가 설립되었다. 하지만 직물 생산업자들은 인도 무역에서 경쟁 확대만 원한 것이 아니었다. 값싼 인도 직물(옥양목)에 세금을 물리거나 아예 금지해주길 바랐다. 그만큼 값싼 인도 수입품으로 극심한 가격 경쟁에 시달렸기 때문이다. 이즈음 가장 중요한 국내 수공업은 모직물이었지만 면직물 생산업자도 갈수록 경제적으로 중요해졌고 정치적으로도 힘을 키워가고 있었다.

모직산업은 일찍이 1660년대부터 자체적인 보호 노력을 기울였다. '사치금지법Sumptuary Laws'이 생겨 무엇보다 가벼운 옷감을 입지 못하도록 한 것도 그런 노력의 결과였다. 1666년과 1678년에는 의회에 로비해 모직이 아닌 다른 직물로 수의를 만들어 시신을 매장하는 것마저 불법화했다. 두 가지 조치 덕분에 모직물 시장은 보호를 받았고 아시아에서 비롯되는 경쟁도 줄일 수 있었다. 그럼에도 아시아 직물 수입을 제한하기에는 이즈음 동인도회사가 워낙 막강했다.

1688년 이후 그런 조류도 바뀌었다. 1696년에서 1698년까지 이스트앵글리아East Anglia와 웨스트컨트리West Country 모직업자가 런던과 캔터베리, 레반트회사Levant Company의 비단업자와 손을 잡고 수입품 규제에 나섰다. 레반트회사에서 비단을 수입하던 상인은 최근 독점권을 잃기는 했지만, 아시아 비단을 금지해 오스만제국에서 들어오는 비단의 틈새시장을 만들고자 했다. 이들의 연합은 의회에 아시아 면직물과 비단 착용은 물론 잉글랜드에서 아시아 직물을 염색하고 날염하는 것까지 규제하는 법안을 의회에 제출하기 시작했다. 이에 대해 1701년 의회도 마침내 '왕국의 수공업을 장려해 더 효율적으로 빈민을 고용하기 위한 법'을 통과시키게 된다. 1701년 9월, 의회는 이런 법령을 공포했다. "페르시아, 중국, 동인도에서 제조되는 모든 방적 비단과 벵갈산 비단, 비단이나 약초가 섞인 옷감 및 그곳에서 무늬를 넣고 날염하고 염색한 모든 옥양목은 왕국에 수입된다 해도 착용해서는 안 된다."

이제 잉글랜드에서 아시아산 비단이나 옥양목을 걸치는 것은 불법이었다. 하지만 금지 품목을 수입해 유럽이나, 특히 아메리카 식민지 등 다른 곳으로 재수출하는 것은 여전히 문제가 없었다. 게다가 일반 옥양목을 수입해 잉글랜드에서 완제품을 만들 수도 있었고 모슬린은 수입 금지 품목에서 제외되었다. 오랜 투쟁 끝에 국내 모직업자들이 허점이라 여기던 이런 허술한 구멍들은 1721년 옥양목법Calico Act을 제정하면서 모조리 막아버렸다. "1722년 12월 25일 이후 어떤 식으로 날염하고, 염색하고, 무늬를 넣었다 할지라도 영국에서 옥양목을 사용한 옷감이나 의복을 사용 또는 착용하는 것은 그 종류를 불문하고 불법이다."

이 법으로 영국 모직업자들은 아시아에서 비롯되는 경쟁은 막을 수 있었지만, 여전히 국내 면 및 아마亞麻산업과 경쟁은 피할 수 없었다. 아시아 경쟁을 물리친 모직업계는 이번엔 아마산업 탄압에 나섰다. 아마는 주로 스코틀랜드와 아일랜드에서 만들어졌으므로 잉글랜드 상인들이 연합을 맺어 잉글랜드 시장에서 이 나라들을 배제해달라고 요구할 만한 핑계가 되었다. 하지만 모직업자들은 힘의 한계를 느꼈다. 이들의 새로운 시도는 맨체스터, 랭커스터, 리버풀 등 신흥 산업 중심지의 퍼스티언fustian(당시 옷감으로 사용하던 두껍고 질긴 면직물 - 옮긴이) 생산업자들로부터 강한 반발에 부딪혔다.

다원주의 정치제도의 도입은 이해관계가 다른 이 모든 집단이 투표는 물론 더 의미가 큰 청원을 통해 의회의 정책입안 과정에 참여할 수 있다는 것을 의미했다. 양측의 청원이 봇물 터지듯 하고 찬반 서명을 받기 위한 경쟁도 치열했지만, 이 분쟁은 모직산업에 반대하는 새로운 이해 집단의 승리로 막을 내렸다. 1736년 맨체스터법Manchester Act에 이런 합의가 반영되었다. "아마사亞麻絲와 원면cotton wool 옷감은 오래전부터 그레이트브리튼왕국에서 생산, 날염, 염색해왔다." 이를 근거로 맨체스터법은 다음과 같이 규정했다. "그레이트브리튼왕국 내에서 생산되었다면 어떤 염료로 날염하고 무늬를 넣었든 아마사나 원면으로 만들어진 어떤 품목도 의류, 가정용품, 가구 등에 사용하거나 착용하는 일을 금지할 목적으로 기존의 법(1721년 옥양목법)을 확대하거나 그런 의미로 해석할 수 없다."

맨체스터법은 신흥 면직물업자에게 의미가 큰 승리였다. 하지만 이법의 역사적, 경제적 의미는 그보다 훨씬 크다. 첫째, 잉글랜드 의회의 다원주의적 정치제도가 허용할 수 있는 진입 장벽에 한계가 있음을 증명해주었다. 둘째, 다음 반세기 동안 면직물 업계의 기술혁신이 산업혁명에서 핵심적인 역할을 하고 공장제 생산 방법을 도입해 사회를 송두리째 바꾸어놓게 된다.

1688년 이후 국내에서는 공평한 경쟁 환경이 조성되었지만 해외에서만큼은 의회도 편파적인 입장을 취하려고 애썼다. 의회의 이런 의도는 옥양목법뿐 아니라 항해법Navigation Acts에서도 여실히 드러났다. 처음 항해 관련법이 통과된 것은 1651년이었으며, 잇따라 통과된 유사법들을 묶어 총칭 항해법이라 하고 이후 200여 년 동안 시행했다. 항해법은 잉글랜드의 국제무역 독점을 돕기 위한 것이었다. 하지만 여기서 독점이란 정부가 아닌 민간 부문을 가리킨다는 사실을 염두에 둬야 한다. 기본 원칙은 잉글랜드의 무역에 잉글랜드 배만 관여해야 한다는 것이었다. 해외 선박이 유럽 이외의 지역에서 잉글랜드 또는 그 식민지로 물품을 운반하는 것뿐 아니라 제3국의 배가 유럽의 타 지역에서 잉글랜드로 물품을 운반하는 것조차 불법으로 막았다. 이런 이점 덕분에 잉글랜드 무역상과 수공업자는 당연히 이윤이 크게 늘었고, 이런 짭짤한 신사업 부문에서 혁신 의욕에 불을 지폈을 것이다.

가속화되는 기술혁신

종합해보면 잉글랜드는 사유재산권을 새로 만들거나 개선했고, 사회 간접자본을 확충했으며, 재정정책을 바꾸었고, 금융시장을 확대했으며, 무역상과 수공업자를 적극 보호했다. 1760년에 이르자 이 모든 요인이 한데 어우러져 상승효과를 내기 시작했다. 특허 발명품의 수가 급증했고 훗날 산업혁명의 핵심이 될 기술혁신이 확연히 더 왕성한 양상을 띠기 시작했다. 개선된 제도적 환경을 반영하듯 다방면에서 혁신이 이어졌다. 가장 중요한 분야는 동력이었다. 그리고 단연 눈에 띄는 것은 1760년대 제임스 와트의 아이디어 덕분에 활용도가 크게 높아진 증기기관이었다.

애초에 와트의 혁신은 복수실復水室(증기를 냉각수로 식혀 다시 액체로 만드는 설비 – 옮긴이)을 별도로 설치해, 따로 가열 및 방열 과정을 거치지 않아도 왕복운동을 하는 피스톤을 품은 실린더가 지속적으로 뜨거운 상태를 유지할 수 있게 한 것이었다. 와트는 이외에도 여러 아이디어를 개발했다. 증기기관의 동력을 더 효율적으로 변환하는 방법도 많았는데 그중 가장 유명한 것이 차동差動톱니바퀴(한 톱니바퀴가 다른 톱니바퀴의 주위를 돌면서 동력을 전달하는 장치 – 옮긴이)다. 모든 분야에서 기술적 혁신은 선배들의 노력이라는 토대 위에서 이루어졌다. 증기기관 역시 잉글랜드 발명가 토머스 뉴커먼Thomas Newcomen과 프랑스 물리학자이자 발명가 디오니시우스 파팽Dionysius Papin 등의 초기 노력이 큰 힘이 되어주었다.

파팽의 발명에 얽힌 사연 역시 착취적 제도하에서 창조적 파괴의 위협이 기술적 변화를 지연시킨 사례라 할 수 있다. 파팽은 1679년 '증기

압력솥steam digester'을 고안했고 1690년에는 피스톤 기관에까지 자신의 아이디어를 확대했다. 1705년에는 이런 기본적인 기관을 사용해 세계 최초의 증기선을 만들기도 했다.

이즈음 파팽은 독일 카셀Kassel 주에 있는 마르부르크대학University of Marburg에서 수학교수로 재직 중이었다. 그는 풀다Fulda 강에서 베저Weser 까지 증기로 배를 움직여보기로 마음먹었다. 이 물길을 지나는 배는 모두 뮌덴Münden 시에서 멈춰야 했다. 당시만 해도 풀다와 베저 강 운항은 뱃사공 길드의 독점사업이었다. 파팽도 말썽이 생길 것을 미리 알았던 게 분명하다. 친구이자 스승인 독일의 유명한 물리학자 고트프리트 라이프니츠Gottfried Leibniz가 카셀 주의 수장인 카셀 선거후選擧候(독일에서 황제 선거의 자격을 가진 제후 – 옮긴이)에게 파팽이 "방해받지 않고 통과할 수 있어야" 한다고 청원서를 제출한 것이다. 하지만 라이프니츠의 청원은 기각당했고 짤막한 답변만 되돌아왔다. "선거후 자문위원들은 상기 청원을 받아들이는 데 중대한 문제점을 발견했고, 그 이유는 밝히지 않았으나, 이 결과를 청원자에게 통보하라는 지시를 내렸으며, 숙의 결과에 따라 선거후께서 청원자의 요청을 수락할 수 없음을 통보하는 바다."

파팽은 이에 굴하지 않고 운항을 감행하기로 했다. 그의 증기선이 뮌덴에 도착하자 뱃사공 길드는 먼저 현지 판사에게 배를 압류해달라고 성화였지만 받아들여지지 않았다. 그러자 뱃사공들은 파팽의 배에 올라가 난동을 부렸고 증기기관을 산산조각 냈다. 파팽은 빈털터리로 생을 마감했으며 이름 없는 묘지에 묻혔다. 튜더왕조나 스튜어트왕조 시절이었다면 파팽은 잉글랜드에서도 비슷한 푸대접을 받았을지 모르지만 1688년 이후라면 사정이 사뭇 달랐을 것이다. 아닌 게 아니라 파팽

은 배가 부서지지 않았다면 자신의 증기선을 타고 런던으로 항해하려
던 참이었다.

제철 분야에서는 1780년대 헨리 코트Henry Cort가 핵심적인 공헌을 했
다. 코트가 철의 불순물을 처리하는 새로운 기법을 개발한 덕분에 한층
품질이 좋은 연철을 생산할 수 있었다. 기계 부품, 못, 철제 도구 등의 제
작에 대단히 중요했다. 코트의 기법을 사용해 연철을 대량 생산할 수 있
게 된 것은 1709년 석탄을 사용한 제철법을 선도했던 에이브러햄 다비
Abraham Darby와 그 아들들의 혁신 덕분이었다. 1762년에는 존 스미턴John
Smeaton이 수력으로 증기 실린더를 돌려 코크스cokes(탄소 덩어리로, 철광석
과 고온에서 가열하면 불순물이 코크스와 결합하기 때문에 순수한 철을 얻을 수
있다 - 옮긴이)를 만드는 기법을 고안해 제철 과정을 크게 개선했다. 이
후 철 생산 과정에서 목탄이 사라지고, 훨씬 비용이 적게 들고 쉽게 구
할 수 있는 석탄만 사용되었다.

혁신은 분명 누적되는 것이지만 18세기 중엽에 확연히 가속도가 붙
었다. 가장 두드러진 분야는 단연 직물산업이었다. 직물 생산에서 가장
기본이 되는 작업은 식물이나 면 또는 양모와 같은 동식물 섬유를 꼬아
서 실을 뽑아내는 방적紡績이다. 이렇게 뽑은 실을 엮어서 직물을 만든
다. 중세시기에 가장 탁월한 기술적 혁신 중 하나는 손으로 틀을 돌리던
수방적hand spinning을 대체한 물레였다. 물레는 1280년 유럽에 등장했으
며 서아시아에서 유래한 것으로 추정된다. 방적 기법은 18세기까지 변
화가 없었다. 괄목할 만한 혁신이 시작된 것은 1738년이었다. 루이스 폴
Lewis Paul이라는 발명가가 사람 손 대신 돌림판을 사용해 섬유에서 실을
빼내는 새로운 방법으로 특허를 낸 것이다. 하지만 이 기계는 제대로 작
동하지 않았고 방적 부문에서 진정한 혁명을 일으킨 것은 리처드 아크

라이트와 제임스 하그리브스의 혁신이었다.

1769년, 산업혁명의 핵심 인물 중 하나인 아크라이트는 루이스의 기계를 대폭 개선한 수력방적기water frame로 특허를 냈다. 그는 양말을 만들던 제데디아 스트럿Jedediah Strutt, 새뮤얼 니드Samuel Need와 손을 잡았다. 1771년 세 사람은 크롬포드Cromford에 세계 최초일지도 모를 공장을 세웠다. 새로운 기계는 수력으로 움직였고 아크라이트는 훗날 결정적으로 증기동력을 도입했다. 1774년 공장 직원은 600명까지 불어났고 아크라이트는 공격적으로 사업을 확장해 맨체스터, 매틀록Matlock, 바스Bath, 스코틀랜드의 뉴래나크New Lanark에까지 공장을 세웠다. 1764년 하그리브스는 아크라이트의 혁신을 보완해 다축多軸방적기를 발명했고, 이어 새뮤얼 크럼프턴Samuel Crompton은 이를 더 발전시켜 '뮬mule'이라는 방적기계를 선보였다. 얼마 지나지 않아 리처드 로버츠Richard Roberts는 크럼프턴의 발명품을 '자동 뮬self-acting mule'로 한 단계 끌어올렸다. 이런 혁신의 효과는 실로 혁명적이었다. 18세기 초입만 해도 손으로 100파운드의 면에서 실을 뽑아내려면 5만 시간이 걸렸다. 아크라이트의 수력방적기는 300시간, 자동 뮬은 135시간이면 충분했다.

방적이 기계화되자 직조織造도 기계화되었다. 주목할 만한 첫 행보는 1733년 존 케이가 발명한 '플라잉 셔틀'이었다. 처음에는 단순히 수직조手織造의 생산성을 높여주는 데 그쳤지만, 직조의 기계화에 근본적으로 기여한 발명품이었다. 1785년 에드먼드 카트라이트Edmund Cartwright는 플라잉 셔틀을 발전시켜 역직기力織機를 선보였다. 이를 시작으로 방적에서처럼 직조 분야에서도 잇따른 혁신으로 수작업을 대체할 기계들이 탄생할 수 있었다.

잉글랜드 직물산업은 산업혁명의 원동력이었을 뿐 아니라 세계경제를 혁명적으로 바꾸어놓기도 했다. 1780년에서 1800년 사이 면직물이 주도한 영국 수출은 두 배로 껑충 뛰었다. 전체 경제의 견인차 역할을 한 것이 바로 직물산업의 성장이었다. 기술 및 조직의 혁신이 한데 어우러지면서 온 세계에 날로 부유해질 수 있는 경제성장의 모형을 제공한 것이다.

이런 변신 과정의 요체는 새로운 아이디어를 가진 새로운 인물이었다. 운송 분야의 혁신만 봐도 그랬다. 잉글랜드에서는 그런 혁신의 물결이 여러 차례 몰려왔다. 먼저 운하가 건설되더니, 도로에 이어 마침내 철도가 들어섰다. 이런 혁신의 물결을 주도한 것은 매번 새로운 인물들이었다. 잉글랜드에서 운하가 발달하기 시작한 것은 1770년 이후이고, 1810년에는 주요 수공업 지역 대부분을 연결해주었다. 산업혁명이 한창일 때, 면직물 등 전례 없이 덩치가 커진 완성 수공업 제품과, 특히 원면과 증기기관에 사용되는 석탄 등 원재료를 실어 나르는 운송비용을 크게 절약해준 것이 바로 운하였다.

운하 건설 초기에 기여했던 혁신가 중 한 명은 제임스 브린들리James Brindley였다. 브리지워터 공작Duke of Bridgewater에게 고용된 그는 주요 공업 도시인 맨체스터와 리버풀 항구를 이어주는 브리지워터 운하를 건설했다. 농촌 지역인 더비셔Derbyshire 주에서 태어난 브린들리는 기계수리공으로 일했다. 기계 관련 문제에 관해 독창적인 해법을 찾는 그의 능력이 공작의 눈에 띄었다. 브린들리는 운송 관련 문제를 접해본 경험이 없었다. 다른 빼어난 운하 기술자들 역시 마찬가지였다. 토머스 텔퍼드는 석공으로 사회생활을 시작했고, 존 스미턴은 악기 제작자이자 토목기사였다.

탁월한 운하 기술자들이 원래 운송 분야와 관련이 없었던 것처럼 뛰어난 도로 및 철도 기술자들 역시 사정은 마찬가지였다. 1816년경 타맥tarmac으로 도로를 포장하는 새로운 공법을 개발한 존 매캐덤John McAdam은 하급 귀족의 둘째 아들로 태어났다. 리처드 트레비식은 1804년 최초의 증기기관차를 만들었다. 그의 아버지는 콘월Cornwall에서 광업에 종사했고, 리처드 역시 어린 나이에 가업에 뛰어들었지만, 결국 광산에서 사용하던 증기기관에 매료되었다. 더 중요한 혁신을 이루어낸 것은 까막눈 부모의 아들로 태어난 조지 스티븐슨이었다. '로켓 호'라는 유명한 증기기관차를 발명한 스티븐슨은 탄광에서 기관공으로 일을 시작했다.

핵심적이던 면직물산업을 주도한 것도 이런 새로운 인물이었다. 이 신생 산업의 선구자 중에는 과거 모직물 생산이나 거래에 깊숙이 관여했던 인물도 더러 있었다. 가령 존 포스터John Foster가 1835년 블랙 다이크 공장Black Dyke Mills을 열어 면직물 생산체제로 전환했을 때 모직물을 생산하는 700명의 수직기手織機 직조공을 고용하고 있었다. 하지만 포스터와 같은 인물은 드물었다. 당시 혁명을 주도하던 산업가 중에 제조 활동에 조금이라도 관여한 인물은 다섯 명 중 한 명 정도에 불과했다. 놀랄 일은 아니다. 면직물산업은 잉글랜드 북부의 신도시에서 발달했다. 공장은 전혀 새로운 생산 형태였다. 모직물산업은 노동자 개개인이 재료를 집으로 가져가 직접 실을 뽑고 직물을 짜오는 면직물과는 사뭇 다른 골격을 가지고 있었다. 따라서 모직물산업 종사자 대부분은 포스터가 그랬던 것처럼 곧장 면직물 생산체제로 전환할 형편이 아니었다. 새로운 기술을 개발하고 사용하려면 새로운 인물들이 필요했다. 면직물산업이 급속도로 팽창하자 모직물산업은 치명타를 입는다. 전형적인 창조적 파괴의 양상이었다.

창조적 파괴는 단순히 소득과 부만 재분배하는 것이 아니다. 실력자들이 정치적 파문을 우려해 윌리엄 리의 발명품을 달가워하지 않았던 데서도 알 수 있듯이 창조적 파괴는 정치권력 또한 재분배한다. 맨체스터와 버밍엄에서 공업 경제가 확대되면서 고개를 든 신흥 공장주 및 중산층은 정치적 권리가 결여되었다며 목소리를 높이기 시작했고 자신들의 이해관계에 어긋나는 정부 정책에도 반기를 들었다. 이들이 중점적으로 공격한 것은 가격이 지나치게 낮아지면 곡물(모든 씨앗과 곡류에 해당되었지만 주로 밀을 겨냥했다)의 수입을 금지하는 '곡물법Corn Laws'이었다. 곡물법은 대지주의 이윤을 높은 수준으로 유지하기 위한 법규였다. 밀을 생산하는 대지주에게는 더할 나위 없이 좋은 법이지만 빵값이 높아지면 그에 상응하는 높은 임금을 지불해야 하는 수공업자에게는 악법이었다.

노동자가 새 공장과 공업 중심지에 몰려들면서 조직적으로 움직이며 폭동을 일으키기가 한결 수월해졌다. 1820년대 무렵이 되자 신흥 수공업자와 수공업 중심지를 더 이상 정치적으로 배제하기 어려워졌다. 1819년 8월 16일, 맨체스터의 성 피터 광장St. Peter's Fields에서는 정치체제와 정부의 정책에 항의하는 집회가 열릴 예정이었다. 집회를 조직한 것은 현지 붓 수공업자이자 급진적 신문인 〈맨체스터 옵서버Manchester Observer〉의 창간인 중 한 명인 조지프 존슨Joseph Johnson이었다. 면직물 수공업자이자 개혁가인 존 나이트John Knight와 〈맨체스터 옵서버〉의 편집장 존 새커 색스턴John Thacker Saxton도 집회 조직에 참여했다. 6만여 명의 시위대가 집결했고, '곡물법 폐지', '보통선거권', '투표용지 사용(1819년에는 공개투표를 하던 터라 비밀투표를 요구하는 구호다)' 등의 현수막을 든 이들도 많았다.

이 집회에 대해 불안감을 감추지 못한 당국은 600명에 달하는 제15

경기병연대를 파견했다. 연설이 시작되자 현지 치안판사는 연사들에 대한 체포영장을 발부했다. 영장을 집행하려던 경찰은 군중의 저항에 부딪혔고, 이내 싸움이 벌어졌다. 바로 이때 경기병연대가 군중을 공격했다. 그 짧은 아비규환 속에서 11명이 죽고 600여 명의 부상자가 발생한 것으로 추정된다. 〈맨체스터 옵서버〉는 이 사건을 '피털루 학살Peterloo Massacre(성 피터 광장과 워털루전투Battle of Waterloo를 합성해 만든 표현이다 – 옮긴이)'이라 불렀다.

하지만 이미 정치와 경제 제도에서 많은 변화가 일어난 터라 잉글랜드에서 장기적인 탄압은 해법이 될 수 없었다. 피털루 학살은 이례적인 사건이었다. 폭동 이후 잉글랜드의 정치제도는 압력에 굴복하게 된다. 1830년 프랑스의 샤를 10세는 1789년 프랑스혁명으로 무너진 절대왕정을 복고하려다 또 한 차례 혁명에 휘말린 바 있었다. 특히 이 사건으로 훨씬 광범위한 사회불안이 생길지 모른다는 우려가 컸던 터였다. 1832년 정부는 '제1차 선거법 개정안First Reform Act'을 통과시켰다. 버밍엄, 리즈, 맨체스터, 셰필드 등에 선거권을 부여했고 의회에서 수공업자의 뜻이 반영될 수 있도록 유권자 기반도 확대했다. 이에 따른 정치권력의 변화로 정부 정책은 신흥 정치 이익집단에 유리한 방향으로 옮겨가기 시작했다. 1846년에는 그토록 증오하던 곡물법을 철폐시켜 창조적 파괴가 단순히 소득만이 아닌 정치권력마저 재분배한다는 사실을 여실히 증명했다. 당연히 정치권력의 재분배는 시간이 흐르면서 소득의 재분배로 이어질 수밖에 없었다.

이런 과정이 이어질 수 있었던 것은 잉글랜드의 제도가 포용적 성향을 띠고 있었기 때문이다. 창조적 파괴를 두려워하거나 실제로 그로부터 타격을 입는 이들도 더 이상 막아낼 재간이 없었던 것이다.

왜 하필 잉글랜드였을까?

산업혁명이 유독 잉글랜드에서 싹이 터 가장 크게 발전할 수 있었던 것은 독보적이라 할 만큼 포용적인 경제제도 덕분이었다. 물론 포용적인 경제제도는 명예혁명이 가져다준 포용적 정치제도의 기반 위에 마련된 것이다. 명예혁명은 사유재산권을 합리적으로 강화하고, 금융시장을 개선했으며, 해외무역에서 정부가 허용한 독점을 와해시키고 산업 확장을 가로막는 진입 장벽을 제거해주었다. 경제적 필요성과 사회의 열망에 한층 더 민감한 개방적인 정치체제를 만들어준 것도 명예혁명이었다.

이런 포용적 경제제도는 제임스 와트처럼 재능과 비전을 겸비한 인물들이 자신은 물론 나라에도 이익이 되는 방식으로 체제에 영향을 줄 기술과 아이디어를 개발할 기회와 인센티브를 제공해주었다. 이들은 일단 성공한 후에는 당연히 다른 이들과 마찬가지 욕구를 느꼈다. 이들은 이미 창조적 파괴 과정에서 다른 이들을 파산 지경으로 몰아넣은 바 있다. 신규 참여자가 사업에 뛰어들어 경쟁을 벌이면 자신들 역시 창조적 파괴 과정에서 뒤처지지 말라는 법이 없었으므로 당연히 그런 경쟁을 막고자 했다. 하지만 1688년 이후 진입 장벽을 세우기가 한층 어려워졌다. 1755년 리처드 아크라이트는 자신이 얻어낸 특허권이 급속히 팽창하던 면방적 산업에 전면적인 독점권을 부여해줄 것이라 믿었다. 하지만 법원은 이 특허권을 그의 뜻대로 집행해주지 않았다.

왜 이런 특이한 과정이 잉글랜드에서, 그것도 17세기에 벌어진 것일까? 잉글랜드는 왜 다원주의적 정치제도를 발전시키고 착취적 제도에서 멀어진 것일까? 앞서 살펴보았듯이 명예혁명으로 이어지는 정치적 변화는 여러 가지 서로 연관된 과정의 결과물이었다. 그 중심에는 절대 왕정과 이를 반대하는 세력의 정치 갈등이 있었다. 이 갈등이 절대왕정의 반대 세력에 유리하게 해소되면서 잉글랜드에서 새롭게 더 강력한 절대왕정을 수립하려던 시도가 수포로 돌아갔을 뿐 아니라 사회제도를 근본적으로 바꾸어보려던 세력의 힘을 키워주었다. 절대왕정을 반대하던 세력은 단순히 또 다른 형태의 절대주의 정권을 세우려고 시도하지 않았다. 장미전쟁에서 랭커스터 가문이 요크 가문을 격퇴한 것과는 차원이 다른 과정이었다. 명예혁명은 헌정 질서와 다원주의에 기반을 둔 새로운 정권의 탄생을 의미했다.

그 결과 잉글랜드에서는 결정적 분기점과 상호작용을 통해 제도적 부동 과정이 전개되며 여러 정치·경제적 영향을 미쳤다. 이전 장에서도 살펴보았듯이 봉건제도는 서로마제국이 몰락한 이후 서유럽에서 만들어졌다. 봉건제는 동서를 막론하고 유럽 대부분 지역에 확산되었다. 하지만 4장에서 보았듯이 서유럽과 동유럽은 흑사병 발병 이후 급격히 갈라진다. 정치와 경제 제도의 작은 차이로 서유럽에서는 권력의 균형이 제도적 개선으로 이어졌지만, 동유럽은 오히려 제도적으로 퇴보하는 결과를 낳았다.

하지만 반드시 불가피하게 포용적 제도로 이어진 것은 아니었다. 포용적 제도가 태동하려면 그 과정에서 한층 더 중요한 고비를 여러 차례 넘겨야 했다. 헌정 질서를 위한 일부 기본적인 제도적 기반을 확립하려 한 마그나카르타가 두드러져 보이긴 하지만 유럽 다른 지역, 심지어 동유럽에서도 유사한 문헌으로 비슷한 투쟁을 한 사례들이 없지 않았다. 마그나카르타와 같은 문헌은 특히 서유럽에서 파급력이 컸다. 동유럽에서는 무용지물이나 다름없었다. 잉글랜드에서는 17세기에 갈등이 불

거지기 전에도 국왕이 의회의 동의 없이 새로운 세금을 거두지 못한다
는 규범이 확립되어 있었다. 엘리트층에서 일반 시민으로 권력이 점진
적으로 재분배되었다는 사실도 주목해야 한다. 1381년 농민반란 등 잉
글랜드에서 정치적 목적으로 농민을 동원한 사례를 통해서도 이런 현
상을 엿볼 수 있다(잉글랜드 농민반란은 영국 역사상 최대 규모였으며 와트
타일러라는 지도자가 농노제 폐지를 요구하며 농민군을 이끌어 런던까지 점령
한 바 있다. 리처드 2세 국왕은 타일러를 만나 요구를 들어주는 척하다 살해해버
렸고, 이로써 반란은 일단락되었지만, 농노제가 크게 흔들리는 계기가 되었다 –
옮긴이).

이런 제도적 부동 과정은 대서양을 통한 해외무역의 대대적 확대라
는 또 다른 결정적 분기점과 상호작용을 하게 된다. 4장에서 살펴보았
듯이 이 상호작용이 어떤 제도적 결과로 이어질지 가장 큰 영향을 미친
것은 왕실이 해외무역에 독점권을 부여할 수 있느냐의 여부였다. 잉글
랜드에서는 의회의 권한이 더 컸으므로 튜더와 스튜어트왕조가 독점권
을 행사하기 어려웠다. 그 덕분에 잉글랜드에 절대왕정을 수립하려는
시도에 극렬히 반대하는 새로운 계층의 상인과 사업가가 탄생할 수 있
었다. 가령 1686년 런던에는 카리브 해 수출업자가 702명, 수입업자가
1,283명에 달했다. 북아메리카에는 691명의 수출업자와 626명의 수입
업자가 있었다. 이들은 창고지기, 선원, 선장, 부두 근로자, 서기 등을 대
거 고용했으며 당연히 이들 노동자도 고용주와 이해관계가 다르지 않
았다. 브리스틀Bristol, 리버풀, 포츠머스 등 활동이 왕성했던 다른 항구도
그런 상인으로 북적댔다. 이 신흥 계층은 기존과 다른 경제제도를 바라
고 요구했으며, 무역을 통해 부를 축적할수록 힘이 더 강해졌다.

프랑스, 에스파냐, 포르투갈 역시 같은 현상이 벌어지고 있었다. 하지

만 이들 나라에서는 무역과 이윤을 통제하는 국왕의 권한이 한층 강했다. 잉글랜드를 뒤바꾸어놓은 신진 세력이 이들 나라에서도 이내 등장했지만, 잉글랜드에 비해 대단히 수가 적었고 힘도 미약했다.

장기의회가 개원되고 1642년 내전이 발발했을 때 이들 상인은 주로 의회파의 대의명분 편에 서서 싸웠다. 1670년대에는 스튜어트 절대왕정 설립에 반대하는 휘그당 설립에 깊숙이 관여하기도 했고, 1688년에는 제임스 2세를 몰아내는 데 결정적인 역할을 했다(찰스 2세 사후, 제임스 2세의 즉위 문제를 두고 영국은 가톨릭을 믿는 국왕의 즉위를 반대하는 휘그파와 이를 찬성하는 토리파로 갈라졌다. 휘그Whig는 원래 '말 도둑'을 뜻하는 스코틀랜드 단어에서 유래했고, 토리Tory는 '가축 도둑'을 뜻하는 아일랜드 단어에서 유래했다. 신교도에 동조하는 스코틀랜드와 가톨릭에 쏠린 아일랜드를 빗대 서로 경멸조로 부르던 표현이 굳어진 것이다. 명예혁명 당시 잠시 손을 잡기도 했지만, 19세기 이후 휘그파는 신흥 시민과 함께 자유주의 개혁을 추진하며 자유당으로 발전했고, 토리파는 보수당으로 발전했다 – 옮긴이). 따라서 군주제를 지지하는 세력과 절대왕정에 반대하는 세력 간의 갈등에서 힘의 균형을 흔들어놓은 요인은 아메리카 대륙 발견에 따른 무역 기회의 확대, 해외무역 및 식민지 경제 발달 과정에서 잉글랜드 신흥 상인 세력의 대규모 참여, 그에 따른 막대한 부의 축적 등으로 요약될 수 있다.

다양한 이해관계가 고개를 들고 저마다 힘을 행사할 수 있었다는 것은 (튜더왕조 시절에 등장한 농업을 주 수입원으로 하는 하급 귀족 계층인 젠트리에서 다양한 형태의 수공업자와 대서양 무역상에 이르기까지) 튜더 절대왕정에 반대하는 연합세력이 그만큼 강했을 뿐 아니라 그 범위도 대단히 넓었다는 뜻이라는 사실에 무엇보다 주목해야 할 것이다. 이 연합세력의 힘은 1670년대 휘그당의 창설로 더욱 강해진다. 연합의 이익을 증진할 조직력을 제공해주었기 때문이다. 그런 권한 확대는 명예혁명 이후 다원주의가 뿌리를 내리는 토양이 되어주었다. 스튜어트왕조에 맞서 싸우던 반대 세력이 동일한 이해관계와 동일한 배경을 가진 자들이었다면 스튜어트왕조의 몰락은 랭커스터 가문 대 요크 가문 싸움의 재판이었을 가능성이 높다. 편협한 이해관계를 가진 두 집단이 서로 싸우다 종국에는 동일한 또는 다른 형태의 착취적 제도로 갈아치우거나 재수립하는 한계를 면치 못했을 것이다.

연합세력이 광범위했다는 것은 다원주의적 정치제도 창설에 대한 요구가 그만큼 크다는 의미였다. 어떤 식으로든 다원주의가 뿌리내리지 않으면 다양한 이해관계를 가진 집단 중 하나가 나머지를 물리치고 권력을 찬탈할 위험이 상존했다. 1688년 이후 의회가 그런 폭넓은 연합세력을 대변했다는 사실은 의원들이 의회 밖의 인민은 물론 투표권이 없는 이들이 제기하는 청원에까지 귀를 기울이게 한 핵심적인 요인이었다. 맨체스터법 이전에 모직물산업 관계자들이 그랬던 것처럼 다른 이들을 희생시켜가며 단일 집단이 독점권을 획득하려는 시도를 예방하는 데도 중요한 역할을 했다.

명예혁명을 기념비적 사건이라 하는 것은 이처럼 권한이 커진 광범위한 연합세력이 주도했기 때문이다. 또 이 연합세력은 명예혁명으로 한층 더 힘을 키워 행정부의 권한은 물론 세력 내 일원들의 권한에도 제약을 가할 수 있는 헌정 질서를 마련할 수 있었다. 가령 바로 이런 제약들 덕분에 모직물 수공업자들이 면직물 및 퍼스티언 수공업자의 잠재적 경쟁을 막지 못한 것이다. 1688년 의회의 권한이 막강해진 것도 바로 이 광범위한 연합세력 덕분이었지만, 또 그 덕분에 의회 내에서 단일 세력의 힘이 지나치게 비대해져 권력을 남용하는 일도 견제할 수 있었다.

다원주의 정치제도의 태동에 빼놓을 수 없는 요인이 된 것이다. 11장에서 살펴보겠지만, 포용적 정치·경제 제도가 꾸준히 강화되는 데 중요한 역할을 한 것도 바로 이런 광범위한 연합세력의 권한강화empowerment 덕분이었다.

하지만 이 모든 일이 벌어진다 해서 진정한 다원주의 정권이 반드시 들어서리라는 보장은 없었다. 그런 정권의 태동은 부분적으로 역사의 우발적 경로를 따른 결과였다 할 수 있다. 스튜어트왕조에 맞서 싸운 잉글랜드내전에서도 연합세력이 승리했지만 올리버 크롬웰의 독재로 이어진 바 있다. 연합세력의 힘이 강하다 해서 반드시 절대왕권을 물리칠 수 있다는 뜻도 아니다. 제임스 2세는 오렌지 공 윌리엄을 물리쳤을 수도 있다. 다른 정치적 갈등의 결과나 마찬가지로 주요 제도적 변화가 걷는 길 역시 역사의 우발성에 좌우되기 마련이다. 제도적 부동 과정으로 절대왕정에 반대하는 광범위한 연합세력이 만들어지고 대서양 무역 기회라는 결정적 분기점으로 스튜어트왕조가 불리한 입장에 처했었다 하더라도 역사의 우발성을 무시할 수는 없었다. 따라서 잉글랜드의 사례에서 다원주의 및 포용적 제도가 태동하는 데 결정적인 역할을 한 것은 역사적 우발성과 광범위한 연합세력이라고 할 수 있다.

발달을
가로막는
장벽

8장

중앙집권정부의 부재 또는 미약한 중앙집권화는 절대주의 체제만큼이나 산업화의 확산을 저해한다. 이는 창조적 파괴를 두려워해서 비롯되는 현상인 데다 중앙집권화 과정이 흔히 절대주의 체제로 이어지는 경향이 있기 때문이다.

인쇄 금지

1445년, 독일의 마인츠^{Mainz} 시에서 요하네스 구텐베르크는 이후 경제 역사에 엄청난 영향을 줄 혁신을 선보였다. 주형으로 만든 활자를 사용하는 인쇄기를 발명한 것이다. 이전까지 책을 만들려면 필경사^{筆耕士}들이 손으로 원본을 베껴 쓰는 대단히 느리고 고된 과정을 거치거나, 각장에 맞는 나무판을 깎아 통째로 인쇄하는 방법을 사용했다. 따라서 책이 워낙 귀하고 값도 대단히 비쌌다. 구텐베르크의 발명 이후 사정이 달라지기 시작했다. 책을 인쇄하다 보니 한결 쉽게 구해볼 수 있게 된 것이다. 구텐베르크의 발명 덕분에 문맹률이 급격히 줄고 대중교육이 널리 확대될 수 있었다 해도 과언이 아니다.

서유럽이 인쇄술의 중요성을 인식하는 데는 그리 오랜 시간이 걸리지 않았다. 1460년에는 국경 너머 프랑스 스트라스부르^{Strasbourg}에도 인쇄기가 도입되었다. 1460년대 후반에는 이탈리아 전역으로 인쇄술이 확산되어 로마와 베네치아도 인쇄기를 들여놓았으며, 머지않아 피렌체, 밀라노, 토리노Turin 등도 이 대열에 동참했다. 1476년에는 윌리엄 캑스턴William Caxton이 런던에 인쇄기를 가져왔고, 2년 후에는 옥스퍼드에도 한 대가 투입되었다. 같은 시기에 저지대 국가와 에스파냐로 인쇄술이 확산되었고, 동유럽에까지 영향을 미쳐 1473년에는 부다페스트에서, 이듬해에는 크라쿠프Cracow에서도 인쇄기를 볼 수 있었다.

　모두가 인쇄술을 바람직한 발명품으로 여긴 것은 아니었다. 일찍이 1485년에도 오스만제국의 술탄 바예지드 2세Bayezid II는 이슬람교도의 아랍어 인쇄 행위를 분명하게 금지하는 칙령을 반포했다. 1515년 셀림 1세Selim I는 이 칙령을 한층 더 강화했다. 1727년이 돼서야 처음으로 오스만제국 땅에 인쇄기가 들어올 수 있었다. 아흐메드 3세Ahmed III는 이브라힘 뮈테페리카Ibrahim Müteferrika의 인쇄소 설립을 허용하는 칙령을 반포했다. 하지만 이런 때늦은 조치마저 제약을 두어 견제했다. 칙령은 "아리따운 신부의 등장처럼 서방의 기술을 드러내는 다행스러운 날이며 다시는 감추지 않을지어다"라고 인쇄술 도입을 반기면서도 뮈테페리카의 인쇄소에 대한 감시를 소홀히 하지 않았다. 칙령의 내용은 다음과 같았다.

　인쇄된 책에 인쇄 오류가 없도록 이슬람 율법에 정통한 현명하고 존경받는 특출한 종교학자의 확인을 거친다. 이들이 더 많은 공덕과 지혜를 쌓기를 기원하며, 확인 작업에 참여할 율법학자는 이스탄불의 카디Kadi(이슬람 율법을 따르는 판관 - 옮긴이) 메블라나 이샤크Mevlana Ishak와 셀라니키Selaniki의 카디 메블라나 사히브Mevlana Sahib, 갈라타Galata의 카디 메블라나 아사드Mevlana Asad다. 그가 더 많은 지혜와 지식을 쌓기를 기원하며, 교파 학자의 주축인 메블레비^{Mevlevihane} 수도원 소속 카심 파샤^{Kasim Paşa}의 셰이크^{Sheykh}(이슬람교에서 부족장, 종교 지도자, 종교 관리에 대한 존칭 - 옮긴이) 메블라나 무사^{Mevlana Musa}가 교정 작업을 총괄한다.

뮈테페리카는 인쇄소 설립을 승인받았지만 인쇄하는 책마다 이른바 '카디'라고 부르는 종교 율법학자 세 명의 검열을 거쳐야 했다. 인쇄술이 좀 더 일찍 도입되었더라면 다른 이들과 마찬가지로 카디의 지혜와 지식이 한층 더 빨리 쌓였을 것이다. 하지만 뮈테페리카가 인쇄소 설립을 허락받은 이후에도 사정은 전과 다름없었다.

뮈테페리카가 인쇄한 책이 몇 권 안 된다는 사실은 놀랄 일도 아니다. 인쇄를 시작한 1729년에서 일을 그만둔 1743년까지 고작 17권을 찍었을 뿐이다. 그의 가족이 가업을 이어보려 했으나 일곱 권을 추가로 인쇄했을 뿐이고 1797년 마침내 두 손을 들고 말았다. 튀르키예의 오스만제국 본토를 벗어나면 인쇄술은 이보다 훨씬 뒤처져 있었다. 가령 이집트에 인쇄기가 도입된 것은 1798년으로, 나폴레옹 보나파르트가 이집트를 복속시키려다 실패했을 때 프랑스 군대가 들여온 것이었다. 19세기 후엽까지도 오스만제국의 책 생산은 주로 원본을 베껴 쓰는 필경사에 의존하고 있었다. 18세기 초 이스탄불에서 활동했던 필경사는 무려 8만 명에 달했다고 한다.

인쇄술에 대한 저항은 문맹률, 교육, 경제적 성공에 분명한 영향을 미쳤다. 1800년도에 글을 읽고 쓸 줄 알았던 오스만제국 시민은 고작 2~3퍼센트에 불과했던 것으로 추정된다. 잉글랜드에서는 성인 남성 60퍼센트, 성인 여성 40퍼센트가 읽고 쓸 줄 알았다. 네덜란드와 독일의 문자해득률은 이보다 한참 높았다. 고작 20퍼센트가량의 성인만 읽고 쓸

줄 알았던 폴란드처럼, 오스만제국 땅은 교육수준이 가장 낮은 유럽 나라와 비교해서도 크게 뒤떨어져 있었다.

고도로 절대주의적이고 착취적인 오스만제국의 제도를 고려하면 인쇄술에 대한 술탄의 적대감은 어렵지 않게 이해할 수 있다. 책은 사고思考를 전파시키고 그만큼 백성을 통제하기 어렵게 한다. 어떤 사고는 경제 성장을 증진할 수 있는 소중한 새로운 방법에 관한 것일 수도 있지만, 또 어떤 사고는 체제를 부정하며 기존의 정치 및 사회 질서를 뒤흔들어 놓는 것일 수도 있다. 책은 또한 구두로 전해지는 지식에 대한 통제력도 약화시킨다. 글을 아는 누구라도 지식을 습득할 수 있기 때문이다. 따라서 인쇄술은 엘리트층이 지식을 장악하던 기존 질서를 파괴할 위협으로 여겨졌다. 오스만제국의 술탄과 종교 집단이 두려워한 것은 인쇄술이 초래할 창조적 파괴였다. 이들의 해법은 인쇄를 금지하는 것이었다.

산업혁명은 거의 모든 나라에 영향을 끼친 결정적 분기점을 만들었다. 잉글랜드처럼 상업과 산업화, 기업 활동을 허용하는 수준에 그치지 않고 적극 장려해 고속 성장을 이룬 나라도 있었다. 오스만제국과 중국 등 여러 절대주의 정권은 산업의 확산을 아예 막거나 장려하려 들지 않았기 때문에 그런 나라에 뒤처질 수밖에 없었다. 기술혁신에 대한 반응은 정치·경제 제도에 따라 달랐다. 이번에도 기존 제도와 결정적 분기점의 상호작용으로 제도와 경제적 성과가 크게 엇갈리는 낯익은 패턴이 반복된 것이다.

제1차 세계대전이 끝나 무너질 때까지도 오스만제국은 절대주의 체제를 유지하며 인쇄술 같은 혁신을 반대하고 지연시켜 그에 따른 창조적 파괴 과정을 모면할 수 있었다. 잉글랜드에서 가능했던 경제적 변화가 오스만제국에서 일어나지 않은 이유는 착취적이고 절대주의적인 정치제도와 착취적 경제제도가 자연스레 어우러졌기 때문이다. 현실적으로 일부 소수 집단 또는 엘리트층의 지지가 있어야 그런 정권이 유지되는 게 사실이지만, 절대주의 체제란 법이나 다른 집단의 바람을 철저히 무시하는 정권을 가리킨다.

가령 19세기 러시아에서 차르는 전체 인구의 1퍼센트 정도를 대변하는 귀족층의 지지를 받는 절대적 지도자였다. 이런 편협한 집단이 항구적 권력 유지를 위해 정치제도를 수립한 것이다. 러시아 사회에는 의회는 물론 다른 집단을 대변하는 정치기구가 전혀 없었다. 1905년이 돼서야 차르가 제정 러시아 의회인 두마Duma를 설립했지만, 권한은 보잘것없었고 그마저도 곧 제동을 걸곤 했다. 당연히 경제적 제도 역시 차르와 귀족의 배를 최대한 불릴 수 있도록 착취적 성향을 띠었다. 그 근간이 된 것은 착취적 경제제도가 대체로 그렇듯이 대규모 강제노역 및 통제체제였다. 러시아의 농노제도는 특히 패악이 심했다.

절대주의 체제가 산업화를 방해한 유일한 정치제도는 아니었다. 절대주의 정권이 다원적이지 않고 창조적 파괴를 두려워한 것은 사실이지만 중앙집권화된 정부가 많았으며, 적어도 인쇄술 같은 혁신에 금지령을 내릴 수 있을 정도의 중앙집권화를 이룬 정부들이었다. 오늘날에도 아프가니스탄, 아이티, 네팔 등의 나라에는 중앙집권화가 결여된 정부가 들어서 있다. 사하라 이남 아프리카에서는 상황이 더 심각하다. 앞서도 주장했듯이 규율과 질서를 유지하고 사유재산권을 집행할 만한 중앙집권정부가 없다면 포용적 제도가 싹틀 수 없다. 이번 장에서는 사하라 이남의 여러 지역에서(가령 소말리아와 남부 수단) 산업화를 막고 있는 주요 걸림돌이 바로 중앙집권정부의 부재라는 사실을 살펴볼 것이다. 이런 자연스러운 전제조건이 없다면 산업화는 첫걸음조차 뗄 수가 없게 된다.

절대주의 체제만큼이나 산업화의 확산을 저해하는 장애물이 중앙집권정부의 부재 또는 미약한 중앙집권화다. 언뜻 서로 다른 듯하지만 두 가지 장애물은 서로 연결되어 있기도 하다. 창조적 파괴를 두려워해서 비롯되는 현상인 데다 중앙집권화 과정이 흔히 절대주의 체제로 이어지는 경향이 있기 때문이다. 중앙집권화를 꺼리는 이유는 포용적 제도를 달가워하지 않는 이유와 크게 다르지 않다. 기존 집권 세력이 중앙집권정부와 그 정부를 통제하는 세력에 의해 정치권력을 박탈당하는 상황을 두려워하는 것이다. 이전 장에서 살펴본 잉글랜드 튜더왕조하의 중앙집권화 과정에서는 이런 정치권력의 상실을 막기 위해 전국에 영향을 줄 만한 정치제도를 수립할 때 다양한 지역 엘리트층이 더 큰 발언권과 대표성을 요구한 바 있다. 이에 따라 더 강력한 의회가 만들어졌고 궁극적으로 포용적 정치제도가 태동할 수 있었던 것이다.

하지만 중앙집권화 과정이 더 극심한 절대주의 체제를 불러오는 정반대의 상황이 벌어지는 사례가 많다. 1682년에서 사망한 해인 1725년까지 표트르대제가 이끈 러시아 절대주의 체제의 연원만 보더라도 이를 잘 알 수 있다. 표트르는 이른바 보야르Boyars라는 구귀족으로부터 권력을 빼앗아 근대 관료주의 정부와 근대식 군대를 창설하기 위해 상트페테르부르크에 새 수도를 건설했다. 자신을 차르의 자리에 앉혀준 '귀족 회의Boyar Duma'마저 철폐했다. 표트르는 완전히 새로운 사회 계급질서인 '관리등급표Table of Ranks'도 도입했는데 근본적으로 차르에게 모든 권력을 집중시키기 위한 것이었다. 잉글랜드에서 헨리 8세가 중앙집권화를 단행할 때와 마찬가지로 표트르대제 역시 교회를 왕권에 종속시

컸다. 중앙집권화 과정을 통해 표트르는 다른 세력으로부터 권력을 빼앗아 자신에게 집중시킨 것이다. 그의 군사 개혁은 전통 친위대인 스트렐치Streltsy의 반란을 초래했다. 이들에 이어 중앙아시아의 바슈키르족Bashkirs과 불라빈의 반란Bulavin Rebellion(콘드라티 불라빈이라는 농민 지도자가 일으킨 농민반란 - 옮긴이) 등 봉기가 잇따랐으나 모두 무위에 그쳤다.

표트르대제는 중앙집권화에 성공하고 반대 세력도 물리쳤지만, 세계 다른 지역에서는 스트렐치처럼 자신들의 권력 기반이 흔들리는 것을 우려해 중앙집권화에 반대하는 세력이 이내 승기를 잡고 그 결과 중앙집권정부가 들어서지 못해, 종류만 다를 뿐 착취적 정치제도가 지속된 사례가 수두룩하다.

이번 장에서는 산업혁명으로 결정적 분기점이 만들어졌는데도 수많은 나라가 산업 발전의 기회를 놓치고 만 이유를 살펴본다. 오스만제국처럼 절대주의적 정치·경제 제도가 이어졌거나, 소말리아처럼 중앙집권화가 진행되지 못했기 때문이었다.

작지만 중요한 차이

17세기 들어 잉글랜드에서는 절대왕정이 무너졌지만, 에스파냐에서는 오히려 더 강해졌다. 잉글랜드 의회에 해당하는 에스파냐의 코르테스는 이름뿐인 기구였다. 에스파냐는 1492년 이사벨라 여왕과 페르디난트 왕의 결혼으로 카스티야Castile와 아라곤Aragon 왕국이 합병해 탄생한 나라였다. 8세기부터 에스파냐 남부를 점령했던 아랍 이슬람 세력은 그라나다, 코르도바, 세비야 등의 대도시를 건설했다. 이 이슬람 세력을 축출하는 데 주력했던 오랜 세월을 레콘키스타Reconquest(재정복)라 한다. 에스파냐의 탄생은 바로 이 레콘키스타가 마무리되던 시기와 맞물려 있다. 이베리아반도에서 마지막까지 에스파냐에 저항하던 이슬람 지역인 그라나다가 함락되었을 때 크리스토퍼 콜럼버스는 아메리카 대륙을 발견하고 자신의 여행 자금을 대준 이사벨라 여왕과 페르디난트 국왕에게 상납할 땅을 확보하기 시작했다.

카스티야와 아라곤왕국이 합병하고 이어 왕실 간 결혼과 왕위승계가 잇따르면서 에스파냐는 유럽 초강대국으로 부상하게 된다. 이사벨라 여왕은 1504년 숨을 거두었고 그녀의 딸인 후아나Joanna가 카스티야 여왕으로 등극했다. 후아나는 신성로마제국 황제 막시밀리안 1세의 아들인 합스부르크왕가의 펠리페와 결혼한 상태였다. 1516년 후아나와 펠리페의 아들 카를로스가 카스티야 및 아라곤의 왕 카를로스 1세로 왕위에 올랐다. 아버지가 죽자 카를로스는 유산으로 물려받은 네덜란드와 프랑슈콩테Franche-Comté 땅을 이베리아와 아메리카 대륙까지 아우르던 자신의 영토에 병합했다. 1519년 막시밀리안 1세가 세상을 떠나자 카를로스는 독일의 합스부르크 영토까지 물려받아 신성로마제국 황제 카를로스 5세로 등극했다. 1492년 두 왕국의 합병으로 탄생한 에스파냐는 궁극적으로 대륙을 뛰어넘는 제국으로 발전했고 카를로스는 이사벨라와 페르디난트가 기틀을 마련한 절대주의 체제를 지속적으로 다져나갔다.

에스파냐에서 절대주의 체제를 수립하고 강화하려는 노력에 막대한 기여를 한 것은 아메리카 대륙에서 발견한 귀금속이었다. 멕시코 과나후아토에서는 이미 1520년대에 은이 대량으로 발견되었고 곧이어 멕시코 사카테카스Zacatecas에서도 개발되었다. 1532년 페루 정복 이후 에스파냐 왕실의 부는 더 크게 불어났다. 정복사업으로 얻은 모든 약탈품은 물론 광산에서도 '5분의 1 왕실세^{royal fifth}'라는 지분 형태로 세금을 거두어들였다. 1장에서 살펴보았듯이 1540년대에는 포토시에서 은맥이 터져 에스파냐 왕실의 국고를 가득 채워주기도 했다.

카스티야와 아라곤 왕국의 합병 당시 에스파냐는 유럽에서 경제적으로 가장 성공한 지역에 속했다. 하지만 절대주의 정치체제가 확립된 이후에는 다른 지역에 비해 경제력이 기우는가 싶더니 1600년 이후에는 완연한 하락 추세로 접어들었다. 레콘키스타 직후 이사벨라와 페르디난트의 첫 번째 행보는 유대인 토지 몰수였다. 에스파냐에 살던 약 20만 명에 달하는 유대인에게 넉 달 시한을 주고 떠나라고 한 것이다. 이들은 헐값에 땅과 재산을 팔아넘겨야 했고 금과 은을 에스파냐 영토 밖으로 가져갈 수도 없었다. 100년 남짓 지나서 유사한 인간적 비극이 되풀이되었다. 1609년에서 1614년 사이 펠리페 3세는 에스파냐 남부에 거주하던 아랍 국가 시민의 후손인 모리스코스^{Moriscos}를 추방했다. 유대인과 마찬가지로 모리스코스 역시 최소한의 세간만 챙겨갈 수 있었고 금과 은 등 귀금속은 일절 가져가지 못했다.

합스부르크왕가가 에스파냐를 통치하던 시절에는 다른 면에서도 사유재산권이 불안정했다. 아버지 카를 5세의 뒤를 이은 펠리페 2세는 1556년에 이어 1557년, 1560년에도 연거푸 부채를 상환하지 않아 금융 거상이던 푸거^{Fugger}와 벨저^{Welser} 가문을 망하게 했다. 몰락한 독일 금융 가문의 역할은 제노바 가문이 이어받았지만, 에스파냐 합스부르크 왕실이 1575, 1596, 1607, 1627, 1647, 1652, 1660, 1662년에 부채 상환을 거부하는 바람에 이들 역시 알거지가 되고 말았다.

이처럼 에스파냐의 절대왕정은 사유재산권의 불안정을 초래했다. 그뿐만 아니라 절대주의 체제가 무역 관련 경제제도와 식민제국 발전에도 지대한 영향을 미쳤다는 사실을 잊지 말아야 한다. 이전 장에서도 살펴보았듯이 잉글랜드가 경제적으로 성공할 수 있었던 것은 상업이 급속도로 팽창한 덕분이었다. 에스파냐와 포르투갈에 비하면 잉글랜드는 대서양 무역에서 후발주자였지만 무역과 식민지 관련 사업에 비교적 광범위한 계층이 참여할 수 있도록 허용했다. 에스파냐에서는 새로운 경제적 기회가 왕실의 배만 불려주었지만, 잉글랜드에서는 신흥 상인 계급도 수혜를 입었다. 잉글랜드에서 초기 경제 환경의 기틀을 마련한 것이 바로 이 상인 계층이었으며 절대왕정에 반대하는 정치연합의 보루 역할을 한 것도 이들이었다.

에스파냐에서는 잉글랜드의 경제성장과 제도적 변화를 이끌었던 과정이 현실화되지 못했다. 아메리카 대륙 발견 이후 이사벨라와 페르디난트는 세비야의 상인 길드를 통해 새로운 식민지와 에스파냐 간 무역을 주관했다. 이 상인들이 모든 무역을 통제하며 아메리카 대륙에서 얻는 부의 일정 지분을 왕실이 차지할 수 있도록 했다. 식민지와 자유무역은 꿈도 꾸지 못했으며 매년 대규모 선단을 꾸려 아메리카 대륙에서 귀금속과 귀중품을 세비야로 실어 날랐다. 무역을 워낙 편협하게 독점한 터라 식민지와 무역 기회를 통해 광범위한 상인 계층이 부상할 여건이 마련되지 못했던 것이다.

아메리카 대륙 내부의 무역조차 극심한 규제에 시달렸다. 가령 대략 오늘날 멕시코에 해당하는 뉴스페인 같은 식민지의 상인은 오늘날 콜롬비아에 해당하는 뉴그라나다의 그 누구와도 거래할 수가 없었다. 에스파냐제국 내부의 무역 규제로 경제성장이 제한적이었을 뿐 아니라 에스파냐가 더 부유한 제국과 거래를 해서 얻을 수 있었던 잠재적인 이득도 간접적으로 감소시키는 효과가 있었다. 하지만 에스파냐에 금은 보화가 꾸준히 유입되게 해주는 장치였으므로 왕실이 그런 제약을 마다할 리 없었다.

에스파냐에 착취적 경제제도가 자리 잡은 것은 절대왕정이 수립되고 정치제도가 잉글랜드와는 다른 길을 걸었기 때문이었다. 카스티야왕국과 아라곤왕국은 저마다 서로 다른 집단 또는 '신분'을 대표하는 의회인 코르테스를 보유하고 있었다. 영국의회처럼 카스티야왕국에서도 새롭게 세금을 걷으려면 코르테스를 소집해야 했다. 하지만 카스티야와 아라곤의 코르테스는 잉글랜드 의회와 달리 주로 도시 외곽이나 농촌 지역이 아닌 주요 도시만 대변했다. 15세기에는 고작 18개 도시만 대변했으며 각 도시는 두 명의 대의원을 파견했다. 따라서 코르테스는 잉글랜드 의회처럼 광범위한 사회집단을 대변하지 못했고 절대왕정에 제동을 걸기 위해 투쟁하는 다양한 이해집단의 결합체로 발전하지도 못했다. 입법 활동도 불가능했고 과세와 관련한 권한 역시 제한적이었다. 에스파냐 왕실이 절대왕정을 확립하는 과정에서 코르테스를 배제하기가 한결 쉬웠다는 뜻이다.

아메리카 대륙에서 금과 은이 쏟아져 들어오는 데도 카를로스 5세와 펠리페 2세는 잇따라 비싼 전쟁을 치르느라 늘 세금을 늘려야 할 형편이었다. 1520년 카를로스 5세는 코르테스에 세금 인상을 요구하기로 마음먹었다. 도시 엘리트층은 이를 기회 삼아 코르테스의 개혁과 권한 확대를 요구했다. 이 저항운동이 격화되면서 머지않아 이른바 민중봉기를 뜻하는 '코뮤네로 반란Comunero Rebellion'으로 비화되었다. 카를로스는 왕실 군대를 동원해 이 반란을 무참히 진압했다. 하지만 새로운 세금 징수와 기존 세금을 인상할 권리를 코르테스로부터 빼앗으려 시도하면서 16세기 내내 왕실과 코르테스 간에 끊임없는 분쟁이 벌어졌다. 엎치락뒤치락했지만 결국 이 싸움은 왕실의 승리로 끝을 맺었다. 1664년 이후 코르테스는 개원조차 하지 못하다가 거의 150년이 흘러 나폴레옹의 침략을 받고서야 부활할 수 있었다.

잉글랜드에서는 1688년 절대왕정 붕괴가 다원적 정치제도로 이어졌을 뿐 아니라 더 효율적인 중앙집권정부의 발달에도 크게 기여했다. 하지만 절대왕정이 승리한 에스파냐에서는 정반대 상황이 벌어졌다. 왕실이 어떤 제약도 가할 수 없도록 코르테스를 무력화시키긴 했지만, 개별 도시와 직접 협상을 통해서도 세금을 걷기가 갈수록 어려워졌다. 잉글랜드 정부가 근대적이고 효율적인 조세 관료제를 수립하고 있을 때 에스파냐 정부는 이번에도 반대의 길을 걸었다. 왕실은 기업가의 사유재산권을 안정시키는 데 실패하고 무역을 독점했을 뿐 아니라 관직과 세금징수권을 매매해 세습시키기 일쑤였고, 한술 더 떠 면책특권까지 사고팔았다.

에스파냐의 이런 착취적 정치·경제 제도가 어떤 결과를 낳았는지는 쉽게 예측할 수 있다. 17세기 내내 잉글랜드는 상업적 성장에 이어 급속한 산업화 과정으로 이행하고 있었지만, 에스파냐는 제국 전반에 걸쳐 경제적 쇠퇴의 길을 걷고 있었다. 17세기로 접어들 무렵 에스파냐에서는 다섯 명 중 한 명이 도시 지역에 살았다. 17세기 말이 되자 에스파냐 인민이 갈수록 피폐해지면서 이 숫자는 열 명 중 하나로 줄어들었다. 잉글랜드는 날로 부유해지는데 에스파냐의 국고 수입은 추락했다.

잉글랜드는 절대왕정을 뿌리 뽑았는데 에스파냐에서는 오히려 그 입지가 강화되어 꾸준히 유지되었다는 사실은 결정적 분기점에서 작지만 중요한 차이가 어떤 결과를 낳는지 여실히 보여주는 한 가지 사례라 할 수 있다. 작은 차이는 대의기구의 힘과 성격이었고, 결정적 분기점은 아메리카 대륙의 발견이었다. 이런 작은 차이와 분기점이 상호작용을 하면서 에스파냐는 제도적으로 잉글랜드와 사뭇 다른 길을 걷게 된다. 잉글랜드에서는 비교적 포용적인 경제제도가 만들어져 전례 없는 경제성장을 구가하며 산업혁명으로 정점을 찍었지만, 에스파냐에서는 산업화 가능성이 희박했다. 산업기술이 전 세계로 확산되고 있을 무렵에도 에스파냐 경제는 왕실과 지주 엘리트층이 산업화를 막을 필요조차 없을 정도로 추락했다.

산업화에 대한 우려

1688년 이후 잉글랜드가 경험한 정치제도와 정치권력의 변화 없이는 절대주의 국가가 산업혁명의 혁신과 신기술로부터 혜택을 볼 가능성은 희박했다. 가령 에스파냐에서는 사유재산권이 불안정하고 어딜 가나 경제가 바닥을 기는 처지여서 근본적으로 경제성장에 필요한 투자나 희생을 감수할 만한 인센티브를 느끼지 못했다. 러시아와 오스트리아-헝가리에서도 엘리트층의 무관심과 허술한 관리, 착취적 경제제도하에서 서서히 진행된 경제 몰락만으로 산업화가 늦어진 것은 아니었다. 지배층이 신기술의 도입은 물론 철도 등 기술 확산에 도움이 될 만한 사회간접자본의 기본적인 투자마저 아예 작정하고 가로막았기 때문이었다.

18세기와 19세기 초반 산업혁명이 한창일 때 유럽의 정치 판도는 오늘날과 사뭇 달랐다. 400개가 넘는 정치체제를 덕지덕지 한데 모아놓은 것이나 다름없을 정도로 엉성했던(대부분은 결국 독일로 통합되었다) 신성로마제국이 중유럽의 대부분을 차지하고 있었다. 합스부르크왕가의 정치적 영향력은 여전히 건재했고, 1700년 부르봉Bourbons 왕가에서 왕위를 차지한 이후 에스파냐가 배제되긴 했어도 합스부르크 또는 오스트리아-헝가리제국Austro-Hungarian Empire이라 부르는 가문의 제국은 약 65만 제곱킬로미터의 광활한 영토를 거느리고 있었다. 인구만 놓고 봐도 유럽에서 세 번째로 큰 나라로, 유럽 전체 인구의 7분의 1이 살았다.

18세기 후반에는 당시 오스트리아령 네덜란드Austrian Netherlands로 불렸고 오늘날 벨기에에 해당하는 서부 지역도 합스부르크 영토에 포함되었다. 하지만 가장 큰 부분을 차지한 것은 오스트리아와 헝가리를 중심으로 길게 이어진 땅덩어리로, 북쪽으로는 체코공화국과 슬로바키아, 남쪽으로는 슬로베니아, 크로아티아 및 이탈리아 대부분 지역과 세르비아로 구성되었다. 동쪽으로는 오늘날 루마니아와 폴란드 대부분 지역이 합스부르크 영토였다.

합스부르크 영토 내에서 상인의 역할은 잉글랜드와 비교해 중요성이 덜했고, 동부유럽 지역에서는 여전히 농노제가 발목을 잡았다. 4장에서도 살펴보았듯이 헝가리와 폴란드는 동유럽 재판농노제의 심장부였다. 스튜어트왕조와 달리 합스부르크왕가는 막강한 절대주의 체제를 별 탈없이 유지하고 있었다. 1792년에서 1806년까지 신성로마제국의 마지막 황제였고 그 후에는 1835년 세상을 떠나기 전까지 오스트리아-헝가리제국의 황제를 지낸 프란츠 1세(오스트리아-헝가리제국의 황제로서는 프란츠 1세이며, 신성로마제국 황제로서는 프란츠 2세라고 부른다 - 옮긴이)는 뼛속까지 절대주의 통치자였다. 자신의 권력에 대한 어떤 견제도 허락하지 않았을 뿐더러 정치적으로도 현상 유지를 바랐다.

프란츠 1세의 기본 전략은 어떤 변화에도 반대하는 것이었다. 1821년에는 연설을 통해 이런 의지를 분명하게 드러내기도 했다. 그는 합스부르크 지도자들이 으레 그러했듯이 라이바흐Laibach의 한 학교에서 교사를 상대로 이런 골자의 연설을 했다. "짐이 원하는 것은 박식한 학자가 아니라 선량하고 정직한 시민이다. 그대들의 과업은 그런 젊은이를 양성하는 것이다. 짐을 섬기는 자라면 명령에 따라 가르쳐야 한다. 이에 반대하거나 다른 생각을 하는 자라면 물러나거나, 짐이 물러나게 할 것이다."

1740년에서 1780년까지 왕위에 앉았던 마리아 테레지아Maria Theresa 여제는 제도 개선이나 변화 제안을 걸핏하면 '그대로 내버려두라'는 말로 뿌리쳤다. 테레지아 여제와 그녀의 아들로 1780년에서 1790년까지 황제로 재위했던 요제프 2세는 강력한 중앙집권정부와 더 효율적인 행정체제를 수립하기 위해 애쓴 주역들이었다. 하지만 자신들의 행동에는 실질적인 제한이 가해질 수 없는 정치체제를 만들고자 했으며 다원주의적 요소는 거의 찾아볼 수 없었다. 군주의 행동을 조금이라도 견제할 수 있는 전국 차원의 의회는 아예 존재하지 않았고 전통적으로 과세와 징병 부문에서 일정 수준의 권한을 행사했던 지방 중심의 신분제와 의회제도만 존속했을 뿐이다. 오스트리아-헝가리 합스부르크왕가는 에스파냐 군주보다도 견제하기 어려웠으며 정치권력은 극소수 인물에 편중되어 있었다.

18세기 들어 합스부르크왕가의 절대주의 체제가 강화되자 왕실 이외의 제도는 한층 더 맥을 못 추게 되었다. 오스트리아 티롤Tyrol 지방의 시민 대표단이 프란츠 황제에게 헌법을 만들어달라고 탄원하자 그는 이렇게 일축했다. "그래, 그대들이 헌법을 원한다! … 짐은 신경 쓰지 않으니 마음대로 하게나. 원대로 헌법을 만들어주겠지만, 병사들이 내게 복종한다는 사실을 잊지 말지어다. 돈이 필요할 때 두 번 묻는 일은 없을 것이다…. 여하튼 그대들이 무슨 말을 하든 말을 가려 하는 게 좋다는 걸 명심할지어다." 황제의 호통에 당황한 티롤 대표들은 꼬리를 내렸다. "폐하께서 그리 생각하신다면 헌법이 없는 편이 나을 듯합니다." 프란츠는 또 이렇게 답했다. "짐의 생각과 같도다."

프란츠는 마리아 테레지아 여제가 각료와 국사를 논의하는 자문기구로 활용했던 국무원State Council을 해산시켰다. 이때부터 왕실의 결정에 대한 자문이나 공개토론 수단이 존재하지 않았다. 프란츠는 경찰국가를 만들어 조금이라도 급진적인 낌새가 보이는 것이라면 가차 없이 검열해버렸다. 그의 통치 철학은 오랜 측근인 하르티그 백작Count Hartig의 다음과 같은 발언으로 가늠해볼 수 있다. "국가의 권위를 강건하게 지키고 그 권위에 끼어들려는 인민의 어떤 주장도 부인한다." 이 모든 노력에 힘을 보탠 것이 1809년 외무장관으로 임명된 폰 메테르니히 공Prince von Metternich이었다. 메테르니히는 프란츠보다도 더 오래 권력을 만끽하며 입김을 행사했고 무려 40년간 외무장관 자리를 지켰다.

합스부르크왕가의 경제제도를 지탱한 것은 여전히 봉건질서와 농노제였다. 4장에서 살펴본 것처럼 서유럽에서 동유럽으로 갈수록 경제제도가 착취적인 성향을 띠었듯이 신성로마제국 역시 동쪽으로 갈수록 봉건질서가 두드러졌다. 노동계급 간 이동은 극도로 제한되었고 이주는 아예 불법이었다. 영국의 박애주의자 로버트 오언Robert Owen이 어느 정도 사회개혁을 채택해 곤궁한 인민의 고충을 덜어주어야 한다고 오스트리아 정부를 설득했을 때, 메테르니히의 측근 중 하나인 프리드리히 폰 겐츠Friedrich von Gentz는 이렇게 대꾸했다. "일반 대중이 모두 자립해 잘사는 걸 전혀 바라지 않는다. 그러면 어떻게 통치할 수 있겠는가?"

노동시장의 등장을 막고 농촌 인구의 경제적 인센티브나 의욕을 짓밟았던 농노제뿐 아니라 독점 등 무역에 대한 규제 역시 합스부르크 절대주의 체제가 번성하는 토대였다. 도시 경제를 주도한 길드는 신규 참여자의 진입을 차단했다. 오스트리아에서는 1775년까지 관세를 내야했고, 헝가리에서는 1784년까지 관세가 유지되었다. 수입품에 붙는 관세는 대단히 높았으며 노골적으로 수출입을 막는 품목도 수두룩했다.

시장을 억압하고 착취적 제도를 수립하는 것은 절대주의 체제에서 으레 볼 수 있는 특징이지만 프란츠는 한 술 더 떴다. 착취적 경제제도는 혁신을 이루거나 신기술을 채택하려는 개인의 인센티브를 꺾는 데 그치지 않았다. 2장에서도 착취적 경제제도의 전형적 특징 중 하나로 인민들이 생산성을 높여야 할 인센티브를 느끼지 못해 콩고왕국의 쟁기 사용 장려 노력이 수포로 돌아간 사례를 살펴본 바 있다. 콩고의 왕은 백성이 쟁기를 사용하면 노동 생산성이 크게 늘어 더 많은 부가 창출되므로 자신이 착취할 수 있는 이익도 늘어난다는 사실을 깨달았다. 절대주의 정권이라 할지라도 모든 정부가 느낄 만한 잠재적 인센티브라고 할 수 있다.

콩고의 문제는 아무리 생산을 많이 해도 결국 절대주의 군주가 모조리 빼앗아간다는 사실을 인민도 알고 있었다는 것이다. 그러니 더 나은 기술을 만들어내거나 사용할 인센티브를 전혀 느끼지 못했다. 합스부르크제국을 다스리던 프란츠는 아예 시민이 더 나은 기술을 채택하도록 장려하지도 않았다. 오히려 반대의 뜻을 분명히 밝혔고 인민이 기존 경제제도에 적용할 만한 기술의 확산도 가로막고 나섰다.

혁신에 대한 반대는 두 가지 양상으로 나타났다. 첫째, 프란츠 1세는 산업 발달을 달가워하지 않았다. 산업이 발달하면 공장이 늘어나고, 공장이 늘면 가난한 노동자가 도시로 몰려들기 마련이었다. 특히 수도 빈에 노동자가 몰려드는 것을 우려했다. 그런 노동자는 절대주의 체제를 반대하는 자들을 추종할지도 모르기 때문이었다. 프란츠 1세의 정책은 전통적 엘리트 계층의 입지를 공고히 하고 정치·경제적으로 현상을 유지하는 데 초점이 맞추어져 있었다. 제국 자체가 농경사회를 벗어나는 것을 원치 않았다. 프란츠 1세는 그러려면 애초에 공장이 들어서는 것을 막는 게 상책이라고 믿었다. 직접 나서기도 했는데, 가령 1802년 빈에 새로운 공장 건설을 금지했다. 산업화의 근간인 새로운 기계를 수입하고 채택하는 것을 장려하기는커녕 1811년까지 전면 금지했다.

둘째, 프란츠 1세는 산업혁명에 수반된 핵심 신기술 중 하나인 철도의 건설도 반대했다. 북부 철도 건설 계획을 제시하자 이렇게 대꾸했을 정도다. "아니, 절대 안 돼. 혁명이 짐의 땅에까지 번지면 어쩌려고."

정부가 증기기관 철도의 건설을 허용하지 않았으므로 제국에 세워진 최초의 철도는 마차를 사용할 수밖에 없었다. 도나우 강에 접해 있는 린츠Linz 시에서, 보헤미아 지방의 몰다우Moldau 강에 접해 있는 부트바이스 Budweis 시로 이어지던 이 철도는 경사와 모퉁이가 많아 나중에라도 증기기관차용으로 변환할 수 없는 구조였다. 1860년대까지도 마차에 의존할 수밖에 없었던 이유다. 제국에 철도가 발달하면 경제적으로 엄청난 혜택이 있을 것이라는 사실을 일찍이 알아차린 인물은 내로라하는 금융 재벌 로트실트Rothschild('붉은 방패'라는 뜻으로 영어로는 로스차일드로 알려져 있다 - 옮긴이) 가문의 빈 대표 살로몬 로트실트Salomon Rothschild였다. 그의 형제로 잉글랜드에 거주하던 나탄Nathan은 조지 스티븐슨의 증기기관차 '로켓 호'와 증기기관의 잠재력에 크게 감명받은 터였다. 살로몬은 오스트리아에서 철도를 건설할 기회를 찾아보라고 나탄에게 연락을 취했다. 철도사업에 돈을 대면 가문이 큰 이윤을 남길 수 있을 것이라 믿었기 때문이다. 나탄 역시 고개를 끄덕였지만, 프란츠 황제가 일언지하에 거절하는 바람에 이들의 계획은 수포로 돌아가고 말았다.

프란츠 황제가 산업화와 증기기관차 철도에 반대한 것은 근대 경제 발달에 수반되는 창조적 파괴를 우려했기 때문이었다. 그에게 무엇보다 중요했던 것은 체제를 유지해주던 착취적 제도를 안정적으로 유지하고 자신을 지지하는 기존 엘리트층의 이권을 보호하는 일이었다. 농촌에서 도시로 노동력을 끌어들일 것이기 때문에 산업화로부터 얻을 게 없었을 뿐 아니라 대대적인 경제적 변화가 자신의 정치권력에 위협을 가하리라는 사실을 잘 알고 있었던 것이다. 그 결과 프란츠 황제는 산업 및 경제의 성장을 막아 경제적 낙후성을 유지하려 했으며, 그런 의도는 여러모로 드러났다. 가령 오랜 세월이 흘러 전체 철 생산량의 90퍼센트를 석탄으로 뽑아내던 1883년까지도 합스부르크 영토에서는 철 생산의 절반 이상을 효율성이 한참 떨어지는 목탄에 의존했다. 마찬가지로, 신성로마제국이 몰락한 제1차 세계대전까지도 직물 직조가 완전히 기계화되지 못해 여전히 수작업이 필요했다.

러시아에 혁명은 없다

산업화를 두려워한 것은 오스트리아-헝가리뿐만이 아니었다. 더 동쪽으로 가면 이전 장에서 살펴보았듯이 러시아 역시 표트르대제가 다져 놓은 절대주의적 정치제도를 고수하고 있었다. 오스트리아-헝가리처럼 적어도 전체 인구의 절반가량을 토지에 속박하는 등 농노제를 기반으로 한 러시아의 경제제도 역시 극도로 착취적이었다. 농노는 영주의 땅에서 일주일에 사흘을 아무런 대가 없이 일해야 했다. 거주지를 옮기지도 못하고 직업의 자유도 없었으며 영주가 내키는 대로 사고팔 수 있었다. 근대 무정부주의의 창안자 중 하나인 급진적 철학자 표트르 크로폿킨^{Peter Kropotkin}은 1825년에서 1855년까지 통치했던 차르 니콜라이 1세^{Nicholas I} 치세하의 농노제를 생생히 묘사한 바 있다. 그는 어린 시절을 이렇게 회고했다.

> 비극적인 이야기가 끊이지 않았다. 남녀를 불문하고 가족과 헤어져 고향을 떠나 팔려가기 일쑤였다. 도박에서 돈을 잃었거나 사냥개 몇 마리와 맞바꾸어 러시아의 외딴곳으로 끌려간 이들도 있었다…. 부모와 떨어져 잔인하거나 불량한 새 주인에게 팔려간 아이들도 있다. 무자비할 정도로 잔인하게 '마구간에서' 매일 채찍질을 당하기도 한다. 자신을 구제할 유일한 방법이라 생각해 물에 빠져 자살한 여자아이도 있다. 머리가 다 희도록 평생 주인에게 헌신하다 마침내 주인의 방 창문 아래 목을 맨 노인도 있다. 농노의 봉기는 니콜라이 1세 휘하 장군들의 손에 진압되었다. 일반 사병 열 중 하나 또는 다섯 중 하나를 죽일 때까지 흠씬 매질하고 마을 전체를 쑥대밭으로 만드는 전략을 쓰기 일쑤였다…. 특히 왕실 소유의 마을 등 내가 다녀본 마을에서 목격한 궁핍함은 직접 보지 않은 이에게 이루 다 말로 설명할 수 없을 정도로 끔찍했다.

오스트리아-헝가리에서처럼 러시아의 절대주의 체제도 단순히 착취적 경제제도를 만들어 사회의 번영을 방해하는 데 그치지 않았다. 러시아 지배층 역시 창조적 파괴와 산업, 철도를 두려워했다. 그런 반대의 중심에 선 것은 니콜라이 1세 통치 시절 1823년에서 1844년까지 재무장관을 지낸 예고르 칸크린 백작Count Egor Kankrin으로 경제 번영 견인에 필요한 사회적 변화를 앞장서 반대한 인물이었다.

칸크린의 정책은 특히 지주 귀족 등 전통적인 정치권력의 축을 강화하고 농촌 경제 사회를 유지하는 데 주력했다. 재무장관이 되자마자 그는 기업에 자금을 대출해주는 국영 상업은행을 발전시키자는 전임 재무장관 구레프Gurev의 제안에 반대하고 곧바로 번복했다. 대신 나폴레옹 전쟁 당시 폐쇄되었던 국립대출은행State Loan Bank의 문을 다시 열었다. 본디 대지주에게 정부의 보조금을 이용해 저렴한 금리로 대출을 해주기 위한 은행이었다. 칸크린도 이 정책은 마다하지 않았다. 대출을 받으려는 지주는 농노를 담보, 즉 '안전장치'로 내걸어야 했기 때문에 봉건 지주만이 그런 대출을 받을 자격이 있었다. 국립대출은행의 자금 마련을 위해 칸크린은 상업은행의 자산을 옮겨 일석이조의 효과를 거두었다. 기업이 가져다 쓸 돈이 바닥난 것이다.

칸크린의 태도는 경제 변화가 정치 변화를 초래할지 모른다는 우려에 따른 것이었다. 차르인 니콜라이 1세도 마찬가지였다. 1825년 12월 즉위를 앞둔 니콜라이는 하마터면 이른바 데카브리스트Decembrists라는 급진적 사회개혁을 주장하는 군장교들의 손에 쫓겨날 뻔한 적이 있었다. 그는 미하일 대공Grand Duke Mikhail에게 이런 서한을 보냈다. "러시아의 문턱까지 혁명의 기운이 번지고 있지만, 내 몸에 숨이 붙어 있는 한 결단코 이 나라를 침투하지 못할 것이다."

니콜라이는 경제 근대화가 초래할 사회 변화를 두려워했다. 모스크바의 한 산업 전시회장에 모인 수공업자들에게 했던 그의 연설에도 잘 드러나 있다.

정부나 수공업자 모두 주의 깊게 살펴야 할 문제가 있다. 그렇지 않으면 공장 자체가 축복은커녕 악이 될 것이다. 매년 그 수가 증가하는 노동자를 예의주시해야 한다. 도덕적으로 타락하지 않도록 주인의 끊임없는 감시가 필요하다. 그런 감시가 없다면 이들 대중은 점차 타락해 종국에는 주인에게 큰 위협이 될 뿐 아니라 자신들도 비참한 신세를 면치 못하게 될 것이다.

프란츠 1세와 마찬가지로 니콜라이 역시 근대 산업경제로 확산될 창조적 파괴로 러시아의 기존 정치질서가 흔들릴 것이라 염려했다. 니콜라이는 칸크린을 부추겨 산업 발전을 더디게 할 구체적 조치를 취하게 한다. 이전까지만 해도 신기술을 전시하고 기술 적용을 장려하기 위해 주기적으로 개최하던 여러 가지 산업 전시회도 금지해버렸다.

1848년, 유럽은 잇따른 혁명 세력의 봉기로 소란스러웠다. 공공질서 유지를 담당하던 모스크바 군총독 자레프스키Zakrevskii는 이에 대해 니콜라이에게 다음과 같은 서한을 보냈다. "현재 오로지 러시아만이 향유하고 있는 안녕과 번영을 유지하기 위해 정부는 부랑자와 방탕한 자의 모임을 허용하지 말아야 합니다. 이들은 어떤 운동이라도 쉽사리 현혹되어 사회와 개인의 평화를 파괴할 자들입니다." 니콜라이 각료도 자레프스키의 조언을 숙의했고 1849년에는 모스크바에 지을 수 있는 공장의 수를 철저히 통제하는 새로운 법을 발효했다. 구체적으로 면직 및 모직 방적공장과 제철소의 건설을 금지했다. 직조 및 염색 등 다른 공업 분야역시 공장을 새로 열려면 군총독에게 청원서를 제출해야 했다. 결국, 면

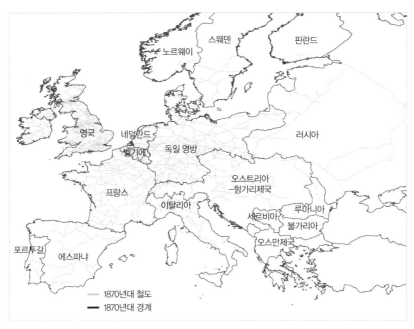

지도 13 1870년 유럽의 철도

직과 방적 역시 법으로 금지되었다. 더 이상 반란을 일으킬 소지가 있는 노동자가 도시로 몰려드는 것을 막기 위한 법이었다.

오스트리아-헝가리와 마찬가지로 산업에 이어 철도에 대한 반대도 이어졌다. 1842년 이전까지 러시아에는 철도가 단 하나뿐이었다. 차르스코예 셀로Tsarskoe Selo 철도는 상트페테르부르크에서 차르스코예 셀로와 파블롭스크Pavlovsk의 왕실 거주지를 잇는 23킬로미터 길이의 철도였다. 산업에 반대하던 칸크린이 철도를 달가워할 리 없었다. 그는 사회적으로 대단히 위험한 유동성이 초래될 것이라고 주장했다. "철도는 늘 자연스러운 필요성에서 비롯되는 것이 아니라 인위적인 필요성과 사치의 대상인 경우가 더 많다. 요즘 으레 그렇듯이 이곳저곳으로 불필요한 여행만 부추길 따름이다."

칸크린은 수많은 철도 건설 제안에 고개를 저었고 1851년에야 모스크바와 상트페테르부르크를 잇는 철도가 건설되었다. 교통 및 공공건물 행정의 수장으로 임명된 클라인미첼 백작Count Kleinmichel 역시 칸크린의 정책을 답습했다. 철도를 건설하려면 반드시 거쳐야 하는 기관이었으므로 클라인미첼은 이를 이용해 철도 건설을 가로막은 것이다. 1849년 이후에는 아예 자신의 직권을 이용해 철도 개발에 대한 언론 논의를 검열하는 지경에 이르렀다.

〈지도 13〉은 그 결과를 생생하게 보여준다. 1870년 영국과 북유럽 대부분 지역이 철도로 연결된 반면 러시아의 광활한 영토에 진입한 철도는 극히 드물었다. 철도에 반대하는 정책을 재고하게 된 것은 1853년에서 1856년까지 계속된 크림전쟁에서 러시아가 영국, 프랑스, 오스만제국 군대에 참패하면서부터였다. 러시아 운송망의 후진성이 국가 안보에 심각한 부담이라는 사실을 깨닫게 된 것이다. 오스트리아와 서부 지역에서 멀어지면 오스트리아-헝가리제국의 철도 발달 현황 역시 보잘것없었다. 1848년 혁명이 잇따라 발발해 농노제가 폐지되는 등 변화의 바람이 불었는데도 소용이 없었다.

선적 금지

절대주의 체제는 유럽 대부분 지역은 물론 아시아에서도 군림했으며 혁명으로 결정적 분기점의 기회가 주어진 시기에도 산업화를 가로막는 장애물이었다. 중국의 명·청왕조, 오스만제국의 절대주의 체제가 이런 패턴을 잘 드러내준다. 960년에서 1279년까지 이어진 송왕조 시절만 해도 중국은 수많은 기술혁신으로 세계를 주도했다. 시계, 나침반, 화약, 종이, 지폐, 도자기, 화로, 주철을 만드는 용광로 등도 유럽에 앞서 중국이 먼저 발명했다. 물레와 수력 역시 유라시아 건너편에서 발명될 즈음 중국도 독자적으로 개발했다. 그 결과 1500년만 해도 중국의 생활수준은 유럽에 견줄 만했을 것이다. 또 중국에는 수 세기 동안 능력 본위의 관료체제를 갖춘 중앙집권정부가 들어서 있었다.

하지만 중국 역시 절대주의 체제가 군림했고 송왕조하의 성장도 착취적 제도를 기반으로 한 것이었다. 지배층 이외에 다른 사회집단을 대변하는 의회 또는 코르테스와 같은 정치적 대의기구가 존재하지 않았다. 중국에서는 상인의 지위 역시 늘 불안했고, 송왕조의 위대한 발명품들이 탄생한 것도 시장의 인센티브가 아닌 정부의 장려 또는 직접적인 명령에 따른 것이었다. 상용화된 발명품도 거의 없었다. 송에 이은 명·청왕조는 정부의 권한을 한층 더 강화했다. 그 근간에는 늘 착취적 제도의 논리가 깔려 있었다. 착취적 제도로 군림하는 지도자들이 대부분 그렇듯이 중국의 절대주의 황실 역시 변화를 거부하고 안정을 추구했다. 기본적으로 창조적 파괴를 두려워한 것이다.

국제무역 역사를 들여다보면 이를 가장 잘 알 수 있다. 앞서 살펴보았듯이, 아메리카 대륙의 발견과 그에 따른 국제무역의 구도는 근대 유럽 초기 정치 갈등과 제도적 변화에 지대한 영향을 미쳤다. 중국의 민간 상인은 으레 국내 교역에만 참여할 수 있었고 해외무역은 정부가 독점했다. 1368년 집권한 명왕조의 태조는 홍무제洪武帝로 30년 동안 제국을 다스렸다. 홍무제는 해외무역이 정치·사회적으로 불안정을 초래할 것을 걱정해 정부가 주도하는 해외무역만 허용했으며 그마저도 조공과 관련이 없는 순수 상업 활동이라면 금지해버렸다. 홍무제는 조공 사절을 이용해 상업적 이윤을 챙기려 했다는 이유로 수백 명을 참수하기도 했다. 1377년에서 1397년까지는 바닷길을 이용한 조공 사절도 금지했다. 개인이 외국인과 거래하는 것도 막았고 중국인이 배를 타고 해외로 나가는 것조차 허용하지 않았다.

1402년 즉위한 영락제永樂帝의 치세는 중국 역사상 가장 유명한 시기 중 하나였다. 영락제는 정부가 후원하는 해외무역을 대대적으로 재개했다. 정화鄭和에게 동남아시아, 남아시아, 아라비아, 아프리카 등지로 여섯 차례 해외원정을 지시한 것이다. 중국은 오랜 교역을 통해 이들 지역에 대해 이미 알고 있었지만 이런 규모의 교류는 처음이었다. 1차 원정 함대는 2만 7,800명의 선원과 62척의 보선宝船, 190척의 소형 선박으로 구성되었다. 식수, 보급품, 군장비 등을 따로 실었을 정도였다. 하지만 영락제는 1422년 6차 원정 이후 한때 해외 원정을 중단했다. 그의 뒤를 이어 1424년에서 1425년까지 제국을 통치한 홍희제洪熙帝는 이를 영구히 중단했다. 그가 요절한 후 즉위한 선덕제宣德帝는 1433년 정화의 마지막 해외 원정을 허용했다. 하지만 그 이후에는 모든 해외무역이 다시 금지되었다. 1436년까지는 심지어 바다에 띄울 선박 건조 자체가 불법이었다. 해외무역 금지 조치는 1567년에 가서야 해제되었다.

불안을 초래한다고 간주되는 경제활동에 수도 없이 제동을 건 착취적 제도에서, 빙산의 일각일 뿐이지만 이런 사건들은 중국 경제 발전의 뿌리를 흔들어놓았다. 국제무역과 아메리카 대륙 발견이 잉글랜드의 제도를 본질적으로 뒤바뀌어놓던 시절, 중국은 이런 결정적 분기점에서 자발적으로 떨어져 나와 국내로만 눈길을 돌렸다. 마침내 해외로 눈을 돌린 것은 1567년에 이르러서였다. 명왕조는 1644년 만주에 살던 여진족女眞族의 손에 무너지고 청왕조가 들어섰다. 이후 한동안 극심한 정치 불안이 뒤따랐다. 청왕조는 토지와 사유재산을 닥치는 대로 몰수했다. 1690년대, 낙향한 학자이자 몰락한 상인이었던 당진은 이런 기록을 남겼다.

청왕조가 창건된 지 50여 년이 지났지만, 제국은 날로 가난해진다. 농민은 피폐해졌고, 장인도 피폐해졌으며, 상인들도 피폐해졌고, 관리들 역시 피폐해졌다. 곡물이 싸다 하나 배불리 먹기 어렵다. 옷감이 싸다 하나 제 한 몸 가리기 어렵다. 배 한가득 물품을 실어 시장을 옮겨 다녀 보지만 이내 헐값에 팔아야 한다. 퇴임 관리는 가족을 먹여 살릴 호구책 조차 없다. 실로 너나 할 것 없이 가난에 찌들어 사는구나.

1661년 강희제康熙帝는 베트남에서 저장성浙江省에 이르는 해안지대(한 때 가장 왕성한 상업 활동을 벌이던 남부 해안 전체나 다름없다)의 모든 주민을 27킬로미터 내륙으로 강제 이주시켰다. 병력을 주둔시켜 위반자를 색출했고 1693년까지 이 해안을 통한 운항이 전면 금지되었다. 이 금지령은 18세기에도 주기적으로 시행되어 사실상 중국의 해외무역 발달을 방해했다. 일부 해외무역이 고개를 들기는 했지만, 투자는 소극적일 수밖에 없었다. 언제든 황제가 마음을 바꾸어 무역을 금지하고, 선박, 장비, 교역 관계에 쏟아부은 투자를 무용지물로 만들거나 더 끔찍한 일이 벌어질 수도 있기 때문이었다.

명·청왕조가 해외무역을 반대한 이유도 쉽사리 가늠할 수 있을 것이다. 이들 역시 창조적 파괴를 두려워했던 것이다. 지도층의 주된 관심사는 정치적 안정이었다. 대서양 무역 팽창기에 잉글랜드에서 그랬던 것처럼 해외무역은 상인들이 배를 불려 딴생각을 품게 하므로 정치 불안을 가져올 위험이 있다고 여겼다. 명·청왕조 지배자만 그렇게 믿은 것이 아니었다. 송왕조 지배층의 태도 역시 마찬가지였다.

송왕조는 기술혁신을 후원하고 한층 더 자유로운 상업 활동을 장려했지만, 통제할 수 있어야 한다는 전제가 깔려 있었다. 명·청왕조가 들어서자 경제활동에 대한 정부의 통제가 한층 강화되었고 해외무역은 아예 금지되면서 상황은 극도로 악화되었다. 명·청왕조 시절에도 분명 시장과 무역이 존재했고 국내 경제활동에 대한 세금도 꽤 낮은 수준이었다. 하지만 혁신을 장려하는 데 별 도움이 되지 못했고, 정치 안정을 위해 상업 및 산업적 번영의 기회를 희생한 꼴이었다. 경제를 절대주의적 정부가 틀어쥐고 있으면 어떤 일이 벌어지는지는 자명하다. 다른 나라가 산업화에 한창이었던 19세기와 20세기 초까지도 중국 경제는 제자리걸음을 면치 못했다. 마오쩌둥이 공산정권을 수립한 1949년, 중국은 세계에서 가장 가난한 나라 중 하나로 전락해 있었다.

프레스터 존의 절대주의

정치제도와 이에 수반되는 경제적 결과라는 관점에서 바라본 절대주의 체제는 유럽이나 아시아에 국한된 것이 아니었다. 가령 2장에서 살펴보았듯이, 콩고왕국 등 아프리카에서도 목격되었다. 아프리카에서 더 길게 이어진 절대주의 체제 사례를 들라면 에티오피아를 꼽을 수 있다. 과거 아비시니아Abyssinia로 불리던 에티오피아의 뿌리는 6장에서 악숨왕국의 몰락 이후 봉건제가 태동한 과정을 다루면서 살펴본 바 있다. 아비시니아 절대주의 체제가 유럽보다 더 오래 버틸 수 있었던 것은 사뭇 다른 도전과 결정적 분기점에 직면했기 때문이었다.

악숨왕국의 왕 에자나가 기독교로 개종한 이후 에티오피아인은 줄곧 기독교를 믿었고 14세기에 이르자 프레스터 존Prester John 왕 신화의 중심 무대에 서게 된다. 프레스터 존은 서아시아에 이슬람이 부상하면서 유럽과 단절되었던 기독교 왕이었다. 처음에는 그의 왕국이 인도에 있을 것으로 추정했다. 하지만 유럽인의 인도 관련 지식이 커지면서 사실이 아님을 알게 되었다. 기독교 신자였던 에티오피아의 왕이 자연스레 신화의 주인공일 것이라 여겨졌다. 에티오피아의 왕들은 아랍 침략에 맞서 유럽의 군주와 동맹을 맺기 위해 안간힘을 쓰고 있었다. 적어도 1300년부터 유럽에 외교 사절을 파견했고 포르투갈 왕을 설득해 원군을 얻기도 했다.

이 병사들과 외교 사절, 예수회, 프레스터 존을 만나고자 했던 여행가까지 에티오피아를 오가며 많은 기록을 남겼다. 경제적 관점에서 가장 흥미로운 기록 중 하나는 포르투갈 외교 사절단과 함께 가서 1520년에서 1527년까지 에티오피아에 머물렀던 성직자 프란시스코 알바르스Francisco Álvares의 기록이다. 1624년부터 에티오피아에 살았던 예수회의 마노엘 데 알메이다Manoel de Almeida, 1768년에서 1773년까지 머무른 여행가 존 브루스John Bruce의 기록도 주목할 만하다. 이들이 남긴 당시 에티오피아의 정치·경제 제도에 관한 상세한 기록만 보아도 절대주의 체제의 완벽한 사례라는 데는 의심의 여지가 없다. 다원주의적 제도는 찾아볼 수 없었고, 황제의 권력에 대한 견제나 제약도 없었다. 황제는 전설 속의 솔로몬 왕 및 시바 여왕Queen of Sheba의 후손으로 여겨져 신성한 통치권을 주장할 뿐이었다.

이런 절대주의 체제하에서 황제의 정치 전략에 따라 사유재산권은 극도로 불안했다. 가령 존 브루스는 다음과 같이 기록했다.

모든 땅이 왕의 소유다. 내키는 대로 아무에게나 땅을 주고 멋대로 빼앗기도 한다. 왕이 죽으면 왕국의 땅은 모조리 다시 왕실 소유가 된다. 그뿐만 아니라 현재 땅을 가진 자가 숨을 거두면 아무리 오래 소유권을 누렸다 하더라도 다시 왕에게 복속되며 장자에게 소유권이 이전되는 사례는 없다.

알바르스는 "위대한 왕들이 백성을 핍박하지 않았다면 더 많은 열매와 작물을 거두어들일 수 있었을 것"이라고 주장한다. 또한 에티오피아 사회에 관한 알메이다의 설명은 대단히 일관적이다.

2~3년에 한 번씩 황제가 신민이 가진 토지를 맞바꾸거나 조정하거나 빼앗아가기 일쑤고, 가끔은 매년, 심지어 한 해에도 몇 번씩 그런 일을 벌이기 때문에 아무도 놀라지 않을 정도다. 밭을 갈고 씨를 뿌리는 이와 수확을 하는 이가 걸핏하면 달라진다. 자신의 소유라 해도 땅을 제대로 돌보려는 이가 없는 이유다. 열매를 직접 수확할 가능성이 희박하므로 땅에 나무조차 심으려 하지 않는다. 하지만 왕으로서는 백성이 그만큼 자신에게 의존해야 한다는 뜻이므로 마다할 이유가 없다.

이들의 묘사만 봐도 에티오피아의 정치·경제 구조가 유럽 절대왕정과 많이 닮아 있다는 사실을 알 수 있다. 더 나아가 에티오피아의 절대주의 체제가 더 확고하고 경제제도 역시 한층 더 착취적이라는 사실도 분명히 드러난다. 그뿐만 아니라 6장에서 강조했듯이 에티오피아는 잉글랜드의 절대왕정을 무너뜨렸던 결정적 분기점에 노출되지 않았다. 근대세계를 조성한 수많은 과정으로부터 단절되어 있었던 것이다. 설령 그렇지 않다고 하더라도 에티오피아는 절대주의 체제가 워낙 확고해 한층 더 그 체제를 강화하는 쪽으로 나아갔을 것이다. 가령, 에스파냐에서처럼 큰 이윤이 남는 노예무역을 비롯해 에티오피아의 국제무역은 왕실의 통제를 받았다.

에티오피아는 완전히 고립된 나라가 아니었다. 유럽인이 프레스터 존을 찾아왔고, 주변 이슬람 정권과 맞서 싸우기도 했다. 그럼에도 역사가 에드워드 기번은 고개가 끄덕여질 만한 이런 평가를 남겼다. "사방이 종교적 적들로 둘러싸인 채, 에티오피아는 거의 1,000년 가까이 이들을 잊고 살았고, 이들 역시 에티오피아에 관심을 두지 않았다."

19세기 유럽의 아프리카 식민지화가 시작되었을 때 독립왕국이던 에티오피아는 1855년 테오드로스 2세Tewodros II로 등극한 라스 카사Ras Kassa의 통치를 받고 있었다. 테오드로스는 중앙집권화된 관료제와 사법부, 전국을 장악하고 유럽인과 맞설 수 있는 군대를 창설하는 등 정부의 근대화 작업에 착수했다. 세금을 거두어 왕실에 바치도록 온 지방에 군총독을 파견했다. 유럽 열강과 협상이 까다롭자 분을 참지 못하고 영국 영사를 옥에 가두기도 했다. 1868년 영국은 원정군을 파견해 에티오피아 수도를 공격했고 테오드로스는 스스로 목숨을 끊었다.

하지만 테오드로스가 재건한 정부는 이탈리아를 상대로 19세기 반식민지 투쟁 역사에서 가장 큰 승리 중 하나를 거두기도 했다. 1889년, 왕위는 메넬리크 2세Menelik II에게 돌아갔지만, 곧바로 에티오피아에 식민지를 건설하려는 이탈리아의 야심과 맞서야 했다. 1885년 독일의 비스마르크 총리는 베를린에서 회의를 주최했고 그 자리에서 유럽 열강은

'아프리카 쟁탈전'을 벌이게 된다. 다시 말해 아프리카를 자기들 이해관계에 따라 나누어먹기로 한 것이다. 이 회의에서 이탈리아는 에티오피아 해안을 따라 있는 에리트레아와 소말리아에 식민지를 건설할 권리를 확보했다. 아무도 회의에서 대변해주지 않았는데도 에티오피아는 살아남을 수 있었다. 하지만 이탈리아는 야심을 버리지 않았고 1896년 마침내 군대를 이끌고 에리트레아 남부로 향했다.

메넬리크는 중세 유럽 군주들과 유사한 반응을 보였다. 귀족의 병사로 군대를 소집한 것이다. 전장에서 오래 버티기는 어려운 방법이었지만 대규모 군대를 단시간에 끌어모을 방법이기는 했다. 단시간이기는 해도 이탈리아군을 물리치기에는 충분했다. 1896년 아도와전투Battle of Adowa에서 메넬리크의 10만 대군과 맞선 1만 5,000명의 이탈리아군은 크게 패하고 만다. 식민지화되기 이전 아프리카 나라가 유럽 열강을 상대로 거둔 최대의 전과 중 하나였고 그 덕분에 에티오피아는 40년간 더 독립을 유지할 수 있었다.

에티오피아의 마지막 황제는 1930년 하일레 셀라시에Haile Selassie로 등극한 라스 타파리Ras Tafari였다. 하일레 셀라시에는 1935년 시작된 2차 이탈리아 침공으로 쫓겨났지만 1941년 영국의 도움으로 망명 생활에서 돌아와 복위한다. 하지만 1974년, 황제의 독재에 반대하는 마르크스주의 군부의 군사 쿠데타로 폐위되었다. 쿠데타를 일으킨 더그Derg라 불리던 혁명위원회는 에티오피아를 한층 더 가난하고 황폐하게 했다. 굴트 등 절대주의적 에티오피아제국의 착취적 경제제도와 악숨왕국의 몰락 이후 만들어진 봉건제는 1974년 혁명이 일어나고 나서야 폐지되었다.

오늘날 에티오피아는 세계에서 가장 가난한 나라 중 하나다. 에티오피아 평균 국민소득은 잉글랜드의 40분의 1가량에 지나지 않는다. 대부분 국민이 농촌 지역에 살고 농사를 지어 근근이 연명한다. 깨끗한 물과 전기는 물론 제대로 된 학교나 의료시설도 부족하다. 기대 수명은 55살이고 성인 세 명 중 한 명만이 글을 읽거나 쓸 줄 안다. 잉글랜드와 에티오피아를 비교하면 세계 불평등을 이해할 수 있다. 에티오피아가 오늘날 이런 형편인 이유는 잉글랜드와 달리 최근까지도 절대주의 체제가 존속했기 때문이다. 절대주의 체제는 착취적 경제제도를 불러왔고 에티오피아 인민 대다수를 가난에 찌들게 했다. 물론 이 과정에서 배를 불린 것은 황제와 귀족뿐이다. 하지만 절대주의 체제가 갖는 가장 큰 시사점은 에티오피아 사회가 19세기와 20세기 초 산업화의 기회를 활용하지 못했고, 그에 따라 오늘날 찢어질 듯한 가난을 초래했다는 사실이다.

소말리아 사회의 특수성

온 세계의 절대주의적 정치제도는 경제에 간접적인 영향을 주거나 앞서 살펴보았듯이 오스트리아-헝가리제국과 러시아에서처럼 직접적으로 산업화를 방해했다. 하지만 포용적 경제제도의 등장을 방해한 것은 절대주의 체제만이 아니었다.

19세기 동이 틀 무렵까지도 전 세계, 특히 아프리카 대륙에는 근대 경제의 전제조건 중 하나인 최소한의 법과 질서를 유지할 만한 정부가 존재하지 않는 지역이 수두룩했다. 중앙집권화 과정에 착수해 이내 절대주의 체제를 확립했던 러시아의 표트르대제도 없었고, 의회 등 왕권을 견제할 만한 세력을 완전히 파괴하지 않으면서(더 정확히 말하면 파괴할 능력이 없었다고 해야겠지만) 중앙집권정부를 수립했던 잉글랜드의 튜더왕조 역시 존재하지 않는 곳들이었다. 아프리카 정권의 엘리트층이 쌍수를 들고 산업화를 환영하고 싶었다 해도 그런대로 중앙집권화가 진행되지 않고서는 어차피 손써볼 방법이 없었을 것이다.

북동부의 이른바 '아프리카의 뿔Horn of Africa'이라는 지역에 자리 잡고 있는 소말리아는 중앙집권정부의 부재가 어떤 폐단을 낳는지 여실히 증명해준다. 역사적으로 소말리아를 지배한 것은 여섯 개 부족이었다. 이 중 디르Dir, 다로드Darod, 이사크Isaq, 하위예Hawiye 등 4대 부족의 조상은 사말리Samaale라는 신화 속 인물로 거슬러 올라간다. 이들 부족은 소말리아 북부에서 유래해 점진적으로 남부와 동부로 퍼져 나갔고, 심지어 오늘날까지도 염소, 양, 낙타 등의 가축을 끌고 이리저리 떠돌아다니는 유목생활을 하고 있다. 나머지 두 부족은 남부에 정착해 농경생활을 하는 디질Digil과 라한웨인Rahanweyn 족이다. 이들 부족의 영토는 〈지도 12〉에 나와 있다.

소말리아 사람은 맨 먼저 어느 부족에 속하는지에 따라 자신의 정체성을 확인하지만 각 부족이 워낙 큰 데다 하부 집단도 많다. 시간이 흐르면서 큰 부족 가문은 여러 작은 씨족으로 나누어졌다. 이 중에서 가장 중요한 것은 '디야 지급 집단diya-paying groups'이라 불리는 씨족 내의 단위다. '혈부血富, blood wealth'라는 뜻의 디야는 집단의 일원을 살해한 대가로 지급하는 보상금으로, 디야 지급 집단은 바로 이 디야를 지급하고 수금하는 가까운 친족으로 구성되어 있다.

소말리아 씨족과 디야 지급 집단은 역사적으로 희소한 자원을 차지하기 위해 한시도 싸우지 않은 적이 없을 정도다. 특히 수자원과 가축을 먹일 비옥한 목초지를 둘러싸고 다툼이 끊이지 않았다. 또 줄기차게 이웃 씨족과 디야 지급 집단의 가축을 공격했다. 씨족마다 술탄sultan이라는 지도자와 연장자가 있었지만, 실질적인 권한은 거의 없었다. 소말리아 성인 남성은 누구나 씨족 및 집단에 영향을 줄 의사결정에 발언권을 가졌을 정도로 정치권력도 지나치게 넓게 분산되어 있었다. 모든 성인 남자가 참여하는 비공식 위원회를 통해 결정이 이루어졌기 때문이다.

성문법이나 경찰, 사법체계라고 할 만한 그 무엇도 존재하지 않았다. 그나마 이슬람의 법률인 샤리아^{Sharia} 법이 비공식적인 법을 도출하는 큰 틀로 사용되는 수준이었다. 디야 지급 집단에 적용되는 이런 비공식 법률은 히어^{heer}라는 체계에 통합되어 있다. 각 집단이 다른 집단과 교류 과정에서 지켜야 할 의미, 권리, 임무를 공식화한 포괄적인 법체계를 말한다. 식민통치를 받게 되면서, 이런 히어들이 문자로 기록되기 시작했다. 가령 1,500명 정도로 구성된 디르족 산하 디야 지급 집단인 하산 우가스^{Hassan Ugaas} 혈족은 영국령 소말리아에 살고 있었다. 1950년 3월 8일, 영국 판무관이 이들의 히어를 문자로 기록했는데, 그중 처음 세 조항을 살펴보면 다음과 같다.

1. 하산 우가스의 일원이 외부 집단에 살해되면 그의 혈부(100) 중 낙타 20마리는 가장 가까운 친족에게 주고, 나머지 80마리는 모든 하산 우가스 씨족이 나누어 가진다.

2. 하산 우가스 일원이 외지인에게 상처를 입었고 그 상처가 낙타 33.3 마리의 가치가 있다면, 열 마리는 상처를 입은 자에게 주고 나머지는 지포 집단^{jiffo-group}(혈족 단위로 나눈 디야 집단의 하부 집단) 일원에게 나누어준다.

3. 하산 우가스 씨족 일원끼리 벌어진 살인 사건에 대해서는 낙타 33.3 마리로 보상하며 모두 사망자의 가장 가까운 친족에게 준다. 가해자가

모두 또는 일부를 지급하지 못한다면 그의 다른 혈족이 메운다.

히어가 살인 및 상해 보상에 주력하는 것만 보아도 디야 지급 집단과 씨족 사이에 끊임없이 싸움이 벌어졌다는 사실을 알 수 있다. 그 중심에 바로 혈부와 '혈수血讐, blood feuding(씨족의 일원이 다른 씨족 일원에게 피해를 당하면 소속 씨족의 다른 일원이 가해 씨족에 복수할 권리와 의무를 갖는 것으로 여기는 관습적인 제도 - 옮긴이)'가 있었다. 일원이 범죄를 당하면 전체 디야 지급 집단에 대한 범죄로 간주했고, 혈부라는 집단적 보상을 해야 했다. 혈부가 지급되지 않으면 가해자가 속한 디야 지급 집단 전체가 피해 집단의 보복을 감수할 수밖에 없었다. 소말리아에 근대 교통수단이 도입되자 혈부는 교통사고로 죽거나 다친 사람에게까지 확대되었다. 하산 우가스 혈족의 히어는 살인만 언급한 게 아니었다. 제6조는 다음과 같다. "하산 우가스의 일원이 하산 우가스 회의에서 다른 일원에게 모욕을 주면 피해자에게 150실링을 지급해야 한다."

1955년 초에는 이런 일이 벌어졌다. 하바르 톨 잘로Habar Tol Ja'lo와 하바르 유니스Habar Yuunis라는 두 씨족의 가축이 나란히 돔버렐리Domberelly 지역에서 풀을 뜯고 있었다. 유니스 씨족의 한 사내가 낙타를 몰다 톨 잘로의 일원과 다툼이 벌어졌고 그로 인해 상처를 입고 말았다. 유니스 씨족은 곧장 보복에 나서 톨 잘로 씨족을 공격했고 그중 한 명을 살해했다. 혈부제도에 따라 유니스 씨족은 톨 잘로 씨족에게 보상을 제안했고 톨 잘로 씨족도 이를 받아들였다. 으레 그렇듯이 낙타를 직접 가져다주는 것으로 혈부를 치르기로 되어 있었다. 그런데 혈부를 전달하는 의식을 치르던 중 톨 잘로 씨족의 일원이 다른 사람으로 착각해 유니스 씨족의 일원을 살해하고 만다. 결국 전면전으로 비화되었고 48시간 만에 유니스 씨족에서 13명, 톨 잘로 씨족에서 26명이 목숨을 잃었다. 1년 여를 싸우고 나서야 양측 연장자들은 영국 식민정부의 중재로 합의를 이루게 된다. 이후 3년 동안 양측 모두 수긍할 만한 혈부를 치르기로 한 것이다.

혈부 지급은 폭력과 복수가 두려워 행해지는 인습이었지만 혈부를 치렀다고 해서 꼭 분쟁이 끝나는 것도 아니었다. 분쟁은 으레 잦아들었다 다시 불거지곤 했다.

따라서 소말리아 사회에는 정치권력이 언뜻 다원주의적으로 비칠 정도로 폭넓게 분배되어 있었다. 하지만 사유재산권은 고사하고 질서 유지를 강제할 중앙집권정부가 없었기 때문에 광범위한 권력 분산이 포용적 제도로 이어지지 못했다. 누구도 다른 이의 권위를 존중하지 않았고 마침내 에티오피아 땅을 밟은 영국 식민정부를 포함해 누구도 강제로 질서를 잡지 못했다. 중앙집권정부의 결여로 소말리아는 산업혁명으로부터 어떤 수혜도 입지 못했다. 영국에서 유입되는 신기술을 채택하거나 그런 기술에 투자할 꿈도 꾸지 못할 상황이었고 그러는 데 필요한 기구들을 설립할 형편도 아니었다.

경제 발전 측면에서 보면 소말리아의 복잡한 정치는 한층 더 미묘한 영향을 끼쳤다. 이미 앞서 아프리카 역사에서 도무지 이해하기 어려운 기술적 수수께끼를 몇 가지 언급한 바 있다. 19세기 후반 식민통치가 확대되기 이전까지 아프리카는 바퀴를 사용한 운송수단을 쓰지 않았고 농사를 지을 때도 쟁기를 쓰지 않았으며 문자가 있는 나라도 거의 없었다. 앞서 살펴보았듯이 에티오피아는 문자가 있었다. 소말리아도 문자가 있었으나 에티오피아와 달리 실제로 사용하지는 않았다. 아프리카 역사의 이런 사례는 이미 살펴본 바 있다. 아프리카 나라들이 바퀴나 쟁기를 사용하지 않았다고 해서 그 존재조차 몰랐던 것은 아니다. 콩고왕국의 사례에서 이미 살펴보았듯이, 경제제도가 그런 신기술을 채택하고자 하는 인센티브를 만들어내지 못한 것이 근본적인 이유다. 문자 도입 역시 마찬가지 논리가 적용될 수 있을까?

소말리아 북서쪽, 남부 수단의 누바 구릉지대Nuba Hills에 있었던 타칼리왕국Kingdom of Taqali에서 어느 정도 힌트를 얻을 수 있다. 타칼리는 18세기 후반 이스마일Isma'il이라는 인물이 이끄는 한 무리의 전사들이 세운 왕국이었고 1884년 영국제국에 병합될 때까지 독립을 유지했다. 타칼리 왕실과 백성 모두 아라비아 문자를 접할 수 있었지만 사용하지는 않았다. 예외적으로 왕들이 외부 정권이나 외교적 교류를 위해 사용할 뿐이었다. 언뜻 굉장히 이해하기 어려운 상황으로 비칠 수 있다. 전통적으로 메소포타미아에서 문자가 만들어진 연원은 이렇게 설명해왔다. 정보를 기록하고 백성을 통제하며 세금을 거두기 위해 정부가 직접 문자를 만들었다는 것이다. 그럼 타칼리왕국 정부는 이런 일에 관심이 없었다는 뜻일까?

역사가 재닛 에왈드Janet Ewald는 1970년대 타칼리왕국의 역사를 추적하면서 이런 의문점들을 파헤쳤다. 백성이 문자 사용을 거부한 한 가지 이유는 정부가 소유권을 주장하며 값진 토지 등 소중한 자원을 통제하는 데 악용할 우려가 있었기 때문이라고 한다. 백성은 또 더 각박하게 세금을 거둘까 봐 걱정했다. 이스마일이 창건한 왕조는 강력한 정부로 발전하지 못했다. 원한다 해도 정부가 백성의 반대를 무릅쓰고 정책을 강요할 만한 힘이 없었다는 뜻이다. 하지만 이보다 더 미묘한 요인이 있었다. 중앙집권화에 반대하는 다양한 엘리트층이 최대한 재량을 발휘하기 위해 백성과 문자보다는 구두 소통을 선호했다. 성문법이나 문서화된 명령은 취소, 부정, 또는 수정이 어렵다. 문자로 기록을 남기면 지배 엘리트층이 번복하기 어려워진다는 뜻이었다.

따라서 타칼리의 지배층이나 피지배층 모두 문자 도입은 득이 될 게 없다고 믿었다. 피지배층은 지배층의 악용을 두려워했고 지배층은 저나름대로 문자의 부재가 가뜩이나 불안한 정권 유지에 도움이 될 것이라 믿었다. 결국, 정치적인 이유로 타칼리왕국에 문자가 도입되지 못한 것이었다. 타칼리왕국과 비교하면 한층 더 허술한 엘리트층으로 구성되어 있었으므로, 소말리아에서도 같은 이유로 문자 사용이나 다른 기본적인 기술의 채택을 꺼렸을 것이라는 설명이 꽤 설득력이 있어 보인다.

소말리아는 중앙집권정부의 부재가 경제성장에 어떤 결과를 초래하는지 여실히 보여준다. 소말리아에 중앙집권정부를 수립하려는 노력이 있었다는 사료는 발견되지 않고 있다. 하지만 그런 노력이 대단히 어려웠을 법한 이유는 분명히 알 수 있다. 중앙집권화를 하려면 일부 씨족이 다른 씨족의 통제를 받아야 한다. 하지만 다른 씨족의 지배를 받아 자신들의 권력을 넘겨주는 상황을 받아들이지 못했을 것이다. 군사력의 균형 역시 중앙집권기구의 수립을 방해했을 것이다. 아닌 게 아니라 중앙집권화를 시도하는 집단이나 씨족은 강렬한 저항에 부딪힌 것은 물론 기존에 누리던 권력과 특혜를 잃게 될 가능성이 컸다. 결국 중앙집권화에 실패하고 그에 따라 기본적 사유재산권마저 보장되지 않았기 때문에 소말리아는 생산성을 향상시킬 수 있는 기술에 투자할 만한 인센티브를 단 한 번도 창출해내지 못한 것이다. 19세기와 20세기 초, 다른 지역에서는 산업화가 한창일 때도 소말리아는 근근이 연명하며 피의 복수를 계속했고, 경제적 낙후성은 한층 더 심화되었다.

끈질긴 낙후성

산업혁명은 19세기 이후 온 세계가 변화를 맞이할 수 있는 결정적 분기점을 만들어냈다. 시민의 신기술 투자를 허용하고 그럴 만한 인센티브를 제공했던 나라는 획기적으로 성장했다. 하지만 여러 나라가 그렇지 못했거나 노골적으로 변화를 거부했다. 착취적 정치·경제 제도 아래 신음하던 나라는 그런 인센티브를 만들어내지 못했다. 에스파냐와 에티오피아의 사례에서도 알 수 있듯이 절대주의 체제가 정치제도를 틀어쥐고 있고 그에 따라 경제제도 역시 착취적 성향을 띤 나라에서는 19세기로 접어들기 훨씬 이전부터 경제적 인센티브의 씨가 말라 있었다. 오스트리아-헝가리, 러시아, 오스만제국과 중국 등 다른 절대주의 정권에서도 결과는 마찬가지였다. 다른 점이 있다면 이들 정권의 지배층은 창조적 파괴를 두려워한 나머지 경제 발전을 장려하지 못했을 뿐 아니라 산업의 확대 및 산업화를 초래할 신기술 도입을 막기 위해 노골적인 조치를 취했다는 것이다.

절대주의가 착취적 정치제도의 유일한 형태도 아니고, 산업화를 방해한 유일한 요인도 아니다. 포용적 정치·경제 제도가 마련되려면 일정 수준 중앙집권화가 이루어져 정부가 법과 질서를 강제하고, 사유재산권을 보장하며, 필요할 때 공공 부문에 투자를 감행해 경제활동을 장려할 수 있어야 한다. 하지만 심지어 오늘날도 아프가니스탄, 아이티, 네팔, 소말리아 등 수많은 나라에 가장 기본적인 질서 유지도 불가능한 정부가 들어서 있으며 경제적 인센티브는 씨가 말라버린지 오래다.

소말리아의 사례만 보아도 왜 이런 나라들이 산업화 과정을 건너뛰게 되었는지 잘 알 수 있다. 절대주의 정권이 변화를 거부하는 것과 같은 이유로 중앙집권화를 거부한 나라들이다. 변화를 허용하면 정치권력이 현재의 지배층에서 새로운 인물이나 집단에 이양될 것이라는 뿌리 깊은 공포가 작용한 것이다. 따라서 절대주의가 다원주의 및 경제 변화를 향한 행보를 가로막듯이 중앙집권정부가 없는 나라에서는 권력을 쥐고 있는 전통적인 엘리트층과 씨족이 그런 역할을 하는 것이다. 18세기와 19세기에 중앙집권화를 경험하지 못한 나라들이 산업화 시대에 가장 큰 불이익을 당한 이유다.

절대주의에서 중앙집권화에 실패한 정부에 이르기까지 다양한 착취적 제도가 산업화의 혜택을 보지 못하는 사이 산업혁명의 결정적 분기점은 세상의 다른 지역에 사뭇 다른 영향을 주고 있었다. 10장에서 살펴보겠지만, 미국과 호주 등 앞장서 포용적 정치·경제 제도를 향한 발걸음을 옮긴 나라와, 프랑스와 일본 등 절대주의가 어느 지역보다도 심각한 도전을 받았던 나라는 이런 새로운 경제적 기회를 십분 활용해 고속 경제성장을 구가할 수 있었다. 그 결과 결정적 분기점과 기존 제도적 차이의 상호작용으로 제도 면에서나 경제 발전 면에서 한층 더 엇갈린 길을 가게 되는 패턴은 19세기에도 영락없이 되풀이되었고, 과거에 비해 각국의 번영과 빈곤에 더 분명하고 근본적인 영향을 미쳤다.

발전의 퇴보

9장

유럽의 팽창정책은 세계 도처에서 기존 착취적 제도를 강요하고, 더 나아가 한층 더 강화하면서 해당 지역에 저개발의 씨앗을 뿌렸다. 그 결과 다른 지역에서는 산업화가 한창일 무렵에도 유럽 식민 지배 아래 있던 지역은 이런 신기술로부터 수혜를 입을 가능성이 전혀 없었다.

향신료와 인종 대학살

오늘날 인도네시아의 몰루카군도^{Moluccan Archipelago}는 세 개의 제도諸島로 이루어져 있다. 17세기 초 상황을 살펴보면, 북부 몰루카제도에는 티도레^{Tidore}, 트르나테^{Ternate}, 바칸^{Bacan}이라는 독립왕국이 자리 잡고 있었다. 중앙 제도에는 암본^{Ambon}왕국이 있었다. 남부의 반다제도^{Banda Islands}는 아직 정치적으로 통일되지 않은 작은 다도해였다. 지금은 먼 나라로 여길지 모르지만 몰루카제도는 정향, 메이스^{mace}, 육두구 등 값진 향신료의 유일한 산지로 당시만 해도 세계무역에서 빼놓을 수 없는 지역이었다. 그중에서도 메이스와 육두구는 반다제도에서만 자랐다. 반다제도 주민은 이런 귀한 향신료를 생산하고 수출하는 대신 자바 섬, 말레이시아반도의 믈라카^{Melaka} 시장, 인도, 중국, 아라비아 등지에서 유입되는 식량과 공산품을 얻었다.

이곳 주민이 유럽인과 처음 접촉한 것은 16세기로 포르투갈 상인이 향신료를 사러왔을 때였다. 그전까지만 해도 향신료는 오스만제국이 통제하고 있던 서아시아 무역로를 거쳐야 살 수 있었다. 유럽인은 아프리카를 우회하거나 대서양을 거쳐 향료제도Spice Islands(몰루카의 옛 이름 - 옮긴이)와 향신료를 직거래할 수 있는 무역로를 찾아 나섰다. 1488년 포르투갈의 선장 바르톨로메우 디아스Bartolomeu Dias가 희망봉을 발견했고, 같은 경로를 통해 1498년 바스코 다 가마가 인도에 닿았다. 처음으로 유럽인도 향료제도로 이어지는 독자적인 독립 무역로를 갖게 된 것이다.

포르투갈은 곧바로 향신료 무역을 독점하는 작업에 착수했다. 1511년에는 믈라카 시장을 장악했다. 믈라카는 전략적 요충지인 말레이시아 반도 서부에 자리 잡고 있던 시장으로 동남아시아 전역에서 온 상인이 향신료를 팔았고, 인도, 중국, 아랍 등지의 상인은 사들인 향신료를 서방으로 실어 날랐다. 포르투갈 여행가인 토메 피레스Tomé Pires는 1515년 이런 기록을 남겼다. "이역만리를 마다치 않는 나라들의 무역과 상업은 죄다 믈라카를 거쳐야 했다. 믈라카의 주인이 되면 베네치아의 목을 비틀 수 있었다."

믈라카를 손에 쥔 포르투갈은 노른자위라 할 만한 향신료 무역을 체계적으로 독점하려 들었지만 결국 실패하고 말았다.

포르투갈에 맞선 적들이 그만큼 만만치 않았다. 14세기에서 16세기 사이 동남아시아는 향신료를 기반으로 눈부신 경제 발전을 이룩한 바 있었다. 아체Aceh, 반텐Banten, 믈라카, 마카사르Makassar, 페구Pegu, 브루나이Brunei 등 도시국가들은 향신료와 함께 견목재堅木材 등 다양한 상품을 생산하고 수출하면서 급속도로 발전하고 있었다.

이들 나라도 동 시대 유럽과 유사한 절대주의 형태의 정부가 들어서 있었다. 정치제도 역시 전쟁과 국제무역 방법의 기술적 변화 등 유사한

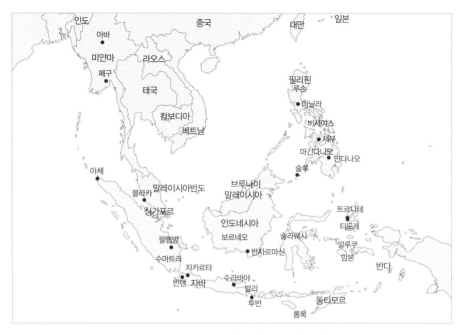

지도 14 1600년 동남아시아, 향료 제도, 암본, 반다

과정을 거치며 발전했다. 정부제도는 절대권력을 주장하는 왕을 중심
으로 갈수록 중앙집권화되었다. 유럽의 절대주의 지배자들처럼 동남아
시아의 왕들도 무역에 직접 참여하거나 현지와 해외 엘리트층에 독점
권을 부여하는 등 무역에서 얻는 수입에 대한 의존도가 대단히 높았다.
유럽의 절대주의처럼 동남아시아 역시 이런 체제하에서 그런대로 경제
성장을 이루기는 했지만, 번영을 위한 이상적인 경제제도 구도와는 거
리가 멀었다. 그만큼 진입 장벽도 높았고 무엇보다 사유재산권이 불안
했다. 하지만 포르투갈이 인도양 패권을 틀어쥐려 애쓰던 중에도 상업
은 날로 번성하고 있었다.

이 지역을 드나드는 유럽인이 늘기 시작했고, 네덜란드인이 이 대열

에 합류하면서 유럽의 영향이 부쩍 커졌다. 네덜란드 역시 값나가는 몰루카의 향신료 공급을 독점하는 것이 현지인은 물론 다른 유럽 상인과 경쟁하는 것보다 훨씬 더 많은 이윤을 남길 것이라는 사실을 얼른 알아차렸다. 1600년, 네덜란드는 암본 왕을 설득해 암본 내의 정향 거래에 대한 독점권을 허락하는 배타적 협정을 맺었다. 1602년 네덜란드 동인도회사 설립과 함께 네덜란드가 당근과 채찍을 가리지 않고 온갖 수단을 동원해 경쟁자를 모조리 물리치고 전체 향신료 무역을 독점하려 시도하면서 네덜란드 상인은 득을 보게 되었을지 모르지만, 동남아시아는 큰 고초를 겪게 된다.

네덜란드 동인도회사는 잉글랜드 동인도회사에 이어 두 번째로 설립된 유럽의 합자회사다. 두 회사는 근대 기업 발달의 이정표였을 뿐 아니라 훗날 유럽의 산업 성장에서도 중요한 역할을 담당하게 된다. 네덜란드 동인도회사는 또 잉글랜드 동인도회사처럼 군대를 보유해 전쟁을 치르고 외국 땅을 식민지화할 수 있었다. 든든한 군사력까지 갖춘 네덜란드는 이제 암본 왕과 맺은 조약을 집행하기 위해 닥치는 대로 침입자를 제거하기 시작했다. 1605년에는 포르투갈이 보유한 요새를 함락시켰고 모든 다른 나라 무역상을 강제로 쫓아냈다. 그런 다음 몰루카 북부로 진출해 정향을 재배하거나 거래하지 말도록 티도레, 트르나테, 바칸의 지도자를 협박했다. 트르나테와 맺은 조약에 따르면 네덜란드는 내키는 대로 쳐들어와서 정향나무를 파괴할 수 있었다.

암본왕국 지배체제는 당시 유럽 대부분 지역 및 아메리카 대륙과 크게 다르지 않았다. 암본의 백성은 왕에게 공물을 바쳐야 했고 강제노역에 시달렸다. 네덜란드가 끼어들면서 정향 생산을 늘리려면 더 많은 노동력을 동원해야 했으므로 이런 체제는 한층 더 강화되었다. 네덜란드인이 도착하기 전에는 확대가족 기준으로 암본 엘리트층에 정향을 공물로 바쳤다. 하지만 네덜란드는 가구마다 일정 면적의 땅에 예속시켜 정해진 수의 정향나무를 재배하도록 했다. 이제 가구마다 네덜란드인에게까지 강제노역을 제공하게 된 것이다.

네덜란드는 내친김에 반다제도 역시 손에 넣으려 들었다. 메이스와 육두구마저 독점하려는 의도였다. 하지만 반다제도는 암본과는 사뭇 다른 구조로 되어 있었다. 저마다 자치를 하는 여러 소형 도시국가가 들어서 있었고 정치·사회적 신분질서도 존재하지 않았다. 사실상 작은 읍에 불과한 이들 소형 도시국가는 촌락 주민의 모임을 통해 운영되었다. 네덜란드가 독점조약 조인을 강요할 중앙당국도 없었고 메이스와 육두구의 공급을 완전히 장악할 만한 공물체제도 존재하지 않았다. 자칫 네덜란드가 영국, 포르투갈, 인도, 중국 상인과 경쟁하며 더 높은 가격을 치르지 않으면 향신료 경쟁에서 밀려날 판이었다.

메이스와 육두구를 독점하겠다는 애초의 계획이 수포로 돌아가자 바타비아^{Batavia}(네덜란드가 개칭한 자카르타의 옛 이름 – 옮긴이)의 네덜란드 총독이었던 얀 피터르스존 쿤^{Jan Pieterszoon Coen}은 대안을 마련했다. 쿤은 1618년 자바 섬에 네덜란드 동인도회사의 새로운 거점으로 바타비아를 세웠다. 1621년에는 반다제도로 함대를 몰고 가 1만 5,000명에 달하는 거의 모든 주민을 학살했다. 지도자들도 나머지 주민과 함께 모조리 목숨을 잃었고, 메이스와 육두구 생산 노하우를 보전하는 데 필요한 소수만 살아남았다.

이런 대학살을 마무리한 쿤은 자신의 계획에 필요한 정치·경제 구조를 만들기 시작했다. 다름 아닌 대농장 사회였다. 반다제도를 68개 구역으로 나누어 대부분 네덜란드 동인도회사의 전·현직 직원인 68명의 네덜란드인에게 맡겼다. 이들 신흥 대농장주는 몇 안 되는 생존한 반다제도 주민으로부터 향신료 생산 방법을 배우고 동인도회사에서 노예를 사들여 텅 빈 섬에 살게 하며 향신료를 재배했다. 그렇게 생산한 향신료는 동인도회사에 고정된 가격으로 팔았다.

1만 5,000명에 달하는 무고한 인명을 학살한 대가로 네덜란드는 향료제도에 착취적 제도를 수립해 바라던 성과를 낼 수 있었고, 이때 뿌리 내린 경제·정치 제도로 온 섬이 저개발의 운명에 처하게 된다. 17세기 말엽 네덜란드가 이곳에서 생산되는 향신료의 전 세계 공급량을 60퍼센트가량 줄이자 육두구의 가격은 두 배로 치솟았다.

네덜란드가 몰루카에서 다진 전략을 전체 지역으로 확대 적용한 탓에 동남아시아의 경제·정치 제도에 지대한 영향이 미친다. 14세기부터 시작된 이 지역 여러 나라의 상업적 팽창이 뒷걸음질 친 것이다. 네덜란드 동인도회사의 손에 직접 식민지화되거나 무너지지 않은 정권마저 안으로 움츠러들며 무역을 포기하기에 이르렀다. 이제 막 싹트던 동남아시아의 경제·정치적 변화에 급제동이 걸린 것이다.

네덜란드 동인도회사의 위협을 피하고자 여러 나라가 수출용 작물 재배를 포기하고 상업 활동을 중단했다. 자급자족 정책을 견지하는 편이 네덜란드를 상대하는 것보다 안전했기 때문이다. 1620년, 자바 섬에 있는 반텐은 네덜란드의 침범이 두려워 후추나무를 죄다 잘라버렸다. 1686년, 마긴다나오Maguindanao를 방문한 한 네덜란드 상인은 이런 말을 들었다. "말라쿠에서처럼 여기서도 육두구와 정향을 기를 수 있다. 그런데 국왕이 죽기 전에 모조리 베어버렸기 때문에 지금은 남아 있지 않다. 네덜란드 회사가 향신료 때문에 싸움을 걸어올까 봐 걱정이 돼서다." 1699년 마긴다나오에서 다른 무역상이 들었던 이야기도 비슷했다.

"국왕이 후추를 재배하지 못하도록 했다. (네덜란드) 회사나 다른 강한 세력과 싸울 빌미를 만들지 않기 위해서였다." 도시가 몰락한 것은 물론 인구도 줄었다. 1635년 미얀마는 해안지대이던 페구에서 이라와디 Irrawaddy 강을 따라 내륙 깊숙이 들어와 있는 아바Ava로 수도를 옮겼다.

네덜란드의 침략이 아니었다면 동남아시아가 정치·경제적으로 어떻게 발전했을지 모를 일이다. 독자적인 절대주의 체제를 구축하거나, 16세기 말엽의 체제를 그대로 유지했을 수도 있고, 포용적 제도를 점진적으로 받아들여 상업화에 박차를 가했을 가능성도 있다. 하지만 몰루카의 사례처럼 네덜란드 식민정책은 이들의 정치·경제적 발달 방향을 근원적으로 바꾸어놓았다. 동남아시아인들은 교역을 중단하고 내부로 움츠러들었으며 한층 더 절대주의적으로 변모했다. 향후 두 세기 동안 이들은 산업혁명이 가져다준 혁신을 활용할 형편이 아니었다. 또 종국에는 교역을 꺼린다고 해서 유럽인의 공세로부터 안전할 수도 없었다. 18세기 말엽이 되자 거의 모든 지역이 유럽 식민제국의 그늘에 있었다.

7장에서 살펴보았듯이 유럽의 대서양 진출은 영국에서 포용적 제도에 불을 지피는 계기가 되었다. 네덜란드가 몰루카에서 그러했듯이 유럽의 팽창정책은 세계 도처에서 기존 착취적 제도를 강요하고, 더 나아가 한층 더 강화하면서 해당 지역에 저개발의 씨앗을 뿌렸다. 그뿐만 아니라 전 세계적으로 갓 피어오르던 상업 및 산업 활동을 직간접적으로 저해하거나 아예 산업화를 가로막는 제도를 뿌리내렸다. 그 결과 다른 지역에서는 산업화가 한창일 무렵에도 유럽 식민제국 지배 아래 있던 지역은 이런 신기술로부터 수혜를 입을 가능성이 전혀 없었다.

아프리카 사회를 뒤흔든 노예무역

근대 초기, 유럽의 해상권과 상업권이 팽창하면서 동남아시아는 도리어 경제 확장과 제도 변화를 누리던 희망적인 시기가 대폭 단축되고 말았다. 네덜란드 동인도회사가 확장하던 시기에 아프리카에서는 사뭇 다른 형태의 무역이 성행하고 있었으니, 다름 아닌 노예무역이었다.

미국에서는 남부의 노예제도를 '독특한 제도'라고 부르곤 했다. 하지만 위대한 고전학자 모지스 핀리Moses Finlay가 지적했듯이 노예제도는 역사적으로 독특함과는 거리가 멀었고, 거의 어느 사회에서나 볼 수 있었다. 앞서도 살펴보았듯이 고대 로마는 물론 오랫동안 유럽에 노예 공급원으로 활용되었던(유일한 공급원은 아닐지라도) 아프리카에서도 당연하게 여겨질 정도였다.

로마 시절에는 흑해 주변의 슬라브족, 서아시아, 북유럽 등지로부터 노예를 공급받았다. 하지만 1400년 무렵이 되자 유럽인은 더 이상 서로 노예로 전락시키지 않았다. 하지만 6장에서도 보았듯이 아프리카는 중세 유럽에서처럼 노예에서 농노로 이행하는 과정을 거치지 못했다. 근대 초기 이전에는 동아프리카에서 노예무역이 성행했고 사하라사막을 건너 엄청난 수의 노예가 아라비아반도로 이송되었다. 더욱이 말리, 가나, 송가이Songhai 등 규모가 큰 중세 서아프리카 왕국은 정부, 군대는 물론 농사를 짓는 일에도 노예를 대거 동원했다. 자주 교역을 했던 북아프리카왕국의 이슬람교도로부터 배운 조직 형태였다.

국제 노예무역이 획기적으로 증가하고 아프리카 대륙 내에서도 노예제도의 중요성이 유달리 커진 것은 17세기 초 카리브 해 부근 식민지에서 사탕수수 대농장이 발달하면서부터였다. 16세기, 대서양을 통한 노예무역은 30만 명 정도에 그쳤을 것으로 보인다. 대부분 중앙아프리카에서 수출한 노예들로 콩고와, 훨씬 남쪽의 오늘날 앙골라의 수도인 루안다Luanda에 주둔해 있던 포르투갈인이 가장 적극적이었다. 이때만 해도 사하라사막을 통한 노예무역의 규모가 훨씬 컸다. 사하라 이남에서 북쪽으로 팔려가는 아프리카 노예의 수는 55만 명가량이었을 것으로 추정된다. 17세기에는 상황이 역전되었다. 대서양을 통해 팔려가는 아프리카 노예의 수는 약 135만 명에 달했고, 대다수가 아메리카 대륙으로 향했다. 사하라사막을 경유하는 노예무역의 규모는 이와 비교해 큰 변화가 없었다. 18세기로 접어들자 또 한 차례 큰 증가세를 보여 대서양을 건너는 노예의 수는 약 600만 명에 달했고 사하라를 통한 노예무역 규모는 70만 명 정도에 머물렀다. 시기와 아프리카 지역별로 수치를 합산하면 아프리카 대륙에서 외지로 팔려나간 노예의 수는 1,000만 명을 훌쩍 뛰어넘는다.

〈지도 15〉는 대략적인 노예무역의 규모를 실감하게 해준다. 오늘날 국경을 기준으로 1400년에서 1900년까지, 1400년 인구 비례 기준으로 누적 노예무역 추정치가 나와 있다. 어두운색일수록 노예무역이 성행했다는 뜻이다. 가령 앙골라, 베냉, 가나, 토고는 누적 기준으로 1400년 전체 인구보다 더 많은 노예를 수출했다.

느닷없이 서아프리카와 중앙아프리카 해안 어디를 가나 유럽인이 불쑥 나타나 노예를 사려고 안달이었으니 아프리카 사회를 뒤흔들 만한 영향을 끼칠 수밖에 없었다. 아메리카 대륙에 팔려간 노예 대부분은 전쟁에서 포로로 잡혀 해안가로 끌려온 이들이었다. 유럽인이 노예와 교환한 막대한 양의 총기류와 탄약이 수입되면서 전쟁도 빈번해졌다. 1730년이 되자 서아프리카 해안을 통해서만 매년 18만 정의 총기가 수

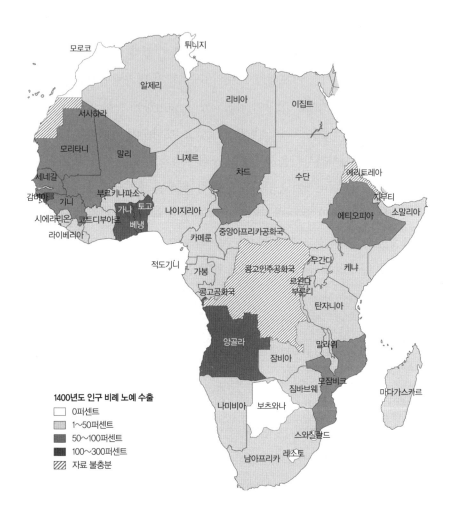

모로코 　튀니지

알제리

리비아 　이집트

서사하라

모리타니 　말리 　니제르 　차드 　수단 　에리트레아

세네갈 　　　　　　　　　　　　　　지부티

감비아 　기니 　부르키나파소 　　　　　　　　에티오피아 　소말리아

시에라리온 　코트디부아르 　가나 토고 　나이지리아

라이베리아 　　베냉 　　카메룬 　중앙아프리카공화국

적도기니 　　　　　　　　　　　우간다 　케냐

가봉 　　콩고민주공화국 　르완다

콩고공화국 　　　　부룬디 　탄자니아

앙골라 　　　　　　말라위

잠비아

짐바브웨 　모잠비크 　마다가스카르

1400년도 인구 비례 노예 수출

☐ 0퍼센트
▨ 1~50퍼센트
▨ 50~100퍼센트
■ 100~300퍼센트
▨ 자료 불충분

나미비아 　보츠와나

스와질란드

남아프리카 　레소토

지도 15 아프리카의 노예 수출 (오늘날 국경 기준)

입되었고, 1750년에서 19세기 초까지 영국이 수출한 총기 수만 해도 연간 28만 3,000정에서 39만 4,000정에 달했다. 1750년에서 1807년까지 영국은 2만 2,000톤에 달하는 엄청난 양의 화약을 팔았는데 연평균 38만 4,000킬로그램에 해당하며, 납의 연간 수출량도 9만 1,000킬로그램에 육박했다. 남부로 눈을 돌려도 무역이 활발하긴 마찬가지였다. 콩고왕국 북부의 로앙고Loango 해안에서 유럽인이 팔아대는 총기의 수는 5만정에 달했다.

이처럼 전쟁과 분쟁이 끊이지 않으면서 엄청난 인명 피해와 고통이 뒤따랐을 뿐 아니라 아프리카에서만 볼 수 있는 특이한 제도적 발달 양상이 전개되었다. 근대 초기 이전까지만 해도 아프리카 사회는 유라시아에 비해 중앙집권화가 미약했다. 대부분 부족의 추장이나 왕에 해당하는 인물이 토지와 자원을 장악하는 수준의 규모가 작은 정치체제를 유지했다. 소말리아의 사례에서도 살펴보았듯이 위계질서를 갖춘 정치당국이 전혀 존재하지 않는 사회도 적지 않았다.

노예무역은 두 가지 부정적인 정치 과정을 촉발했다. 첫째, 초반에는 한층 더 절대주의적으로 변모하는 정권이 많았다. 오로지 남들을 노예로 전락시켜 유럽인에 팔아넘기는 데만 혈안이 되어 있었던 것이다. 둘째, 첫 번째 과정의 결과이면서도 역설적으로 그 정반대의 상황이 전개되었다. 전쟁과 노예무역은 궁극적으로 사하라 이남 아프리카 지역에서 그나마 유지되던 질서와 정통성 있는 정부당국을 파괴해버렸다. 노예 획득 수단은 전쟁만이 아니었다. 납치하거나 소규모 공격을 통해 포로로 붙잡기도 했다. 노예를 만들기 위해 법까지 동원하는 지경이었다. 어떤 죄를 짓든 노예로 전락시켜 징벌했다. 영국 상인 프랜시스 무어Francis Moore는 1730년대 서아프리카 세네감비아Senegambia 해안에서 목격한 상황을 다음과 같이 묘사했다.

노예무역이 시작된 이래 모든 처벌은 노예로 귀결되었다. 얻는 게 있으
니, 범죄자를 노예로 팔아넘기기 위해 범죄 사실을 밝혀내려 안간힘을
썼다. 살인, 절도, 간통 등 중범죄자만 노예로 팔려가는 처벌을 받는 게
아니라 경범죄까지 죄다 같은 방법으로 단죄했다.

세속적 제도는 물론 종교제도까지도 노예를 붙잡아 팔아넘기려는 욕
심으로 변질되고 말았다. 나이지리아 동부 아로추크와Arochukwa에 있던
영험하다는 신탁神託의 사례만 봐도 이를 잘 알 수 있다. 이 신탁은 이자
우Ijaw, 이비비오Ibibio, 이그보우Igbo 등 그 지역 주요 종족이 숭상하는 신
의 말씀을 전한다고 알려져 있었다. 주민들은 이 신탁을 통해 분쟁을 해
결하고 불화를 심판했다. 고발당한 이들은 마을을 떠나 신탁이 있는 크
로스리버Cross River(나이지리아 남동부 지역 - 옮긴이) 협곡으로 가야 했다.
신탁은 큰 동굴에 있었는데 입구는 해골로 장식되어 있었다. 신탁의 사
제들은 노예상인과 함께 신탁의 결정을 집행했다. 그런데 걸핏하면 신
탁이 사람을 '집어삼켰다'고 한다. 다시 말해 일단 동굴로 들어가면 크
로스리버를 지나 대기 중이던 유럽 노예상선으로 끌려갔다는 것이다.

한 명이라도 더 많은 노예를 붙잡아 팔기 위해 온갖 법과 관습이 왜곡
되고 변질되면서 중앙집권화에도 대단히 부정적인 영향을 미쳤다. 물
론 일부 지역에서는 그 덕분에 강력한 정부가 등장하기도 했지만 그래
봤자 다른 지역을 공격해 노예를 붙잡는 게 이들의 주된 존재 이유였다.
콩고왕국 자체가 내전으로 몰락하기 전까지 아마도 최초로 백성을 노
예로 팔아넘긴 아프리카 정권이었을 것이다. 나이지리아의 오요Oyo, 베

냉의 다호메이Dahomey에 이어 훗날 가나의 아샨티Asante에 이르기까지 특히 서아프리카에 이런 노예정권이 많이 들어섰다.

가령 17세기 중반 오요 정권이 세력을 넓힐 수 있었던 것도 해안을 통해 노예 수출이 급증한 덕분이었다. 정권의 힘이 커진 것은 군사력에서 혁명적 발전이 있었기 때문이다. 북부에서 말을 들여와 적군을 간단히 물리칠 수 있는 강력한 기병대를 창설한 것이다. 해안을 향해 남부로 팽창하던 오요는 닥치는 대로 다른 정권을 무너뜨렸고 그 주민 대부분을 노예로 팔아버렸다. 1690년에서 1740년에 이르는 동안 오요는 훗날 이른바 노예해안Slave Coast으로 알려진 지대에서 독점권을 장악했다. 노예해안에서 팔려간 노예의 80~90퍼센트는 이런 정복사업의 결과였던 것으로 추정된다. 전쟁을 통한 노예무역 급증 현상은 18세기 들어 서부 지역 깊숙이 확산되어 오늘날 가나에 해당하는 골드코스트Gold Coast에까지 번졌다.

1700년에는 아샨티 정권도 오요가 그랬던 것과 거의 같은 방식으로 외부로 세력을 확장했다. 18세기 전반, 이런 확장 정책은 아샨티가 독립정권을 하나둘씩 무너뜨리면서 이른바 아칸전쟁Akan Wars을 촉발했다. 1747년에 정복당한 마지막 정권은 그야만Gyaman이었다. 1700년에서 1750년까지 골드코스트에서 수출한 37만 5,000명에 달하는 엄청난 수의 노예가 바로 이런 전쟁을 통해 확보한 포로들이었다.

이런 식으로 인간을 대량으로 착취하다 보니 가장 두드러진 영향을 받은 부분은 인구 분포였을 것이다. 근대 이전에 아프리카의 인구가 어땠는지는 확실히 알기 어렵지만, 학자들은 노예무역이 인구에 미친 영향에 대해 설득력 있는 다양한 추정을 해왔다. 역사가 패트릭 매닝Patrick Manning은 18세기 초, 노예를 수출했던 서아프리카와 중앙아프리카 지역의 인구가 2,200만에서 2,500만 명이었을 것으로 추정한다. 보수적으로 가정해도 노예무역이 없었다면 18세기와 19세기 초 이들 지역의 인구 증가율은 연간 0.5퍼센트 정도였으므로 매닝은 1850년 이 지역의 인구가 적어도 4,600만에서 5,300만 명이었어야 한다고 추정한다. 하지만 실제 인구는 그 절반가량에 불과했다.

이렇게 엄청난 차이가 나는 이유는 단지 1700년에서 1850년 사이에 이 지역에서 약 800만 명이 노예로 팔려갔기 때문만은 아니다. 노예를 붙잡기 위해 벌어진 끊임없는 전쟁으로 수백만 명이 목숨을 잃었다는 사실을 간과하지 말아야 한다. 아프리카의 노예제도와 노예무역으로 가족과 결혼구조도 와해되어 출산율이 더 떨어졌을 가능성이 크다.

노예무역 금지의 결과

18세기 후반부터 카리스마 넘치는 윌리엄 윌버포스William Wilberforce를 필두로 영국에서는 노예무역을 폐지하자는 강한 움직임이 일기 시작했다. 실패를 거듭했으나 1807년, 마침내 철폐론자들은 영국의회를 설득해 노예무역을 불법으로 규정한 법안을 통과시켰다. 이듬해 미국도 유사한 조치를 취했다. 영국 정부는 한발 더 나아가 노예무역을 뿌리 뽑을 목적으로 대서양에 해군 함대를 배치하는 등 이 조치를 적극 시행하려 들었다. 이런 조치가 실제로 효과를 보기까지는 시간이 걸릴 수밖에 없었고 대영제국에서도 1834년이 돼서야 노예제도 자체가 폐지되었지만, 전체 무역에서 가장 큰 부분을 차지하던 대서양 노예무역은 이제 막을 내릴 날만 기다리는 형국이었다.

1807년 노예무역이 막을 내려 아프리카 노예에 대한 외부 수요가 줄어든 것은 사실이지만 그렇다고 해서 노예제도가 아프리카 사회 및 제도에 끼친 영향이 마법과도 같이 사라질 리 만무했다. 아프리카에는 이미 노예제도를 중심으로 조직된 정권이 수두룩했고 영국이 노예무역을 금지했다고 해서 이런 현실이 바뀔 리 없었다. 더군다나 아프리카 대륙 내부에서도 노예제도가 한층 더 만연해 있었다. 이런 요인들은 1807년 이전뿐 아니라 그 이후에도 궁극적으로 아프리카의 발전상을 좌우하게 된다.

무역에서 노예의 자리를 메운 것은 이른바 '합법적 상업활동legitimate commerce'이었다. 아프리카에서 수출되는 노예무역과 관계없는 새로운 물품 무역을 가리키는 표현으로 팜유, 씨앗, 땅콩, 상아, 고무, 아라비아 고무 등이 주를 이루었다. 산업혁명의 확산으로 유럽과 북아메리카의 수입이 크게 늘면서 이런 열대 물품에 대한 수요도 급증했다. 아프리카 사회는 노예무역이 가져다준 경제적 기회를 적극 활용했던 것처럼 이런 합법적 상업활동의 기회도 놓치지 않았다. 하지만 그 맥락은 매우 특이했다. 일상이나 마찬가지였던 노예제도가 금지되자 노예 수요는 갑작스레 사라져버렸다. 유럽인에게 팔지 못한 노예는 이제 어찌해야 하는가? 해답은 간단했다. 합법적 상업활동으로 거래되는 새로운 품목을 생산하도록 아프리카에서 강압적으로 일을 시켜 이윤을 남기면 되는 것이었다.

기록이 가장 잘 남아 있는 사례 중 하나를 오늘날 가나에 해당하는 아샨티에서 찾아볼 수 있다. 1807년 이전만 하더라도 아샨티제국은 노예 사냥과 수출을 주 수입원으로 삼았다. 붙잡은 노예는 해안으로 끌고 가 케이프코스트Cape Coast와 엘미나Elmina 등 거대한 노예 거점에서 팔아넘

겼다. 1807년 이후에는 다른 방도를 찾아야 했으므로 아샨티 정치 엘리
트층은 경제를 재편했다. 하지만 노예 거래와 노예제도가 막을 내린 것
은 아니었다. 노예는 이제 대농장으로 끌려갔다. 처음에는 수도 쿠마시
Kumase가 주를 이루었으나 훗날에는 제국 전체(가나 내륙 지대 대부분에 해
당한다)로 확산되었다. 노예는 주로 수출용 금과 콜라나무 열매 생산에
투입되었지만 식량 재배에도 대거 동원되었고, 아샨티가 바퀴 운송수
단을 쓰지 않는 바람에 짐꾼으로도 피땀을 흘려야 했다. 동쪽으로 눈을
돌려도 비슷한 환경 적응 양상이 전개되고 있었다. 예컨대 다호메이의
왕은 위다Whydah와 포르토노보Porto Novo 등의 항구 근처에 대규모 팜유농
장을 소유하고 있었는데 죄다 노예의 강제노동에 의존했다.

따라서 노예무역의 철폐는 아프리카에서 노예제도를 사라지게 한 것
이 아니라 단순히 노예의 재배치로 이어졌을 뿐이다. 이제 노예는 아메
리카 대륙이 아닌 아프리카 내부에서 신음해야 했다. 더욱이 이전 두 세
기 동안 노예무역을 위해 만들어진 정치제도 상당 부분이 고스란히 존
속했고 관련 행태도 바뀌지 않았다.

가령 1820년대와 1830년대 나이지리아에서는 한때 융성했던 오요왕
국이 무너졌다. 잦은 내전과 남부에서 노예무역에 직접 관여하던 일로
린Illorin, 이바단Ibadan 등 요루바Yoruba족 도시 정권이 득세하면서 기반이
흔들린 탓이었다. 1830년대에는 오요의 수도가 약탈당했고 이후 요루
바족 도시는 다호메이와 지역 패권을 다투었다. 이들은 반세기 동안 거
의 한시도 쉬지 않고 전쟁을 벌였고, 이에 따라 엄청난 수의 노예가 공
급되었다. 일상적인 납치와 신탁을 통한 포획, 소규모 공격 등으로 공급
되는 노예도 상당했다. 나이지리아 일부 지역에서는 납치가 워낙 심각
한 문제여서 부모들은 붙잡혀 노예로 팔려갈까 봐 아이들이 밖에서 놀

지도 못하게 할 정도였다.

그 결과 19세기 내내 아프리카의 노예제도는 위축되기는커녕 오히려 확대된 것으로 보인다. 정확한 수치는 확인하기 어렵지만, 당시 여행가와 상인이 남긴 기록에 따르면 아샨티와 다호메이 등 서아프리카왕국은 물론 요루바족 도시 정권에서도 절반 이상의 인구가 노예였던 것으로 추정된다. 서부 해안의 세네갈에서 시작해 말리, 부르키나파소를 거쳐 니제르와 차드에서 수단 서부까지 이어지는 아프리카 서부 대부분 지역에 대해서는 좀 더 정확한 자료가 프랑스 초기 식민지 기록에 남아 있다. 1900년도 이 지역의 노예는 전체 인구의 30퍼센트에 달했다.

합법적 상업활동이 등장했을 때와 마찬가지로 아프리카 쟁탈전 이후 공식적인 식민지 시대가 도래해서도 노예제도는 근절되지 않았다. 유럽인은 노예제도를 퇴치하고 철폐해야 한다는 명분으로 아프리카를 잠식했지만, 현실은 사뭇 달랐다. 아프리카 식민지 대부분 지역에서 노예제도는 20세기를 한참 지나서도 살아남았다. 가령 시에라리온에서 노예제도가 마침내 철폐된 것은 1928년이 돼서였다. 애초 수도 프리타운Freetown이 18세기 들어 아메리카 대륙에서 돌아온 노예의 안식처로 마련된 곳이라는 사실을 떠올리면 아이러니가 아닐 수 없다. 프리타운은 노예제도 퇴치 임무를 띤 영국 함대의 본거지 역할을 했고, 영국 해군이 포획한 노예선에서 풀려난 노예의 새로운 고향이었다. 이런 상징적인 의미에도 시에라리온의 노예제도는 130년이나 더 지속되었다.

시에라리온 남쪽에 잇닿아 있는 라이베리아 역시 1840년대 아메리카 해방 노예를 위해 건설되었다(라이베리아Liberia는 자유liberty를 뜻하며, 수도 이름인 몬로비아Monrovia는 초기 정착을 주도한 미국 대통령 제임스 먼로James Monroe의 이름을 딴 것이다 - 옮긴이). 하지만 이곳에서도 20세기까지 노예제도가 사라지지 않았다. 1960년대 후반까지도 25퍼센트에 달하는 노동력이 강압적으로 동원되어 혹사당했으며 노예나 다름없는 주거 및 노동환경에 시달려야 했다. 노예무역에 기반을 둔 착취적 정치·경제 제도 때문에 사하라 이남 아프리카는 산업화의 혜택을 누리지 못했고, 경제 발전을 이룩하던 세계의 여타 지역과 달리 경제가 정체되거나 오히려 퇴보하고 말았다.

이중 경제의 현실

여전히 여러 사회과학자가 저개발 국가의 경제 문제를 고려할 때 1955년 아서 루이스가 처음 제기한 '이중 경제dual economy' 패러다임을 적용한다. 루이스는 많은 후진국 또는 저개발 국가의 경제가 근대 부문과 전통 부문으로 나뉜 이중 구조로 되어 있다고 말한다. 비교적 발전한 경제 분야인 근대 부문은 도시 생활, 근대 산업, 선진 기술 사용 등과 연관된다. 반면 전통 부문은 농촌 생활, 농업, '낙후된' 제도 및 기술과 연관성이 있다. 낙후된 농경제도에는 토지에 대한 사유재산권 부재를 암시하는 공동체의 토지 소유도 포함된다.

루이스는 또 전통 부문의 노동 효율성이 워낙 떨어지므로 근대 부문으로 재분배한다 해도 농촌 부문 생산성은 줄지 않을 것이라고 말한다. 루이스의 이런 통찰에 기반을 두고 몇 세대에 걸쳐 이론을 발전시켜온 개발경제학자development economist에게 '개발의 문제'는 농업 및 농촌으로 대변되는 전통 부문에서 노동력과 자원을 끌어다가 산업과 도시로 대변되는 근대 부문에 투입하는 것을 의미했다. 1979년 루이스는 경제 개발에 대한 연구 업적으로 노벨상을 받았다.

루이스는 물론 그의 이론을 발전시킨 개발경제학자들이 이중 경제를 가려낸 것은 분명 옳은 지적이었다. 남아프리카공화국도 낙후되고 궁핍한 전통 부문과 역동적이고 번성하는 근대 부문으로 나뉜 이중 구조가 확연히 드러나는 나라 중 하나였다. 오늘날까지도 루이스가 지적한 이중 경제는 남아프리카공화국 어딜 가나 목격할 수 있다. 차를 타고 콰줄루–나탈KwaZulu-Natal 주(과거에는 나탈Natal이라고 했다)에서 트란스케이Transkei 주의 경계를 넘어보면 가장 극적인 방법으로 이중 경제를 경험할 수 있다. 주 경계는 그루트 케리비어 강Great Kei River을 따라 이어져 있다. 나탈 주에 있는 강 동쪽은 광활하고 눈부시게 아름다운 백사장 해안을 따라 부유한 바닷가 정경이 한눈에 들어온다. 도로도 아름답기 그지없다. 지역 전체에 번영의 기운이 풍긴다. 강을 건너면 마치 다른 시대, 다른 나라에 온 착각을 느낀다. 강 건너 지역은 대체로 황폐하다. 땅도 삼림 황폐화가 극심해 녹색이 아닌 갈색이다. 이곳 주민은 수돗물과 화장실 등 근대 문명의 이기를 갖춘 부유한 현대 가옥 대신 허름한 오두막에 살며 밖에서 불을 지펴 밥을 지어 먹는다. 강 너머 동쪽의 현대 생활과는 거리가 먼 전통적 삶의 방식 그대로다. 강 하나를 사이에 두고 이런 극심한 차이가 나는 것은 양쪽의 경제제도가 사뭇 다르기 때문이라는 사실을 어렵지 않게 짐작할 수 있을 것이다.

강 건너 동쪽 나탈에는 사유재산권은 물론 법률체계, 시장, 판매용 농산물 생산, 산업 등이 모두 탈 없이 돌아간다. 반면 서쪽 트란스케이는 토지를 공동으로 소유하고, 최근까지도 전통적인 추장이 막강한 권력을 쥐고 있다. 루이스의 이중 경제 이론이라는 관점에서 보면 트란스케이와 나탈의 대조적인 차이는 아프리카 개발의 문제점을 드러내준다.

아닌 게 아니라, 한발 더 나아가 역사적으로 아프리카 전역이 트란스케이와 마찬가지로 전근대적인 경제제도와 낙후된 기술, 추장의 지배가 상징하는 궁핍성을 면치 못했다고 할 수도 있다. 이런 관점에서 바라보면 경제 개발은 단순히 궁극적으로 트란스케이를 나탈로 변모시켜야 한다는 의미가 된다.

이런 관점은 충분히 일리가 있지만 이중 경제가 왜 존재하게 되었으며 근대 경제와 어떤 관계가 있는지에 대해서는 전체적인 논리를 간과하고 있다. 트란스케이의 낙후성은 역사적인 아프리카 낙후성의 잔재라고만 할 수는 없다. 트란스케이와 나탈 간에 목격되는 이중 경제는 사실 꽤 최근에 벌어진 일이고 결코 자연 발생적인 것도 아니다. 남아프리카 백인 엘리트층이 값싼 노동력을 확보하고 흑인의 경쟁을 저지하기 위해 고의로 만들어낸 것이다. 이중 경제는 오랜 세월 자연 발생적으로 축적된 것이 아니라 의도적으로 만들어진 저개발 사례라는 뜻이다.

남아프리카와 앞으로 살펴볼 보츠와나는 노예무역 및 이와 관련된 전쟁의 부정적 영향을 대부분 모면한 지역이다. 남아프리카가 처음 대대적으로 유럽인과 접촉하게 된 것은 네덜란드 동인도회사가 오늘날 케이프타운이 들어선 테이블 만Table Bay에 자리를 잡은 1652년이었다. 당시만 해도 남아프리카의 서부 지역에는 얼마 안 되는 주민이 드문드문 흩어져 살았는데, 대부분 수렵 및 채집생활을 하는 코이코이Khoikhoi 족이었다.

더 동쪽으로 눈을 돌려 오늘날 시스케이Ciskei와 트란스케이가 된 지역을 살펴보면 농경생활을 주로 하는 인구밀도가 높은 아프리카 사회가 들어서 있었다. 초반에는 네덜란드의 새로운 식민지와 자주 왕래를 하거나 노예무역에 관여하지 않았다. 남아프리카 해안은 노예시장에서 워낙 멀리 떨어진 곳이었고 호사Xhosa족으로 알려진 시스케이와 트란스케이의 주민은 워낙 내륙 깊숙이 들어와 사는 터라 누구도 관심을 두기 어려웠다. 그 결과 이들 사회는 서아프리카와 중앙아프리카를 휩쓸던 부정적인 조류를 상당 부분 비켜갈 수 있었다.

19세기 들어 이들 지역의 고립 양상은 바뀌게 된다. 유럽인은 남아프리카의 기후와 질병 환경에 흠뻑 빠져 있었다. 가령 서아프리카와 달리 남아프리카는 아프리카 대부분 지역을 '백인의 묘지'로 만들고 유럽인의 정착은커녕 영구 기지 건설조차 어렵게 했던 말라리아와 황열yellow fever 등 열대성 질환이 없는 온화한 기후를 자랑했다. 유럽인의 눈에는 남아프리카가 한결 나은 정착촌 건설 후보지였던 것이다. 나폴레옹전쟁 당시 영국이 네덜란드로부터 케이프타운을 수중에 넣으면서 유럽인의 아프리카 내륙 공략이 시작되었다. 이때부터 정착촌의 변경이 끊임없이 내륙으로 확장되면서 오랜 세월 호사족과 걸핏하면 전쟁을 치러야 했다. 1835년 남아프리카 내륙 침략이 강화되면서 훗날 아프리카너Afrikaners 또는 보어인Boers으로 알려진, 이 지역에 잔류해 있던 네덜란드인 후손 유럽인의 대이주Great Trek가 시작된다. 영국이 식민 지배하던 연안과 케이프타운 지역을 탈출한 보어인이 집단으로 북방 내륙을 향해 대이동을 단행한 것이다. 보어인은 훗날 아프리카 내륙에 오렌지 자유 주Orange Free State와 트랜스발Transvaal 주라는 두 개의 독립 주를 건설했다.

남아프리카 개발의 다음 단계가 전개되기 시작한 것은 1867년 킴벌리Kimberly에서 광활한 다이아몬드 광맥이 발견되고 1886년 요하네스버그에서 무궁무진한 금맥이 터지면서부터였다. 내륙에서 엄청난 귀금속 광맥이 발견되자 영국은 남아프리카 전체를 손에 넣어야 할 이유가 한층 더 분명해졌다. 오렌지 자유 주와 트랜스발 주의 저항은 1880~1881년,

1899~1902년간 진행된 역사적인 보어전쟁Boer Wars으로 이어졌다. 처음에는 뜻밖에도 패했지만, 영국은 이내 케이프 주Cape Province 및 나탈과 보어인의 주를 합병해 1910년 남아프리카연방Union of South Africa을 수립할 수 있었다.

광업 경제의 발전과 유럽 정착촌의 확대는 영국과 보어인 간 분쟁으로 이어진 바 있지만, 이 지역 발전에 많은 영향을 주기도 했다. 가장 두드러진 영향을 꼽자면 식량 등 농작물에 대한 수요는 물론 농업 및 무역 부문에서 아프리카 원주민에게 새로운 경제적 기회를 창출했다는 것이다.

시스케이와 트란스케이의 호사족은 역사가 콜린 번디Colin Bundy가 기록을 남겼듯이 이런 경제적 기회를 놓치지 않았다. 일찍이 광업이 호황을 이루기 전인 1832년, 트란스케이에서 활약하던 한 모라비아Moravia 교회 선교사는 이 지역에서 전과 다른 역동적인 경제적 기운이 일고 있다는 사실을 깨달았다고 한다. 유럽인 정착촌의 확장으로 아프리카인도 새로운 소비재를 알게 되고, 그에 따라 수요도 늘게 된 것이다. "이런 물품을 얻기 위해 아프리카 사람은 제 손으로 노동해서 돈을 벌고자 했으며, 그렇게 번 돈으로 옷, 삽, 쟁기, 마차 등 유용한 품목을 사들였다."

1876년 시스케이의 핑고랜드Fingoland를 방문한 판무관 존 헤밍John Hemming의 설명 역시 시사하는 바가 같다. 그는 다음과 같은 기록을 남겼다.

단 몇 년 만에 핑고랜드 주민이 이처럼 엄청난 발전을 이루었다는 사실에 놀라지 않을 수 없었다. 어딜 가나 나무와 벽돌, 돌로 지은 번듯한 공동 주택이 눈에 띄었다. 대부분 튼튼한 벽돌 가옥이 많았다. 과일나무도 심었다. 물을 댈 수 있는 곳이라면 관개시설을 만들어 최대한 멀리까지 땅을 일구었다. 쟁기가 닿을 수 있는 곳이라면 언덕마루나 산꼭대기를 마다하지 않고 경작했다. 이들이 일군 땅이 어찌나 넓은지 입을 다물지 못했다. 실로 모처럼 그런 광활한 경작지를 보았기 때문이다.

다른 사하라 이남 아프리카 지역처럼 쟁기 농사가 생소하긴 마찬가지였지만 남아프리카 농민은 기회를 주면 이런 기술 습득에 꽤 적극적이었다. 또 마차나 관개시설에도 투자를 아끼지 않았다.

농업 경제가 발전하면서 엄격한 부족제도가 차츰 사라지기 시작했다. 토지에 대한 소유권에 변화가 일기 시작했다는 증거는 도처에서 발견할 수 있다. 1879년 트란스케이, 그리콸란드이스트Griqualand East의 우짐-쿨루Umzim-kulu 치안판사는 이런 사실에 주목했다. "토지를 소유하려는 원주민의 욕구가 날로 강해지고 있다. 이미 3만 8,000에이커를 사들였다." 3년 후에는 해당 구역에서 8,000명에 달하는 아프리카 농민이 9만 에이커의 땅을 사들여 경작하기 시작했다고 기록했다.

아프리카가 산업혁명의 문턱에 섰다고는 할 수 없지만, 실질적인 변화가 한창이었다. 토지에 대한 사유재산권은 추장의 입지를 약화시켰고 새로운 인물이 토지를 사고 부를 축적할 수 있게 해주었다. 불과 몇십 년 전만 해도 상상조차 할 수 없는 일이었다. 이는 또한 착취적 제도와 절대주의 통제체제가 약화되면 매우 빨리 경제가 몰라보게 활성화될 수 있다는 사실을 잘 보여준다. 가난을 극복하고 자수성가한 농민인 시스케이의 스티븐 손지카Stephen Sonjica도 그런 성공 사례 중 하나다. 손지카는 1911년 연설을 통해 처음에 땅을 사고 싶다고 말했을 때 아버지가 어떤 반응을 보였는지 들려주었다. "땅을 산다고? 어떻게 땅을 사겠다는 생각을 할 수가 있지? 모든 땅이 신의 것이고 오로지 추장에게만 땅을 준다는 사실을 몰라서 그러니?" 손지카의 아버지가 이런 반응을 보이는 것도 무리는 아니었다. 하지만 손지카는 이에 굴하지 않았다. 그는 킹윌리엄스타운King William's Town에서 일자리를 얻었다고 한다.

난 머리를 써서 저축액 일부를 따로 떼어 개인 계좌에 넣어두었다. 80파운드를 저축할 때까지만이었다. 멍에를 진 소와 장비, 쟁기 등 기타 농기구를 사들였다. 그런 다음 작은 농장을 샀다. 여러분에게 (농사는) 정말 강력히 추천하고 싶은 직업이다. 하지만 농사를 지으려면 근대적인 이윤 추구 방법을 채택해야 한다.

W. J. 데이비스W. J. Davis라는 감리교 선교사가 1869년 쓴 편지는 당시 경제적 역동성과 남아프리카 농민의 번영상을 여실히 드러내주는 보기 드문 증거다. 잉글랜드에 보낸 서한에서 그는 "랭커셔 면직물 구호기금Lancashire Cotton Relief Fund을 위해" 46파운드를 모금했다고 신명이 난 어조로 기록했다. 이제 아프리카 농민이 잉글랜드의 가난한 면직물 근로자 구호를 위해 기부를 할 수 있는 수준에 이른 것이다.

유례가 없는 경제적 활력을 전통적인 추장이 당연히 달가워했을 리 없다. 지금까지 사례만 보아도 이미 우리 모두 익숙해진 패턴이지만, 자신들의 부와 권력을 침해할 만한 위협으로 느꼈기 때문이다. 1879년 트란스케이의 수석 치안판사인 매슈 블리스Matthew Blyth는 사유재산으로 분할하려고 토지 측량에 나섰더니 반발이 심했다고 전한다. "일부 추장은 펄쩍 뛰었지만, 주민 대부분은 반기는 듯했다. 추장은 개인의 재산을 인정하면 촌장에 대한 자신의 영향력이 약화될 것이라고 우려하는 눈치였다."

추장은 물을 끌어들이기 위해 도랑을 파거나 울타리를 쌓는 등 토지를 개간하는 것조차 반대했다. 이런 개선이 토지에 대한 개인 사유재산권의 서곡이며, 곧 자신들에게는 종말의 시작과 다름없다는 사실을 알고 있었기 때문이다. 유럽인은 추장뿐 아니라 주술사 등 전통적인 권위를 누리던 이들이 '유럽인의 방식'이라면 모조리 금지하려 드는 모습을 목격했다. 새로운 작물과 쟁기와 같은 새로운 도구, 거래 물품까지도 가로막고 나선 것이다. 하지만 시스케이와 트란스케이가 영국 식민지로 통합되면서 추장 등 전통적인 권력이 약화되어 이들의 반발만으로는 남아프리카에서 움트기 시작한 경제적 활력을 더 이상 억누르지 못했다. 한 유럽인이 기록한 1884년 핑고랜드의 사정을 들여다보자.

> 원주민은 이제 전통적인 권위에 등을 돌리고 유럽인의 편에 섰다. 추장은 이름뿐인 지주나 다름없는 신세가 되었다. 이제 이들에게서 정치권력은 찾아볼 수 없다. 추장의 시기나 그의 강력한 무기인 주술사도 이제 두려워할 이유가 없다. 이들은 부유한 가축 소유주, 유능한 변호인, 재능 있는 농사꾼을 평범한 주민으로 끌어내리고 새로운 관습의 도입을 가로막았다. 더는 이런 권력을 두려워하지 않는 핑고랜드의 주민은 진보적인 사람이다. 여전히 농사를 짓지만 마차와 쟁기를 소유하고 있다. 물을 끌어다 관개시설을 만든다. 양 떼도 소유하고 있다.

약간의 포용적 제도가 도입된 데 이어 추장의 권력과 제약이 잠식당하는 것만으로도 역동적인 아프리카 경제 호황을 촉발하기에 충분했다. 하지만 그리 오래가지 못했다는 사실이 통탄스러울 따름이다. 1890년에서 1913년에 이르는 동안 아프리카 경제 호황은 느닷없이 제동이 걸리더니 이내 뒷걸음질 치고 만다. 이 기간에 아프리카인이 지난 50년 동안 일구어놓은 농촌의 번영과 역동성이 송두리째 흔들린 데는 두 가지 요인이 있었다.

첫째, 아프리카 원주민과 경쟁하던 유럽 농민의 반목이었다. 성공한 아프리카 농민은 유럽인도 생산하던 작물의 가격을 끌어내렸다. 유럽인의 해법은 아프리카 농민을 시장에서 쫓아내는 것이었다. 두 번째 요인은 한층 더 사악했다. 유럽인은 호황을 누리기 시작한 광업 부문에 값싼 노동력이 투입되길 바랐고, 값싼 노동력을 지속적으로 공급받으려면 아프리카인을 궁핍하게 하는 수밖에 없었다. 향후 수십 년 동안 유럽인은 이런 음모를 차근차근 추진한다.

광산협회 회장인 조지 알부George Albu는 1897년 조사위원회 증언을 통해 값싼 노동력을 얻으려고 아프리카인을 빈곤에 빠뜨려야 했던 논리를 간단명료하게 설명했다. "간단히 노동자에게 임금을 깎겠다고 통보" 하는 것만으로도 값싼 노동력을 확보할 수 있었다는 것이다. 그의 증언은 다음과 같이 이어졌다.

> 위원회: 검둥이들(아프리카 흑인을 지칭)이 자기네 마을(원래 가축 사육장을 의미)로 돌아간다면? 정부가 강제노역을 시키는 데 찬성하나요?
> 알부: 당연합니다. 나라면 의무화시킬 겁니다. 왜 검둥이를 빈둥대며 놀게 하죠? 검둥이는 강제로라도 일해서 먹고살게 해야 한다고 생각합니다.
> 위원회: 일하지 않고도 먹고살 수 있다면, 어떻게 강제노역을 시킵니까?
> 알부: 그럼 세금을 때리면 됩니다.
> 위원회: 자기 나라라고 해도 검둥이는 땅을 소유하게 해서는 안 되며 백

인 밑에서 일하면서 돈을 벌어야 한다는 건가요?

알부: 이웃 돕는 일에 일조해야 하는 겁니다.

원주민 토지법

백인 농민과 경쟁하는 원주민 농민을 쫓아내고 저임금 노동력을 대규모로 동원하는 두 마리 토끼를 한번에 잡게 해준 것은 1913년 '원주민 토지법Natives Land Act'이었다. 루이스의 이중 경제 개념을 반영이라도 하듯 원주민 토지법은 남아프리카를 번영하는 근대 부문과 빈곤한 전통 부문으로 양분했다. 하지만 번영과 빈곤을 실제로 만들어낸 것은 원주민 토지법 자체였다. 이 법에 따라 전체 인구의 20퍼센트밖에 안 되는 유럽인에게 87퍼센트의 토지를 주었다. 나머지 13퍼센트만이 아프리카 원주민 차지였다. 유럽인은 아프리카 원주민의 땅을 야금야금 차지했으므로 물론 원주민 토지법 이전에도 많은 관련법이 만들어졌다. 하지만 그런 상황을 본격적으로 제도화한 것은 1913년 원주민 토지법이었다. 소수백인이 정치뿐 아니라 경제적 권리까지 독차지하고 다수 흑인은 철저히 괄시하는 남아프리카 아파르트헤이트 정권의 발판을 마련한 것도 원주민 토지법이었다. 이 법에 따라 트란스케이와 시스케이 등 여러 지역이 아프리카 '흑인자치구역Homelands'으로 지정되었다. 훗날 이를 반투스탄Bantustan이라 불렀는데, 남아프리카 아파르트헤이트 정권의 말장난에 지나지 않았다. 남아프리카에 사는 아프리카인은 해당 지역의 토착민이 아니라 1,000여 년 전 동부 나이지리아에서 이주해온 반투Bantu족의 후손이라고 주장했다. 따라서 유럽 정착민보다 많은 땅을 가

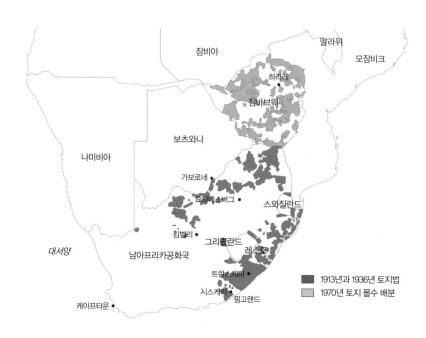

지도 16 남아프리카와 짐바브웨의 소수 백인 정권이 아프리카인에게 분배한 토지 규모

질 근거가 없다는 것이었다(물론 실제로도 훨씬 적은 땅에 만족해야 했다).

〈지도 16〉은 1913년 원주민 토지법과 1936년 후속법에 따라 얼마나 알량한 땅이 아프리카인에게 분배되었는지 잘 보여준다. 13장에서 살펴보겠지만 1970년 짐바브웨의 이중 경제가 형성되는 과정에서 시행된 유사한 토지 분배 사례에 대한 정보도 나와 있다.

1913년 토지법은 또 고용된 소작 일꾼이 아닌 이상 흑인 농민과 거주민이 백인 소유의 토지에서 농사를 짓지 못한다는 규정도 포함되어 있었다. 원주민 장관은 훗날 이렇게 설명했다. "이 법의 제정 목표는 앞으로 유럽인과 원주민이 토지는 물론 토지에서 얻은 수확물에 대해서도 어떤 식으로든 협력 관계를 맺는 거래를 모조리 금지하는 것이었다. 원주민과 맺는 모든 새로운 계약은 봉사 계약이어야 한다. 진정으로 그런 계약을 맺었다면 고용주가 원주민에게 대가를 치르거나 특정한 땅을 할애해 소작을 허용할 수도 있다… 하지만 원주민은 토지의 소유권을 얻으려고 주인에게 어떤 대가도 치를 수 없다."

학술적 기반이 마련되고 아서 루이스의 이론이 확산되던 1950년대와 1960년대 남아프리카를 방문한 개발경제학자의 눈에는 원주민 자치지구와 번성하는 근대 유럽 경제지구 사이의 대조가 이중 경제 이론과 딱 맞아떨어졌을 것이다. 유럽인의 경제지구는 도시적이고 교육수준이 높았으며 근대 기술을 사용했다. 원주민 자치지구는 가난한 시골인 데다 낙후성을 면치 못했다. 노동 생산성도 굉장히 부진했고 주민은 교육도 제대로 받지 못했다. 시간을 초월한 아프리카 낙후성의 진수로 비쳤을 것이다.

이중 경제는 자연 발생적인 것도, 불가피한 필연도 아닌 유럽 식민 지배 정책의 산물이었다. 원주민 자치지구가 가난하고 기술적으로 낙후되었으며, 주민의 교육수준이 떨어지는 것은 사실이다. 하지만 이 모든 것은 아프리카 경제성장을 뿌리째 뽑아버리고 유럽인이 장악한 광산이나 토지에 값싸고 무지한 아프리카 노동력을 동원하기 위해 만들어진 정부 정책의 소산이다.

1913년 이후 엄청난 수의 아프리카인이 백인이 차지한 자기들 땅에서 쫓겨나 자치지구에 꾸역꾸역 몰려들었지만, 독립적인 삶을 꾸려가기에는 워낙 좁은 지역이었다. 따라서 정부가 의도했던 대로 원주민은 백인 경제권에서 생계유지 수단을 찾을 수밖에 없었고 결국 값싼 노동력을 공급하게 된 것이다. 경제적 인센티브가 바닥이 나자 이전 50년간 이루었던 성과 역시 모조리 원점으로 퇴보하고 말았다. 원주민은 쟁기

마저 팽개치고 다시 호미를 들었다. 물론 농사를 지을 형편이 된다면 말이다. 자치지구를 만들며 정부가 원래 의도한 바대로 원주민은 그저 값싼 노동을 제공하는 수단으로 전락하기 일쑤였다.

경제적 인센티브만 무너진 게 아니었다. 이제 막 움트는가 싶던 정치적 변화 역시 뒷걸음질 쳤다. 한때 쇠락의 길을 걸었던 추장 등 전통적 지배층의 권력이 다시 강화되었다. 값싼 노동력을 창출하려고 토지에 대한 사유재산권을 제거한 것이 한 가지 이유였다. 토지에 대한 추장의 통제력이 재확인된 것이다. 이런 조치는 정부가 반투자치법Bantu Authorities Act을 통과시킨 1951년 절정에 달했다. 일찍이 1940년에 G. 핀들리G. Findlay는 이미 이 문제를 간파하고 있었다.

부족이 공동으로 토지를 소유하면 제대로 경작되지 못하고 실질적으로 절대 원주민의 소유가 될 수 없다는 뜻이었다. 값싼 노동력은 값싼 주거 지역에서 나와야 하므로, 원주민은 제 살 깎기식으로 삶의 공간을 제공 받았던 것이다.

토지를 빼앗긴 아프리카 농민은 대거 빈곤에 빠져들었다. 정부가 앞장서 낙후된 경제의 제도적 기반을 마련했을 뿐 아니라 그 기반을 다져줄 빈민을 양산한 것이다.

1913년 원주민 토지법 발효 이후 자치지구의 생활수준이 퇴보했다는 사실을 증명해주는 증거들이 적지 않다. 트란스케이와 시스케이는 오랜 경제적 쇠락의 길로 들어섰다. 역사가 프랜시스 윌슨Francis Wilson이 수집한 금광업체 고용기록을 보면 남아프리카 경제 전반에 걸쳐 이런 쇠락 현상이 진행되고 있었다. 원주민 토지법 및 후속법에 따라 광부의 임금은 1911년에서 1921년 사이 30퍼센트나 급락했다. 1961년에는 남아프리카 경제가 비교적 꾸준히 성장했음에도 불구하고 이들의 임금은 1911년과 비교하면 여전히 12퍼센트나 낮은 수준에 그쳤다. 이 무렵 남아프리카가 세계에서 가장 불평등한 나라로 전락한 것도 놀랄 일은 아니다.

하지만 이런 환경을 딛고서 아프리카 흑인이 유럽인의 근대 경제 속에서 발전을 꾀하고 창업을 하거나 교육을 받고 번듯한 직장을 가질 수는 없었을까? 그러나 정부가 나서서 이런 일이 벌어지지 못하도록 막았다. 아프리카 원주민은 유럽인 경제구역에서 재산을 소유하거나 창업을 할 수 없었다. 유럽인이 차지한 땅은 전체의 87퍼센트에 달했다. 또한 아파르트헤이트 정권은 교육을 받은 아프리카 사람은 광산이나 백인이 소유한 농지에 값싼 노동력을 제공하기는커녕 경쟁하려 든다는 사실을 깨달았다. 일찍이 1904년부터 광업 부문에 유럽인을 위한 고용보장제도가 도입되었다. 아프리카 원주민이 언감생심 꿈도 꾸지 못했던 금지 직업은 혼합공, 시금공試金工, 광산 감독, 대장장이, 보일러 제조공, 황동마감공, 황동성형공, 조적공組積工에서 목재기계공에 이르기까지 끝도 없이 이어졌다. 정부 조치 한방으로 단숨에 아프리카 사람은 광업 부문에서 숙련공으로 일할 기회를 모조리 박탈당한 것이다. 남아프리카 정권이 창안한 여러 가지 인종차별정책 중 하나인 악명 높은 '인종장벽color bar'의 신호탄이었다.

인종장벽은 1926년 경제 전반으로 확대되었고 1980년대까지 지속되었다. 아프리카 흑인이 교육을 받지 못한 것은 당연한 결과였다. 남아프리카 정부는 아프리카 원주민이 교육을 통해 경제적 혜택을 볼 만한 싹을 잘라버렸을 뿐 아니라 흑인 학교에 투자하길 꺼렸고 아예 흑인 교육

자체를 억압했다. 이런 불평등 정책은 1950년대 절정에 달했다. 1994년까지 명맥을 유지한 아파르트헤이트 정권의 설계자 중 하나인 헨드리크 페르부르트Hendrik Verwoerd의 주도로 정부가 반투교육법Bantu Education Act을 통과시킨 해였다. 이 법의 이면에 감춰진 철학은 1954년 페르부르트 자신이 직접 연설을 통해 밝힌 바 있다.

> 반투족은 모든 면에서 자기 공동체를 위해 살도록 인도해야 한다. 일정 수준의 노동력을 제공하는 것 이외에는 유럽인 공동체에서 반투족이 발붙일 곳은 없다…. 따라서 흡수될 수 없고 그러지도 않을 것이 자명한데 유럽인 공동체에 흡수되는 데 필요한 교육을 받는 것은 부질없는 짓이다.

당연히 페르부르트가 연설을 통해 밝힌 이중 경제는 루이스가 제기한 이중 경제 이론과는 다소 거리가 있을 수밖에 없다. 남아프리카의 이중 경제는 개발 과정에서 불가피하게 태동한 것이 아니라 정부가 만들어낸 것이다. 남아프리카에서는 경제가 발전하더라도 낙후된 부문의 가난한 사람이 근대 부문으로 자연스레 이동할 방법이 없었다. 오히려 근대 부문의 성공은 낙후된 부문의 존재를 전제로 했다. 미숙련 흑인 노동자에게 푼돈을 쥐여주면서 백인 고용주만 막대한 이윤을 챙기는 구조였다.

루이스의 접근법이 기대하는 것과 달리 남아프리카에서는 전통 부문의 미숙련 노동자가 점진적으로 교육을 받고 기술을 습득하는 과정 역시 존재하지 않았다. 오히려 의도적으로 흑인 노동자의 기술 습득을 막았고 백인이 경쟁하지 않고 고임금을 누릴 수 있도록 고도의 기술이 필요한 직종에는 흑인의 참여가 아예 금지되었다. 남아프리카의 흑인은 사실상 자치지구 전통 경제의 '함정에 빠져 있었다'고 해도 과언이 아니다. 하지만 성장으로 해결될 수 있는 개발의 문제가 아니었다. 원주민 자치지구는 백인 경제의 개발을 위해 존재했기 때문이다.

남아프리카 백인의 경제 발전 역시 궁극적으로 제한적일 수밖에 없었다는 사실도 놀랄 일은 아니다. 흑인을 착취하기 위해 백인이 수립한 착취적 제도에 기반을 두고 있었기 때문이다. 남아프리카 백인은 사유재산권을 누렸고, 교육에 투자했으며 금과 다이아몬드를 캐내 세계시장에 내다 팔아 큰돈을 벌 수 있었다. 하지만 남아프리카 인구의 80퍼센트 이상이 소외되었고 대다수 바람직한 경제활동에서 배제되었다. 흑인은 자신의 재능을 발휘할 수 없었다. 숙련 노동자, 기업인, 사업가, 엔지니어나 과학자가 되는 것은 꿈에 불과했다. 백인은 흑인을 착취해 배를 불렸다. 아닌 게 아니라 남아프리카의 생활수준은 서유럽 나라에 견줄 만했지만, 남아프리카 흑인은 나머지 사하라 이남 아프리카 국가들과 별반 다를 게 없었다. 창조적 파괴가 수반되지 않고 백인만 수혜를 보는 경제성장은 금과 다이아몬드로부터 얻는 수입이 증가하는 동안에만 지속될 수 있었다. 하지만 1970년대로 들어서자 남아프리카 경제성장에 제동이 걸렸다.

이런 착취적 경제제도가 고도로 착취적인 정치제도 기반 위에 수립되었다는 사실도 놀랄 일은 아닐 것이다. 1994년 전복되기 전까지만 해도 남아프리카 정치제도는 모든 권력을 백인의 손에 쥐여주었다. 공직 출마와 투표 역시 백인의 전유물이었다. 경찰, 군대는 물론 정치제도까지 모조리 백인 일색이었다. 이런 제도를 뒷받침한 것은 백인 정착민의 군사적 지배력이었다. 1910년 남아프리카연방이 설립될 당시에도 오렌지 자유 주와 트랜스발 주의 백인 정권은 노골적인 인종차별정책을 시행해 흑인의 정치 참여를 철저히 차단했다. 나탈과 케이프 식민지Cape Colony(케이프 주의 옛 명칭이며 1652년 네덜란드 동인도회사가 설립한 식민지로, 케이프타운을 중심으로 발전해 1795년 영국령 식민지가 되었다 – 옮긴이)는 어지간한 재산을 소유한 흑인만 투표를 허용했는데, 그런 사례는 사실 거의 없었다. 1910년까지만 해도 나탈과 케이프 식민지의 상황이 그나마 나은 편이었지만, 1930년대에 들어서자 남아프리카 전역에서 흑인은 참정권을 전면적으로 박탈당했다.

남아프리카 이중 경제가 마침내 막을 내린 것은 1994년이었다. 하지만 아서 루이스의 이론에 따라 그리된 것이 아니었다. 인종장벽이 무너지고 자치지구가 사라진 것도 자연스러운 경제 개발의 결과가 아니었다. 자신들의 기본권을 무시하고 경제성장의 결실을 공유하지 않는 정권에 맞서 남아프리카 흑인이 들고일어난 덕분이었다. 1976년 소웨토 항쟁Soweto Uprising 이후 흑인의 저항은 한층 더 조직적이고 매서워졌으며 이내 아파르트헤이트 정권을 무너뜨렸다. 애초에 남아프리카 백인 정치세력이 수립했던 방식과 마찬가지로 궁극적으로 남아프리카 이중 경제를 무너뜨린 것은 흑인들이 힘을 얻어 조직력을 발휘해 불의에 맞설 수 있었기 때문이었다.

뒷걸음치는 발전

오늘날 세계 불평등이 존재하는 이유는 19세기와 20세기, 산업혁명과 그에 수반된 신기술 및 조직화 방법을 적극 활용한 나라가 있는가 하면 그렇지 못한 나라도 있기 때문이다. 기술 변화는 번영을 위한 여러 가지 동력의 하나일 뿐이지만 가장 중요한 요소일 수도 있다. 신기술을 활용하지 못한 나라는 번영의 여타 동력 역시 활용하지 못했다. 이번 장과 이전 장에서 살펴보았듯이 이런 실패의 원인은 착취적인 제도에서 찾을 수 있는데, 절대주의 정권이 지속된 결과이거나 중앙집권정부가 결여된 탓이다.

하지만 유럽에서는 성장을 견인한 과정이, 이런 나라에서는 착취적 제도를 수립하거나 강화하려고 가난을 조장한 여러 사례도 살펴보았다. 상업과 식민 지배가 확대되면서 유럽은 성장을 구가한 반면 이런 나라들은 착취적 제도가 굳어졌을 뿐이다. 아닌 게 아니라 유럽 식민제국은 걸핏하면 전 세계 독립정체의 토착 경제를 파괴하거나 근본적으로 밑바닥부터 착취적 제도를 쌓아올려 정착시키는 방법으로 부를 축적했다. 유럽인이 원주민을 거의 모조리 몰살시키고 아프리카 노예를 수입해 대농장체제를 수립한 카리브 해 제도가 바로 그런 예다.

유럽의 개입이 없었다면 반다제도, 아체, 미얀마 등 독립 도시국가가 어떤 길을 걸었을지 모른다. 나름대로 자기만의 명예혁명을 거쳐 날로 확대되는 향신료 및 기타 값진 상품의 무역을 기반으로 점진적으로 더 포용적인 정치·경제 제도를 향해 나아갔을 수도 있다. 하지만 이런 가능성은 네덜란드 동인도회사가 확장되면서 싹이 잘리고 말았다. 인종학살을 통해 네덜란드 동인도회사는 반다제도의 토착 경제 발전 가능성을 송두리째 뽑아버린 것이다. 동남아시아에서도 동인도회사의 위협을 느껴 상업이 내륙으로 움츠러든 도시국가가 적지 않다.

아시아에서 가장 오래된 문명 중 하나인 인도의 사례 역시 별반 다르지 않다. 발전의 퇴보를 조장한 것이 네덜란드가 아닌 잉글랜드인이라는 점만 달랐다. 18세기만 해도 인도는 세계 최대의 직물 생산국이자 수출국이었다. 인도산 옥양목과 모슬린은 유럽시장을 휩쓸었고 아시아 전역은 물론 동아프리카에도 진출했다. 인도산 직물을 브리튼제도에 들여온 주체는 잉글랜드 동인도회사였다.

1600년, 네덜란드 동인도회사보다 2년 앞서 수립된 잉글랜드 동인도회사는 17세기 내내 값비싼 인도산 수출품에 대한 독점권 확보에 주력했다. 고아Goa, 치타공Chittagong, 봄베이Bombay에 기반을 둔 포르투갈에 이어 퐁디셰리Pondicherry, 찬데르나고르Chandernagore, 야남Yanam, 카라이칼Karaikal 등지에 거점을 마련한 프랑스와도 경쟁을 벌여야 했다. 7장에서 살펴보았듯이 잉글랜드 동인도회사는 명예혁명으로도 큰 타격을 입었다. 동인도회사의 독점권은 스튜어트왕조가 하사했는데 1688년 이후 도전을 받기 시작하더니 10년에 걸쳐 급기야 철폐되고 말았다. 이미 살펴본 바와 같이 독점권 상실의 여파는 어마어마했다. 잉글랜드 직물업자들이 의회를 설득해 가장 수익성이 높은 동인도회사 거래 품목인 옥양목의 수입을 금지했기 때문이다.

18세기 들어 로버트 클라이브Robert Clive의 주도 아래 동인도회사는 전략을 바꾸어 대륙제국으로 변모하기 시작한다. 명목상으로는 여전히 델리에 있는 무굴제국 황제의 통치를 받고 있었다고는 하나, 인도는 서로 경쟁 관계에 있는 여러 정권이 패권을 다투는 형국이었다. 동인도회사는 1757년 플라시Plassey, 1764년 북사르Buxar 전투를 통해 토착 세력을 물리치며 먼저 동쪽의 벵갈Bengal로 확장해나갔다. 이어 토착민의 부를 약탈하고 무굴제국 통치자들이 만들어놓은 착취적 조세제도를 이어받거나 한층 더 강화했던 것으로 보인다.

동인도회사의 팽창과 함께 인도 직물산업도 크게 위축되었다. 그도 그럴 것이 영국에서 더는 인도산 직물을 팔 수 있는 시장이 존재하지 않았다. 직물산업이 움츠러들자 도시는 황폐해지고 빈곤이 심화되었다. 인도에서도 발전이 퇴보하는 장구한 세월이 도래한 것이다. 머지않아 인도는 직물을 생산하기는커녕 오히려 영국에서 수입하는 처지가 되었고 동인도회사를 위해 중국에 내다 팔 아편을 재배하는 나라로 전락했다.

동남아시아 및 인도와 비교하면 한층 더 열악한 환경에서 출발했다는 점만 다를 뿐 아프리카에서도 대서양 노예무역을 둘러싸고 유사한 패턴이 반복되었다. 여러 아프리카 나라가 유럽에 내다 팔 노예를 사냥하는 데 혈안이 된 전쟁광으로 변모했다. 서로 다른 정체와 정권 간에 분쟁이 계속되면서 전쟁이 끊이지 않았고 가뜩이나 중앙집권화가 미약한 정부의 제도들이 아프리카 대부분 지역에서 와해되면서 착취적 제도가 뿌리를 내렸는데, 이는 앞으로 살펴보겠지만 오늘날 여러 아프리카 국가가 실패한 연원이기도 하다. 남아프리카처럼 노예무역을 모면한 아프리카 일부 지역에서는 유럽인이 다른 유형의 제도를 강요했다. 자신들의 광산과 농장에서 활용할 값싼 노동력을 꾸준히 제공받기 위해 고안된 제도였다. 남아프리카 정부는 전체 인구의 80퍼센트가 숙련직, 상업 농경, 기업 운영에 참여하지 못하도록 가로막는 이중 경제체제를 수립했다. 전 세계 여러 지역에서 산업화를 건너뛰게 된 이유를 설명해주는 것은 물론, 경제 발전을 위해 국내 또는 세계 다른 지역의 저개발에 의존하거나 심지어 이를 조장하기도 한다는 사실을 여실히 보여주는 사례다.

번영의
확산

10장

프랑스는 1789년 프랑스혁명으로 절대왕정이 무너지자
포용적 제도를 향한 새로운 길이 열렸고, 궁극적으로 산업화에 착수해
고속 경제성장을 누릴 수 있었다. 혁명은 벨기에, 네덜란드, 스위스,
독일과 이탈리아 일부 지역에서도 산업화에 불을 지폈다.

호주의 길

18세기 잉글랜드(더 정확히 말하면 1707년 잉글랜드, 웨일스, 스코틀랜드
합병 이후 대영제국)는 범죄자를 다루는 해법이 간단했다. 눈에 보이지
않으면 신경 쓸 일이 없고, 적어도 말썽을 부릴 소지는 없다는 것이었
다. 그래서 여러 범죄자를 제국 내 죄수 유형지penal colonies로 실어 날랐
다. 독립전쟁 이전에는 기결수를 주로 아메리카 식민지로 보냈다. 1783
년 이후 독립을 쟁취한 미국의 독립 주들이 영국 죄수를 더는 달가워하
지 않았다. 이들을 가두어둘 다른 장소를 물색하던 영국 당국은 먼저 서
아프리카로 눈을 돌렸다. 하지만 유럽인이 면역력이 없었던 말라리아
와 황열 같은 풍토병 등 환경이 워낙 사나워 아무리 죄수라고 하지만
'백인의 묘지'라 불리던 지역에 보낼 수는 없다고 결론지었다.

다음 후보는 호주였다. 탁월한 항해가인 제임스 쿡James Cook 선장이
이미 호주의 동부 해안지방을 탐험한 바 있었다. 1770년 4월 29일, 쿡

선장은 기막히게 멋진 작은 만에 상륙했는데, 함께 갔던 박물학자들이 그곳에서 발견한 다양한 동식물종을 기념하기 위해 보타니베이Botany Bay(보타니botany는 식물학을 가리킨다 - 옮긴이)라고 이름 지었다. 영국 정부가 보기에도 이상적인 장소로 비쳤다. 기후도 온난하고 워낙 외진 곳이라 일단 팽개쳐두면 신경 쓸 일이 없을 듯했다.

1788년 1월, 아서 필립 선장의 지휘 아래 죄수를 가득 태운 11척의 함대가 보타니베이로 향하고 있었다. 지금은 호주 건국기념일로 기념하는 1월 26일, 이들은 오늘날 시드니 시의 심장부인 시드니코브Sydney Cove에 진을 쳤다. 새로운 식민지는 뉴사우스웨일스New South Wales라고 불렀다. 이들이 타고 온 배 중 한 척으로 덩컨 싱클레어가 선장이었던 알렉산더 호에는 헨리 케이블과 수재나 케이블이라는 죄수 부부가 타고 있었다. 수재나는 원래 절도죄로 유죄판결을 받아 사형에 처해진 바 있었다. 이후 14년 징역형으로 감형되어 아메리카 식민지로 이송될 예정이었다. 하지만 미국의 독립으로 이 계획은 무산되었다. 그러던 중 노리치 성 감옥Norwich Castle Jail에서 수재나는 동료 재소자인 헨리를 만나 사랑에 빠졌다. 1787년, 그녀는 첫 번째 함대를 따라 호주의 새 죄수 유형지로 이송될 운명에 처했다. 하지만 헨리는 이송자 명단에서 빠져 있었다.

이 무렵 수재나와 헨리에게는 역시 헨리라고 이름 붙인 어린 아들이 있었다. 이송 계획에 따르면 가족이 뿔뿔이 흩어질 처지였다. 수재나는 템스 강에 정박해 있던 수형受刑보트로 옮겨졌지만, 이 가슴 아픈 이야기는 박애주의자인 캐도건 부인의 귀에 들어갔다. 캐도건 부인의 청원으로 케이블 가족의 상봉이 이루어졌다. 어린 헨리까지 온 가족이 호주로 향하게 된 것이다. 캐도건 부인은 20파운드를 마련해 이들에게 줄 물품을 구입했고, 호주에 닿으면 주기로 되어 있었다. 이들은 알렉산더 호를 타고 호주로 향했고, 배가 보타니베이에 도착했을 때는 부인이 사준 물품이 사라진 뒤였다. 적어도 싱클레어 선장의 주장은 그랬다.

케이블 가족이 할 수 있는 일은 무엇이었을까? 잉글랜드 법이나 영국법에 따르면 사실 속수무책이었다. 1787년이면 영국이 포용적 정치·경제 제도를 지향하던 시절이지만 이런 포용성이 실질적인 권리가 아예 없는 죄수까지 보듬어주지는 못했다. 죄수는 재산을 소유할 수 없었다. 당연히 법원에 누군가를 고소할 수도 없었다. 아닌 게 아니라 법정에서 증거를 제시할 수도 없었다. 싱클레어 선장은 이런 사정을 훤히 알고 있었기에 물품을 훔친 것이리라. 이 사실을 인정한 적은 없지만, 케이블 가족이 자신을 고소하지 못할 것이라고 떠벌린 것은 엄연한 사실이다. 영국 법에 따르면 맞는 말이었다. 영국에서라면 이미 종료되었을 상황이었다. 하지만 호주에서는 달랐다. 이곳 법무관이던 데이비드 콜린스에게 다음과 같은 내용의 소장이 전달되었다.

이곳의 새 정착민인 헨리 케이블과 그의 아내는 잉글랜드를 떠나기 전 덩컨 싱클레어 선장이 지휘하는 죄수 수송선 알렉산더 호에 꾸러미 하나를 실었다. 이들의 형편에 맞는 옷가지 등 여러 물품이 들어 있었고 상기한 헨리 케이블과 그의 아내 및 아이를 위해 자선활동가 여럿이 모으거나 구입해 기부한 것이었다. 현재 항구에 정박해 있는 알렉산더 호의 선장으로부터 상기 꾸러미를 넘겨받을 목적으로 여러 차례 청원이 이루어졌으나 소용이 없었고, 그보다 더 가치가 많이 나가는 책 등 나머지 물품도 반환을 요청했으나 여전히 상기한 알렉산더 호에 그대로 남아 있으며, 선장은 주인에게 물품을 전달해주는 일에 대단히 태만한 태도를 보이는 듯하다.

까막눈이었던 헨리와 수재나는 소장에 서명할 수 없어 말미에 '가새표'를 하는 것으로 대신했다. 나중에 삭제 표시가 되었지만 '이곳의 새 정착민new settlers of this place'이라는 문구는 큰 의미가 있었다. 헨리 케이블과 그의 아내가 죄수로 명시되었다면 누가 보아도 이 사건은 가망이 없었다. 따라서 누군가 의도적으로 이들을 새 정착민이라고 부른 것이다. 콜린스 법무관은 지나친 표현이라고 여겨 이 문구를 삭제했을지도 모른다. 하지만 소장은 효과가 있었다. 콜린스 법무관은 사건을 폐기하지 않고 재판을 시작했고 배심원은 모두 군인으로 채워졌다. 싱클레어 선장도 법정에 섰다. 콜린스 법무관이 이 사건에 딱히 신경을 쓴 것도 아니고 배심원도 모조리 케이블 가족과 같은 죄수를 감시하는 간수로 채워졌지만, 결과는 케이블 가족의 승리였다. 싱클레어 선장은 케이블 가족이 범죄자라는 이유를 들어 반론을 제기했다. 하지만 평결은 번복되지 않았고, 그는 15파운드를 지급해야 했다.

콜린스 법무관은 이 평결에 영국 법을 적용한 게 아니라 오히려 무시해버렸다. 호주에서 판결이 내려진 첫 민사사건이었다. 첫 번째 형사사건 역시 영국에 사는 이들은 역시 해괴하다 여겼을 것이다. 한 죄수가 2펜스 가치가 있는 다른 죄수의 빵을 훔친 혐의로 유죄를 인정받았다. 당시에는 재판이 열릴 이유가 없는 사안이었다. 죄수는 아무것도 소유할 수 없었기 때문이다. 하지만 호주는 영국이 아니었고 영국 법을 따르지도 않았다. 그렇게 호주는 머지않아 민·형사법은 물론 정치·경제 제도까지도 영국과 다른 길을 가게 된다.

죄수에게 경제적 자유를

애초에 죄수 유형지인 뉴사우스웨일스에는 죄수와 이들을 감시하는 간수만 살았는데, 간수는 대부분 군인이었다. 1820년대까지 호주에 사는 '자유 정착민free settlers'은 드물었다. 죄수의 유형은 1840년 뉴사우스웨일스 주에서는 중단되었지만 웨스턴오스트레일리아 주에서는 1868년까지 계속되었다. 죄수는 '의무 근로'를 해야 했는데 사실상 강제노역이나 다름없었고 간수는 이를 통해 돈을 벌려고 했다. 처음에는 죄수에게 임금도 주지 않았다. 노동의 대가로 얻는 것이라고는 식량뿐이었다. 죄수가 생산한 것은 간수가 차지했다. 하지만 버지니아회사가 제임스타운에서 실험했던 것과 마찬가지로 이런 체제가 원활하게 돌아갈 리 없었다. 죄수가 열심히 일하거나 더 잘 해보려는 인센티브가 없었기 때문이다. 매질을 당하거나 노퍽 섬Norfolk Island으로 추방당하는 게 전부였다. 노퍽은 호주 동쪽으로 1,600킬로미터 이상 떨어진 21제곱킬로미터 넓이에 불과한 태평양 섬이었다.

하지만 매질이나 추방으로도 효과가 없자 대안이라고는 인센티브를 제공하는 것뿐이었다. 그러나 군인인 간수에게는 납득하기 어려운 개념이었다. 죄수는 죄수일 뿐, 노동력을 팔거나 재산을 가질 수 없다고 믿었기 때문이다. 하지만 호주에서는 일해줄 다른 사람이 없었다. 물론 뉴사우스웨일스 수립 당시 100만 명에 가까운 원주민이 있었던 것은 사실이다. 하지만 워낙 광활한 대륙에 흩어져 살았고 뉴사우스웨일스에는 이들의 착취를 기반으로 하는 경제를 일으킬 만큼 충분한 수의 원주민이 살지 않았다. 호주에서는 라틴아메리카 방식이 통할 리 없었던 것이다. 결국 간수들은 궁극적으로 영국에서보다 한층 더 포용적인 제도로 이어지는 길을 선택했다. 죄수는 이제 주어진 업무를 완수하고 남는 시간에 자신을 위해 일할 수 있었고, 생산품을 팔 수도 있었다.

죄수가 경제적 자유를 얻자 간수도 이득을 보긴 마찬가지였다. 생산성이 높아졌고 간수는 죄수에게 독점적으로 물품을 팔 수 있었다. 가장 알짜배기 품목은 럼주였다. 당시 뉴사우스웨일스는 다른 영국 식민지와 마찬가지로 영국 정부가 임명한 총독이 다스렸다. 1806년 영국은 윌리엄 블라이William Bligh를 총독으로 임명했다. 17년 앞선 1789년, 역사적으로 잘 알려진 '바운티 호의 반란Mutiny on the Bounty' 당시 H.M.S. 바운티 호의 선장이었던 인물이다. 블라이는 엄격한 규율로 유명했는데, 이는 바운티 호에서 승무원이 반란을 일으킨 가장 큰 원인이었을지도 모른다. 그런 그의 의식이 달라질 리 없었고, 총독으로 부임하자마자 럼주 독점권을 문제 삼았다.

이번에도 반란이 일어났다. 주동자가 독점권자라는 점만 달랐다. 반란을 이끈 것은 전직 군인인 존 맥아더John Macarthur였다. 이른바 '럼주반란Rum Rebellion'이라고 알려진 이번 사태에서도 블라이는 바운티 호가 아닌 육지에서 반란 세력에 제압당하고 만다. 맥아더는 블라이를 가두어 버렸다. 영국 당국은 곧 더 많은 군대를 파견해 반란을 수습했다. 맥아더는 체포되어 본국으로 후송되었다. 하지만 곧 석방되어 호주로 돌아왔고, 식민지 정치와 경제 발전에 핵심적인 역할을 했다.

럼주반란의 뿌리는 경제 논리였다. 죄수에게 일할 만한 인센티브를 제공함으로써 맥아더와 같은 간수는 큰돈을 만질 수 있었다. 맥아더는 1790년 2차 선단에 몸을 싣고 호주 땅을 밟은 군인이었다. 1796년에는 사업에 주력하려고 군복을 벗었다. 이 무렵 이미 첫 번째 양을 갖게 된 그는 양을 키워 양모를 수출하면 큰돈을 벌 수 있을 것이라 믿었다. 시드니에서 내륙으로 들어가면 블루마운틴Blue Mountains이 있었다. 정착민은 1813년 기어이 블루마운틴을 넘어섰고 건너편에는 광활한 대초원이 펼쳐져 있었다. 양 떼에게는 천국이나 다름없었다. 맥아더는 곧 호주에서 가장 큰 부자가 되었고, 양을 키워 큰돈을 번 그와 동료들은 훗날 '무단점거자Squatters'로 불리기도 했다. 양이 풀을 뜯던 땅은 이들의 소유가 아니었기 때문이다. 실소유주는 영국 정부였다. 하지만 초반에는 대수롭지 않은 문제였다. 무단점거자는 호주의 엘리트층이었고, 무단점거귀족층Squattocracy이라 할 만했다.

무단점거귀족층이 존재했다고 하더라도 뉴사우스웨일스는 동유럽이나 남아메리카 식민지의 절대주의 정권과는 거리가 멀었다. 오스트리아-헝가리나 러시아처럼 농노도 없었고 멕시코와 페루처럼 착취할 수 있을 만큼 원주민의 수도 많지 않았다. 뉴사우스웨일스는 여러모로 버지니아 주 제임스타운과 닮아 있었다. 엘리트층은 궁극적으로 오스트리아-헝가리, 러시아, 멕시코, 페루와 비교해 한층 더 포용적인 경제제도를 수립하는 것이 자신들에게도 이득이 된다는 사실을 깨달았다. 죄수가 유일한 노동력이었고 이들에게 일할 의욕을 불어넣으려면 일한 만큼 대가를 치르는 수밖에 없었다.

죄수들은 이내 사업도 허용되었고 다른 죄수를 고용할 수도 있었다. 더 주목할 만한 사실은 형기를 마치고 나면 땅도 주고 모든 권리를 복권해주었다는 사실이다. 부자가 되는 이들도 있었다. 까막눈이던 헨리 케이블도 그중 하나였다. 1798년에는 램핑호스Ramping Horse라는 호텔을 소유했고 상점도 하나 있었다. 배를 사서 물개가죽 무역에도 뛰어들었다. 1809년이 되자 총 470에이커에 달하는, 적어도 아홉 개의 농장을 소유했고 시드니에 상점과 집도 여러 채 있었다.

대의제도에 대한 요구

뉴사우스웨일스에서는 급기야 엘리트층과 나머지 사회계층 간에 분쟁이 벌어졌다. 나머지 계층이란 다름 아닌 죄수, 형기를 마친 출소자와 그 가족이었다. 맥아더와 같은 전직 간수나 군인을 필두로 한 엘리트층에는 모직업 호황으로 식민지에 이끌린 자유 정착민도 일부 포함되어 있었다. 대부분 재산은 여전히 엘리트층 수중에 있었고, 출소자와 그 후손은 죄수 유형 중단, 동료 배심원에 의한 재판 기회 부여, 자유토지 소유 허용 등을 요구했다. 엘리트층에게는 당치 않은 요구였다. 이들의 주요 관심사는 무단점거한 토지에 대해 법적 소유권을 확립하는 것이었다. 200여 년 전 북아메리카에서 벌어진 사태와 비슷한 상황이 연출되고 있었다. 1장에서 살펴보았듯이 연한 계약 노예가 버지니아회사를 상대로 승리를 거둔 데 힘입어 메릴랜드와 남·북캐롤라이나에서도 투쟁이 이어진 바 있었다. 뉴사우스웨일스에서 볼티모어 경과 앤서니 애슐리-쿠퍼 경의 역할을 한 것은 맥아더와 무단점거자들이었다. 맥아더와 무단점거자들도 언젠가 독립을 선언할지 모른다고 염려하면서도 영국 정부는 이번에도 엘리트층의 편을 들었다.

영국 정부는 1819년 식민지 사태를 파악할 조사위원회 위원장으로 존 비그John Bigge를 파견했다. 비그는 죄수가 누리는 권리와 유형지 경제제도가 본질적으로 포용성을 띤다는 사실에 매우 놀랐다. 그는 급진적인 개혁을 제안했다. 죄수는 땅을 가질 수 없고, 누구도 죄수에게 임금을 지급할 수 없으며, 사면을 제한하고, 출소자에게도 토지를 주어서는 안 되며, 처벌을 한층 더 엄격하게 강화하자는 내용이었다. 비그는 무단점거자를 호주의 당연한 귀족층으로 여겼고 이들이 주도하는 귀족사회를 바랐다. 하지만 부질없는 기대였다.

비그는 시간을 되돌리려 안간힘을 썼지만, 출소자와 그 아들, 딸들은 더 많은 권리를 부르짖었다. 미국에서처럼 완전한 정치·경제적 권리를 누리려면 의사결정 과정에 끼어들 수 있는 정치제도가 필요하다는 사실을 이들이 깨달았다는 것이 더 중요하다. 결국 동등한 참여를 보장하는 선거는 물론 자신들도 직책을 얻을 수 있는 대의제도 및 의회를 요구하기에 이르렀다.

출소자와 그 아들, 딸들을 이끈 것은 유명한 작가이자 탐험가이며 언론인이었던 윌리엄 웬트워스William Wentworth였다. 웬트워스는 무단점거자에게 광활한 목초지를 선사했던 1차 블루마운틴 탐사대 선봉장 중 하나였다. 블루마운틴에는 아직도 그의 이름을 딴 마을이 있다. 웬트워스는 죄수의 심정을 이해하는 인물이었다. 어쩌면 노상강도 혐의로 붙잡혀 재판과 기소를 면하기 위해 호주 유형을 선택해야 했던 아버지 때문이었을지도 모른다. 당시 웬트워스는 선출 의회, 출소자와 그 가족에 대한 배심원 재판, 뉴사우스웨일스 유형 중단 등 한층 더 포용적인 제도를 도입해야 한다고 목소리를 높였다. 〈오스트레일리언Australian〉이라는 신문도 창간했는데, 창간 직후부터 기존 정치제도를 공격하는데 선봉에 선 신문이었다. 맥아더는 웬트워스를 눈엣가시로 여겼고, 당연히 그의 요구 사항도 탐탁지 않게 여겼다. 웬트워스의 추종자를 일일이 열거하며 다음과 같이 손가락질하기도 했다.

이곳에 온 이후 교수형이 선고된 녀석
일을 제대로 못 해 번번이 매질당한 녀석
런던 유대인

최근 면허 취소당한 유대인 술집 주인

노예무역으로 유형 온 경매인

여기서 걸핏하면 매질당하던 녀석

빚더미에 앉은 사기꾼

아메리카 모험가

형편없는 성품의 변호사

이곳에서 음악 상점을 차렸다가 최근 문을 닫은 이방인

두 죄수의 딸과 결혼한 녀석

무희 출신 죄수와 결혼한 녀석

하지만 맥아더와 무단점거자들이 한사코 반대한다 해도 호주에서 일고 있던 시대적 조류를 거스를 수는 없었다. 그만큼 대의제도에 대한 요구가 억누를 수 없을 정도로 강했다. 뉴사우스웨일스는 총독이 사실상 독자적으로 다스렸다. 1823년이 되자 영국 정부가 임명한 심의회가 창설되어 총독의 권한에 제약이 가해졌다. 처음에는 무단점거자와 다른 간수 출신 엘리트층이 위원으로 임명되었고 맥아더도 그중 한 명이었다. 하지만 이런 체제는 오래가지 못했다.

1831년 리처드 버크Richard Bourke 총독은 압력에 못 이겨 최초로 출소자에게도 배심원 자격을 허용했다. 출소자는 물론 새로 호주에 온 자유 정착민 중에서도 영국의 죄수 유형 중단을 바라는 이들이 적지 않았다. 노동시장에서 경쟁이 치열해져 임금이 갈수록 떨어졌기 때문이다. 무단점거자는 당연히 저임금을 선호했지만 결국 무릎을 꿇고 만다. 1840년 뉴사우스웨일스에서는 죄수 유형이 중단되었고 1842년에는 '입법 심의회legislative council'가 창설되었는데 심의회 위원은 세 명 중 두 명꼴로 선출되었다(나머지는 임명직이었다). 출소자는 이제 재산 요건만 갖추면 공직에 나가거나 투표를 할 수도 있었다. 실제로 그런 자격을 갖춘 이들이 많았다.

1850년대에 이르자 호주는 성인 백인 남성의 보통 선거권이 보장되었다. 출소자와 그 가족, 즉 시민의 요구는 윌리엄 웬트워스가 애초에 상상했던 것보다 한참 앞서 가고 있었다. 아닌 게 아니라 이즈음 웬트워스는 비선출 입법 심의회를 수립하자고 주장하는 보수파 진영에 몸담고 있었다. 하지만 이전의 맥아더와 마찬가지로 웬트워스도 한층 더 포용적인 정치제도를 향한 물결을 막아내지는 못했다. 1856년 빅토리아주(1851년 뉴사우스웨일스에서 분리되었다)와 태즈메이니아^{Tasmania} 주에서는 세계 최초로 사실상 비밀투표 제도가 도입되었고, 그 덕분에 매표 행위와 강압 투표가 근절될 수 있었다. 아직도 선거에서 사용되는 비밀투표의 제도적 표준을 호주식 투표^{Australian ballot}라고 부른다.

뉴사우스웨일스 주 시드니의 초반 상황은 181년 전 버지니아 주 제임스타운과 매우 흡사했다. 제임스타운 정착민은 죄수가 아닌 연한 계약 노동자가 주를 이루었다는 점만 달랐다. 두 곳 모두 초반부터 착취적 식민제도가 생겨날 수 없는 상황이었다. 두 식민지 모두 착취할 만큼 원주민의 수가 많지 않았고, 금이나 은 같은 귀금속도 없었으며, 토양과 작물마저 노예를 동원한 대농장을 세우기에는 경제성이 떨어지는 형편이었다. 1780년대는 여전히 노예무역이 성행하던 시절이라 돈이 된다면 뉴사우스웨일스 역시 노예로 북적댔겠지만, 사정이 그렇지 못했다. 버지니아회사와 마찬가지로 뉴사우스웨일스를 운영하던 군인과 자유 정착민도 압력을 이기지 못해 점진적으로 포용적 경제제도를 수립해나갔고, 이와 발맞추어 정치제도 역시 포용성을 더해갔다. 뉴사우스웨일스는 버지니아보다 한결 저항이 적었고, 시류를 되돌리려는 시도가 없지 않았으나 결국 실패하고 말았다.

미국과 마찬가지로 호주가 선택한 포용적 제도를 향한 길 역시 잉글랜드와는 달랐다. 내전과 명예혁명을 거치며 잉글랜드를 뒤흔들어놓았던 혁명이 미국이나 호주에서는 필요하지 않았다. 이들 나라의 건국 당시 상황이 사뭇 달랐기 때문이다. 물론 그렇다고 해서 아무런 갈등 없이 포용적 제도가 떡하니 들어섰다는 뜻은 아니다. 미국은 포용적 제도를 수립하는 과정에서 영국의 식민 지배를 떨쳐버려야 했다. 잉글랜드에서는 오랜 역사를 거치며 깊이 뿌리박힌 절대주의 왕정을 제거하려면 혁명이 필요했다. 미국과 호주에서는 그런 장애물이 없었다. 메릴랜드의 볼티모어 경이나 뉴사우스웨일스의 존 맥아더가 그런 역할을 열망했을지는 모르지만, 이들의 야망이 결실을 볼 만큼 확고하게 사회를 장악하지 못했다. 미국과 호주에서 포용적 제도가 뿌리내렸다는 것은 두 나라에 산업혁명이 빠르게 확산되어 부가 쌓이기 시작했다는 의미였다. 캐나다와 뉴질랜드 등 다른 식민지 역시 두 나라의 길을 따랐다.

포용적 제도로 이어지는 다른 길도 존재했다. 서유럽의 상당 지역이 프랑스혁명에 힘입어 세 번째 길을 택했다. 프랑스혁명은 프랑스 절대왕정을 무너뜨린 데 이어 국가 간 갈등을 잇따라 초래해 서유럽 대부분 지역에 제도적 개혁을 확산시켰다. 경제적인 결과만 보더라도 이런 개혁 덕분에 서유럽 대부분 지역에서 포용적 경제제도가 고개를 들었고, 이내 산업혁명과 경제성장으로 이어졌다.

장애물을 무너뜨린 프랑스혁명

1789년까지 이어지는 3세기 동안 프랑스는 절대왕정 치하에 있었다. 프랑스 사회는 이른바 '신분'이라는 이름으로 세 계층으로 나누어져 있었다. 사제가 제1신분, 귀족이 제2신분, 나머지는 모두 제3신분이었다. 신분마다 적용되는 법이 달랐고, 상위 두 신분은 나머지 전체 인구가 갖지 못한 특권을 누렸다. 사제와 귀족은 세금을 내지 않은 반면 대체로 착취적일 수밖에 없는 정권이다 보니 시민은 온갖 세금 공세에 시달려야 했다. 사실 교회는 세금만 면제받은 것이 아니라 대규모 토지를 소유하고 독자적으로 농민에게 세금을 매길 수도 있었다. 군주와 사제, 귀족은 호사스런 생활을 즐겼지만 제3신분에 해당하는 대부분 평민은 찢어지게 가난했다. 법이 다르게 적용되다 보니 사제와 귀족은 엄청난 경제적 이점을 누렸을 뿐만 아니라 정치권력도 틀어쥐고 있었다.

18세기 프랑스 도시의 삶은 고되고 불결했다. 수공업은 막강한 길드의 규제를 받았다. 길드는 일원에게는 두둑한 수입을 보장했지만, 외부인의 진입이나 창업을 가로막는 장애물이었다. 이른바 앙시앵레짐ancien régime은 영속성과 안정성을 자랑하는 체제였다. 기업가나 재능 있는 개인이 새로운 직종에 진출하면 불안정을 초래할 우려가 있으니 용납 못할 일이었다. 도시인이 고된 삶을 살았을 정도면 농촌에 사는 이들의 삶은 더 피폐했을 것이다. 앞서 살펴보았듯이, 농민이 땅에 예속되어 영주를 위해 일하거나 소작을 하는 가장 극단적인 형태의 농노제는 이 무렵 프랑스에서 내리막길로 들어선 지 오래였다. 그럼에도 이동성에 제약이 심했고 프랑스 농민이 군주와 귀족, 교회에 바쳐야 할 봉건적 의무는 셀 수 없이 많았다.

이런 배경에서 프랑스혁명은 획기적인 사건이었다. 1789년 8월 4일, 국민제헌의회National Constituent Assembly는 새로운 헌법을 제안해 기존 프랑스 법률을 송두리째 뒤엎어버렸다. 제1조는 다음과 같았다.

국민의회National Assembly는 이로써 봉건제도를 전면 철폐한다. 봉건제와 정액지대定額地代(풍작이든 흉작이든 가리지 않고 해마다 정해진 일정 지대를 납부하는 제도 – 옮긴이)에 관련된 기존 권리와 세금 중 부동산이든 동산이든 농노제에서 유래하는 것은 전면 철폐되며 보상의 책임을 지지 않는다.

제9조는 이렇게 이어졌다.

동산과 부동산을 가리지 않고 세금과 관련한 금전적 특혜는 영구히 폐지된다. 온 시민이 모든 재산에 대해 세금을 납부하여야 하며 그 방법과 형식에 차등을 두지 않는다. 모든 시민이 균등하게 세금을 납부하도록 하는 계획을 검토해야 하며, 올해 남은 여섯 달도 예외로 인정하지 않는다.

이처럼 프랑스혁명은 봉건제도 및 그와 관련된 의무와 세금을 단숨에 혁파했고, 사제와 귀족이 누리던 면세 혜택 역시 모조리 철폐해버렸다. 하지만 가장 급진적이고 당시로서는 생각조차 할 수 없었던 개혁은 제11조였다.

태생과 관계없이 온 시민은 성직, 공직, 군대를 가리지 않고 어떤 직위나 품위라도 누릴 자격이 있으며 어떤 직업도 천하게 여기지 않는다.

따라서 이제 일상생활과 경제생활은 물론, 정치에서도 만인이 법 앞에 평등한 시대가 도래한 것이다. 혁명에 따른 개혁은 8월 4일 이후에도 이어졌다. 특별세를 부과할 수 있는 교회당국의 특권도 철폐했고 사제는 국가에 고용된 공직자로 전락시켰다. 개혁의 칼날은 엄격한 정치·사회적 신분을 베어버림과 동시에 경제활동을 방해하던 가장 큰 암초 역시 부쉬버렸다. 길드 등 직업적인 걸림돌이 모조리 척결되어 도시에서는 한층 더 공정한 경쟁 환경이 조성되었다.

이런 개혁은 프랑스 절대왕정 종식의 첫걸음이었다. 8월 4일 선언 이후 수십 년 동안 불안정한 세월이 계속되었고 전쟁도 끊이지 않았다. 하지만 절대주의 체제와 착취적 제도에서 벗어나 포용적 정치·경제 제도로 향하려는 행보는 이제 돌이킬 수 없었다. 이런 변화는 경제와 정치 분야의 다른 개혁으로 이어졌고 이내 1870년, 잉글랜드의 명예혁명이 그러했듯이 프랑스에 의회민주주의 체제를 수립한 제3공화국Third Republic에 이르러 절정에 달했다. 프랑스혁명은 온갖 폭력과 고통, 불안정, 전쟁으로 점철된 시기였다. 그럼에도 그 덕분에 프랑스는 오스트리아-헝가리 및 러시아 등 동유럽 절대주의 정권에서 목격했듯이 경제성장과 번영을 가로막던 착취적 제도에서 벗어날 수 있었다.

프랑스 절대왕정이 1789년 혁명으로 파국을 맞은 이유는 무엇일까? 답보 상태의 경제와 사회 격변의 회오리 속에서도 장구한 세월 생존할 수 있었던 절대주의 정권이 수두룩하지 않았는가? 대부분의 혁명과 급진적 변화가 그렇듯이 프랑스혁명 역시 다양한 요인이 한데 어우러져 촉발된 것이었고, 가장 큰 영향을 준 요인은 인접한 영국이 급속도로 산업화되고 있었다는 사실이었다. 물론 역사가 어떤 길을 선택하는가는 으레 그렇듯 우발적이었다. 왕실의 정권 안정 기도는 번번이 실패했고,

프랑스와 유럽 여타 지역에서 제도 변화를 이루는 데는 1789년 많은 이들이 기대한 것보다 혁명이 한층 더 효과적이었다.

프랑스에는 중세시대의 잔재라 할 만한 법과 특혜가 숱하게 많았다. 대다수 제3신분과 비교해 제1신분 및 제2신분에 유리했을 뿐 아니라 왕실에 비해서도 많은 특혜를 제공했다. 태양왕 루이 14세는 1643년 비록 다섯 살의 나이로 왕위에 올랐지만 1661년에서 1715년 숨을 거두기까지 54년간 프랑스를 지배했다. 그는 수 세기 전에 시작된 절대왕정 구축 과정을 한층 더 강화하며 권력을 왕실에 집중시켰다. 프랑스 국왕은 왕실에서 직접 선정한 주요 귀족으로 구성되는 이른바 명사회名士會, Assembly of Notables의 자문을 구하는 사례가 빈번했다. 대체로 자문기구에 그쳤지만 명사회는 미약하나마 여전히 군주의 권한을 견제하는 역할을 했다. 이런 이유로 루이 14세는 통치 기간에 명사회를 소집하지 않았다.

그의 치세하에서도 프랑스는 그럭저럭 경제성장을 이룩했다. 가령 대서양과 식민지 무역에 참여한 대가였다. 그의 유능한 재무장관이었던 장 바티스트 콜베르Jean-Baptiste Colbert가 정부가 후원 또는 통제하는 산업의 발전을 관장하기도 했는데 이 또한 일종의 착취적 성장이라 할 만하다. 이런 제한적인 성장으로 수혜를 입는 것은 오로지 제1신분과 제2신분뿐이었다. 루이 14세는 프랑스 과세제도 역시 합리적으로 손질하고 싶었다. 프랑스는 잦은 전쟁을 치러 늘 군자금에 쪼들렸고 대규모 상비군과 국왕의 호사스런 수행원, 소비 생활, 궁전 살림에도 막대한 돈이 필요했는데, 정부가 그런 자금 조달에 어려움을 겪기 일쑤였기 때문이다. 하급 귀족에게서도 세금을 거두기 어려워지자 왕실 수입은 극도로 제한적일 수밖에 없었다.

무너진 삼부회

경제적으로는 거의 답보 상태를 면치 못했지만 1774년 루이 16세가 집권했을 무렵에는 사회에 많은 변화가 일고 있었다. 더욱이 재정 문제가 더 불거져 재정 위기로 치닫는 상황이었고 특히 영국을 상대로 1756년에서 1763년까지 계속된 7년전쟁Seven Years' War에서 프랑스는 캐나다를 잃는 등 막대한 대가를 치러야 했다. 수많은 유력 인사가 부채를 재조정하고 세금을 올리는 등 왕실 재정을 손질하려 팔을 걷어붙였다. 당대 최고의 경제학자 중 하나인 안 로베르 자크 튀르고Anne-Robert-Jacques Turgot도 그중 한 명이었다. 혁명 이후에도 중요한 역할을 하게 되는 자크 네케르Jacques Necker, 샤를 알렉상드르 드 칼론Charles Alexandre de Calonne도 개혁을 시도했다. 하지만 성공한 이는 아무도 없었다. 칼론은 개혁 전략의 일환으로 루이 16세를 설득해 명사회를 소집하게 했다. 찰스 1세가 1640년 잉글랜드 의회를 소집했을 때 의원들이 군소리 없이 스코틀랜드와 싸우는 데 필요한 군자금 지급에 동의할 것이라 기대했던 것처럼, 루이 16세와 그 측근 역시 명사회가 재정 개혁안을 단숨에 승인해줄 것이라 믿었다. 하지만 명사회는 뜻밖의 행보를 보이며 대의기구인 삼부회Estates-General만이 그런 개혁을 승인할 수 있다고 선언했다.

삼부회는 명사회와는 본질적으로 다른 기구였다. 명사회는 귀족 일색으로 채워졌고 그것도 대부분 주요 귀족 중에서 왕실이 입맛대로 골라 구성했지만, 삼부회는 세 신분 계층 모두에서 대표를 파견했다. 마지막으로 삼부회가 소집된 것은 1614년이었다. 1789년 베르사유궁전에서 삼부회가 소집되었지만, 초장부터 합의가 도출되긴 불가능해 보였다. 서로 양보할 수 없는 근본적인 견해 차이가 있었다. 제3신분은 정치

권력을 확대할 기회로 여기며 삼부회에서 더 많은 발언권을 바랐지만, 사제와 귀족계급은 어림없다는 태도였다.

그렇게 삼부회는 아무런 합의 없이 1789년 5월 5일 막을 내렸다. 유일한 소득이라면 더 강력한 기구인 국민의회를 소집하기로 한 것이었는데, 정치 위기가 더 심화되었다는 뜻이었다. 특히 제3신분 중 더 큰 발언권을 요구하던 상인과 사업가, 전문직 종사자, 장인들은 이런 사태 전개를 자신들의 입김이 세진 증거로 받아들였다. 국민의회가 열리자 이들은 한층 더 적극적으로 의사결정 과정에서 더 큰 목소리를 내고 전반적인 권리도 강화하려 들었다. 상황이 이렇게 되자 용기를 얻은 시민이 제3신분 대표를 지지하며 전국의 거리를 메웠고 이내 국민의회는 7월 9일 국민제헌의회로 재구성되기에 이르렀다.

한편 전국적인 분위기도 훨씬 더 급진적으로 선회하고 있었다. 특히 파리의 상황은 급박하게 돌아갔다. 궁지에 몰린 보수진영은 루이 16세를 설득해 개혁 성향의 재무장관 네케르를 해임하도록 했다. 하지만 오히려 기름을 부은 꼴이었다. 한층 더 과격해진 거리의 정서는 1789년 7월 14일, 역사에 길이 남을 바스티유^{Bastille}감옥 습격 사태로 이어졌다. 바야흐로 본격적인 혁명의 시작을 알리는 신호탄이었다. 네케르는 복권되었고 혁명가인 마르키 드 라파예트^{Marquis de Lafayette}가 파리 국민방위대^{National Guard}의 수장이 되었다.

바스티유감옥 습격보다 더 눈에 띄는 것은 국민제헌의회의 활발한 행보였다. 1789년 8월 4일, 어느 때보다 자신감이 커진 제헌의회는 봉건제도는 물론 제1신분과 제2신분의 특권을 철폐하는 새로운 헌법을 통과시켰다. 하지만 이런 급진적인 행보는 제헌의회의 분열을 초래했다. 사회가 어떤 양상을 띠어야 하는가에 대해 그만큼 이견 충돌이 많았다. 맨 먼저 주목할 것은 지역 파벌의 형성이었다. 특히 훗날 혁명을 주도하게 되는 급진적 성향의 자코뱅파가 등장했다. 이와 함께 숱하게 많은 귀족이 나라를 등졌는데 훗날 이들은 '망명귀족émigrés'이라고 불리게 된다. 국왕에게 의회를 무시하고 행동에 나서라고 부추기는 귀족도 많았다. 직접 나서든가 마리 앙투아네트 왕비의 모국이자 망명귀족이 가장 많이 피신했던 오스트리아와 같은 해외 열강의 힘을 빌려서라도 상황을 뒤집어야 한다는 것이었다. 거리의 시민 중에서도 지난 2년간의 혁명적 성과가 위협받는 지경이라는 위기감을 느끼는 이들이 늘면서 사태는 한층 더 급진적으로 전개되었다. 1791년 9월 29일 국민제헌의회는 최종적으로 헌법을 통과시켜 프랑스를 입헌군주국으로 탈바꿈시키면서 만인에게 동등한 권리를 부여하고, 봉건적 의무와 세금을 철폐했으며, 길드가 강요하던 상거래 제약 역시 전면 폐지했다. 프랑스에는 여전히 국왕이 있었으나, 국정 운영에 영향력이 거의 없었고 사실상 운신의 폭도 줄어들었다.

하지만 1792년 프랑스가 오스트리아 주도하의 '제1차 대對프랑스 동맹First Coalition'과 전쟁을 벌이면서 혁명은 돌이킬 수 없는 길로 들어서고 만다. 전쟁은 혁명 세력 및 대중의 의지와 급진성에 불을 지폈다(일반 대중은 귀족이 입는 호사스런 반바지를 걸칠 능력이 없는 평민이었기 때문에 '반바지를 입지 않은 사람들'이라는 뜻의 상퀼로트Sans Culottes라 불렸다). 결국 루이 16세와 마리 앙투아네트가 처형되면서 '공포정치'로 역사에 기록된 암울한 시기가 이어졌고, 당시 정국을 장악한 것은 로베스피에르와 생쥐스트Saint-Just 등이 이끄는 자코뱅파였다. 숱하게 많은 귀족과 반동분자가 처형되었을 뿐 아니라 자크 피에르 브리소Jacques Pierre Brissot, 조르주 당통, 카미유 데물랭Camille Desmoulins 등 주요 혁명 인사마저 단두대의 이슬로 사라졌다.

하지만 공포정치는 곧 걷잡을 수 없는 지경에 이르렀고, 로베스피에르와 생쥐스트를 비롯해 정국을 주도하던 실력자들이 처형되면서 1794년 7월 마침내 막을 내렸다. 이후 정국은 비교적 안정을 되찾았다. 먼저 1795년에서 1799년까지 총재정부總裁政府, Directory가 존속했지만 그다지 실속이 없었고, 뒤이어 중앙집권 성향이 한층 강해진 3인 통령정부統領政府, Consulate가 들어섰다. 그 주축이 바로 피에르 뒤코Pierre Ducos, 에마뉘엘 조제프 시에예스Emmanuel Joseph Sieyès, 그리고 나폴레옹 보나파르트였다(3인 통령정부는 나폴레옹을 중심으로 쿠데타를 일으켜 정권을 잡았다 - 옮긴이). 젊은 나이의 나폴레옹 보나파르트는 이미 총재정부 시절부터 전공을 세워 명성을 떨치고 있던 터라 1799년 이후 그의 입김은 더 세질 수밖에 없었다. 통령정부는 머지않아 나폴레옹 독주체제로 변모했다.

1799년에서 나폴레옹의 치세가 막을 내린 1815년까지 프랑스군의 호쾌한 승전보가 잇따랐다. 아우스터리츠Austerlitz, 예나-아우어슈타트Jena-Auerstadt, 바그람Wagram 등지에서 대승을 거두며 유럽 대륙을 무릎 꿇게 한 것이다. 그 덕분에 나폴레옹은 자신의 개혁 의지와 법전을 대부분 영토에 강요할 수 있었다. 1815년 워털루전투에서 최후의 패배를 맛보며 나폴레옹이 몰락하자 정치적 권리가 크게 위축되는 시기가 도래했고 루이 18세를 중심으로 프랑스왕정이 복고되었다. 하지만 궁극적으로 포용적 정치제도가 싹트는 시기가 잠시 늦추어졌을 뿐이었다.

1789년 혁명의 영향으로 프랑스 절대주의 체제가 무너졌고, 더디기는 했지만 포용적 제도의 태동이 불가피한 상황이 전개되었다. 이에 따라 프랑스는 물론 혁명적 개혁이 파급된 유럽의 다른 지역도 19세기 이미 한창 진행 중이던 산업화 과정에 발을 들여놓게 된다.

혁명의 수출

1789년 프랑스혁명 이전까지만 해도 유럽 전역의 유대인은 기를 펴지 못했다. 가령 독일 도시 프랑크푸르트에 사는 유대인의 삶은 중세시대에 만들어진 법령에 따라 규제를 받았다. 프랑크푸르트에는 500가구 이상의 유대인 가족이 살 수 없었고 유덴가세^{Judengasse}라는 벽으로 막아놓은 자그마한 유대인 거주지역에서만 살아야 했다. 야간이나 일요일, 기독교 명절에는 거주지역을 벗어날 수 없었다.

유덴가세는 끔찍할 정도로 비좁았다. 길이 400여 미터에 폭도 3.7미터 정도에 불과했고, 폭이 겨우 3미터밖에 안 되는 지역도 있었다. 유대인은 끊임없는 박해와 규제 속에서 살았다. 매년 거주가 신규로 허용되는 가족은 기껏해야 둘이었고, 결혼도 최대 열두 쌍을 넘지 못했는데 그마저도, 신랑 신부가 모두 스물다섯 살이 넘어야 가능했다. 유대인은 농사를 짓지도 못했다. 무기, 향신료, 포도주, 곡물을 거래할 수도 없었다. 1726년까지는 확연히 눈에 띄는 표식을 지니고 다녀야 했는데, 남자는 두 개의 노란색 원형 고리를 옷에 달았고, 여자는 줄무늬 베일을 썼다. 또 온 유대인이 특별 인두세를 납부해야 했다.

프랑스혁명이 발발했을 때, 프랑크푸르트 유덴가세에는 메이어 암셸 로트실트^{Mayer Amschel Rothschild}라는 성공한 젊은 사업가가 살고 있었다. 1780년대 초, 로트실트는 으뜸가는 동전, 금속, 골동품 거래인으로 일찌감치 자리를 잡았다. 하지만 프랑크푸르트의 다른 모든 유대인과 마찬가지로 거주지역 밖에 사업장을 열 수도, 그곳을 벗어날 수도 없었다.

하지만 머지않아 모든 게 변해버린다. 1791년 프랑스 국민의회는 프랑스 유대인을 해방시켰다. 프랑스 군대가 라인란트^{Rhineland}에 진주하던 터라 독일 서부의 유대인도 덩달아 해방되었다. 프랑크푸르트에서는 그 효과가 갑작스럽게 나타났는데 아마도 예기치 못한 결과였을 것이다. 1796년 프랑스는 프랑크푸르트를 포격했고, 그 과정에서 유덴가세의 절반이 파괴되었다. 2,000명가량의 유대인이 집을 잃어 거주지역을 벗어날 수밖에 없었다. 로트실트 가족이 그런 형편이었다. 거주지역을 벗어나면서 사업에 대한 수많은 규제 역시 털어낸 로트실트 가족은 새로운 사업 기회를 놓치지 않았다. 오스트리아 군대에 곡물 공급 계약도 맺었다. 이전까지만 해도 유대인에게 허용되지 않는 일이었다.

얼마 지나지 않아 로트실트는 프랑크푸르트 제일의 부를 축적했고 사업가로서도 엄청난 명성을 누렸다. 전면적인 해방은 1811년까지 기다려야 했다. 전면 해방을 실천에 옮긴 것은 1806년 나폴레옹이 독일을 재편하면서 프랑크푸르트 대공Grand Duke of Frankfurt이 된 카를 폰 달베르크Karl von Dalberg였다. 메이어 암셸 로트실트는 아들에게 이렇게 말했다. "이제 너도 어엿한 시민이다."

하지만 유대인 해방투쟁이 막을 내린 것은 아니었다. 이후에도 몇 차례 번복을 경험했기 때문인데, 특히 나폴레옹전쟁 이후 유럽의 신질서를 확립했던 '빈회의Congress of Vienna'의 영향이 가장 컸다. 하지만 로트실트 가문은 유대인 거주지역으로 돌아가지 않았다. 메이어 암셸과 그의 아들들은 머지않아 19세기 유럽에서 가장 큰 은행을 소유하게 되었고 프랑크푸르트, 런던, 파리, 나폴리, 빈까지 지점을 확대했다.

이는 예외적인 사례가 아니었다. 프랑스혁명군에 이어 나폴레옹도 유럽 대륙을 구석구석 침략했다. 이들이 침공한 지역의 기존 제도는 거의 빠짐없이 중세의 잔재여서 왕과 제후, 귀족 등이 권력을 틀어쥐고 도시나 농촌을 가리지 않고 교역을 제한하고 있었다. 이들 지역에서는 농노제도와 봉건질서가 프랑스에서보다 한층 더 중요했다. 프로이센과 오스트리아-헝가리제국의 헝가리 지역 등 동유럽에서는 농노가 토지에 예속되어 있었다. 서유럽에서는 이런 엄격한 형태의 농노제가 사라진 지 오래였지만, 소작농은 여전히 봉건영주에게 다양한 수수료와 세금, 부역의 의무를 져야 했다.

가령 나사우-우징겐Nassau-Usingen 공작령에 사는 소작농은 무려 230가지에 달하는 세금과 수수료, 부역의 의무를 졌다. 하다못해 가축 한 마리를 도살해도 '피의 십일조blood tithe'라는 수수료를 물어야 했다. 꿀벌 십일조, 밀랍 십일조 등의 수수료도 있었다. 부동산을 사고 팔 때도 영주에게 수수료를 내야 했다. 도시의 온갖 경제활동을 규제하는 길드 역시 대체로 프랑스보다 이들 지역에서 더 입김이 셌다. 쾰른과 아헨Aachen 등 서부 독일 도시에서는 길드가 방적기계 도입을 가로막기도 했다. 스위스의 베른Berne에서 이탈리아 피렌체에 이르기까지 소수 가문이 쥐락펴락하는 도시도 수두룩했다.

프랑스혁명 지도자들에 이어 훗날에는 나폴레옹이 이들 지역에 혁명의 기운을 불어넣었다. 절대주의 체제를 무너뜨리고, 봉건제에서 유래한 토지 관계를 무너뜨렸으며, 길드를 철폐하고 법 앞에 만인의 평등 사상을 전파했다. 다음 장에서 더 자세히 살펴보겠지만 이런 법치 개념이 확산되었다는 사실이 무엇보다 중요하다. 따라서 프랑스혁명은 단지 프랑스에만 영향을 주는 데 그치지 않고 유럽의 다른 지역으로 하여금 포용적 제도를 도입해 그에 따른 경제성장을 누릴 수 있는 토대를 닦게 한 것이다.

앞서 살펴보았듯이 프랑스 사태에 화들짝 놀란 여러 유럽 열강은 1792년 오스트리아를 중심으로 결집해 프랑스를 침공했다. 루이 16세

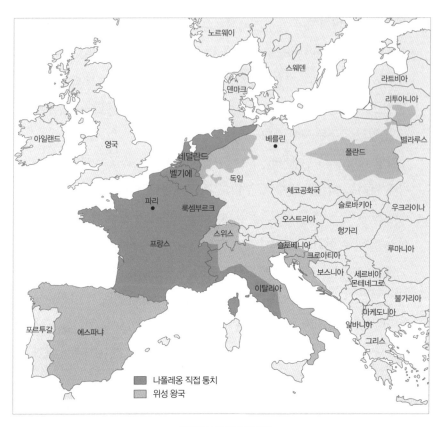

지도 17 나폴레옹 제국

를 구한다는 명분을 내세웠지만 사실상 프랑스혁명을 진압하기 위한 것이었다. 프랑스혁명군이라고 해봐야 오합지졸 군대이니 곧바로 끝장 낼 수 있을 것이라 기대했지만, 초반에 밀리는가 싶던 새 프랑스혁명군 은 애초 방어적일 수밖에 없었던 성격의 전쟁에서 승기를 잡아나갔다. 조직 면에서 극복해야 할 심각한 문제가 많았던 게 사실이지만 프랑스 는 다른 나라에 비해 혁신적으로 크게 앞서 나간 부분이 있었으니 바로 '대규모 징병제도'였다. 1793년 8월 대규모 징병제가 도입되어 프랑스군은 군사적 우위를 점하기 시작했고 유명한 나폴레옹의 군사기술이 전장에 활용되기 훨씬 이전에 이미 유럽 최고 수준의 군대로 우뚝 선 터였다.

초반의 승리에 고무된 공화국 지도부는 프랑스의 국경을 확대하려 들었다. 프랑스의 새 공화국과 적대적인 프로이센 및 오스트리아 왕실 사이에 효과적인 완충지대를 구축하려는 의도였다. 프랑스군은 곧 오스트리아령 네덜란드와 연합주Austrian Netherlands and the United Provinces를 장악했는데 오늘날 벨기에와 네덜란드에 해당하는 지역이었다. 오늘날 스위스에 해당하는 지역도 상당 부분 수중에 넣었다. 1790년대 내내 프랑스는 이들 점령 지역 세 곳을 확실히 장악하게 된다.

맨 먼저 치열한 쟁탈전이 벌어진 곳은 독일이었다. 하지만 1795년에 들어서자 프랑스는 이미 라인 강 서안에 펼쳐져 있는 독일 서부 지역인 라인란트를 틀어쥐고 있었다. 프로이센도 바젤조약Treaty of Basel을 통해 이 사실을 울며 겨자 먹기로 인정할 수밖에 없었다. 1795년에서 1802년까지 프랑스는 라인란트를 점령하고 있었지만, 독일의 다른 지역은 손에 넣지 못했다. 1802년 프랑스는 라인란트를 공식 합병했다.

1790년대 후반, 주요 격전지는 이탈리아로 옮겨갔고 상대는 오스트리아였다. 1792년에는 사부아Savoy가 프랑스에 합병되었고 1796년 4월 나폴레옹이 침공할 때까지 교착상태가 지속되었다. 1797년 초, 처음으로 대규모 유럽 대륙 원정에 나선 나폴레옹은 오스트리아가 장악한 베네치아를 제외하고 이탈리아 북부 지역을 거의 모조리 정복했다. 1797년 10월 오스트리아와 맺은 캄포포르미오 강화조약Treaty of Campo Formio에 따라 제1차 대프랑스 동맹전쟁이 막을 내렸고, 북부 이탈리아에서 프랑스가 장악한 여러 공화국이 인정받게 된다.

하지만 강화조약을 체결한 후에도 프랑스는 이탈리아에서 영토를 야금야금 넓혀나갔고, 1798년 3월에는 마침내 교황령Papal States을 침공해 로마공화국을 세웠다. 1799년 1월에는 나폴리를 정복해 파르테노페아공화국Parthenopean Republic을 수립했다. 오스트리아가 쥐고 있던 베네치아를 제외하면 이제 이탈리아반도는 온전히 프랑스 차지였다. 사부아처럼 직접 장악한 곳도 있고 시살피노공화국Cisalpine Republic, 리구리아공화국Ligurian Republic, 로마공화국, 파르테노페아공화국 등 위성국가를 통해 영향력을 행사한 곳도 있었다.

1798년에서 1801년에 이르는 제2차 대프랑스 동맹전쟁이 치러지면서 줄다리기가 계속되었지만, 이번에도 프랑스의 입지는 거의 흔들림이 없었다. 프랑스혁명군은 곧장 자신들이 정복한 지역에 급진적인 개혁을 도입했다. 농노제 및 봉건 토지 관계의 잔재를 혁파하고 법 앞에 만인의 평등사상을 시행한 것이다. 사제계층은 특별한 지위와 권력을 박탈당했고 도시 지역의 길드 역시 혁파되거나 위세가 크게 꺾였다. 오스트리아령 네덜란드에서는 1795년 프랑스가 침공하자마자 개혁의 회오리가 몰아닥쳤다. 프랑스가 자국과 매우 흡사한 정치제도를 도입해 바타비아공화국Batavian Republic을 세웠던 연합주도 사정은 마찬가지였다. 스위스 상황도 크게 다르지 않아 길드와 봉건영주 및 교회는 무릎을 꿇었고, 봉건적 특혜는 모조리 혁파되었으며 길드 역시 철폐되거나 몰수당했다.

형태는 달랐을지 모르지만, 나폴레옹 역시 프랑스혁명군이 시작한 개혁 사업에 박차를 가했다. 나폴레옹은 무엇보다 자신이 정복한 영토를 확실히 장악하려 들었다. 그러려면 에스파냐와 폴란드를 잠시 수중에 넣었을 때처럼 현지 엘리트층과 손을 잡거나, 자신의 가족 또는 측근에게 권력을 쥐여주어야 했다. 하지만 그는 진심으로 혁명적 개혁을 꾸준히 추진해나가려 했다. 가장 두드러진 업적은 로마법을 정비하고 법 앞에 만인의 평등사상을 법제화해 이른바 나폴레옹법전Code Napoleon을 공포했다는 사실이다. 나폴레옹은 이 법전이 자신의 가장 위대한 유산이라 여겼고 자신이 장악한 모든 영토에서 시행되길 바랐다.

물론 프랑스혁명군과 나폴레옹이 강행한 개혁을 되돌리지 못하란 법은 없었다. 독일의 하노버Hanover 등 일부 지역에서는 나폴레옹 몰락 직후 수구 엘리트층이 다시 권력을 잡아 프랑스 개혁 성과를 대부분 원점으로 돌려놓았다. 하지만 봉건제도와 길드, 귀족이 완전히 무너지거나 약화된 지역이 더 많았다. 가령 프랑스가 물러간 뒤에도 나폴레옹법전이 효력을 발휘한 지역이 수두룩하다.

종합해보면 프랑스군이 유럽 대륙에 큰 고통을 안겨주기는 했지만, 이들이 유럽의 형세를 획기적으로 뒤바뀌어놓은 것도 엄연한 사실이다. 유럽 대부분 지역에서 봉건질서가 자취를 감추었고 길드가 무너졌으며 군주와 제후의 절대권력 역시 송두리째 흔들렸고 경제, 사회, 정치 등 모든 면에서 권력을 틀어쥐고 있던 교회마저 맥을 못 추게 되었다. 태생적 지위에 따라 인민을 불평등하게 대우했던 앙시앵레짐의 기반이 무너진 것이다. 이런 변화 덕분에 해당 지역에서 훗날 산업화가 뿌리내릴 수 있게 해준 포용적 경제제도가 수립되었다. 19세기 중엽에 이르자, 프랑스가 장악했던 지역은 거의 예외 없이 산업화가 한창이었지만 오스트리아-헝가리와 러시아 등 프랑스의 손길이 닿지 않은 지역이나, 폴란드와 에스파냐 등 프랑스의 점령 기간이 일시적이거나 제한적이었던 지역은 여전히 제자리걸음 신세를 면치 못하고 있었다.

서로 다른 길을 간 일본과 중국

1867년 가을, 사쓰마薩摩藩번(일본 규슈 가고시마현 북서부에 있는 번. 17세기에서 19세기 중반에 걸친 에도막부 시대에는 막부가 중앙정부 역할을 하며 제후가 통치하는 영지인 번藩에 일정 부분 자치를 허용했다. 번의 봉건영주 다이묘는 번주藩主라고 부른다 - 옮긴이)의 막료였던 오쿠보 도시미치大久保 利通는 오늘날 도쿄에 해당하는 수도 에도를 떠나 오늘날 야마구치현으로 향했다. 10월 14일에는 조슈번長州의 번주를 만났다. 그의 제안은 간단했다. 서로 힘을 합쳐 군사를 이끌고 에도로 쳐들어가 에도막부의 수장인 쇼군將軍을 무너뜨리자는 것이었다. 이미 도사번土佐藩과 히젠번肥前藩의 번주가 오쿠보 도시미치 진영에 가담한 뒤였다. 막강한 조슈의 번주까지 합세해 마침내 삿조 비밀동맹이 맺어진 것이다.

1868년 일본은 경제적으로 낙후된 나라였다. 1600년 이래 일본을 장악한 것은 도쿠가와德川 가문으로, 그 시조인 도쿠가와 이에야스德川家康가 1603년 천황으로부터 쇼군으로 임명된 바 있었다(도쿠가와 이에야스가 수립한 막부는 그의 이름을 따 도쿠가와막부라고도 하지만 흔히 에도막부라고 부른다 - 옮긴이). 이후 일본천황은 이름뿐인 군주로 뒷전으로 밀려나고 만다. 지방은 자신들의 영역을 관장하고 나름대로 세금도 거두는 봉건영주가 다스렸고, 사쓰마번을 통치한 것은 시마즈島津 가문이었다. 번주는 사무라이 무사와 함께 중세 유럽과 흡사한 방식으로 사회를 다스렸다. 직업의 귀천이 엄격했고 교역도 통제를 당했으며, 농민은 무거운 세금에 시달려야 했다. 쇼군은 수도 에도에서 권력을 틀어쥐고 해외 통상을 독점했고, 외국인은 발도 못 붙이게 했다. 정치·경제 제도 모두 착취적 성향이 강했던 일본은 가난할 수밖에 없었다.

하지만 쇼군이 전국을 장악한 것은 아니었다. 도쿠가와 가문이 1600년에 정권을 쥐었다고는 하지만 구석구석까지 힘이 미치지는 못했다. 일본 남부에서는 사쓰마번이 상당한 자치를 누렸고 심지어 류큐제도琉球諸島를 통해 외국과 독립적인 통상도 허용되었다. 오쿠보 도시미치는 1830년 사쓰마번의 중심지인 가고시마에서 태어났다. 사무라이의 아들이었던 터라 오쿠보 역시 사무라이가 되었다. 그의 자질은 일찌감치 사쓰마 번주 시마즈 나리아키라島津斉彬의 눈에 띄었고 머지않아 관료로 등용되었다. 이 무렵 시마즈 나리아키라는 이미 사쓰마번의 병력을 이끌고 쇼군을 무너뜨릴 계획을 세워놓고 있었다. 아시아 및 유럽과 통상을 확대하고 구시대적 봉건 경제제도를 철폐해 일본에 근대 국가를 수립하고 싶었던 것이다. 1858년 나리아키라의 갑작스러운 죽음으로 이 계획은 싹을 피우기도 전에 무산되고 만다. 그의 뒤를 이은 시마즈 히사미츠島津久光는 좀 더 신중했다(적어도 처음에는 그랬다).

이즈음 일본에서 봉건 막부체제를 혁파해야 한다는 오쿠보 도시미치의 신념은 한층 더 강해지고 있었고, 마침내 시마즈 히사미츠를 설득하게 된다. 세를 규합하기 위해 이들은 존왕양이尊王攘夷(천황의 전통적 권위를 복원하고 외세를 배격하자는 이론 – 옮긴이)라는 명분을 내세웠다. 오쿠보 도시미치가 이미 도사번과 체결한 조약에는 이렇게 명시되어 있었다. "한 나라에 두 군주가 존재할 수 없다. 한 집안이 두 주인을 섬기지 않는다. 정부는 단 한 명의 통치자를 중심으로 움직인다."

하지만 본심은 단지 천황 복고에 있지 않았다. 정치·경제 제도를 완전히 뜯어고치자는 것이었다. 도사번에서는 사카모토 료마坂本龍馬와 같은 걸출한 인물도 가담했다. 사쓰마와 조슈번이 군대를 일으키는 동안 사카모토 료마는 쇼군에게 내전을 피하고자 물러나달라고 촉구하는 여덟 개 항의 건의서(료마가 도쿄로 향하는 배 위에서 구상했다 해서 선중팔책船中八策으로 널리 알려져 있다 - 옮긴이)를 제시했다. 건의서는 대단히 급진적인 내용을 담고 있었는데 제1항에 "국가의 통치권은 황실에 봉환하여야 하며(이른바 대정봉환大政奉還이라 한다 - 옮긴이), 모든 칙령은 황실에서 반포한다"고 명시되어 있었지만, 왕정복고만을 노린 것이 아니었다. 제2항에서 5항까지를 살펴보면 다음과 같다.

2. 상하 양원제의 두 입법기관을 수립하고, 정부의 모든 조치는 공론에 따라 결정되어야 한다.

3. 사민평등 원칙에 입각해 영주와 귀족, 평민을 가리지 않고 유능한 인재를 등용해 관작官爵을 내리고 유명무실한 현 관작은 철폐한다.

4. 외국과의 교섭은 공론에 입각하여 마련된 적절한 규제에 따라 처리되어야 한다.

5. 기존의 법령과 규정을 철폐하고 새 시대에 걸맞은 적합한 헌법을 제정한다.

쇼군 도쿠가와 요시노부德川慶喜는 1868년 1월 3일, 통치권 봉환에 합의했고, 마침내 메이지유신이 선포되었다. 처음에는 코메이孝明 천황에게 통치권이 반환되었으나 한 달 만에 그가 죽자 메이지 천황이 권력을 환수하게 되었다. 사쓰마와 조슈번 연합군이 에도에 이어 천황이 천도한 교토까지 장악하고 있었으나 여전히 도쿠가와 세력이 권력을 찬탈해 막부체제를 되살리려 할지 모른다고 염려했다. 오쿠보 도시미치는 도쿠가와 가문을 영원히 뿌리 뽑기 바랐다. 오쿠보는 이내 도쿠가와번을 철폐하고 그들의 영지를 몰수하라고 천황을 설득한다. 전 쇼군 도쿠가와 요시노부가 1월 27일 사쓰마와 조슈 연합군을 공격해 내전이 발발했다. 여름까지 전쟁이 계속되었지만 결국 도쿠가와 세력의 패배로 막을 내렸다.

메이지유신 이후 일본에서는 과도기적 제도 개혁 과정이 이어졌다. 1869년에는 봉건제도가 철폐되었고, 300개에 달하는 영지가 정부로 환수되는 판적봉환版籍奉還 조치가 시행되었으며, 이어 폐번치현廢藩置縣 개혁으로 막부시대의 번은 중앙정부가 지방관리를 파견해 통제하는 부府와 현縣으로 재편되었다. 세제도 중앙정부로 일원화되었고 구시대의 봉건정부는 근대식 관료정부로 대체되었다. 1869년에는 법 앞에 모든 사회계층의 평등 이념이 도입되었고, 국내 이주 및 직업에 대한 제한이 전면 철폐되었다. 일부 반란을 진압해야 하는 상황이 벌어지기는 했지만, 사무라이 계급도 혁파되었다. 토지에 대한 사유재산권이 도입되었고 인민은 이제 어느 직업이든 선택할 수 있는 자유가 주어졌다. 중앙정부는 사회간접자본 구축에도 주력했다. 철도에 대해 유럽 절대주의 정권이 보였던 태도와는 대조적으로 일본 정부는 1869년 도쿄와 오사카를 오가는 증기선 항로를 개척했고 도쿄와 요코하마를 잇는 첫 번째 철도를 건설했다.

제조업도 육성하기 시작했다. 재무장관에 임명된 오쿠보 도시미치가 산업화 노력을 관장했다. 산업화를 이끈 주역은 사쓰마 번주로 도자기 공장, 화포공장, 면사공장 등을 세우는가 하면 영국에서 직물 기계류를 수입해 1861년에는 일본에 최초의 근대식 면직공장을 건설했다. 근대식 조선소도 두 곳이나 세웠다. 1890년에 이르자 일본은 성문헌법을 채택한 아시아 최초의 국가로 자리매김했고 선출 의회를 갖춘 입헌군주제를 창설했으며 독립적인 사법부도 들어서 있었다. 이런 변화는 일본이 아시아에서 산업혁명의 수혜를 가장 많이 입게 된 결정적인 요인들이라 할 수 있다.

　19세기 중반만 해도 중국과 일본은 절대주의 정권 아래 허덕이는 가난한 나라였다. 중국의 절대주의 정권은 수 세기 동안 변화를 두려워했다. 중국과 일본은 유사점이 많았다. 이전 중국 황제들이 그랬던 것처럼 도쿠가와막부 역시 17세기에 해외무역을 금지했고 정치·경제적인 변화를 달가워하지 않았다. 하지만 양국 간에는 주목할 만한 정치적 차이도 존재한다. 중국은 절대권력을 틀어쥔 황제가 다스리는 중앙집권적 관료제국이었다. 물론 중국 황제 역시 권력에 도전을 받았던 게 사실이고, 그중 가장 신경 쓰이는 위협이 반란이었다. 1850년에서 1864년까지 중국 남부 전체가 태평천국의 난으로 만신창이가 되었고, 그 와중에 수백만 명이 전쟁에 휘말리거나 굶어 죽었다. 하지만 중국 황제에 대한 견제가 제도화되지는 않았다.

　일본 정치제도의 구조는 이와 달랐다. 막부가 천황을 밀어낸 것은 사실이지만, 앞서 살펴보았듯이 도쿠가와 가문의 권력이 절대적이지도 않았고 사쓰마 등의 번은 독립을 유지했으며 심지어 나름대로 해외무역을 할 수도 있었다.

　프랑스와 마찬가지로 영국 산업혁명이 가져다준 중요한 결과 중 하나는 중국과 일본의 군사적 취약성을 드러냈다는 점이다. 중국은 이미 1839년에서 1842년까지 계속된 제1차 아편전쟁 당시 영국의 해군력에 무릎을 꿇었고, 일본 역시 1853년 매슈 페리 제독이 이끄는 미국 전함이 도쿄만에 등장하자 중국과 다름없는 위협을 느꼈다. 시마즈 나리아키라가 쇼군을 무너뜨리고 메이지유신으로 이어지는 개혁을 추진하려는 계획을 세운 것도 경제적 낙후성이 군사적 낙후성을 초래한다는 현실 인식 때문이었다. 사쓰마번의 지도자들은 경제성장(더 나아가 일본의 생존)이 제도적 개혁을 통해서만 가능하다는 사실을 깨달았으나 기존 제도에 권력을 의존하는 쇼군은 개혁을 반대하고 나섰다. 개혁을 추진하려면 쇼군을 무너뜨려야 했고, 실제로 결국 막부체제는 막을 내리게 된다. 중국에서도 상황이 비슷했지만 애초에 정치제도가 달랐기 때문에 황실을 전복하기가 한층 어려웠고, 1911년에 이르러서야 가능한 일이었다. 중국은 제도 개혁 대신 근대 무기를 수입해 영국의 군사력에 맞서려 했다. 반면 일본은 독자적인 군수산업을 구축했다.

이처럼 초반의 제도적 차이 때문에 양국은 19세기에 직면한 도전에 서로 다르게 대응했다. 산업혁명이 가져다준 결정적 분기점을 맞아 일본과 중국은 서로 크게 엇갈린 길을 가게 된 것이다. 제도를 개혁한 일본의 경제는 고속 성장의 길로 들어섰지만, 중국은 제도적 변화를 꾀하는 세력이 그만큼 강하지 못해 착취적 제도가 대체로 고스란히 존속하다 1949년 마오쩌둥의 공산혁명을 계기로 개악改惡의 길을 걷게 된다.

세계 불평등의 뿌리

앞서 세 장과 이번 장을 통해 잉글랜드에서 산업혁명이 일어나게 해준 포용적 정치·경제 제도의 태동 경위를 살펴보았다. 또 산업혁명의 수혜를 입어 성장의 길로 들어선 나라가 있는가 하면 산업혁명을 받아들이기는커녕 산업화 기미만 보여도 기를 쓰고 억누르려 했던 나라도 있었다는 사실을 훑어보았다. 한 나라가 산업화의 길로 들어설지는 결국 대체로 기존 제도에 달려 있었다. 잉글랜드 명예혁명과 비슷한 이행 과정을 경험한 미국은 18세기 들어 이미 독자적인 포용적 정치·경제 제도를 마련해놓고 있었다. 영국에서 유입되는 신기술의 수혜를 가장 먼저 입은 나라도 바로 미국이었고, 머지않아 영국을 앞질러 산업화와 기술 변화의 선구자로 발돋움한 바 있다.

시기적으로 늦고 덜 주목받긴 했지만 호주 역시 포용적 제도를 향해 비슷한 길을 걸었다. 잉글랜드와 미국에서처럼 호주의 시민도 포용적 제도를 쟁취하기 위해 싸워야 했다. 포용적 제도가 뿌리내리자 호주는 나름대로 경제성장 과정에 접어들었다. 호주와 미국이 산업화를 통해 고속 성장을 구가할 수 있었던 것은 비교적 포용적인 제도 덕분에 신기술과 혁신, 창조적 파괴가 억압받지 않았기 때문이었다.

다른 유럽 식민지의 사정은 그렇지 못했다. 이들은 호주나 미국과 정반대의 길을 걸었다. 호주와 미국의 시민도 정치적 권리와 포용적 제도 정착을 위해 투쟁을 벌여야 했지만 착취할 만한 원주민 인구와 자원이 워낙 적어 식민정책 자체가 사뭇 달랐다. 몰루카군도에서는 아시아 및 카리브 해, 남아메리카의 다른 여러 유럽 식민지와 마찬가지로 인민이 그런 싸움에서 이길 가능성이 희박했다. 이런 지역에서는 유럽 식민 지배자가 새로운 유형의 착취적 제도를 강요하거나 이미 존재하는 착취적 제도를 넘겨받아 향신료에서 설탕, 금은 귀금속에 이르기까지 값진 자원을 수탈하는 데 사용했다. 이들이 확립한 제도적 변화 때문에 포용적 제도가 태동할 토양이 메말라버린 지역이 수두룩하다. 이제 막 싹트기 시작한 산업이나 포용적 경제제도를 송두리째 뽑아버린 지역도 적지 않다. 그러다 보니 이런 대부분 지역은 19세기는 물론 20세기 들어서도 산업화의 수혜를 입을 형편이 아니었던 것이다.

유럽 나머지 지역의 사정도 호주나 미국과 크게 달랐다. 영국이 산업혁명에 한창 박차를 가하고 있던 18세기 말엽에도 절대주의 정권이 유럽 대부분 나라를 틀어쥐고 있었고, 정권을 장악한 군주와 귀족의 주 수입원은 보유한 땅이나 높은 진입 장벽 덕분에 누리고 있던 상업적 특혜였다. 산업화 과정에서 촉발되는 창조적 파괴는 이들 엘리트층의 이익을 갉아먹고 이들이 보유한 토지에서 자원과 노동력을 빼앗아가게 된다. 산업화가 진행될수록 귀족의 경제적 손실은 그만큼 커질 수밖에 없다. 더 중요한 것은 정치적 손실도 클 것이라는 사실이었다. 산업화 과정을 통해 불안정이 초래되고 정치권력을 독점하고 있는 이들의 입지가 크게 흔들릴 수 있기 때문이다.

하지만 영국의 제도적 변화와 산업혁명은 유럽 여러 나라에 새로운 기회와 도전을 안겨주었다. 서유럽에도 절대주의 체제가 있었지만, 오랫동안 영국에 영향을 주었던 제도적 부동 과정을 함께 경험했다. 하지만 동유럽, 오스만제국, 중국의 사정은 전혀 딴판이었다. 이런 차이는 산업화 확산에 큰 영향을 주었다. 흑사병과 대서양 무역의 확대와 마찬가지로 산업화가 가져다준 결정적 분기점은 유럽 여러 나라에서 상존하던 제도적 갈등을 한층 더 고조시켰다.

가장 큰 요인 중 하나는 1789년 프랑스혁명이었다. 프랑스에서는 절대왕정이 무너지자 포용적 제도를 향한 새로운 길이 열렸고, 그 덕분에 궁극적으로 산업화에 착수해 고속 경제성장을 누릴 수 있었다. 아닌 게 아니라 프랑스혁명의 영향은 이보다 훨씬 컸다. 여러 주변국을 침략해 강제로 착취적 제도를 개혁하면서 프랑스의 제도를 수출했던 것이다. 따라서 프랑스혁명은 프랑스에서뿐 아니라 벨기에, 네덜란드, 스위스, 독일과 이탈리아 일부 지역에서도 산업화에 불을 지폈다. 동쪽으로 눈을 돌리면 흑사병 이후나 별반 다를 게 없는 반응을 보였다. 이번에도 봉건질서가 무너지기는커녕 한층 더 강화된 것이다. 오스트리아–헝가리, 러시아, 오스만제국은 경제적으로 한참 더 낙후되었지만 제1차 세계대전이 발발하기 전까지도 절대왕정이 존속했다.

세계적으로 동유럽만큼이나 절대주의 체제가 끈질긴 생명력을 보인 지역이 적지 않다. 가장 두드러진 예가 바로 중국이다. 명·청왕조를 거치며 중국은 안정된 농경사회를 추구하고 국제무역에 적대적인 국가로 변모했다. 하지만 제도적 차이가 향후 국가 발전에 영향을 준 것은 아시아 역시 마찬가지였다. 중국은 산업혁명에 대해 동유럽과 다를 바 없는 반응을 보인 반면, 일본의 태도는 서유럽을 닮았다. 프랑스에서처럼 혁명을 통해 체제를 바꾸었는데, 사쓰마, 조슈, 도사, 히젠 번의 반체제 영주들이 그 주역이었다는 점만 달랐다. 이들 영주는 쇼군을 몰아내고, 메이지유신을 이끌어 일본을 제도 개혁과 경제성장의 길로 들어서게 했다.

비교적 고립된 에티오피아에서도 절대주의 체제는 강한 내성을 보였다. 서아프리카와 중앙아프리카에서는 17세기 잉글랜드 제도를 개혁하는 데 영향을 주었던 요인들이 노예무역을 통해 오히려 고도로 착취적인 제도를 뿌리내리게 했다. 이 때문에 사회가 와해되거나 착취적인 노예무역 정권이 들어선 곳이 많았다.

19세기 이후 전개된 주요 기회를 활용할 수 있느냐는 궁극적으로 앞서 설명한 제도적 환경에 따라 갈렸다. 오늘날 우리가 목격하는 세계 불평등의 뿌리는 바로 이런 제도적 확산擴散에서 비롯된다. 일부 예외가 있긴 하지만 19세기에 시작된 산업화 및 기술 변화의 조류에 몸을 실었던 나라가 오늘날에도 잘사는 반면, 그렇지 못했던 나라는 여전히 가난을 면치 못하고 있다는 것이다.

선순환 구조가 만들어지는 이유 중 하나는 포용적 정치제도가
포용적 경제제도를 뒷받침해주는 경향이 있기 때문이다.
포용적 정치제도 덕분에 포용적 경제제도가 마련되면
소득이 더 공평하게 분배되고 힘을 얻는 사회계층이 한층 더 넓어지며
정치 면에서도 더 공평한 경쟁의 장이 펼쳐지게 된다.

블랙법

런던 바로 서쪽에 있는 윈저 성^{Windsor Castle}은 잉글랜드에서 가장 큰 왕족 거주지 중 하나다. 18세기 초만 해도 이 성은 지금은 거의 사라진 큰 숲에 둘러싸여 있었는데 사슴이 득실거렸다고 한다. 1722년 이 숲 관리인 중 한 명이었던 침례교도 넌^{Nunn}은 사투를 벌여야 했다. 다음은 6월 27일 그가 남긴 기록이다.

밤에 블랙들^{Blacks}이 쳐들어와 내게 세 발을 쏘았다. 두 발은 내 방 창문으로 날아들었다. 30일에 크로손^{Crowthorne}에서 금화 5기니를 주기로 약조했다.

다른 날짜 일기에서는 또 이런 내용이 이어진다. "또 한 차례 기습. 한 녀석이 변장을 하고 나타나 죽이겠다고 협박했다."

넌에게 총을 쏘고 협박을 하며 돈을 요구한 이 정체불명의 '블랙Black' 이란 자들은 대체 누구였을까? 블랙은 밤에 잘 보이지 않도록 얼굴을 '검게' 칠하고 다니는 그 지역 왈패였다. 이들은 당시 잉글랜드 남부 전역에 걸쳐 출몰했는데, 사슴을 비롯한 동물을 해치는가 하면 건초더미와 헛간에 불을 지르고 울타리와 연못을 망가뜨렸다. 언뜻 완전한 무법천지 이야기 같지만, 실상은 달랐다. 왕이나 귀족의 소유지에서 사슴을 밀렵하는 행위는 오래전부터 이어져왔다. 1640년대 잉글랜드내전 중에는 윈저 성 사슴의 씨가 마른 적도 있다. 1660년 왕정복고로 찰스 2세가 왕위에 오른 뒤에는 다시 숲에 사슴을 채워 넣었다. 하지만 블랙의 사슴밀렵은 단지 잡아먹기 위한 게 아니었다. 단순히 재미 삼아 파괴 행위를 일삼기도 했다. 대체 무슨 목적이었을까?

1688년 명예혁명의 가장 중요한 특징은 각기 다른 이해관계를 대변하는 의회의 다원주의적 성격이었다. 오렌지 공 윌리엄에 이어 나중에는 1714년 앤 여왕의 뒤를 이은 하노버왕조와 손을 잡은 상공인, 젠트리, 귀족 중 누구도 자기 의지를 일방적으로 밀어붙일 만큼 강력한 힘을 키우지 못했다.

스튜어트왕조를 복고하려는 시도는 18세기 내내 지속되었다. 1701년 제임스 2세가 사망하자, '늙은 왕위 요구자Old Pretender'로 불리는 그의 아들 제임스 프랜시스 에드워드 스튜어트James Francis Edward Stuart는 프랑스, 에스파냐, 교황뿐 아니라 잉글랜드 및 스코틀랜드의 스튜어트왕조를 추종하는 이른바 재커바이트Jacobites(제임스 2세와 그 후손을 정통 잉글랜드 군주로 지지한 세력으로, 제임스의 라틴 이름인 야코부스Jacobus에서 그 명칭이 유래했다 - 옮긴이)에 의해 합법적인 잉글랜드 왕위 계승자로 인정받았다. 그는 1708년 프랑스군을 등에 업고 왕위를 되찾으려 했지만, 무위에 그쳤다. 이후 수십 년 동안 여러 차례 재커바이트 반란이 일어났다. 1715년과 1719년에 일어난 반란은 그 규모가 특히 컸다. 1745~1746년 에는 그의 아들인 '젊은 왕위 요구자Young Pretender' 찰스 에드워드 스튜어 트Charles Edward Stuart가 군대를 이끌고 왕위 탈환을 시도했지만, 잉글랜드 군에 무릎을 꿇고 말았다.

앞서 살펴보았듯이 1670년대 신흥 상인 계층과 경제적 이해를 대변 하기 위해 창설된 휘그당이 명예혁명의 구심점이었으며, 1714년부터 1760년까지 의회를 지배한 것도 휘그당원이었다. 이들은 권력을 잡고 나자 새로 얻은 지위를 이용해 자기 배를 채우는 것은 물론 남의 권리까 지 침탈하고 싶은 유혹에 빠졌다. 스튜어트왕조와 다를 게 없었지만 분 명 절대권력과는 거리가 멀었다. 이들의 권력은 그만큼 견제를 받았기 때문이다. 의회 내 경쟁 세력, 특히 휘그에 반기를 들고 세워진 토리당, 그리고 의회를 강화하고 새로운 절대주의 체제 등장과 스튜어트왕조의 복귀를 막기 위해 투쟁하며 제 손으로 도입한 제도가 발목을 잡은 것이 다. 명예혁명을 통해 다원주의적 성격의 사회가 등장했다는 것은 또한, 자신들의 의견을 대변해줄 의원조차 선출하지 못한 이들을 비롯해 거 의 온 국민이 힘을 얻었다는 뜻이었다. '블랙 행위blacking'는 바로 휘그당 이 지위를 남용하고 있다는 인식에 따른 평민의 반발이었던 것이다.

1701~1714년 에스파냐 왕위 계승 전쟁War of the Spanish Succession에서 승 리하고 재커바이트 반란까지 성공리에 진압한 윌리엄 캐도건William Cadogan 장군의 사례는 휘그가 어떤 식으로 평민의 권리를 침해해 블랙 행위를 부추겼는지 똑똑히 보여준다. 조지 1세는 1716년 캐도건에게 남작의 지위를 부여한 데 이어 1718년에는 백작으로 임명했다. 캐도건 은 주요 국사를 논하는 법관귀족 섭정회의Regency Council of Lords Justices에서

도 입김이 셌고 최고 사령관 대행을 맡기도 했다. 그는 윈저에서 서쪽으로 30킬로미터쯤 떨어진 캐버섬Caversham에 약 1,000에이커에 달하는 대규모 토지를 사들인 뒤 이곳에 대저택과 화려한 정원을 꾸미고 240에이커 크기의 사슴 사냥터를 조성했다. 하지만 이는 인근 주민의 권리를 침해해가며 마련한 부동산이었다. 주민은 터전을 잃었고, 가축에 풀을 뜯게 하고 토탄土炭과 땔감을 모으는 전통적인 권리마저 빼앗겼다. 캐도건을 향한 블랙의 분노가 활활 타오른 것도 무리는 아니었다. 1722년 1월 1일에 이어 그해 7월에도, 무기를 들고 말을 탄 블랙들이 사슴 사냥터를 습격했다. 1차 공격에서 사슴 16마리가 죽었다. 캐도건 백작만 피해를 본 게 아니었다. 블랙에게 사유지를 공격당한 내로라하는 지주와 정치인이 적지 않았다.

휘그 정부도 앉아서 당하고 있지만 않았다. 1723년 5월, 의회는 블랙법Black Act을 통과시켜 교수형에 처할 수 있는 이례적인 50개 죄목을 신설했다. 블랙법에 따르면 무기를 소지하고 다니는 것은 물론, 얼굴을 검게 칠하는 것도 범죄에 해당했다. 이 법은 얼마 지나지 않아 아예 블랙 행위 자체를 교수형에 처할 만한 범죄로 규정하기도 했다. 휘그 엘리트 층은 닥치는 대로 법 집행에 나섰다. 년은 블랙의 정체를 알아내려고 윈저 숲에 끄나풀을 풀었다. 얼마 뒤 여러 명이 체포되었고, 체포에서 교수형까지는 당연히 일사천리로 진행되었을 것이다. 그도 그럴 것이 블랙법이 이미 시행되고 있었고 휘그당이 의회를 장악했으며, 그런 의회가 나라를 틀어쥐고 있었을 뿐 아니라 블랙 행위를 일부 휘그 실력자의 이해에 정면으로 배치되는 것으로 여겼기 때문이다.

당시 총리이자 캐도건과 마찬가지로 유력한 법관귀족 섭정위원이었던 로버트 월폴 경Sir Robert Walpole 역시 이에 관여했다. 그는 런던 남서부리치먼드 공원에 기득권을 갖고 있었는데, 찰스 1세가 공유지를 빼앗아 조성한 곳이었다. 이 공원 역시 지역 주민이 가축에 풀을 뜯게 하고, 토끼를 사냥하고, 땔감을 모을 전통적인 권리를 침탈한 것이었다. 하지만 이 권리행사를 막는 조치가 엄격하지는 않았던 모양이어서 주민의 방목과 사냥이 계속되었다. 그러다 월폴이 자기 아들을 시켜 사냥터를 관리하게 하면서 사정이 달라졌다. 사냥터에 접근을 금지했고, 새롭게 장벽을 세웠으며, 덫까지 설치했다. 사슴 사냥을 좋아했던 월폴은 사냥터 안의 호턴Houghton에 별장까지 지었다. 현지 블랙들의 적개심에 불을 지핀 것이다.

블랙법의 폐지와 법치주의의 탄생

1724년 11월 10일, 사냥터 외부에 살던 존 헌트리지라는 주민이 사슴 절도를 방조하고 블랙들을 사주했다는 죄목으로 재판을 받았다. 두 가지 범죄 모두 교수형 감이었다. 헌트리지를 법정에 세운 것은 다름 아닌 월폴과 캐도건이 장악하고 있던 법관귀족 섭정위원회였다. 월폴은 리처드 블랙번Richard Blackburn이라는 정보원으로부터 헌트리지가 유죄라는 증거를 직접 자백받기도 했다. 유죄판결은 떼어놓은 당상인 듯 보였지만 뜻밖의 결과로 이어졌다. 여덟 시간에서 아홉 시간에 걸친 재판 끝에 배심원단은 무죄 평결을 내렸다. 증거 수집 방식에 부정이 있었다는 절차상의 문제도 한 가지 이유였다.

블랙과 블랙에 동조한 이들 모두 헌트리지만큼 운이 좋은 것은 아니었다. 석방되거나 감형받은 사례도 일부 있었지만, 교수형에 처해지거나 당시 유형 식민지였던 북아메리카로 이송된 사람도 수두룩했다. 블랙법은 꾸준히 위세를 떨치다 1824년이 돼서야 마침내 폐지되었다. 하지만 헌트리지의 승리는 특기할 만하다. 배심원은 헌트리지와 같은 평민이 아니라 월폴에 동조했을 법한 유력 지주 및 젠트리 계급이었기 때문이다. 하지만 때는 더 이상 성실법원星室法院, Court of Star Chamber(보통법을 보완하기 위해 법관과 추밀원의 고문으로 구성된 형평법 법원으로, 성실청星室廳, 성실재판소라고도 부른다 - 옮긴이)이 스튜어트왕조의 구미에 맞게 노골적으로 반대 세력을 억압하고, 판결이 마음에 안 든다며 왕이 재판관을 쫓아내기 일쑤던 17세기가 아니었다. 이제는 휘그당 역시, 법이 선택적으로나 자의적으로 적용되어선 안 되며 그 누구도 법 위에 군림할 수 없다는 법치주의를 따라야 했다.

블랙법을 둘러싼 이 같은 사건들은 명예혁명이 법치주의를 탄생시켰고, 잉글랜드는 물론 훗날 영국에 이르기까지 이에 대한 의식이 어디보다 더 강했으며, 그에 따라 엘리트층은 자신들이 상상했던 것보다 훨씬 더 큰 제약을 받았음을 보여준다. 법치rule of law는 법에 의한 통치rule by law와 다르다. 휘그당이 평민으로부터 비롯되는 장애물을 제거하기 위해 가혹하고 억압적인 법을 통과시킬 수 있다 해도 바로 그 법치주의 때문에 더 많은 제약과 싸워야 했다. 명예혁명 및 혁명이 가져다준 정치제도의 변화는 신성한 왕권과 엘리트층의 특권을 무너뜨렸다. 그 덕분에 누릴 수 있었던 만인의 권리를 엘리트층의 법이 침해한 것이다. 따라서 엘리트층, 비엘리트층 할 것 없이 모두 법치주의의 시행을 달가워할 리 없다는 의미다.

법치주의는 역사적 관점에서 생각해보면 매우 이상한 개념이다. 법이 왜 만인에게 평등하게 적용되어야 하는가? 왕과 귀족만 정치권력을 갖고 나머지는 그렇지 못하다면 왕과 귀족에 허용되는 것이 피지배층에게는 당연히 금지되고 처벌받아 마땅한 일이어야 한다. 아닌 게 아니라, 법치주의는 절대주의 체제하에서는 상상조차 할 수 없다. 법치주의는 다원주의 정치제도 및 그러한 다원주의를 지지하는 광범위한 연합세력의 산물이다. 많은 개인과 무리가 의사결정 과정에서 자기 목소리를 내고 그에 참여할 수 있는 정치권력을 가질 때만이 비로소 그들 모두가 공평한 대우를 받아야 한다는 개념이 이치에 맞게 느껴지는 법이다. 18세기 초 영국은 다분히 다원주의적 성격을 띠고 있었으며, 휘그 엘리트층도 법치주의에 고이 깃들어 있는 개념대로 법과 제도가 자신들 역시 옭아맬 것임을 깨닫게 되었다.

그럼 왜 휘그파와 의원들은 그런 제약을 순순히 따랐던 것일까? 그들은 왜 의회와 정부에 대한 자신들의 통제력을 이용해 블랙법을 강행하고, 원하는 판결이 나오지 않으면 법관을 갈아 치우지 않았을까? 그 해답은 명예혁명의 본질에 있다. 명예혁명은 왜 낡은 절대주의 체제를 새로운 절대주의 체제로 바꾸는 데 그치지 않았을까? 다원주의와 법치주의 간에 분명한 연결 고리가 있고 선순환이 되풀이되었다는 사실에 주목해야 한다. 7장에서 살펴본 바와 같이 명예혁명은 한 엘리트 집단이 다른 엘리트 집단을 전복시킨 것이 아니라 젠트리와 상인, 수공업자는 물론 휘그파와 토리당 파벌까지 가세한 광범위한 연합세력이 절대왕정에 반기를 들고 일으킨 혁명이었다. 이 혁명의 결과로 태동한 것이 바로 다원주의 정치제도였다.

법치주의 역시 이 과정의 부산물로 등장했다. 여럿이 권력을 분점하고 있는 상황에서 법과 견제를 모두에게 적용하는 것은 당연한 이치였다. 어느 일방이 과도한 권력을 거머쥐기 시작하고 이내 다원주의의 토대마저 뒤흔드는 일이 없도록 하기 위해서였다. 통치자에게도 한계와 제약이 따른다는 것이 법치주의의 근간이 되는 개념이다. 스튜어트 절대왕정에 반기를 들었던 광범위한 연합세력이 도출해낸 다원주의 논리에서도 이 개념은 빼놓을 수 없다.

이런 맥락에서 군주가 신성한 권리를 갖지 않는다는 이념과 더불어 법치주의 원칙은 스튜어트 절대왕정에 항거하는 반대 논리의 요체였다는 사실은 놀랄 일이 아니다. 영국 역사학자 E. P. 톰슨E. P. Thompson은 스튜어트왕조에 맞선 투쟁에 대해 다음과 같이 설명했다.

> 지배층은 자신들도 법의 지배에 따라야 하며 자신들의 정당성은 법제의 형평성equity과 보편성universaility에 바탕을 두고 있다는 이미지를 심어주려 무진 애를 썼다. 또 지배층은 엄밀한 의미에서 자의든 타의든 자신들이 뱉은 말에 발이 묶이는 형국이었다. 자신들의 입맛에 맞는 규칙대로 권력 놀이를 하되 그 규칙을 깰 수는 없었다. 그랬다가는 권력 놀음의 판 자체를 뒤집는 꼴이기 때문이었다.

판 자체를 뒤집으면 체제가 불안정해지고 광범위한 연합세력 중 일부가 절대권력을 틀어쥐거나 아예 스튜어트 왕정이 복고될 위험이 있었다. 톰슨은 의회가 새로운 절대주의 체제를 만들지 못한 이유를 이렇게 설명한다.

> 법을 지키지 않으면 왕실의 특권이… 재차 밀물처럼 자신들의 재산과 생명을 덮쳐버릴지도 모를 일이었다.

그뿐만이 아니었다.

그들(왕실과 싸웠던 귀족과 상인 등)이 자기방어를 위해 선택한 이 매체는 본질적으로 자기 계층만의 전유물이 될 수 없다는 특징이 있었다. 법은 그 형식과 전통에 이미 신분과 귀천을 가리지 않고 만인에게 적용되어야 하는… 형평성과 보편성의 원칙이 내포되어 있다는 것이다.

일단 뿌리를 내리자 법치주의 개념은 절대주의를 억제하는 것은 물론 일종의 선순환을 만들어냈다. 법이 만인에게 평등하게 적용된다면 어떤 개인이나 단체, 심지어 캐도건이나 월폴마저도 법 위에 군림할 수 없으며, 사유재산을 침범했다는 혐의로 고발당한 평민도 공정한 재판을 받을 권리를 지닌다는 것이다.

우리는 이미 포용적 정치·경제 제도가 태동할 수 있는 배경을 살펴본 바 있다. 그럼 포용적 제도가 시간이 흘러도 지속되는 이유는 무엇일까? 블랙법의 역사와 그 시행상의 한계는 선순환의 사례다. 긍정적 피드백 고리가 만들어져 그런 제도를 훼손하려는 시도를 물리치는 것은 물론 한층 더 포용적인 성향을 띠도록 힘을 보태는 강력한 과정을 가리킨다. 포용적 제도가 보전되려면 권력 행사를 견제할 수 있어야 하고 법치주의의 근본이념에 따라 사회의 정치권력이 다원주의적으로 분산되어 있어야 한다. 선순환 논리는 포용적 제도의 이런 전제조건에도 그 뿌리가 닿아 있다.

사회의 일부 계층이 아무런 제약 없이 타인에게 자신의 뜻을 강요할 수 있게 되면, 그 타인이 헌트리지처럼 평범한 시민이라 하더라도 그러한 균형은 위협받게 된다. 만약 농민이 공유지를 침범하는 엘리트층에 반기를 들었다고 해서 그런 균형이 일시적으로 중단된다면, 나중에 또 그러지 말란 보장이 없지 않은가? 그뿐만 아니라 또 그런 일이 벌어졌을 때, 상인, 사업가, 젠트리 계층이 반세기 동안 쌓아올린 것을 왕과 귀족이 도로 빼앗아간다 해도 막아낼 재간이 없지 않은가? 사실 그런 때가 오면, 이해관계가 같은 소수가 광범위한 연합세력을 밀어낼 것이기에 어쩌면 다원주의 기반 자체가 무너질지도 모를 일이다. 정치체제는 이런 모험을 감수하려 들지 않는다. 다원주의 및 이에 함축된 법치주의가 두고두고 영국 정치제도의 특징이 된 것도 그 덕분이었다. 또, 일단 다원주의와 법치주의가 확립되고 나면 다원주의를 더 크게 확대하고 정치 과정 참여 기회도 더 늘려달라는 요구가 커지기 마련이다. 이에 대해서는 앞으로 더 자세히 살펴본다.

선순환 구조가 만들어지는 이유가 다원주의의 근원적인 논리와 법치주의 때문만은 아니다. 포용적 정치제도가 포용적 경제제도를 뒷받침해주는 경향이 있기 때문이기도 하다. 포용적 정치제도 덕분에 포용적 경제제도가 마련되면 소득이 더 공평하게 분배되고 힘을 얻는 사회계층이 한층 더 넓어지며 정치 면에서도 더 공평한 경쟁의 장이 펼쳐지게 된다. 그렇게 되면 정치권력을 찬탈해 얻을 수 있는 소득이 낮아지고, 착취적 정치제도를 재창출할 동기 역시 약화시킨다. 바로 이러한 요인들이 영국에서 진정한 민주적 정치제도가 출현하는 데 중대한 역할을 했다.

다원주의는 또한 더 개방된 체제를 만들어 독립 언론이 번성할 수 있게 해준다. 독립 언론이 번성하면 포용적 제도가 지속되는 것이 이롭다고 여기는 단체들은 그런 제도에 대한 위협을 더 빨리 인식하고 조직적으로 맞설 수 있게 된다. 잉글랜드 정부가 1688년 이후 언론 검열을 중단했다는 사실은 큰 의미가 있다. 미국에서도 언론은 국민 전반에 힘을 실어주고 제도 발전의 선순환 고리를 유지하는 데 마찬가지로 중요한 역할을 했다. 이에 대해서는 다음 장에서 살펴본다.

선순환이 포용적 제도가 지속되는 데 보탬이 되는 것은 사실이지만 그러한 경향이 필연적이거나 돌이킬 수 없는 것은 아니다. 영국뿐 아니라 미국에서도 포용적 정치·경제 제도는 부침을 거듭했다. 1745년 '젊은 왕위 요구자'는 명예혁명을 통해 만들어진 정치제도들을 뿌리 뽑을 심산으로 군사를 이끌고 런던에서 불과 160킬로미터 떨어진 더비까지 달려갔지만 결국 패배하고 말았다. 외부의 도전보다 더 중요한 것은 포용적 제도를 와해시킬지 모를 내부의 잠재적인 도전이었다. 1819년 맨체스터의 피털루 학살이 일어난 배경을 통해서도 살펴보았고, 앞으로도 더 자세히 다루겠지만, 정치체제를 더 개방해야 하는 상황을 막기 위해 탄압도 불사하려던 영국의 정치 엘리트는 막판에 마음을 고쳐먹었다.

마찬가지로, 미국의 포용적 정치·경제 제도 역시 심각한 도전에 직면했고 언뜻 개념적으로는 그런 도전에 무릎을 꿇었을 법하지만 현실은 그렇지 않았다. 물론 그렇다고 이런 도전들이 애초부터 실패로 끝날 운명이었던 것은 아니다. 영국과 미국의 포용적 제도가 살아남아 세월이 흐르면서 더욱 내실을 다질 수 있었던 것은 선순환뿐 아니라 역사의 우발적인 흐름 때문이기도 했다.

더딘 민주주의의 행보

블랙법에 대한 대응을 계기로 일반 영국민은 자신들이 그동안 알고 있던 것보다 더 많은 권리를 갖고 있음을 깨닫게 되었다. 청원과 로비를 통해 법원과 의회에서 자신들의 전통적인 권리와 경제적 이해를 주장할 수 있었다. 하지만 이 정도 다원주의로는 아직 효율적인 민주주의를 실현할 수 없었다. 대부분의 성인 남자가 투표할 수 없었고 여성도 마찬가지였다. 기존 민주주의 구조에는 불평등 요소도 수두룩했다. 이제 모든 것이 달라질 운명이었다. 포용적 제도의 선순환은 그간의 성과를 다져주는 것은 물론 한층 더 포용적인 요소들이 도입될 수 있도록 문을 활짝 열어주었다. 18세기 영국 엘리트층이 심각한 도전 없이 정치권력을 유지할 가능성은 갈수록 희박해졌다. 이 엘리트층은 왕의 신성한 권리에 도전하고 민중이 정치에 참여할 길을 터줌으로써 권력을 얻었지만, 이후에는 그 권리를 소수의 손에 쥐여주었다. 참정권을 요구하는 목소리가 커지는 것은 시간문제일 뿐이었다. 1831년에 이르는 기간에 실제로 그런 일이 벌어졌다.

19세기 들어 초반 30여 년 동안 영국에서는 사회불안이 고조되었다. 경제적 불평등 심화와 선거권이 없는 대중의 참정권 요구가 주된 원인이었다. 1811년부터 1816년까지 신기술이 도입되면 임금이 줄어들 것이라 우려한 노동자가 러다이트 폭동을 일으킨 이후 노골적으로 정치권리를 요구하는 소요사태가 줄을 이었다. 1816년에는 런던 스파필즈 폭동Spa Fields Riots이, 1819년에는 맨체스터 피털루 학살 사건이 터졌다. 1830년에는 신기술 도입과 생활수준 하락에 항의하는 농민이 스윙 폭동Swing Riots을 일으켰다. 한편 파리에서는 1830년 7월혁명July Revolution이 발발했다. 엘리트층 사이에서는 인민의 불만이 폭발 일보 직전의 상황이며 사회불안을 해소하고 혁명을 잠재울 유일한 방법은 대중의 요구를 들어주고 의회 개혁을 수행하는 것뿐이라는 합의가 형성되기 시작했다.

당연히 1831년 선거는 주로 정치개혁이라는 한 가지 쟁점에 초점이 모일 수밖에 없었다. 로버트 월폴 경의 시절이 끝나고 거의 100년이 흐른 뒤라 휘그당은 이제 평민의 바람을 훨씬 더 귀담아들었고 투표권을 확대하기 위해 애쓰고 있었다. 하지만 그래 봤자 유권자 수는 크게 늘지 않았다. 하다못해 남성의 보통선거권도 입에 올리지 않던 시절이다.

선거에서 휘그당이 승리했고 당을 이끌던 얼 그레이Earl Grey가 총리가 되었다. 얼 그레이는 급진 성향과는 거리가 먼 인물이었다. 그레이 총리와 휘그당이 개혁을 추진한 이유는 광범위한 투표권 부여가 더 당연하다고 믿거나 권력 분점을 원해서가 아니었다. 영국 민주주의는 엘리트층의 선물이 아니었다. 수 세기 동안 잉글랜드를 넘어 영국 전역에서 진행된 정치 과정을 거치며 대중이 힘을 키워 쟁취한 것이었다. 대중은 명예혁명으로 정치제도의 성격 자체가 바뀌자 크게 고무되어 있었다. 엘리트층이 개혁을 허락한 것은 비록 다소 약화된 형태라 할지라도 자신들의 통치가 계속되려면 유일한 방법이라고 믿었기 때문이었다. 얼 그레이 총리는 유명한 의회 연설을 통해 정치개혁을 주창하며 이 점을 분명히 강조했다.

임기 1년 의회, 보통선거, 비밀선거에 대해 나만큼 강경하게 반대하는 사람도 없을 것입니다. 그런 기대와 바람을 부채질하자는 게 아니라 종지부를 찍자는 것이 내 목적입니다… 내 개혁의 원칙은 혁명의 필요성을 미리 차단하는 것이며… 체제 전복이 아닌 유지를 위한 개혁을 하자는 것입니다.

대중은 단순히 투표권만을 원한 것이 아니라 자신들의 이익을 대변할 수 있는 의석을 바랐다. 이른바 차티스트운동Chartist movement의 본질이었다. 1838년 이후 보통선거권 운동을 이끈 차티스트는 인민헌장People's Charter에서 이름을 따왔는데 의도적으로 대헌장, 즉 마그나카르타를 연상케 하려는 의도였다. 차티스트인 J. R. 스티븐스J.R. Stephens는 온 시민에게 투표권을 주는 보통선거가 대중에게 왜 중요한지 다음과 같이 역설했다.

> 보통선거권은… 포크와 나이프, 빵과 치즈의 문제처럼 생활에 밀접히 닿아 있다. 내가 말하는 보통선거권이란 이 땅의 모든 노동자가 좋은 외투를 두르고, 좋은 모자를 쓰고, 온 가족이 번듯한 집에 살며 제대로 된 식사를 할 권리가 있음을 뜻한다.

스티븐스는 보통선거권이야말로 영국 대중이 더 많은 힘을 얻고 노동자가 오래도록 근사한 외투와 모자, 집, 식사를 누릴 수 있는 최고의 방법임을 꿰뚫고 있었다.

결국 얼 그레이는 제1차 선거법 개정안을 무사히 통과시켰을 뿐 아니라 대중의 보통선거권을 향한 이렇다 할 행보 없이도 혁명의 물결을 가라앉힐 수 있었다. 1832년 개혁은 미미한 수준이었다. 전체 성인 남자 8퍼센트에 주던 투표권을 약 16퍼센트로 두 배 늘린 게 고작이었다(전체 인구의 약 2퍼센트에서 4퍼센트로 늘린 것에 불과하다). 또한 부패선거구를 없애고 맨체스터, 리즈, 셰필드 등 신흥 공업도시를 개별 선거구로 독립시켰다. 하지만 여전히 해결되지 못한 쟁점이 수두룩했다. 당연히 얼마 지나지 않아 참정권 확대 요구가 거세지며 사회불안이 커졌고, 이에 따라 추가 개혁이 뒤따랐다.

영국 엘리트층은 왜 대중의 요구에 무릎을 꿇었을까? 얼 그레이 총리는 왜 부분적인(아닌 게 아니라 대단히 부분적이었다) 개혁만이 체제 유지를 위한 유일한 방법이라고 느꼈을까? 개혁 없이도 권력을 유지할 수 있었을 텐데 왜 그들은 개혁과 혁명 중 그나마 덜 나쁜 쪽을 감내하기로 한 것일까? 에스파냐 정복자들이 남아메리카에서 그랬던 것처럼, 오스트리아-헝가리 군주와 러시아 군주들이 개혁 요구가 일기 시작하자 이후 수십 년 동안 그랬던 것처럼, 그리고 영국인들 자신이 카리브 해와 인도에서 그랬던 것처럼, 그냥 힘으로 이런 요구를 묵살해버릴 수도 있지 않았을까? 이 질문에 대한 답은 선순환에서 얻을 수 있다. 영국에서 이미 진행되어온 정치·경제적 변화 때문에라도 엘리트층은 무력을 사용해 이런 요구를 억압하는 것이 탐탁지 않았을 뿐 아니라 갈수록 현실성도 떨어지는 대안이었다. E. P. 톰슨은 이렇게 적었다.

1790~1832년 투쟁으로 균형에 변화가 생겼음이 자명해지자 잉글랜드의 통치자들은 깜짝 놀랄 대안들에 직면했다. 법치주의를 버리고 정교한 헌법구조를 해체해버린 다음 자신들이 뱉은 말을 무시하고 무력으로 통치하든가, 아니면 자신들의 규칙에 스스로 굴복하고 주도권을 포기할 수밖에 없었다…. 초반에는 이들도 전자의 방향으로 머뭇거리며 나아갔지만, 결국 법 앞에 무릎을 꿇었다. 그간 다져놓은 위상을 스스로 무너뜨리고 150년간 쌓아 올린 헌정 질서를 와해시킬 수는 없는

노릇이었기 때문이다.

　다르게 풀어보면, 영국 엘리트층은 법치주의라는 공든 탑을 허물고
싶지 않았고, 블랙법이 시행되는 동안에도 그와 똑같은 이유로 억압과
힘에 의한 통치 또한 꺼리게 되었다. 체제 전체의 불안정을 초래할 위험
이 있다는 이유였다. 블랙법을 강제 집행하기 위해 법치주의를 훼손했
다면 상인, 사업가, 젠트리 계층이 명예혁명을 통해 마련한 체제를 약화
시키는 데 그쳤을지 모르지만, 1832년 억압적인 독재정을 수립했다면
그 체제를 아예 송두리째 뒤흔들었을 것이다.

　아닌 게 아니라 의회 개혁을 요구하던 시위 주동자들은 법치주의의
중요성 및 그 시기 영국 정치제도에서 법치주의가 갖는 상징성을 속속
들이 알고 있었다. 이들은 일부러 관련 표현을 써가며 그런 점을 부각시
켰다. 맨 처음 의회 개혁을 추구하던 조직 중 하나는 '햄던클럽Hampden
Club'이라 자처했는데, 건함세 문제를 둘러싸고 찰스 1세에 처음으로 반
기를 들었던 의원인 존 햄던John Hampden의 이름에서 따온 것이다. 7장에
서 살펴보았듯이 스튜어트 절대왕정에 대한 최초의 대규모 봉기로 이
어진 중요한 사건이다.

　물론 포용적 경제제도와 정치제도 간의 긍정적인 피드백이 활발히
이루어져 그런 행동을 부추긴 면도 없지 않다. 포용적 경제제도는 포용
적 시장의 발달로 이어져 자원이 한층 더 효율적으로 배분되고, 교육을
받고 기술을 습득하려는 의욕에 불을 지폈으며, 기술혁신을 증진시켰
다. 1831년 무렵 영국에서는 이 모든 요인이 한데 어우러져 상승효과를
내고 있었다. 민중의 요구를 억압하고 포용적 정치제도에 맞서 쿠데타
를 일으킨다면 이런 소득 또한 파괴하게 될 것이고 민주화 및 포용성 확

대를 반대하는 엘리트층은 그런 파괴 과정 속에서 부를 잃고 몰락하는 신세가 될지도 모를 일이었다.

이런 긍정적인 피드백이 갖는 또 하나의 특징은, 포용적 정치·경제 제도가 정착되면 권력을 장악해야 한다는 강박감이 줄어든다는 사실이다. 8장에서도 보았듯이, 오스트리아-헝가리 및 러시아에서는 산업화와 개혁이 도입되면 군주와 귀족이 잃을 게 많았다. 이와 대조적으로, 19세기 초 영국에서는 포용적 경제제도가 발달한 덕분에 엘리트층이 잃을 만한 것이 훨씬 적었다. 농노가 없었고 노동시장에서도 비교적 강압이 적은 편이었으며 진입 장벽을 세워 보호하는 독점도 찾아보기 어려웠다. 따라서 영국 엘리트층으로서는 권력에 매달릴 이유가 그만큼 적었다.

선순환의 논리는 그런 억압적인 행보가 갈수록 비현실적임을 의미하기도 했다. 이 역시 포용적 경제제도와 정치제도 간의 긍정적 순환 고리 덕분이다. 포용적 경제제도하에서는 착취적 제도하에서보다 자원이 더 공평하게 배분된다. 따라서 일반 시민의 권한이 커지고 더 공평한 경쟁 환경이 조성된다. 권력을 쥐기 위한 경쟁이라 해도 다를 게 없다. 이렇게 되면 소수 엘리트층이 대중 혹은 최소한 그중 일부를 탄압하기보다 차라리 비위를 맞춰주는 편이 낫게 된다. 영국의 포용적 제도는 이미 산업혁명의 바람을 몰고 왔고 영국은 고도로 도시화되어 있었다. 도시에 밀집되어 어느 정도 조직적인 힘을 가진 시민을 억압하기란 농민이나 땅에 예속된 농노를 탄압하는 것보다 한층 더 어려웠을 것이다.

선순환의 고리를 통해 영국은 1832년 제1차 선거법 개정을 단행하게 된다. 하지만 이는 시작에 불과했다. 진정한 민주주의까지는 여전히 갈 길이 멀었다. 1832년 엘리트층의 개혁은 자신들이 딱 필요하다고 생각하는 선에 그쳤기 때문이다. 의회 개혁을 주도한 것은 차티스트운동으로, 1838년 이들이 발표한 인민헌장에는 다음과 같은 조항이 포함되어 있었다.

- 건전한 양식을 지니고 있으며, 범죄행위로 처벌받고 있지 않은 21세 이상의 모든 남성에게 투표권을 부여한다.
- 선거권 행사 시 유권자를 보호하기 위해 투표용지를 사용한다.
- 의원에 대한 재산 요건 폐지로 빈부와 관계없이 유권자들이 선택한 대표가 선출될 수 있게 한다.
- 의원에 세비를 지급해 성실한 상인이나 노동자 등이 국가의 이익을 돌보느라 자기 일을 할 수 없어도 선거구를 위해 봉사할 수 있도록 한다.
- 소수가 다수의 표를 무효화시킬 수 없도록 동일한 유권자 수가 동일한 대표를 확보하게 하는 평등선거구제를 도입해야 한다.
- 의원 임기를 1년으로 제한해 수뢰 및 협박으로 의정활동이 틀어지는 위험을 효과적으로 견제해야 한다. 7년에 한 번(심지어 투표용지를 사용하는 상황에서도) 선거구민을 매수할 수는 있을지라도, 12개월마다 뇌물로(보통선거권 체제하에서) 선거구민을 번번이 매수할 수는 없을 것이며, 1년 임기로 선출된 의원이라면 지금처럼 선거구민의 염원을 저버리거나 배신하지 못할 것이다.

'투표용지ballot'라는 표현은 비밀투표를 의미했다. 매표행위와 특정 후보를 강요하던 공개투표의 관행에 종지부를 찍자는 것이었다.

차티스트운동으로 대규모 시위가 잇따라 조직되었고 이 시기에 걸쳐 의회는 꾸준히 추가 개혁 가능성을 논의했다. 차티스트운동은 1848년 이후 유야무야되었지만 1864년에는 '전국개혁연합National Reform Union'이, 1865년에는 '개혁연맹Reform League'이 창설되어 명맥을 이어갔다. 1866년 7월에는 하이드파크에서 터진 대규모 개혁 지지 폭동으로 다시 한 번 개혁은 가장 시급한 정치 현안으로 떠올랐다. 이런 개혁 압력은 1867년 제2차 선거법 개정이라는 열매를 맺었다. 이로써 전체 유권자 수는 두 배로 뛰었고 노동계급 유권자가 모든 도시 선거구에서 대다수를 차지하게 되었다. 곧이어 비밀투표가 도입되었고 이른바 '향응제공(돈, 음식, 술로 유권자의 표를 매수하는 행위)'과 같은 부패선거 관행을 근절하려는 조치가 취해졌다. 1884년 제3차 선거법 개정을 통해 총 유권자 수는 다시 두 배가 늘었고 성인 남성 60퍼센트에 선거권을 부여했다.

제1차 세계대전이 막을 내린 뒤 1918년, '인민대표법Representation of the People Act'이 통과되어 21세 이상의 모든 성인 남성과 30세 이상의 납세자 혹은 납세자와 결혼한 여성이 투표권을 갖게 되었다. 마침내 남성과 마찬가지 조건으로 모든 여성이 보통선거권을 누리게 된 것은 1928년에 이르러서였다. 1918년에 마련된 조치들은 전쟁 중에 협상한 것으로, 병력과 무기 생산 노동력이 필요했던 정부와 노동계급 사이에 이루어진 주고받기식 대타협이 반영되어 있다. 물론 정부가 급진적인 러시아 혁명에 뜨끔했던 것일지도 모른다.

포용적 제도의 점진적 순환

정치제도가 점차 더 포용적인 방향으로 발전해나감에 따라 덩달아 한층 더 포용적인 경제제도를 향한 발걸음도 빨라졌다. 제1차 선거법 개정이 낳은 한 가지 중요한 결실은 1846년 곡물법의 폐지였다. 7장에도 나왔지만, 곡물법은 곡물 수입을 금지해 곡물가를 비싸게 유지하고 대지주에게 짭짤한 수익을 보장해주려는 조치였다. 새로 선출된 맨체스터와 버밍엄 출신 의원은 값싼 옥수수와 저임금을 원했다(노동자의 식비가 줄어들면 임금 인상에 대한 요구가 줄어든다는 논리였다 - 옮긴이). 이들은 결국 승리했고 토지로 이익을 얻던 귀족층은 큰 타격을 입었다.

19세기 내내 유권자의 수가 증가하는 등 정치제도의 여러 면에서 변화가 일어났고, 이후에도 개혁이 잇따랐다. 1871년 자유당을 이끌던 윌리엄 글래드스톤William Gladstone 총리는 일반인도 시험을 통해 공무원이 될 수 있는 능력 본위의 공직자 제도를 도입했다. 튜더왕조 시대에 시작된 중앙집권화와 국가제도 수립 노력을 계승한 것이다. 이 기간 동안 자유당과 토리당 정부는 상당수의 노동시장 관련 법률을 통과시켰다. 일례로 고용주가 일꾼의 이동을 제한하는 근거가 된 주종법主從法, Masters and Servants Acts이 폐지되어 노사관계가 노동자에게 유리한 방향으로 바뀌었다.

1906년부터 1914년에 이르는 기간에 집권한 자유당 정부는 H. H. 애스퀴스H. H. Asquith와 데이비드 로이드 조지David Lloyd George 총리를 내세워 영국에 의료보험과 실업보험, 정부 지원 연금, 최저임금, 소득 재분배를 위한 합리적 과세정책 등 정부의 권한을 이용해 공공서비스의 영역을 크게 넓혔다. 이런 재정정책의 변화로 19세기 마지막 30년 동안 국민 생산에서 차지하는 세금의 비중은 두 배 이상 늘었고, 20세기 들어 초반 30년 동안 다시 두 배로 뛰었다. 과세 체제는 누진적인 경향이 한층 더 짙어져 고소득층의 세금 부담이 더 커졌다.

한편, 교육제도 역시 대중이 더 다가가기 쉽게 개혁되었다. 종전에는 여러 종파가 운영하는 엘리트층을 위한 학교가 주를 이루었고, 가난한 사람에게 학비를 내게 하는 식이었다. 영국 정부는 1870년 교육법 Education Act을 제정해 최초로 체계적인 보편 교육을 제공하기에 이르렀다. 1891년에는 무상교육이 시행되었고, 1893년에는 의무교육 연한이 11세로 정해졌다. 1899년에는 12세로 높아졌고, 가정 형편이 어려운 아동을 위한 특별 지원 제도가 마련되었다. 그 결과 1870년 40퍼센트라는 실망스러운 수준이던 10세 재학생 비율이 1900년에는 100퍼센트까지 뛰었다. 그리고 마침내 1902년 교육법이 통과되어 학교에 유입되는 자원이 대폭 확충되었고 중등학교grammar school가 도입되어 훗날 영국 중등교육의 길을 닦아주었다.

사실 영국은 포용적 제도의 선순환을 잘 보여주는 사례로, '점진적 선순환'의 좋은 예라 할 수 있다. 의심할 여지없이 한층 더 포용적인 정치 제도를 수립하는 방향으로 정치 변화가 일어났으며 이는 힘을 얻은 대중의 목소리가 커진 결과였다. 하지만 이러한 변화는 갑작스레 일어난 게 아니라 점진적이었다. 10여 년 주기로 민주주의를 향해 한 걸음씩 내딛는 형국이었다. 그 보폭은 작을 때도 있었고 클 때도 있었으며 매번 내디딜 때마다 갈등이 있었고 그 결과는 우발적이었다. 하지만 선순환은 권력에 매달려 얻게 되는 이익을 감소시킬 만한 요인을 만들어냈다. 또한, 법치주의를 공고히 해 엘리트층 스스로 스튜어트왕조에 요구했던 것을 똑같이 요구하는 대중을 힘으로 탄압하기가 한층 더 어려워졌다. 이런 갈등이 전면적인 혁명으로 비화할 가능성은 많이 줄어든 대신 포용성을 강화하는 쪽으로 해결될 가능성이 커졌다.

이런 식의 점진적 변화는 큰 장점이 있다. 엘리트층이 보기에는 체제를 완전히 뒤집는 쪽보다 한결 덜 위협적이다. 매번 조금씩만 전진하기 때문에 대판 싸우는 것보다 작은 요구를 들어주는 편이 이치에 맞는다.

곡물법이 별다른 마찰 없이 폐지된 이유 중 하나이기도 하다. 1846년에 이르자 지주들은 더 이상 의회의 입법을 통제할 수 없었다. 제1차 선거법 개정의 효과였다. 하지만 만약 1832년에 유권자 확대, 부패선거구 개혁, 곡물법 폐지까지 한꺼번에 들이밀었다면 지주의 반발은 훨씬 더 격렬했을 게 뻔하다. 마찰음이 적었던 것은 제한적인 정치개혁을 이루고 나서 훗날에 가서야 곡물법 폐지를 논의했기 때문이었다.

점진적 변화는 또한 미지의 영역에 발을 들여놓는 무리수를 막는 효과도 있었다. 폭력적인 체제 전복은 제거된 체제의 빈자리에 뭔가 완전히 새로운 것을 채워 넣어야 한다는 뜻이다. 프랑스혁명이 이를 여실히 보여주었는데, 민주주의에 대한 첫 실험은 공포정치로 이어졌고, 1870년 프랑스 제3공화국이 들어설 때까지 왕정복고에 이은 민주주의 복원 과정을 두 차례나 되풀이했다. 러시아혁명도 마찬가지였다. 러시아제국보다 더 평등한 체제를 원했던 다수의 열망은 축출된 이전 체제보다 훨씬 더 폭력적이고 잔혹하며 사악한 일당독재로 이어졌다. 이런 사회에서 점진적 개혁이 어려웠던 이유는 다원주의가 결여되어 있고 고도로 착취적이었기 때문이었다. 영국에서 점진적 변화가 실현 가능했고 바람직하기까지 했던 것은 바로 명예혁명에서 싹튼 다원주의와 그와 함께 도입된 법치주의 덕분이었다.

프랑스혁명을 줄기차게 반대했던 영국의 보수 논객 에드먼드 버크 Edmund Burke는 1790년 이런 글을 썼다. "오랜 세월 사회 공동의 목적에 부합해온 체제를 뿌리 뽑으려 하거나 혹은 유용성을 인정받은 모형이나 패턴이 없는 상태에서 그런 체제를 다시 세우려 한다면 무한한 주의를 기울여야 한다." 버크는 큰 그림을 잘못 보고 있었다. 프랑스혁명은 자국뿐 아니라 서유럽 대부분 지역에서 썩은 체제를 갈아 치우고 포용적 제도가 들어설 토대를 닦아주었다. 그렇다고 버크의 경종이 완전히 빗나갔다고는 할 수 없다. 1688년에 시작되어 버크가 사망하고 30년이 지난 뒤 본격화된 영국의 점진적 정치개혁 과정이 더 성공적이었던 것은, 점진적이라는 특징 덕분에 그만큼 더 강력하고 거부하기 어려웠으며 궁극적으로 더 견고했기 때문이었다.

트러스트 깨기

미국의 포용적 제도는 식민지 시절 버지니아, 메릴랜드, 노스캐롤라이나와 사우스캐롤라이나에서 벌어진 투쟁에서 기인한다. 이런 제도는 견제와 균형, 권력분립 이념이 녹아 있는 미국 헌법으로 한층 더 강화되었다. 헌법이 만들어졌다고 해서 포용적 제도의 발달이 멈춘 것은 아니었다. 이들 제도는 영국에서와 마찬가지로 선순환이 되풀이되는 긍정적 순환 과정으로 더욱 공고해졌다.

19세기 중반에 이르자 미국에서는 모든 백인 남성이 투표할 수 있었다. 물론 여성과 흑인에게는 투표권이 없었다. 경제제도는 포용적 색채가 짙어졌다. 일례로 1862년에 통과된 자작농법Homestead Act은 개척지를 정치 엘리트층이 아닌 정착민에게 불하해주었다. 하지만 역시 영국과 마찬가지로 포용적 제도 발전에 아무런 난관이 없었던 것은 아니다. 남북전쟁이 끝난 뒤 북부는 고속 경제성장을 경험했다. 철도, 공업, 상업이 확대되면서 소수가 막대한 부를 쌓았다. 경제적인 성공에 눈이 먼 졸부와 이들이 운영하는 기업은 갈수록 파렴치해졌다. 이들은 무자비한 횡포로 독점을 강화하고 경쟁자의 시장 진입이나 공평한 사업 조건을 철저히 차단했기 때문에 '강도귀족Robber Barons'이라 불렸다. 그중 가장 악명 높았던 코닐리어스 밴더빌트Cornelius Vanderbilt는 이런 망언도 서슴지 않았다. "법이 무슨 대수야? 나한텐 권력이 있잖아?"

1870년 스탠더드오일 컴퍼니Standard Oil Company를 세운 존 D. 록펠러John D. Rockefeller도 빼놓을 수 없다. 그는 클리블랜드에서 경쟁자를 발 빠르게 제거하고 석유 및 석유 제품의 운송과 유통을 독점하려 했다. 1882년에 이르러서는 이미 거대한 독점사업을 영위하고 있었다. 당시 표현으로 이른바 트러스트trust였다. 1890년에 들어서자 스탠더드오일은 미국에서 유통되는 정유의 88퍼센트를 장악했고 1916년 록펠러는 세계 최초의 억만장자로 발돋움했다. 당시 스탠더드오일을, 석유업계는 물론 국회의사당까지 칭칭 둘러 감고 있는 문어로 묘사한 만평도 적지 않았다.

존 피어폰트 모건John Pierpont Morgan도 그에 못지않은 악덕 기업인이었다. 그가 창업한 금융재벌기업 J. P. 모건은 이후 수십 년에 걸쳐 합병을 거듭한 끝에 오늘날 JP모건 체이스JPMorgan Chase가 되었다. 모건은 앤드루 카네기Andrew Carnegie와 더불어 1901년 U. S. 스틸U. S. Steel Company을 설립했다. 세계 최초로 시가총액 10억 달러가 넘는 단연 세계 최대 규모의 철강기업이었다. 1890년대에는 거의 모든 경제 부문에서 대형 트러스트가 고개를 들었고, 그중 상당수가 해당 시장을 70퍼센트 이상 점유하고 있었다. 그중에는 뒤퐁Du Pont, 이스트먼 코닥Eastman Kodak, 인터내셔널 하비스터International Harvester처럼 일반에 잘 알려진 대기업도 적지 않았다. 역사적으로 미국은, 적어도 북부와 중서부만큼은 상대적으로 경쟁이 치열한 편이었고 다른 지역, 특히 남부와 비교하면 한결 공평한 시장이었다. 하지만 이 시기에 들어 경쟁은 독점에 자리를 빼앗겼고 빈부격차가 급격히 심화되었다.

다원주의적 미국 정치체제는 이미 광범위한 사회계층에 힘을 실어주고 있었고, 그런 식의 침해를 내버려둘 리 없었다. 강도귀족의 독점 관행으로 피해를 보았거나 이들의 파렴치한 산업 지배에 반기를 든 사람들이 조직적으로 맞서기 시작한 것이다. 이렇게 해서 태동한 것이 포퓰리스트운동Populist movement이었고, 훗날 진보운동Progressive movement에도 불을 붙였다.

포퓰리스트운동은 1860년대 말부터 중서부에서 시작된 농업 위기가 장기화하면서 등장했다. 1867년, 이른바 그레인저Grangers로 불린 '농민공제조합National Grange of the Order of Patrons of Husbandry'이 설립되어 부당하고 차별적인 사업 관행에 저항하기 위해 농민을 동원하기 시작했다. 1873년과 1874년 그레인저운동은 중서부 11개 주 의회를 장악했으며, 농민의 불만은 급기야 1892년 인민당People's Party 설립으로 이어졌고, 1892년 대선 일반 투표에서 8.5퍼센트를 득표하는 기염을 토했다. 인민당은 이후 두 번의 선거에서 전략을 바꿔 많은 부분에서 자신들의 바람에 동조했던 윌리엄 제닝스 브라이언William Jennings Bryan 민주당 후보를 밀었으나 두 차례나 고배를 마시고 말았다. 트러스트 확산에 대한 민초의 저항운동은 여기서 그치지 않고, 록펠러를 비롯한 강도귀족이 국내 정치에 입김을 불어넣는 상황에 대해서도 조직적으로 맞서기 시작했다.

이런 정치운동은 특히 독점규제에서 국가의 역할과 관련해 정치적 태도, 나아가 법률제정에까지 서서히 영향을 주기 시작했다. 최초로 제정된 중요 법안은 1887년 주간통상법Interstate Commerce Act으로, 주간통상위원회Interstate Commerce Commission를 설치해 연방 차원에서 산업을 규제하는 기틀을 마련했다. 곧바로 1890년에는 셔먼 반트러스트법Sherman Antitrust Act이 제정되었다. 지금도 미국 반독점규제의 중추적 역할을 하는 셔면법은 강도귀족의 트러스트를 공격하는 기반이었다. 개혁은 물론 강도귀족의 권력 제한에 대한 의지가 강한 대통령들이 줄지어 들어서면서 트러스트를 향한 대대적인 공격이 감행되었다. 1901~1909년 시어도어 루스벨트, 1909~1913년 윌리엄 태프트William Taft, 1913~1921년에는 우드로 윌슨 대통령이 칼을 빼들었다.

반트러스트 및 연방 차원의 산업규제 움직임에 힘을 실어준 핵심 정치세력은 이번에도 역시 농민 유권자였다. 1870년대 개별 주에서 이루어졌던 초기 철도규제 노력을 이끈 것도 농민 단체였다. 아닌 게 아니라 셔면법 제정에 앞서 의회에 제출된 트러스트 관련 청원 59건 거의 모두가 농업이 주요 산업인 주에서 나왔고 농민연합Farmers' Union, 농민동맹 Farmers' Alliance, 농민공제조합Farmers' Mutual Benefit Association, 축산농가조합 Patrons of Animal Husbandry 같은 단체가 주축이 되었다. 업계의 독점 관행을 뿌리 뽑는 것은 농민의 한결같은 바람이었다는 뜻이다.

민주당을 밀어주다 고배를 마신 이후 급격히 쇠퇴하기 시작한 포퓰리스트운동은 진보세력으로 명맥을 유지했다. 진보진영은 포퓰리스트와 생각이 크게 다르지 않았지만, 이질적인 세력이 함께한 개혁 운동이었다. 진보운동의 구심점은 윌리엄 매킨리William McKinley 밑에서 부통령으로 있다 1901년 매킨리가 암살된 뒤 대통령이 된 루스벨트였다. 루스벨트는 중앙정부에 진출하기 전부터 이미 불의와 타협하지 않는 뉴욕 주지사로 활약했고 정치 부패 및 '조직정치machine politics(강력한 보스 또는 소수 집단을 중심으로 뭉친 지방 정당이 저소득층을 돌봐주고 이들의 지지를 기반으로 지방 정치에 입김을 불어넣는 체제를 말하며, 이런 구조를 유지하려면 정경유착을 통한 자원 마련이 불가피해 폐단이 심각했다 - 옮긴이)' 타파를 위해 갖은 노력을 다했던 인물이었다. 그는 의회 첫 연설에서 트러스트를 지적하며 미국의 번영이 시장경제와 사업가의 창의성에 달려 있다고 강조하면서도 다음과 같은 경고를 잊지 않았다.

> 심각한 패악이 실존하는 게 사실입니다…. 이른바 트러스트라고 알려진 대기업이 국민의 복지를 훼손시키는 특징과 경향이 있다는 확신이 미국인들 사이에 풍미하고 있습니다. 이런 확신은 시기나 원한에서 비롯되는 것도 아니고, 미국이 경제 패권을 다투는 국가의 선봉에 서게 해준 위대한 산업적 성과에 대해 자긍심이 없어서도 아닙니다. 많은 변화가 있었고 지금도 변화하고 있는 교역 환경에 적응하려면 새로운 방법이 필요하다는 인식이 부족해서도 아닙니다. 세계 발전을 위해서는 위대한 과업을 달성해야 하고, 그런 위대한 과업을 달성하려면 막대한 자본이 결합하여야 한다는 사실에 무지하기 때문도 아닙니다. 미국인의 이런 확신은 경제활동의 집중과 자본의 결합이 금지되어서는 안 되지만, 어떠한 형태로든 합리적인 감독과 통제가 필요하다는 인식에서 비롯된 것입니다. 내 판단으로는 미국인의 확신이 옳습니다.

연설은 이렇게 이어진다. "더 나은 사회를 만들겠다는 각오라면 정계에서 폭력적 범죄를 뿌리 뽑아야 하듯이 업계에서도 교활한 범죄를 척결해야 합니다." 결론은 다음과 같았다.

> 온 국민의 이익을 위해 국가는 이 문제 자체에 대해 각 주의 권한에 간섭하지 않으면서 주의 경계를 넘나들며 사업을 벌이는 모든 기업을 감독하고 규제할 권한을 가져야 합니다. 특히 독점적 요소 또는 그런 경향을 통해 이윤을 챙기는 기업이라면 마땅히 그래야 합니다.

루스벨트는 대기업 문제를 조사할 권한을 가진 연방기구를 설립하고, 필요하면 헌법을 개정해서라도 그런 기구를 만들 수 있게 하자고 의회에 제안했다. 1902년까지 루스벨트는 셔먼법을 바탕으로 노던증권회사Northern Securities Company를 해체해 J. P. 모건에 타격을 입힌 데 이어, 뒤퐁, 아메리칸 타바코American Tobacco Company, 스탠더드오일에도 잇따라 소송을 제기했다. 1906년 헵번법Hepburn Act으로는 주간통상법을 한층 더 강화했다. 주간통상위원회의 권한을 늘리고 특히 철도회사에 대한 회계감사를 허용했으며 새로운 영역에까지 권한을 확대한 것이다. 루스벨트의 뒤를 이은 윌리엄 태프트 대통령은 트러스트에 한층 더 서슬 퍼런 법의 칼날을 들이댔고, 이런 노력은 1911년 스탠더드오일 회사 해체로 절정에 달했다. 태프트는 그 밖에도 1913년 수정헌법 제16조 비준과 함께 도입된 연방 소득세 등 여러 굵직한 개혁을 추진했다.

진보주의 개혁이 가장 빛을 발한 것은 1912년 우드로 윌슨이 당선되면서부터였다. 윌슨은 1913년 저서 《새로운 자유*The New Freedom*》에서 이렇게 강조했다. "독점이 사라지지 않는 한 독점은 항상 정부의 머리 꼭대기에 군림하려들 것이다. 나는 독점이 알아서 자제할 것이라 기대하지 않는다. 이 나라에서 미국 정부를 소유할 만큼 강력한 힘을 가진 자가 있다면 주저하지 않고 소유하려들 것이다."

윌슨은 1914년 클레이턴 반트러스트법Clayton Antitrust Act을 통과시켜 셔먼법을 강화하고, 클레이턴법의 집행을 담당할 연방거래위원회Federal Trade Commission를 창설했다. 또한 루이지애나 의원 아르센 푸조Arsène Pujo가 주도한 푸조위원회Pujo Committee가 이른바 '금융 트러스트money trust'를 조사한 결과 독점이 금융산업에까지 확산되었음이 분명해지자 윌슨은 금융계에까지 규제의 칼을 들이댔다. 1913년 금융 부문의 독점 행위를 규제할 연방준비제도이사회 Federal Reserve Board가 만들어진 계기였다.

19세기 말과 20세기 초 강도귀족과 독점 트러스트의 발호는 3장에서 이미 강조했듯이, 시장이 있다고 해서 포용적 제도가 보장되지는 않는다는 사실을 여실히 증명해준다. 시장이 소수 기업에 지배당하면 터무니없는 가격을 매기고 더 효율적인 경쟁자와 신기술의 진입을 막아버릴 수 있다. 시장을 그냥 내버려두면 포용적 색채를 잃고 갈수록 정치·경제적으로 힘이 있는 개인과 기업의 손에 휘둘릴 수 있다. 포용적 경제제도가 뿌리내리려면 단순히 시장만 있으면 되는 게 아니라 공평한 경쟁 환경과 대다수 참여자에게 경제적 기회를 조성해주는 포용적 시장이 필요하다. 엘리트층의 정치권력을 등에 업고 횡행하는 독점은 이에 정면으로 배치된다. 하지만 독점 트러스트에 대한 대응은 또한, 정치제도가 포용적이라면 포용적 시장에서 이탈하려는 움직임에 대항해 이를 상쇄하려고 노력한다는 사실도 보여준다.

선순환이란 바로 이런 것이다. 포용적 경제제도는 포용적 정치제도가 꽃필 수 있는 자양분이 되어주며, 포용적 정치제도는 포용적 경제제도에서 이탈하려는 움직임을 억제한다. 이런 선순환의 특징을 잘 보여주는 미국의 트러스트 단속 노력은 앞서 멕시코의 사례와 극적인 대조를 이룬다. 멕시코에는 카를로스 슬림의 독점을 제한할 정치기구가 없는 반면, 미국에서는 지난 한 세기에 걸쳐 트러스트, 독점, 카르텔을 제한하고 시장의 포용성을 지키기 위해 셔먼법과 클레이턴법이 수시로 동원되어왔다.

20세기 전반 미국의 경험은 또한 사회에 두루 힘을 실어주고, 따라서 선순환을 일으키는 자유언론의 역할이 얼마나 막중한지도 증명해준다. 1906년 루스벨트는 언론인이 집요하게 각종 추문을 파헤친다며 이들을 추문만 긁어모으는 '머크레이커muckraker'라고 불렀다. 존 버니언John Bunyan의 《천로역정Pilgrim's Progress》에 등장하는 '거름 갈퀴를 든 사내Man with the muckrake'에 빗댄 말이다(이 사내는 늘 발밑의 거름을 휘젓기만 하고 고개를 들어 신의 은총을 보지 못하는 인물로 묘사된다 - 옮긴이). 이 용어는 그대로 굳어져 집요하면서도 효과적으로 강도귀족의 횡포와 지역 및 연방정치의 부패를 폭로하는 언론인을 상징하는 말이 되었다.

아마도 가장 유명한 머크레이커는 아이다 타벨Ida Tarbell일 것이다. 1904년 그녀가 쓴 《스탠더드오일의 역사History of the Standard Oil Company》는 록펠러와 그의 기업 활동에 대한 반대 여론을 부채질해 결국 1911년 해체되게 하는 데 결정적으로 기여했다. 변호사 겸 저술가로 나중에 윌슨 대통령이 대법원 판사로 임명한 루이스 브랜다이스Louis Brandeis도 대표적인 머크레이커였다. 브랜다이스는 저서 《은행가들은 남의 돈을 어떻게 쓰고 있는가Other People's Money and How the Bankers Use It》에서 각종 금융 스캔들을 간추려 실었고 푸조위원회에도 많은 영향을 끼쳤다. 신문 재벌인 윌리엄 랜돌프 허스트William Randolph Hearst 역시 머크레이커로 두드러진 활약을 보였다. 1906년 그는 자신의 잡지 〈코즈모폴리턴The Cosmopolitan〉에 '상원의 반역The Treason of the Senate'이라는 데이비드 그레이엄 필립스David Graham Phillips의 글을 연재해 상원의원을 직접선거로 선출해야 한다는 움직임에 불을 지폈다. 1913년 마침내 수정헌법 제17조가 발효되어 상원 직접선거제도가 도입되었고, 진보 개혁의 주요 공로로 인정받고 있다(종전에는 상원을 주 의회에서 뽑았다 - 옮긴이).

트러스트 문제를 바로잡으려고 정치인이 발 벗고 나서게 된 데는 머크레이커의 역할이 컸다. 강도귀족은 머크레이커에 이를 갈았지만, 미국의 정치제도 때문에 이들을 짓밟거나 입을 틀어막지 못했다. 포용적 정치제도하에서는 자유언론이 번성하고, 자유언론은 포용적 정치·경제 제도에 대한 위협을 널리 알려 저항의 기운을 불러일으킨다. 반면 착취적 제도, 절대주의 체제, 독재정하에서는 그런 자유가 불가능하다. 착취적 정권은 애초에 그런 제도와 체제를 이용해 반대 세력이 심각한 위협이 되기 전에 짓밟아버리기 때문이다. 20세기 전반, 미국에서 자유언론이 제공한 정보가 핵심적인 역할을 한 것은 두말할 나위가 없다. 이런 정보가 없었다면 미국 대중은 강도귀족이 실제로 어느 정도 권력을 휘두르며 힘을 남용하고 있는지 끝내 깨닫지 못해 트러스트에 대항하는 운동이 불타오르지 못했을 것이다.

사법부 개혁 시도

대공황Great Depression의 한파가 몰아치던 1932년 대통령에 당선된 이는 시어도어 루스벨트의 먼 사촌으로 민주당 후보로 나섰던 프랭클린 D. 루스벨트였다. 그에게 주어진 사명은 대공황을 극복할 야심 찬 정책을 실천에 옮기는 것이었다. 1933년 초 취임 당시 전체 노동인구 네 명 중 한 명이 실업자였고, 대부분 빈곤에 허덕이는 신세였다. 대공황이 시작된 1929년 이래 산업 생산성은 절반 이상 추락했고 설비 투자도 곤두박질쳤다. 이런 상황을 타개하기 위해 루스벨트가 제안한 정책은 종합적으로 뉴딜New Deal이라 알려져 있다. 루스벨트는 일반 투표에서 57퍼센트의 지지를 얻어 압승을 거두었고, 민주당은 상하 양원에서 다수당의 위치를 굳히고 있어 뉴딜법안 통과는 떼어놓은 당상으로 보였다. 하지만 법안의 일부 내용에 위헌 소지가 제기되어 루스벨트의 사명을 크게 신경 쓸 리 없는 대법원이 딴죽을 걸게 된다(당시 대법원은 공화당 일색으로 보수적 성향이 강했다 - 옮긴이).

뉴딜정책의 큰 줄기 중 하나는 전국산업부흥법National Industrial Recovery Act 이었다. 이 법은 2부로 나뉘어 있었는데 제1부는 산업 부흥에 초점을 맞추었다. 루스벨트 대통령 진영은 사업계의 경쟁을 제한하고, 노동자에게 더 큰 노조 결성 권한을 부여하며, 근로기준을 규제하는 것이 산업 부흥에 무엇보다 중요하다고 믿었다. 제2부에 따라 공공사업청Public Works Administration이 신설되어 필라델피아 30번가 역, 트라이버로 브리지Triborough Bridge(뉴욕 시 이스트리버East River에 놓은 다리 - 옮긴이), 그랜드쿨리 댐Grand Coulee Dam(워싱턴 주 북동부의 거대한 중력식 댐 - 옮긴이), 플로리다 키웨스트Key West와 내륙을 잇는 해상 고속도로 등 기념비적인 인프라 사업을 주관했다.

1933년 6월 16일 마침내 루스벨트 대통령의 서명으로 전국산업부흥법이 발효되었다. 하지만 곧바로 법원이 딴죽을 걸었다. 1935년 5월 27일, 대법원은 만장일치로 이 법의 제1부가 위헌이라고 결정했다. 대법원의 평결은 엄중했다. "이례적인 상황에서는 이례적인 조치가 필요할 수도 있다. 하지만⋯ 이례적인 상황이라고 해서 초헌법적 권력을 창출하거나 확대할 수 없다."

대법원의 판결이 내려지기 전, 루스벨트는 내처 사회보장법Social Security Act에 서명해 퇴직연금, 실업수당, 부양 아동이 있는 가족에 대한 부조, 부분적인 건강보험 및 장애 수당 등 미국에 근대 복지국가 이념을 도입했다. 전국노동관계법National Labor Relations Act도 제정해 노동자의 단결권과 단체교섭권, 고용주를 상대로 한 파업권을 한층 더 강화해주었다. 대법원은 이런 조치도 문제 삼았다. 법정 시비가 진행되는 가운데, 루스벨트는 1936년 재선에 성공했다. 일반 투표에서만 61퍼센트라는 전폭적인 지지를 얻었을 정도로 국민의 신임이 두터웠다.

국민의 지지가 하늘을 찌르는 상황에서 루스벨트는 대법원이 자신의 정책 현안에 차질을 빚도록 내버려두고 싶지 않았다. 1937년 3월 9일, 마침내 라디오로 생중계되는 정례 노변담화爐邊談話, Fireside Chats를 통해 자신만의 청사진을 펼쳐 보였다(루스벨트는 온 가족이 오순도순 모여 있는 화롯가와 같은 분위기의 이른바 노변담화라는 라디오 방송 연설을 통해 탁월한 언변으로 미국인의 마음을 사로잡았던 대통령으로 유명하다 - 옮긴이). 루스벨트는 맨 먼저 첫 번째 임기 동안 절실히 필요했던 자신의 정책이 가까스로 대법원의 칼날을 피했음을 상기시켰다.

4년 전 3월, 국민 여러분께 처음으로 라디오 연설을 하던 그날 밤이 떠오릅니다. 당시 우리는 심각한 은행 위기에 처해 있었습니다. 곧바로 의회의 권위를 빌어 온 국민에게 사적으로 보유한 금을 1 대 1 가치 교환 방식으로 미국 정부에 매각해달라고 호소했습니다. 현재 경기가 회복되고 있다는 사실만 보아도 당시 정책이 옳았음을 알 수 있습니다. 하지만 거의 2년이 지나 대법원은 이를 문제 삼았고 5 대 4라는 박빙의 차로 위헌 결정을 피할 수 있었습니다. 단 한 명의 법관만 마음을 바꾸었어도 위대한 미국은 재차 가망 없는 혼란의 소용돌이에 휘말리고 말았을 것입니다. 사실상 네 명의 법관은 터무니없는 요구를 하는 사적 계약의 권리가, 지속 가능한 국가를 확립하기 위한 헌법의 근본이념보다 훨씬 더 신성하다는 판결을 내린 것과 같습니다.

이런 위험을 되풀이해서는 안 된다는 의지가 분명했다. 루스벨트는 다음과 같이 말을 이었다.

> 지난 목요일 저는 미국의 정부 형태를 헌법이 미국 국민에게 삶의 터전
> 을 일굴 수 있도록 제공한 삼두마차 체제라고 설명한 바 있습니다. 물론
> 삼두마차란 3권으로 분리된 정부 권력, 다시 말해 입법, 행정, 사법부를
> 가리킵니다. 이 중 의회와 행정부, 두 마리의 말은 오늘도 같은 방향으
> 로 나아가려 애를 쓰고 있지만, 나머지 세 번째 말은 그렇지 못합니다.

루스벨트는 이어 미국 헌법이 대법원에 법안의 위헌성을 문제 삼을
권리를 부여한 적이 사실상 없으며, 그런 역할을 하게 된 것은 1803년
이라고 지적했다. 당시 부시로드 워싱턴Bushrod Washington 대법관은 "(특정
법의) 위헌성 여부가 추호의 합리적 의심의 여지도 없을 정도로 명백히
위헌임이 밝혀지기 전까지는 대법원이 적법한 것으로 인정해야 한다"
고 규정한 바 있다. 루스벨트는 이렇게 목소리를 높였다.

> 지난 4년 동안 증거가 불충분하다면 모든 법령을 타당한 것으로 해석
> 해야 한다는 건전한 원칙이 무시되어왔습니다. 대법원이 사법기구가
> 아니라 정책입안 기구인 양 행동한 것입니다.

루스벨트는 이 상황을 타개하는 것이 유권자가 자신에게 맡긴 사명
이라며 "개혁 방안을 심사숙고한 결과 명백한 헌법의 테두리 내에서 유
일한 방법은… 우리나라 모든 법원에 새로운 피를 수혈하는 것"이라고
주장했다. 그뿐만 아니라 대법관이 지나치게 일을 많이 하며 나이 든 법
관에게는 업무량이 과다하다고 역설했다. 공교롭게도 자신의 법안에

딴죽을 거는 법관들이었다. 루스벨트는 70세 이상이 되면 의무적으로 퇴직을 시키고, 자신에게 여섯 명의 신임 법관을 임명할 권한을 달라고 제안했다. 루스벨트의 사법부 개혁 법안Judiciary Reorganization Bill이 통과되면, 뉴딜정책이라면 사사건건 문제 삼는 꼬장꼬장한 법관들을 제거하기에 충분했을 것이다. 이들은 한결 보수적이었던 이전 행정부에서 임명한 인물들이었다.

루스벨트는 능숙하게 이 조치에 대한 국민의 호응을 얻기 위해 애썼지만 여론조사에서 국민의 지지도는 40퍼센트가량에 그치는 것으로 나타났다. 루이스 브랜다이스도 이제 대법관이 된 터였다. 그 또한 루스벨트의 법안에 상당 부분 공감했지만, 법관이 과도한 업무에 시달린다며 대법원의 권한을 침해하려는 시도에는 언성을 높였다. 루스벨트의 민주당은 상하 양원에서 넉넉한 과반수를 확보하고 있었다. 하지만 하원은 대체로 루스벨트의 법안 처리를 꺼렸다. 루스벨트는 상원의 문을 두드렸다. 법안은 이제 상원법사위원회Senate Judiciary Committee에 보내졌고, 첨예한 공방 속에 다양한 의견을 수렴했다. 하지만 이내 부정적인 보고서와 함께 법안을 상원으로 돌려보냈다.

루스벨트의 법안이 "불필요하고 쓸모없으며 위험하기 짝이 없는 헌법 정신 포기 행위이며… 전례도 없고 정당화될 수도 없다"는 것이었다. 상원은 70 대 20으로 법안을 수정하도록 위원회에 돌려보냈다. '법관 개혁'과 관련된 요소는 모조리 삭제되었다. 루스벨트는 자신의 권력을 옥죄는 대법원의 굴레를 벗어던질 수 없게 될 것이다. 대통령 권한에 대한 제약은 변함이 없었지만, 타협이 없었던 것은 아니다. 대법원이 사회보장법과 전국노동관계법은 합헌이라는 결정을 내린 것이다.

두 법안의 운명보다 더 중요한 것은 이 일화에서 배워야 할 전반적인 교훈이다. 포용적 정치제도는 포용적 경제제도에서 벗어나려는 큰 움직임을 견제할 뿐 아니라 정치제도 자체의 지속성을 훼손하는 시도 역시 제동을 건다는 사실이다. 민주당이 장악한 상·하원은 구미에 맞게 법원을 물갈이해 모든 뉴딜 관련 법안을 통과시키는 것이 누가 보아도 유리한 상황이었다. 18세기 초 영국의 정치 엘리트층은 법치주의를 중단하면 군주로부터 쟁취해낸 소득이 수포로 돌아갈 수 있다는 사실을 잘 알고 있었다. 미국의 상·하원 역시 대통령이 사법부의 독립성을 훼손한다면 정부체제에서 힘의 균형이 무너져 자신들도 무사하지 못할지 모르며 다원적 정치제도마저 위협받는 지경에 이를 수도 있다는 사실을 잊지 않았던 것이다.

그대로 두었으면 루스벨트는 입법부에서 과반수를 확보하려면 지나치게 많은 양보를 하고 시간을 허비해야 한다고 판단해, 대통령령에 의한 통치rule by decree를 시도하며 다원주의 및 미국 정치체제의 토대 자체를 흔들어놓았을지도 모를 일이다. 의회는 당연히 이를 좌시하지 않았겠지만, 루스벨트가 대공황을 극복하기 위해 절실히 필요한 조치를 의회가 가로막고 있다고 주장하며 대국민 호소에 나섰을 수도 있다. 내처 경찰력을 동원해 의사당을 봉쇄했을지도 모른다.

억측이라고 고개를 저을지도 모르지만, 1990년대 실제로 페루와 베네수엘라에서 벌어진 일이었다. 후지모리Alberto Fujimori 대통령과 차베스Hugo Chávez 대통령은 국민의 지지를 빌미로 말을 듣지 않는 의회를 폐쇄한 것은 물론 헌법까지 뜯어고쳐 대통령의 손에 막대한 권력을 몰아주었다. 다원주의적 정치제도하에서 권력을 공유하는 이들이 그런 파행이 거듭되는 상황을 우려했기 때문에 1720년대 영국의 월폴도 법원에 손을 대지 않은 것이며, 미 의회가 루스벨트의 법원 개혁안에 반기를 든 것도 마찬가지 이유였다. 루스벨트에 제동을 건 것은 다름 아닌 선순환의 힘이었다.

아르헨티나의 사례

하지만 늘 이런 논리가 통하는 것은 아니다. 특히 어느 정도 포용적 제도가 있지만, 워낙 착취적 색채가 강한 사회라면 더 말할 것도 없다. 로마와 베네치아에서 이미 이런 사례를 살펴본 바 있다. 루스벨트의 실패한 법원 개혁 시도를 아르헨티나의 유사한 사례와 비교해봐도 잘 알수 있다. 아르헨티나에서는 정치·경제 제도의 착취적 성향이 극심한 상황에서 비슷한 줄다리기가 벌어졌다.

1853년 아르헨티나 헌법은 미국 대법원과 유사한 역할을 하는 대법원을 창설했다. 1887년에는 미국 대법원과 마찬가지로 특정 법률의 합헌 여부를 결정하는 기능도 담당하게 되었다. 이론적으로 대법원은 아르헨티나에서도 포용적 정치제도의 한 중요한 축으로 발전했을 법하지만 나머지 정치·경제 제도가 극도로 착취적인 성향을 벗어나지 못했고 사회의 광범위한 계층이 힘을 얻거나 다원주의가 자리 잡은 것도 아니었다. 미국처럼 아르헨티나에서도 헌법과 관련한 대법원의 역할은 도전에 직면한다. 1946년 후안 도밍고 페론Juan Domingo Perón은 민주적 절차에 따라 선출된 최초의 아르헨티나 대통령이 되었다. 페론은 대령 출신으로 1943년 군사 쿠데타를 일으켜 노동부 장관에 임명되면서 전국적으로 명성을 떨친 인물이었다. 페론은 노동부 장관을 지내면서 노조 및 기타 노동운동 세력과 정치적으로 결탁해 대통령으로 향하는 길을 닦았다.

페론이 승리하자마자 하원에서 그를 따르던 의원들이 대법관 서너 명의 탄핵안을 발의했다. 대법원에 제기된 혐의는 한둘이 아니었다. 1930년과 1943년 군사정권의 정통성을 인정한 것이 위헌이라 지적하기도 했는데 페론도 두 번째 쿠데타에서 결정적 역할을 했기 때문에 아이러니가 아닐 수 없었다. 미국의 사례와 마찬가지로 대법원이 위헌 결정을 내린 법안을 문제 삼기도 했다. 특히 페론이 대통령에 당선되기 직전 대법원은 그가 새로 마련한 전국노동관계위원회가 위헌이라는 결정을 내린 바 있었다.

루스벨트가 1936년 재선 유세 당시 대법원을 강경 비난하고 나섰듯이 페론도 1946년 선거운동에서 같은 행보를 보였다. 탄핵 절차가 시작된 지 아홉 달 만에 하원은 세 명의 대법관을 탄핵했고, 나머지 한 명은 이미 사임한 뒤였다. 상원도 탄핵안을 승인했다. 그런 다음 페론은 네 명의 대법관을 새로 임명했다. 대법원이 무너진 것은 페론이 정치적 굴레를 벗어던졌다는 의미나 다름없었다. 이제 그는 자신의 임기 전후로 등장한 군사정권과 마찬가지로 무소불위의 권력을 행사할 수 있게 되었다. 가령 신임 법관은 페론을 모욕했다는 혐의로 제1야당인 급진당 Radical Party 당수 리카르도 발빈Ricardo Balbín이 유죄 선고를 받자 이를 합헌이라 하며 여당 편을 들어주었다. 페론은 사실상 독재자로 군림하게 된 것이다.

페론이 내키는 대로 대법원을 물갈이하고 나자 아르헨티나에서는 신임 대통령이 대법관을 직접 발탁하는 것이 관례가 되어버렸다. 이제 그나마 행정부의 권력에 제재를 가하던 정치제도가 사라져버린 것이다. 페론 정권은 1955년 또 한 차례 쿠데타가 발생해 권좌에서 쫓겨나고 만다. 이후 여러 차례 군사정권과 민간정부가 번갈아 들어섰지만, 군사정부든 민간정부든 법관을 입맛대로 임명했다. 그렇다고 대법원 법관 선출이 군사정권과 민간정부의 권력 이양 과정에서만 벌어진 일은 아니었다.

1990년, 아르헨티나는 마침내 민주적으로 선출된 정부 간에 권력 이양이 성사되었다. 민주정부가 다른 민주정부에게 권력을 넘겨준 것이다. 하지만 이미 대법원에 관한 한 민주정부라고 해서 군사정권과 태도가 크게 다르지 않았다. 신임 대통령은 페론당^{Perónist Party}의 카를로스 사울 메넴^{Carlos Saúl Menem}이었다. 현직 대법관은 1983년 민주정부가 들어선 후 급진당의 라울 알폰신^{Raúl Alfonsín} 대통령이 임명한 인물들이었다. 민주적 정권 이양이었으므로 메넴이 독자적으로 대법관을 임명할 아무런 이유가 없었다. 하지만 선거를 치르는 동안 이미 메넴은 본색을 드러낸 바 있었다. 그는 줄기차게 대법관의 사임을 종용하거나 심지어 위협도 마다치 않았다(물론 법관들은 이에 굴하지 않았다).

카를로스 파야트^{Carlos Fayt}에게 대사직을 제안한 것은 널리 알려진 사실이다. 하지만 파야트는 호통을 치며 자신이 쓴 《법과 윤리^{Law and Ethics}》라는 책을 메넴에게 보냈다. "이 책을 내가 썼다는 걸 잊지 마시오"라고 경고 문구를 적어넣는 것도 잊지 않았다. 이에 굴하지 않고 메넴은 취임 후 석 달 만에 대법관의 수를 다섯에서 아홉으로 늘리자는 법안을 하원에 상정했다. 1937년의 루스벨트를 빼다 박은 논리를 들이밀기도 했다. 대법관이 과도한 업무에 시달린다는 것이었다. 이 법안은 순식간에 상하 양원을 통과했고 메넴은 네 명의 대법관을 발탁할 수 있었다. 바라던 과반수를 수중에 넣은 것이다.

메넴은 대법원을 상대로 승리를 거두자 앞서 언급한 파행을 거듭한다. 내친김에 헌법을 뜯어고쳐 재선에 도전할 수 있도록 임기 제한을 없애버렸다. 재선에 성공하자 또다시 헌법을 수정하려 했지만, 이번엔 뜻대로 되지 않았다. 하지만 그의 파행을 막은 것은 아르헨티나 정치제도가 아니라 그의 독주에 맞서 싸운 페론당 내부 파벌이었다.

라틴아메리카를 괴롭혔던 제도적 문제 대부분이 독립 이후 아르헨티나에서도 고스란히 재연된다. 아르헨티나는 선순환이 아닌 악순환의 함정에 빠진 것이다. 그 결과 대법원의 독립을 향한 행보 등 긍정적인 발전 노력이 발붙일 곳조차 없었다. 다원주의가 뿌리내린 상황에서는 어떤 단체도 독자적으로 다른 권력의 전복을 원하거나 꾀하지 않는다. 그런 식이라면 자신들의 권력도 결국 도전에 직면할 것이 뻔하기 때문이다. 이와 함께 권력이 광범위한 계층에 분배되면 그런 전복 시도는 어차피 어려워진다. 독립성을 해치려는 시도를 물리칠 의지가 분명한 광범위한 사회계층이 성원을 보낸다면 대법원은 힘을 얻을 수 있다. 미국에서는 그랬지만 아르헨티나의 사정은 달랐다. 자신들의 입지도 언젠가 위협받을 것을 예기치 못한 것은 아니겠지만, 의원들은 거리낌 없이 대법원의 독립성을 훼손했다. 착취적 제도하에서는 대법원을 무너뜨려 얻는 소득이 그만큼 높으므로 잠재적인 이득이 위험을 상쇄하고도 남는다고 믿기 때문이다.

긍정적 피드백과 선순환

포용적 정치·경제 제도는 저절로 생겨나는 것이 아니다. 경제성장 및 정치 변화를 거부하는 엘리트층과 기존 엘리트층의 정치·경제적 권력

을 제한하려는 계층 간의 첨예한 갈등의 산물인 때가 많다. 포용적 제도
는 잉글랜드의 명예혁명이나 북아메리카의 제임스타운 식민지 건설 등
여러 가지 요인이 한데 어우러져 집권 엘리트층의 입지를 약화시키고
반대 세력에 힘을 실어주며, 다원주의적 사회 건립을 향한 인센티브가
만들어지면서 태동하는 것이다. 정치 갈등의 결과는 아무도 예측할 수
없으며 역사를 돌이켜보면 수많은 사건이 불가피했다고 여기기 십상이
지만 역사가 걷는 길은 늘 우발적이다. 하지만 일단 뿌리를 내리면 포용
적 정치·경제 제도는 긍정적 순환을 되풀이하며 선순환의 고리를 형성
하는 경향이 있어, 그런 제도가 더 오래가고 확대될 수 있는 환경을 조
성할 가능성이 크다.

  선순환은 여러 메커니즘을 통해 작동한다. 첫째, 다원주의 정치제도
의 논리는 독재자, 정부 내 파벌, 심지어 선의의 대통령이라 해도 권력
찬탈을 한층 더 어렵게 만든다. 자신의 권한을 제한하는 대법원의 굴레
를 벗어던지려 했던 프랭클린 루스벨트나 블랙법을 곧장 시행하려 했
던 로버트 월폴 경이 깨달은 바였다. 두 사례에서도 알 수 있듯이 한 개
인이나 소수 무리에 권력을 몰아주면 다원주의적 정치제도의 기반을
훼손할 위험이 따르며, 다원주의의 진정한 잣대는 그런 시도를 얼마나
잘 제압하느냐에 달려 있다.

  또 다원주의에는 법이 만인에게 평등하게 적용되어야 한다는 법치주
의 이념이 깃들어 있는데 당연히 절대왕정하에서는 어림없는 일이다.
하지만 다른 면에서 보면 법치주의는 한 무리가 단순히 다른 무리의 권
리를 침해할 목적으로 법을 악용할 수 없다는 뜻이기도 하다. 더욱이
법치주의 원리는 한층 더 폭넓은 정치 참여와 더 큰 포용성으로 이어진
다. 만인이 법 앞에서만 평등한 게 아니라 정치체제 속에서도 평등해야

한다는 이념을 굳게 뿌리내리기 때문이다. 19세기 내내 영국 정치체제가 민주주의 확대를 요구하는 엄청난 물결을 거부하지 못하고 점차 모든 성인에게 보통선거권을 부여할 수밖에 없었던 이유 중 하나이기도 하다.

둘째, 이미 여러 차례 살펴보았듯이, 포용적 정치제도와 포용적 경제제도는 서로 의지하며 확대되는 양상을 띠게 된다. 이를 통해 또 다른 선순환 메커니즘이 작동한다. 포용적 경제제도는 노예제와 농노제 같은 극도로 추악한 착취적 제도를 뿌리 뽑고, 독점의 실효성을 바래게 하며, 역동적인 경제를 창출한다. 이에 따라 적어도 단기적으로는 누군가 정치권력을 찬탈해 얻을 수 있는 경제적 소득이 많이 줄어드는 것이다. 18세기에 이르면 영국에는 이미 대단히 포용적인 경제제도가 뿌리를 내렸기 때문에 엘리트층이 권력에 집착해 얻는 소득이 크게 줄었고, 민주주의 확대를 요구하는 이들을 무차별 탄압하면 오히려 잃는 것이 더 많은 형편이었다. 19세기 영국에서 민주주의를 향한 점진적 행보를 엘리트층이 덜 두려워하게 되면서 그 성공 가능성이 한층 높아진 것도 바로 그런 선순환 덕분이었다. 절대주의 정권이 틀어쥐고 있던 오스트리아-헝가리나 러시아제국의 상황과는 대조적일 수밖에 없다. 이들 나라의 경제제도는 여전히 극도로 착취적이어서 19세기 정치적 참여 요구가 분출되자 권력 분점으로 잃을 게 많은 엘리트층은 대대적인 탄압으로 맞섰다.

마지막으로 포용적 정치제도하에서는 자유언론이 번성할 수 있고, 자유언론은 포용적 제도를 위협하는 움직임을 널리 알려 저항 세력을 부채질하는 역할을 하는 사례가 많다. 19세기 말에서 20세기 초반까지 미국에서 강도귀족의 경제 독점이 심화되어 포용적 경제제도의 본질이 훼손될 위험에 처했을 때도 자유언론의 활약이 대단했음을 이미 살펴본 바 있다.

　상존하는 정치 갈등의 결과는 늘 우발적일 수밖에 없지만, 지금까지 언급한 메커니즘을 통해 선순환은 영국과 미국에서처럼 포용적 제도가 지속되고, 도전을 이겨내며, 줄곧 확대될 수 있는 강한 경향을 만들어낸다. 다음 장에서 살펴볼 것처럼, 불행하게도 착취적 제도 역시 끈질긴 생명력을 지탱해주는 강력한 요인들을 만들어낸다. 다름 아닌 악순환의 고리다.

악순환

12장

악순환은 착취적 정치제도에서 비롯된다.
착취적 정치제도는 착취적 경제제도를 낳고,
이어 경제적 부와 권력으로 정치권력을 살 수 있으므로
착취적 경제제도 역시 착취적 정치제도를 뒷받침한다.

시에라리온의 착취적 제도

1896년, 서아프리카 시에라리온 일대는 영국 식민지가 되었다. 수도 프리타운은 본디 18세기 후반 송환 노예나 해방 노예의 정착지로 설립되었다. 하지만 프리타운이 영국 식민지가 될 무렵에도 시에라리온 내륙은 여전히 수많은 소규모 아프리카 왕국으로 북적댔다. 19세기 후반 영국은 점진적으로 아프리카 지배층과 잇따라 조약을 맺으며 내륙으로 통치 지역을 넓혀나갔다.

1896년 8월 31일, 영국 정부는 그간의 조약을 근거로 식민지를 보호령으로 선포했다. 또 유력한 지배자를 파악해 이른바 대추장paramount chief이라는 새 직위를 주었다. 가령 오늘날 다이아몬드 광산이 있는 코노Kono 지역에 해당하는 시에라리온 동부에서는 전투에 능한 강력한 무왕인 술루쿠Suluku를 만났다. 술루쿠 왕은 곧 대추장 술루쿠라 불렸고, 그가 다스리던 지역은 산도르 추장령Chieftaincy of Sandor이라는 이름으로 영국 보호령 내의 행정단위로 편입되었다.

영국 행정관과 조약을 체결한 술루쿠와 같은 왕들은 그런 조약이 식민지를 건설할 수 있을 정도의 백지수표로 해석되리라고는 꿈도 꾸지 못했다. 영국이 1898년 가옥세hut tax(집집마다 5실링이 부과되었다)를 거두려 하자 추장들은 이른바 '가옥세 반란Hut Tax Rebellion'이라는 내전을 일으켰다. 본디 북부에서 시작되었지만 남부의 반란이 더 치열하고 오래 지속되었다. 특히 멘데족Mende이 주로 사는 멘델란드Mendeland의 반발이 거셌다. 가옥세 반란은 곧 진압되었으나 영국에는 시에라리온 내륙 지역 통제가 간단치 않다는 경고나 다름없었다. 영국은 이미 프리타운에서 내륙으로 이어지는 철도를 짓고 있었다. 1896년 3월 공사가 시작되어 가옥세 반란이 한창이던 1898년 12월 송고타운Songo Town까지 철로가 놓였다. 1904년 영국 의사록에는 다음과 같이 기록되어 있다.

> 시에라리온의 철도는 1898년 2월 발발한 원주민 반란으로 공사가 전면 중단되고 공사 관계자들이 얼마 동안 갈피를 잡지 못했다. 반군이 철로에 몰려드는 바람에 전체 공사 관계자를 프리타운에서 철수시켜야 했다…. 프리타운에서 89킬로미터 가량 떨어져 철로에 닿아 있는 로티펑크Rotifunk는 당시 반군의 손에 떨어졌다.

사실 1894년 계획된 철로에 로티펑크는 포함되어 있지도 않았다. 반란이 터지자 경로를 바꾸어 북동쪽으로 가는 대신 남쪽으로 향했는데, 로티펑크를 거쳐 멘델란드로 진입하게 된 것이다. 영국은 반란의 중심지인 멘델란드에 빨리 접근할 수 있기를 바랐다. 반란의 소지가 있는 내륙의 다른 말썽 지역도 마찬가지였다.

1961년 시에라리온이 독립했을 때 영국은 밀턴 마르가이^{Milton Margai}가 이끄는 시에라리온인민당^{Sierra Leone People's Party, SLPP}에 정권을 넘겨주었는데, 동부와 남부, 특히 멘델란드에 지지 기반을 두고 있었다. 밀턴의 뒤를 이어 1964년 동생인 앨버트 마르가이^{Albert Margai}가 총리에 올랐다. 1967년 인민당은 치열한 선거전을 벌인 끝에 시아카 스티븐스^{Siaka Stevens}가 이끄는 야당인 전인민의회당^{All People's Congress Party, APC}에 분패하고 말았다. 스티븐스는 북부의 림바족^{Limba}이었고 전인민의회당은 대체로 림바족, 템네족^{Temne}, 로코족^{Loko} 등 북부 종족에 기반을 두고 있었다.

남부로 이어지는 철도는 본래 영국이 시에라리온을 통치하기 위해 고안된 것이지만 1967년에 이르자 경제적인 역할까지 담당했다. 커피, 코코아, 다이아몬드 등 대부분의 수출품을 실어 나른 것이다. 커피와 코코아를 재배한 농민은 멘데족이었고 철도는 세계로 이어지는 멘델란드의 창구였다. 1967년 멘델란드는 앨버트 마르가이에게 몰표를 주다시피 했다. 스티븐스는 멘델란드의 수출을 장려하기보다 권력에 집착했다. 그의 논리는 간단했다. 멘데족에게 좋으면 인민당에도 좋지만, 자기 자신에게는 나쁘다는 것이었다. 그러더니 멘델란드로 이어지는 철로를 들어내버렸다. 내친김에 아예 복구는 꿈도 꿀 수 없도록 선로와 철도 차량을 팔아치웠다.

지금 프리타운을 나와 동부로 차를 몰고 가면 헤이스팅스^{Hastings}와 워털루의 황폐해진 철도역을 지나게 된다. 더 이상 열차를 타고 보^{Bo} 시(남부에 있는 시에라리온 2대 도시 - 옮긴이)에 가지 못한다. 당연히 스티븐스의 극단적인 행동은 가장 역동적인 시에라리온 경제 부문에 치명타를 입혔다. 하지만 독립 이후 아프리카의 지도자들이 대부분 그러했듯이 권력 강화와 경제성장 촉진이라는 두 가지 선택안이 주어지자 스티븐스는 자신의 권력 강화를 선택했고, 뒤도 돌아보지 않았다. 오늘날 보시로 향하는 열차를 더는 탈 수 없게 된 것은 철도가 러시아에 혁명을 조장할 것이라 우려한 차르 니콜라이 1세와 마찬가지로 스티븐스도 자신의 반대 세력이 철도를 등에 업고 힘을 키울 것이라 염려했기 때문이다. 착취적 제도를 틀어쥔 수많은 지배자와 마찬가지로 스티븐스 또한 자신의 정치권력이 도전받는 것을 걱정했고, 그런 도전을 물리치기 위해 경제성장을 기꺼이 희생했다.

스티븐스의 전략은 언뜻 영국과 대조를 보인다. 하지만 사실상 스티븐스 정권은 영국 식민 지배의 연장선에 서 있다 해도 과언이 아니며, 악순환의 논리를 여실히 보여준다. 스티븐스 또한 영국 식민정부와 비슷한 방법을 동원해 인민으로부터 자원을 착취하며 시에라리온을 다스렸다. 그가 1985년까지 정권을 유지할 수 있었던 것은 인민의 지지로 재선되었기 때문이 아니라, 1967년 이후 정적 중에서도 특히 인민당원을 살해하고 닦달하는 폭력적인 독재정권을 수립했기 때문이었다. 1971년에는 스스로 대통령에 오르더니 1978년에는 시에라리온에 스티븐스의 전인민의회당 하나만 남아 본격적인 일당독재가 시작되었다. 이처럼 스티븐스는 내륙 대부분 지역을 도탄에 빠뜨리면서까지 권력을 완전히 장악하는 데 혈안이 되어 있었다.

식민통치 시절 영국은 다른 대부분 아프리카 식민지와 마찬가지로 시에라리온도 간접 통치체제를 적용했다. 체제 피라미드의 맨 아래에 있었던 것은 대추장으로, 세금을 거두고 법을 집행했으며 질서를 유지했다. 영국은 코코아와 커피 농부를 고립시키는 정책을 쓰지 않고 농민을 돕는다는 미명하에 식민정부에서 설립한 유통기구에 모든 생산품을 강제로 팔아넘기도록 했다. 시간에 따라 농산물 가격은 요동쳤다. 올해 코코아 가격이 폭등하면 이듬해 폭락하는 식이었다. 이에 따라 농가 수익도 춤을 추었다. 시장위원회는 농민이 아닌 자신들이 가격 변동성을 흡수한다며 이런 상황을 정당화했다. 세계 농산물 가격이 오르면 위원회는 시에라리온 농민에게 세계 시가보다 낮은 가격을 쳐주었고, 반대로 세계 시가가 낮으면 농민에게 높은 가격을 쳐준다는 것이었다. 원칙적으로 그럴듯해 보였지만 현실은 사뭇 달랐다.

1949년에는 시에라리온 농산물 시장기구Produce Marketing Board가 발족되었다. 당연히 기구가 제 기능을 하려면 자원이 필요했다. 기구 운영자금을 마련하는 가장 손쉬운 방법은 흉년이든 풍년이든 농민에게 조금 덜 주는 것이었다. 그렇게 마련한 자금은 부대 경비와 운영비용으로 사용했다. 머지않아 조금 덜 준다는 건 훨씬 덜 준다는 의미가 되었다. 식민정부는 농민으로부터 엄청난 세금을 거두어들이는 수단으로 시장기구를 이용한 것이다.

사하라 이남 아프리카에 대한 악랄한 식민통치 관행이 독립 이후 중단될 것이며, 시장기구를 이용해 농민에게 과도한 세금을 매기는 관행도 막을 내릴 것이라 기대한 이들이 많았다. 하지만 둘 다 말 그대로 기대에 불과했다. 오히려 시장기구를 이용한 농민 착취는 한층 더 심해졌다. 1960년대 중반에 이르자 야자 씨 농가가 시장기구에서 받는 가격은 국제 시가의 56퍼센트에 불과했고, 코코아 농가는 48퍼센트, 커피 농가는 49퍼센트에 그쳤다. 스티븐스가 직접 발탁한 후계자 조지프 모모Joseph Momoh에게 대통령직을 물려주고 퇴임한 1985년에는 이들 수치가 각각 37, 19, 27퍼센트로 급감했다. 참담한 상황으로 보일지 모르지만, 스티븐스 정권보다는 그나마 나은 대접이었다. 스티븐스 정권은 고작 10퍼센트 정도만 농민에게 주고 나머지 90퍼센트를 착취했으며, 그 수입을 도로나 교육 등 공공사업에 투자한 것이 아니라 자신과 측근들의 배를 불리고 정치 기반을 매수하는 데 사용했다.

간접 통치 수단의 일환으로 영국은 또 대추장이 종신 직위라고 규정했다. 추장의 자격은 인정받을 만한 '세도가勢道家'의 일원으로 국한되었다. 추장령에서 세도가의 정체성은 오랜 세월을 거치며 만들어졌지만, 근본적으로 특정 지역의 왕가 또는 19세기 말 영국과 조약을 맺은 엘리트 가문의 혈통에 기반을 두고 있었다. 추장도 선출직이었지만 민주적 과정을 거치지는 않았다. 부족위원회Tribal Authority에서 대추장을 결정했는데 대추장, 촌락 추장, 영국 당국이 임명한 하급 추장으로 구성된 기구였다.

독립 이후 이런 식민지제도 역시 철폐되거나 적어도 개혁될 것이라 기대한 이들이 많았을 것이다. 하지만 시장기구와 마찬가지로 이 제도 역시 군건히 자리를 지켰다. 오늘날까지도 징세권은 대추장이 쥐고 있다. 가옥세는 아니지만, 그와 다름없는 인두세를 거둔다. 2005년 산도르 부족위원회는 새로운 대추장을 선출했다. 유일한 세도가인 파술루쿠Fasuluku 가문에서만 후보를 낼 수 있었다. 대추장에 오른 것은 술루쿠 왕의 고손자인 세쿠 파술루쿠Sheku Fasuluku였다.

시장기구의 행태와 토지 소유권을 둘러싼 전통 체제만 보더라도 시에라리온 등 사하라 이남 아프리카 대부분 지역에서 농업 생산성이 왜 그토록 낮은지 쉽게 이해할 수 있다. 교과서적 경제 이론에 따르면 이 지역의 경제가 가장 역동적이어야 한다. 1980년대 들어 정치과학자인 로버트 베이츠Robert Bates는 교과서 이론과 달리 아프리카 농업 생산성이 크게 떨어지는 이유를 파헤치기 시작했다. 그 결과 그는 2장에서 살펴보았듯이 지리 등 태생적으로 농업 생산성이 낮을 수밖에 없다고 지적되어온 요인과는 무관하다는 사실을 깨달았다. 그보다는 시장기구의 가격 정책으로 농민이 투자하거나 비료를 사용하거나 땅을 기름지게 유지할 인센티브가 전혀 없기 때문이었다.

시장기구의 정책이 농민에게 이토록 불리한 이유는 이들에게 정치권력이 없었기 때문이다. 시장기구의 가격 정책만큼이나 토지 사용권을 불안하게 하는 다른 근본적인 요인도 농민의 투자 의욕을 갉아먹긴 마찬가지였다. 시에라리온의 대추장은 법질서를 유지하고, 사법권 및 징세권을 누렸을 뿐 아니라 '토지 관리인'의 역할도 겸했다. 가족과 씨족, 가문들이 토지 사용권과 전통적 권리를 가졌지만 궁극적으로 누가 어디서 농사를 짓는가를 결정하는 것은 대추장이었다. 예컨대 동일한 왕가 출신이어서 추장과 줄이 닿아 있지 않은 한 토지에 대한 사유재산권은 불안할 수밖에 없었다. 토지는 매매하거나 대출을 위한 담보로 사용될 수 없었고 추장령 밖에서 태어난 사람은 '사실상' 사유재산권 확보라 할지 모를 커피, 코코아, 야자수 등 다년생 작물을 재배하지 못했다.

시에라리온에서 영국이 개발한 착취적 제도와 호주 등 다른 식민지에서 발달한 포용적 제도가 어떻게 대비되는지는 광물 자원의 관리 방식만 봐도 잘 알 수 있다. 1930년 1월 동부 시에라리온의 코노에서 다이아몬드가 발견되었다. 다이아몬드는 광산 깊숙한 곳이 아닌 충적토에서 캐낼 수 있었다. 따라서 다이아몬드는 주로 진흙을 채에 담아 강물에서 거르는 작업을 통해 얻어냈다. 일부 사회학자는 이를 두고 '민주적 다이아몬드democratic diamonds'라 부르는데, 많은 이들이 채굴에 참여해 포용적 기회를 만들어낼 수도 있을 것이라 믿기 때문이다.

하지만 시에라리온의 사정은 그렇지 못했다. 다이아몬드를 강물에 거르는 방법은 본질적으로 민주적일지 모르지만, 영국 정부는 이를 가

뿐히 무시하고 전체 보호령을 독점한 다음 '시에라리온 실렉션 트러스트Sierra Leone Selection Trust'라는 이름을 붙여 남아프리카의 거대 다이아몬드 기업인 드비어스De Beers에 넘겨주었다. 1936년 드비어스는 '다이아몬드 보호군Diamond Protection Force'이라는 사병조직을 창설했는데 나중에는 시에라리온 식민정부 군대보다 규모가 커졌다. 이렇게까지 해도 충적토에 묻힌 다이아몬드가 워낙 널리 퍼져 있어 상황을 통제하기란 여간 어렵지 않았다. 1950년대에 이르자 다이아몬드 보호군이 수없이 몰려드는 불법 다이아몬드 채굴자들에게 맥을 못 추기도 해서 엄청난 분쟁과 혼란이 잇따랐다. 1955년 영국 정부는 시에라리온 실렉션 트러스트 밖에서 다이아몬드를 채굴할 수 있도록 일부 채굴업자에게 다이아몬드 산지를 개방했지만, 옝게마Yengema, 코이두Koidu, 통고Tongo 등 노른자위는 여전히 드비어스의 수중에 있었다.

독립 이후 상황은 오히려 더 악화되었다. 1970년 시아카 스티븐스는 시에라리온 실렉션 트러스트를 사실상 국유화해 '국립 다이아몬드 광산 유한회사National Diamond Mining Company (Sierra Leone) Limited'를 설립했다. 정부가 51퍼센트 지분을 가졌다지만 정부란 사실상 스티븐스 자신을 의미했다. 스티븐스가 전국 다이아몬드 광산을 손에 넣으려는 야심을 드러내기 시작한 것이다.

19세기 호주에서 만인의 이목을 집중시킨 것은 다이아몬드가 아닌 뉴사우스웨일스 및 새로 설립된 빅토리아 주에서 1851년 발견된 황금이었다. 시에라리온의 다이아몬드와 마찬가지로 호주의 황금도 충적토에 매장되어 있었고, 채굴 방법에 관한 결정을 내려야 할 판이었다. 앞서 언급했던 무단점거자들의 수장인 존 맥아더의 아들 제임스 맥아더 등 일부는 광산 지역에 담장을 두르고 독점권을 경매에 부치자고 제안했다. 이들은 호주판 시에라리온 실렉션 트러스트를 바랐던 것이다. 하지만 호주에는 황금 광산 지역에 자유롭게 접근하고 싶은 이들이 많았다. 결국 포용적 모형이 승리했고 독점을 수립하는 대신 호주 당국은 연간 채굴 면허세를 내는 누구라도 황금을 캘 수 있도록 허용했다. 이른바 디거diggers(황금을 '캐는dig' 사람이란 의미 – 옮긴이)로 알려진 이들은 호주 정치, 특히 빅토리아 주에서 막강한 세력을 형성했다. 보통선거권과 비밀선거 이념을 밀어붙이는 데 크게 공헌하기도 했다.

악순환의 메커니즘

유럽의 팽창과 아프리카 식민 지배에 따른 두 가지 엄청난 폐악을 이미 살펴본 바 있다. 유럽인은 대서양 노예무역으로 아프리카의 정치·경제 제도를 착취적 방향으로 몰아갔고, 유럽인과 경쟁 가능성을 아예 뿌리 뽑기 위해 식민지 법률과 제도를 사용해 아프리카의 상업적 농업 발달을 가로막았다. 노예제도가 치명타를 입히기는 시에라리온도 마찬가지였다. 식민지로 전락했을 당시 내륙에는 강력한 중앙집권정부가 존재하지 않았고, 서로 물고 뜯기 바쁜 수많은 왕국이 상대 부족을 공격해 남녀를 가리지 않고 닥치는 대로 주민을 잡아들이곤 했다. 전체 인구의 50퍼센트가 노예로 피땀을 흘렸을 것으로 추정될 정도로 노예의 나라나 다름없었다.

남아프리카와 마찬가지로 유럽인은 풍토병 때문에 시에라리온에도 대규모로 정착하지 못했다. 따라서 아프리카인과 경쟁하는 백인을 찾아볼 수 없었다. 더욱이 요하네스버그 수준의 광산 경제도 육성되지 않왔고 아프리카 노동력을 바라는 백인 농장도 없었기 때문에 남아프리카 아파르트헤이트 정권 하면 떠오르는 착취적 노동시장 제도를 만들어낼 인센티브도 없었다.

하지만 다른 메커니즘도 작용했다. 여전히 정부 독점인 시장기구를 통해 착취를 당했지만, 시에라리온의 코코아와 커피 농가는 백인과 경쟁하지 않았다. 시에라리온은 또 간접 통치에 시달렸다. 영국 당국이 간접 통치 방법을 사용하고자 했던 아프리카의 여러 지역에는 권력을 빼앗을 중앙집권화된 정부체제가 없는 종족이 수두룩했다. 가령 나이지리아 동부에 사는 이그보우족은 19세기 영국인과 맞닥뜨렸을 때 추장이라는 개념이 없었다. 그러자 영국은 이른바 행정 추장warrant chief이라는 직위를 만들었다. 하지만 시에라리온에서는 기존 원주민 제도와 위계질서에 기반을 두고 간접 통치체제를 수립했다.

1896년 어떤 역사적 근거로 개인이 대추장으로 인정받았든, 간접 식민통치와 그 덕분에 대추장이 획득한 권력은 시에라리온의 기존 정치 판도를 완전히 뒤집어놓았다. 종전에는 존재하지 않았던 사회계층(세도가)도 그런 변화 중 하나였다. 한층 여유가 있고 인민의 지지로 추장이 선출되던 기존의 상황을 세습귀족으로 갈아치웠다. 프리타운이나 영국의 후원자에게 신세를 지고 있는 종신 추장이 권력을 휘두르며 정작 자신들이 다스리는 인민은 거의 아랑곳하지 않는 엄격한 정치체제가 고개를 든 것이다. 영국은 다른 방식도 동원해 기꺼이 기존 제도를 뒤엎었다. 일례로 말 잘 듣는 다른 인물로 합법적인 기존 추장을 갈아치우기도 했다. 아닌 게 아니라 시에라리온 독립 후 첫 두 총리를 배출한 마르가이 가문은 가옥세 반란 당시 집권했던 니야마Nyama 추장에 맞서 영국 편을 들었고, 결국 로어 반타Lower Banta 추장령에서 권력을 거머쥐게 되었다. 니야마는 축출되었고 마르가이 가문이 추장을 독차지하며 2010년까지 자리를 지켰다.

놀라운 것은 시에라리온 독립 이후에도 식민통치 시절과 별반 달라진 게 없다는 사실이었다. 영국은 시장기구를 만들어 농민에게 세금을 거두는 수단으로 이용했다. 독립 이후 들어선 정부들 역시 같은 수법을 사용했는데, 식민통치 시절보다 세율이 더 가혹했다. 영국은 대추장을 통해 간접 통치체제를 수립했다. 독립 이후 정부들은 식민 잔재라 할 만한 이런 제도를 폐기하지 않고 농촌 지역을 다스리는 데 그대로 사용했다. 영국은 다이아몬드 독점을 창설해 아프리카 채굴자들을 쫓아내려 했다. 독립 이후 정부라고 다를 게 없었다. 물론 영국은 멘델란드를 지배하려면 철도를 건설하는 것이 좋은 방법이라 여겼지만 시아카 스티븐스는 펄쩍 뛰었던 것도 사실이다. 영국은 군대를 믿었고 반란이 일어나면 멘델란드에 출동시킬 수 있다는 것도 알았다.

반면 스티븐스는 그럴 수 없었다. 다른 많은 아프리카 나라도 마찬가지였지만 강력한 군대를 창설하면 스티븐스의 권력 기반에 위협이 될 수도 있었다. 이런 이유로 그는 군대를 약화시키는 데 주력했다. 규모를 줄이고 특별한 준*정규군 조직을 만들어 오직 자신에게만 충성하게 했다. 그런 과정에서 가뜩이나 미약했던 국가의 권위를 크게 실추시킨 게 사실이다. 군대를 약화시키고 맨 먼저 창설한 것이 국가보안사Internal Security Unit, ISU였는데 하도 오랫동안 시달려온 시에라리온 인민들은 I Shoot U(나는 너를 쏜다)의 약자로 여길 정도였다. 뒤를 이어 특수보안대 Special Security Division, SSD가 들어섰지만, 인민들은 Siaka Stevens's Dog(시아카 스티븐스의 개)라고 불렀다. 종국에는 정권을 지지하는 군대의 부재가 스티븐스 정권이 종말을 맞은 원인이기도 했다. 1992년 4월 29일 전인민의회당 정권은 밸런타인 슈트라서Valentine Strasser 대위가 이끄는 고작 30명에 불과한 군인의 손에 축출되고 말았다.

시에라리온의 발전 혹은 정체 상황은 분명한 악순환의 결과였다 할 수 있다. 애초에 영국 식민통치 당국이 착취적 제도를 수립했고 독립 이후 정권을 잡은 아프리카 정치인도 기꺼이 식민정부의 바통을 이어받았다. 사하라 이남 아프리카 일대에서 거의 어김없이 발견되는 패턴이라 소름이 끼칠 정도다. 독립 이후 가나, 케냐, 잠비아 등 수많은 다른 아프리카 나라도 시에라리온과 마찬가지로 희망을 품었던 것이 사실이다. 하지만 하나같이 악순환의 맥락에서 예측할 수 있는 패턴을 따르며 착취적 제도를 재수립했다. 시간이 흐를수록 오히려 한층 더 악화되는 양상을 띠었을 뿐이다. 가령 이 중에서 영국이 만든 시장기구와 간접 통치체제가 사라진 나라는 단 한 곳도 없었다.

이런 악순환이 거듭되는 데는 당연한 이유가 있다. 착취적 정치제도는 착취적 경제제도로 이어져 다수를 희생시키면서 소수의 배만 불려준다. 따라서 착취적 제도로 이득을 보는 자들은 사병과 용병을 키우고, 판사를 매수하고, 정권 유지를 위해 부정선거를 저지를 충분한 자원을 가지게 된다. 또한 체제를 수호해야 할 이유가 분명해진다. 따라서 착취적 경제제도는 착취적 정치제도가 꾸준히 살아남을 토대를 다져준다. 착취적 정치제도를 기반으로 한 정권이 권력을 소중하게 여기는 이유는 무소불위의 권력을 휘두르며 경제적 부를 챙길 수 있기 때문이다.

또한 착취적 정치제도는 권력 남용을 견제할 수단을 제공하지 않는다. 권력이 꼭 부패하는 것인지에 대해서는 논란이 있을지 모르지만 "절대권력은 절대 부패한다"는 액턴 경Lord Acton의 주장은 의심할 여지가 없어 보인다. 앞 장에서 살펴보았듯이 프랭클린 루스벨트 미국 대통령이 아무리 사회를 위한 일이라고 믿었다 하지만 대법원의 제약을 받지 않고 대통령의 권한을 사용하기를 바랐을 때, 포용적 미국 정치제도는 권력에 대한 견제 수단을 벗어던지려는 그의 시도를 묵과하지 않았다.

착취적 정치제도하에서는 아무리 왜곡되고 반사회적이라 해도 집행에 대한 견제 수단이 거의 존재하지 않는다. 1980년, 당시 시에라리온 중앙은행 총재이던 샘 방구라Sam Bangura는 낭비가 심하다며 시아카 스티븐스의 정책을 질타한 바 있다. 얼마 안 있어 그는 중앙은행 건물 꼭대기에서 공교롭게도 시아카 스티븐스라고 이름 붙인 바닥에 내동댕이쳐져 목숨을 잃었다. 이처럼 국가 권력을 찬탈하고 악용하고자 하는 이들에 대한 방어기제가 존재하지 않기 때문에 착취적 정치제도는 악순환을 만들어낼 소지가 크다.

악순환의 또 다른 메커니즘은 무소불위의 권력을 창출하고 막대한 소득 불균형을 조장해 권력 투쟁의 전리품을 그만큼 키운다는 사실이다. 정부를 누가 장악하든 무소불위 권력과 그에 따른 부를 거머쥘 수 있기 때문에 착취적 제도하에서는 권력을 장악해 전리품을 취하려는 내분 가능성이 한층 더 커진다. 마야 도시국가와 고대 로마의 사례에서 이미 살펴본 바 있다.

이런 맥락에서 여러 아프리카 국가가 식민 열강으로부터 물려받은 착취적 제도가 권력 투쟁 및 내전의 씨앗을 뿌렸다는 사실은 놀랄 이유가 없다. 이런 투쟁은 잉글랜드내전이나 명예혁명과는 궤를 달리하는 갈등이었다. 정치제도를 바꾸거나, 권력 집행에 대한 견제 수단을 도입하거나, 다원주의를 창출하려는 투쟁이 아니라, 권력을 쟁취해 나머지 다수를 희생시키더라도 소수의 배만 불리려는 이전투구에 지나지 않았다. 앙골라, 부룬디Burundi, 차드, 코트디부아르, 콩고민주공화국, 에티오

피아, 라이베리아, 모잠비크, 나이지리아, 브라자빌 콩고, 르완다, 소말
리아, 수단, 우간다에서 시에라리온에 이르기까지, 다음 장에서 더 자세
히 살펴보겠지만, 이런 갈등은 피 터지는 내전으로 비화되고 경제적 파
탄과 유례를 찾아보기 어려운 인민의 고통을 초래했다. 이와 함께 궁극
적으로 국가의 실패를 조장한 것이다.

엔코미엔다에서 토지 강탈에 이르기까지

1993년 1월 14일, 라미로 데 레온 카르피오Ramiro De León Carpio가 과테
말라의 대통령으로 취임했다. 재무장관에는 리처드 에이킨헤드 카스티
요Richard Aitkenhead Castillo, 개발장관에는 리카르도 카스티요 시니발디Ricardo
Castillo Sinibaldi를 임명했다. 세 사람은 공통점이 있었다. 모두 16세기 초반
과테말라에 발을 디딘 에스파냐 정복자의 직계 후손이었다. 데 레온 가
문의 유명한 정복자 조상은 후안 데 레온 카르도나Juan De León Cardona였
고, 두 카스티요 장관은 멕시코 정복 역사의 생생한 주역이었던 베르날
디아스 델 카스티요Bernal Díaz del Castillo의 후예였다. 에르난 코르테스를 정
성껏 섬긴 대가로 디아스 델 카스티요는 산티아고 데 로스 카바예로스
Santiago de los Caballeros의 총독으로 임명되었는데, 오늘날 과테말라의 안티
구아Antigua 시에 해당한다. 페드로 데 알바라도Pedro de Alvarado 등 다른 정
복자들과 함께 카스티요와 데 레온은 유력 가문을 형성했다.

과테말라의 사회학자 마르타 카사우스 아르주Marta Casaús Arzú는 22개
핵심 가문을 밝혀냈는데, 이들은 또 26개 주변 가문과 결혼을 통해 관계
를 맺고 있었다. 족보와 정치에 관한 그녀의 연구 결과에 따르면 이들

가문은 1531년 이래 과테말라의 경제와 정치권력을 장악했다고 한다. 이런 엘리트층에 어떤 가문이 속해 있는지 구체적으로 들여다보니 1990년대 전체 인구의 단지 1퍼센트에 불과한 것으로 드러났다.

시에라리온은 물론 사하라 이남 아프리카 대부분 지역에서 식민 열강이 수립한 착취적 제도를 독립 이후 지도자들이 고스란히 넘겨받는 형태로 악순환의 고리가 이어졌다. 중앙아메리카 대부분 지역이 그러했듯이 과테말라에서도 간단하지만 한층 더 노골적인 악순환의 형태를 발견할 수 있다. 정치·경제 권력을 틀어쥔 계층이 권력 유지를 위해 제도를 손질하고, 또 실제로 성과가 있었다는 것이다. 이런 악순환 때문에 착취적 제도가 유지되고 동일한 엘리트 계층이 권력을 유지하며 그에 따라 저개발 상태도 유지되는 것이다.

정복 당시 과테말라에는 수많은 원주민이 오밀조밀 모여 살았다. 아마도 200만 마야인이 살았던 것으로 추정된다. 하지만 아메리카 대륙 다른 지역처럼 질병과 착취로 수많은 인명이 희생되어 전체 인구가 이전 수준으로 회복된 것은 1920년대에 들어서였다.

에스파냐제국의 다른 지역처럼 과테말라 원주민 역시 엔코미엔다의 하사품으로 정복자들에게 배분되었다. 멕시코와 페루가 식민지화된 배경에서도 살펴보았듯이 엔코미엔다는 강제노동체제였고, 곧이어 다른 유사한 강압적 제도가 이어졌다. 특히 레파르티미엔토가 극심했는데 과테말라에서는 만다미엔토^{mandamiento}(명령이라는 의미 – 옮긴이)라 불렸다. 일부 원주민의 피가 섞인 정복자의 후예로 구성된 엘리트층은 다양한 강제노동체제를 통해 수혜를 입었을 뿐 아니라 콘술라도 데 코메르시우^{Consulado de Comercio}라 불린 상인 길드를 통해 교역을 장악하고 독점했다.

과테말라 인구 대부분은 해안에서 멀리 떨어진 고산지대에 살았다.

운송비용이 많이 들다 보니 수출 경제를 확대하는 데 한계가 있었고, 초반에는 토지의 가치도 높지 않았다. 따라서 대부분 땅이 에히도^{ejido}라 부르는 공유지 형태로 여전히 원주민의 수중에 있었다. 나머지 땅은 대체로 버려지다시피 했고 명목상으로만 정부의 소유로 되어 있었다. 언뜻 봐도 토지를 장악하는 것보다 교역을 장악해 세금을 거두는 편이 수입이 짭짤했기 때문이다.

멕시코와 마찬가지로 과테말라 엘리트층 역시 카디스 헌법에 반감이 심했고, 멕시코 엘리트층이 그러했듯이 독립 선언을 부추기는 계기가 되었다. 잠시 멕시코 및 중앙아메리카연방과 손을 잡기도 했지만, 식민지 엘리트층은 1839년에서 1871년까지 독재자 라파엘 카레라^{Rafael Carrera} 밑에서 과테말라를 통치했다. 이 시기 내내 정복자 및 원주민 엘리트층의 후예는 식민통치 시절 착취적 경제제도를 거의 그대로 유지했다. 콘술라도 같은 기구 역시 독립 이후에도 존속했다. 왕실 기구였음에도 공화 정부 아래서 버젓이 활동한 것이다.

그렇다면 독립이라고 해봐야 멕시코와 마찬가지로 이미 존재하던 현지 엘리트의 쿠데타나 다를 바 없다. 원래부터 크게 득을 보고 있던 착취적 경제제도를 당연하게 유지했던 것뿐이다. 아이러니하게도 이 시기 내내 과테말라의 경제 발전을 주관한 것도 바로 콘술라도였다. 하지만 독립 이전에도 그러했듯이 콘술라도는 나름대로 꿍꿍이가 있었고 국익은 안중에도 없었다. 항구와 도로 등 사회간접자본 개발도 맡은 책임 중 일부였지만 콘술라도는 오스트리아-헝가리, 러시아, 시에라리온에서처럼 번번이 창조적 파괴 과정을 체제 불안으로 이어질 수 있는 위협으로 여겼다. 따라서 사회간접자본이 개발되기는커녕 오히려 거부되기 일쑤였다.

일례로 태평양에 접해 있는 수치테페케스Suchite-péquez 해안에 항구를 개발하는 프로젝트가 제안된 바 있다. 당시 번듯한 항구라고는 죄다 카리브 해안에 모여 있었고 이를 콘술라도가 장악했다. 콘술라도가 태평양 해안에 눈길을 주지 않은 데는 그럴 만한 이유가 있었다. 마사테낭고Mazatenango와 케살테낭고Quezaltenango 등 고지대 도시에서 물품을 운송하기에는 태평양 쪽이 한결 수월했기 때문에 그런 물품이 거래되는 다른 시장이 생겨난다면 해외무역을 독점하던 콘술라도는 큰 타격을 입을 것이 불을 보듯 뻔했기 때문이다. 역시 콘술라도가 전국적으로 책임을 맡은 도로 개발도 같은 논리로 거부감을 느꼈다. 경쟁자의 입지가 강화되거나 독점이 위협받을 것으로 생각해 도로 건설을 꺼렸던 것으로 추정된다. 이번에도 과테말라 서부와 케살테낭고, 로스알토스Los Altos에서 도로 건설에 대한 압력이 거셌다. 하지만 로스알토스에서 수치테페케스 해안을 잇는 도로가 개선되면 도시의 콘술라도 상인과 경쟁하는 새로운 상인 계층이 생겨날 소지가 있었다. 당연히 도로는 개선되지 않았다.

이처럼 엘리트층이 독차지한 결과 나머지 세계가 급변하는 상황에서도 과테말라는 여전히 19세기에 갇혀 있는 시대착오적 현상이 지속되었다. 세상의 변화는 과테말라에도 큰 영향을 줄 수밖에 없었다. 증기기관차와 철도, 한결 더 빠른 신형 선박 등 기술적 혁신으로 운송비용은 날로 하락했다. 더욱이 서유럽과 북아메리카의 소득이 늘어 과테말라와 같은 나라에서 나오는 생산품에 대한 수요도 대폭 증가했다.

19세기 초에는 천연염료인 인디고에 이어 코치닐cochineal까지 수출용으로 생산되었으나 커피를 생산하는 편이 훨씬 더 수익이 높아졌다. 과테말라는 커피 재배에 적합한 땅이 많아 생산 지역이 확대되기 시작했다. 콘술라도의 지원을 전혀 받지 않으면서 말이다. 세계시장에서 커피 가격이 오르고 국제무역이 확대되자 엄청난 이윤이 남았고 과테말라 엘리트층도 커피에 눈독을 들이기 시작했다.

1871년 오랜 세월 독재를 자행하던 카레라 정권이 마침내 당시 시류를 따라 자칭 자유주의자라 부르짖는 무리의 손에 전복되었다. 시간이 흐르면서 자유주의의 의미는 달라지고 있었다. 하지만 19세기 미국과 유럽에서는 오늘날 우리가 자유지상주의libertarianism라 부르는 것에 가까워서 개인의 자유와 작은 정부, 자유무역을 상징했다. 과테말라에서는 상황이 약간 달랐다. 초반에는 미겔 가르시아 그라나도스Miguel García Granados, 1873년 이후에는 후스토 루피노 바리오스Justo Rufino Barrios가 이끈 과테말라 자유당은 대개 자유주의적 사상을 지닌 새로운 인물이 아니었다. 대체로 동일한 가문이 권력을 쥐고 있었다. 이들은 착취적 제도를 고수하며 커피를 착취할 목적으로 어마어마한 경제구조 조정을 단행했다. 1871년 콘술라도를 철폐한 건 사실이지만 경제 상황이 달라져 있었다. 이제 착취적 경제제도는 커피 생산 및 수출에 초점이 맞춰져 있었다.

커피를 생산하려면 땅과 노동력이 필요했다. 커피 농장을 만들 땅을 확보하려고 자유당은 토지 민영화를 추진했는데, 사실상 촌락이 공동 소유한 땅이나 정부의 땅을 빼앗는 토지 강탈이나 다름없었다. 원성이 자자했지만 극도로 착취적인 정치제도에다 소수의 손에 정치권력이 집중된 터라 결국 엘리트층의 뜻대로 되고 만다. 1871년에서 1883년까지 주로 원주민 공유지이거나 변경 지역의 거의 100만 에이커에 달하는 토지가 엘리트 수중에 떨어졌고, 그제야 커피 생산이 빠르게 증가했다. 대농장을 만드는 것이 목적이었다. 민영화된 땅은 전통적인 엘리트나 그 측근에게 경매로 넘어가기 일쑤였다. 자유당 정권은 강압적 권력을 이용해 다양한 강제노역 수단을 채택했고 대지주는 손쉽게 노동력을 동원할 수 있었다. 1876년 11월, 바리오스 대통령은 전체 과테말라 지방 관에게 다음과 같은 서한을 보냈다.

> 이 나라에는 여전히 경작해야 할 광대한 지역이 남아 있고, 그러려면 국 가적 생산 요소 개발 운동에 참여하지 않는 수많은 노동자를 이용해야 한다. 따라서 귀하는 수출 농업을 돕기 위해 온 힘을 기울여야 한다.
>
> 1. 귀하 관할의 원주민 마을에서 50명이든 100명이든 가리지 말고 농 장이 요구하는 노동력을 최대한 지원하라.

부역賦役에 해당하는 레파르티미엔토는 독립 이후에 단 한 번도 철폐 된 적이 없었으며 오히려 대상이 확대되고 기간도 늘었다. 1877년에는 제177호 포고령에 따라 아예 제도화되었는데, 관할 내에 부동산을 가진 고용주라면 정부에 최고 60명의 노동자를 요청해 열닷새, 관할 밖이라 면 한 달을 부릴 수 있었다. 고용주가 원하면 부역 요청은 갱신도 가능 했다. 개인 장부를 통해 최근 충분히 그런 신역을 제공했다는 증거를 제 시하지 않는 한 노동자는 강제로 동원될 수밖에 없었다. 모든 농촌 노동 자는 또한 리브레타libreta라는 노동 장부를 지녀야 했는데, 일하는 대상 과 부채 내역이 자세히 기록되어 있었다. 고용주에게 빚을 진 농촌 노동 자가 수두룩했고 부채 노동자는 허락 없이 현 고용주를 떠날 수 없었다.

제177호 포고령에 따르면 레파르티미엔토를 피할 수 있는 유일한 방 법은 다른 고용주에게 빚을 지고 있다는 사실을 증명하는 것뿐이었다. 노동자는 족쇄를 찬 것이나 다름없었다. 이 밖에도 다양한 부랑아 관련 법령이 통과되어 직업이 있다는 사실을 증명하지 못하면 누구라도 레 파르티미엔토나 도로 건설 등 다른 형태의 강제노역에 동원되거나 지정 농장에 고용될 수밖에 없었다. 19세기와 20세기 남아프리카에서처럼 1871년 이후 토지 정책은 토착민의 생계 경제를 뒤흔들어놓아 어쩔 수 없이 저임금 일자리를 찾게 하는 것이었다. 레파르티미엔토는 1920년대까지 존속했다. 리브레타 제도 등 온갖 부랑자 법령은 과테말라가 잠시나마 처음으로 민주주의의 꽃을 피웠던 1945년까지도 효력을 발휘했다.

1871년 이전과 마찬가지로 과테말라 엘리트층은 군부독재를 통해 다스렸다. 커피 호황이 시작된 이후에도 동일한 수법을 유지했다. 최장 기간 집권한 것은 1931년에서 1944년까지 대통령을 지낸 호르헤 우비코Jorge Ubico였다. 우비코는 1931년 단일후보로 대통령에 당선되었고, 이후에도 무모하게 그에게 도전하는 인물은 등장하지 않았다. 콘술라도처럼 창조적 파괴를 초래하고 자신의 정치권력과 엘리트층의 이익을 위협하는 그 무엇도 허용하지 않았다. 물론 오스트리아-헝가리의 프란츠 1세나 러시아의 니콜라이 1세와 마찬가지 이유로 산업 발전에 반대했다. 산업 노동자가 말썽을 피울 것이라 염려했기 때문이다. 우비코의 억압적 법률은 유례를 찾아볼 수 없을 정도로 편집광적이었다. 오브레로스obreros(노동자), 신디카토sindicatos(노동조합), 우엘가스huelgas(파업) 등의 단어 사용조차 불허했다. 이런 말을 입에 올리는 것만으로도 철창신세를 질 수 있었다. 우비코의 권력이 막강하긴 했어도 실세는 엘리트층이었다.

1944년 반정부 세력이 고개를 들었다. 불만에 가득 찬 대학생들이 반정부 시위를 조직하기 시작한 것이다. 국민의 불만은 날로 커졌고 6월 24일, 대다수가 엘리트층 출신이었던 311명이 정권을 비난하는 공개서한인 이른바 311인 청원서Memorial de los 311에 서명했다. 우비코는 결국 7

월 1일 하야하고 말았다. 1945년 그의 뒤를 이어 민주정권이 들어섰지만 1954년 쿠데타로 전복되었고, 이내 참혹한 내전으로 이어졌다. 과테말라가 다시 민주화되려면 1986년까지 기다려야 했다.

에스파냐 정복자는 거리낌 없이 착취적 정치·경제 제도를 수립했다. 먼 길을 마다치 않고 신세계를 찾은 이유였기 때문이다. 하지만 그들이 수립한 제도 대부분은 일시적 목적이었다. 가령 엔코미엔다는 노동력을 동원할 수 있는 임시 권리였다. 이후 400년 넘게 지속될 제도를 어떻게 확립해야 할지 본격적인 계획을 세운 것이 아니었다. 사실 시간이 흐르면서 이들이 수립한 제도는 상당 부분 바뀌었지만, 악순환의 결과인 제도의 착취적 성향만큼은 달라지지 않았다. 착취의 형태는 바뀌었을지언정 제도의 착취적 성향이나 엘리트층의 본질은 그대로였다. 과테말라에서 엔코미엔다, 레파르티미엔토, 교역 독점은 리브레타와 토지 강탈로 이어졌다. 그 와중에 대다수의 마야 후손은 교육도 거의 받지 못하고, 아무런 권리도 누리지 못했으며, 공공서비스는 꿈도 꾸지 못하는 상황 속에서 저임금 노동자로 피땀을 흘려야 했다.

중앙아메리카 대부분이 그러했듯이 과테말라에서도 전형적인 악순환의 고리가 계속되어 착취적 정치제도가 착취적 경제제도를 뒷받침했고, 이는 결국 착취적 정치제도를 한층 더 견고하게 만들었으며 동일한 엘리트층이 권력을 유지할 수 있는 토대가 되었다.

노예제도에서 흑인차별정책으로

과테말라에서는 식민 지배 시절에서 근대까지 착취적 제도가 끈질기

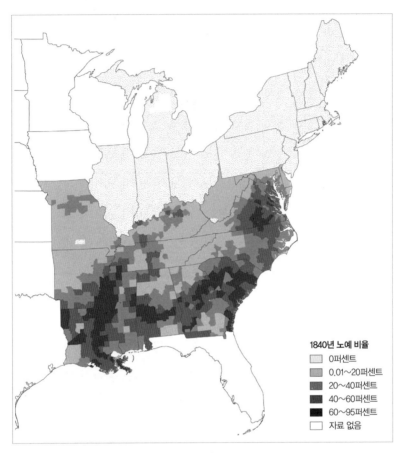

지도 18 1840년 미국 카운티의 노예제도 현황

1840년 노예 비율

- □ 0퍼센트
- □ 0.01~20퍼센트
- □ 20~40퍼센트
- □ 40~60퍼센트
- ■ 60~95퍼센트
- □ 자료 없음

게 존속하며 동일한 엘리트층의 손에 권력을 쥐여주었다. 제도상의 변화라고 해봐야 달라진 환경에 적응한 결과일 뿐이었다. 커피 호황에 몸이 달아오른 엘리트층이 토지 강탈에 나서는 식이었다. 남북전쟁이 터지기 전까지는 미국 남부의 제도 역시 착취적 색채가 강했다. 경제와 정치 모두 대토지와 노예를 보유한 대농장 소유주인 남부 엘리트층이 장악하고 있었다. 노예는 정치·경제적 권리를 누리지 못했다. 아예 누릴

수 있는 권리가 거의 없었다고 해야 맞는 말이다.

19세기 중엽에 이르자 착취적 정치·경제 제도 때문에 남부는 북부와 비교해 대단히 초라한 형편이었다. 남부는 산업이랄 게 없었고 사회간 접자본에 대한 투자도 거의 하지 않았다. 1860년 전체 제조업 생산량은 펜실베이니아, 뉴욕, 매사추세츠보다 훨씬 적었다. 도심에 사는 인구 역 시 북동부는 35퍼센트에 달하는 데 비해 남부는 전체의 9퍼센트에 불과 했다. 철도의 밀도(선로의 길이를 토지 규모로 나눈 비율) 역시 남부 주에 비해 북부가 세 배나 높았다. 운하의 비율도 비슷한 수준이었다.

〈지도 18〉은 1840년 미국 카운티의 인구 대비 노예 비율을 통해 노예 제도가 어느 정도로 확산되어 있었는지 잘 보여준다. 언뜻 봐도 노예제 도는 남부에 집중되어 있다. 가령 미시시피 강에 잇닿아 있는 일부 주는 노예가 전체 인구의 95퍼센트에 달했다. 〈지도 19〉는 이 때문에 어떤 결 과가 빚어졌는지 한 가지 사례를 보여준다. 1880년 제조업에 종사하는 노동인구 비율이다. 20세기 기준으로 보면 어디를 들여다보아도 높다 할 수 없었지만, 북부와 남부의 차이는 극명하게 드러난다. 북동부 대부 분 지역은 노동인구의 10퍼센트 이상이 제조업에 종사했다. 반면 남부 대부분 지역, 특히 노예 비중이 높은 지역은 그 비율이 거의 0퍼센트에 가까웠다.

남부는 전문 분야에서마저 혁신적이지 못했다. 1837년에서 1859년 까지 옥수수 및 밀과 관련한 혁신으로 받은 특허는 각각 연평균 12개와 10개였다. 남부에서 가장 중요한 작물인 면화와 관련된 특허는 연평균 고작 한 개에 불과했다. 산업화와 경제성장이 시작될 기미가 아예 보이 지 않았다. 하지만 남북전쟁 이후 강압적으로 근본적인 정치·경제적 개 혁이 이어져 노예제도가 철폐되고 흑인에게 참정권도 부여되었다.

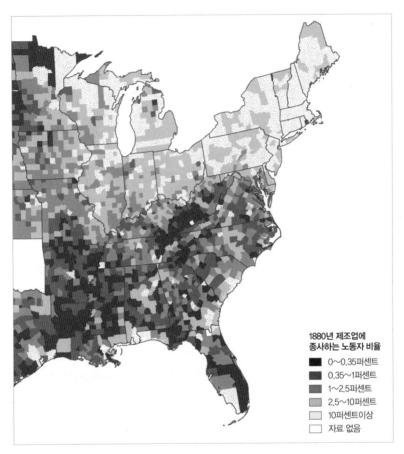

지도 19 1880년 미국 카운티의 제조업 고용 현황

    이런 획기적인 변화는 남부의 착취적인 제도가 포용적으로 바뀌는 급진적 전이 과정으로 이어져 남부 역시 경제 번영의 길로 들어섰어야 마땅했다. 하지만 그런 일이 전혀 벌어지지 않았다는 것은 또 다른 악순환의 효과라 할 수 있다. 남부의 착취적 제도는 사라지지 않았다. 이번에는 노예제도가 아닌 흑인차별정책의 형태로 나타났다. 흑인차별정책을 뜻하는 Jim Crow라는 표현은 19세기 초 백인이 '흑인 분장'을 하고

공연했던 흑인 풍자 노래인 '점프 짐 크로Jump Jim Crow'의 한 구절에서 유래했는데, 훗날 1865년 이후 남부에서 발효된 흑인차별법령 전체를 가리키는 용어가 되었다. 차별정책은 시민운동이라는 또 다른 변혁이 시작될 때까지 거의 한 세기 동안 계속되었다. 그러는 동안 흑인은 아무런 권리를 누리지 못한 채 억압 속에 신음해야 했다. 저임금에 의존하는 대농장 형태의 농업이 계속되었고, 교육수준이 낮은 노동력으로 미국 전체 평균에 비해 남부의 생산성은 크게 떨어질 수밖에 없었다. 당시 많은 이들이 기대했던 것보다 착취적 제도의 악순환은 한층 더 고약했다.

노예제도가 폐지되고 흑인에게 투표권을 주었는데도 남부의 정치·경제적 향배가 전혀 바뀌지 않았던 이유는 흑인의 정치적 힘과 경제적 독립성이 보잘것없는 수준이었기 때문이다. 남부 농장주는 전쟁에 졌을망정 평시에까지 당하고 있지 않겠다는 각오였다. 여전히 조직력이 강했고 많은 토지도 소유하고 있었다. 전쟁을 치르는 동안 해방 노예는 노예제도가 폐지되면 40에이커의 땅과 노새 한 마리를 받기로 되어 있었다. 윌리엄 T. 셔먼William T. Sherman 장군의 유명한 전투가 치러지는 동안 이미 혜택을 본 노예도 있었다.

하지만 1865년, 앤드루 존슨Andrew Johnson 대통령은 셔먼의 지시를 번복했고, 노예가 바라던 토지 재분배는 영원히 실현되지 않았다. 의회에서 이 문제를 논의하던 중 조지 워싱턴 줄리언George Washington Julian 의원은 앞날을 내다보듯 이런 말을 남겼다. "의회가 노예제도를 전면 철폐한들 무슨 소용이 있겠는가. 수구 귀족 세력의 농업 기반이 그대로 남아 있다면?" 남부의 구태가 '복원'되고 남부 지주 엘리트 수구 세력이 흔들리지 않을 것이란 신호였다.

사회학자 조너선 위너Jonathan Wiener는 남부 앨라배마의 비옥한 면화지대인 블랙벨트^{Black Belt}(엘라배마 주 중부에서 미시시피 주 북동부에 걸쳐진 대초원 지역으로 흑인의 비율이 높아 이렇게 불려왔다 – 옮긴이)의 다섯 개 카운티에서 농장주 엘리트 기반이 공고하게 유지되는 이유를 연구한 바 있다. 미국 인구조사 자료에서 1만 달러 이상의 부동산을 가진 가족을 추적한 결과 1850년 농장주 엘리트에 속했던 236가족 중 101가족이 1870년까지 기반을 유지하고 있었다.

홍미로운 것은 농장주 엘리트가 살아남은 비율이 남북전쟁 이전과 매우 흡사했다는 점이다. 1850년에 가장 부유했던 236농장 가족 중 10년 후까지 부를 유지한 것은 110가족에 불과했다. 그럼에도 1870년에 가장 많은 토지를 보유한 25개 농장주 중 18명(72퍼센트)이 1860년에 엘리트로 분류되었던 가족 출신이었다. 16명은 1850년 엘리트 집단에 속했다. 60만 명 이상이 남북전쟁에서 목숨을 잃었는데도 농장주 엘리트층의 피해는 극히 적었다는 뜻이다. 농장주가 농장주를 위해 입안한 법에 따라 보유 노예 20명마다 노예의 주인 한 명에게 군복무 면제 혜택을 부여했기 때문이다. 남부 농장 경제를 지키려고 수십만 명이 죽어나가는 와중에도 수많은 거물급 노예 소유주와 그 자손은 느긋하게 전쟁을 지켜보며 기다렸고, 결국 농장 경제가 지속된 이유도 여기에 있었다.

전쟁이 끝나자 토지를 장악하고 있던 엘리트 농장주는 재차 노동력을 쥐락펴락할 수 있었다. 노예라는 경제제도는 철폐되었지만 값싼 노동력을 사용한 농장 위주의 남부 농업 경제체제가 유지되었다는 증거가 분명하게 남아 있다. 이런 경제체제는 지역 정치를 장악하거나 폭력을 동원하는 등 다양한 경로를 통해 유지되었다. 그 결과 아프리카계 미국인 학자인 W. E. B. 두보이즈^{W. E. B. Du Bois}의 말마따나 남부는 "단순히 흑인을 위협하는 무장 세력"으로 전락했다.

1865년, 앨라배마 주 의회는 흑인 노동자에 대한 억압 정책의 시작을 알리는 신호탄인 '흑인단속법Black Code'을 통과시켰다. 과테말라의 제177호 포고령과 비슷한 앨라배마 흑인단속법은 부랑자 법과 노동자 '유인'을 금지하는 법으로 구성되어 있었다. 노동력의 이동을 방해하고 노동시장의 경쟁을 줄이려는 목적으로 고안된 이 법의 골자는 남부 농장주에게 여전히 저비용 노동력을 동원할 수 있는 믿을 만한 기반을 마련해주는 것이었다.

남북전쟁 이후 1865년에서 1877년까지 이른바 남부재건Reconstruction의 시기가 이어졌다. 북부의 정치인들은 북부군Union Army의 도움을 받아 조금이나마 남부의 사회 변화를 이끌어내려 애썼다. 하지만 남부의 복원을 추구하는 소위 복원파Redeemers를 지지한다는 평계로 남부 엘리트 층이 체계적으로 반발하면서 구체제를 되살릴 수 있었다. 1877년 대통령 선거에서 러더퍼드 헤이스Rutherford Hayes는 남부 선거인단의 지지가 필요했다. 아직도 사용되는 선거인단electoral college은 미국 헌법에 따라 만들어진 대통령 간접선거의 핵심이었다. 시민은 직접투표를 통해 대통령을 선출하는 것이 아니라 선거인단을 먼저 뽑는다. 그런 다음 시민이 선출한 선거인단이 최종적으로 대통령을 선출하는 제도다.

남부는 선거인단이 러더퍼드 헤이스를 지지하는 대가로 남부에서 북부군이 철수하고 독자적인 기구에 자치를 맡겨달라 요구했고, 헤이스는 이를 수락했다. 남부의 지지 덕분에 대통령이 된 헤이스는 군대를 철수시켰다. 1877년 이후, 남북전쟁 이전의 농장주 엘리트층이 실질적으로 다시 기반을 잡는 시기가 열린 것이다. 남부의 복원으로 새로운 인두세와 투표를 위한 문맹 시험이 도입되었는데 말할 것도 없이 흑인의 투표권을 체계적으로 박탈하기 위한 것이었고, 가난한 백인 일반인마저 투표권을 빼앗기기 일쑤였다. 이런 시도는 성공을 거듭해 소수 농장주 엘리트층이 정치권력을 틀어쥐는 민주당Democratic Party 일당독재체제가 구축되었다.

흑인차별법에 따라 차별적이고 당연히 열등할 수밖에 없는 학교가 만들어졌다. 일례로 앨라배마는 1901년 이를 위해 주 헌법까지 고쳤다. 참으로 놀라운 것은, 시행되지는 않지만 오늘날까지도 앨라배마 주 헌법 256조가 그대로 남아 있다는 것이다.

> 공공학교제도를 유지하고 그 기금을 할당하며 백인과 유색인종 어린이를 위한 별도의 학교를 운영할 주 의회의 의무.
> 주 의회는 주 전체 일곱 살에서 스물한 살 연령대의 어린이를 위해 진보적인 공공학교체제를 수립하고 조직하며 유지해야 한다. 공공학교 기금은 카운티마다 취학 연령대의 학생 수에 비례해 할당하며, 해당 학군이나 구, 카운티가 최대한 동일한 학기를 유지할 수 있도록 배정해야 한다. 흑인과 유색인종 어린이를 위한 별도의 학교를 세워야 하며, 어떤 어린이도 다른 인종의 학교에 가는 것을 허용해서는 안 된다.

2004년, 주 헌법 256조를 삭제하자는 수정안은 주 의회에서 근소한 차로 부결된 바 있다.

투표권 박탈, 앨라배마 흑인단속법 등의 부랑자 법, 다양한 흑인차별법, 흔히 엘리트층의 자금과 지원을 받는 KKK단Ku Klux Klan의 행패 등은 남북전쟁 이후 남부를 흑인과 백인이 다른 삶을 사는 사실상의 아파르트헤이트 사회로 변질시켰다. 남아프리카에서처럼 이런 법률과 관행은 흑인과 그들의 노동력을 통제하기 위해 마련된 것이다.

중앙 정계에 진출한 남부 정치인 역시 남부의 착취적 제도가 유지될 수 있도록 애를 썼다. 가령 흑인 노동력에 대한 남부 엘리트층의 통제력을 위태롭게 할 만한 연방 차원의 프로젝트나 공공사업 등은 절대 통과되지 않도록 기를 쓰고 막았다. 그 결과 남부는 20세기를 맞아서도 대체로 낮은 교육수준과 낙후된 기술에 의지하는 농촌 경제를 벗어나지 못했다. 기술 발달의 혜택을 거의 보지 못하고 여전히 수작업과 노새가 끄는 마차에 의존하는 형편이었다. 도시 지역 인구가 늘긴 했지만, 북부에 비할 바가 아니었다. 예컨대, 1900년까지도 북동부의 60퍼센트에 비해 남부 전체 인구의 13.5퍼센트만이 도시 생활을 했다.

종합해보면 지주 엘리트층 권력과 농장 위주 농경, 저임금, 낮은 교육수준의 노동력에 기반을 둔 미국 남부의 착취적 제도는 20세기가 한참 지나서도 지속되었던 것이다. 이런 제도는 제2차 세계대전 이후 흔들리기 시작했고, 시민권 운동이 구체제의 정치 기반을 와해시키면서 완전히 무너졌다 할 수 있다. 1950년대와 1960년대 이런 제도가 사라지고 나서야 남부가 북부에 빠르게 융합될 수 있었다.

미국 남부의 역사는 더 질긴 악순환의 면모를 보여준다. 과테말라에서처럼 남부 농장 지주층은 권력을 내놓지 않았고, 권력 유지에 유리하게 정치·경제 제도를 뜯어고쳤다. 하지만 과테말라와 다른 점은 남북전쟁에서 패배한 이후 심각한 도전에 직면했다는 사실이었다. 노예제도가 철폐되고 흑인의 정치 참여를 완전히 배제했던 구체제가 흔들린 것이다. 하지만 그렇다고 아주 방법이 없는 것은 아니었다. 농장주 엘리트층이 광대한 토지를 틀어쥐고 서로 힘을 합치는 이상 새로운 제도를 구성하는 일은 어렵지 않았다. 노예제도 대신 흑인차별법을 도입해 같은 목적을 달성할 수 있었다. 그런 악순환의 고리는 에이브러햄 링컨 등 많은 이들이 생각했던 것보다 훨씬 단단했다.

악순환은 착취적 정치제도에서 비롯된다. 착취적 정치제도는 착취적 경제제도를 낳고, 이어 경제적 부와 권력으로 정치권력을 살 수 있으므로 착취적 경제제도 역시 착취적 정치제도를 뒷받침한다. 40에이커의 땅과 노새 한 마리의 약속이 물 건너가자 남부 농장주 엘리트층의 경제 권력은 확고하게 유지될 수 있었다. 또 당연하고도 안타깝게도, 남부 흑인의 시련은 남부 경제 발전에 고스란히 반영되고 있었다.

아프리카 역사와 과두제의 철칙

에티오피아의 솔로몬왕조는 1974년 군사 쿠데타로 전복되고 말았다(에티오피아 전설에 따르면 솔로몬의 지혜를 시험하러 많은 예물을 들고 갔던 시바의 여왕이 솔로몬의 아이를 잉태하고 돌아와 그의 아이를 낳고 메넬리크라고 이름 지었으며, 악숨에 솔로몬왕조를 건설했고 이 왕조가 1974년까지 이어졌다 - 옮긴이). 쿠데타를 일으킨 것은 '더그'라 불리는 혁명위원회로 마르크스주의 군장교 집단이었다. 더그가 몰아낸 것은 오래전에 시간이 멈춰버린 듯한 시대착오적 정권이었다.

에티오피아의 황제인 하일레 셀라시에는 19세기 후반 메넬리크 2세가 지은 대궁전 뜰에 나와 하루를 시작했다. 궁전 밖에는 귀족이 모여들어 황제를 기다렸고, 저마다 황제의 눈에 들어보려 기를 쓰고 절을 했다. 황제는 접견실 옥좌에 앉아 국사를 보았다(황제는 키가 작아 다리가 허공에 뜨지 않도록 어딜 가나 적당한 발받침을 대주는 시종이 있었다. 시종은 어떤 상황에도 대처할 수 있도록 52개의 발받침 방석을 준비했다). 황제는 극도로 착취적인 제도를 관장하며 온 나라를 자신의 사유재산인 양 다스렸다. 입안의 혀처럼 구는 자에게는 특혜와 후원을 아끼지 않고 불충은 무자비하게 처단했다. 솔로몬왕조하에서는 에티오피아에서 딱히 경제 발전이랄 게 없었다.

더그는 원래 전국의 다양한 군부대에서 선발된 108명의 대표로 구성되었다. 하라르Harar 지역의 제3사단 대표는 멩기스투 하일레 마리암Mengistu Haile Mariam이라는 소령이었다. 1974년 7월 4일 첫 선언문 발표 때만 해도 더그 장교는 황제에 대한 충성을 맹세했지만, 곧 얼마나 반발이 심한지 눈치를 살피며 정부 관료를 체포하기 시작했다. 셀라시에 정권에 대한 지지가 미약하다는 확신이 들자 장교들은 곧바로 황제를 겨냥했고, 이내 9월 12일 그를 체포했다. 내친김에 처형이 시작되었다. 곧 구정권 핵심 정치인들이 숱하게 목숨을 잃었다. 12월이 되자 더그는 이미 에티오피아를 사회주의국가로 선포한 뒤였다. 셀라시에도 1975년 8월 27일 세상을 떠났는데, 살해된 것으로 추정된다.

1975년 더그는 도시와 농촌 토지는 물론 대부분의 사유재산까지 국유화하기 시작했다. 군사정권의 권위주의적 행태가 심해지자 전국적으로 반발이 거세졌다. 19세기 후반과 20세기 초 유럽이 식민지를 확대하는 동안 앞서 살펴본 아도와전투를 승리로 이끈 메넬리크 2세 황제의 정책에 따라 에티오피아의 큰 지역들이 통합된 바 있었다. 북부의 에리트레아와 티그레이Tigray, 동부의 오가덴Ogaden도 그런 지역이었다. 더그의 무자비한 정권에 대항해 에리트레아와 티그레이에서 독립운동이 벌어졌고, 소말리아어를 사용하는 오가덴에는 소말리아군이 쳐들어왔다. 더그 자체도 분열을 겪어 여러 파벌로 갈라졌다. 그중 가장 잔인하고 영리했던 것은 멩기스투 소령이었다. 멩기스투는 1977년 중반 주요 정적을 숙청하고 사실상 정권을 장악했으며, 그해 11월 소련과 쿠바에서 대규모의 무기와 병력을 지원받아 간신히 몰락을 피할 수 있었다.

1978년, 군사정권은 하일레 셀라시에 폐위 4주년을 기념하는 국가적 행사를 준비했다. 이 무렵 멩기스투는 명실상부한 더그의 수장이 되어 있었다. 그는 에티오피아를 다스릴 자신의 관저로 군주제 철폐 이후 비어 있던 셀라시에의 대궁전을 선택했다. 축하 행사에서 멩기스투는 과거 황제처럼 도금한 안락의자에 앉아 행렬을 지켜보았다. 공식 업무 역시 대궁전에서 열렸으며 멩기스투는 이번에도 하일레 셀라시에의 옥좌를 차지했다. 그는 쇠락의 시기를 극복하고 19세기 중엽 솔로몬왕조를 재건했던 테오드로스 황제에 자신을 비유하기 시작했다.

그의 각료 중 하나인 다위트 월드 기오르기스Dawit Wolde Giorgis는 회고록에 이렇게 적었다.

혁명이 시작되었을 때만 해도 우리 모두 과거와 관련이 있는 것이라면 모조리 배격했다. 자동차 운전은 물론 양복도 입지 않으려 했다. 넥타이를 매는 것마저 범죄행위로 여겼다. 부자나 부르주아로 보일 만한 것, 부유한 냄새가 나거나 세련돼 보이는 것은 무엇이든 구질서 일부로 치부되었다. 그러다가 1978년경, 모든 것이 변하기 시작했다. 물질주의가 서서히 받아들여지는가 싶더니 아예 필요조건이 된 것이다. 유럽 최고의 재단사가 만든 명품 의류가 모든 고위 공직자와 군사위원회 위원의 제복이 되다시피 했다. 무엇이든 최고를 고집했다. 최고의 집, 최고의 차, 최고의 위스키, 샴페인, 음식 등. 혁명의 이념과는 정반대의 길을 걸었던 것이다.

기오르기스는 또한 멩기스투가 독재자가 된 이후 어떻게 변했는지 생생히 기록했다.

> 멩기스투도 본색을 드러냈다. 걸핏하면 앙심을 품었고, 잔인했으며 권위주의적이었다. 동료 의식을 느껴 주머니에 손을 찔러넣고 그와 대화를 나누던 이들도 이제 단정한 차렷 자세를 했고, 그의 주변에서는 늘 조심스럽게 행동했다. 예전에는 멩기스투를 친근하게 '자네'라고 불렀지만 이제 격식을 차린 제3자 극존칭인 에르지워ersiwo, 즉 '각하'라고 불러야 했다. 멩기스투는 또 메넬리크 궁전에서 한층 더 크고 화려한 집무실로 거처를 옮겼다. 이내 황제의 차를 이용하기 시작했다. 우리의 혁명 목적은 평등한 사회 건설이었지만, 멩기스투는 새로운 황제가 된 것이다.

하일레 셀리시에에서 멩기스투로 정권이 이양된 에티오피아와, 영국 식민 총독에서 시아카 스티븐스로 권력이 넘어간 시에라리온의 악순환 사례는 워낙 극단적이고 어느 면에서는 기묘하기까지 해서 특별한 이름을 붙여야 마땅할 정도다. 4장에서 이미 언급했듯이, 독일의 사회학자 로베르트 미헬스는 이를 과두제의 철칙이라 불렀다. 과두제뿐 아니라 사실상 모든 위계질서 조직의 생리는 동일 집단이 집권했을 때는 물론 전혀 다른 집단이 권력을 쥐었을 때도 자신들의 지위를 되살릴 수 있다는 것이라고 미헬스는 주장했다. 그렇다고 미헬스가 "역사는 두 번 되풀이된다. 한 번은 비극으로, 또 한 번은 희극으로"라는 카를 마르크스의 말이 현실이 되리라 기대한 것은 아니었으리라.

독립 이후 아프리카 지도자들은 자신들이 몰아낸 식민정권 및 황제가 지내던 거처에서 살며 동일한 인적 후원 관계를 활용했고, 시장을 조작하고 자원을 착취하는 방법 역시 다르지 않았다. 아니, 오히려 종전보다 한 술 더 떴다고 할 수 있다. 강경한 반식민주의 태도를 견지하던 스티븐스가 영국이 통제하려 했던 멘데족을 틀어쥐는 데 혈안이 되어 있었다는 사실은 그야말로 역사의 희극이 아닐 수 없다. 영국이 내륙을 장악하려고 권력을 손에 쥐여주었던 바로 그런 추장들에만 의존했고, 동일한 시장기구를 이용해 농민을 착취하고 비슷한 독점 체제로 다이아몬드를 수중에 넣는 등 경제 운영 방식도 다르지 않았다.

또 자이르를 가난에 찌들게 하며 썩을 대로 썩은 모부투의 숨 막히는 정권을 종식하고 온 인민을 그의 독재로부터 해방시켜주겠다며 군대를 일으킨 로랑 카빌라가, 모부투만큼이나 부패한 정권을 수립해 더 끔찍한 재앙을 초래하게 된다는 사실은 정말 슬픈 희극이 아닐 수 없다. 카빌라는 모부투의 정보장관이던 도미니크 사콤비 이농고Dominique Sakombi Inongo의 방조로 모부투와 다름없는 우상화 정책을 펼쳤다. 앞서 모부투 정권 역시 100여 년 전 벨기에 레오폴트 2세의 사유 영지에 불과했던 콩고자유국Congo Free State에서 시작된 대중 착취 수법을 그대로 답습한 바 있었다. 마르크스주의를 신봉하는 군인이었던 멩기스투는 호사스런 궁전 생활을 하며 자신을 황제로 여겼고, 하일레 셀라시에와 그전 황제들이 그랬던 것처럼 자신과 측근의 배만 불렸다. 이 모든 것이 마르크스가 지적한 역사적 희극이 아니고 무엇이랴.

이 모든 것이 희극이었지만, 애초의 비극보다 더 비극적인 일이기도 했다. 희비극이 계속되는 동안 모든 희망은 물거품이 되었다. 아프리카의 다른 여러 지배자처럼 스티븐스와 카빌라는 정적에 이어 이내 무고한 시민까지 살해하기 시작했다. 비옥한 땅이 있음에도 에티오피아는 멩기투스와 더그의 정책으로 번번이 기아에 시달려야 했다. 역사가 되풀이되었지만, 대단히 왜곡된 형태였던 것이다. 1973년 월로^{Wollo}의 기근에 대해 하일레 셀라시에는 눈길도 주지 않았다. 그만큼 무관심했기 때문에 셀라시에 정권에 대한 반발이 커지는 계기가 되었다. 셀라시에는 무관심한 데 그쳤다지만 멩기스투는 달랐다. 그는 기근이 반대 세력을 약화시킬 수 있는 정치적 수단이라 여겼다. 역사는 희비극을 반복했을 뿐 아니라 에티오피아와 사하라 이남 아프리카 대부분 사람에게 잔인했다.

악순환의 이런 면모에서 과두제의 철칙을 정의할 만한 본질을 발견할 수 있다. 급진적인 변화를 약속하며 기존의 지도자를 몰아내고 권력을 잡은 새로운 지도자라고 해서 달라질 게 없다는 사실이다. 어느 면에서는 과두제의 철칙이 악순환의 다른 형태보다 한층 더 이해하기 어렵다. 미국 남부와 과테말라에서 착취적 제도가 지속된 논리는 분명하게 이해할 수 있다. 동일한 집단이 수 세기 동안 경제와 정치를 장악했기 때문이다. 남북전쟁 이후 남부 농장주처럼 도전에 직면한다 하더라도, 이들은 권력을 유지하며 자신들에게 유리한 착취적 제도를 보존하거나 재수립할 수 있었다. 하지만 급진적 변화의 미명하에 정권을 잡은 이들이 동일한 체제를 재건하는 상황은 어떻게 이해해야 할까? 이에 대한 해답을 찾아보면 악순환이 얼마나 지독한 것인지 알게 된다.

급진적 변화가 모조리 실패할 운명인 것은 아니다. 명예혁명도 급진적 변화였지만 지난 2,000년 역사에서 가장 중요한 정치혁명이라 할 만한 결과물로 이어진 바 있다. 프랑스혁명은 지독한 혼란과 과도한 폭력, 나폴레옹 보나파르트의 등장 등 한층 더 급진적이었지만 그렇다고 앙시앵레짐을 재건하지는 않았다.

명예혁명과 프랑스혁명 이후 한결 포용적인 정치제도가 태동했는데,

세 가지 요인이 크게 이바지했다. 첫째, 신흥 상인 및 사업가 계층은 자신들에게도 이로운 창조적 파괴의 효과가 파급되길 바랐다. 이들은 혁명 연합의 주요 일원이었고 자신들에게 해가 될 게 뻔한 또 다른 착취적 제도의 발달을 바라지 않았다.

둘째, 명예혁명과 프랑스혁명 모두 광범위한 연합이 손을 잡았다. 가령 명예혁명은 소수 집단이나 편협한 특정 이해관계에 따른 쿠데타가 아니라, 상인, 산업가, 젠트리 계층 및 다양한 정치 세력이 지지한 운동이었다. 대체로 프랑스혁명 역시 마찬가지였다.

셋째 요인은 잉글랜드 및 프랑스의 정치제도 역사와 맞물려 있다. 새롭고 한층 포용적인 정권이 발달할 수 있는 밑바탕을 만든 것이다. 양국 모두 의회와 권력 분점의 전통이 있었다. 잉글랜드는 마그나카르타, 프랑스는 명사회의 형태로 권력을 분점했다. 더욱이 명예혁명과 프랑스혁명은 절대주의 정권, 또는 그런 체제를 바라는 정권의 힘이 이미 쇠락하는 과정에서 벌어졌다.

명예혁명이든 프랑스혁명이든 이런 정치제도 덕분에 새로운 지배층 또는 소수 집단이 정부를 장악하고 기존 경제 기반을 무너뜨려 지속 가능한 무소불위의 정치권력을 수립하기 어려웠다. 프랑스혁명의 여파로 로베스피에르와 생쥐스트가 이끄는 소수 집단이 권력을 잡았고 참담한 결과로 이어진 것이 사실이다. 하지만 일시적이었을 뿐 한층 더 포용적인 제도를 향한 발걸음의 방향을 바꿀 정도는 아니었다. 오랜 세월 착취적 정치·경제 제도가 뿌리내려 지배자의 권력에 아무런 제약이 가해지지 않았던 사회의 상황과는 극적인 대조를 보일 수밖에 없다. 이런 사회에서는 포용적인 경제제도를 확보할 목적으로 기존 정권에 대항하는 반대 세력을 지지하고 자금을 대줄 강력한 신흥 상인이나 사업가가 등장할 수 없다. 서로의 권력을 견제하는 광범위한 연합세력도 나타날 수 없다. 새로운 지배자가 권력을 찬탈하거나 남용하는 것을 막으려는 정치제도 또한 마련될 수 없다.

그 결과 시에라리온, 에티오피아, 콩고는 악순환을 벗어나기가 한층 더 어려웠고, 포용적 제도를 향한 행보 역시 한 걸음을 떼어놓기조차 버거울 수밖에 없었다. 정권을 장악하려는 이들을 견제할 만한 전통적, 역사적 제도도 전무했다. 일부 아프리카 지역에 그런 제도가 존재하기도 했고 보츠와나에서처럼 식민 지배 시절을 견뎌내고 끝까지 살아남은 예외적인 사례도 없지 않다. 하지만 시에라리온의 역사를 통틀어 그런 제도는 거의 찾아보기 어려웠고, 존재한다 해도 간접 통치 때문에 왜곡될 수밖에 없었다.

케냐와 나이지리아 등 아프리카의 다른 영국 식민지 역시 사정은 마찬가지였다. 절대왕정 시절의 에티오피아에서는 아예 찾아볼 수 없었다. 콩고에서는 벨기에의 식민통치에 이어 모부투의 전제적 정책 때문에 토착제도가 송두리째 흔들렸다. 이 중 어떤 사회에서도 새로운 정권을 지지하고 사유재산권 안정 및 기존 착취적 제도의 종식을 요구할 만한 신흥 상인, 사업가, 기업인이 등장하지 않았다. 사실 식민통치 시절 착취적 경제제도가 횡행했다는 것은 기업가 정신이나 사업의 기회가 남아 있을 리 만무하다는 뜻이었다.

국제사회는 식민통치를 벗어나 독립을 이루면 아프리카도 국가 계획 과정과 민간 부문 육성을 통해 경제성장으로 이어지리라 믿었다. 하지만 민간 부문이라고 부를 만한 게 없었다. 기껏해야 농촌 지역에서나 찾아볼 수 있었는데, 새로운 정부에서 농촌을 대변하는 이가 없었기 때문에 오히려 첫 번째 먹잇감이 되었을 뿐이다. 가장 특기할 만한 것은 대부분 사례가 권력을 유지해 얻는 소득이 어마어마했다는 사실이다. 그런 소득 때문에 스티븐스처럼 파렴치한 인물이 권력을 독차지하려 들었고, 일단 집권하고 나면 최악의 정책을 펼쳐나갔다. 악순환의 고리를 끊을 도리가 없었던 것이다.

부정적 순환 고리와 악순환

부유한 나라는 대체로 지난 300여 년의 기간 중 특정 시점에 포용적 제도를 발전시킨 덕분에 그런 부를 누릴 수 있게 된 것이다. 포용적 제도는 선순환의 과정을 거쳐 뿌리를 내린다. 처음에는 제한적인 의미에서 포용적 색채를 띠고, 때로는 취약성을 드러내기도 하지만 긍정적 순환 고리가 지속될 수 있는 환경이 조성되어 점진적으로 포용적 색채가 강해진다. 잉글랜드는 1688년 명예혁명 직후 곧바로 민주주의 국가로 변모한 것이 아니다. 오히려 민주주의와 거리가 멀었다. 공식적으로 대표성을 지닌 계층은 전체 인구의 극히 일부에 지나지 않았지만, 무엇보다 다원적 성향을 띠었다는 사실이 중요하다. 다원주의적 성향이 깃들자 제도 역시 시간이 흐르면서 포용성을 띠려는 경향이 생겼다. 부침이 심하고 불확실한 과정이었을지라도 선순환의 고리는 꿋꿋이 이어졌다.

이처럼 잉글랜드는 전형적인 선순환의 사례다. 포용적 정치제도가 권력 남용과 찬탈을 견제할 수 있는 환경을 조성한 것이다. 또 그런 정치제도는 포용적 경제제도를 창출하는 경향이 있고, 그렇게 마련된 포용적 경제제도는 이어 포용적 정치제도가 지속될 수 있는 토대를 다져주기 마련이다.

포용적 경제제도하에서는 부가 소수 집단의 손에 편중되지 않는다. 그런 소수 집단은 자신들의 경제력을 이용해 정치권력을 부당하게 확대하려고 들 게 뻔하다. 게다가, 포용적 경제제도하에서는 정치권력을 획득해 얻을 수 있는 소득에 한계가 있으므로 어느 집단이나 야심가라할지라도 정권을 노릴 만한 인센티브가 약해지기 마련이다. 포용적 제도는 잉글랜드의 사례에서 알 수 있듯이 결정적 분기점에서 초래된 여러 가지 요인이 한데 어우러지면서 태동하는 게 일반적이다. 기존 제도와 결정적 분기점으로 초래된 기회 및 도전이 상호작용을 하는 과정도 그런 요인에 포함된다. 하지만 일단 포용적 제도가 자리를 잡으면, 반드시 그런 요인들이 다시 뭉쳐야 존속 가능한 것은 아니다. 여전히 상당 부분 우발성에 의존하는 게 사실이지만, 선순환의 과정을 통해 포용적 제도가 유지되고 한층 더 강한 포용적 성향을 향해 사회를 이끌어갈 수 있는 환경이 조성되기 때문이다.

선순환이 포용적 제도에 생명력을 불어넣듯, 악순환은 착취적 제도의 강력한 조력자라 할 수 있다. 14장에서 살펴보겠지만, 역사는 숙명이 아니며 악순환 역시 절대 끊어지지 않을 불멸의 고리가 아니다. 하지만 끈질긴 내성을 자랑하는 것만은 사실이다. 악순환은 강력한 부정적 순환 고리를 생성해 착취적 정치제도가 착취적 경제제도로 이어지게 한다. 착취적 경제제도는 이어 착취적 정치제도가 존속할 수 있는 토대를 만든다. 가장 두드러진 사례를 과테말라에서 살펴본 바 있다. 식민 지배에 이어 독립 이후까지 4세기가 넘는 동안 권력을 틀어쥔 엘리트층은 달라진 적이 없다. 착취적 제도는 엘리트층의 배를 불려준다. 엘리트층은 그렇게 축적한 부를 이용해 권력을 유지한다.

미국 남부의 농장 경제가 지속되는 사례에서도 그런 악순환 과정은 여실히 드러난다. 과테말라와 다른 점이라면 시련을 당해도 미국 남부의 악순환은 꿋꿋이 지속되었다는 점일 것이다. 남북전쟁에서 패한 이후 미국 남부 농장주는 공식적으로 정치·경제 제도에 대한 통제권을 상실했다. 농장 경제의 근간이었던 노예제도 역시 철폐되었고, 흑인에게 동등한 정치·경제적 권리가 부여되었다. 하지만 남북전쟁으로 농장주 엘리트층의 정치권력이나 경제적 기반이 파괴된 것은 아니었다. 그들은 다른 명분을 내세웠지만, 여전히 지역 정치를 장악할 수 있도록 체제를 손질해 전과 다름없이 목적을 달성할 수 있었다. 농장 경제를 유지하기 위해 풍부한 저임금 노동력을 확보한 것이다.

엘리트층은 착취적 제도를 틀어쥐고 있고, 그 덕분에 꾸준히 그런 제도로부터 소득을 얻어낸다. 하지만 이것이 악순환의 유일한 형태는 아니다. 언뜻 더 이해하기 어렵지만, 미국 남부의 사례만큼이나 현실적이고 고약한 부정적 순환 고리가 수많은 나라의 정치·경제 발전에 영향을 미쳤으며, 사하라 이남 아프리카 대부분 지역이 그런 경험을 한 바 있다. 특히 시에라리온과 에티오피아가 두드러진 사례다. 사회학자 로베르트 미헬스가 제시한 과두제의 철칙이 떠오르는 대목이다. 새로운 인물이 착취적 제도를 틀어쥐고 있던 정권을 전복한다 해도, 그들 또한 여전히 사악한 착취적 제도를 이용해 착취를 일삼으며 주인 노릇을 할 뿐이다.

이런 유형의 악순환 논리는 당시는 몰라도 시간이 흘러 돌이켜보면 오히려 간단히 이해할 수 있다. 착취적 정치제도하에서는 권력 집행에 대한 견제가 거의 존재하지 않기 때문에 이전 독재자를 몰아내고 정권을 거머쥔 신진 세력이 권력을 사용하거나 남용하는 것에 제약을 가할 만한 제도 역시 생겨날 수가 없다. 착취적 경제제도하에서는 권력을 틀어쥔 세력이 남의 자산을 몰수하고 독점을 수립하는 등 엄청난 이윤을 챙기고 막대한 부를 누릴 수 있다.

물론 과두제의 철칙이 진정한 법칙은 아니다. 물리학 법칙처럼 늘 들어맞지는 않는다는 것이다. 잉글랜드의 명예혁명이나 일본의 메이지유신이 보여주듯 불가피한 숙명을 뜻하지도 않는다.

포용적 제도를 향한 거대한 행보가 시작된 명예혁명이나 메이지유신에서 발견되는 핵심적인 요인은 절대주의 체제에 맞서 싸우고 절대주의적 제도를 포용적이고 다원적인 제도로 갈아치우겠다는 각오를 한 광범위한 연합이 힘을 얻었다는 사실이다. 광범위한 연합이 혁명을 일으키면 그만큼 다원주의적인 정치제도가 태동할 가능성도 커지게 된다. 시에라리온과 에티오피아에서 과두제의 철칙이 적용될 가능성이 높았던 이유는 기존의 제도가 극도로 착취적이었을 뿐 아니라, 시에라리온의 독립운동이나 에티오피아의 더그 쿠데타가 그런 광범위한 연합의 혁명이 아니라 착취의 고삐를 자신들이 쥐고자 안달했던 개인 및 집단의 권력 찬탈에 불과했기 때문이었다.

5장에서 마야 도시국가를 다루며 살펴보았듯이 악순환에는 한층 더 파괴적인 면모가 존재한다. 엄청난 사회 불평등을 초래하고 정권을 쥔 자들에게 막대한 부와 무소불위의 권력을 약속하는 착취적 제도하에서는 정권과 제도를 손에 쥐기 위해 투쟁을 불사하는 세력이 많아지기 마련이다. 착취적 제도는 한층 더 착취적인 차기 정권이 들어설 가능성을 높여줄 뿐 아니라 끊임없는 내분과 내전을 조장하기 십상이다. 그런 내전은 엄청난 인간적 고통을 초래하고 얼마가 되었든 그간 다져온 중앙집권화 노력도 물거품이 되게 한다. 그러다 보면 결국 무법천지 및 국가의 실패, 정치적 대혼란으로 이어져 경제 번영을 바라는 모든 희망을 짓밟아버리고 만다. 바로 그런 사례는 다음 장에서 살펴본다.

오늘날
국가가
실패하는
이유

13장

오늘날 국가가 실패하는 원인은 착취적 경제제도가 국민에게
인센티브를 마련해주지 못하기 때문이다.
착취적 정치제도는 착취적 경제제도를 뒷받침해준다.
상황에 따라 다르지만 착취적 정치·경제 제도는
국가가 실패하는 근본 원인일 수밖에 없다.

짐바브웨에서 복권 당첨되는 법

2000년 1월 짐바브웨 수도 하라레에서 있었던 일이다. 정부가 일부
지분을 보유한 짐바브웨 뱅킹 코퍼레이션Zimbabwe Banking Corporation, 즉 짐
뱅크Zimbank가 1999년 12월 한 달 동안 5,000짐바브웨달러 이상의 잔고
를 유지한 전 고객을 대상으로 복권 추첨 행사를 열었다. 추첨을 맡은
사회자 팰럿 차와와는 당첨자를 확인하고 할 말을 잃었다. 짐뱅크의 공
식성명은 이랬다. "사회자 팰럿 차와와는 10만 짐바브웨달러짜리 복권
에 적힌 무가베 대통령 각하의 이름을 확인하고 두 눈을 의심하지 않을
수 없었다."

1980년부터 수단 방법 가리지 않고 짐바브웨를 툭하면 철권으로 다
스려온 로버트 무가베Robert Mugabe 대통령이 복권에 당첨된 것이다. 당첨
금 10만 짐바브웨달러는 짐바브웨 1인당 국민소득의 약 다섯 배에 달한
다. 짐뱅크는 무가베 대통령이 당첨 자격이 있는 고객 수천 명 중에서

뽑힌 것이라고 주장했다. 억세게 운 좋은 사람 아닌가! 무가베 대통령은 당연히 이 돈이 필요 없었다. 사실 그는 불과 얼마 전에 자신과 장관의 월급을 무려 200퍼센트까지 인상한 바 있었다.

복권 추첨 결과는 짐바브웨의 착취적 제도를 드러내주는 하나의 사례일 뿐이었다. 부패라고 지적할 수도 있겠지만, 이는 짐바브웨 제도적 병폐의 한 단면에 불과하다. 무가베가 마음대로 복권까지 당첨될 수 있다는 사실은 그가 짐바브웨를 얼마나 함부로 좌지우지할 수 있는지 여실히 보여줄 뿐 아니라 짐바브웨의 착취적 제도가 얼마나 심각한지 엿볼 수 있게 해준다.

오늘날 국가가 실패하는 가장 흔한 원인은 착취적 제도에서 찾을 수 있다. 그 경제·사회적 결과는 무가베 정권하의 짐바브웨가 생생하게 보여준다. 짐바브웨 공식 통계는 믿을 게 못 되지만, 2008년 짐바브웨의 1인당 국민소득은 1980년 독립 당시의 약 절반 수준이라는 것이 가장 유력한 추정이다. 놀랍긴 하지만, 이 수치만으로는 짐바브웨 생활수준이 얼마나 심각하게 후퇴했는지 가늠조차 하기 어렵다. 정부는 이름뿐이고 기본적인 공공서비스 제공조차 사실상 중단된 상태다. 2008~2009년, 보건 체계가 망가지면서 전국에 콜레라가 창궐했다. 2010년 1월 10일 현재, 보고된 환자 수는 9만 8,741명이었고 사망자만도 4,293명에 달해, 지난 15년간 아프리카에서 발생한 최악의 콜레라 사태였다. 그 와중에 대량 실업 또한 사상 최고 수준에 다다랐다. 2009년 초 유엔 인도주의 업무조정국UN Office for the Coordination of Humanitarian Affairs, UNOCHA은 짐바브웨의 실업률이 무려 94퍼센트에 달한다고 주장했다.

짐바브웨의 여러 정치·경제 제도는 여타 사하라 이남 아프리카와 마찬가지로 식민통치 시절에서 유래했다. 1890년 세실 로즈Cecil Rhodes의

'영국 남아프리카회사British South Africa Company'는 당시 마타벨렐란드Matabeleland의 은데벨레Ndebele왕국에 접한 마쇼날란드Mashonaland로 원정군을 파견했다. 이들은 우월한 무기로 아프리카의 저항을 단숨에 제압하고 1901년 로즈의 이름을 따 남로디지아Southern Rhodesia 식민지를 세웠는데 이 지역이 지금의 짐바브웨다. 로즈는 이곳이 영국 남아프리카회사의 사유지인 만큼 이곳에서 귀금속을 채굴해 큰돈을 벌 것으로 기대했으나 별 재미를 보지는 못했다. 하지만 많은 백인이 비옥한 농토를 찾아 이곳에 모여들기 시작했다. 이 정착민은 얼마 지나지 않아 이 지역 대부분을 차지했다.

또 1923년에는 영국 남아프리카회사의 통치를 벗어나더니 내친김에 자치권을 달라고 영국 정부를 설득했다. 그다음 벌어진 일은 10여 년 전 남아프리카의 상황과 매우 흡사했다. 앞서 살펴보았듯이 남아프리카는 1913년 원주민 토지법이 제정되면서 이중 경제가 만들어진 바 있다. 로디지아도 남아프리카를 거울삼아 이와 아주 유사한 법을 통과시켰고, 1923년 직후 백인만의 아파르트헤이트 국가가 건설되었다.

1950년대 말에서 1960년대 초 유럽 식민제국이 무너지자, 1965년 이언 스미스Ian Smith가 이끄는, 인구의 약 5퍼센트밖에 안 되는 로디지아 백인 엘리트층은 영국으로부터 독립을 선언했다. 로디지아의 독립을 인정한 외국 정부는 거의 없었고 유엔도 이에 반대해 정치·경제적 제재를 가했다. 흑인은 이웃 나라인 모잠비크와 잠비아에 본거지를 두고 게릴라전에 돌입했다. 무가베의 자누Zimbabwe African National Union, ZANU(짐바브웨아프리카민족동맹)와 조슈아 은코모Joshua Nkomo가 이끌던 자푸Zimbabwe African People's Union, ZAPU(짐바브웨아프리칸인민동맹)가 일으킨 반란에 국제사회의 압력까지 겹쳐 결국 협상을 통해 백인 통치는 막을 내리게 되었고, 1980년 마침내 짐바브웨 국가가 탄생했다.

독립 후 무가베는 신속하게 자기 기반을 다져나갔다. 정적을 가차 없이 숙청하거나 제 편으로 끌어들였다. 가장 극악무도한 만행이 자행된 곳은 자푸의 지지 기반이었던 마타벨렐란드로, 1980년대 초 2만 명이나 목숨을 잃었다. 1987년 자푸는 자누와 하나가 되어 자누-PF당이 탄생했지만, 조슈아 은코모는 정계에서 밀려나고 말았다. 무가베는 독립 협상을 통해 물려받은 헌법을 뜯어고쳐 스스로 대통령이 되었고(원래 총리로 시작했다), 독립 합의 사항 중 하나였던 백인 유권자 명부를 없애버렸으며, 내친김에 1990년 들어서는 아예 상원을 철폐해버리고 자신의 입맛에 맞는 의회를 구성했다. 사실상 무가베를 수장으로 하는 일당 독재국가가 탄생한 것이다.

독립하자마자 무가베는 백인 정권이 수립한 착취적 경제제도를 수중에 넣었다. 물가 및 국제무역에 대한 무수한 규제는 물론 국영기업에 농업 유통기구까지 장악한 것이다. 자누-PF 지지자에게 일자리를 나누어주다 보니 공무원 수도 급증했다. 정부의 엄격한 경제 규제는 자누-PF 엘리트 계층의 구미에도 맞아떨어졌다. 자누-PF의 정치 독점에 반기를 들지도 모를 아프리카 사업가 계층이 만들어지기 어려운 상황이었기 때문이다. 2장에서 살펴본 1960년대 가나 상황과 대단히 흡사한 사례다. 물론 그 덕분에 백인이 주요 기업인 계층으로 존속했다는 사실은 아이러니가 아닐 수 없다. 이 시기에 특히 생산성이 높은 농업 수출을 비롯해 백인 경제의 핵심 부문은 아무런 간섭을 받지 않았다. 하지만 이런 상황도 무가베에 대한 지지도가 추락하면서 달라진다.

규제와 시장 개입 모형은 갈수록 지탱하기 버거워졌고, 심각한 재정 위기가 거듭된 끝에 1991년 세계은행과 국제통화기금의 지원을 받아

제도 개혁이 시작되었다. 경제가 지속적으로 나빠지자 마침내 자누-PF의 일당독재에 반발하는 정치세력이 등장하게 되는데 바로 민주변화운동Movement for Democratic Change, MDC이었다. 1995년 총선은 경쟁이랄 게 없었다. 자누-PF가 81퍼센트의 득표율로 120개 의석 중 118석을 차지했다. 이들 의원 중 55명은 단일후보로 선출되었다. 이듬해 대선에서는 비리와 부정의 징후가 더 많이 나타났다. 무가베가 93퍼센트를 차지했지만, 경쟁 후보인 아벨 무조레와Abel Muzorewa와 은다바닝기 시톨레Ndabaningi Sithole는 정부의 강압과 부정을 비난하며 선거도 치르기 전에 이미 후보를 사퇴한 바 있었다.

2000년 이후에는 온갖 부정부패에도 자누-PF의 세력이 약화되기 시작했다. 총선 득표율도 49퍼센트에 그쳐 63석만을 차지할 정도였다. 그만큼 기세가 만만치 않았던 민주변화운동은 수도 하라레의 의석을 모조리 석권하기도 했다. 2002년 대선에서 무가베는 56퍼센트를 득표해 간신히 이겼다. 자누-PF가 두 차례 선거에서 모두 이길 수 있었던 것은 순전히 폭력과 협박, 선거 부정 덕분이었다.

무가베는 자신의 정치적 장악력이 약해지자 억압과 함께 선심성 정책을 강화하는 방식으로 대처했다. 백인 지주에 대해서는 전면 공격에 나섰다. 2000년부터 대대적인 토지 점거와 몰수를 장려하고 지원하기도 했다. 주로 각종 퇴역군인협회가 이에 앞장섰는데 독립전쟁 참전 용사로 구성되어 있다고 알려진 단체들이었다. 몰수된 토지 중 일부는 이들 단체가 차지했지만, 대부분은 자누-PF 엘리트층에게 돌아갔다. 무가베와 자누-PF의 실정으로 사유재산권이 불안해지면서 농업 생산량 및 생산성은 곤두박질쳤다. 경제가 붕괴되자 남은 방법이라곤 돈을 찍어내 선심을 쓰는 것뿐이었고, 이는 엄청난 하이퍼인플레이션을 초래했다. 2009년 1월, 남아공 화폐인 란드rand를 비롯해 타국 화폐 사용이 합법화되자 휴지 조각이나 다름없는 짐바브웨달러는 자취를 감추었다.

1980년 이후 짐바브웨 상황은 독립 이후 사하라 이남 아프리카에서 흔히 볼 수 있는 사례였다. 짐바브웨는 1980년 지독히도 착취적인 정치·경제 제도를 물려받았다. 처음 15년 동안 이들 제도는 거의 달라지지 않았다. 선거가 치러질 때도 정치제도는 포용적 성향과는 거리가 멀었다. 그나마 경제제도는 약간의 변화가 있었다. 흑인에 대한 노골적 차별이 사라진 것이 한 예다. 하지만 정치·경제 제도의 착취적 색채는 여전했고, 다른 점이라면 착취의 주체가 이언 스미스가 이끄는 백인에서 로버트 무가베와 자기 밥그릇 챙기기 바쁜 자누-PF 엘리트로 바뀌었다는 것뿐이었다. 시간이 흐르면서 착취적 성향은 한층 더 심해졌고 민생은 도탄에 빠져들었다. 짐바브웨의 정치·경제적 실패는 과두제의 철칙이 적용된 또 하나의 사례로, 착취적이고 억압적인 이언 스미스 정권이 착취적이고 억압적인 데다 썩을 대로 썩은 로버트 무가베 정권에 자리를 내준 꼴이었다. 2000년 무가베의 복권 당첨 조작 사건은 오랜 역사에 걸쳐 지독하게 부패한 빙산의 일각에 불과했던 것이다.

오늘날 국가가 실패하는 원인은 착취적 경제제도가 국민이 저축이나 투자, 혁신을 하겠다는 인센티브를 마련해주지 못하기 때문이다. 착취적 정치제도는 착취로 득을 보는 세력의 권력을 강화해주는 식으로 이런 경제제도를 뒷받침해준다. 착취적 정치·경제 제도는 그 구체적인 내용은 상황에 따라 서로 다를지 몰라도 국가가 실패하는 근본 원인일 수밖에 없다. 예를 들어 앞으로 아르헨티나, 콜롬비아, 이집트의 사례를 살펴보겠지만, 여러 정부의 실패 사례가 부진한 경제활동의 형태로 나타나곤 한다. 자원을 착취하는 데만 혈안이 된 정치인이 자신과 경제 엘리트층을 위협하는 독립적인 경제활동은 무조건 짓밟아버리기 때문이다. 다음에 살펴볼 짐바브웨와 시에라리온처럼 극단적인 경우, 착취적 제도가 법질서뿐 아니라 가장 기본적인 경제적 인센티브마저 파괴해버려 철저한 정부의 실패로 이어지기도 한다. 그 결과 경제는 발이 묶이고, 내전과 대규모 난민 발생, 기근, 전염병 창궐 등의 시련을 겪게 된다. 1960년대보다 더 가난한 나라로 전락한 앙골라, 카메룬, 차드, 콩고민주공화국, 아이티, 라이베리아, 네팔, 시에라리온, 수단, 짐바브웨의 최근 역사가 이를 여실히 증명해준다.

시에라리온내전

1991년 3월 23일, 포다이 상코Foday Sankoh가 이끄는 무장단체가 라이베리아 국경을 넘어 시에라리온에 진입해 카일라훈Kailahun이라는 남부 국경 마을을 공격했다. 상코는 과거 시에라리온군 상병 출신으로, 1971년 가담했던 시아카 스티븐스 정부에 대한 쿠데타 실패 후 수감생활을 한 바 있었다. 석방 후엔 리비아로 넘어가 독재자 카다피가 아프리카혁명 세력을 키우려고 운영하던 훈련소에 들어갔다. 그곳에서 라이베리아 정부 전복 계획을 꾸미고 있던 찰스 테일러Charles Taylor를 만났다. 1989년 크리스마스이브에 테일러가 라이베리아를 침공했을 때도 상코는 그의 곁을 지켰다. 상코가 시에라리온을 침략했을 때도 테일러의 부하들이 그를 따랐다. 대부분 라이베리아인과 부르키나베인Burkinabes(부르키나파소Burkina Faso 주민들)이었다. 이들은 스스로를 혁명연합전선Revolutionary

United Front, RUF이라 칭하며, 부패한 전인민의회당APC 폭압 정권을 타도하기 위해 왔다고 선언했다.

이전 장에서 살펴보았듯이 시아카 스티븐스와 그가 이끄는 APC는 시에라리온 식민정부가 남긴 착취적 제도를 고스란히 넘겨받아 더욱 강화해나갔다. 짐바브웨에서 무가베와 자누-PF가 한 짓과 다를 바 없다. 암에 걸린 스티븐스가 조지프 모모를 후임자로 세웠던 1985년, 시에라리온의 경제는 이미 무너지고 있었다. 역사의 아이러니를 예견한 것은 아니겠지만, 스티븐스는 "소는 묶어놓은 곳에서 풀을 뜯는 법"이란 격언을 자주 인용하곤 했다. 스티븐스가 뜯던 풀을 이제는 같은 자리에서 모모가 게걸스럽게 먹어 치우게 된 것이다. 도로는 망가졌고 학교도 엉망이 되었다. 1987년에는 정보부장관이 송신기를 팔아먹는 바람에 TV 방송이 중단되었고, 1989년에는 수도 프리타운 밖으로 무선신호를 중계하던 무선탑이 쓰러져 수도 외부 지역에는 라디오 송신이 끊겼다. 1995년 프리타운의 한 신문은 다음처럼 정곡을 찌르는 분석 기사를 실었다.

> 모모는 집권 말기에 이르러 공무원, 교사, 심지어 각 지역 대추장에 대한 급여 지급을 중단했다. 중앙정부는 무너졌고, 국경은 툭하면 침범당해 '반군'이 들끓었으며 국경 너머 라이베리아에서 온갖 자동 무기가 쏟아져 들어왔다. 국가임시평의회National Provisional Ruling Council, NPRC, '반군', 그리고 '정부군에서 전향한 반군' 등이 정부가 사라지면 나타날 법한 대혼란을 일으켰다. 이들은 우리가 당면한 문제의 원인이 아니라 증상이었다.

모모 정권하의 국가 몰락은 스티븐스 집권 당시 극도로 착취적인 제도가 낮은 악순환의 결과였다. 1991년 국경을 넘어 밀려들어오는 RUF를 막을 길이 없다는 뜻이기도 했다. 국가가 이를 막아낼 능력이 전혀 없었기 때문이다. 스티븐스는 자신에게 반기를 들까 두려워 이미 군대를 허수아비로 만든 상태였다. 그러니 비교적 소수의 무장단체라 하더라도 전국 대부분 지역에서 혼란을 일으키기에 충분했다. 이들은 심지어 '민주주의를 향한 길Footpaths to Democracy'이라는 강령까지 갖추고 있었는데, 흑인 지식인 프란츠 파농Franz Fanon의 다음과 같은 말로 시작된다. "온 세대가 미몽에서 깨어나 자신들에게 주어진 사명을 찾아내 이를 완수하든가 혹은 저버려야 한다." 그리고 "우리는 무엇을 위해 싸우고 있는가?"라는 부분의 도입부는 다음과 같다.

> 우리가 계속 싸우는 이유는 국가가 조장하는 빈곤과 오랜 독재와 군국주의가 가져온 인간 파멸에 끝없이 희생되는 것에 지쳤기 때문이다. 하지만 우리 모두 승자가 되는 그날까지 자제력을 발휘하고 끊임없이 인내하며 평화를 기다릴 것이다. 우리는 평화를 위해 필요한 모든 수단을 동원할 것이지만 결코 평화의 희생자가 되지는 않을 것이다. 우리의 대의는 정의로운 것임을, 그리고 새로운 시에라리온 재건 투쟁에서 알라신은 절대 우리를 저버리지 않을 것임을 알고 있다.

상코를 비롯해 RUF 지도부는 정치적 불만이 쌓여 일을 벌인 것일지도 모른다. 또 초반에는 APC 정권의 착취적 제도하에서 고통받던 국민이 자발적으로 이 운동에 참여했을 수도 있다. 하지만 상황은 빠르게 걷잡을 수 없는 국면으로 접어들었다. RUF의 '사명'은 온 나라를 고통의 구렁텅이로 몰아넣었다. 시에라리온 남부의 제오마Geoma에 사는 한 10대소년은 이렇게 증언한다.

> 그들은 우리 중 몇 사람을 골라 한자리에 몰아세웠다…. 몇몇 친구를 불러내더니 그중 두 명을 죽였다. 둘 다 추장의 아들로 군화 등 집에 군 장비가 있는 아이들이었다. 단지 군인을 숨겨주었다는 혐의로 총에 맞은 것이다. 추장들 역시 정부 편이라는 이유로 살해당했다. 그들은 새로운 추장을 내세웠다. 그러면서도 APC 정권으로부터 우리를 해방하러 왔다고 말했다. 언제부터인가 그들은 사람을 골라내지 않고 마구 쏴 죽였다.

RUF가 가졌을지 모를 지적 뿌리는 침공 첫해부터 이미 완전히 자취를 감추어버렸고, 상코는 만행이 지나치다고 비판하는 이들을 모조리 처형했다. 얼마 지나지 않아 RUF에 자원하는 이는 거의 없었다. 이들은 결국 강제 징집에 나섰고, 특히 어린이들을 노렸다. 사실 이 일에 관한 한 정부군까지 모두가 한통속이었다. 시에라리온내전이 더 살기 좋은 사회 건설을 위한 성전聖戰이었다면 다름 아닌 어린이의 성전이었던 셈이다. 분쟁이 심화되면서 학살과 더불어 집단 성폭행을 하고 손과 귀를 절단하는 등 대규모 인권 유린이 자행되었다. RUF는 장악한 지역을 경제적으로 착취하는 일도 서슴지 않았다. 가장 두드러진 곳이 다이아몬드 광산지역으로, RUF는 주민을 협박해 다이아몬드를 캐오도록 했다. 하지만 착취는 다른 지역에서도 만연했다.

잔학 행위와 대학살을 자행하고 조직적으로 강제노동을 시킨 것은 RUF만이 아니었다. 정부도 다를 바 없었다. 법질서가 워낙 엉망이다 보니 누가 정부군이고 누가 반군인지 분간하기조차 어려웠다. 군 기강이란 아예 찾아볼 수 없었다. 2001년 전쟁이 끝났을 무렵에는 약 8만 명이 목숨을 잃었고 온 나라는 만신창이가 된 후였다. 도로, 주택, 건물은 형체를 알아볼 수 없을 정도로 파괴되었다. 지금도 동부의 주요 다이아몬드 산지인 코이두에 가면 총탄 자국이 선명히 남아 있는 불탄 가옥이 눈에 들어온다.

1991년에 이르자 시에라리온이라는 국가는 완전한 실패를 경험하고 있었다. 샤이암 왕이 부숑족을 데리고 어떤 일을 벌였는지 되새겨보자. 그는 자신의 권력을 다지고 사회가 생산한 결과물을 착취하기 위해 착취적 제도를 수립했다. 하지만 카사이 강 건너 렐레족 사회에는 법질서, 중앙당국, 사유재산권이 존재하지 않았다. 착취적 제도를 동원했다고는 해도 샤이암 왕이 중앙정부에서 권력을 틀어쥐고 있는 상황이 그보다는 나았던 것이다. 최근 수십 년 동안 법질서 유지와 중앙집권화에 실패한 아프리카 국가가 수두룩하다. 사하라 이남 아프리카 국가 대부분 중앙집권화가 역사적으로 늦게 시작되었을 뿐 아니라 착취적 제도의 악순환이 그나마 존재하던 중앙집권화 노력마저 원점으로 되돌려놓는 통에 정부 실패의 원인으로 작용한 것이다.

1991년에서 2001년까지 10년 동안 피 튀기는 내전을 겪으면서 시에라리온은 전형적인 정부 실패 사례가 되었다. 우선 다른 여러 나라처럼 착취적 제도에 신음하는 나라로 출발했다. 물론 유난히 사악하고 비효율적인 형태의 착취적 제도였다는 점은 특기할 만하다. 국가가 실패하는 이유는 지리적 원인이나 문화적 요인 때문이 아니라 국가를 장악한 소수의 손에 부와 권력을 쥐여주어 불안정과 갈등, 심지어 내전까지 일으키는 착취적 제도의 유산 때문이다. 착취적 제도는 또한 가장 기본적인 공공서비스 부문에 대한 투자마저 무시하기 때문에 점진적인 정부의 실패를 가져온다. 시에라리온에서도 바로 그런 일이 벌어졌다.

인민을 착취하고 도탄에 빠뜨리며 경제 발전을 가로막는 착취적 제도는 아프리카, 아시아, 남아메리카에서 흔히 발견된다. 찰스 테일러는 시에라리온의 내전을 부추기는 동시에 라이베리아의 야만적 갈등을 초래해 그곳에서도 정부의 실패가 이어졌다. 착취적 제도가 내전 및 정부 실패로 이어지는 패턴은 아프리카 다른 지역에서도 되풀이되었다. 앙골라, 코트디부아르, 콩고민주공화국(킨샤사 콩고라고도 한다 - 옮긴이), 모잠비크, 콩고공화국(브라자빌 콩고라고도 한다 - 옮긴이), 소말리아, 수단, 우간다 등이 그런 예다. 착취는 분쟁으로 이어질 소지가 크다. 1,000년 전 마야 도시국가들이 분쟁으로 치달은 것도 극도로 착취적인 제도 때문이었다. 분쟁은 정부의 실패를 앞당긴다. 따라서 오늘날 국가가 실패하는 또 다른 이유는 정부의 실패에서 찾을 수 있다. 오랜 세월 착취적 정치·경제 제도가 이어진 결과다.

중앙집권화에 실패한 콜롬비아

아프리카 전역 및 일부 아시아의 가난한 나라에서 전형적으로 목격되기는 하지만 짐바브웨, 소말리아, 시에라리온은 지나치게 극단적인 사례로 비친다. 라틴아메리카에는 정부 실패 사례가 없는가? 라틴아메리카 대통령은 복권에 당첨될 정도로 뻔뻔스럽지 않은가?

콜롬비아에서 안데스산맥은 북쪽으로 가면서 서서히 카리브 해와 접한 광활한 해안 평야로 이어진다. 콜롬비아인은 이 지역을 티에라 칼리엔테tierra caliente라고 부르는데 에스파냐어로 '온대 지역'이라는 뜻이다. '냉대 지역'을 뜻하는 안데스산맥 고산지대의 티에라 프리아tierra fria와는 완연히 다르기 때문이다. 지난 반세기 대부분 정치학자와 각국 정부는 콜롬비아를 민주주의 국가로 여겼다. 미국은 기꺼이 콜롬비아에 자유무역협정 가능성을 타진하고 군사 원조를 비롯해 온갖 원조를 아끼지 않는다. 짧은 기간 군사정권이 들어서기도 했지만 1958년 막을 내렸고, 이후 주기적으로 선거가 치러졌다. 물론, 1974년까지 소수 세력이 정치 권력을 주고받으며 오랜 역사를 자랑하는 보수당과 자유당 양대 정당이 대통령직까지 주거니 받거니 공유하다시피 했다는 사실을 잊어서는 안 된다. 그럼에도 소수 세력인 국민전선^{National Front}에 대해 국민은 국민투표를 통해 지지를 표명했으니 이 모든 것이 민주적으로 비치는 데 무리가 없어 보인다.

콜롬비아에서 오랫동안 민주적 선거가 치러졌다고는 하지만 포용적 제도가 뿌리내리고 있지는 않다. 오히려 콜롬비아의 역사는 시민의 자유 유린, 사법 절차를 무시한 처형, 민간인에 대한 폭력 및 내전으로 점철되어 있다. 민주주의 국가에서 기대하는 것과는 거리가 멀다. 콜롬비아의 내전은 정부와 사회가 몰락하고 혼란이 야기된 시에라리온의 사례와는 다르다. 하지만 콜롬비아의 내전도 극심했고 시에라리온보다도 더 많은 사상자를 냈다. 1950년대 군사정권이 들어선 것도 에스파냐어로 간단히 라 비올렌시아^{La Violencia}, 즉 '폭력'의 시대로 알려진 내전 때문이었다. 그 이후 대부분 공산주의 혁명 세력인 다양한 반군 집단이 납치와 살인을 일삼으며 농촌 지역을 괴롭혔다. 납치와 살인을 피하려면 콜롬비아 농민은 '예방접종'이라는 뜻의 이른바 바쿠나^{vacuna}를 지불해야 했다. 살해당하거나 납치되지 않으려면 매달 무장 깡패 집단에 백신 처방의 의미로 치르는 대가였다.

콜롬비아에서 활동하는 모든 무장단체가 공산주의자는 아니다. 1981

년 주요 공산주의 게릴라 단체인 콜롬비아혁명군Fuerzas Armadas Revolucionarias de Colombia, FARC이 낙농업자 한 명을 납치했다. 안티오키아Antioquia 주 북동부 온대지대의 작은 마을 아말피Amalfi에 사는 헤수스 카스타뇨Jesus Castaño라는 농부였다. FARC는 7,500달러를 몸값으로 요구했는데 콜롬비아 농촌에서는 큰 목돈이었다. 가족은 농장까지 저당 잡혀 가며 몸값을 마련했지만, 아버지는 나무에 묶인 싸늘한 시체로 돌아왔다. 카스타뇨의 세 아들인 카를로스Carlos, 피델Fidel, 빈센테Vicente는 더 이상 두고 볼 수 없었다. 이들은 FARC에 복수하려고 로스 탕게로스Los Tangueros(탱고를 추는 사람들이라는 의미 - 옮긴이)라는 민병대를 창설했다. 형제는 조직을 이끄는 능력이 탁월했고 머지않아 조직 규모가 커지더니 비슷한 대의명분을 내세우며 출발한 다른 민병대와 공통 관심사를 찾기 시작했다. 콜롬비아에는 좌익 게릴라의 손에 시달리는 통에 이에 대항하기 위해 민병대가 조직된 지역이 수두룩했다. 지주들은 민병대를 이용해 게릴라의 공격을 막아냈지만, 지주 역시 마약 밀매, 강탈, 주민 납치 및 살해를 일삼기는 마찬가지였다.

1997년, 민병대들은 카스타뇨 형제의 지도로 전국적인 조직인 콜롬비아연합자위군Autodefensas Unidas de Colombia, AUC을 설립할 수 있었다. AUC는 코르도바Córdoba, 수크레Sucre, 마그달레나Magdalena, 세자르César 등 특히 온대지대 위주로 콜롬비아 전역으로 세력을 확장해나갔다. 2001년이 되자 AUC는 최대 3만 명 이상의 무장 병력을 거느렸을 것으로 추정되고, 지역별로 세분되었다. 코르도바에서는 살바토레 만쿠소Salvatore Mancuso가 블로크 카타툼보Bloque Catatumbo를 이끌었다.

세력이 꾸준히 커지자 AUC는 전략적으로 정계 진출 계획을 세웠다. 민병대와 정치인은 서로가 필요했다. AUC 지도자 여러 명이 코르도바의 산타페 데 랄리토Santa Fé de Ralito라는 마을에서 내로라하는 정치인과 회동했다. '나라의 재건'을 촉구하는 일종의 협약인 합의 문건이 만들어졌고 AUC 지도자들의 서명이 이어졌다. 호르헤Jorge 40(로드리고 토바르 푸포Rodrigo Tovar Pupo의 군대 가명), 아돌포 파즈Adolfo Paz(디에고 페르난도 '돈 베르나' 무리요Diego Fernando 'Don Berna' Murillo의 군대 가명), 디에고 베치노Diego Vecino(에드와르 코보 텔레즈Edwar Cobo Téllez의 군대 가명) 등이 AUC 측에 서명했고, 윌리엄 몬테스William Montes와 미겔 델라 에스프리에야Miguel de la Espriella 상원의원 등의 정치인도 동참했다. 이 무렵 AUC는 이미 콜롬비아 상당 부분을 장악하고 있던 터라 2002년 상·하원 선거에서 입맛에 맞는 후보를 당선시키는 것은 식은 죽 먹기였다. 일례로 수크레 주의 산오노프레San Onofre 시에서는 민병대장인 카데나Cadena('쇠사슬'이라는 뜻의 가명)가 선거를 관장했을 정도였다. 한 목격자의 증언으로는 다음과 같은 일이 벌어졌다고 한다.

카데나가 보낸 트럭이 산오노프레 시의 구석구석을 돌며 사람을 태워 갔다. 주민에 따르면… 2002년 선거 때는 수백 명의 농민이 플랜 파레호Plan Parejo 구역으로 끌려가 총선에서 찍어야 할 후보의 얼굴을 익혔다고 한다. 상원에는 하이로 메를라노Jairo Merlano, 하원에는 뮤리엘 베니토 레볼로Muriel Benito Rebollo 후보가 나섰다.

카데나는 시의원 이름이 적힌 종이를 주머니에 넣더니 그중 둘을 꺼내 들고 뮤리엘이 당선되지 않으면 두 시의원은 물론 주민도 무작위로 골라내 죽이겠다고 위협했다.

으름장이 효과가 있었던 듯하다. 두 후보는 수크레 전역에서 4만 표

씩을 얻었다. 당연히 산오노프레의 시장 역시 산타페 데 랄리토 협약에
서명한 인물이었다. 아마도 2002년 총선에서 당선된 상·하원 의원 세
명 중 한 명은 민병대의 덕을 봤을 것으로 보인다. 콜롬비아에서 민병대
가 장악한 지역을 나타낸 〈지도 20〉만 봐도 이들의 세력이 어느 정도였
는지 가늠할 수 있다. 살바토레 만쿠소 자신이 한 인터뷰를 통해 다음과
같이 털어놓은 바 있다.

> 전체 의원 중 35퍼센트는 자위군이 장악하고 있는 주의 선거구에서 당
> 선되었다. 그런 주에서는 자위군이 세금을 걷고, 법을 집행하며, 군사적
> 으로 영토를 장악하고 있으므로 정계에 진출하려는 자라면 누구나 우
> 리를 찾아와 우리가 내세운 정계 대표와 일을 도모해야 했다.

민병대가 이 정도로 정치와 사회를 장악했다면 경제제도와 공공정책
에 어떤 영향을 미쳤을지는 어렵지 않게 짐작할 수 있다. AUC는 평화롭
게 확장된 것이 아니다. AUC는 FARC를 상대로만 싸운 게 아니라 무고
한 민간인을 살해하고 수십만 명의 주민을 공포에 떨게 하며 난민으로
전락시켰다. 노르웨이난민협의회Norwegian Refugee Council의 국제난민감시
센터Internal Displacement Monitoring Center, IDMC에 따르면 2010년 초, 콜롬비아
내에서 난민 생활을 하는 국민은 전체 인구의 10퍼센트가량인 거의
450만 명에 달했다.

만쿠소도 언질을 주었듯이 민병대는 정부의 역할까지 모두 떠맡았
다. 물론 주민에게서 거두어들이는 세금만큼은 자신들의 배를 불리기
위해 착복했다. 민병대장인 마르틴 야노스Martín Llanos(엑토르 게르만 부이
트라고Héctor Germán Buitrago의 가명)와 콜롬비아 동부 카사나레Casanare 주에

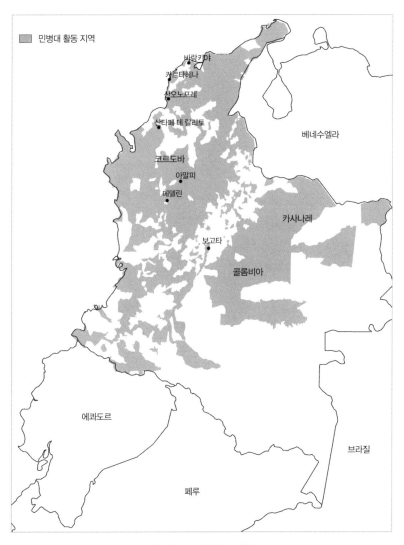

지도 20 콜롬비아 일대의 민병대 활동 현황, 1997~2005년

있는 타우라메나Tauramena, 아구아줄Aguazul, 마니Maní, 비야누에바Villanueva, 몬테레이Monterrey, 사바날라르가Sabanalarga 등의 시장들은 어처구니없는 협약을 맺기도 했다. 이 협약에 따르면 '카사나레 민병대 농민들 Paramilitary Peasants of Casanare'의 명령에 따라 다음 규칙을 준수해야 했다.

9. 시 예산의 50퍼센트를 카사나레 민병대 농민이 관리할 수 있게 한다.

10. 시에서 발주하는 모든 계약의 10퍼센트를 (카사나레 민병대 농민에게) 할당한다.

11. 카사나레 민병대 농민이 소집하는 모든 모임을 의무적으로 지원한다.

12. 모든 인프라 프로젝트에 카사나레 민병대 농민을 포함한다.

13. 카사나레 민병대 농민이 구성한 새로운 정당과 협력한다.

14. 민병대의 정부 계획을 충실히 수행한다.

카사나레는 가난한 주가 아니었다. 오히려 원유 매장량이 많아 콜롬비아에서 1인당 소득이 가장 높은 주였다. 또 그러다 보니 민병대가 군침을 흘릴 만한 곳이기도 했다. 아닌 게 아니라 권력을 쥐고 나자 민병대는 체계적으로 재산을 착취하기 시작했다. 만쿠소 혼자 도시와 농촌 지역에서 축적한 재산만도 2,500만 달러에 달했다고 알려졌을 정도다. 민병대가 콜롬비아에서 몰수한 땅은 전체 농촌 토지의 10퍼센트에 육박했던 것으로 추정된다.

콜롬비아는 무너져가는 실패한 정부의 사례가 아니다. 중앙집권화가 미흡하고 정부의 권위가 전 영토에 미치지 못하는 사례라 할 수 있다. 보고타와 바랑키야 등 대도시 지역에서는 정부가 치안과 공공서비스를 제공할 수 있지만, 공공서비스는커녕 법질서 유지를 기대하기 어려운 지역도 수두룩하다. 정부 대신 만쿠소와 같은 대체 집단이나 인물이 정치와 자원을 쥐락펴락하는 것이다. 어느 지역에서는 경제제도 역시 제법 잘 운용되고 인적 자원과 경영 기술도 대단히 높은 수준이지만 고도로 착취적인 제도 때문에 정부가 최소한의 권위조차 세우지 못하는 지역도 있다.

어떻게 이런 상황이 수십 년, 심지어 수 세기 동안 지속될 수 있는지 도무지 이해가 되지 않을지도 모른다. 하지만 이런 상황에도 그럴 만한 논리가 숨어 있다. 이 역시 악순환의 고리다. 사회의 기능적인 부분을 담당하는 정치인은 폭력 및 미약한 중앙집권정부와 공생 관계를 모색하는 경향이 있다. 다시 말해 중앙 정계의 정치인은 지방의 무법천지 상황을 악용하고, 정부는 민병대가 독자적으로 활동하도록 내버려두는 것이다.

특히 2000년대에 두드러진 패턴이었다. 2002년 대선에서는 알바로 우리베Álvaro Uribe가 승리했다. 우리베는 카스타뇨 형제와 공통점이 있었다. 그의 아버지도 FARC의 손에 목숨을 잃은 것이다. 이전 정부들은 FARC와 평화적 관계를 도모하려 시도했지만, 우리베는 반대 운동을 펼쳤다. 2002년 선거에서 민병대와 손을 잡은 지역에서는 그렇지 않은 지역보다 득표율이 3퍼센트가량 더 높게 나왔다. 2006년 재선에 성공했을 때는 그런 지역의 득표율 차가 11퍼센트로 껑충 뛰었다. 만쿠소는 총선에서뿐만 아니라 대선에서도 실력 발휘를 할 수 있었던 것이다. 특히 자신들과 세계관이 강하게 맞물려 있어 민병대에 너그러울 만한 대선 후보라면 더 말할 것도 없었다. 살바토레 만쿠소의 부관이자 AUC 시누Sinú 및 산호르헤San Jorge 구역의 전 수장이던 하이로 앙가리타Jairo Angarita

는 '역사상 가장 훌륭한 대통령의 재선'을 위해 일했다는 것이 자랑스럽다고 공공연히 밝히기도 했다.

민병대를 등에 업고 당선된 상·하 의원들은 우리베가 원하는 대로 표를 몰아주었다. 특히 2006년 재선을 위해 헌법까지 뜯어고쳤다. 2002년 헌법으로는 연임이 불가능한 상황이었다. 그 대가로 우리베 대통령은 민병대의 해체를 허용하는 대단히 관대한 법을 통과시켰다. 해체라고 해서 민병대의 시대가 막을 내렸다는 뜻은 아니었다. 이들이 장악해 제 것처럼 부리던 콜롬비아 대부분 지역은 물론 정부 내에서도 민병대가 아예 제도화되었다는 의미였다.

콜롬비아의 정치·경제 제도는 시간이 흐르면서 여러모로 한층 더 포용적인 색채를 띠게 되었다. 하지만 일부 주요 착취적 요소는 그대로 남아 있다. 법질서와 사유재산권이 불안한 지역이 여전히 많은데, 아직도 전 영토를 아우를 수 있는 강력한 중앙집권정부가 존재하지 않는 탓이다. 콜롬비아 특유의 중앙집권화 실패 사례라 할 수 있다. 그렇다고 콜롬비아 정부가 불가피한 숙명이었던 것은 아니다. 이 역시 악순환의 결과였을 뿐이다. 콜롬비아의 정치제도는 정치인이 대부분 지역에서 공공서비스를 제공하고 법질서를 유지할 인센티브를 마련해주지 못한다. 정치인이 민병대 및 조직폭력배와 암암리에 또는 공공연히 결탁하는 것을 막아낼 만한 힘도 없다.

아르헨티나 경제 추락의 이유

2001년 말, 아르헨티나는 경제 위기 속에서 허우적거리고 있었다. 3년 동안 국민소득은 곤두박질쳤고, 실업률은 치솟았으며, 온 나라가 막대한 해외 부채에 시달리고 있었다. 상황이 이 지경에 이르게 된 것은 1989년 이후 하이퍼인플레이션을 잡고 경제를 안정시키겠다며 카를로스 메넴 정부가 택한 정책들 때문이었다. 얼마간은 효과가 있어 보였다.

1991년 메넴은 아르헨티나 페소화를 미국달러에 연동시키는 고정환율제를 채택했다. 법적으로 1페소를 1달러에 묶어버린 것이다. 당연히 환율은 변할 수가 없었다. 모든 게 해결된 듯 보였지만, 과연 그랬을까? 고정환율제를 유지하겠다는 정부의 일념을 보여주려는 듯 달러화로 은행계좌를 개설하라고 대국민 설득에 나서기까지 했다. 달러는 수도 부에노스아이레스의 상점 어디서나 쓸 수 있었고 도시 내 어떤 현금 인출기에서도 인출이 가능했다.

경제를 안정시키는 데 도움이 된 정책일지는 몰라도 커다란 허점이 도사리고 있었다. 아르헨티나 수출품은 엄청나게 비싸진 반면 수입품은 헐값이 된 것이다. 수출은 씨가 마르는데 수입은 물밀 듯이 밀려들었다. 값을 치르려면 돈을 빌리는 수밖에 없었다. 버티기 어려운 상황이었던 것이다. 페소의 안전성에 대한 우려가 커지면서 달러화로 재산을 환전하는 이들이 늘어났다. 정부가 법을 내팽개치고 페소화를 평가절하한다고 해도 달러화로 바꿔두면 안전할 게 아닌가? 페소화에 대해서는 일리가 있는 걱정이었다. 하지만 달러화에 대해서는 지나친 낙관이었다.

2001년 12월 1일, 정부는 모든 은행계좌를 동결했다. 처음에는 90일 동안이었다. 주 단위로 아주 적은 금액만 인출이 허용되었다. 처음에는 250페소를 주면 250달러로 바꿔주었지만 얼마 지나지 않아 300페소를 들고 가야 했다. 그마저도 페소 계좌에서만 인출이 허용되었다. 달러 계좌에서는 돈을 전혀 뺄 수가 없었다. 그러려면 달러화를 먼저 페소로 환전해야 했지만 아무도 원치 않는 일이었다. 아르헨티나에서는 이 상황을 '작은 우리'라는 뜻의 엘 코랄리토El Corralito라고 불렀다. 예금자가 가축처럼 우리에 갇혀 오도 가도 못하는 신세가 되었다는 뜻이다.

1월이 되자 평가절하가 공식적으로 단행되었다. 이제 1페소에 1달러가 아니라, 1달러를 얻으려면 4페소가 필요했다. 언뜻 보면 미리 달러화로 환전해둔 예금자의 선견지명을 증명해주는 상황이었다. 하지만 그 역시 부질없는 일이었다. 정부가 강제로 달러 계좌를 페소 계좌로 바꾸면서 종전의 1 대 1 환율을 적용했기 때문이다. 얼마 전까지만 해도 1,000달러를 저축해두었던 사람의 수중에 이제 달랑 250달러만 남았다는 뜻이었다. 정부가 국민의 저축을 75퍼센트나 몰수해버린 것이다.

경제학자도 아르헨티나라고 하면 고개를 젓는다. 아르헨티나가 얼마나 이해하기 어려운 나라인지는 노벨상을 받은 경제학자 사이먼 쿠즈네츠Simon Kuznets의 말만으로도 잘 알 수 있다. 그는 온 세상 나라가 선진국, 후진국, 일본, 그리고 아르헨티나로 나뉜다고 비꼬았다. 쿠즈네츠가 이런 말을 한 것은 제1차 세계대전 무렵만 해도 아르헨티나가 세계에서 가장 부유한 나라 중 하나였기 때문이다. 그러더니 서유럽과 북아메리카의 부자 나라와 비교해 꾸준히 쇠락의 길을 걷기 시작했다. 1970년대와 1980년대 들어서는 완연한 추락세였다. 언뜻 아르헨티나의 경제 성과가 이해하기 어려워 보일 수도 있지만, 제도의 포용성 및 착취성이라는 관점에서 바라보면 쇠락의 이유는 한결 분명해진다.

1914년 이전까지 아르헨티나가 50년 정도 경제성장을 경험한 것은 사실이지만 전형적인 착취적 제도하의 경제성장 사례였다. 당시 아르헨티나는 수출 농업 경제에 대한 의존도가 매우 높은 소수 엘리트층의 지배를 받고 있었다. 아르헨티나의 경제가 성장한 것은 소고기, 가죽, 곡물 등 농산품이 세계시장에서 호황을 누리며 가격이 크게 오른 덕분이었다. 착취적 제도하의 경제성장이 모두 그렇듯이 아르헨티나 역시 창조적 파괴나 혁신을 수반하지 않았다. 당연히 지속될 수도 없었다.

제1차 세계대전 무렵 정치 불안이 심화되고 무장봉기가 잇따르자 아르헨티나 엘리트층은 정치적 영향권을 확대하려했지만 그러다 보니 통제 불가능한 세력을 동원하기에 이르렀고 1930년에는 첫 번째 군사 쿠데타로 이어졌다. 그때부터 1983년까지 아르헨티나는 독재와 민주주의 사이를 오락가락하며 다양한 착취적 제도 속에서 허덕였다. 군사정권하에서는 대중 탄압도 심했는데 1970년대에 절정에 달해 적어도 9만 명 이상이 불법적으로 처형된 것으로 추정된다. 옥에 갇히거나 고문을 당한 이들만도 수십만 명에 달했다.

민간정부 시절에는 선거가 치러져 민주주의의 빛이 들기도 했다. 하지만 정치체제는 포용성과는 거리가 멀었다. 1940년대 페론이 등장한 이후 아르헨티나 민주주의는 그가 창당한 흔히 페론당이라 부르는 정의사회당Partido Justicialista이 장악했다. 페론당은 유권자를 매수하고 후원 세력을 동원했으며 정부 계약 및 공무원직을 대가로 정치적 지지를 얻는 등 부정부패를 일삼는 거대한 정치기구 덕분에 선거에서 승리할 수 있었다. 어느 면에서 보면 민주적이었을지는 몰라도 다원주의적이라고 할 수는 없었다. 페론당은 권력을 틀어쥐고 있었고 이를 제재할 견제 수단이 없었다. 최소한 군부가 페론 정권을 축출하기 전까지는 그랬다. 앞서 살펴보았듯이, 대법원이 정책을 문제 삼으면 대법원에 더 큰 불똥만 튀곤 했다.

1940년대에 들어서자, 페론은 노동운동을 정치 기반으로 삼으려 했다. 1970년대와 1980년대 군사 탄압으로 노동계가 위축되자 페론당은 미련 없이 다른 세력을 매수하려 눈길을 돌렸다. 경제 정책과 제도는 공정한 경쟁 환경을 조성하기 위해서가 아니라 페론당 추종자의 배를 불려주려고 고안되었다. 1990년대 메넴 대통령은 임기 제한에 걸려 재선을 할 수 없자 한 술 더 떠 가차 없이 헌법을 뜯어고쳐 임기 제한을 없애버렸다. 엘 코랄리토 사태가 보여주듯 아르헨티나에서는 선거를 치르고 정부도 민중이 선출했지만, 정부는 사유재산권을 무시하고 아무런 책임도 지지 않고 시민의 재산을 몰수할 수 있다. 아르헨티나 대통령과 정치 엘리트에 대한 견제 수단이 없고 다원주의도 존재하지 않기 때문이다.

쿠즈네츠는 물론 부에노스아이레스를 방문한 사람이라면 대부분 리마Lima나 과테말라시티Guatemala City, 심지어 멕시코시티Mexico City와도 다르다는 사실에 어리둥절하게 된다. 원주민도 눈에 띄지 않고 노예의 후손도 보이지 않는다. 착취적 제도하의 성장기인 호시절에 지어진 웅장한 기념물과 건축물이 즐비하다. 하지만 부에노스아이레스에서는 아르헨티나의 일부만 볼 수 있다.

가령 메넴은 부에노스아이레스 출신이 아니었다. 부에노스아이레스에서 북서쪽으로 멀리 떨어진 산악지대인 라리오하La Rioja 주의 아니야코Anillaco 시에서 태어나 라리오하 주지사를 세 차례 역임했다. 에스파냐의 아메리카 대륙 정복 당시 아르헨티나의 이 지역은 잉카제국의 외곽이었으며 원주민이 많이 살았다(〈지도 1〉 참조). 에스파냐인은 이곳에 엔코미엔다를 건설했고, 북부 포토시의 광부가 사용할 식량과 노새를 기르기 위해 극도로 착취적인 제도를 뿌리내렸다. 아닌 게 아니라 라리오하는 부에노스아이레스보다 페루의 포토시나 볼리비아와 훨씬 닮았다. 19세기, 라리오하는 악명 높은 군벌 파쿤도 키로가Facundo Quiroga를 배출했다. 그는 이 지역을 무법천지로 다스렸고, 군대를 이끌고 부에노스아이레스로 진군하기도 했다.

아르헨티나 정치제도의 역사는 라리오하 등 내륙 지방이 부에노스아이레스와 합의를 이루는 역사라 할 수 있다. 합의란 다름 아닌 휴전이었다. 라리오하의 군벌들은 부에노스아이레스가 지금처럼 돈을 벌 수 있도록 내버려두기로 합의했다. 대신 부에노스아이레스 엘리트층은 '내륙'의 제도 개혁을 포기했다. 따라서 언뜻 아르헨티나가 페루나 볼리비아와 다른 세상처럼 보일지 모르지만, 부에노스아이레스의 웅장한 대로를 벗어나면 그다지 다르지 않다는 것을 깨닫게 된다. 아르헨티나 제도에는 내륙 엘리트층의 바람과 정치적 성향이 녹아 있다. 아르헨티나 역시 다른 착취적인 라틴아메리카 국가와 제도적으로 대단히 유사한 길을 걷게 된 이유다.

선거가 정치제도든 경제제도든 포용성 강화에 아무런 도움이 되지 못했다는 사실은 라틴아메리카의 전형적 특징이다. 콜롬비아에서는 민병대가 전국 선거 결과의 3분의 1을 조작할 수 있었다. 아르헨티나와 마찬가지로 오늘날 베네수엘라에서도 민주적으로 선출된 우고 차베스 대통령 정부는 정적을 공격하고 공직에서 해고시키며 눈에 거슬리는 사설을 싣는 신문을 폐간하고 재산을 몰수한다. 무슨 짓을 해도 차베스는 1720년대 블랙법하에서 존 헌트리지를 옥에 가두지 못했던 영국의 로버트 월폴 경보다 제약을 덜 받고 한층 더 막강한 권력을 휘두른다. 헌트리지가 오늘날 베네수엘라나 아르헨티나에 살았다면 그의 운명은 사뭇 달랐을 것이다.

라틴아메리카에서 태동하고 있는 민주주의는 원칙적으로 엘리트의 지배에 반대하며, 말뿐 아니라 행동으로도 소수 엘리트층으로부터 권리와 기회를 빼앗아와 고루 재분배하려고 애쓰는 듯 보인다. 하지만 여전히 착취적 제도에 굳게 뿌리를 내리고 있는 게 사실이다. 그 이유는 두 가지를 들 수 있다. 첫째, 착취적 정권하에서 수 세기 동안 지속된 불평등 때문에 신생 민주주의 국가의 유권자들은 극단적인 정책을 내세우는 정치인에게 표를 몰아주게 된다.

그렇다고 아르헨티나 유권자가 후안 페론이나 더 최근에 등장한 그와 닮은 정치인 메넴, 키르치네르Kirchner 등이 사심 없이 국민만을 위한다는 순진한 생각을 품고 있다거나, 베네수엘라인이 차베스에게서 구원을 찾는다는 말은 아니다. 다른 모든 정치인과 정당이 여태껏 국민의 소리에 귀를 기울이지 않고, 도로와 교육 등 가장 기본적인 공공서비스마저 제공해주지 못했으며, 지역 엘리트의 수탈도 막아주지 못했다는 사실을 양국 국민은 뼈저리게 느끼고 있다. 오늘날 수많은 베네수엘라 유권자가 부패와 낭비가 수반된다는 사실을 알면서도 차베스의 정책을 지지하는 이유다. 1940년대와 1970년대 아르헨티나 유권자가 페론의 정책을 지지했던 것과 맥을 같이 한다.

둘째, 효율적인 정당체제를 통해 사회적으로 바람직한 대안을 만들어내기보다 페론이나 차베스 등 독재자로 기울게 되고 또 그런 인물이 정치에 관심을 두게 되는 것은, 역시 기저에 깔린 착취적 제도 때문이다. 페론과 차베스 등 라틴아메리카의 수많은 독재자는 과두제의 철칙을 다시 한 번 증명해준다. 이름에서도 알 수 있듯이 이 철칙의 뿌리는 엘리트가 장악한 정권에 닿아 있다는 사실을 잊어서는 안 된다.

20세기 신절대주의

2009년 11월, 북한 정부는 경제학자가 말하는 이른바 화폐 개혁을 단행했다. 화폐 개혁은 흔히 인플레이션이 극심할 때 시행된다. 1960년 1월, 프랑스는 기존 프랑의 100배 가치를 지닌 새로운 프랑을 도입하는 화폐 개혁을 단행했다. 구프랑이 아예 사라진 것은 아니었다. 새로운 프랑화가 점진적으로 자리를 잡을 때까지 프랑스는 계속 구프랑화로 가격을 매기고 유통시켰다. 마침내 구프랑화가 법정통화 자격을 잃은 것은 2002년 1월 프랑스가 유로화를 도입하면서부터였다.

언뜻 보기에는 북한의 화폐 개혁도 이와 비슷했다. 1960년 프랑스처럼 북한 정부는 자국 화폐에서 끝자리 수 두 개를 떼어내기로 결정했다. 100원이 하루아침에 1원의 가치로 전락한 것이다. 개인도 구화폐를 신화폐로 자진해서 바꿀 수 있었지만 프랑스가 42년의 기간을 둔 것과 달리 고작 1주일의 여유만이 주어졌다. 함정도 있었다. 정부가 10만 원 이상은 환전할 수 없다고 못 박은 것이다. 이후 이 상한 금액은 50만 원으로 완화되었다. 10만 원은 암시장에서 40달러 정도에 거래되었다. 북한 정부가 단숨에 국민의 사유재산을 대거 물거품으로 만들어버린 것이다. 정확히 얼마인지는 모르지만 2002년 아르헨티나 정부가 몰수한 것보다는 훨씬 많을 것으로 추정된다.

북한 정부는 사유재산과 시장경제에 반대하는 공산 독재정권이다. 그렇다고 암시장까지 통제하기는 어렵다. 암시장에서는 현금으로만 거래된다. 중국 화폐 등 외화도 상당 부분 손바뀜이 일어나지만 대부분 원화를 사용한다. 화폐 개혁은 암시장을 이용하는 자들을 징벌하기 위한 조치였다. 더 정확히 말하자면 이들이 정권을 위협할 만큼 부자가 되거나 강해지는 것을 막기 위해서였다. 가난하게 내버려두는 편이 더 안전하기 때문이다. 암시장만 문제가 되는 것이 아니다. 북한 주민이 원화로 저금을 하는 것은 은행이 거의 없고, 있다 해도 죄다 정부 소유이기 때문이다. 사실상 북한 정부는 화폐 개혁을 통해 주민의 저축을 몰수한 것이나 다름없다.

북한 정부는 시장이 나쁘다고 말하면서도, 정작 엘리트층은 시장이 가져다주는 풍요를 탐닉한다. 북한 지도자 김정일은 바와 노래방 기계, 소형 극장이 딸린 7층짜리 아방궁에 살았다. 지상층에는 파도 설비를 갖춘 거대한 수영장이 들어서 있는데 김정일은 작은 모터가 달린 보디보드 body board를 즐겨 탔다고 한다. 2006년 미국이 북한에 제재를 가했을 때, 가장 아플 만한 곳을 찔렀다. 요트, 수상 스쿠터, 경주용 자동차, 오토바이, DVD 플레이어, 29인치를 초과하는 대형 텔레비전 등 60가지 이상의 사치품에 대하여 북한 수출을 불법으로 규정한 것이다. 실크 스카프나 고급 만년필, 모피, 가죽 가방 등도 구경할 수 없게 되었다. 이는 김정일과 공산당 엘리트층이 즐겨 찾는 애호품들이었다. 한 학자는 프랑스 주류회사인 헤네시Hennessy의 판매 수치를 인용해 미국이 제재를 가하기 전 김정일의 연간 코냑 예산이 최대 80만 달러에 달했으리라 추정한다.

20세기 말 세계의 여러 지역이 왜 그토록 가난에 찌들었는지 이해하려면 20세기 신新절대주의에 대해 알아야 한다. 바로 공산주의다. 마르크스는 불평등이 사라진 한결 인간적인 조건 속에서 번영을 일구어내는 체제를 꿈꾸었다. 레닌과 그의 공산당은 마르크스 이론에 감명을 받았지만, 이론과는 전혀 딴판으로 실천한다. 1917년 볼셰비키혁명은 그야말로 피바다였고 인간적인 면모는 찾아볼 수 없었다.

평등 역시 기대하기 어려웠다. 레닌과 그의 측근은 가장 먼저 새로운 엘리트층을 만들었는데, 바로 자신들이 볼셰비키 당의 수뇌부에 앉은 것이다. 그러는 와중에 이들은 비공산 불순 세력만 숙청하고 살해한 것이 아니라 자신들의 권력을 위협할 만한 다른 공산당원까지 제거했다. 하지만 더 끔찍한 비극이 기다리고 있었다. 내전을 겪는가 싶더니 스탈린이 정권을 잡자 집산화와 잦은 숙청이 자행되어 최대 4,000만 명이 목숨을 잃은 것으로 추정된다. 러시아의 공산주의는 잔혹하고 억압적이었으며 피로 얼룩졌지만, 특이한 사례는 아니었다.

러시아 공산주의가 초래한 경제적 파탄과 인간적 고통은 다른 곳에서도 되풀이되기 일쑤였다. 가령 1970년대 크메르루즈Khmer Rouge 정권하의 캄보디아, 중국, 북한이 전형적인 사례다. 사악한 독재정권이 들어섰고 인권 유린이 만연했다. 인간적 고통과 살육 이외에도 공산정권은 하나같이 다양한 형태의 착취적 제도를 수립했다. 시장이 있든 없든 이들이 수립한 경제제도는 오로지 주민으로부터 자원을 착취하기 위해 마련되었고, 사유재산권을 죄악시함으로써 번영을 장려하기보다 가난만 초래하기 일쑤였다.

5장에서 살펴보았듯이 소련에서는 공산체제가 초반에는 급속한 경제성장을 이룩하는 듯했지만, 곧 맥이 빠지는가 싶더니 이내 정체 상태에 빠지고 말았다. 마오쩌둥 정권하의 중국이나 크메르루즈하의 캄보디아, 북한에서는 그 결과가 더 참담했다. 모두 공산주의 경제제도 때문에 경제가 몰락하거나 기아를 초래한 사례들이다.

공산주의 경제제도를 지탱하는 것은 착취적 정치제도다. 소수 공산당이 모든 권력을 틀어쥐고 권력 집행에 대한 견제 수단도 거의 존재하지 않는다. 형식만 다를 뿐 공산주의 착취제도는 하나같이 인민의 삶에 짐바브웨와 시에라리온의 착취적 제도와 다를 바 없는 영향을 준다.

우즈베키스탄의 현실

면화棉花는 우즈베키스탄 수출의 45퍼센트를 차지한다. 1991년 소련이 와해되면서 독립한 이래 면화는 우즈베키스탄에서 가장 중요한 작물이었다. 소련 공산정권하에서는 우즈베키스탄의 모든 농지가 2,048개의 국영 농장에 속해 있었다. 1991년 소련 붕괴 이후 국영 농장은 모두 와해되었고 농지도 분배되었다. 그렇다고 농민이 독립적으로 활동할 수 있었다는 뜻은 아니다. 우즈베키스탄 신정부에 면화는 너무나 소중한 작물이었다. 그 신정부를 이끈 것은 초대 대통령으로 여전히 군림하고 있는 이슬람 카리모프Islam Karimov다.

신정부는 농민이 어떤 작물을 재배하고 얼마에 팔 수 있는지 제한하는 규제를 도입했다. 면화는 값비싼 수출품이었지만 농민은 세계시장에서 쳐주는 가격 일부만 가질 수 있었고, 나머지는 정부가 챙겼다. 그 정도 소득을 바라보고 면화를 재배할 농가는 없었으므로 정부는 강제로 등을 떠밀 수밖에 없었다. 모든 농가가 농지의 35퍼센트를 면화 재배에 할당해야 한다. 이 때문에 많은 문제가 발생했는데, 농기계도 그중하나였다. 독립 당시만 해도 수확량의 40퍼센트가량을 콤바인에 의존했다. 1991년 이후, 카리모프 정권은 농민들이 열심히 일할 만한 인센티브를 제공하지 않았다. 그러다 보니 농민들에게 농기계를 새로 사거나 유지 보수할 의욕이 생길 리 만무했다. 이 문제를 알아차린 카리모프는 해결책을 내놓았다. 사실 콤바인보다 값싼 해결책이었다. 어린 학생을 동원한 것이다.

면화의 다래는 9월 초가 되면 무르익기 시작해 추수가 가능해지는데 어린 학생들이 개학하는 철과 맞아떨어진다. 카리모프는 지방관리에게 학교마다 면화 수확량을 배정하도록 지시했다. 9월 초가 되면 270만 명의 어린이(2006년 수치)가 학교를 비운다. 교사가 선생님이 아닌 일꾼을 감독하는 십장으로 전락하는 시기다. 노역에 동원된 두 아이를 둔 굴나즈Gulnaz라는 어머니는 다음과 같이 증언한다.

> 9월 초쯤 새 학기가 시작되면, 학교 수업이 중단되고 아이들은 면화 수확에 동원된다. 아무도 학부모의 허락을 구하지 않는다. (수확기에는) 주말에도 쉬지 못한다. 어떤 이유에서든 아이가 집에 남아 있으면, 교사나 지도원이 찾아와 부모를 닦달한다. 연령에 따라 아이마다 하루 20에서 60킬로그램을 수확하게 시킨다. 할당량을 채우지 못한 아이는 이튿날 온 반 친구들이 보는 앞에서 호되게 야단을 맞는다.

수확기는 두 달가량 지속된다. 운 좋게 집에서 가까운 농장에 배정된 농촌 어린이는 걷거나 버스를 타고 일터에 나간다. 멀리 살거나 도심에서 온 아이는 헛간이나 창고에서 농기계나 가축과 함께 잠을 자야 한다. 화장실이나 부엌도 없다. 아이들은 자기가 먹을 점심을 제 손으로 싸 와야 한다.

아이들의 이런 강제노역으로 가장 큰 수혜를 보는 것은 사실상 우즈베키스탄산^産 모든 면화의 왕이라 할 수 있는 카리모프 대통령의 정치 엘리트층이다. 형식적으로는 어린 학생이 노동의 대가를 받는 게 사실이지만, 말 그대로 형식일 뿐이다. 2006년 세계시장에서 킬로그램당 면화 가격은 1.40달러 정도였는데, 우즈베키스탄 아이들이 받는 임금은 하루 할당량 20에서 60킬로그램당 0.03달러에 불과했다. 현재 면화 수확량의 75퍼센트를 아이들이 떠맡고 있는 것으로 추정된다. 봄이 되면 김을 매고 옮겨심기를 하기 위해 학교는 의무적으로 문을 닫아야 한다.

어쩌다 이 지경에 이르렀을까? 우즈베키스탄은 다른 소련 사회주의 공화국처럼 소련의 몰락 이후 독립해 시장경제와 민주주의를 수립했어야 하지 않을까? 하지만 다른 여러 소련공화국과 마찬가지로 현실은 그렇지 못했다. 구소련 당시 공산당에서 정계에 입문한 카리모프 대통령은 베를린 장벽이 무너지던 1989년, 절묘한 시기에 우즈베키스탄 제1서기직에 올랐고, 자신을 민족주의자로 포장하는 데 성공한다. 보안군의 지지에 힘입어 1991년 12월, 카리모프는 처음으로 치러진 대통령 선거에서 당선되었다. 집권하자마자 그는 여타 정치세력을 탄압했다. 정적은 투옥되거나 망명길에 올랐다. 우즈베키스탄에는 자유언론이 존재하지 않는다. 비정부 단체도 허용되지 않는다. 날로 강화되는 철권통치가 정점을 찍은 것은 2005년으로, 750명 이상의 시위대가 안디잔^Andijon에서 군과 경찰의 손에 목숨을 잃은 것으로 추정된다.

보안군을 틀어쥐고 언론까지 장악한 카리모프는 먼저 국민투표를 통해 자신의 대통령 임기를 5년으로 연장했고, 내친김에 2000년에는 7년 임기로 재선에 도전해 당선되었는데 득표율이 무려 91.2퍼센트에 달했다. 유일한 경쟁 후보마저 카리모프를 찍었다고 말했을 정도다. 부정이 만연했다고 널리 알려진 2007년 선거에서도 그는 88퍼센트의 득표율을 기록했다. 우즈베키스탄의 선거는 소련 전성기에 스탈린이 주관하던 것과 크게 다르지 않다. 1937년 소련 선거에 대해 〈뉴욕타임스〉 특파원 해럴드 데니^Harold Denny는 공산당 기관지인 〈프라우다^Pravda〉가 소련 선거의 긴장감과 흥분을 널리 알리겠다며 실었던 기사를 번역해 다음과 같이 타전했다.

자정이 다가왔다. 12월 12일, 공정한 첫 최고 소비에트 직접 총선이 막을 내렸다. 투표 결과가 곧 발표될 예정이다.

선거 관리 위원들만 방에 홀로 남았다. 방은 고요하고 전등만 엄숙하게 불빛을 밝힌다. 온 이목과 기대를 한 몸에 받는 위원장이 모든 공식 절차를 치르고 개표를 시작했다. 명단을 통해 유권자 수와 투표율을 확인한다. 결과는 100퍼센트다. 100퍼센트! 대체 어떤 나라에서, 어떤 후보가 100퍼센트의 투표율을 보인다는 말인가?

이제 본격적인 작업이 시작된다. 상기된 얼굴로 위원장이 투표함의 봉인을 점검한다. 선관위 다른 위원도 확인을 거친다. 이상이 없음이 확인된 봉인을 푼다. 드디어 투표함이 열린다.

주위가 고요해진다. 선거 감시인단과 관계자 모두 진지한 표정으로 주의 깊게 이 과정을 지켜본다. 이제 봉투를 개봉할 시간이다. 선관위원 세 명이 가위를 집어든다. 위원장이 일어선다. 검표원이 장부를 챙긴다. 첫 번째 봉투가 개봉된다. 모든 눈이 봉투에 쏠린다. 위원장이 흰색(연방 소비에트 후보)과 푸른색(민족 소비에트 후보) 투표용지 두 장을 꺼낸다(최고 소비에트는 연방 및 민족 양원으로 구성되었다 – 옮긴이). 그런 다음 크고 똑똑한 목소리로 외친다. "스탈린 동지."

일순 엄숙함은 자취를 감춘다. 방 안에 있던 모두가 신명 나게 껑충껑충 뛰며 우렁찬 박수와 함께 스탈린 헌법에 따른 최초의 비밀총선에서 첫 번째 투표용지가 개봉된 역사적 순간을 축하한다. 첫 번째 투표용지에는 헌법 창제자의 이름이 적혀 있었다.

카리모프가 재선에 성공했을 때도 이런 긴장감 넘치는 분위기가 연출되었을 게 뻔하다. 억압과 정치적 통제에 관한 한 충실한 스탈린의 제자라 할 수 있는 카리모프는 선거 역시 스탈린이 무색할 정도로 초현실적이었다.

카리모프 정권하에서 우즈베키스탄은 대단히 착취적인 정치·경제 제도로 가득하며, 가난에 찌들어 있다. 국민 세 명 중 한 명은 빈곤 속에 살며, 연평균 소득은 1,000달러 정도에 불과한 것으로 추정된다. 개발 지표가 모조리 나쁘게 나오는 것은 아니다. 세계은행 자료에 따르면 취학률은 100퍼센트에 달한다고 한다지만, 면화 수확기에는 사실이 아닐 것이다. 문맹률도 대단히 낮다. 정권이 언론 통제는 물론 금서를 지정하고 인터넷을 검열하는 상황을 고려하면 특이한 일이다. 국민 대부분이 온종일 면화를 수확하고 푼돈을 받아 생활하지만, 1989년 정치·경제적으로 우즈베키스탄의 엘리트층으로 탈바꿈한 카리모프 일가와 전 공산당 동료들은 막대한 부를 축적했다.

카리모프 일가의 경제권은 그의 딸인 굴노라Gulnora가 담당한다. 굴노라는 아버지의 뒤를 잇는 대통령 후계자로 여겨지고 있다. 워낙 투명성이 떨어지는 은밀한 나라이다 보니 카리모프 일가가 어느 정도 권력을 장악하고 있고 얼마나 돈을 벌었는지 아무도 정확히 추산할 수 없겠지만, 인터스팬Interspan이라는 미국 기업이 겪은 일만 보아도 지난 20여 년 동안 우즈베키스탄 경제에서 어떤 일이 벌어졌는지 짐작할 만하다.

우즈베키스탄에서는 면화만 재배하는 게 아니다. 차를 재배하기에 적합한 지역도 많아, 인터스팬은 투자를 결심했다. 2005년까지 인터스팬은 현지 시장의 30퍼센트가량을 점유할 수 있었다. 하지만 곧 시련을 겪게 된다. 굴노라 역시 차 산업이 돈이 된다는 사실을 알아챈 것이다. 곧 인터스팬의 현지 직원이 체포되어 구타와 고문을 당하기 시작했다. 영업이 불가능해지자 2006년 8월 회사는 철수할 수밖에 없었다. 남은 자산은 급속도로 사업을 확장하고 있는 카리모프 일가의 차 사업 기업에 인수되었다. 당시 카리모프 일가는 우즈베키스탄 차 시장의 67퍼센트를 점유하고 있었는데, 한두 해 전만 해도 점유율은 고작 2퍼센트에 불과했다.

우즈베키스탄은 여러모로 오래전에 잊힌 과거의 유산처럼 보인다. 독재자 일가 및 이를 둘러싼 가신의 절대주의 체제하에서 신음하는 나라로 경제는 강제노역에 의존하는데, 사실 그마저도 어린이 강제노역이다. 하지만 엄연한 현실 속의 국가다. 우즈베키스탄은 착취적 제도하에서 실패한 수많은 사회 중 하나이며, 안타깝게도 아르메니아, 아제르바이잔Azerbaijan, 키르기스스탄, 타지키스탄, 투르크메니스탄 등 구소련 사회주의 공화국들과 유사점이 많다. 무엇보다 우즈베키스탄은 21세기에 들어서도 착취적 정치·경제 제도가 뻔뻔스럽고 무자비할 정도의 착취적 성향을 띨 수 있다는 사실을 상기시켜주는 사례다.

이집트의 왜곡된 경쟁의 장

1990년대는 이집트에서 개혁의 시기였다. 1954년 왕정을 철폐한 군사 쿠데타 이후 이집트는 경제에서 정부가 핵심적인 부분을 차지하는 준準사회주의국가로 다스려졌다. 국영기업이 장악한 경제 부분이 수두룩했다. 시간이 흐르면서 사회주의 이념은 뒷전으로 물러나고 시장이 개방되었으며 민간 부문도 발달했다. 하지만 아직 포용적인 시장이 들어서지는 못했다. 여전히 1978년 안와르 사다트Anwar Sadat 대통령이 창당한 국민민주당National Democratic Party, NDP에 연줄이 닿아 있는 소수 기업인과 정부가 시장을 틀어쥐고 있었다. 호스니 무바라크 정권하에서는 기업인과 집권 여당의 정경유착이 한층 더 심화되었다. 1981년 안와르 사다트가 암살된 이후 대통령이 된 무바라크는 머리말에서 언급했듯이 2011년 2월 민중 시위와 군부 반발로 축출되기 전까지 NDP를 이끌며 이집트를 다스렸다.

주요 기업인들은 자신들의 사업 분야와 직결된 정부 요직에 임명되었다. 유니레버 아메트Unilever AMET(아프리카Africa, 서아시아Middle East 및 튀르키예Turkey)의 전 사장인 라시드 모하메드 라시드Rasheed Mohamed Rasheed는 해외무역 산업부장관이 되었다. 이집트 최대의 여행사 중 하나인 가라나 여행사Garana Travel Company의 소유주이자 회장인 모하메드 조하이르 와히드 가라나Mohamed Zoheir Wahid Garana는 관광부장관에 올랐다. 이집트 최대의 면화 수출 기업인 나일 면화무역회사Nile Cotton Trade Company의 창업주인 아민 아흐메드 모하메드 오스만 아바자Amin Ahmed Mohamed Osman Abaza는 농산부장관으로 임명되었다.

여러 경제 부문에서 기업인은 정부 규제를 통해 진입 장벽을 세워달라고 정부를 설득했다. 언론, 철강, 자동차, 주류, 시멘트 등이 포함되었는데 높은 진입 장벽을 세워 정치적 연줄이 있는 기업인과 회사를 보호하는 업종이었다. 정권과 가까운 대기업 총수는 정부로부터 보호를 받았을 뿐 아니라 정부 계약 수주는 물론 아무런 담보 없이 막대한 은행 대출도 받을 수 있었다. 아흐메드 에즈Ahmed Ezz(철강), 소위리스Sawiris 일가(멀티미디어, 음료, 통신), 모하메드 노세이르Mohamed Nosseir(음료, 통신) 등이 대표적인 사례다. 아흐메드 에즈는 전체 철강 생산의 70퍼센트를 차지하는 이집트 최대의 철강회사 에즈철강Ezz Steel의 회장이자 NDP의 고위직 인사다. 인민회의 예산기획위원회People's Assembly Budget and Planning

Committee 의장이자 무바라크 대통령의 아들인 가말 무바라크^{Gamal Mubarak} 의 최측근이기도 하다.

국제금융기구 및 경제학자들이 주창한 1990년대 경제개혁은 시장을 개방하고 경제에서 정부가 차지하는 역할을 줄이는 데 초점이 맞추어 져 있었다. 어딜 가나 그런 개혁의 주축은 국영 자산의 민영화였다. 멕 시코의 민영화는 경쟁을 확대하기는커녕 국영 독점을 민간 독점으로 바꾼 것에 불과하다. 그 과정에서 카를로스 슬림 등 정치적 인맥이 두터 운 기업인만 배를 불렸다. 이집트에서도 똑같은 일이 벌어졌다. 정권과 줄이 닿아 있는 기업인은 이집트 민영화 계획에 지대한 영향을 미칠 수 있었고, 결국 부유한 기업인 엘리트층(이집트에서는 이들을 '고래들^{whales}' 이라고 부른다)에 유리한 방향으로 기울었다. 민영화가 시작될 무렵, 이 집트 경제는 32마리 고래가 쥐락펴락하고 있었다.

그중 하나가 룩소르그룹^{Luxor Group} 총수인 아흐메드 자야트^{Ahmed Zayat} 였다. 1996년, 정부는 이집트 독점 맥주 제조업체인 알 아흐람 음료^{Al Ahram Beverages, ABC}를 민영화기로 결정했다. 부동산 개발업자인 파리드 사 아드^{Farid Saad}가 이끄는 이집트 파이낸스 컴퍼니^{Egyptian Finance Company}와 1995년 이집트에서 최초로 창업한 벤처 금융회사가 컨소시엄을 만들 어 입찰에 응했다. 컨소시엄에는 전 관광부장관인 푸아드 술탄^{Fouad Sultan}, 모하메드 노세이르, 또 다른 유력 기업인인 모하메드 라가브 ^{Mohamed Ragab}가 참여했다. 인맥이 두터운 집단이었지만 그 정도 인맥으 로는 충분하지 않았던 모양이다. 4억 이집트파운드를 써냈지만, 입찰가 가 너무 낮다고 거절당한 것이다. 자야트는 한층 더 인맥이 두터웠다. ABC를 사들일 돈은 없었지만 카를로스 슬림식의 꼼수를 생각해냈다. ABC 주식이 처음으로 런던 증권시장에 상장되자 룩소르그룹은 주당

68.5이집트파운드에 74.9퍼센트의 지분을 사들였다. 석 달 후 주식은 2분의 1로 액면 분할되었고, 룩소르그룹은 주당 52.5파운드에 팔아 36퍼센트의 시세 차익을 남겼다.

다음 달 자야트는 2억 3,100만 이집트파운드를 주고 ABC를 사들일 수 있었다. 당시 ABC는 연간 4,130만 이집트 파운드의 순익을 남기는 회사였고 현금 보유고만 9,300만 이집트파운드에 달했다. 이만저만 저평가된 기업이 아니었다. 1999년 갓 민영화된 ABC는 역시 민영화된 전국적 와인 독점회사인 지아나클리스Gianaclis를 사들여 독점사업을 맥주에서 와인까지 확대했다. 지아나클리스도 막대한 이윤을 남기는 회사였다. 수입 와인에 3,000퍼센트의 관세 폭탄이 투하되는 터라 지아나클리스는 70퍼센트의 영업이익률을 챙길 수 있었다. 2002년, 독점은 그대로이고 손바뀜만 일어났다. 자야트가 13억 이집트파운드를 받고 ABC를 하이네켄Heineken에 팔아넘겨 5년 만에 무려 563퍼센트의 차익을 남긴 것이다.

모하메드 노세이르도 한몫 챙기던 때가 있었다. 1993년에는 민영화된 엘 나스르 병입 회사El Nasr Bottling Company를 사들였다. 이집트에서 코카콜라를 병입해 판매하는 독점권을 가진 회사였다. 노세이르는 아테프 에베이드Atef Ebeid 당시 공기업장관과 친분이 있었던 덕에 별다른 경쟁 없이 인수할 수 있었다. 그는 2년 만에 인수가의 세 배를 받고 회사를 되팔았다. 국영 영화산업을 민간에 개방했던 1990년대 후반에도 비슷한 일이 벌어졌다. 이번에도 정치적 연줄이 있는 두 가문만 입찰이 허용되었는데 그중 하나가 바로 소위리스 일가였다.

지금도 이집트는 가난하게 살고 있다. 사하라 이남 대부분 나라보다는 형편이 낫지만 온 국민의 40퍼센트가량이 극빈층으로 하루 2달러 미만의 생활비로 연명하고 있다. 아이러니하게도 앞서 살펴보았듯이 19세기만 해도 이집트는 무함마드 알리하에서 제도 개혁과 경제 근대화에 성공했던 나라였다. 물론 일시적인 착취적 경제성장에 불과했고 얼마 후 사실상 영국제국에 합병된 바 있다. 영국 식민 지배하에서 착취적 제도가 고개를 들었고 1954년 이후 군사정권이 이를 이어받았다. 어느 정도 경제성장을 이루고 교육 부문에 투자도 했지만, 국민 대다수는 경제적 기회를 거의 누려보지 못했고 신생 엘리트층만이 정부와 연줄을 통해 수혜를 입는 형국이 지속되었다.

착취적 경제제도를 뒷받침한 것은 이번에도 착취적 정치제도였다. 무바라크 대통령은 아들 가말을 후계자로 키우며 정치 왕조를 꿈꾸기 시작했다. 그의 이런 계획은 2011년 초 이른바 아랍의 봄으로 사회 전반에 소요와 시위가 확산되면서 좌절되고 말았다. 나세르 대통령 시절에는 경제제도가 그럭저럭 포용적 색채를 띠었고, 정부는 교육체제를 개방하고 파루크Farouk 왕의 치세하에서 볼 수 없었던 기회를 일부나마 제공하기도 했다. 하지만 착취적 정치제도가 그대로 유지되는 가운데 경제제도의 포용성만 강화될 수는 없다는 교훈만 남겼을 뿐이다.

무바라크 정권하에서 결국 불가피한 결과가 현실로 드러난다. 정치권력이 일부 사회계층에 편중되면 경제제도는 한층 착취적으로 변모하고 만다. 어느 면에서 아랍의 봄은 이에 대한 반발이라 할 수 있다. 이집트뿐 아니라 튀니지도 마찬가지다. 튀니지는 착취적 정치제도하에서 30여 년 동안 성장을 거듭했지만, 벤 알리 대통령과 그 일가가 경제적 결실을 독식하기 시작하면서 뒷걸음치기 시작했던 것이다.

실패한 국가의 공통점

국가가 경제적으로 실패하는 이유는 착취적 제도 때문이다. 이런 제도 때문에 가난한 나라는 빈곤을 벗어날 수 없고 경제성장의 길로 들어서지도 못한다. 아프리카에서는 짐바브웨와 시에라리온 등의 나라에서 이런 사실을 절감할 수 있다. 남아메리카에서는 콜롬비아와 아르헨티나가 대표적인 사례다. 아시아에는 북한과 우즈베키스탄이 있고, 서아시아에서는 이집트가 그런 나라다. 물론 이들 나라는 두드러진 차이가 있다. 일부는 열대지방이고, 온대지방에 자리 잡은 나라도 있다. 영국의 식민지도 있고 일본이나 에스파냐, 러시아의 지배를 받았던 나라도 있다. 역사, 언어, 문화도 사뭇 다르다.

이들 나라의 공통점은 착취적 제도다. 그런 제도의 이면에는 자신들의 배를 채우고 사회의 나머지 대다수를 희생시켜가며 권력을 영구히 유지하려는 엘리트층이 도사리고 있다. 역사와 사회구조가 다르므로 엘리트층의 성격과 착취적 제도의 구체적 내용이 달라질 수는 있다. 하지만 이런 착취적 제도가 끈질기게 지속되는 이유는 늘 악순환과 관련이 있다. 또 그 강도는 다를지라도 이런 제도 때문에 온 국민이 가난 속에 신음해야 하는 이유도 거의 같다.

가령 짐바브웨의 엘리트층은 로버트 무가베와 자누-PF 핵심 인사로 구성되는데 1970년대 반식민지 투쟁을 주도했던 이들이다. 북한에서는 김정일 주변 인물과 공산당이 엘리트층을 구성한다. 우즈베키스탄은 이슬람 카리모프 대통령 일가와 구소련 시절을 벗어나 겉모습만 변신하는 데 성공한 측근을 가리킨다. 이들 집단은 분명 다른 모습을 띠고 있다. 그들이 다스리는 경제나 정치 체제와 마찬가지로 엘리트층의 성격이 다르다는 것은 착취적 제도의 구체적인 형태가 다를 수 있다는 의미다.

예컨대, 북한은 공산혁명으로 들어선 나라이고 공산당 일당독재를 정치체제로 삼고 있다. 무가베는 1980년대 북한군을 짐바브웨에 초빙해 마타벨렐란드의 반대 세력을 학살한 바 있다. 그렇다 해도 북한식 착취적 정치제도 모형을 짐바브웨에 적용할 수는 없다. 일시적으로나마 헌법이 용인한 일당독재정부를 꾸려간 적도 있지만, 반식민지 투쟁으로 정권을 잡은 터라 무가베는 자신의 독재를 선거를 치러 포장할 수밖에 없었다.

반면 콜롬비아는 오랫동안 선거를 치러왔다. 에스파냐로부터 독립한 이래 역사적으로 자유당과 보수당 간에 권력 분점의 방법으로 선거가 이용되었기 때문이다. 엘리트층의 성격만 다른 게 아니라 그 수도 다르다. 우즈베키스탄에서는 카리모프가 와해된 소련 정권의 유산을 가로채 다른 정적이 될 만한 엘리트층을 억압하고 살해하는 강력한 기반을 마련할 수 있었다. 콜롬비아에서는 중앙정부의 권위가 미치지 못하는 지역이 많아 자연스레 엘리트층이 한층 더 단편화되어 있다. 사실 그 정도가 워낙 심해 서로 물고 뜯고 죽이기도 한다. 엘리트층의 성격과 정치제도의 구체적 내용이 다르다 할지라도, 그런 제도를 만들어낸 엘리트층이 권력을 다지고 재생산하기 위해 착취적 제도가 이용된다는 사실은 거의 달라지지 않는다. 물론 이따금 시에라리온에서처럼 내분으로 정부가 무너지는 사례도 없지 않다.

서로 다른 역사와 구조로 엘리트층의 성격과 착취적 정치제도의 구체적 내용이 달라지듯이, 그런 엘리트층이 수립하는 착취적 경제제도 역시 그 내용이 달라진다. 북한에서는 착취적 도구가 공산주의의 도구에서 유래한다. 사유재산권의 철폐, 국영 농장 및 산업 등이 그런 예다.

이집트에서도 1952년 이후 나세르 대령이 공공연히 사회주의를 표명하며 수립한 군사정권하에서는 상황이 매우 비슷했다. 냉전 당시에도 나세르는 소련 편을 들었고, 영국이 소유한 수에즈운하 등 해외 투자를 몰수했으며 경제 대부분을 국유화했다. 하지만 1950년대와 1960년대 이집트의 상황은 1940년대 북한과 사뭇 다르다. 북한은 훨씬 더 수월하게 한층 더 급진적인 공산주의 경제를 수립할 수 있었다. 일본 식민정부의 자산을 몰수하고 중국 혁명의 경제 모형을 따를 수 있었기 때문이었다.

반면 이집트혁명은 군장교 집단의 쿠데타에 가까웠다. 냉전 속에서 편을 바꿔 서방측에 붙으면서 이집트 군사정권은 중앙통제식 경제에서 정실情實 자본주의crony capitalism 모형으로 착취의 수단을 바꾸기가 한결 수월하고 편리해졌다. 그럼에도 이집트 경제가 북한보다 나은 성과를 보인 것은 이집트 제도의 착취성에 한계가 있었기 때문이었다. 일례로 북한 공산당처럼 숨통을 쥘 수 있는 국가기구가 없다 보니 이집트 정권은 북한이 불필요하게 느끼는 방식으로 온 국민을 달래야 했다. 또, 정실 자본주의는 최소한 정권이 뒤를 봐주는 이들 사이에서라도 투자할 만한 인센티브가 생겨나기 마련이다. 북한에서는 이런 인센티브가 전무하다.

이런 구체적인 내용도 중요하고 흥미로운 게 사실이지만, 더 중요한 교훈은 큰 그림에서 찾아야 한다. 각 사례에서 착취적 정치제도는 착취적 경제제도를 만들고 부와 권력을 엘리트층으로 몰아준다는 것이다.

나라마다 착취의 강도는 분명히 다르고, 그 결과 번영의 수준에 큰 영향을 미친다. 가령 아르헨티나에서는 헌정 질서와 민주 선거가 다원주의 증진에 별다른 영향을 주지 못하지만, 콜롬비아보다는 제법 제 기능을 하는 편이다. 적어도 아르헨티나에서는 정부가 폭력을 독점한다고 주장할 수 있다. 아르헨티나의 1인당 국민소득이 콜롬비아의 두 배에 달하는 한 가지 이유일 것이다. 짐바브웨와 시에라리온에 비하면 양국 정치제도가 그나마 그럭저럭 엘리트층의 권력을 견제한다 할 수 있다. 짐바브웨와 시에라리온이 아르헨티나와 콜롬비아에 비해 훨씬 가난한 이유다.

악순환이 계속된다는 것은 또한, 사에라리온과 짐바브웨에서처럼 착취적 제도로 정부가 몰락한다 해도 그런 제도를 이용한 통치가 확실히 막을 내리지 않는다는 것을 뜻한다. 이미 앞에서도 내전과 혁명이 결정적 분기점에서 터진다 하더라도 반드시 제도적 변화로 이어지라는 법은 없다는 사실을 살펴보았다. 2002년 내전 종결 이후 잇따른 시에라리온의 사태는 이를 여실히 증명해준다.

2007년 민주 선거를 통해 시아카 스티븐스의 정당인 전인민의회당 APC이 다시 정권을 잡았다. 대통령 선거에서 승리한 어니스트 바이 코로마Ernest Bai Koroma는 구 APC 정권과 관련이 없는 인물이지만 각료 중에는 그런 인물이 수두룩하다. 스티븐스의 두 아들 보카리Bockarie와 젠고Jengo는 각각 미국 및 독일 대사로 임명되기도 했다. 콜롬비아에서 벌어진 것보다 한층 더 변덕이 심한 사례라 할 수 있다. 콜롬비아에서 오랜 세월이 지나도록 중앙정부의 권위가 미치지 못하는 지역이 많은 것은 중앙정치 엘리트층이 은근히 그런 상황이 지속되길 바라기 때문이다. 그러면서도 이런 무질서가 전국적인 혼란으로 번지지 않는 것은 핵심적인 제도들이 그 정도 기능은 하고 있기 때문이다. 시에라리온에서는 경제제도의 착취적 색채가 한층 더 강하고 오랜 세월 극도로 착취적인 정치제도하에서 시달려온 터라, 온 사회가 경제적으로 고통받은 것은 물론 완전한 무질서와 미약한 질서 사이를 오가는 역사를 되풀이하고 있다. 하지만 여전히 장기적인 영향은 다를 게 없다. 정부는 없는 것이나 마찬가지이고, 제도는 늘 착취적이다.

이 모든 사례의 공통점은 적어도 19세기 이후 들어 오랜 착취적 제도의 역사가 이어졌다는 사실이다. 이들 나라는 저마다 악순환에 빠져 있다. 콜롬비아와 아르헨티나에서는 에스파냐 식민정부의 제도에 그 뿌리가 닿아 있다. 짐바브웨와 시에라리온은 19세기 후반 수립된 영국 식민정권에서 유래한다. 백인 정착민이 없었던 시에라리온에서는 식민정권이 식민 지배 이전의 전통적인 착취적 정치권력 구조를 폭넓게 활용하고 한층 더 강화했다. 그런 구조 또한 중앙집권화 실패와 노예무역의 참담한 결과를 초래한 오랜 악순환의 산물이었다. 영국 남아프리카회사가 이중 경제를 창출했던 짐바브웨에서는 새로운 형태의 착취적 제도를 마련했다 할 수 있다. 우즈베키스탄은 이집트와 마찬가지로 소련의 착취적 제도를 이어받아 정실 자본주의 모형으로 손질했다. 소련의 착취적 제도는 여러모로 차르 정권의 연장선에 있다 할 수 있는데, 이 역시 과두제의 철칙으로 예견할 만한 패턴이었다. 과거 250여 년 동안 세계 각지에서 이런 다양한 악순환이 거듭되면서 세계 불평등이 고개를 들었고 여전히 지속되고 있는 것이다.

오늘날 국가의 정치·경제적 실패를 극복할 수 있는 해법은 착취적 제도를 포용적 제도로 변화시키는 것이다. 악순환에서 벗어나야 하므로 결코 쉬운 일은 아니다. 하지만 불가능한 것도 아니며 과두제의 철칙이 불가피한 것도 아니다. 제도 내에 포용적 요소가 이미 어느 정도 존재한다거나, 기존 정권에 대한 투쟁을 이끌 광범위한 연합세력이 있다거나,

아니면 역사의 우발성만으로도 악순환의 고리는 끊어질 수 있다.

시에라리온의 내전과 마찬가지로 1688년 명예혁명 역시 일종의 권력 투쟁이었다. 하지만 시에라리온의 내전과는 사뭇 다른 성격의 투쟁이었다. 명예혁명 이후 제임스 2세를 축출하려던 의회 내 일부 세력은 잉글랜드내전 당시 올리버 크롬웰이 그러했듯이 자신들을 새로운 절대주의 체제의 주역으로 여겼다. 하지만 의회가 이미 막강한 힘을 지니고 있었고 다양한 경제적 이해관계와 관점을 가진 광범위한 연합으로 구성되어 있었기 때문에 1688년 이후 잉글랜드에서 과두제의 철칙이 적용될 가능성은 한층 작아졌다. 물론 행운의 여신이 제임스 2세가 아닌 의회의 편에 섰다는 사실도 무시할 수는 없다. 다음 장에서는 오랜 착취적 제도의 역사를 가졌으면서도 구시대의 틀을 깨고 더 나은 방향으로 제도 개선에 성공할 수 있었던 나라들의 사례를 살펴본다.

기존
틀을 깬
나라들

14장

한 나라가 한층 더 포용적인 제도를 향해 한 발짝 성큼 다가갈 수 있으려면 특히 결정적 분기점이 마련되어야 하고, 개혁이나 다른 유리한 제도를 추구하는 광범위한 연합세력이 존재해야 하는 때가 많다. 얼마간 행운도 뒤따라야 한다. 역사는 늘 우발적인 방향으로 전개되기 때문이다.

스스로 운명을 개척한 보츠와나

1895년 9월 6일, 원양 정기선 탠털론캐슬^{Tantallon Castle} 호가 잉글랜드 남부 해안 플리머스^{Plymouth} 항구에 정박했다. 은과토^{Ngwato}족의 카마 ^{Khama}, 은과케츠^{Ngwaketse}족의 바토엔^{Bathoen}, 크웨나^{Kwena}족의 세벨레^{Sebele} 등 세 명의 아프리카 추장이 배에서 내려 런던 패딩턴 역^{Paddington Station} 으로 향하는 오전 8시 10분 급행열차에 올랐다. 세 추장은 긴박한 사명을 띠고 영국을 찾았다. 세실 로즈로부터 자신들의 부족과 다른 다섯 개 부족을 구해내야 했다. 은과토, 은과케츠, 크웨나 등 하위 부족 여덟 개의 츠와나^{Tswana} 부족은 당시 베추아날란드로 알려진 지역에 자리 잡고 있었으며, 1966년 독립 이후 보츠와나가 되었다.

19세기 들어 이들 부족은 유럽인과 교역이 잦았다. 1840년대에는 유명한 스코틀랜드 선교사 데이비드 리빙스턴^{David Livingstone}이 베추아날란드 구석구석에서 활동했고, 크웨나족의 세켈레^{Sechele} 추장을 기독교로 개종시키기도 했다. 성서를 번역한 최초의 아프리카 언어도 츠와나 부족의 언어인 세츠와나Setswana어였다. 1885년, 영국은 베추아날란드를 보호령으로 선언했다. 츠와나 부족도 싫은 기색이 아니었다. 유럽인의 침략으로부터 보호를 받을 수 있다 여겼기 때문이었다.

특히 보어인이 문제였다. 1835년 영국의 식민정책을 피해 수천 명의 보어인이 내륙으로 이동한 대이주 이래 츠와나 부족과 잦은 충돌을 빚고 있었다. 영국은 나름대로 보어인의 영토 확장을 막고, 오늘날 나미비아에 해당하는 남서아프리카 지역을 합병해버린 독일의 팽창도 견제할 목적으로 이 지역을 장악하고자 했다. 영국은 본격적인 식민지화로 얻을 것이 별로 없다고 생각했다. 고등판무관 레이Rey는 1885년 영국 정부의 태도를 다음과 같이 분명하게 요약한다. "몰로프Molope 북부 지역(베추아날란드 보호령)에는 전혀 관심이 없다. 내륙으로 이어지는 통로 역할만 할 뿐이다. 따라서 당장은 행정이나 정착을 최소화하면서 보호령의 해당 관심 지역이 방해꾼이나 다른 해외 열강에 점거당하지 않도록 만전을 기해야 한다."

하지만 1889년, 세실 로즈의 영국 남아프리카회사가 남아프리카를 벗어나 북쪽으로 팽창하기 시작하자 츠와나의 사정이 달라졌다. 회사는 훗날 북부와 남로디지아로 불리게 될 광활한 토지를 몰수했는데, 오늘날로 따지면 잠비아와 짐바브웨에 해당한다. 세 추장이 런던을 방문한 1895년 무렵, 로즈는 로디지아 남서부 영토인 베추아날란드에 눈독을 들이고 있었다. 추장들은 자신들의 땅이 로즈의 손아귀에 떨어지면 재앙과 수탈의 연속일 것이라는 사실을 잘 알고 있었다. 무력으로 로즈를 이길 수는 없었지만, 어떤 식으로든 맞서 싸울 각오가 되어 있었다. 추장들은 그나마 덜 나쁜 쪽으로 마음이 기울었다. 로즈의 밥이 되느니 영국의 통치를 강화하는 편이 낫다고 판단한 추장들은 베추아날란드에 대한 통치를 강화해 로즈로부터 보호해달라고 빅토리아 여왕과 당시 식민 장관이던 조지프 체임벌린Joseph Chamberlain을 설득할 참이었다. 이들은 런던선교회London Missionary Society의 주선으로 런던에 갈 수 있었다.

1895년 9월 11일, 추장들은 체임벌린과 처음으로 만났다. 세벨레가 먼저 말을 꺼냈고, 바토엔과 카마가 뒤를 이었다. 체임벌린은 로즈로부터 부족을 보호하기 위해 영국의 통치권을 확대하는 방안을 고려하겠다고 선언했다. 한편 추장들은 일반 대중의 지지를 모으기 위해 서둘러 전국 순회 연설에 나섰다. 런던과 가까운 윈저Windsor와 레딩Reading 시를 찾아 연설한 이들은 이어 남부 해안의 사우샘프턴Southampton 시에서 레스터Leicester, 버밍엄, 체임벌린의 정치적 지지 기반인 미들랜드Midlands 지역에 이르기까지 구석구석을 다녔다. 북쪽으로는 공업지역인 요크셔, 셰필드, 리즈, 핼리팩스Halifax, 브래드퍼드Bradford까지 섭렵했다. 서쪽으로는 브리스틀에서 맨체스터를 거쳐 리버풀까지 올라갔다.

한편 남아프리카에서는 체임벌린의 강경 반대에도 세실 로즈가 보어 공화국인 트란스발을 겨냥해 훗날 '제임슨 습격Jameson Raid'으로 알려진 군사 공격을 준비하고 있었다. 이런 사태들로 체임벌린은 추장들의 고충에 한층 더 공감하게 되었는지도 모른다. 11월 6일 추장들은 런던에서 다시 한 번 체임벌린을 만났고, 통역을 통해 다음과 같은 대화를 나누었다.

체임벌린: 추장들의 땅에 관해 이야기하고, 철도와 추장들의 영토에서 우리가 준수할 법에 관해서도 이야기하겠습니다. 이제 지도를 봅시다. 철도에 사용할 토지만 갖고, 그 이상은 손대지 않겠습니다.

카마: 나는 체임벌린 장관이 직접 땅을 차지한다면 개의치 않을 겁니다.

체임벌린: 추장에게 전해주오. 내가 파견하는 이들의 눈을 통해 직접 철도 건설을 관장할 것이고, 꼭 필요한 땅만 차지할 것이며, 그 땅이 가치가 있다면 그에 상응하는 보상을 해주겠다고.

카마: 철도가 어떻게 (즉, 어디를) 통과할지 알고 싶소.

체임벌린: 추장의 영토를 가로지르겠지만, 담장을 두를 것이고 땅을 차지하지도 않을 겁니다.

카마: 우리와 같은 생각으로 이 일에 임할 것이며 공정하게 대우해줄 것이라 믿습니다.

체임벌린: 여러분의 뜻을 존중해드릴 겁니다.

이튿날 식민청Colonial Office의 에드워드 페어필드Edward Fairfield가 체임벌린 장관의 해결책을 더 자세히 설명했다.

카마, 세벨레, 바토엔, 세 추장은 영국 여왕의 보호 아래 제각기 지금처럼 살 수 있는 나라를 갖게 된다. 여왕은 이들과 함께 살 관리를 임명해 파견한다. 추장들은 지금과 별반 다르지 않게 백성을 다스릴 수 있을 것이다.

세 아프리카 추장에게 허를 찔린 로즈의 반응이 어땠는지는 짐작할 만하다. 수하 한 명에게 이런 전보를 쳤다고 한다. "여우 같은 세 원주민에게 당하다니 참을 수 없군."

사실 추장들은 소중한 무언가를 간직하고 있었다. 이는 로즈는 물론, 훗날 영국의 간접 통치 기간에도 빼앗기지 않은 것이었다. 19세기 무렵,

츠와나 부족은 핵심적인 정치제도를 마련해두고 있었다. 사하라 이남 기준으로는 이례적일 정도의 중앙집권화는 물론 언뜻 갓 탄생한 원시적인 형태의 다원주의로 비칠 만한 집단 의사결정 절차도 갖추고 있었다. 마그나카르타 덕분에 귀족이 정치적 의사결정 과정에 참여하고 잉글랜드 군주의 행동에 제동을 걸 수 있었듯이, 특히 크고틀라^{kgotla}(부족 협의회) 같은 츠와나의 정치제도 역시 정치 참여를 장려하고 추장의 권한을 제한했다. 남아프리카 인류학자인 아이삭 샤페라^{Isaac Schapera}는 크고틀라의 운영 방식을 다음과 같이 설명했다.

> 부족의 정책과 관련된 모든 문제는 최종적으로 추장의 협의 장소인 크고틀라의 성인 남성 총회에서 다루어졌다. 그런 모임은 매우 자주 열렸고 논의된 주제를 살펴보면 부족 분쟁, 추장과 친지 간의 다툼, 새로운 세금 징수, 새로운 공공사업 추진, 추장의 새 법령 공포 등이었다. 부족 회의에서 추장의 바람이 기각되는 사례도 없지 않았다. 누구나 발언권이 있었으므로 부족회의는 추장에게 부족원의 전반적인 감정을 확인하는 기회였고, 부족원에게는 불만을 토로할 기회였다. 타당한 이유가 있다면 추장과 그 자문들이 진지하게 책임을 추궁당하기도 했다. 그만큼 부족원은 거리낌 없는 솔직한 의사 표현을 두려워하지 않았다.

크고틀라뿐만이 아니었다. 츠와나의 추장 자리는 엄격한 세습제가 아니라 상당한 재능과 능력을 증명하는 누구라도 차지할 수 있었다. 인류학자 존 코머로프^{John Comaroff}는 또 다른 츠와나 부족인 로롱^{Rolong}의 정치 역사를 자세히 연구한 바 있다. 코머로프에 따르면 츠와나 부족은 표면적으로 추장의 세습 방법을 명확히 규정하고 있으나, 실질적으로 그런 규정은 나쁜 지배자를 몰아내고 유능한 후보를 추장으로 내세울 수 있다는 뜻으로 해석했다고 한다. 추장은 누구나 성취할 수 있는 자리이고, 그 도전에 성공한 자라면 정당한 후계자로 여겨진다는 것이다. 츠와나는 이 개념을 다음과 같은 속담에 담아내고 있는데 언뜻 입헌군주제의 색채를 엿볼 수 있다. '크고시 케 크고시 카 모라페kgosi ke kgosi ka morafe', 즉 '왕은 인민의 축복으로 왕이 된다'는 뜻이다.

츠와나 추장들은 런던에 다녀온 이후에도 영국으로부터 독립을 유지하고 토착제도를 보전하려 꾸준히 애를 썼다. 베추아날란드에 철도 건설은 양보했지만 다른 정치·경제적 삶은 영국의 간섭을 제한했다. 이들은 철도 건설에 반대하지 않았고, 설사 달가워하지 않는다 해도 오스트리아-헝가리제국이나 러시아의 군주가 철도 건설을 가로막았던 것과는 이유가 달랐다. 영국의 다른 정책들이나 마찬가지로 철도 역시 식민정부의 통제 속에 있는 한 베추아날란드의 발전에 공헌하지 못할 것이라는 사실을 깨닫고 있었다.

1980년에서 1998년까지, 독립한 보츠와나의 대통령을 지낸 퀘트 마시르Quett Masire의 초창기 경험이 그 이유를 잘 설명해준다. 1950년대 마시르는 포부가 큰 농부였다. 새로운 수수 재배 기법을 개발한 그는 국경 너머 남아프리카에 있는 회사인 브라이버그 밀링Vryburg Milling에서 잠재 고객을 찾아냈다. 그는 베추아날란드의 로바체Lobatse 시에 있는 철도 역장에게 가서 브라이버그로 작물을 실어 나를 열차 두 량을 임대하고자 했지만, 역장은 이를 거절했다. 마시르는 백인 친구를 끌어들였다. 역장은 그제야 마지못해 승낙을 했지만, 백인이 내는 것보다 네 배나 많은 요금을 요구했다. 마시르는 결국 두 손을 들고 이런 결론을 내렸다. "베추아날란드에서 흑인이 기업을 발전시키지 못한 것은 아프리카인이 자유토지를 소유하지 못하거나 무역 면허를 갖지 못해서가 아니라 백인의 관행 때문이다."

　종합적으로 보면 추장들이나 츠와나 사람들 모두 운이 좋았다고 할 수 있다. 로즈의 손아귀를 벗어나는 데 성공한 것은 거의 기적에 가까운 일이었을 것이다. 영국은 베추아날란드를 여전히 변두리 지역으로 여겼으므로 시에라리온과 같은 유형의 악순환은 발생하지 않았다. 또 백인 광산업자나 농장주들이 온 지역을 값싼 노동력 공급처로 전락시킨 남아프리카 내륙에서 진행되던 식의 식민 지배 팽창도 모면할 수 있었다. 식민지화 과정의 초기 단계는 대부분 사회에 결정적 분기점이 된다. 정치·경제적인 발달 과정에 장기적으로 중요한 영향을 미칠 사건들이 일어나는 핵심적인 시기다. 9장에서 이미 논의했듯이 사하라 이남 아프리카 대부분 사회는 남아메리카와 남아시아와 마찬가지로 식민지화되는 과정에서 착취적 제도가 수립되거나 기존의 그런 제도가 강화되는 경험을 했다. 츠와나는 간접 통치가 강화되는 것도 피할 수 있었고 로즈의 합병 전략에 희생됐더라면 빠져들었을지도 모를 한층 더 끔찍한 운명도 모면할 수 있었다.

　하지만 순전히 운 때문이라고 할 수는 없다. 이 역시 츠와나 부족민의 제도적 부동 과정과 기존의 제도, 식민 지배가 가져온 결정적 분기점의 상호작용에서 비롯된 결과다. 세 츠와나 추장은 앞장서 런던으로 날아가 돌파구를 마련하며 운명을 스스로 개척했다. 추장들이 그럴 수 있었던 것은 츠와나 부족의 중앙집권화 덕분에 사하라 이남 아프리카의 다른 부족 지도자들과 비교해 이례적이라 할 정도의 권한을 지니고 있었고, 부족의 전통적 제도에 깃든 얼마간의 다원주의적 요소 덕분에 남다른 수준의 정통성을 가졌기 때문일지도 모른다.

포용적인 제도를 발전시켜 보츠와나의 성공에 한층 더 중요한 역할을 했던 또 다른 결정적 분기점은 식민 지배 말기에 도래한다. 베추아날란드가 보츠와나라는 이름으로 독립했던 1966년 무렵에는 세벨레, 바토엔, 카마, 세 추장의 운 좋은 성과는 이미 오래전의 일이 되었다. 이후 영국은 베추아날란드에 거의 투자를 하지 않았다. 독립 당시 보츠와나는 세상에서 가장 가난한 나라 축에 들었다. 포장도로는 모두 합쳐봐야 12킬로미터에 불과했고, 대학 졸업장이 있는 시민은 22명, 중등교육을 받은 시민이라고 해봐야 고작 100명이 전부였다.

더 기가 찬 것은 남아프리카, 나미비아, 로디지아 등 주변이 온통 흑인이 다스리는 아프리카 나라에 적대적인 백인 정권뿐이었다는 사실이다. 보츠와나는 누가 보아도 성공하긴 힘든 나라였다. 하지만 이후 45년 동안 보츠와나는 세계에서 가장 빠르게 성장하는 나라 중 하나로 발전했다. 오늘날 사하라 이남 아프리카에서 1인당 국민소득이 가장 높은 나라가 바로 보츠와나이며 에스토니아와 헝가리 등 성공적인 동유럽 국가와 코스타리카 등 가장 성공한 라틴아메리카 국가에 견줄 만하다.

결정적 분기점과 기존 제도의 상호작용

보츠와나는 어떻게 구시대의 틀을 깨고 나올 수 있었을까? 독립 이후 신속히 포용적 정치·경제 제도를 발전시킨 덕분이었다. 이후 보츠와나는 민주주의를 고수했고 주기적으로 경쟁 선거를 치렀으며 내전이나 군사 정변을 경험한 적도 없다. 정부는 사유재산권을 집행하고 거시경제적 안정을 다지며 포용적 시장경제 발전을 장려하는 경제제도를 수립했다. 하지만 물론 더 어려운 질문은 보츠와나가 어떻게 안정적인 민주주의와 다원주의적 제도를 확립하고 포용적 경제제도를 선택했는가일 것이다. 다른 아프리카 국가는 정반대의 길을 걷고 있는 와중에 말이다. 이 질문에 대한 해답을 찾기 위해서는 식민 지배 말기에 마련된 결정적 분기점이 보츠와나의 기존 제도와 어떤 상호작용을 했는지 먼저 이해할 필요가 있다.

시에라리온과 짐바브웨 등 사하라 이남 아프리카 대부분의 나라는 독립이라는 기회를 놓쳐버렸고 식민 지배 당시 존재하던 착취적 제도가 다시 자리를 잡았다. 보츠와나에서는 독립 초기 단계가 사뭇 다르게 전개되었는데, 대체로 츠와나의 역사적 제도가 마련해준 배경 덕분이었다. 이 과정에서 보츠와나는 명예혁명에 견줄 수 있을 만큼 여러모로 잉글랜드와 유사한 면을 보여주었다. 튜더왕조하에서 잉글랜드는 급속도로 중앙집권화를 이룩했고, 최소한 군주에 제동을 걸고 어느 정도 다원주의를 확보하려는 열망이 깃든 마그나카르타와 의회의 전통을 뿌리 내렸다.

보츠와나 역시 그런대로 중앙집권화를 이루었고 식민 지배를 넘어서까지 비교적 다원주의적인 부족제도를 보전했다. 엄격하게 집행되는 사유재산권을 선호하는 대서양 무역상, 산업가, 상업적 성향의 젠트리로 구성된 광범위한 신흥 연합세력이 잉글랜드에 있었다면, 보츠와나에는 확고한 절차적 권리를 선호하는 츠와나 추장과 경제의 핵심 자산인 가축을 소유한 엘리트층으로 구성된 연합세력이 있었다. 츠와나 부족은 토지는 공동으로 소유했지만 가축은 사유재산이었고, 엘리트층 역시 엄격한 사유재산권 집행을 선호했다.

그렇다고 역사의 우발적 선택을 부정하는 것은 아니다. 의회 지도자와 새 군주가 명예혁명을 권력 찬탈의 수단으로 사용하려 했다면 잉글랜드의 역사는 사뭇 다르게 전개되었을 것이다. 마찬가지로 운 좋게도 독립 이후 사하라 이남 아프리카 지역의 수많은 지도자와 달리 선거제도를 뒤흔들기보다 선거를 통해 권력 경합을 벌이도록 한 세레체 카마나 퀘트 마시르 등 탁월한 지도자가 없었다면 보츠와나의 역사 역시 매우 다른 양상으로 펼쳐졌을 것이다.

독립 당시 츠와나는 이미 추장의 권한을 제한하고 그런대로 부족원에 대한 추장의 책임성을 강조하는 제도를 뿌리내리고 있었다. 물론 아프리카에서 유독 츠와나만 이런 제도를 가진 것은 아니었지만, 식민 지배 과정에서 그런 제도를 그대로 보전한 곳은 츠와나뿐이었다. 영국의 지배는 거의 없었다고 하는 게 맞다. 베추아날란드는 남아프리카 마페킹Mafeking에서 관장했는데 1960년대 독립을 준비하는 단계에 이르러서야 수도 가보로네Gaborone 관련 계획이 수립되었을 정도다. 수도를 세우고 새로운 구조를 마련한 것은 토착제도를 척결하기 위해서가 아니었다. 오히려 토착제도의 토대 위에 더욱 발전된 구조를 확립하기 위한 것이었다. 가보로네가 건설되는 도중에도 새로운 크고틀라에 관한 계획도 함께 마련되었다.

독립도 비교적 질서정연하게 진행되었다. 독립을 주도한 것은 1960년 퀘트 마시르와 세레체 카마가 창당한 보츠와나민주당Botswana Democratic Party, BDP이었다. 카마는 카마 3세의 손자였고, 그의 이름인 세레체는 '함께 뭉쳐주는 찰흙'이라는 뜻이었다. 돌이켜보면 기가 막히게 잘 어울리는 이름이었다. 카마는 은과토의 세습 추장이었고, 츠와나 추장과 엘리트층 대부분이 BDP에 합류했다. 영국의 관심권 밖에 있던 보츠와나에는 시장기구가 없었다. BDP는 1967년 발 빠르게 보츠와나 육류위원회

Botswana Meat Commission라는 시장기구를 설립했다. 하지만 농장주나 목축업자를 착취하기는커녕 육류위원회는 가축 경제를 발전시키는 데 중추적인 역할을 했다. 구제역口蹄疫을 막기 위해 담장을 둘렀고 수출을 장려했는데, 두 가지 조치 모두 경제 발전에 이바지했을 뿐 아니라 포용적 경제제도의 기반을 다져주었다.

초반까지만 해도 보츠와나의 성장은 육류 수출에 의존했지만, 다이아몬드가 발견되자 상황은 급변했다. 보츠와나는 천연자원을 관리하는 방식에서도 다른 아프리카 나라와 현저히 다른 모습을 보여주었다. 식민통치 시절, 츠와나 추장들은 베추아날란드의 광물 탐사를 막기 위해 안간힘을 썼다. 유럽인이 귀금속이나 보석을 발견하면 자치는 물 건너갈 것이기 때문이었다.

최초로 대규모 다이아몬드 매장지가 발견된 곳은 세레체 카마의 고향인 은과토 부족의 땅이었다. 다이아몬드 발견 사실을 발표하기 전에 카마는 모든 지하 광물에 대한 권리가 부족이 아닌 국가에 귀속되도록 법을 바꾸었다. 보츠와나에서 다이아몬드 때문에 엄청난 부의 불평등이 초래되지 않도록 하려는 조치였다. 다이아몬드 관련 수입을 정부 관료체제와 사회간접자본 및 교육 투자 재원으로 활용이 가능했으므로 중앙집권화 과정도 한층 더 박차를 가할 수 있었다. 시에라리온과 다른 여러 사하라 이남 나라에서는 다이아몬드가 서로 다른 집단 간에 분쟁이 초래되고 내전이 끊이지 않는 원인이 되었다. 다이아몬드를 둘러싼 살육전으로 '피 묻은 다이아몬드Blood Diamonds'라는 오명이 생겨났을 정도다. 보츠와나는 다이아몬드 수입을 국익을 위해 사용했다.

세레체 카마 정부가 시행한 국가 건설 정책은 지하 광물에 대한 권리 변화뿐만이 아니었다. 독립하기 전인 1965년 통과된 추장법령Chieftaincy

Act과 1970년의 수정 추장법령Chieftaincy Amendment Act은 중앙집권화를 지속해 정부 및 선출 대통령의 권력을 강화했다. 이 과정에서 추장은 토지를 분배하는 권리를 박탈당했고 대통령에게는 필요하다고 판단되면 재직 중인 추장을 해임할 수 있는 권한을 주었다. 온 나라를 더 강력하게 통합해보려는 시도 역시 중앙집권화의 또 다른 면모였다. 가령 학교에서는 세츠와나어와 영어만 가르치도록 법으로 규제했다. 오늘날 보츠와나는 마치 단일민족국가처럼 보인다. 다른 여러 아프리카 나라들처럼 인종이나 언어적으로 분열되어 있지 않기 때문이다. 학교에서 영어와 세츠와나어라는 언어 하나만 가르쳐 사회 내 서로 다른 부족과 집단 간 분쟁 가능성을 최소화한 덕분이었다.

인종 의식에 대한 인구조사가 마지막으로 이루어진 것은 1946년이었는데, 보츠와나도 이질성이 상당한 수준인 것으로 드러났다. 일례로 은과토에서는 전체 인구의 고작 20퍼센트만 자신들이 순수 은과토 부족이라고 여겼다. 다른 츠와나 하위 부족과 함께 살았지만, 세츠와나어를 사용하지 않고 츠와나가 아닌 다른 부족도 많았다. 독립 이후 정부 정책과 츠와나 부족의 비교적 포용적인 제도 덕분에 이런 기저에 깔린 이질성을 완화할 수 있었던 것이다. 영국을 떠올리게 하는 대목이다. 영국에서도 가령, 잉글랜드인과 웨일스인의 이질성을 완화한 것은 영국 정부였다. 보츠와나 정부도 같은 방법을 사용했다. 독립 이후, 보츠와나는 인구조사에서 단 한 번도 인종 의식에 대해 묻지 않았다. 보츠와나에서는 이제 온 국민이 츠와나인이기 때문이다.

보츠와나가 독립 이후 괄목할 만한 성장률을 기록한 것은 세레체 카마, 퀘트 마시르, BDP가 온 나라를 포용적 정치·경제 제도를 향해 이끌었기 때문이다. 1970년대 다이아몬드 광맥이 발견되었을 때도 내전으로 이어지지 않았고, 오히려 정부에 강력한 재정 기반을 제공해 공공서비스에 투자할 수 있는 두둑한 재원으로 활용되었다. 정부에 맞서 전복을 기도하거나 정부를 장악할 만한 인센티브도 현저히 떨어졌다. 포용적 정치제도는 정치 안정을 가져다주었고 포용적 경제제도의 밑거름이 되었다. 11장에서 설명했듯이 포용적 경제제도가 포용적 정치제도의 생명력과 내성을 길러주는 선순환의 낯익은 패턴이 보츠와나에서 전개된 것이다.

보츠와나가 기존의 틀을 깰 수 있었던 것은 식민지 해방이라는 결정적 분기점을 놓치지 않고 포용적 제도를 수립한 덕분이었다. BDP와 카마를 비롯한 전통적 엘리트층은 독재정권을 수립하거나 착취적 제도를 이용해온 사회를 희생시키면서 자신들의 배만 채우려 하지 않았다. 이 또한 결정적 분기점과 기존 제도가 상호작용을 한 결과라 할 수 있다. 이미 살펴보았듯이 사하라 이남 아프리카의 거의 전 지역과 달리 보츠와나는 이미 어느 정도 중앙집권화된 정부와 무엇보다 중요한 다원주의적 색채를 띠고 있었다. 더욱이 보츠와나의 경제 엘리트층은 사유재산권의 안정이 자신들에게도 이로울 것이라 여겼다.

또 한 가지 간과하지 말아야 할 것은 역사의 우발적 여건이 보츠와나 편이었다는 사실이다. 특히 세레체 카마와 퀘트 마시르가 시아카 스티븐스나 로버트 무가베와 질적으로 다른 인물이었다는 점은 참으로 행운이 아닐 수 없었다. 카마와 마시르는 츠와나족 토착제도의 기반 위에 포용적 제도를 수립하려고 근면성실하게 노력했다. 포용적 제도를 향한 보츠와나의 행보가 한층 더 성공적일 수 있었던 이유다. 반면 다른 사하라 이남 아프리카 국가는 아예 시도조차 하지 않거나 완전히 실패하고 말았다.

미국 남부 착취의 종말

1955년 12월 1일의 일이었다. 앨라배마 주 몽고메리 시가 발부한 체포영장에는 범죄 시각이 오후 6시 6분으로 나와 있었다. 버스 운전기사인 제임스 블레이크는 말썽이 생기자 경찰에 신고했고, 데이와 믹슨이라는 경찰관이 현장에 도착했다. 이들은 보고서에 다음과 같이 기록했다.

> 신고를 받고 현장에 도착해 보니 운전기사가 한 흑인 여성이 백인 구역에 앉아 꼼짝도 하지 않으려 한다고 말했다. 우리도 흑인 여성을 보았다. 운전기사는 발부된 체포영장에 서명했다. 로자 파크스^{Rosa Parks}는 몽고메리 시법^{市法} 제11조 6항을 위반한 혐의로 체포되었다.

로자 파크스의 죄목은 클리블랜드 애비뉴^{Cleveland Avenue} 버스 백인 전용 구역에 앉았다는 것이었다. 앨라배마 흑인차별법에 따르면 명백한 범죄였다. 파크스는 법정 수수료 4달러와 함께 10달러의 벌금을 물어야 했다. 로자 파크스는 평범한 인물이 아니었다. 미국 남부의 제도 변화를 위해 오랫동안 투쟁해온 전미유색인종발전협회^{National Association for the Advancement of Colored People, NAACP} 몽고메리 지부 간사였다. 그런 그녀가 체포되자 대규모 운동에 불이 붙었다. 마틴 루터 킹^{Martin Luther King, Jr.}이 주도한 몽고메리 버스 승차 거부 운동^{Montgomery Bus Boycott}이 벌어진 것이다. 12월 3일, 킹을 비롯한 흑인 지도자들은 승차 거부 운동을 조직하고 몽고메리에서 운행하는 어떤 버스도 승차를 거부해야 한다며 온 흑인을 설득했다. 승차 거부 운동은 척척 진행되어 1956년 12월 20일까지 지속되었다. 그 덕분에 마침내 미국 대법원에서 앨라배마와 몽고메리의 인종차별적 버스 운행은 위헌이라는 결정이 내려지는 획기적 성과로 이어진다.

몽고메리 버스 승차 거부 운동은 미국 남부 시민권 운동 역사에 한 획을 그은 사건이었다. 드디어 남부의 기존 틀이 깨지고 근본적인 제도적 변화를 이끌어낼 수 있었던 것도 이 운동과 더불어 여러 가지 사건과 변화가 잇따른 덕분이었다. 12장에서 살펴보았듯이 남북전쟁 이후 남부 지주 엘리트층은 전쟁 이전에 남부에 뿌리내렸던 착취적 정치·경제 제도를 재수립할 수 있었다. 노예제가 불가능해지는 등 착취적 제도의 구체적 내용은 달라졌지만, 남부의 경제적 인센티브와 번영에 미치는 부정적 영향은 그대로였다. 남부는 미국 나머지 지역과 비교해 현저히 가난했다.

1950년대부터 남부는 제도의 변화 덕분에 한층 더 빠른 성장이 가능한 체질로 개선되기 시작했다. 이내 미국 남부에서 완전히 뿌리가 뽑힌 착취적 제도는 독립 이전 보츠와나의 식민지제도와는 그 형태가 달랐다. 그런 제도의 몰락을 초래한 결정적 분기점 역시 형태가 달랐지만, 공통점도 적지 않았다. 1940년대부터 남부에서 차별정책과 착취적 제도에 시달렸던 로자 파크스 같은 사람들이 훨씬 더 짜임새 있는 저항을 하기 시작한 것이다. 이와 동시에 미국 대법원과 연방 정부도 남부의 착취적 제도 개혁에 체계적으로 간섭하기 시작했다. 따라서 남부의 변화를 초래한 결정적 분기점의 핵심 요소는 남부에 사는 흑인이 힘을 키우고 남부 엘리트층이 절대적인 지배력을 행사하던 시절이 막을 내렸다는 사실이었다.

남북전쟁 이전은 물론 이후에도 남부 정치제도에는 남아프리카 아파르트헤이트 정권과 별반 다르지 않은 경제적 논리가 숨어 있었다. 대농장에서 활용할 값싼 노동력을 확보하는 것이 주목적이었다. 하지만

1950년대에 이르자 이런 논리는 설득력을 잃게 된다. 남부에서 흑인의 대량 이주가 이미 한창 진행 중이었던 것도 그 한 가지 이유였다. 그 주된 동기는 대공황과 제2차 세계대전이었다. 1940년대와 1950년대, 남부를 떠나는 흑인의 수는 연평균 10만 명에 달했다.

한편 서서히 채택되긴 했지만, 농업 부문의 기술혁신 역시 값싼 노동력에 대한 대농장주의 의존도를 줄여주었다. 농장에서 하는 일은 주로 면화를 따는 것이었다. 1950년까지만 해도 남부에서는 거의 모든 면화를 손으로 땄다. 하지만 면화 재배가 기계화되면서 이런 종류의 노동력은 수요가 크게 줄었다. 1960년이 되자 앨라배마, 루이지애나, 미시시피 등 주요 주에서 면화 생산의 거의 절반가량이 기계화되었다. 남부에 흑인을 잡아두기도 어려워졌지만, 이제 딱히 농장주가 크게 아쉬워하는 노동력도 아니었다. 따라서 엘리트층이 기존의 착취적 제도를 한사코 고수할 이유도 그만큼 적어졌다.

그렇다고 흔쾌히 제도적 변화를 수용한 것은 아니다. 오히려 갈등이 장기화되었다. 남부 흑인과 미국의 포용적 연방 제도가 이례적으로 손을 잡은 덕에 남부의 착취제도를 근절하고 흑인이 평등한 시민으로서 정치적 권리를 누릴 수 있는 방향으로 분위기를 몰아갈 수 있었다. 그 결과 미국 남부에서도 경제성장을 저해하던 엄청난 장벽이 마침내 무너져 내린다.

변화를 일으킨 가장 중요한 촉매는 시민권 운동이었다. 그 출발은 남부 흑인의 권한강화였다. 몽고메리에서처럼 착취적 제도에 반기를 들고 자신들의 권리를 요구했고, 그런 권리를 획득하기 위해 시위를 벌이고 세력을 규합한 것이다. 하지만 그들은 외톨이가 아니었다. 미국 남부는 별개의 나라도 아니고 남부 엘리트층이 가령 과테말라 엘리트층처럼 함부로 전권을 휘두를 수 있는 것도 아니었다. 미합중국 일부로서 남부는 미국 헌법과 연방법을 따라야 했다. 남부의 근본적 개혁이라는 명분이 마침내 미 행정부와 입법부, 대법원에서까지 지지를 얻게 된 것은 시민권 운동이 남부라는 테두리를 넘어 목소리를 드높였고, 그에 따라 연방 정부를 움직였기 때문이었다.

남부 제도 개혁에 연방 정부가 개입하기 시작한 것은 백인만 참여하는 예비 선거가 위헌이라는 1944년 대법원의 판결이 나오면서부터였다. 앞서 보았듯이 1890년대 흑인은 인두세와 문맹 시험 때문에 참정권을 박탈당하고 있었다. 이런 시험은 흑인을 차별하기 위해 조작되기 일쑤였다. 그러면서도 백인은 가난한 문맹이라도 투표할 수 있었다. 1960년대 초에는 이런 사례가 널리 알려지기도 했다. 루이지애나에 사는 한 백인 수험자가 문자를 아는 것으로 판정이 났는데 주 헌법에 대한 질문에 그는 이렇게 답했다고 한다. "FRDUM FOOF SPETGH(표현의 자유를 뜻하는 영어 표현의 올바른 철자는 'Freedom of Speech'여야 한다 – 옮긴이)." 1944년 대법원 판결은 흑인에게도 정치체제를 개방하려는 오랜 전투에서 선전포고나 다름없었다. 대법원도 백인이 정당 정치를 틀어쥐고 있는 상황을 개선해야 할 필요성을 절감하고 있었던 것이다.

1954년에는 '브라운 대 교육위원회Brown v. Board of Education' 판례가 이어졌다. 공립학교 및 다른 국가 시설의 인종차별이 위헌이라는 대법원 결정이 내려진 것이다. 1962년, 대법원은 백인 엘리트층이 누리던 막강한 정치적 토대의 한 축을 뽑아버렸다. 선거구 유권자 수의 불균형을 바로 잡은 것이다. 잉글랜드에서 제1차 선거법 개정이 있기 전 '부패한 선거구'처럼 선거구의 불균형이 허용되면 인구 비례를 무시하고 일부 권역이나 지역이 과도한 대표성을 인정받게 된다. 남부에서는 도심 지역보다 농장주 엘리트층의 거점이라 할 수 있는 농촌 지역의 대표가 지나치게 많았다. 1962년 대법원은 '베이커 대 카Baker v. Carr' 판결을 통해 이런 불균형을 바로잡았다. 마침내 '1인 1표' 표준이 도입된 것이다.

대법원에서 아무리 많은 판결이 쏟아졌다 해도 제대로 집행되지 않았다면 아무런 소용이 없었을 것이다. 아닌 게 아니라 1890년대만 해도 남부 흑인에게 참정권을 부여한 연방법은 시행되지 않았다. 현지에서 법을 집행하는 당국이 남부 엘리트층과 민주당의 수중에 있었던 데다 연방 정부마저 그런 상태를 기꺼이 수수방관했기 때문이다. 하지만 흑인이 남부 엘리트층에 반기를 들기 시작하면서 이런 흑인차별정책의 확고한 지지 기반이 무너져 내렸고, 남부 이외 지역 출신 당원의 주도로 민주당도 인종차별에 등을 돌리게 된다.

이에 반발해 탈당한 민주당 인사들은 주권민주당States' Rights Democratic Party이라는 기치 아래 전열을 가다듬고 1948년 대통령 선거에 도전했다. 그 후보인 스트롬 서몬드Strom Thurmond는 네 개 주에서 승리했고 선거인단 투표에서도 39표를 얻었지만, 전국적인 기반을 토대로 통합된 데다 대다수 엘리트층이 참여하는 민주당의 권력에 맞서기엔 역부족이었다. 스트롬 서몬드의 선거운동은 남부의 제도에 연방 정부가 개입하는 것을 문제 삼는 데 주력했다. 그는 이렇게 자신의 입장을 강변했다. "신사 숙녀 여러분, 이 점을 분명히 말씀드리고 싶습니다. 우리 연방 정부는 남부 사람에게 인종차별정책 철폐를 강요하고, 검둥이가 우리 극장과 수영장, 가정, 교회에 발을 들여놓을 수 있게 할 정도로 군병력이 남아돌지 않습니다."

그의 이런 생각은 오판이었다. 대법원의 결정에 따라 옥스퍼드의 미시시피대학교University of Mississippi 등 남부 교육시설은 차별정책을 철폐할 수밖에 없었다. 1962년, 오랜 법정 투쟁 끝에 연방 법원은 미시시피대학교가 퇴역 공군인 제임스 메러디스James Meredith의 입학을 허용해야 한다고 판결했다. 이른바 시민위원회Citizens' Councils의 주도로 판결 집행에 대한 반대 운동이 벌어졌다. 시민위원회는 남부의 차별정책 폐지에 맞서 싸우기 위해 1954년 미시시피 인디애놀라Indianola에서 처음 발족했다. 로스 바넷Ross Barnett 주지사는 9월 13일 TV에 출연해 공공연히 법원이 명령한 차별 폐지를 거부했다. 인종차별을 철폐하느니 주립대학의 문을 죄다 닫아버리겠다고 선언한 것이다. 바넷과 존 케네디 대통령, 로버트 케네디 법무장관이 오랜 시간 협상을 벌인 끝에 연방 정부가 개입해 강제로 법원 판결을 집행하기에 이르렀다.

　마침내 집행관의 호위하에 메러디스가 옥스퍼드에 등교할 날짜가 잡혔다. 이를 앞두고 백인 우월주의자의 움직임도 빨라졌다. 메러디스가 나타나기 하루 전인 9월 30일, 연방 법원 집행관이 대학 교정에 진입해 본관을 에워쌌다. 2,500명 정도의 군중이 모여 시위를 벌였고, 곧 폭동으로 비화되었다. 집행관은 폭도를 해산시키려고 최루탄을 사용했지만, 곧바로 총탄 세례를 받았다. 그날 밤 10시경 질서 회복을 위해 연방 병력이 투입되었다. 2만 명의 병력과 1만 1,000명의 주 방위권 병사가 옥스퍼드에 집결했다. 총 300명이 체포되었다. 메러디스는 학업을 계속하기로 결심했고, 살해 협박을 당하면서도 연방 법원 집행관과 군인 300명의 보호를 받으며 마침내 졸업장을 따냈다.

　남부의 제도 개혁 과정에서 핵심적인 역할을 한 것은 연방법체제였다. 1957년 제1차 시민권법Civil Rights Act이 통과되던 날 스트롬 서몬드 당시 상원의원은 법안 통과를 막거나 최소한 지연시킬 의도로 24시간 하고도 18분 동안 쉬지 않고 연설했다. 연설하는 동안 독립선언문은 물론 이런저런 전화번호부까지 온갖 문서를 낭독했지만, 시대의 흐름을 막을 수는 없었다. 이 모든 노력은 이내 1964년 시민권법으로 절정에 달했다. 마침내 차별주의적 주법과 관행을 모조리 불법으로 규정한 것이다. 1965년 투표권법Voting Rights Act은 문맹 검사와 인두세 등 남부 흑인의 참정권을 박탈하기 위해 쓰던 온갖 수단을 불법화했다. 또한 주 선거에 대한 연방의 감독 권한을 대폭 확대했다.

이 모든 사건의 영향으로 남부에서는 엄청난 법적·경제적 제도 변화가 일어났다. 일례로 미시시피에서는 1960년만 해도 전체 흑인 유권자 중 실제 투표에 참여한 사람은 5퍼센트에 불과했다. 1970년이 되자 이 수치는 50퍼센트까지 치솟았다. 앨라배마와 사우스캐롤라이나에서는 1960년 10퍼센트이던 것이 1970년 50퍼센트로 급증했다. 이런 변화는 지방은 물론 중앙 관직 선거의 성격까지 바꾸어놓았다. 더 중요한 것은 흑인을 차별하는 착취적 제도를 대하는 민주당의 정치적 태도마저 달라졌다는 사실이었다. 그러자 경제제도에서도 변화의 물꼬가 트였다.

1960년대 제도 개혁 이전만 해도 일자리를 찾는 흑인은 면직공장 근처에도 가기 어려웠다. 1960년, 남부 면직공장에 고용된 흑인은 5퍼센트에 불과했다. 시민권법 덕분에 이런 차별도 중단되었다. 1970년에는 면직공장 흑인 고용율이 15퍼센트로 늘었고, 1990년에는 25퍼센트에 달했다. 흑인에 대한 경제적 차별 역시 내리막길을 걸었고, 흑인의 교육 기회도 크게 확대되었으며, 남부의 노동시장은 한층 더 자유 경쟁적인 색채를 띠었다. 포용적 제도가 마련되자 남부의 경제성장도 빨라졌다. 1940년 남부 주의 1인당 평균 소득은 전국 평균의 50퍼센트에 불과했다. 1940년대와 1950년대에 변화를 보이기 시작해 1990년에 이르자 그런 격차는 거의 사라져버렸다.

보츠와나와 마찬가지로 미국 남부에서도 무엇보다 포용적 정치·경제 제도의 발전을 주목해야 한다. 남부 지역에서 착취적 제도에 시달리던 흑인의 불만이 고조되고 민주당의 독주 체제가 무너지는 상황이 맞물리면서 이런 변화가 가능해졌다. 이번에도 기존의 제도가 변화의 방향을 결정한 것이다. 남부의 사례에서는 포용적 연방 제도의 테두리 안에서 남부의 제도가 시행되었다는 사실이 무엇보다 중요하다. 그 덕분에 남부 흑인이 마침내 연방 정부와 제도를 자신들의 대의를 관철하는 데 동원할 수 있었던 것이다. 한 가지 더 주목해야 할 것은 남부에서 흑인이 대량으로 이탈하고 면화 생산이 기계화되면서 경제 여건이 크게 바뀌었기 때문에 남부 엘리트층 역시 저항 의지가 약화되었다는 사실이다.

다시 태어난 중국

마오쩌둥이 주도하는 공산당은 1949년 마침내 장제스蔣介石가 이끄는 국민당 정부를 몰아냈다. 중화인민공화국中华人民共和国이 선포된 것은 10월 1일이었다. 1949년 이후 수립된 정치·경제 제도는 더할 나위 없이 착취적이었다. 정치적으로는 중국공산당의 독재를 특징으로 했다. 이후 중국에는 어떤 형태로도 다른 정치 조직이 허용되지 않았다. 1976년 숨을 거두기까지 마오쩌둥은 공산당과 정부를 모조리 틀어쥐고 있었다.

이런 권위주의적이고 착취적인 정치제도에는 극도로 착취적인 경제제도가 뒤따랐다. 마오쩌둥은 즉각 토지를 국유화하고 단숨에 온갖 사유재산권을 폐지해버렸다. 지주를 비롯해 정권에 대들 것이라 간주되는 계층은 아예 숙청해버렸다. 근본적으로 시장경제 역시 철폐되었다. 농촌 지역 인민은 점차 집단농장으로 재편되었다. 돈과 임금은 물품으로 교환이 가능한 이른바 '노동 점수work points'로 대체되었다. 1956년에는 국내 여권이 도입되어 합당한 승인 없이는 여행이 금지되었는데, 이 또한 정치·경제적 통제를 강화하기 위한 수단이었다. 모든 산업이 이와 비슷하게 국유화되었고 마오쩌둥은 소련을 본받아 '5개년 계획'을 사용해 고속 산업 발전을 장려하겠다는 포부를 실천에 옮겼다.

모든 착취적 제도가 늘 그렇듯이, 마오쩌둥 정권 역시 수중에 놓인 광대한 영토로부터 자원을 착취하려 들었다. 시에라리온의 시장기구 사례처럼 중국공산당도 쌀과 곡물 등 농산품을 독점해 농민을 중과세하는 수단으로 사용했다. 산업화 시도는 1958년 2차 5개년 계획이 시작되면서 악명 높은 대약진정책으로 확대되었다. 마오쩌둥은 형편없이 작은 '뒷마당' 용광로뿐인데도 철강 생산이 1년 이내에 두 배로 증가할 것이라고 공언했다. 15년이 지나면 중국이 영국 철강 생산을 따라잡을 것이라는 주장도 서슴지 않았다. 하지만 이런 비현실적인 목표를 달성할 방도가 없었다는 게 문제였다. 이 계획의 목표를 달성하려면 고철을 그러모아야 했고, 인민은 주전자와 냄비는 물론 심지어 호미와 쟁기 등 농기구까지 녹여야 할 지경이었다. 논과 밭을 갈아야 할 농민이 쟁기를 망가뜨려 쇠를 만들고 있었으니, 앞으로 자신들은 물론 나라를 먹여 살릴 능력까지 파기해버린 것이다.

그 결과 중국 농촌 지역은 끔찍한 기아에 시달렸다. 마오쩌둥의 정책과 가뭄의 영향을 두고 학계 논란이 있는 게 사실이지만 2,000만에서 4,000만 인민의 목숨을 앗아간 대약진운동이 기아의 큰 원인이었다는 데는 이견이 없다. 정확한 희생자 수는 알 수가 없다. 마오쩌둥 치하의 중국 정권이 그런 잔혹 행위를 기록으로 남길 수치를 취합했을 리 없기 때문이다. 1인당 국민소득도 4분의 1가량 곤두박질쳤다.

대약진운동으로 한 가지 주목할 만한 변화가 일었다. 혁명 당시 대단히 출세한 장군으로 '반우익' 운동을 펼쳐 '반혁명 세력'을 숱하게 처형했던 공산당 고위 간부 덩샤오핑이 마음을 고쳐먹은 것이다. 1961년 광저우의 한 회담에서 덩샤오핑은 이렇게 주장했다. "검은 고양이든 흰 고양이든 쥐만 잘 잡으면 그만이다(흔히 흑묘백묘黑猫白猫라는 말로 더 잘 알려져 있다 - 옮긴이)." 모든 정책이 꼭 공산주의 색채를 띠어야 한다는 법은 없다는 뜻이었다. 중국은 당장 인민을 먹여 살릴 수 있도록 생산을 독려할 정책이 필요했다.

하지만 덩샤오핑은 그의 새로운 실용주의 노선 탓에 곧 시련을 겪게 된다. 1966년 5월 16일, 마오쩌둥은 중국 공산주의 사회를 뒤흔들고 자본주의를 재창출하려는 '부르주아' 때문에 혁명이 위협받고 있다고 주장했다. 이에 맞서 그는 흔히 '문화대혁명'으로 알려져 있는 '프롤레타리아 문화대혁명'을 선언했다. 문화대혁명은 16개 항을 강조하는데, 첫 번째 항목은 다음과 같이 시작한다.

부르주아 계급은 타도되었지만, 이들은 아직도 다른 계급을 착취하던 낡은 이념, 문화, 관습, 풍속을 이용해 대중을 타락시키고 그들의 마음을 사로잡아 복귀를 꾀하고 있다. 프롤레타리아 계급은 정반대 길을 걸어야 한다. 프롤레타리아 계급은 이념의 장에서 부르주아 계급의 온갖 도전에 맞서야 하며, 프롤레타리아의 새로운 이념, 문화, 관습, 풍속을 이용하여 사회 전반의 정신적 시야를 바꾸어야 한다. 이제 우리의 목표는 자본주의의 길을 걷는 당국의 모든 불순분자와 맞서 싸워 이들을 분쇄하고, 반동적인 부르주아 학술 권위자는 물론 부르주아 계급이나 다른 모든 착취 계급의 이념을 비판 및 규탄하며, 공산주의적 경제 토대에 어울리지 않는 교육, 문학, 예술 등 모든 상부구조superstructure를 뒤바꾸어 사회주의 체제를 공고히 하고 발전시키는 것이다(상부구조란 마르크스 유물사관唯物史觀에 따른 개념이다. 하부구조substrucutre 또는 토대base는 사회의 경제적 구조인 생산관계의 총체를 가리키며, 상부구조는 제도적, 정신적, 이데올로기적 수단 등 하부구조 위에서 발생한 관계와 현상의 총체를 말한다. 마르크스는 경제적 하부구조가 정치적, 이데올로기적 상부구조를 지배한다고 주장했다. 다르게 표현하면, 상부구조가 하부구조에 종속된다고도 한다 - 옮긴이).

대약진운동과 마찬가지로 문화대혁명 역시 경제는 물론 숱한 인명을 해치기 시작한다. 정권의 반대 세력을 숙청하는 데 이용되었던 젊은 열성파 공산당원으로 구성된 홍위병紅衛兵이 전국적으로 조직되었다. 수많은 인민이 살해되거나, 체포되거나, 연금을 당했다. 마오쩌둥 자신은 폭력 확산에 대한 우려를 이런 말로 일축했다. "히틀러라는 작자는 이보다 한층 더 포악했다. 포악할수록 좋은 것 아닌가? 더 많이 죽일수록, 그만큼 그대가 혁명적이라는 뜻일 테니."

덩샤오핑도 '제2호 자본주의의 길을 걷는 주자파走資派, capitalist roader(문화대혁명 세력을 일컫는 문혁파文革派는 제1호 주자파라고 손가락질당한 류사오치劉少奇에 이어 덩샤오핑까지 실권파實權派 또는 친자본주의자라는 의미로 주자파라고 싸잡아 비난했다. 당시 마오쩌둥은 막후에서 실력 행사를 했고, 류사오치와 덩샤오핑 등이 당권을 쥐고 있었기 때문에 당권파黨權派라고 부르기도 한다 - 옮긴이)'로 낙인 찍혀 1967년 철창신세를 졌고, 1969년에는 장시江西 지방으로 유배되어 한 농촌 트랙터 공장에서 강제노역을 당했다. 1974년 복권된 덩샤오핑은 저우언라이周恩來 총리가 마오쩌둥에게 천거해 부총리의 자리에 올랐다. 1975년에 이미 덩샤오핑은 세 건의 당 문건 작성을 총괄했는데, 채택되었더라면 새로운 길이 열렸을지도 모른다. 고등교육의 활성화, 농·공업 부문에서 물질적 인센티브 회복, 당내 '좌파' 축출을 골자로 했다. 당시 마오쩌둥의 건강이 나빠져 덩샤오핑이 축출하고자 했던 바로 그 좌파 인사의 수중에 권력이 집중되고 있었다(대약진 운동 좌절 이후 중국공산당 내부 노선은 좌파, 혁명파, 문혁파 등으로 불리는 급진파와 주자파, 당권파, 개혁파 등으로 불리는 온건파로 양분되어 갔다 – 옮긴이). 마오쩌둥의 부인 장칭江青과 세 측근을 일컫는 이른바 4인방四人幇은 문화대혁명은 물론 그에 따른 탄압을 열렬히 지지했다(세 측근은 공산당 중앙위원회 부주석 왕훙원王洪文, 정치국 상임위원 겸 국무원 부총리 장춘차오張春橋, 정치국 위원이었던 야오원위안姚文元을 가리킨다 – 옮긴이). 4인방은 이런 청사진을 바탕으로 공산당 일당독재체제하에서 나라를 다스릴 심산이었다.

1976년 4월 5일, 톈안먼 광장에서 저우언라이를 추모하기 위한 인민의 자발적인 집회가 열렸고, 급기야 반정부 시위로 확산되었다(4월 5일은 돌아가신 조상을 추모하는 중국의 전통 명절인 청명절淸明節이었다 – 옮긴이). 4인방은 이 시위의 주모자로 덩샤오핑을 지목했고, 그는 또 한 차례 모든 당직을 박탈당하고 쫓겨났다. 좌파를 축출하기는커녕 오히려 자신이 좌파의 손에 축출당한 것이다. 저우언라이가 세상을 뜨자 마오쩌둥은 덩샤오핑 대신 화궈펑華國鋒을 총리서리로 임명했다. 1976년 얼마간 권력 공백이 생긴 틈을 타 화궈펑은 상당한 권력을 다질 수 있었다.

변화의 바람

1976년 9월에 결정적 분기점이 마련된다. 마오쩌둥이 숨을 거둔 것이다. 그때까지 중국공산당은 마오쩌둥의 손아귀에 있었고, 대약진운동과 문화대혁명 역시 대체로 그가 주도한 일이었다. 그런 마오쩌둥이 사라지자 이번에는 본격적인 권력 공백이 생겼고 변화에 대해 다른 생각과 신념을 지닌 이들 사이에 권력 암투가 벌어졌다. 4인방은 문화대혁명의 정책을 고수하는 것이 자신들은 물론 공산당의 권력을 다지는 유일한 수단이라 여겼다. 화궈펑은 문화대혁명을 폐기하고 싶었지만, 그 덕분에 당내에서 승승장구했던 터라 너무 거리를 둘 수 있는 처지도 아니었다. 대신 그는 좀 더 균형 잡힌 마오쩌둥의 철학으로 돌아가자고 호소했다.

화궈펑은 1977년 공산당 기관지인 〈인민일보人民日報〉에 실린 '양개범시兩個凡是, Two Whatevers'라는 사설을 통해 이렇게 주장했다. "마오쩌둥이 생전에 내린 결정과 지시는 모두 옳으며(진리이며), 당은 이를 옹호하고 흔들림 없이 지켜나가야 한다(사실상 화궈펑이 마오쩌둥에 기대어 취약한 자신의 권력 기반을 다지기 위해 내세운 당의 강령이었다. 범시파凡是派의 주장에 따르면 4인방 반혁명 사건으로 문화대혁명은 종식된 것이나 다름없지만, 실질적으로는 여전히 진행형이라는 의미였다. 마르크스와 엥겔스는 물론 레닌이나 스탈린도 범시를 언급한 적이 없다며 마오쩌둥도 잘못을 범할 수 있다고 주장한 덩샤오핑 등 반대 세력을 실천파實踐派라고 한다 – 옮긴이)."

덩샤오핑도 화궈펑과 마찬가지로 공산정권을 타도하고 포용적 시장으로 대체할 마음은 추호도 없었다. 그 또한 공산혁명을 통해 집권한 권력집단의 일원이었기 때문이다. 하지만 덩샤오핑과 그 추종자들은 자신들의 정치 기반을 흔들지 않으면서도 상당한 경제성장을 달성할 수 있다고 생각했다. 자신들의 권력을 위협하지 않는 착취적 제도하의 경제성장 모형이 그럴듯해 보인 것이다. 그도 그럴 것이 중국 인민은 시급히 삶의 질을 높여줄 필요가 있었고, 마오쩌둥 정권과 문화대혁명을 거치면서 공산당에 맞설 만한 실질적인 반대 세력은 모조리 뿌리 뽑힌 뒤였다. 목표 달성을 위해서는 문화대혁명뿐 아니라 마오쩌둥의 다른 제도적 유산도 대부분 부인할 필요가 있었다. 이들도 결국 포용적 경제제도를 향해 성큼 다가가지 않는 한 경제성장이 불가능하다는 사실을 깨달은 것이다. 따라서 경제를 개혁하고 시장의 힘 및 인센티브의 역할을 장려하고자 했다. 사유재산의 범위를 확대하고, 사회 및 행정에서 공산당의 역할을 축소하고, 계급투쟁 등의 개념을 척결하길 원했다. 덩샤오핑 진영은 해외 투자와 국제무역에도 개방적이었고 세계경제에 중국을 통합하는 한층 더 적극적인 정책을 추구하고자 했다. 하지만 여전히 한계가 있었고, 진정한 의미에서 포용적인 제도를 구축하고 경제에 대한 공산당의 장악력을 크게 축소하는 것은 꿈도 꾸지 못할 일이었다.

권력을 쥔 화궈펑이 4인방을 향해 칼날을 돌리면서 중국은 새로운 전기를 맞는다. 마오쩌둥이 죽은 지 한 달도 채 안 되어 화궈펑은 쿠데타를 일으켜 4인방을 모두 체포했다. 그런 다음 1977년 3월 덩샤오핑을 복권시켰다. 이런 사건 전개를 숙명이라 할 수는 없다. 이후 중대한 역사 역시 숙명과는 거리가 멀었다. 화궈펑은 이내 덩샤오핑의 정치적 수완에 허를 찔리고 만다. 덩샤오핑은 문화대혁명에 대한 비판 여론을 자극했고 지위고하를 막론하고 공산당 주요 요직을 자신처럼 혁명 당시 된서리를 맞은 이들로 채웠다. 화궈펑은 문화대혁명을 부인할 수 없었던 탓에 몰락을 자초한 것이었다.

또 화궈펑은 권력의 중심과는 여전히 비교적 거리가 멀었을 뿐 아니라 오랫동안 덩샤오핑이 그랬던 것과 달리 비공식적인 인맥을 쌓지도 못했다. 덩샤오핑은 걸핏하면 연설을 통해 화궈펑의 정책에 딴죽을 걸었다. 1978년 9월, 그는 대놓고 양개범시론을 공격했다. 마오쩌둥의 말이 곧 진리일 수 없으며 '실사구시實事求是'만이 올바른 길이라고 강조했다(범시파와 실천파의 논쟁은 난징대학 철학교수 후푸밍胡福明의 〈실천은 진리 검증의 유일한 표준〉이라는 논문으로 일단락되었다. 실천파가 이 논문의 정당성을 옹호하며 이론적 무기로 삼으면서 결국 범시파는 실각하고 말았다. 훗날 '진리표준논쟁'으로 알려진 이 논문의 골자는 마오쩌둥의 어록 자체는 정면으로 반박하지 않으면서, 마오쩌둥의 어록은 물론 모든 것이 잘못될 수 있음을 간단명료한 논리로 설명하고 있다 - 옮긴이).

덩샤오핑은 화궈펑에 대한 여론몰이라는 절묘한 수를 두었다. 1978년 '민주의 벽Democracy Wall 사건'에서 가장 잘 드러난다. 베이징 시단西單에 설치된 민주의 벽에 인민은 나라에 대한 불만 사항을 적었다. 1978년 7월, 덩샤오핑의 지지자 중 한 명인 후챠오무胡喬木는 원론적인 경제 개혁을 제안했다. 기업이 자체적인 생산 결정을 내릴 수 있도록 더 큰 인센티브와 권한을 부여하자는 개념도 포함되어 있었다. 가격은 정부가 강제로 정하기보다 수요와 공급이 일치하는 선에서 결정되어야 하며 경제에 대한 정부 규제를 전반적으로 줄여야 한다는 내용을 골자로 했다. 급진적인 제안이었지만 덩샤오핑의 영향력이 날로 커지고 있었다.

1978년 11월과 12월, 중국공산당 제11차 중앙위원회 3차 전체회의에서 돌파구가 마련되었다. 화궈펑의 반대에도 이후 공산당은 계급투쟁이 아닌 경제 근대화를 위해 주력하기로 결정했다. 일부 지역에서 '농가책임제household responsibility system'라는 이름으로 잠정적인 실험을 하겠다고 발표했는데, 집단농업체제를 폐기하고 농업에 경제적 인센티브를 도입하려는 시도였다.

　이듬해 공산당 중앙위원회는 '실사구시'라는 개념의 중요성을 인정하고 문화대혁명이 중국 인민에 엄청난 재앙이었다고 선언했다. 그러는 내내 덩샤오핑은 당내는 물론 군부와 정부 요직까지 죄다 측근으로 채웠다. 중앙위원회의 화궈펑 진영에 조심스럽게 대응할 수밖에 없는 상황이었지만 대등한 권력 기반을 다지는 데 성공한 것이다. 1980년에 이르자 화궈펑은 총리직에서 쫓겨나다시피 했고, 자오쯔양趙紫陽이 그 뒤를 이었다. 1982년, 화궈펑은 중앙위원회에서도 축출되었다. 하지만 덩샤오핑은 거기서 멈추지 않았다. 1982년 제12차 공산당 전국대표대회에 이어 1985년 9월 전국인민대표대회에서도 당 수뇌부와 고위직을 거의 완전히 물갈이하는 쾌거를 이룬다. 그 결과 한결 젊은 개혁 성향의 인사가 당을 주도하게 된다. 1980년과 1985년을 비교하면, 5년 만에 정치국 26명 중 21명, 당 서기국 11명 중 8명, 18명의 부총리 중 10명이 물갈이되었다(중국은 공산국가로 정치체제가 당黨과 정政으로 나뉘며, 각각 공산당과 국무원이 대표한다. 공산당 최고 의결기구는 정치국이며, 일반적인 나라의 정부에 해당하는 국무원과 함께 각각 한 명의 총리를 두고 있고, 그 밑에 여러 명의 부총리가 활동한다 - 옮긴이).

　정치혁명을 완성하고 정권을 완전히 수중에 넣은 덩샤오핑의 개혁파 진영은 경제제도를 잇따라 개혁했다. 맨 먼저 손을 댄 것은 농업이었다. 1983년에는 후챠오무의 제안에 따라 농민에게 경제적 인센티브를 부여하는 농가책임제가 시행되었다. 1985년에는 정부의 농산물 통일 매입제가 철폐되고 더 자율적인 계약제도로 대체되었다. 농산물 가격에 대한 정부 통제 역시 1985년 들어 크게 완화되었다. 도심 지역에서 경제활동을 하는 국영기업도 자율성이 확대되었고, 14개 '개방도시'가 선정되어 해외 투자를 유치할 수 있게 되었다.

가장 먼저 빛을 발하기 시작한 것은 농촌 경제였다. 인센티브가 도입되자 농업 생산성이 비약적으로 향상된 것이다. 1984년 곡물 생산량은 더 적은 수의 인민이 농업에 종사하는데도 1978년보다 3분의 1가량 증가했다. 이른바 향진기업鄕鎭企業, Township Village Enterprises(개방 운동에 따라 지역 특색에 맞게 육성된 소규모 농촌 기업 – 옮긴이)이 육성되면서 농촌 지역으로 수많은 노동자가 몰려들었다. 1979년 이후 향진기업은 국가산업 계획체제 밖에서 성장할 수 있었다. 1979년 이래 신생 업체가 시장에 진입해 국영기업과 경쟁을 벌일 수 있게 되었기 때문이다. 경제적 인센티브는 공업 부문에도 도입되었다. 특히 국영기업의 운영에 인센티브 도입이 활발했는데, 이 단계에서는 아직 민영화의 기미는 찾아보기 어려웠다. 민영화는 1990년대 중반까지 기다려야 했다.

중국이 다시 태어날 수 있었던 것은 극도로 착취적인 경제제도를 벗어나 포용적 제도로 성큼 다가선 덕분이었다. 농업과 공업 부문의 시장 인센티브 도입에 이어 해외 투자와 기술 유치가 뒤따라 중국은 마침내 고속 경제성장의 길로 들어설 수 있었다.

다음 장에서 더 자세히 살펴보겠지만, 문화대혁명 당시보다 덜 억압적이고 경제제도가 부분적으로나마 포용적 색채를 띠었다고 해도 여전히 착취적 정치제도하의 성장이었다. 물론 그렇다고 중국 경제제도의 변화가 얼마나 급진적이었는지 과소평가해서는 안 된다. 정치제도까지 바꾸지는 않았지만, 중국이 기존의 틀을 깬 것은 사실이다. 보츠와나와 미국 남부에서처럼 핵심적인 변화는 결정적 분기점에 직면하면서 나타났다. 중국은 마오쩌둥의 사망이 그런 분기점을 마련해주었다. 우발성도 무시할 수 없다. 사실 가장 우발적 성향이 강한 사례라 할 수 있다. 4인방의 실각이 불가피한 숙명은 아니었기 때문이다. 이들이 실각하지 않았다면 중국은 지난 30년과 같은 경제성장을 구가하지 못했을 것이다. 하지만 대약진운동과 문화대혁명이 초래한 재앙과 인민의 고통은 변화의 바람으로 이어졌고 마침내 덩샤오핑과 그 동료들이 정치 투쟁에서 승자로 부상할 수 있었던 것이다.

보츠와나, 중국, 미국 남부는 잉글랜드의 명예혁명, 프랑스대혁명, 일본의 메이지유신과 마찬가지로 역사가 숙명이 아니라는 사실을 생생히 증명해준다. 악순환의 고리를 끊으면 착취적 제도는 포용적 제도로 바뀔 수 있다. 하지만 저절로 되는 것도, 쉬운 일도 아니다. 여러 가지 요인이 한데 어우러져야 한다. 한 나라가 한층 더 포용적인 제도를 향해 한발짝 성큼 다가갈 수 있으려면 특히 결정적 분기점이 마련되어야 하고, 개혁이나 다른 유리한 제도를 추구하는 광범위한 연합세력이 존재해야 하는 때가 많다. 게다가 얼마간 행운도 뒤따라야 한다. 역사는 늘 우발적인 방향으로 전개되기 때문이다.

번영과
빈곤의
이해

15장

우리 이론의 요체는 포용적 정치·경제 제도와 번영의 관계다. 사유재산권을 보장하고, 신기술에 대한 투자를 장려하는 포용적 경제제도는 경제활동에 대한 인센티브를 제공하지 못하는 착취적 경제제도에 비해 경제성장에 훨씬 더 유리하다.

불평등의 역사적 기원

세계를 둘러보면 생활수준의 엄청난 격차를 목격할 수 있다. 소득수준이나 건강보험, 교육, 공공서비스, 경제·사회적 기회라는 면에서 미국의 극빈층이라 할지라도 사하라 이남 아프리카, 남아시아, 중앙아메리카에 사는 엄청난 수의 대중에 비하면 월등히 나은 게 사실이다. 남한과 북한, 남북 노갈레스, 미국과 멕시코의 극적 대조는 이런 현상이 비교적 최근에 생겨났다는 사실을 상기시켜준다.

500년 전, 아즈텍문명의 중심지였던 멕시코는 북부 지역 나라보다 확연히 더 잘 살았으며, 미국은 19세기까지도 멕시코를 따라잡지 못했다. 남북 노갈레스의 격차는 이보다 한참 후에 생겨났다. 제2차 세계대전 이후 38선으로 분단되기 전까지만 해도 남북한은 사회·문화적으로는 물론 경제적으로도 구별이 되지 않을 정도로 동질적이었다. 마찬가지로 오늘날 우리가 주변에서 목격하는 엄청난 경제적 차이는 대부분 지난 200여 년 동안 벌어진 현상이다.

이 모두가 숙명이었을까? 역사적으로 (또는 지리적으로나 문화적으로나 인종적으로) 서유럽, 미국, 일본 등이 200여 년의 시간이 흐르는 동안 사하라 이남 아프리카, 라틴아메리카, 중국보다 더 잘사는 나라가 되도록 미리 결정된 것이었을까? 18세기 영국에서 산업혁명이 일어나 서유럽에서 북아메리카 및 호주 등지의 유럽 파생 국가까지 확산된 것도 불가피한 운명이었을까? 페루에서 명예혁명과 산업혁명이 일어나 서유럽을 식민지로 전락시키고 백인을 노예로 삼는 정반대의 세상도 가능하지 않았을까? 아니면 단지 그런 세상은 역사를 소재로 한 공상과학소설에나 나올 법한 허구에 불과한 것일까?

이 질문들에 답을 하려면(고민이라도 해보려면), 왜 어떤 나라는 잘살고 어떤 나라는 못사는지에 관한 이론이 필요하다. 그런 이론은 번영을 촉진하거나 저해하는 요인은 물론 그 역사적 기원도 설명할 수 있어야 한다. 이 책은 지금까지 바로 그런 이론을 제시했다. 서로 다른 정치체제를 가진 이 세상의 수많은 나라가 정치·경제적으로 다른 길을 걷게 된 기원과 같은 복잡한 사회 현상에는 무수히 많은 원인이 존재할 것이다. 그러다 보니 대부분 사회과학자는 시간과 지역이 달라도 언뜻 유사한 결과가 빚어지는 현상에 대해 한 가지 원인에 초점을 맞춘 간단하고 보편적으로 적용될 만한 이론을 꺼리고 다른 설명을 찾기 마련이다.

우리는 이 책에서 신석기혁명 이래 온 세상의 주요 정치·경제적 발전상을 설명하는 데 유용한 간단한 이론을 제시했다. 그렇다고 이론 하나로 모든 것을 설명할 수 있으리라는 순진한 생각에서 그런 선택을 한 것은 아니다. 너무 많은 구체적인 내용에 집착하다 보면 모호함에 빠져들 위험이 있으므로 그런 이론에서 출발한다면 유사한 사례에 집중할 수 있을 것이라 믿었던 것이다. 따라서 성공적인 이론은 구체적인 내용을 충실하게 재현하기보다 광범위한 과정에 관해 경험을 바탕으로 한 타당하고 유용한 설명을 제공해야 하고, 그러면서도 해당 현상을 좌우하는 핵심 요인을 명확히 짚어낼 수 있어야 한다.

우리의 이론은 두 가지 측면에 초점을 맞춰 이런 목적을 달성하려 했다. 첫째, 착취적 정치·경제 제도와 포용적 제도의 차이를 밝혔다. 둘째, 일부 지역에서만 포용적 제도가 태동하고 다른 지역에서는 그렇지 못한 이유를 설명했다. 우리의 이론은 일면 제도의 관점에서 역사를 해석한 것이기도 하지만, 또 다른 면에서는 해당 국가의 제도적 향방이 결정된 역사적 경위에 대한 것이었다.

우리 이론의 요체는 포용적 정치·경제 제도와 번영의 관계다. 사유재산권을 보장하고, 공평한 경쟁의 장을 마련하며, 신기술과 기능에 대한 투자를 장려하는 포용적 경제제도는 소수가 다수로부터 자원을 착취하기 위해 고안되고, 사유재산권을 보장해주지 못하거나 경제활동에 대한 인센티브를 제공하지 못하는 착취적 경제제도에 비해 경제성장에 훨씬 더 유리하다. 포용적 경제제도는 포용적 정치제도에서 힘을 얻으며, 결국 서로 지탱해준다. 포용적 정치제도는 다원주의적 정치권력을 고루 분배하고 법과 질서를 확립할 수 있도록 일정 수준 이상의 중앙집권화를 달성하며 안정적인 사유재산권의 토대를 마련하고 포용적 시장경제를 뿌리내리게 한다.

같은 맥락에서 착취적 경제제도는 착취적 정치제도와 맞물려 상승효과를 낸다. 착취적 정치제도하에서는 소수의 손에 권력이 집중되기 때문에 사리사욕을 채우기 위해 착취적 경제제도를 유지 및 개발하고, 착취한 자원을 이용해 권력 기반을 다지고자 하는 인센티브가 커진다.

그렇다고 착취적 정치·경제 제도가 경제성장과 늘 어긋나 있다는 뜻은 아니다. 오히려 모든 엘리트층은 특별한 이유가 없는 한 더 많은 자원을 착취하려고 최대한 높은 성장을 장려하기 마련이다. 최소한의 중앙집권화를 달성한 착취적 제도하에서는 그런대로 성장이 가능한 사례도 적지 않다. 하지만 중요한 것은 착취적 제도하의 성장은 두 가지 이유에서 지속되지 못한다는 사실이다.

첫째, 지속적 성장은 혁신이 있어야 하는데, 혁신은 반드시 창조적 파괴를 수반하기 때문이다. 창조적 파괴는 경제적인 면에서 옛것을 새로운 것으로 갈아치울 뿐 아니라 정치적으로도 기성 권력 기반을 뒤흔들기 마련이다. 착취적 제도를 장악한 엘리트층은 창조적 파괴를 두려워한 나머지 이를 거부하기 때문에 착취적 제도하의 성장은 어쩔 수 없이 단기에 그치고 만다. 둘째, 착취적 제도를 장악한 이들이 사회 전체를 희생시켜가며 자신들의 배를 채울 수 있으므로 착취적 제도하의 정치 권력을 탐내는 이들이 많아져 수많은 집단과 개인이 권력 투쟁을 벌이게 된다. 그 결과 착취적 제도하의 사회에는 정치 불안을 초래할 만한 강력한 요인이 많아진다.

착취적 정치·경제 제도는 시너지 효과를 내므로 일단 뿌리내린 착취적 제도는 끈질기게 거듭되는 악순환을 가져온다. 마찬가지로 포용적 정치·경제 제도에서는 선순환이 비롯된다. 하지만 악순환이든 선순환이든 절대적인 것은 아니다. 아닌 게 아니라 오늘날 포용적 제도 속에서 사는 나라 중에는 역사적으로 착취적 제도가 일상적인 것으로 받아들여졌지만, 사회가 그 틀을 깨고 포용적 제도로 이행한 사례도 더러 있다. 우리는 이런 이행 사례를 역사를 통해 설명하지만 그렇다고 역사적 숙명이었다는 뜻은 아니다.

중대한 경제 변화의 필수 조건인 중대한 제도적 변화는 기존 제도와 결정적 분기점이 상호작용한 결과로 현실화된다. 결정적 분기점은 하나 또는 그 이상의 사회에서 기존 정치·경제적 균형을 깨뜨리는 중대한 사건을 가리킨다. 14세기 유럽 대부분 지역에서 인구의 절반 이상을 죽음으로 몰고 간 흑사병, 서유럽의 많은 이들에게 막대한 부의 기회를 가져다준 대서양 무역항로 발견, 전 세계 경제구조에 급속도로 지각변동을 일으킬 만한 잠재력을 제공한 산업혁명 등이 그런 예다.

각기 다른 사회의 현존하는 제도적 차이는 과거 제도 변화의 결과다. 사회마다 제도적 변화의 길이 달랐던 이유는 무엇일까? 그 해답은 제도적 부동 과정에서 찾을 수 있다. 격리된 두 생명체의 개체군이 이른바 진화적 부동 또는 유전적 부동 과정을 통한 임의적 변이에 따라 서서히 멀어지듯이, 다른 모든 면이 유사한 사회라 하더라도 제도적인 면에서 서서히 멀어져가는 것이다. 부와 권력, 간접적으로는 제도를 둘러싼 갈등은 모든 사회에서 끊이지 않고 벌어진다. 이런 갈등은 설령 그런 갈등이 펼쳐지는 경쟁의 장이 공정하지 않다고 하더라도 흔히 우발적인 결과를 낳는다. 이런 갈등의 결과는 제도적 부동으로 이어진다.

그렇다고 해서 반드시 차곡차곡 쌓이는 축적 과정은 아니다. 어느 시점에 고개를 든 사소한 차이들이 시간이 흐르면서 꼭 큰 차이로 발전한다는 법은 없다. 오히려 6장에서 살펴본 로마 지배 시절 브리타니아의 사례처럼 작은 차이가 생겨났다가 이내 사라지기도 하고 다시 고개를 들기도 한다. 하지만 결정적 분기점이 도래하면 제도적 부동 과정에서 비롯된 사소한 차이는 상당히 비슷할 법했던 사회가 현저히 다른 길을 가게 할 만한 엄청난 차이로 판명 날 수도 있다.

유사점이 많았던 잉글랜드, 프랑스, 에스파냐 중 대서양 무역이라는 결정적 분기점이 유독 잉글랜드에 가장 큰 변화를 초래할 만한 영향을 준 것은 바로 그런 작은 차이 때문이었다는 사실을 7장과 8장에서 살펴본 바 있다. 15세기와 16세기 동안 전개된 사건들로 잉글랜드 왕실은 모든 해외무역을 통제할 수 없게 되었다. 반면 프랑스와 에스파냐에서는 이런 무역을 왕실이 독점하고 있었다. 그 결과 프랑스와 에스파냐에서는 대서양 무역과 식민지 팽창에서 얻는 이익을 왕실과 그 측근이 독차지하다시피 했다. 이와 대조적으로 잉글랜드에서는 대서양 무역이라는 결정적 분기점이 가져다준 경제적 기회로부터 이익을 얻는 것은 왕실에 강하게 반기를 들었던 세력이었다.

제도적 부동은 작은 차이로 이어지지만, 결정적 분기점을 통과하면서 제도적 차이로 나타날 수도 있다. 제도적 확산은 이어 한층 더 결정적인 제도적 격차를 만들어내고, 다음 결정적 분기점이 도래할 때 그 영향력은 더 커질 수밖에 없다.

열쇠는 역사가 쥐고 있다. 제도적 부동을 통해 결정적 분기점이 찾아왔을 때 결정적 차이를 만들어내는 것은 바로 역사적 과정이기 때문이다. 결정적 분기점 자체가 역사적 전환점이다. 또 악순환과 선순환이 존재한다는 것은 역사를 거쳐 만들어진 제도적 차이를 이해하려면 역사연구가 필수적이라는 사실을 시사해준다. 하지만 우리의 이론은 역사적 숙명, 또는 어떤 의미의 불가피성도 암시하지 않는다. 바로 그런 이유에서 이번 장 도입부에서 제기했던 질문에 대해 아니라고 답을 할 수있다. 페루가 서유럽이나 미국보다 훨씬 가난한 나라가 된 것은 역사적 필연이 아니라는 뜻이다.

먼저 지리적 가설이나 문화 가설과 대조적으로 페루는 지리적 위치또는 문화 때문에 가난에 빠져든 게 아니다. 우리 이론대로라면 페루가 서유럽과 미국보다 훨씬 더 가난한 이유는 제도 탓이다. 그 이유를 이해하려면 역사적으로 페루의 제도가 어떤 발달 과정을 거쳤는지 알아야 한다. 2장에서 살펴보았듯이 500년 전 지금의 페루를 차지했던 잉카제국은 북아메리카의 작은 나라들보다 훨씬 더 부유했고 기술적으로도 크게 진보했으며 대단히 중앙집권화되어 있었다. 이 지역이 식민지화되면서 전환점을 맞게 되었고 북아메리카의 식민지화 과정과 크게 엇갈린 길을 걷게 된다. 역사적 필연 과정에서 비롯된 결과가 아니라 여러 핵심적인 제도적 변화와 결정적 분기점이 상호작용을 하면서 생겨난 우발적 결과다. 궤적이 크게 달라지고 장기적으로 사뭇 다른 유형으로 이어지게 된 데는 적어도 세 가지 요인을 찾아볼 수 있다.

첫째, 15세기 무렵 아메리카 대륙의 제도적 차이가 식민지화 과정을 좌우했다. 북아메리카가 페루와 다른 제도적 궤도로 들어선 것은 식민지가 되기 전까지만 해도 많지 않은 원주민이 여기저기 흩어져 살고 있었고 유럽인 정착민이 많이 모여들었기 때문이다. 유럽인은 기존 엘리트층을 말끔히 몰아내고 버지니아회사와 영국 왕실을 등에 업고 새로운 엘리트층을 구성해나갔다. 반면 에스파냐 정복자가 도착했을 때 페루는 중앙집권화된 착취적 국가였다. 곧바로 체제를 장악해 대규모 인구를 광산과 농장의 강제노동에 투입할 수 있었다.

또한 유럽인이 발을 디뎠을 당시 아메리카 대륙의 형세에는 아무런 지리적인 필연성도 존재하지 않았다. 5장에서 살펴본 대로 부숑족이 샤이암 왕의 주도로 중앙집권국가를 세울 수 있었던 것이 결정적인 제도적 혁신의 결과였듯이, 페루에 잉카문명이 번성하고 이 지역에 엄청난 인구가 모여 살게 된 것도 결정적 제도 혁신의 결과였다. 이런 일은 미시시피밸리Mississippi Valley는 물론 심지어 미국 북동부 등 북아메리카에서도 발생할 수도 있었다. 유럽인이 안데스산맥 주변에서 텅 빈 땅을 발견하고 북아메리카에서 중앙집권화된 나라를 찾아냈다면 페루와 미국의 역할은 뒤바뀌었을지도 모른다. 그랬다면 유럽인은 페루 주변 지역에 정착했을 것이고 대다수 정착민과 엘리트층의 분쟁은 북아메리카가 아닌 페루에서 포용적 제도를 수립했을 것이다. 경제 발달의 궤적 역시 달라졌을 가능성이 크다.

둘째, 페리 제독의 함대가 도쿄 만에 진입했을 때 일본이 그러했듯이 잉카제국도 유럽인의 식민 지배에 반기를 들었을 수도 있다. 일본의 도쿠가와 정권과 비교하면 잉카제국은 한층 더 착취적이었으므로 메이지 유신과 같은 정치혁명이 페루에서 일어날 가능성은 낮았겠지만, 잉카제국이 유럽의 지배에 완전히 무릎을 꿇으리라는 역사적 필연성이 존재했다고 할 수는 없다. 유럽인의 지배를 거부하고 위협에 맞서 제도적인 근대화를 추구했다면 신세계의 역사는 물론 전 세계 역사의 궤적도 달라졌을 것이다.

셋째, 가장 급진적인 가정이겠지만 역사적으로나 지리적으로 또는 문화적으로 유럽인이 세계를 식민지로 전락시킨 주역이 되리라는 필연성도 존재하지 않았다. 중국인이나 심지어 잉카인이 식민 지배의 주역이 될 수도 있었다. 물론 서유럽이 아메리카 대륙을 크게 앞질러 가고 중국은 이미 폐쇄적으로 기울었던 15세기 관점에서 세상을 내려다보면 절대 불가능한 결과다. 하지만 15세기 서유럽 역시 결정적 분기점에서 촉발된 우발적인 제도적 부동 과정의 산물이었으며 필연적인 부분은 전혀 없었다.

여러 차례 역사적인 전환점이 없었다면 서유럽 열강이 치고 나가 세계를 정복하지는 못했을 것이다. 노예제도를 대체하고, 그 과정에서 군주의 권력이 약화되는 방향으로 봉건제도가 무너졌으며, 새천년 이후 몇 세기 동안 유럽에서 독립적이고 상업 지향적인 자치 도시가 발달했고, 명왕조 당시 중국 황제와 달리 유럽 군주는 해외무역에서 큰 위협을 느끼지 않아 이를 억압할 이유가 덜했으며, 흑사병의 창궐로 봉건질서의 토대가 송두리째 흔들리는 상황 등이 모두 그런 결정적 전환점이었다. 이런 사건들이 다른 방향으로 전개되었다면 우리는 오늘날 사뭇 다른 세계에 살고 있을 것이다. 어쩌면 페루가 서유럽이나 미국보다 더 잘사는 나라가 됐을지도 모른다.

지속 가능한 성장에 대한 예측

당연히 작은 차이와 역사적 우발성이 둘 다 핵심적인 역할을 하는 이론이라면 예측력이 제한적일 수밖에 없다. 로마제국 몰락 이후 수백 년간은 말할 것도 없고 15세기는 물론 16세기에도 포용적 제도를 향한 결정적 돌파구가 영국에서 마련되리라 예측한 이는 드물었을 것이다. 이런 일이 가능했던 것은 오로지 특별한 제도적 부동 과정과 대서양 무역 확대로 마련된 결정적 분기점의 성격 덕분이었다. 1970년대 문화대혁명이 한창일 때만 해도 중국이 곧 경제제도의 급변 과정으로 접어들어 이내 눈부신 고속 성장을 구가하게 될 것이라고 믿은 이는 많지 않았을 것이다.

마찬가지로 500년 후 미래의 형세가 어떤 모습일지 확신을 하고 예측하기란 불가능에 가깝다. 하지만 이는 우리 이론의 결함 탓이 아니다. 지금까지 제시한 역사적 배경 설명만으로도 지리와 문화 등 역사적 요인에 주목하고 역사적 숙명에 근거를 둔 그 어떤 접근 방법도 타당하지 못하다는 사실을 알 수 있다. 작은 차이와 우발성은 우리 이론의 요소이기도 하지만 역사를 결정하는 요소이기도 한 것이다.

다른 곳과 비교해 번영을 구가할 만한 사회를 정확히 예측하기란 쉽지 않은 일이지만, 지금까지 이 책을 통해 우리의 이론이 세계 여러 나라에서 번영과 빈곤의 엄청난 차이가 생겨나는 이유를 꽤 잘 설명할 수 있다는 사실을 증명했다. 이번 장에서는 향후 몇십 년 동안 어떤 종류의 사회가 경제성장을 달성할 가능성이 높은지도 우리 이론이 일부 길잡이가 될 수 있다는 사실을 알게 될 것이다.

먼저, 악순환과 선순환은 끈질긴 생명력과 지속성을 자랑한다. 50년에서 100년 후, 포용적 정치·경제 제도에 기반을 둔 미국과 서유럽이 사하라 이남 아프리카와 서아시아, 중앙아메리카와 남아시아보다 훨씬 더 잘사는 나라가 될 것이라는 사실은 의심의 여지가 없을 것이다. 하지만 그런 커다란 테두리 속에서도 다음 세기 동안 결정적인 제도적 변화가 일어나 일부 나라는 기존의 틀을 깨고 빈국에서 부국의 반열에 오르기도 할 것이다.

소말리아와 아프가니스탄처럼 중앙집권화가 거의 안 된 나라나, 지난 수십 년 동안 아이티가 그랬던 것처럼 정부의 몰락을 경험한 나라는(아이티는 2010년 대지진으로 온 나라의 기간시설이 초토화되기 오래전부터 이미 정부가 제 기능을 하지 못했다) 착취적 정치제도하의 성장을 달성하거나 포용적 제도를 향한 결정적 변화를 이끌어내기 어려울 것이다. 향후 수십 년 동안 성장을 경험할 만한 나라는(착취적 제도하의 성장이 되겠지만) 그런대로 중앙집권화를 달성한 나라들일 것이다. 사하라 이남 지역에서는 부룬디, 에티오피아, 르완다 등 중앙집권정부의 오랜 역사를 가진 나라와 독립 이래 중앙집권화에 성공한 (또는 최소한 중앙집권화에 필요한 일부 전제조건을 충족시킨) 탄자니아가 여기 속한다. 라틴아메리카에서는 브라질, 칠레, 멕시코 등 중앙집권화를 달성했을 뿐 아니라 걸음마 수준일지라도 다원주의를 향해 성큼 다가가고 있는 나라가 그런 예다. 우리 이론에 따르면 콜롬비아가 지속 가능한 경제성장을 경험할 가능성은 대단히 희박하다.

우리 이론은 또 중국처럼 착취적 정치제도하의 성장은 지속 가능하지 않으며 머지않아 맥이 빠질 가능성이 높다는 점을 시사해준다. 이외에는 불확실성이 크다. 가령 쿠바는 포용적 제도를 향해 발길을 돌려 대단한 경제적 변화를 경험할 수도 있지만, 착취적 정치·경제 제도하에서 제자리걸음을 거듭할지도 모른다. 아시아의 북한과 미얀마도 마찬가지다. 따라서 우리 이론은 제도가 어떻게 변하며 그런 변화의 결과는 어떤지 고민해볼 수 있는 도구를 제공해주기는 하지만 바로 그런 변화의 성격(작은 차이 및 우발성의 역할) 때문에 더 정확한 예측은 그만큼 어려울 수밖에 없다.

번영과 빈곤의 기원에 대한 이런 개괄적인 설명으로부터 정책적 제안을 이끌어내는 것은 더욱 주의를 기울일 필요가 있다. 결정적 분기점의 영향이 기존 제도에 달려있듯이, 동일한 정책적 개입이라 할지라도 그 사회가 어떤 제도를 도입했느냐에 따라 결과가 달라질 수 있다. 물론 우리의 이론은 어떻게 하면 국가가 번영을 향해 나아갈 수 있는지에 주안점을 두고 있다. 착취적 제도에서 벗어나 포용적 제도를 도입해야 한다는 것이다. 하지만 처음부터 밝혔듯이 그런 변화를 달성하는 게 말처럼 쉬운 것은 아니다.

첫째, 악순환의 고리 때문에 생각보다 제도적 변화를 이끌어내기가 여간 어려운 게 아니다. 특히 착취적 제도는 12장에서 살펴보았던 과두제의 철칙에 따라 이런저런 탈을 쓰고 되살아나기 일쑤이다. 따라서 2011년 2월 민중봉기로 무바라크 대통령 정권이 무너졌다고 해서 이집트가 더 포용적인 제도의 길로 접어들 것이라 장담할 수는 없다. 역동적이고 희망에 찬 민주화 운동에도 착취적 제도의 불씨는 여전히 살아 있다.

둘째, 역사적 우발성을 고려하면 결정적 분기점과 기존 제도적 차이가 어떤 식으로 상호작용을 하든 반드시 포용적 또는 착취적 제도로 이어지리라는 보장은 없으므로 포용적 제도를 향한 변화를 촉진할 만한 보편적 정책 제안을 마련하려는 시도는 무모하다. 그럼에도 우리의 이론은 여전히 정책 분석에 유용할 수 있다. 제도 변화에 관한 그릇된 가설이나 몰이해에 바탕을 둔 나쁜 정책적 조언을 가려낼 수 있기 때문이다.

모든 일이 그렇지만, 간단한 해법을 도출해내려는 시도만큼이나 최악의 실수를 피하는 것도 중요하다(더 현실적이기도 하다). 지난 몇십 년 동안 중국의 성공적인 성장 경험을 바탕으로 '권위주의적 성장' 모형을 정책적 대안으로 고려한다면 반드시 염두에 두어야 할 점이다. 이런 제안은 분명 오해의 소지가 있다. 지금까지 중국의 성장은 또 다른 형태의 착취적 정치제도하의 성장에 불과하며 지속 가능한 경제 발전으로 이어지기 어렵다. 지금부터 왜 그런지 살펴본다.

권위주의적 성장의 거부할 수 없는 유혹

다이궈팡戴国芳은 중국 도시 인구의 폭발적 증가를 일찌감치 알아차렸다. 1990년대부터 이미 중국에는 어딜 가나 새로운 고속도로, 비즈니스 센터, 주택가, 마천루가 들어섰고, 다이궈팡은 앞으로 성장 속도가 한층 더 빨라질 것이라 믿었다. 자신의 회사인 장쑤톄번강철江蘇鐵本鋼鐵이 저비용 생산업체로서 특히 비효율적인 국영공장과 비교해 높은 시장 점유율을 확보할 수 있으리라 판단했다. 진정한 철강 대기업으로 발돋움하겠다는 계획을 세운 다이궈팡은 2003년 창저우常州 현지 당 지도부의 지원을 받아 확장을 시작했다. 하지만 2004년 3월, 베이징 공산당의 명령으로 프로젝트가 중단되고 다이궈팡은 체포되었지만, 그 사유는 단 한 번도 제대로 밝혀진 적이 없다. 당국이 일단 잡아들여 계좌를 뒤져보면 불법적인 증거를 찾을 수 있을 거라 여겼을지도 모른다. 실제로 다이궈팡은 5년 동안 옥살이에 이어 가택연금을 당했고, 2009년 가벼운 탈세 혐의로 유죄판결을 받았다. 하지만 그의 진짜 죄목은 국영기업과 경쟁을 벌일 대규모 프로젝트에 손을 대면서 공산당 수뇌부의 허락도 받지 않았다는 점이었다. 이 사건을 통해 모두가 이 교훈을 되새기게 되었다.

다이궈팡과 같은 기업인에 대한 공산당의 반응은 놀랄 일이 아니다. 덩샤오핑 최측근 중 한 명이자 초창기 시장 개혁의 핵심 설계자라 할 수 있는 천윈陳雲은 대부분 당 동료의 경제에 대한 시각을 '새장 안의 새'에 비유해 한마디로 설명한 바 있다. 중국 경제는 한 마리 새이기 때문에 이 새가 건강하고 활달하게 자랄 수 있도록 당의 통제력에 해당하는 새장을 확대해야 하지만, 새가 날아갈지 모르니 새장을 열어주거나 없애서는 안 된다는 것이다.

1989년 중국공산당 총서기가 된 직후 장쩌민江澤民은 한 술 더 떠 이런 말로 기업인을 향한 당의 의혹을 대변했다. "기업인은 사기 치고, 횡령하며, 뇌물을 주고, 탈세하는 자영업자와 장사치일 뿐이다." 해외 투자가 밀려들고 국영기업의 사업 확장을 장려하던 1990년대에도 민간 기업은 의혹의 눈초리에 시달려야 했으며 재산을 몰수당하거나 철창신세를 진 이들이 적지 않다. 기업인을 바라보는 장쩌민의 시각이 다소 누그러지기는 했어도 여전히 중국 사회에는 이런 시각이 만연하다. 한 중국 경제 전문가는 이렇게 지적한다. "덩치 큰 국영기업은 대형 프로젝트를 진행할 수 있다. 하지만 민간 기업이 특히 정부와 경쟁이 될 만한 그런 일을 벌이면, 사방에서 말썽이 생긴다."

중국에서 이익을 내며 사업을 벌이는 민간 기업이 수두룩하지만, 여전히 경제의 많은 요소가 공산당의 명령과 보호를 받는다. 리처드 맥그레거Richard McGregor 기자는 덩치 큰 중국 국영기업의 수장이라면 죄다 책상 위에 빨간 전화기가 놓여 있다고 전한다. 전화가 울리면 당이 회사가 어떤 일을 해야 하고, 어디에 투자해야 하며, 달성할 목표는 무엇인지 지시할 것이란 의미다. 이런 대기업이 아직도 당의 명령을 따라야 한다는 사실은 공산당이 별다른 설명 없이 경영진을 갈아치우거나, 해고하거나, 또는 승진시킬 때마다 새삼 되새기게 된다.

물론 이런 사연만으로 중국이 포용적 경제제도를 향해 담대한 발걸음을 내디뎠다는 사실을 부정할 수는 없을 것이다. 중국이 지난 30년 동안 괄목할 만한 성장률을 보여준 것도 그런 행보 덕분이었다. 그나마 대부분 기업인이 그럭저럭 안심하며 기업 활동을 할 수 있는 것은 현지 당 지도부는 물론 베이징의 공산당 엘리트층의 눈치를 살펴두기 때문이다. 국영기업도 대부분 이윤을 추구하고 국제시장에서 경쟁한다. 마오쩌둥 치하의 중국과 비교하면 급진적인 변화라 할 수 있다. 이전 장에서 살펴보았듯이 중국이 애초에 성장할 수 있었던 것은 덩샤오핑 치하에서 극도로 착취적인 경제제도를 벗어나 포용적 경제제도를 향해 급진적인 개혁을 추진한 덕분이다. 속도가 한풀 꺾이기는 했어도 중국의 경제제도가 한층 더 포용성이 강한 길을 걷는 동안에는 지속적으로 성장이 가능했다. 중국은 또 값싼 노동력이 대량 공급되고 해외시장과 자본, 기술에 접근할 수 있어 큰 수혜를 입고 있다.

현재 중국 경제제도는 30년 전과는 비교할 수 없을 정도로 포용적이지만, 중국의 경험은 착취적 정치제도하의 성장 사례에 불과하다. 최근 혁신과 기술을 강조하지만, 중국의 성장은 기존 기술의 채택과 신속한 투자에 의존하는 것이지 창조적 파괴에 기반을 두고 있지 않다. 이런 성장 모형의 중요한 특징 중 하나는 중국에서 사유재산권이 완전히 안정되어 있지 않다는 사실이다. 다이궈팡처럼 이따금 기업인이 재산을 몰수당하기도 한다. 노동력 이동도 엄격한 규제를 받으며 가장 기본적인 사유재산권이라 할 만한 자신의 노동력을 원하는 대로 팔 권리 역시 대단히 허술하다.

경제제도 역시 진정한 포용성과 거리가 멀다는 것은, 현지 당 지도부는 물론 이보다 더 중요한 베이징 공산당의 후원 없이는 사업 활동에 뛰어들 기업인이 많지 않다는 사실만으로도 여실히 증명된다. 공산당과 기업의 유착은 서로에게 큰 이익을 가져다준다. 당이 후원하는 기업이라면 유리한 조건으로 계약을 수주하며 일반인을 내쫓아 토지를 몰수할 수 있고 법과 규정을 위반하면서도 면책을 받는다. 이런 사업 계획을 가로막는 자는 철저히 짓밟혀 감옥에 가거나 목숨을 잃을지도 모른다.

어딜 가나 느낄 수 있는 공산당과 착취적 제도의 중압감은 1950년대와 1960년대 소련의 성장과 현재 중국의 성장 사이에 여러 유사점이 존재한다는 사실을 상기시켜준다. 소련은 중앙통제구조 아래에서 자원을 방위산업 및 중공업 등 공업 위주로 강제 할당하는 착취적 경제제도와 착취적 정치제도하의 성장을 이룬 사례였다. 그런 성장이 가능했던 이유는 그만큼 다른 지역에 비해 뒤처져 있었기 때문이기도 했다. 필연적으로 창조적 파괴가 수반되지 않아도 된다면 착취적 제도하의 성장은 한결 수월해진다. 중국의 경제제도가 소련보다 한층 포용적인 것은 사실이지만 중국의 정치제도는 여전히 착취적이다. 중국공산당은 무소불위의 권력을 휘두르며 전체 정부 관료와 군사력, 언론은 물론 경제 대부분을 틀어쥐고 있다. 중국 인민은 정치적 자유를 거의 누리지 못하고 정치 과정에 참여할 기회 역시 대단히 제한되어 있다.

오랫동안 중국에서 성장이 지속되면 민주적이고 한층 더 다원적인 사회가 도래할 것이라 믿었던 이들이 많다. 1989년 톈안먼 광장에서 시위가 벌어지자 문호가 더 활짝 개방되고, 심지어 공산정권이 몰락할 수도 있을 것이라는 기대감이 고조되었던 것도 사실이다. 하지만 탱크가 시위대를 향해 돌진했고, 역사는 이제 이 사건을 평화적인 혁명이 아니라 '톈안먼 광장 학살'이라고 부른다. 여러모로 중국의 정치제도는 톈안먼 사태 이후 한층 더 착취적으로 변모했다. 당시 당 총서기로서 톈안먼 광장의 학생 시위대에 동조했던 자오쯔양 등 개혁가는 숙청당했고 공산당은 시민의 자유와 언론의 자유를 닥치는 대로 탄압했다. 자오쯔양은 15년 이상 가택연금에 처해졌고 정치 변화를 지지하는 무리의 상징이 되지 못하도록 그간의 공적도 점진적으로 삭제되었다.

오늘날 인터넷을 비롯해 공산당의 언론 통제는 유례를 찾아볼 수 없을 정도다. 대부분은 자기검열을 통해 이런 일이 벌어진다. 언론 매체는 민주화를 요구하며 정부에 비판적인 자오쯔양이나 류샤오보劉曉波를 언급해서는 안 된다는 사실을 잘 알고 있다. 류샤오보는 노벨평화상을 수상하고 나서도 여전히 옥살이를 하고 있다. 자기검열은 조지 오웰의 소설에나 등장할 법한 수법으로 보완한다. 대화와 통신을 감시하고, 불순한 웹사이트와 신문을 폐쇄하며 인터넷의 개별 뉴스 기사까지 선택적으로 접근을 통제한다. 2002년 당 총서기를 지낸 후진타오의 아들이 2009년 부정부패 의혹에 휩싸였을 때도 이런 온갖 수법이 동원되었다. 공산당 검열 기구가 즉각 총동원되어 중국 언론의 사건 취재를 철저히 막았을 뿐 아니라 〈뉴욕타임스〉와 〈파이낸셜타임스*Financial Times*〉 웹사이트에 보도된 사건 관련 뉴스도 선택적으로 차단했다.

당이 경제제도를 틀어쥐고 있기 때문에 창조적 파괴의 범위가 극도로 제한되며 정치제도에서 급진적 개혁이 이루어지지 않는 한 이런 상황은 바뀌지 않을 것이다. 소련에서 그러했듯이 착취적 정치제도하에서 중국의 성장 경험은 지금까지 다른 지역에 비해 그만큼 뒤떨어져 있었기 때문에 한결 수월했던 것이다. 중국의 1인당 소득은 미국과 서유럽에 비해 여전히 미미한 수준이다. 물론 중국의 성장이 소련의 사례보다 한층 다각적인 것은 사실이다. 중국은 방위산업이나 중공업에 의존하지 않으며 중국 기업인의 창의성 또한 대단하다. 그렇다고 해도 착취적 제도가 포용적 제도에 자리를 내어주지 않는 한 중국의 성장은 언젠가 김이 빠질 수밖에 없다. 정치제도가 착취적 성향을 버리지 못하는 이상, 다른 모든 유사한 사례에서 증명되었듯이 성장은 태생적 한계를 지니기 때문이다.

중국의 경험은 중국식 성장의 미래뿐 아니라 권위주의적 성장 모형이 과연 바람직하고 지속 가능한 것인지 몇 가지 흥미로운 의문을 불러일으킨다. 권위주의적 성장은 이른바 '워싱턴 컨센서스*Washington consensus*(정부의 간섭과 규제를 최대한 줄이고 무역 자유화, 자본 자유화, 민영화에 중점을 두는 미국식 시장경제체제의 대외 확산 전략을 가리킨다 – 옮긴이)'의 대안으로 주목을 받고 있다. 워싱턴 컨센서스는 세계의 여러 저개발 지역에서 경제성장을 촉진하려면 시장 및 무역 자유화와 특정한 형태의 제도적 개혁이 중요하다고 역설해왔다. 권위주의적 성장에 매력을 느끼는 것은 부분적으로 워싱턴 컨센서스에 대한 거부감에서 비롯된 것이기는 하지만 가장 큰 유혹은(착취적 제도 위에 군림하는 지배층에게는 두말할 나위가 없을 것이다) 그런 성장 모형이 정치 기반을 유지하거나 오히려 강화할 수 있는 무제한의 권력을 보장할 뿐 아니라 착취를 정당화해준다는 사실이다.

특히 일정 수준 중앙집권화를 경험한 사회의 사례를 통해 우리 이론이 강조하듯이, 이런 식으로 착취적 제도하의 성장 역시 가능하며, 캄보디아에서 베트남, 부룬디, 에티오피아, 르완다에 이르기까지 수많은 나라에 가장 가능성이 큰 모형인 것이 사실이다. 하지만 착취적 정치제도하의 성장 사례가 죄다 그렇듯이 지속 가능하지 못한 모형이다.

중국의 사례에서는 선진국 따라잡기와 해외 기술 수입, 값싼 공산품 수출에 의존하는 성장이 당분간 지속될 수 있다. 하지만 중국식 성장도, 특히 중진국의 생활수준에 도달하면 결국 막을 내릴 가능성이 있다. 가장 가능성이 높은 시나리오는 중국공산당과 갈수록 막강해지는 경제 엘리트층이 향후 수십 년간 권력을 단단히 틀어쥐는 것이다. 그렇게 되면 역사와 우리의 이론이 증명하듯 창조적 파괴와 진정한 혁신이 도래하지 못할 것이고 중국의 괄목할 만한 성장 역시 서서히 제동이 걸릴 것이다. 그렇다고 이런 결과가 필연적인 것은 아니다. 착취적 제도하의 성장이 한계에 도달하기 전에 중국이 포용적 정치제도로 방향 선회를 한다면 피할 수 있는 일이다. 그렇지만 앞으로 살펴보듯이 중국에서 포용적 정치제도를 향한 움직임이 일어날 가능성은 높지 않으며, 설령 가능하다 해도 저절로 또는 아무런 고통 없이 그런 일이 벌어지지는 않을 것이다.

심지어 공산당 내부에서도 앞길에 도사리고 있는 위험을 알아차리고 정치개혁(우리의 용어로 표현하면 포용적 제도로 이행하는 것을 뜻한다)의 필요성을 타진해보는 세력이 없지 않다. 막강한 총리인 원자바오溫家寶 마저 최근 정치개혁이 수반되지 않으면 경제성장에 제동이 걸릴 위험이 있다고 경고한 바 있다. 그의 진정성을 의심하는 이들도 없지 않지만, 앞을 내다볼 줄 아는 분석인 것만은 분명한 사실이다. 하지만 서방에서마저 원자바오의 선언에 고개를 젓는 이들이 많다. 포용적 정치·경제제도보다 권위주의 체제하에서 경제성장이 지속될 수 있다는 대안을 중국이 제시하고 있다는 것이다. 크나큰 착각이 아닐 수 없다. 우리는 이미 중국식 성공의 가장 핵심적인 뿌리를 살펴본 바 있다. 엄격한 공산주의 체제를 벗어나 생산성을 늘리고 사업을 하고 싶게 만드는 인센티브를 제공하는 포용적 경제제도를 향한 급진적 변화를 겪은 덕분이다.

이런 관점에서 바라보면 착취적 제도를 벗어나 포용적 경제제도를 향해 성큼 나아갔던 나라와 비교해 착취적 정치제도하의 경제성장을 경험한 중국의 사례가 근본적으로 달라 보이지 않을지도 모른다. 중국은 착취적 정치제도 덕분이 아니라 그런 제도에도 불구하고 경제성장을 달성한 것이다. 지난 30년간 중국의 성공적인 성장 경험은 착취적 경제제도를 벗어나 한층 더 포용적인 경제제도로 성큼 다가갔기 때문이다. 극도로 권위주의적이고 착취적인 정치제도는 그 과정을 더 수월하게 해준 게 아니라 훨씬 더 까다롭게 했다는 사실을 잊지 말아야 한다.

근대화이론의 한계

　권위주의의 달갑지 않은 성격은 인정하면서도 과도기적 단계라고 주장하며 권위주의적 성장을 옹호하는 이들도 있다. 이런 생각의 뿌리는 정치사회학 고전 이론 중 하나인 시모어 마틴 립셋Seymour Martin Lipset의 '근대화이론modernization theory'으로 거슬러 올라간다. 근대화이론은 모든 사회가 성장할수록 한층 더 근대적으로 발전한 문명화된 체제를 지향하게 된다고 주장한다. 특히 민주주의를 향해 나아간다는 것이다. 많은 근대화이론 추종자들이 민주주의와 마찬가지로 포용적 제도 역시 성장 과정의 부산물로 생겨난다고 주장하기도 한다. 더욱이 민주주의와 포용적 정치제도는 엄연히 다르지만, 주기적인 선거와 비교적 방해를 받지 않는 정치 경쟁이 계속되면 포용적 정치제도가 도래할 수도 있다고 말한다. 근대화이론의 변형으로 노동자의 교육수준이 높아지면 자연스레 민주주의 및 더 나은 제도로 이어질 수 있다고 목소리를 높이는 이들도 있다. 〈뉴욕타임스〉 칼럼니스트인 토머스 프리드먼Thomas Friedman은 맥도날드가 많아지면 어느 나라나 민주주의 및 더 나은 제도가 뒤따를 수밖에 없다는 꽤나 포스트모던한 근대화이론을 펴기도 했다. 모두 순진하기 그지없는 낙관론일 뿐이다.

　지난 60년 동안 대부분 나라가 어떤 식으로든 성장을 경험했다. 착취적 제도를 가진 나라도 마찬가지였다. 이들 대부분의 나라에서 노동자의 교육수준도 상당히 높아졌다. 근대화이론이 맞는다면 이들의 소득 및 교육수준이 계속 높아지면서 어떤 식으로든 민주주의와 인권, 시민의 권리, 안정된 사유재산권 등 다른 유익한 것들도 죄다 개선되어야 마땅하다.

근대화이론은 학계 안팎에서 폭넓게 받아들여지고 있다. 일례로 최근 중국에 대한 미국의 태도 역시 이 이론에 영향을 받은 것이다. 조지 부시George H. W. Bush 전 대통령은 중국 민주주의를 향한 미국의 정책을 이렇게 요약했다. "중국과 자유롭게 무역을 하면 시간은 우리 편일 것이다." 다시 말해 중국이 서방과 자유무역을 계속하면 성장이 이어질 것이고, 그런 성장이 중국에 민주주의와 더 나은 제도를 가져다줄 것이라 여긴 것이다. 근대화이론이 예측하는 바와 같은 맥락이다. 하지만 1980년대 중반 이후 미국과 중국의 무역이 급증해왔지만, 중국 민주주의에 미치는 영향은 미미했고, 향후 십 년 동안 한층 더 가깝게 통합된다 해도 그 영향은 역시 미미할 것이다.

미국이 주도한 침공 이후 이라크 사회와 민주주의의 미래에 대해 많은 이들이 낙관적이었던 것도 근대화이론 탓이었다. 사담 후세인Saddam Hussein 정권하에서 참담한 경제 성과를 보였지만, 2002년 이라크는 사하라 이남 아프리카 국가만큼 가난하지 않았고 국민의 교육수준도 비교적 높았기 때문에, 민주주의 발전 및 시민의 권리 향상은 물론 더 나아가 다원주의가 뿌리내리기에 충분한 토양이 마련되어 있다고 여겨졌다. 혼란과 내전이 이라크 사회를 덮치면서 이런 희망은 빠르게 사그라졌다.

근대화이론은 옳지 않다. 착취적 제도로 실패하는 국가의 근본적인 문제에 대해 해법을 고민한다면 근대화이론은 도움이 되지도 않는다. 근대화이론을 뒷받침할 만한 가장 강력한 증거 중 하나는 부유한 국가가 민주적 정권을 가졌고, 시민권과 인권을 존중하며, 제 기능을 하는 시장이 있고, 대체로 포용적 경제제도를 시행한다는 사실이다. 하지만 이런 연관성이 근대화이론을 뒷받침하는 것으로 해석한다면 포용적 정치·경제 제도가 경제성장에 미치는 결정적인 영향을 무시하는 것이다.

우리가 지금까지 이 책을 통해 주장해왔듯이, 지난 300년 동안 성장을 거듭하고 오늘날 다른 지역에 비해 잘사는 것은 포용적 제도를 지닌 사회였다. 각도를 조금 달리해 오늘날 세계를 살펴보면 그 의미가 확연히 드러난다. 지난 수백 년 동안 포용적 정치·경제 제도를 뿌리내린 나라는 지속적으로 성장을 거듭해왔지만, 지난 60년에서 한 세기 동안 고속 성장을 구가한 권위주의 정권은 립셋의 근대화이론이 주장하는 바와 달리 더 민주적인 국가로 성장하지 못했다.

놀랄 일도 아니다. 착취적 제도하에서 성장이 가능한 이유는 바로 그런 제도가 반드시 또는 저절로 성장을 통해 몰락한다는 뜻이 아니기 때문이다. 사실 그런 성장이 가능한 것은 착취적 제도를 틀어쥐고 있는 엘리트층이 1980년대 이후 중국공산당과 마찬가지로 경제성장을 위협이 아닌 정권 유지에 이로운 밑거름으로 여기기 때문이다. 가봉, 러시아, 사우디아라비아, 베네수엘라 같은 나라처럼 천연자원의 가치가 올라 성장을 이룬 나라는 이런 권위주의적 정권이 포용적 제도를 향해 근본적인 변화를 경험할 가능성이 높지 않다는 사실을 시사해준다.

역사적 기록을 살펴보면 근대화이론은 더욱 옹색해진다. 번영을 경험한 나라 중에서도 억압적인 독재정권과 착취적 제도에 무릎을 꿇거나 아예 지지를 보낸 사례가 적지 않다. 독일과 일본은 20세기 전반, 세계에서 가장 부유하고 산업화된 나라에 속했고, 국민의 교육수준도 비교적 대단히 높았다. 하지만 독일은 나치의 국가사회당National Socialist Party이 득세하는 것을 막지 못했고, 일본에서는 전쟁을 통한 영토 확장에 혈안이 된 군국주의 정권의 발호를 막지 못했다. 정치·경제 제도 모두 급격히 착취적 성향을 띠게 된 것이다.

19세기 전 세계 천연자원 호황으로 아르헨티나는 심지어 영국보다 더 부유한 나라에 속했다. 라틴아메리카에서 교육수준이 가장 높은 나라이기도 했다. 하지만 민주주의와 다원주의는 신장되지 못했다. 라틴 아메리카의 다른 대부분 지역보다 더 초라한 성적표라 해도 과언이 아니었다. 쿠데타가 잇따랐고 11장에서 살펴본 것처럼 민주적으로 선출된 지도자마저 탐욕스러운 독재자로 변질되었다. 최근 들어서는 포용적 경제제도를 향한 발걸음이 거의 감지되지 못하고 있을 뿐더러, 13장에서 언급했듯이 21세기 들어서도 아르헨티나 정부는 시민의 부를 몰수하고도 아무런 책임을 지지 않는다.

우리는 이런 사례를 통해 중요한 몇 가지 결론을 얻을 수 있다. 첫째, 중국에서처럼 권위주의적이고 착취적인 정치제도하의 성장은 당분간 계속된다 해도 포용적 경제제도와 창조적 파괴로 지탱되는 지속적 성장으로 연결되지 못할 것이다.

둘째, 근대화이론이 주장하는 바와 대조적으로 권위주의적 성장이 민주주의 또는 포용적 정치제도로 이어질 것이라 기대해서는 안 된다. 현재 일정 수준의 성장을 경험하고 있는 중국과 러시아 등 여러 권위주의 정권은 정치제도를 포용적인 방향으로 손질하려는 노력을 기울이기도 전에 이미 성장이 한계에 부닥칠 가능성이 높다. 엘리트층 사이에서 그런 변화에 대한 욕구가 커지거나 강한 반대 세력의 부상으로 어쩔 수 없이 변화를 선택하는 시기가 온다 해도 이미 성장이 멈춘 지 오래일 가능성이 높다.

셋째, 권위주의적 성장은 장기적으로 바람직하지도, 지속 가능하지도 않다. 따라서 정치·경제적 엘리트층의 이해관계와 맞아떨어지기 때문에 이 모형을 선택하는 나라가 많을지도 모르지만 국제사회가 권위주의적 성장을 라틴아메리카, 아시아, 사하라 이남 아프리카 국가를 위한 모형으로 인정해서는 안 된다.

번영은 엔지니어링의 대상이 아니다

우리가 이 책에서 발전시킨 이론과 달리, 무지 가설은 그 자체에 빈곤 문제를 '해결'할 수 있는 간단한 해법을 암시하고 있다. 무지 때문에 가난해졌다면 지배층과 정책입안자를 계몽하고 교육해 가난을 벗어날 수 있으며, 올바른 조언을 제공하고 좋은 경제 논리란 무엇인지 정치인을 설득하면 번영을 기계나 건물을 짓듯 '엔지니어링engineering'할 수 있다는 것이다. 무지 가설을 논의했던 2장에서 1970년대 초, 코피 부시아 가나 총리의 경험을 통해 강조했던 부분이다. 시장실패를 줄이고 경제성장을 촉진할 만한 정책의 채택을 가로막는 가장 큰 장애물은 정치인의 무지가 아니라 각 사회의 정치인이 정치·경제 제도 속에서 당면하는 인센티브와 한계다. 그럼에도 무지 가설은 서방 정책입안자 사이에서 여전히 가장 널리 신봉되는 이론이다. 그러다 보니 다른 대안을 모조리 물리치다시피 하고 오로지 번영을 엔지니어링하는 방법에만 주력한다.

번영을 엔지니어링하려는 시도는 두 가지 방식으로 전개된다. 먼저, 국제통화기금과 같은 국제기구가 선호하는 방식이다. 그릇된 경제정책과 제도에서 저개발이 비롯된다고 판단해 가난한 나라로 하여금 국제기구가 제시하는 개선안을 채택하도록 하는 것이다(워싱턴 컨센서스도 그런 개선안 목록을 들이밀었다). 이런 개선안들은 주로 가시적인 거시경제적 안정에 주안점을 두고 정부 부문의 축소, 융통성 있는 환율제도,

자본 시장 개방 등 언뜻 매력적으로 보이는 거시경제적 목표를 제시한다. 민영화, 공공서비스의 효율성 개선은 물론 한발 더 나아가 부정부패 근절을 통한 정부의 기능 개선 방안 등 미시경제적 목표도 강조한다.

나름대로 합리적인 개혁 방안일 수 있지만, 미국과 런던, 프랑스 등 강대국의 입김이 작용하는 국제기구의 접근 방법은 여전히 정치제도의 역할과 그런 제도에 따른 정책입안의 한계를 제대로 인지하지 못하고 있다. 더 나은 정책과 제도를 채택하도록 가난한 나라를 윽박질러 경제 성장을 엔지니어링하려는 국제기구의 시도가 성공적이지 못한 이유는 왜 애초에 그릇된 정책과 제도가 존재했는지에 관한 올바른 이해가 부족하고, 오로지 가난한 나라의 지도자가 무지하다고만 여기기 때문이다. 그러다 보니 정책이 채택되어 시행되지 못하거나 명목상으로만 시행될 뿐이다.

예컨대 언뜻 그런 개혁을 시행하는 듯이 보였던 여러 나라가 1980년대와 1990년대 침체를 면치 못했다. 특히 라틴아메리카 국가가 두드러진 사례였다. 현실적으로 이런 나라의 개혁은 전혀 달라지지 않은 정치 기반 위에서 시행되었다. 따라서 개혁이 채택되었다 해도 그 근본적인 의도가 변질되거나 정치인이 그 영향을 무력화시킬 만한 다른 방편을 찾기 일쑤였다. 거시경제 안정을 위한 국제기구의 핵심 제안 중 하나인 중앙은행의 독립을 어떻게 '시행'했는지 살펴보면 이를 잘 알 수 있다.

중앙은행 독립은 이론적으로만 시행되고 실천은 하지 않거나 다른 정책적 수단을 동원해 그 의도를 훼손하기도 했다. 원칙적으로는 대단히 합리적인 제안이었다. 세상에는 조세 수입보다 더 많은 돈을 펑펑 써대다가 돈이 부족하면 돈을 찍어내 그 차이를 메우도록 중앙은행에 압력을 가하는 정치인이 숱하게 많다. 그 결과 인플레이션이 심화돼 불안정과 불확실성을 가져온다. 따라서 이론적으로 독일의 분데스방크 Bundesbank 처럼 중앙은행을 독립시키면 정치적 압력을 이겨내고 인플레이션을 막을 수 있을 거라 여긴 것이다.

짐바브웨의 무가베 대통령은 국제사회의 권고를 받아들여 1995년 짐바브웨 중앙은행의 독립을 선언했다. 그 이전 짐바브웨의 인플레이션율은 20퍼센트 부근에서 움직였다. 2002년이 되자 140퍼센트로 껑충 뛰더니 2003년에는 거의 600퍼센트에 육박했으며, 2007년에는 6만 6,000퍼센트로 치솟더니 2008년에는 2억 3,000만 퍼센트라는 경이적인 수치를 기록했다. 물론 대통령이 복권에 당첨되는 나라이다 보니 중앙은행의 독립성을 인정하는 법안의 통과가 아무런 의미가 없다고 해서 놀랄 일은 아닐 것이다. 짐바브웨 중앙은행 총재도 시에라리온에서 시아카 스티븐스에 반기를 들었다가 중앙은행 건물 최고층에서 '추락했던' 동료의 전례가 마음에 걸렸을지도 모른다. 독립성과 무관하게 대통령의 요구에 응하는 것이 경제의 건강에는 해가 될지라도 한목숨 지키기에는 현명한 판단이었던 것이다.

모든 나라가 짐바브웨와 같은 것은 아니다. 아르헨티나와 콜롬비아에서도 1990년대 중앙은행이 독립했고, 실제로 인플레이션을 줄이기 위한 노력을 기울였다. 하지만 두 나라 모두 정치는 달라진 게 없으므로 정치 엘리트층은 다른 수단을 동원해 유권자의 표를 매수하고, 이해관계를 지키며, 자신들과 추종자의 배를 불릴 수 있었다. 더 이상 돈을 찍어내 원하는 바를 얻을 수 없게 되자 다른 방법을 사용했을 뿐이다. 두 나라 모두 중앙은행이 독립하자마자 정부 지출이 크게 늘었는데 대부분 돈을 빌려 충당했다.

번영을 엔지니어링하는 두 번째 접근 방법은 오늘날 한층 더 유행을 타고 있다. 먼저 하루아침에 또는 수십 년이 걸려도 가난한 나라를 번영으로 이끌 만한 간단한 해법은 존재하지 않는다는 사실을 인정한다. 대신 올바른 조언을 통해 바로잡을 수 있는 '미시적 시장실패micro-market failures'가 많으므로, 정책입안자가 이런 기회를 활용하면 번영이 뒤따를 것이라고 주장한다. 이 또한 경제학자 등 전문가의 도움과 비전을 곁들이면 달성할 수 있다는 것이다. 이들은 가난한 나라에서 미시적 시장실패는 도처에 존재한다고 주장한다.

가령 교육제도와 공공보건은 물론 시장이 구성되는 방식에서도 그런 실패가 발견된다고 하는데 물론 의심의 여지가 없는 사실이다. 하지만 문제는 이런 작은 시장실패가 빙산의 일각이며, 착취적 제도하에서 돌아가는 사회에서는 더 뿌리 깊은 문제의 증상일 수도 있다는 것이다. 가난한 나라가 그릇된 거시경제정책을 채택한 것이 우연이 아니듯이, 이들의 교육제도가 엉망인 것도 우연이 아니다. 이런 시장실패가 오로지 무지 때문에 비롯되는 것이 아닐 수도 있다는 뜻이다. 선의의 조언을 바탕으로 행동해야 할 정책입안자와 관료도 문제를 키우는 원인일 수 있으며, 이런 비효율성을 바로잡으려는 시도가 번번이 역풍을 맞는 것도 애초에 그런 당국자가 가난의 제도적 원인과 씨름하려 들지 않은 탓이다.

세바 만디르Seva Mandir라는 비정부기구NGO가 인도의 라자스탄Rajasthan 주에서 공공보건 환경을 개선해보려고 개입했던 사례만 보아도 이런 문제가 여실히 드러난다. 인도 공공보건 체계의 역사는 뿌리 깊은 비효율성과 실패의 연속이었다. 이론적으로는 정부가 제공하는 공공보건 서비스를 널리 활용할 수 있고 비용도 저렴하며, 관련 인력도 전반적으로 충분한 자격을 갖추고 있다. 하지만 인도의 극빈층마저 이런 정부 보건 시설을 외면하고 훨씬 더 비싸고 정부의 규제도 받지 않으며 때로 허술하기까지 한 민간 의료시설을 찾는다. 주민이 비이성적이어서 그런 것이 아니다. 정부 시설은 워낙 결근율이 높아 의료 서비스를 거의 받을 수가 없기 때문이다. 환자가 정부 시설을 방문한다 해도 간호사를 만나 보기는커녕 아예 건물 안에 발을 들여놓지 못할지도 모른다. 보건 시설 은 대부분 문이 굳게 닫혀 있기 때문이다.

2006년 세바 만디르는 경제 전문가와 함께 라자스탄 주 우다이푸르 Udaipur 시 간호사의 출근을 장려할 수 있는 인센티브 계획을 마련했다. 아이디어는 간단했다. 간호사가 보건 시설에 있었던 날짜와 시각을 기 록하는 시간기록계를 설치한 것이다. 간호사는 하루 세 차례 시간 카드 를 찍고, 제시간에 출근해 끝까지 자리를 지키다 퇴근하게 되어 있었다. 이런 계획이 효과가 있어 공공보건 서비스의 질과 양이 높아졌다면 개 발에서 직면하는 주요 걸림돌을 간단하게 제거할 수 있다는 이론을 강 하게 뒷받침해주는 사례였을 것이다.

하지만 세바 만디르의 개입은 사뭇 다른 결과로 이어졌다. 프로그램 이 시행된 직후에는 간호사의 출근율이 매우 높아졌다. 하지만 반짝 상 승이었을 뿐이다. 1년쯤 지나자 우다이푸르 지역보건 행정기구가 의도 적으로 세바 만디르의 인센티브 계획에 딴죽을 걸기 시작했다. 결근율 은 예전 수준으로 돌아왔고, '면제일exempt days'만 크게 늘었다. 간호사는 실제로 근무를 하지 않지만 공식적으로 지역보건 행정기구에서 이를 용인하는 날을 가리켰다. '기계 문제'도 급증했다. 시간기록계가 망가지 는 사례가 잦은 데도 세바 만디르는 장비를 교체할 수가 없었다. 지역보 건 담당관이 협조를 거부했기 때문이다.

간호사가 하루 세 차례 시간기록계로 업무 시간을 기록하도록 강요 하는 것이 대단히 혁신적인 아이디어로 보이지는 않는다. 심지어 인도에서조차 대부분 산업에서 시행되는 관행이고, 보건 행정 관계자 눈에도 문제를 해결할 수 있는 잠재적인 해결책으로 비쳤어야 정상이다. 그렇다면 애초에 이런 간단한 인센티브 계획에 관해 무지했기 때문에 사용하지 않았다고는 볼 수 없다. 프로그램 시행 당시 벌어진 일만 보더라도 확인할 수 있는 사실이다. 보건 행정 담당자가 이 프로그램을 방해하고 나선 것은 이들이 간호사와 공모해 높은 결근율 문제에 일조하고 있었던 탓이다. 출근하지 않으면 봉급이 깎이므로 억지로 출근할 수밖에 없는 인센티브 계획을 간호사도 달가워하지 않았다.

본디 제도가 문제의 원인인 상황에서 의미 있는 변화를 시행하는 것이 얼마나 어려운지 보여주는 축소판 사례라 할 수 있다. 우다이푸르는 부패한 정치인이나 막강한 기업인이 제도 개혁을 방해하는 사례가 아니었다. 세바 만디르와 개발경제학자의 인센티브 계획을 방해할 수 있었던 것은 지역보건 행정 담당자와 간호사였다. 언뜻 간단히 바로잡을 수 있을 것 같은 미시적 시장실패의 여러 사례가 착각에 불과할 수 있다는 의미다. 시장실패를 초래하는 제도적 구조는 심지어 작은 부문에서조차 인센티브를 개선해보려는 개입 정책의 시행을 가로막기 마련이다. 문제의 근본적 원인(착취적 제도와 이를 뿌리내리는 정치)을 직시하지 않고 번영을 엔지니어링하려는 시도는 결실을 보기 어렵다는 뜻이다.

해외원조의 실패

2001년 9월 11일 알카에다의 테러 공격 이후, 미국이 주도하는 연합군은 알카에다 핵심 일원을 숨겨주고 인도를 거부하던 아프가니스탄의 억압적인 탈레반 정권을 신속하게 무너뜨렸다. 2001년 12월에는 미국에 협력한 아프간 무장 게릴라 조직 무자헤딘mujahideen 출신 지도자와 하미드 카르자이Hamid Karzai 등 해외 거주 주요 아프간 망명 지도자 사이에 민주정권 수립 계획을 골자로 하는 본 합의Bonn Agreement가 이루어졌다. 맨 먼저 국민대회의인 로야 지르가Loya Jirga(다민족 국가인 아프가니스탄의 전통적 의사결정 기관으로 부족장회의를 지르가라고 하며, 로야 지르가는 각 부족장의 전체 회의를 가리킨다 – 옮긴이)를 개최해 카르자이를 과도 정부수반으로 선출했다. 아프가니스탄의 미래는 어느 때보다 밝아 보였다. 아프간 인민 대다수가 탈레반 정권의 악몽을 딛고 미래를 향해 나아가고 싶어 했다. 국제사회는 이제 아프가니스탄에 대규모 해외원조만 유입되면 그만이라고 여겼다. 유엔 및 여러 유력 비정부기구의 대표가 수도 카불에 모여들었다.

이어 벌어진 일은 사실 놀랄 것도 없었다. 이미 과거 50년 동안 해외원조를 쏟아부은 가난한 나라가 숱하게 정부 실패를 경험한 바 있기 때문이었다. 여하튼 으레 해오던 의식이 되풀이되었다. 수많은 구호단원과 수행원이 전세기를 타고 마을에 도착했고, 온갖 비정부기구가 나름대로 목표를 세워 모여들었으며, 국제사회의 각국 정부와 대표단이 고위급 회담을 시작했다. 이제 아프가니스탄에 수십억 달러가 유입되고 있었다.

하지만 사회간접자본이나 포용적 제도 발전은 물론 법질서 회복을 위해서라도 절실하게 필요했던 학교 등 공공서비스 구축에 사용되는 해외원조금은 거의 없었다. 쑥대밭이 된 기간시설은 뒷전이었고 첫 지원금은 유엔 등 국제기구 관리를 실어 나르는 항공기를 전세 내는 데 사용되었다. 이어 운전기사와 통역관이 필요했다. 결국 영어가 가능한 몇

안 되는 관료와 아프가니스탄 학교에 남아 있던 교사를 고용해 아프간 평균 월급의 몇 배를 지급하며 운전과 안내를 맡겼다. 가뜩이나 부족한 숙련 관료를 해외원조 관계자 돕는 일에 전용하다 보니 해외원조 유입은 아프가니스탄의 기간시설을 구축하기는커녕 굳건히 다지고 강화하려 했던 정부를 오히려 송두리째 뒤흔들어놓기 시작했다.

아프가니스탄 중부 산악지대의 외딴 마을에 살던 주민들은 어느 날 수백만 달러를 들여 이 주거지역을 복원할 것이라는 라디오 방송을 들었다. 오랜 기다림 끝에 몇 안 되는 목재가 도착했다. 목재를 싣고 온 것은 다름 아닌 악명 높은 군벌 출신이자 당시 아프간 정부에 몸담고 있던 이스마일 칸Ismail Khan의 트럭 카르텔이었다. 하지만 마을에서 다른 용도로 사용하기엔 목재가 워낙 컸기 때문에 결국 땔감으로 써버렸다. 대체 마을 주민에게 약속했던 수백만 달러는 어디로 간 것일까? 약속했던 총액 중 20퍼센트는 제네바에 유엔 본부 건물을 짓는 데 사용되었다. 나머지는 비정부기구에 하도급을 주었는데, 이 기구 역시 브뤼셀에 본부를 짓는 비용으로 20퍼센트를 떼어갔다. 이후에도 세 단계를 거치며 각 이해 당사자들이 나머지 금액 중 대략 20퍼센트를 챙겼다. 아프가니스탄의 손에 쥐어진 몇 푼 안 되는 원조금은 서부 이란에서 목재를 사는 데 사용되었는데, 이 중 대부분이 엄청나게 부풀려진 운송비를 부과하는 이스마일 칸의 트럭 카르텔 차지였다. 쓸데없이 크기만 한 목재가 마을에 도착한 것 자체가 기적이나 다름없었다.

이는 아프가니스탄 중부 산악지대에서만 벌어진 일이 아니다. 원조금은 약 10퍼센트에서 기껏해야 20퍼센트 정도만 원래 의도했던 수혜자에게 돌아간다는 연구 결과가 수두룩하다. 원조금을 횡령한 유엔 및 지역 관리에 대한 배임 혐의 관련 수사도 수십 건에 달한다. 하지만 해외원조에서 비롯되는 최악의 낭비는 이런 배임 행위가 아니다. 무능력은 차치하고라도 이런 해외원조 기구가 아무런 제재 없이 활동을 계속할 수 있다는 것이다.

아프가니스탄의 원조 경험은 사실 다른 사례에 비하면 그나마 제한적 성공이라 부를 만하다. 지난 반세기 내내 수천억 달러가 '개발' 원조 명목으로 전 세계 여러 정부에 흘러들어 갔지만 대부분 아프가니스탄의 사례처럼 부대비용과 부정부패로 낭비되기 일쑤였다. 더 안타까운 것은 모부투와 같은 독재자의 손에 흘러들어 가기도 했다는 사실이다. 모부투는 서방 후원자의 해외원조에 의존해 측근의 지지 기반을 다져 정권을 유지하고 자신의 배를 불렸다. 사하라 이남 아프리카 지역 대부분 상황이 크게 다를 바 없었다. 가장 최근 자연재해로 큰 위기를 경험했던 아이티와 파키스탄 등에 긴급 구호 목적으로 전달된 인도주의적 원조 자금은 그나마 한층 유용하게 사용되었던 것이 사실이지만, 이들 사례 역시 그 전달 과정은 앞서 언급한 문제에서 벗어나지 못했다.

'개발' 원조가 이런 형편없는 성과를 기록해왔지만, 해외원조는 서방 정부와 유엔 등 국제기구, 온갖 비정부기구가 전 세계 빈곤 퇴치의 수단으로 권고하는 가장 인기 있는 정책 중 하나다. 물론 해외원조 실패는 그 끝을 모르고 되풀이된다. 사하라 이남 아프리카와 카리브 해 지역, 중앙아메리카, 남아시아 등의 빈곤 문제 해결을 위해 부유한 서방국가가 대규모 '개발' 원조금을 분담해야 한다는 생각은 빈곤의 원인을 올바르게 이해하지 못하는 데서 비롯된다.

아프가니스탄 같은 나라가 가난한 이유는 착취적 제도 때문이다. 착취적 제도하에서는 사유재산권, 법질서, 온전한 사법체제 등이 뿌리내릴 수가 없고, 전국적인 엘리트층 또는 흔히 지역 엘리트층이 정치·경제적인 삶을 모조리 틀어쥐게 된다. 바로 그런 제도적 문제 탓에 해외원조는 효율적일 수가 없다. 그런 제도하에서는 해외원조마저 약탈당하고 의도했던 곳에 제대로 전달될 리 만무하기 때문이다. 최악의 상황에서는 가난한 나라가 당면한 문제의 근본 원인이 되는 정권을 먹여 살리게 될지도 모른다. 지속 가능한 경제성장이 포용적 제도를 기반으로 한다면 착취적 제도를 틀어쥔 정권에 원조를 해주는 것으로 문제가 해결될 리 없다.

물론 그렇다고 인도주의적 차원을 넘어 이런 원조가 교육 불모지에 학교를 세우거나 무임금에 시달리던 교사의 생계를 돕는 등 상당히 유익한 면도 있다는 사실 자체를 부인하려는 것은 아니다. 카불에 엄청난 해외원조금을 쏟아부었지만, 아프가니스탄인의 일상은 거의 나아진 게 없다. 그럼에도 학교 건립 등 주목할 만한 성과가 적지 않았다. 특히 탈레반 정권 시절 아예 교육을 받지 못했던 여자아이들도 학교에 다닐 수 있게 된 것이다.

한 가지 해결책은 최근 들어 사례가 늘고 있는 '조건부' 원조를 제공하는 것이다. 조건부 원조는 번영은 물론 심지어 해외원조의 성과마저 제도와 연관성이 있다는 인식에서 유래한다. 해외원조를 계속 받으려면 수혜 정부가 일정한 요건을 지키도록 하자는 것이다. 가령 시장 자유화 또는 민주화 정도가 조건이 될 수도 있다. 미국의 조지 부시 행정부는 이른바 '새천년 도전기금Millennium Challenge Account'을 마련해 이런 조건부 원조를 한층 적극 시행한 바 있다. 주요 정치·경제 부문에서 얼마나 개선 노력을 기울였는지 계량화하고 그에 따라 향후 원조금을 지급한다는 것이었다. 하지만 조건부 원조의 효과는 무조건부 원조나 크게 달라 보이지 않는다. 요건에 미달하는 나라도 합격점을 받은 나라와 다름

없이 원조를 받고 있기 때문이다.

이유는 간단하다. 개발을 위해서든 인도주의적인 이유에서든 그만큼 더 많은 원조가 필요한 나라이기 때문이다. 쉽게 예상할 수 있듯이 조건부 원조는 한 나라의 제도 개선에 거의 영향을 주지 못하는 듯하다. 아닌 게 아니라, 시에라리온의 시아카 스티븐스나 콩고의 모부투가 고작 해외원조 몇 푼 받자고 목을 매고 있는 착취적 제도를 갑작스레 갈아엎는다는 것은 상상하기 어려운 일이다. 전체 예산에서 해외원조가 차지하는 비중이 상당히 큰 여러 사하라 이남 아프리카 나라는 더 말할 것도 없겠지만, 자격 요건을 크게 올린 새천년 도전기금이 마련된 이후에도 독재자가 자신의 권력 기반을 훼손시켜가며 얻을 수 있는 추가 해외원조는 대단히 미미한 수준이다. 정권을 내놓거나 혹은 목숨까지 걸어가며 감수할 만한, 가치가 있는 위험이 아니라는 것이다.

물론 그렇다고 인도주의적 원조를 제외한 모든 해외원조를 중단해야 한다는 뜻은 아니다. 해외원조 중단은 비현실적이고 인간적 고통만 키울 뿐이다. 비현실적이라는 이유는 많은 서방국가 시민이 전 세계의 경제적 재앙이나 인도주의적 비극에 대해 죄책감과 불안감을 느낄 것이며, 해외원조라도 해야 그런 문제를 해소하기 위해 무언가 하고 있다는 위안을 얻을 수 있기 때문이다. 대단히 비효율적인 일이라 해도 그럴 만한 욕구가 있는 한 해외원조는 계속될 것이다. 거대한 거미줄처럼 얽혀 있는 온갖 국제기구와 비정부기구가 현상 유지를 위해 끊임없이 자원을 요구하고 동원할 것이다. 또 곤경에 빠진 나라에 대한 원조를 끊는 것은 비정한 일이다. 대부분이 헛되이 사용된다 해도, 가령 해외원조 10달러마다 몇 푼이라도 전 세계 가난한 사람에게 전달되는 것은 사실이며, 끔찍한 가난의 고통을 덜어주는 데 그 몇 푼이라도 도움이 될 것이기 때문에 아예 없는 것보다는 낫다는 뜻이다.

우리는 여기서 두 가지 중요한 교훈을 얻을 수 있다. 첫째, 해외원조는 오늘날 전 세계에서 목격되는 국가 실패에 대처하는 데 그다지 효과적인 수단이 아니다. 오히려 해법과는 거리가 멀다. 그런 나라가 빈곤의 악순환을 벗어나려면 포용적 정치·경제 제도가 필요하다. 그런 면에서 해외원조로 할 수 있는 일은 거의 없다. 또 현행대로 집행되는 방식이라면 두말할 나위가 없다. 세계 불평등과 빈곤의 뿌리를 이해하는 것은 헛된 희망에 기대를 걸지 않기 위해서도 대단히 중요한 일이다. 문제의 뿌리가 제도에 닿아 있기 때문에 수혜국의 제도라는 테두리 안에서 주어지는 해외원조는 지속 가능한 경제성장을 촉진하는 데 아무런 도움이 되지 않는다.

둘째, 포용적 정치·경제 제도를 발전시키는 것이 핵심이기 때문에 기존의 해외원조 흐름을 최소한 그런 발전을 촉진하는 방향으로 사용하는 것이 도움되리라 믿는다. 앞서도 보았듯이 기존 지배층에 양보를 강요하는 조건부 원조는 해답이 될 수 없다. 그보다는 권력에서 밀려나 있던 집단이나 지도자를 의사결정 과정에 참여시키고 폭넓은 계층의 인민에 힘을 실어줄 수 있도록 해외원조를 사용하고 집행하는 것이 훨씬 더 유망한 대안일 것이다.

브라질 사회의 변화

1978년 5월 12일, 브라질 상파울루 주 상베르나르두^{São Bernardo} 시에 있는 스카냐^{Scânia} 트럭 공장에서는 여느 때와 다를 바 없는 하루가 될 듯 보였다. 하지만 노동자들이 들썩거리기 시작했다. 군부가 주앙 굴라르트João Goulart 대통령의 민주정부를 무너뜨린 1964년 이래 브라질에서는 파업을 금지했다. 그런데 정부가 전국 인플레이션 수치를 조작해 생활비 상승폭이 과소평가되어왔다는 소식이 막 알려진 터였다. 오전 7시 교대근무가 시작되자마자 노동자들은 연장을 내려놓았다. 오전 8시에는 공장에서 일하던 노조 간부 기우손 메네제스Gilson Menezes가 노조에 전화를 걸었다. 상베르나르두 금속 노조 위원장은 서른세 살의 운동가인 루이스 이나시우 룰라 다 시우바Luiz Inácio Lula da Silva('룰라')였다. 정오가 되자 룰라는 공장에 와 있었다. 사측에서 노동자의 복귀를 설득해달라 요청했지만, 룰라는 이를 거절했다.

스카냐 파업을 시작으로 첫 번째 파업의 물결이 브라질 전역을 뒤덮었다. 표면적으로는 임금을 둘러싼 파업이었지만 룰라는 훗날 다음과 같이 지적했다.

경제와 정치적 요소를 따로 떼어놓을 수 없다고 생각한다. 임금을 둘러싼 투쟁이었지만 임금 투쟁 속에서 노동계급은 정치적 승리를 쟁취했다.

브라질 노동운동의 부활은 15년간 지속된 군정에 대한 훨씬 더 폭넓은 사회적 반응의 일부에 지나지 않았다. 민주주의 복원 이후 브라질의 대통령이 될 운명이던 룰라와 마찬가지로 좌파 지식인인 페르난두 엔히크 카르도주Fernando Henrique Cardoso는 1973년 군사정권에 반기를 든 수많은 사회집단이 결집하면서 브라질에 다시 한 번 민주주의가 도래할 것이라고 주장했다. 그는 무엇보다 "전문가 연합, 노조, 교회, 학생 조직, 학술 단체, 토론 집단, 사회운동 등… 시민사회의 재활성화"가 필요하다고 역설했다. 다시 말해, 민주주의를 재창출하고 브라질 사회를 변화시킬 목적으로 광범위한 연합이 만들어져야 한다는 것이었다.

이런 연합세력의 형성을 알린 것이 바로 스카냐 공장이었다. 1978년 후반, 룰라는 노동당Workers' Party이라는 새로운 정당 창설 가능성을 타진하고 있었다. 하지만 노조원만을 위한 정당은 아니었다. 룰라는 모든 임금 생활자와 빈민을 위한 보편적인 정당이 되어야 한다고 고집했다. 정치 기반을 다지려는 노조 지도자들의 노력은 마침 우후죽순처럼 생겨나던 사회운동과 맞물리기 시작했다. 1979년 8월 18일, 노동당 창당을 논의하려는 모임이 상파울루에서 열렸다. 과거 야당 정치인과 노조 지도자, 학생, 지성인, 1970년대 브라질 전역에서 만들어지기 시작한 100여 개의 다양한 사회운동 단체가 모여들었다. 상베르나르두의 상유다타데우São Judas Tadeo 식당에서 1979년 10월 출범한 노동당은 이내 브라질 내 모든 다양한 집단을 대변하게 된다.

군부는 마지못해 정치권의 문을 열었고 노동당은 이 기회를 놓치지 않았다. 1982년 노동당은 지방선거에서 처음으로 후보를 냈고, 두 시장 후보가 당선되었다. 1980년대 내내 브라질에 민주주의가 서서히 다시 자리를 잡아나가면서 노동당이 장악하는 지방 정부 수가 하나둘 늘어났다. 1988년에는 상파울루와 포루트알레그리Porto Alegre 등 대도시를 비롯해 36개 지방자치단체 정부를 석권했다. 1989년 군사 쿠데타 이후 처음으로 대통령 자유선거가 열렸고, 노동당 후보로 나선 룰라는 1차 선거에서 16퍼센트를 얻었다. 페르난두 콜로르Fernando Collor와 치른 결선투표에서는 44퍼센트를 차지했다.

1990년대 들어 노동당의 지방 정부 장악이 가속화되었다. 이에 따라 노동당은 여러 현지 사회운동 조직과 공생 관계를 맺기 시작했다. 포루트알레그리에서는 1988년 이후 첫 노동당 시 정부가 '참여 예산 participatory budgeting'제도를 도입했다. 도시 예산 집행의 우선순위를 결정하는 데 일반 시민을 참여시키는 정책이었다. 지방 정부의 책임성과 대응성을 높이는 데 온 세계가 모범으로 삼는 제도를 마련한 것이다. 이 제도가 시행되자 도시 내 공공서비스의 공급과 삶의 질이 크게 개선되었다. 지방 차원에서 지배 구조가 성공하자 당의 정치적 동원력이 한층 커졌고 전국적 차원에서도 성공을 거듭하기에 이른다. 1994년과 1998년 대선에서는 룰라가 페르난두 엔히크 카르도주에 패했지만, 2002년 마침내 브라질 대통령으로 당선되었다. 이후 노동당은 집권 여당의 자리를 내주지 않고 있다.

다양한 사회운동 세력과 노조가 결집한 결과 브라질에서도 광범위한 연합세력이 형성되었고 브라질 경제에 괄목할 만한 영향을 미쳤다. 1990년 이래 브라질은 고속 경제성장을 경험했고, 2006년 전체 인구 중 빈민의 비율은 45퍼센트에서 30퍼센트로 급감했다. 군사정권 시절 급격히 심화되었던 불평등도 특히 노동당이 집권하고 나서 크게 완화되었으며, 평균 학교교육 기간이 1995년 6년에서 2006년에는 8년으로 증가하는 등 전반적인 교육수준도 대폭 향상되었다. 브라질은 이제 브릭스BRICs(브라질Brazil, 러시아Russia, 인도India, 중국China)라 부르는 신흥 시장 중 하나이며, 국제 외교 무대에서 입김을 행사하는 최초의 라틴아메리카 국가로 발돋움했다.

권한강화

1970년대 이래 브라질의 부상은 국제기구의 경제 전문가가 브라질 정책입안자에게 더 나은 정책 방안 및 시장실패 회피 방법을 지시하는 등 엔지니어링을 통해 가능했던 것이 아니다. 해외원조를 쏟아부어 달성한 것도 아니다. 근대화의 당연한 결과도 아니다. 그보다는 다양한 집단의 일원이 용감하게 포용적 제도를 구축한 결과였다. 이내 이런 노력은 한층 더 포용적인 경제제도로 이어졌다. 하지만 17세기 잉글랜드와 마찬가지로 브라질의 환골탈태 역시 포용적 정치제도의 수립으로 시작된 것이다. 그럼 포용적 정치제도는 어떻게 수립해야 할까?

역사를 돌이켜보면 결국 과두제의 철칙에 무릎을 꿇거나 껍데기만 다를 뿐 오히려 더 지독한 착취적 제도로 이어진 개혁 운동 사례가 수두룩하다. 1688년 잉글랜드, 1789년 프랑스, 1868년 일본의 메이지유신이 모두 정치혁명과 더불어 포용적 제도가 뿌리내리기 시작한 사례다. 하지만 그런 정치혁명은 대체로 엄청난 파괴와 시련을 초래하고, 성공 여부도 확실치 않다. 볼셰비키혁명은 차르 러시아의 착취적인 경제제도를 혁파하고 수백 만 러시아인에게 자유와 번영을 가져다줄 수 있는 정의롭고 효율적인 체제를 뿌리내리겠다는 기치를 내걸었다. 애석하게도 결과는 정반대여서 볼셰비키가 전복한 정부보다 한층 더 억압적이고 착취적인 제도가 들어섰다. 중국, 쿠바, 베트남 등의 나라도 비슷한 경험을 했다.

공산주의 혁명이 아닌 위로부터의 혁명도 초라한 성적을 기록하긴 마찬가지다. 13장에서 살펴보았듯이 나세르는 이집트에 근대식 평등 사회를 건설하겠다고 다짐했지만 호스니 무바라크의 부패한 정권으로 이어졌을 뿐이다. 로버트 무가베는 한때 고도로 착취적이고 인종차별적인 이언 스미스의 로디지아 정권을 몰아낸 자유 투사로 여겨졌지만, 짐바브웨 제도의 착취성은 나아지지 않았고 지금까지 독립 이전보다 훨씬 더 형편없는 경제 성과를 보여주고 있다.

북아메리카, 19세기 잉글랜드, 독립 이후 보츠와나의 정치혁명은 한층 더 포용적인 제도와 점진적 제도 변화가 태동할 수 있는 토대를 마련했으며, 궁극적으로 포용적 정치제도를 크게 강화시켰다. 이런 성공한 혁명의 공통점은 굉장히 광범위한 사회계층이 권한강화empowerment에 성공했다는 사실이다. 포용적 정치제도의 주춧돌인 다원주의는 정치권력이 사회 전반에 고르게 분배되어야만 뿌리내릴 수 있다. 소수 엘리트 손에 권력을 쥐여주는 착취적 제도에서 출발한다면 사회 전반의 권한 강화 과정이 필요하다.

7장에서 강조했듯이 명예혁명이 단순한 집권 엘리트 물갈이와 질적으로 차이가 나는 이유다. 명예혁명에서는 상인과 산업가, 젠트리는 물론 왕실과 거리가 있는 상당수 잉글랜드 귀족이 참여한 광범위한 연합세력이 정치혁명을 주도했고, 이들에게 제임스 2세가 쫓겨났다는 점에서 다원주의의 뿌리를 찾을 수 있다. 명예혁명이 수월하게 진행된 것은 광범위한 연합세력이 사전에 힘을 규합하고 권한을 강화한 덕분이다. 더 중요한 것은 명예혁명으로 이전보다 더 광범위한 사회계층의 권한이 한층 더 강화되었다는 사실이다. 물론 사회 전체를 놓고 보면 엄연한 소수이고 잉글랜드가 진정한 민주화를 이루려면 앞으로 200년은 더 기다려야 했다. 첫 번째 장에서 살펴보았듯이 북아메리카 식민지에서 포용적 제도가 기지개를 편 계기 역시 이와 유사하다. 버지니아, 캐롤라이나, 메릴랜드와 매사추세츠에서 시작해 독립선언문을 거쳐 미국에 포용적 정치제도가 뿌리내리는 전반적인 과정은 사회의 광범위한 계층이 권한을 늘려나가는 여정이었다.

프랑스혁명도 사회의 광범위한 계층의 권한을 강화해 앙시앵레짐에 맞서 봉기하고 한층 더 다원주의적인 정치체제가 뿌리내릴 수 있는 기틀을 마련한 사례였다. 또 특히 로베스피에르의 억압적이고 잔혹한 공포정치라는 과도기만 보더라도 프랑스혁명은 권한강화 과정에 위험도 뒤따른다는 사실을 여실히 보여준다. 하지만 궁극적으로 로베스피에르를 필두로 하는 자코뱅파는 뒷전으로 밀려났다. 가장 중요하게 여겨야 할 프랑스혁명의 유산은 단두대가 아니라 프랑스는 물론 유럽의 다른 지역에서까지 시행된 광범위한 개혁이었다.

이런 권한강화의 역사적 과정과 1970년대 브라질에서 벌어진 일 사이에는 여러 공통점이 존재한다. 노동당의 뿌리 중 하나가 노조운동인 것은 사실이지만 초창기부터 이미 룰라와 같은 지도자는 당에 전폭적인 지지를 보냈던 수많은 지식인 및 반체제 정치인과 어깨를 나란히 하며 광범위한 연합운동으로 확대하려 애를 썼다. 이런 노력은 노동당이 지방 정부를 장악해 시민 참여를 독려하고 지배체제에 혁명을 몰고 오면서 전국에서 들끓고 있던 지역사회운동과 맞물리기 시작했다.

브라질에서는 17세기 잉글랜드나 18세기 초 프랑스와는 대조적으로 단숨에 정치제도의 환골탈태 과정을 촉발할 만한 급진적 혁명이 일어나지는 않았다. 하지만 상베르나르두 공장에서 시작된 권한강화 과정이 성과를 거둘 수 있었던 것은 전국적인 차원에서 근본적인 정치 변혁으로 이어졌기 때문이기도 했다. 가령 군사정권을 벗어나 민주주의로 이행하는 과정이 시작되었다. 더 중요한 것은 브라질에서 풀뿌리 차원의 권한강화를 통해 민주주의 이행이 포용적 정치제도를 향한 움직임과 맞물릴 수 있었다는 사실이다. 그만큼 풀뿌리 차원의 권한강화는 공공서비스 제공, 교육 확대는 물론 진정으로 공평한 경쟁의 장을 마련하겠다는 각오를 다지는 정부의 출현에 결정적인 역할을 했다.

지금까지 보았듯이 민주주의는 다원주의의 태동을 보장해주지 않는다. 다원주의적 제도가 발전한 브라질과 베네수엘라의 경험을 비교해보면 잘 알 수 있는 사실이다. 베네수엘라 역시 1958년 민주주의로 이양했지만, 풀뿌리 차원의 권한강화 과정이 생략되었고 다원주의적 정치권력 분배 역시 실현되지 못했다. 베네수엘라에서는 정치 부패, 인적 후원 관계, 분쟁이 계속되었다. 유권자가 선거에서 우고 차베스와 같은 독재 성향의 지도자를 선택하는 것도 따지고 보면 그런 지도자만이 기성 엘리트층에 맞설 수 있다고 믿는 탓이기도 하다. 그 결과 기존의 틀을 깬 브라질과 달리 베네수엘라는 여전히 착취적 제도하에서 신음하고 있다.

권한강화 과정에 불을 지피거나 기름을 부어 포용적 정치제도를 발전시키려면 어떻게 해야 할까? 물론 포용적 제도 구축을 위한 해법은 없다는 것이 정직한 답변일 것이다. 당연히 권한강화 과정이 시작될 가능성을 높여줄 만한 분명한 요인이 존재한다. 기존 정권에 대항하는 사회운동이 무법천지로 전락하지 않도록 일정 수준의 중앙집권화된 질서도 그런 요인 중 하나다. 보츠와나의 전통적인 정치제도처럼 다원주의의 물꼬를 틀 수 있는 정치제도가 이미 존재해 광범위한 연합세력이 형성되고 버텨나갈 수도 있다. 인민의 요구를 조율할 수 있는 시민사회제도가 존재한다면 반체제 운동이 현 엘리트층의 손에 쉽게 진압되거나 기존의 착취적 제도를 다른 집단의 손에 쥐여주는 매개체로 전락하는 일을 방지할 수 있을 것이다.

하지만 이런 요인 대다수는 역사적으로 이미 결정되었거나 아주 더디게 변할 뿐이다. 브라질의 사례만 봐도 시민사회제도와 연합정당 조직이 밑바닥부터 만들어질 수 있다는 사실을 알 수 있지만, 이 과정은 더딜 뿐 아니라 다른 상황에서 얼마나 성공적일지도 가늠하기 어렵다.

언론 역시 권한강화 과정에 기름을 붓는 역할을 할 수 있다. 집권층이 정치·경제적으로 저지르고 있는 잘못에 대한 정보가 널리 알려지지 않는다면 사회 전반의 권한강화를 조율하고 유지하기란 여간 어려운 일이 아니다. 11장에서 포용적 제도의 기반을 갉아먹던 세력을 대중에게 널리 알리고 이들에 맞선 대중의 요구를 조율했던 언론의 역할을 자세히 살펴본 바 있다. 언론은 또한 광범위한 사회계층의 권한강화를 좀 더 지속적인 정치개혁으로 이끄는 데 결정적 역할을 할 수 있다. 이 또한 11장에서 영국 민주화 과정을 통해 살펴본 바 있다.

잉글랜드 명예혁명, 프랑스혁명, 19세기 영국의 민주화 과정에서도 소책자와 책이 정보를 제공하며 대중을 들끓게 하는 데 중요한 역할을 했다. 정보기술의 발달에 힘입어 새로운 형태의 언론도 주목받고 있다. 블로그, 익명 채팅, 페이스북, 트위터 등 신생 언론은 이란 국민이 2009년 아마디네자드Ahmadinejad 정권의 부정선거 및 이후 억압 정책에 맞섰을 때도 핵심적인 역할을 했고, 이 책이 끝나갈 무렵까지 현재 진행형인 아랍의 봄 민중봉기에서도 마찬가지로 중요한 역할을 하고 있다.

권위주의적 정권은 자유언론의 중요성을 의식하기 때문에 갖은 수를 써서 억압하려 들기 마련이다. 가장 극단적인 사례는 페루의 알베르토 후지모리 정권에서 찾아볼 수 있다. 원래 민주적으로 선출된 대통령이지만, 후지모리는 1992년 재임 중에 쿠데타를 일으켜 페루에 독재정권을 수립했다. 이후에도 선거가 계속되었지만 후지모리 정권은 더 썩어 들어 갔고, 탄압과 뇌물로 나라를 다스렸다. 이 과정에서 그는 오른팔이자 국가 정보국의 수장이던 발디미로 몬테시노스^{Valdimiro Montesinos}에 크게 의존했다. 꼼꼼한 성격의 몬테시노스는 후지모리 정권이 충성심을 사려고 누구에게 얼마를 뇌물로 주었는지 꼬박꼬박 기록했다. 한 술 더 떠 뇌물수수 현장을 영상에 담아두기도 했다.

거기에는 그럴 만한 이유가 있었다. 이런 증거는 단순한 기록에 그치지 않고 공모자를 기록에 남겨 후지모리와 몬테시노스의 공범으로 만든 것이다. 후지모리 정권이 무너지자 이런 기록은 언론과 관련 당국의 수중으로 넘어갔다. 언론이 독재정권에 얼마의 가치가 있는지 가늠해볼 수 있는 사례다. 대법원 판사에게는 매달 5,000에서 1만 달러를 지급했고, 여야를 불문하고 정치인 역시 비슷한 액수를 지급했다. 하지만 신문과 방송은 100만 달러 단위로 껑충 뛴다. 후지모리와 몬테시노스는 TV 방송국을 통제하려고 900만 달러와 1,000만 달러를 쾌척한 적도 있다. 주류 신문사는 100만 달러, 여타 신문사에는 기사 한 꼭지당 3,000에서 8,000달러를 지급했다. 후지모리와 몬테시노스는 정치인과 판사보다 언론을 통제하는 것이 더욱 중요하다고 여겼다. 몬테시노스의 심복 중 하나인 벨로 장군^{General Bello}은 기록된 영상 속에서 이렇게 한마디로 요약한다. "TV를 손에 쥐지 못하면 아무것도 안 하는 것이나 다름없다."

현재 중국의 착취적 제도 역시 언론 통제에 크게 의존하고 있으며 앞서 살펴보았듯이 언론 검열은 섬뜩할 정도로 정교한 수준에 이르렀다. 한 중국인 분석가는 이렇게 요약했다. "정치개혁 속에서도 당의 지도력을 잃지 않으려면 세 가지 원칙을 지켜야 한다. 첫째, 당이 군을 장악한다. 둘째, 당이 공산당 간부를 장악한다. 셋째, 당이 언론을 장악한다."

하지만 당연히 자유언론과 신생 통신 기술은 제도의 포용성을 강화하려는 이들의 요구와 행동을 널리 알리고 조율하는 측면에서만 도움을 줄 수 있다. 이런 도움이 의미 있는 변화로 이어지려면 사회의 광범위한 계층이 결집해 조직력을 갖추고 정치 변혁을 이끌어내야 한다. 또한 그런 노력은 파벌의 이익이나 착취적 제도를 차지하기 위한 것이 아니라 포용적 제도로 대체하기 위한 것이어야 한다. 그런 과정에 불을 지펴 더 폭넓은 권한강화로 이어지고 궁극적으로 지속 가능한 정치개혁으로 발전할 수 있을지는 앞서 여러 다른 사례를 통해 살펴보았듯이, 정치·경제 제도의 역사와 작지만 중요한 차이, 그리고 역사의 우발성에 달려 있다.

‖ 감사의 말 ‖

이 책은 지난 15년간 공동 연구의 산물이다. 그동안 우리는 물적으로
나 지적으로 엄청난 빚을 졌다. 가장 큰 빚을 진 분은 비교경제발전론
comparative economic development에 대한 이해를 크게 높여준 여러 핵심 학술
논문의 공저자이자 오랜 조력자인 사이먼 존슨Simon Johnson이다.

관련 연구 프로젝트에서 함께 일했던 다른 공저자도 우리의 견해를
형성하는 데 큰 역할을 했다. 그런 면에서 특히 감사드리고 싶은 분은
필리페 아기온Philippe Aghion, 장마리 발랑Jean-Marie Baland, 마리아 안젤리카
바우티스타María Angélica Bautista, 데이비드 칸토니Davide Cantoni, 이사이아스
차베스Isaías Chaves, 조너선 코닝Jonathan Conning, 멜리사 델Melissa Dell, 게오르
기 에고로프Georgy Egorov, 레오폴도 페르구손Leopoldo Fergusson, 카미요 가르
시아 히메노Camilo García-Jimeno, 타렉 하산Tarek Hassan, 세바스티안 마주카
Sebastián Mazzuca, 제프리 누젠트Jeffrey Nugent, 닐 파슨스Neil Parsons, 스티브 핀
커스Steve Pincus, 파블로 케루빈Pablo Querubín, 라파엘 산토스Rafael Santos, 콘스
탄틴 소닌Konstantin Sonin, 데이비드 티치Davide Ticchi, 라그나르 토르비크

Ragnar Torvik, 후안 페르난두 바르가스Juan Fernando Vargas, 티에리 베르디에 Thierry Verdier, 안드레아 빈디니Andrea Vindigni, 알렉스 월리츠키Alex Wolitzky, 피에르 야레드Pierre Yared, 파브리치오 질리보티Fabrizio Zilibotti 등이다.

또 다른 많은 분들이 오랫동안 격려와 비평, 따끔한 조언을 아끼지 않았다. 특히 리 올스턴Lee Alston, 아브히지트 바네르지Abhijit Banerjee, 로버트 베이츠, 티모시 베슬리Timothy Besley, 존 코츠워스John Coatsworth, 재레드 다이아몬드, 리처드 이스털린Richard Easterlin, 스테인리 엥거먼Stanley Engerman, 피터 에반스Peter Evans, 제프 프리든Jeff Frieden, 피터 구레비치Peter Gourevitch, 스티븐 하버Stephen Haber, 마크 해리슨Mark Harrison, 엘하난 헬프먼Elhanan Helpman, 피터 린더트Peter Lindert, 칼 오브 모엔Karl Ove Moene, 대니 로드릭Dani Rodrik, 배리 와인개스트Barry Weingast에게 고마움을 전한다.

우리의 견해 형성과 연구 독려에 특히 중요한 역할을 한 두 분이 있다. 이 기회를 빌려 그 분들에게 진 지적인 빚에 대해 진심으로 감사의 말씀을 드리고 싶다. 조엘 모커Joel Mokyr와 안타깝게도 책이 출간되기 전 세상을 떠난 켄 소콜로프Ken Sokoloff다. 켄은 우리 모두에게 정말 그리운 분이다.

2010년 2월, 하버드대학교 계량사회과학연구소Institute for Quantitative Social Science에서 이 책의 초기 원고를 바탕으로 우리가 주최한 회의에 참석해주신 학자들에게도 심심한 감사의 말씀을 전하고 싶다. 특히 공동으로 회의를 주최한 짐 올트Jim Alt와 켄 셰프슬Ken Shepsle에게 감사한다. 회의에 참석해주신 로버트 앨런Robert Allen, 아브히지트 바네르지, 로버트 베이츠, 스탠리 엥거먼Stanley Engerman, 클로디아 골딘Claudia Goldin, 엘하난 헬프먼, 조엘 모커, 이언 모리스Ian Morris, 세프케트 파무크Sevket Pamuk, 스티브 핀커스, 피터 테민Peter Temin 등의 학자에게 감사드린다. 멜리사 델, 헤수스 페르난데스 빌라베르드Jesús Fernández-Villaverde, 산도르 라슬로Sándor László, 수레쉬 나이두Suresh Naidu, 로저 오언Roger Owen, 댄 트레플러Dan Trefler, 마이클 월튼Michael Walton, 노암 유트만Noam Yuchtman 등의 학자 역시 지난 회의는 물론 다른 기회를 통해서도 폭넓은 의견을 나누어주었다.

찰스 만Charles Mann, 레안드로 프라도스 데 라 에스코수라Leandro Prados de la Escosura, 데이비드 웹스터David Webster 등의 학자에게서도 값진 조언을 얻을 수 있었다.

연구를 하고 책을 쓰는 동안 우리는 캐나다고등연구소Canadian Institute for Advanced Research, CIFAR의 제도, 조직 및 성장 부문 후원 프로그램Program on Institutions, Organizations, and Growth에 참여한 바 있다. 이 책과 관련된 연구 자료를 여러 차례 CIFAR 회의에 제출했으며 이 근사한 단체와 소속 학자로부터 엄청난 도움을 받을 수 있었다.

또한 이 책에서 다룬 소재에 관한 다양한 세미나와 회담을 통해 수백 명의 의견을 수렴했다. 그분들의 제안이나 통찰에 대해 일일이 제대로 감사드리지 못해 송구스러운 마음이다.

이 프로젝트의 연구를 탁월한 능력으로 보조해준 마리아 안젤리카 바우티스타, 멜리사 델, 리앤더 헬드링Leander Heldring에게도 고마움을 전한다.

끝으로 대단한 통찰력으로 전폭적인 지원을 아끼지 않은 편집자 존 마헤니John Mahaney를 빼놓을 수 없다. 존의 조언과 제안으로 이 책의 품격을 크게 높일 수 있었을 뿐 아니라, 그의 격려와 열정 덕분에 고생스러웠을지 모를 지난 1년 반 동안 한결 즐거운 마음으로 프로젝트를 진행할 수 있었다.

부록

머리말

모하메드 엘바라데이의 견해는 그의 트위터 계정인 twitter.com/#!/ElBaradei 에서 확인할 수 있다. 엘 샤미와 노하 하메드는 2011년 2월 6일 야후 뉴스에서 인용했다. news.yahoo.com/s/yblog_exclusive/20110206/ts_yblog_exclusive/egyptian-voices-from-tahrir-square

와엘 칼릴의 12가지 요구 사항은 그의 블로그에서 확인할 수 있다. alethonews. wordpress.com/2011/02/27/egypt-reviewing-the-demands/.

레다 메트왈리는 2011년 2월 1일 〈알자지라〉 보도에서 인용했다. english.aljazeera. net/news/middleeast/2011/02/2011212597913527.html.

(트위터와 웹사이트 주소는 해당 서비스의 사정에 따라 삭제 또는 변경될 수 있다. 가령 번역 당시 야후 뉴스 URL은 이미 삭제되어 있었다. - 옮긴이)

1장 가깝지만 너무 다른 두 도시

에스파냐의 리우데라 플라타 탐험에 관해서는 Rock(1992), 1장에 자세히 나와 있다. 과라니 인디오의 발견과 식민지화는 Ganson(2003) 참고. 데 사하군은 Sahaguún(1975), 47~49쪽에서 인용했다. 에스파냐의 멕시코 정복 및 제도 수립 과정에 관해서는 Gibson(1963)가 중요한 자료다. 데 라스카사스는 de las Casas(1992), 39쪽, 117~118쪽, 107쪽에서 각각 인용했다.

페루의 피사로에 관해서는 Hemming(1983) 참고. 1장에서 6장에 걸쳐 카하마르카 만남에서 남부 행진, 잉카의 수도 쿠스코 함락까지 다룬다. 데 톨레도에 관해서는 Hemming(1983), 20장 참고. 포토시 미타의 기능에 관한 개괄적 내용은 Bakewell(1984)에 잘 나와 있고, Dell(2010)은 미타가 오랜 세월 끈질긴 영향을 미쳤다는 통계적 증거를 제시한다.

아서 영은 Sheridan(1973), 8쪽에서 인용했다. 제임스타운의 초기 역사를 다룬 좋은 책이 많다. Price(2003)와 Kupperman(2007)도 그중 하나다. 우리는 Morgan(1975)과 Galenson(1996)을 주로 참고했다. 아나스 토드킬은 Todkill(1885), 38쪽에서 인용했다. 존 스미스는 Price(2003), 77쪽("그들이 가진 것이라고는…"), 93쪽("그대들의 왕이…"), 96쪽("그대들의 아비가…")에서 각각 인용했다. 메릴랜드 특허장, 캐롤라이나 기본 헌법 등 식민지 시대 헌법은 Yale University's Avalon Project가 인터넷에 공개한 바 있다(avalon.law.yale.edu/17th_century).

멕시코의 독립과 헌법에 관해서는 Bakewell(2009), 14장에서 다룬다. 독립 이후 정치 불안 및 대통령에 관해서는 Stevens(1991)와 Knight(2011) 참고. 독립 이후 멕시코의 경제 후퇴 징후에 관해서는 Coatsworth(1978)가 중요한 논문이다. Haber(2010)는 멕시코와 미국의 은행업 발달 과정을 비교 분석한다. Sokoloff(1988)와 Sokoloff and Khan(1990)은 특허를 신청한 미국 발명가의 사회적 배경을 다룬다. 토머스 에디슨의 전기는 Israel(2000) 참고. Haber, Maurer, and Razo(2003)는 포르피리오 디아스 정권을 우리와 거의 같은 정치경제학적 시각에서 해석한다. Haber, Klein, Maurer, and Middlebrook(2008)은 이런 해석을 20세기까지 확대한다. 북아메리카와 라틴아메리카에서 변경 토지의 차별적 할당에 관해서는 Nugent and Robinson(2010)과 García-Jimeno and Robinson(2011) 참고. Hu-DeHart(1984)는 6장에서 야키족의 추방에 관해 다룬다. 카를로스 슬림의 축재 과정에 관해서는 Relea(2007)와 Martinez(2002) 참고.

아메리카 대륙 발전의 비교경제학적 해석은 이전에 시행했던 사이먼 존슨과의 공동 선행 연구에 토대를 두고 있다. 특히 Acemoglu, Johnson, and Robinson(2001, 2002)을 큰 축으로 하며 Coatsworth(1978, 2008) 및 Engerman and Sokoloff(1997)도 많은 영향을 주었다.

2장 맞지 않는 이론들

세계 불평등에 관한 재레드 다이아몬드의 견해는 그의 저서 *Guns, Germs and Steel*(1997)에 자세히 나와 있다. Sachs(2006)는 나름대로 지리적 숙명론을 편다. 문화에 관한 견해는 학계 전반에 폭넓게 퍼져 있으나 하나의 저작물로 취합된 사례가 없다. Weber(2002)는 프로테스탄트 종교 개혁으로 산업혁명이 유럽에서 일어난 이유를 설명할 수 있다고 주장한다. Landes(1999)는 북유럽인이 열심히 일하고 저축을 하며, 혁신에 관심을 두는 특유의 문화적 태도를 발전시켰다고 주장한다.

Harrison and Huntington, eds.(2000)는 비교경제학적 발달 과정에서 문화적 요인이 차지하는 중요성을 역설한다. 영국의 문화 또는 제도가 일면 우월하다는 믿음은 널리 퍼져 있으며, Fisher(1989)는 이 개념으로 미국 예외주의(US exceptionalism, 미국이 세계를 이끄는 특별한 위치에 있다는 개념 - 옮긴이)를 설명하기도 한다. La Porta, Lopez-de-Silanes, and Shleifer(2008) 역시 전반적인 비교경제학적 발달 패턴을 이 개념으로 설명한다. Banfield(1958)와 Putnam, Leonardi, and Nanetti(1994)의 저술은 대단히 영향력 있는 문화적 해석을 내놓고 있으며, 문화의 한 측면인 이른바 '사회 자본social capital'이 남부 이탈리아 빈곤의 가장 큰 원인이라고 주장한다.

문화라는 개념을 경제학자가 어떻게 사용하는지는 Guiso, Sapienza, and Zingales(2006)에서 개괄적으로 설명한다. 서유럽인의 상호 신뢰도와 연평균 1인당 수입의 상관관계에 관해서는 Tabellini(2010) 참고. Nunn and Wantchekon(2010)은 아프리카의 상호 불신 및 사회 자본 결여가 노예무역의 역사적 강도와 관련이 있다는 사실을 보여준다. 콩고 관련 역사는 Hilton(1985) and Thornton(1983) 참고. 아프리카 기술의 낙후성에 관해서는 Goody(1971), Law(1980), Austen and Headrick(1983) 참고.

로빈스의 경제학에 관한 정의는 Robbins(1935), 16쪽에서 인용했다.

아바 러너의 말은 Lerner(1972), 259쪽에서 인용했다. 경제 발전 및 정책 개혁을 분석할 때 무지가 서로 다른 경제 발전 양상을 설명해준다는 생각을 기본 전제로 하는 경향이 있다. Williamson(1990), Perkins, Radelet, and Lindauer(2006), Aghion and Howitt(2009) 등도 그런 예다. 가장 강력하게 이런 견해를 피력한 최근 사례는 Banerjee and Duflo(2011)다.

Acemoglu, Johnson, and Robinson(2001, 2002)은 제도, 지리, 문화가 차지하는 비중

을 통계적으로 분석해 오늘날 1인당 소득수준의 차이를 설명하는 데 제도의 역할이 다른 두 요인에 비해 단연 강조된다는 사실을 보여준다.

3장 번영과 빈곤의 기원

황평원과 동생의 상봉 과정은 Foley(2003), 197~203쪽에 나온 James A. Foley의 황평원 인터뷰 기록에서 발췌한 것이다.

착취적 제도 개념은 Acemoglu, Johnson, and Robinson(2001)에서 유래한다. 포용적 제도라는 용어는 Tim Besley가 제안했다. 경제적 패자라는 용어 및 정치적 패자와 차이는 Acemoglu and Robinson(2000b)에서 유래한다. 바베이도스 관련 자료는 Dunn(1969)을 참고했다. 소련 경제에 관해서는 Nove(1992)와 Davies(1998)를 참고했다. Allen(2003)은 소련 경제를 다른 시각에서 좀 더 긍정적으로 해석한다.

사회과학 분야에서는 우리 이론 및 논거와 관련이 있는 대단히 많은 연구가 진행됐다. 그런 연구 문헌 목록과 저자들이 기여한 내용은 Acemoglu, Johnson, and Robinson(2005b)을 참고. 제도적 관점의 비교발전론은 여러 중요한 저술을 토대로 하고 있다. 그중 North and Thomas(1973), North(1982), North and Weingast(1989), North, Wallis, and Weingast(2009) 등 North의 저술이 가장 주목할 만하다.

정치경제학적 관점의 경제성장론에 관해서는 Olson(1984) 역시 대단히 영향력 있는 설명을 하고 있다. Mokyr(1990)는 세계 역사에서 상대적 기술 변화와 경제적 패자 개념을 접목한 가장 기본이 되는 책이다. 경제적 패자는 사회과학 분야에서 효율적 제도와 정책이 마련되지 못하는 이유를 설명하는 데 매우 폭넓게 사용되는 개념이다.

Robinson(1998) 및 Acemoglu and Robinson(2000b, 2006b)의 저술을 토대로 한 우리의 해석이 다른 점은 포용적 제도의 태동에 가장 큰 장애물은 정치권력을 잃을지 모른다는 엘리트층의 두려움이라는 개념을 강조한다는 것이다. Jones(2003)는 다양한 역사적 비교 사례를 들어 비슷한 주제를 강조하며, 아메리카 대륙에 관한 중요한 저술인 Engerman and Sokoloff(1997) 역시 이런 개념을 강조한다.

아프리카 저개발의 이유를 정치경제학적 관점에서 해석한 주요 저술인 Bates(1981, 1983, 1989) 역시 우리에게 큰 영향을 주었다. Dalton(1965) 과 Killick(1978) 등의 중요한 연구 자료도 아프리카 발전에서 정치의 역할을 강조하고, 특히 정치권력 상실에 대한 두려움이 경제정책에 미치는 영향을 집중 조명한다. 기존에도 Besley and Coate(1998)와 Bourguignon and Verdier(2000) 등 정치적 패자라는 개념이 담겨 있는 정치경제학 이론서가 있었다. 막스 베버의 이론을 따르는 역사사회학자는 중앙집권화 및 정부제도가 나라 발전에서 차지하는 역할을 크게 강조해왔는데 Mann(1986, 1993)과 Migdal(1988), Evans(1995) 등의 저술이 주목할 만하다. 아프리카에서 정부와 발전 간 상관관계를 강조하는 저술로는 Herbst(2000) 및 Bates(2001)가 있다. 최근 경제학자 역시 이 부분에 기여하고 있는데 Acemoglu(2005) 및 Besley and Persson(2011) 등을 예로 들 수 있다.

마지막으로 Johnson(1982), Haggard(1990), Wade(1990), Amsden(1992) 등은 정치경제학적 측면 덕분에 동아시아 국가가 경제적으로 성공을 거둔 것이라고 강조한다. Finley(1965)는 고전 세계에서 기술 발전이 활발하지 못했던 이유가 노예제도 때문이라는 중요한 주장을 제기한다.

착취적 제도하에서도 성장은 가능하지만 김이 빠질 가능성이 높다는 것은 Acemoglu(2008)에서도 강조하는 개념이다.

4장 작은 차이와 결정적 분기점

Benedictow(2004)는 흑사병에 관한 결정적인 자료라 할 만하지만 그가 추정하는 사망자 수에 대해서는 논란이 없지 않다. 보카치오 및 슈루즈베리의 랠프 주교는 Horrox(1994)에서 인용했다. 잉글랜드에서 흑사병을 예상하고 실제로 당도하기까지 과정에 관해서는 Hatcher(2008)가 잘 설명하고 있다. 노동법 전문은 아발론 프로젝트를 통해 온라인에서 확인할 수 있다. avalon.law.yale.edu/medieval/statlab.asp.

동서유럽이 서로 다른 길을 걷는 데 흑사병이 어떤 영향을 미쳤는지는 North and Thomas(1973), 특히 Brenner(1976)가 중요한 자료를 제공한다. 기존 정치권력의 분배에 따라 흑사병의 결과가 달라졌다는 이들의 분석은 우리 견해에도 큰 영향을 주었다. 동유럽의 재판농노제에 관해서는 DuPlessis(1997) 참고. Conning(2010)과 Acemoglu and Wolitzky(2011)는 Brenner의 논문을 발전시켜 공식화했다. 제임스 와트는 Robinson(1964), 223~224쪽에서 인용했다.

대서양 무역과 초기 제도적 차이 간의 상호작용이 잉글랜드 제도의 확산, 궁극적으로 산업혁명으로 이어졌다는 주장을 우리가 처음으로 제기한 것은 Acemoglu, Johnson, and Robinson(2005a)를 통해서였다. 과두제의 철칙 개념은 Michels(1962)에 따랐으며 결정적 분기점의 개념을 처음으로 발전시킨 것은 Lipset and Rokkan(1967)이었다. 오스만제국의 장기 발전에서 제도가 차지한 역할에 관해서는 Owen(1981), Owen and Pamuk(1999), Pamuk(2006) 등이 중요한 참고자료다.

5장 착취적 제도하의 성장

스테펀스의 러시아 방문과 바루크에 대한 발언에 관해서는 Steffens(1931), 18장, 790~802쪽 참고. 1930년대 아사자 수는 Davies and Wheatcroft(2004)의 수치를 사용했다. 1937년 인구조사 수치는 Wheatcroft and Davies(1994a, 1994b) 참고. Berliner(1976)는 소비에트 경제에서 혁신의 성격에 관해 분석한다. 스탈린식 계획 경제의 실상은 Gregory and Harrison(2005)을 토대로 하고 있다. 미국 경제학 교과서가 소련 경제성장에 대해 지속적으로 오해했다는 사실은 Levy and Peart(2009) 참고. 렐레 및 부숑 부족에 관한 기록과 해석은 Douglas(1962, 1963) 및 Vansina(1978)를 토대로 했다. 긴 여름 개념에 관해서는 Fagan(2003) 참고. Mithen(2006) 및 Barker(2006)는 우리가 언급한 나투프인 및 고고학 유적에 관한 이해하기 쉬운 개론서다. Moore, Hillman, and Legge(2000)는 아부 후레이라에 관한 주요 저술로 농경생활 이전에 정착생활 및 제도적 혁신이 일어나는 과정을 기록하고 있다. 농경 이전에 정착생활이 선행한다는 개괄적인 증거는 Smith(1998) 참고. 나투프의 사례는 Bar-Yosef and Belfer-Cohen(1992) 참고. 신석기혁명에 관한 해석은 Sahlins(1972)에서 영향을 받았으며, 이르 요론트의 일화도 여기서 인용했다.
마야의 역사는 Martin and Grube(2000) 및 Webster(2002)를 토대로 했다. 코판의 인구 변화 역사는 Webster, Freter, and Gonlin(2000)의 기록을 따랐다. 기념물 추정 일자는 Sidrys and Berger(1979)를 참고했다.

6장 제도적 부동

베네치아 사례는 Puga and Trefler(2010)와 Lane(1973), 8장과 9장을 따랐다.

로마에 관해서는 수많은 자료가 존재한다. 로마 경제제도의 해석은 Finlay(1999)와 Bang(2008)을 따랐다. 로마 몰락에 관한 설명은 Ward-Perkins(2006)와 Goldsworthy(2009)를 따랐다. 로마제국 후기의 제도적 변화는 Jones(1964) 참고. 티베리우스와 하드리아누스의 일화는 Finley(1999)에서 인용했다.

난파선에서 발견한 증거를 처음 사용한 것은 Hopkins(1980)다. 난파선과 그린란드 빙핵 프로젝트의 일반적인 설명은 De Callataÿ(2005)와 Jongma(2007) 참고.

빈돌란다 기록은 온라인(vindolanda.csad.ox.ac.uk/)에서 확인할 수 있다. 우리가 사용한 인용문은 TVII Pub. no. 343에서 발췌했다.

로마령 브리타니아를 몰락으로 이끈 요인에 관해서는 Cleary(1989) 4장, Faulkner (2000) 7장, Dark(1994) 2장을 따랐다.

악숨왕국에 관해서는 Munro-Hay(1991) 참고. 유럽 봉건제도 및 그 기원에 관한 주요 저술로는 Bloch(1961)가 있다. 에티오피아 봉건제도에 관해서는 Crummey(2000) 참고. Phillipson(1998)은 악숨과 로마제국의 몰락을 비교한다.

7장 전환점

리의 발명품과 엘리자베스 1세의 이야기는 calverton.homestead.com/willlee.html에 나와 있다.

디오클레티아누스의 최고 가격 제한 칙령을 사용한 임금 계산 자료는 Allen(2009b)에 나온다.

산업혁명의 원인에 관한 우리의 논거는 North and Thomas(1973), North and Weingast(1989), Brenner(1993), Pincus(2009), Pincus and Robinson(2010) 등의 저술에서 큰 영향을 받았다. 이들 학자는 또 영국의 제도 변화 및 자본주의 태동에 관한 마르크스적 해석에서 영향을 받았다. Dobb(1963)와 Hill(1961, 1980) 참고. 헨리 8세의 국가 건립 계획이 잉글랜드 사회구조를 어떻게 바꾸어놓았는지는 Tawney(1941) 논문 참고.

마그나카르타 원문은 아발론 프로젝트 avalon.law.yale.edu/medieval/magframe.asp 참고.

Elton(1953)은 헨리 8세 치하의 정부제도 발달에 관한 중요한 저술이며 Neale(1971)은 의회 발전의 관점에서 정부제도를 살펴본다.

농민반란은 Hilton(2003) 참고. 독점에 관한 힐의 말은 Hill(1961), 25쪽에서 인용했다. 찰스 1세의 '개인 통치' 기간에 관해서는 Sharp(1992)를 따랐다. 집단 및 지역에 따른 의회 찬동 여부에 관한 증거 자료는 Brunton and Pennington(1954), Hill(1961), Stone(2001)에서 발췌했다. 명예혁명과 그에 따른 정책 및 경제제도의 여러 구체적인 변화에 관해서는 Pincus(2009)가 가장 중요한 자료다. 가령 아궁이세 철폐와 잉글랜드은행의 건립 등도 확인할 수 있다. Pincus and Robinson(2010)도 참고. Pettigrew(2007, 2009)는 왕립아프리카회사 등 독점에 대한 공격 사례를 다루며, 청원서에 관한 우리의 자료도 그의 논문에서 발췌했다. Knights(2010)는 청원의 정치적 중요성을 강조한다. 호어스 은행 관련 정보는 Temin and Voth(2008)에서 발췌했다.

쿠퍼스웨이트 감독관 및 소비세 관료제도에 관한 정보는 Brewer(1988)를 참고했다. 산업혁명의 경제역사적 개괄은 Mantoux(1961), Daunton(1995), Allen(2009a), Mokyr(1990, 2009)를 참고했으며 이 책에서 언급한 유명 발명가 및 발명품도 이들 저술에 등장한다. 볼드윈 가문 이야기는 명예혁명과 사유재산권 재편, 도로망 및 운하 건설의 상관관계를 강조하는 Bogart and Richardson(2009, 2011)에 등장한다. 옥양목법과 맨체스터법은 O'Brien, Griffiths, and Hunt(1991)를 참고했으며 관련 인용문도 여기서 발췌했다. 새로운 인물의 산업 지배에 관해서는 Daunton(1995) 7장과 Crouzet(1985) 참고.

주요 제도적 변화가 잉글랜드에서 처음 발생한 이유에 관한 우리의 설명은 Acemoglu, Johnson, and Robinson(2005a)과 Brenner(1976)를 토대로 한다. 독립 상인과 이들의 정치적 선호도에 관한 자료는 Zahedieh(2010)에 등장한다.

8장 발달을 가로막는 장벽

오스만제국의 인쇄술 도입 반대에 관해서는 Savage-Smith(2003), 656~659쪽 참고. 문자해득률 관련 역사적 비교 자료는 Easterlin(1981)에서 발췌했다.

에스파냐의 정치제도 논의는 Thompson(1994a, 1994b)를 따랐다. 이 시기 에스파냐의 경제 몰락 관련 자료는 Nogal and Prados de la Escosura(2007) 참고.

오스트리아-헝가리제국에서 경제 발달 저해 요인에 관한 논의는 Blum(1943), Freudenberger(1967), Gross(1973)를 따랐다. 마리아 테레지아는 Freudenberger,

495쪽에서 인용했다. 하르티그 백작과 프란츠 1세는 모두 Blum에서 인용했다. 티롤 대표단에 관한 프란츠 1세의 대응은 Jászi(1929), 80~81쪽에서 발췌했다. 로버트 오언에게 프리드리히 폰 겐츠가 한 말도 Jászi(1929), 80쪽에서 인용했다. 오스트리아에서 로트실트 가문의 경험에 관해서는 Corti(1928) 2장에서 논의한다.

러시아에 관한 분석은 Gerschenkron(1970)를 따랐다. 크로폿킨은 Gerschenkron의 2009년 판 60쪽에서 인용했다. 니콜라이와 미하일의 대화는 Saunders(1992), 117쪽에서 인용했다. 철도에 관한 칸크린의 말은 Owen(1991), 15~16쪽에 나와 있다. 수공업자를 상대로 한 니콜라이의 연설은 Pintner(1967), 100쪽에서 재구성했다. 자레프스키는 Pintner(1967), 235쪽에서 인용했다.

정화에 관해서는 Dreyer(2007) 참고. 근대 초기 중국의 경제 역사는 Myers and Wang(2002)에서 개괄하고 있다. 당진은 Myers and Wang, 564~565쪽에서 인용했다. 관련 에티오피아 역사는 Zewde(2002)에서 개괄하고 있다. 역사적으로 에티오피아가 얼마나 착취적이었는지에 관한 자료 및 모든 관련 인용문은 Pankhurst(1961)에서 발췌했다.

소말리아 제도 및 역사에 관한 설명은 모두 Lewis(1961, 2002)를 따랐다. 하산 우가스의 히어는 Lewis(1961), 177쪽에 나와 있다. 씨족 분쟁 사례는 Lewis(1961) 8장에서 발췌했는데 여러 다른 사례도 언급되어 있다. 타칼리왕국과 문자에 관해서는 Ewald(1988) 참고.

9장 발전의 퇴보

네덜란드 동인도회사의 암본 및 반다 장악, 동남아시아 발전에 미친 부정적 영향 등은 Hanna(1978)와 특히 Reid(1993) 5장을 많이 참조했다. 토메 피레스의 말은 271쪽에서, 마긴다나오에 관한 네덜란드의 영향은 299쪽, 마긴다나오 술탄에 관해서는 299~300쪽에서 발췌했다. 향신료 가격에 동인도회사가 미친 영향에 관한 자료는 O'Rourke and Williamson(2002)을 참고했다.

아프리카 사회의 노예제도와 노예무역의 영향에 관해서는 Lovejoy(2000)가 결정적인 저술이다. 노예무역의 일반적 추정치는 Lovejoy(2000), 47쪽, 표 31에 나와 있다. 아프리카 경제제도와 경제성장에 노예무역이 미친 영향의 정량적 추정치를 처음으로 제공한 것은 Nunn(2008)이다. 총기류와 탄약 수입 관련 자료는 Inikori(1977)를 참고했다. 프랜시스 무어의 증언은 Lovejoy(2000), 89~90쪽에 나온다.

Law(1977)는 오요 정권 확장에 관한 중요한 연구 자료다. 노예무역이 아프리카 인구에 미친 영향의 추정치는 Manning(1990)에서 발췌했다. '합법적 상업활동'의 시기를 분석할 때 Lovejoy(2000) 8장과 Law(1995)에 나오는 에세이는 물론 중요한 저술인 Austin(2005) 역시 참고했다. 아프리카 총인구 대비 아프리카 노예 비중 자료는 192쪽 표 9.2 등 Lovejoy(2000)에서 발췌했다.

라이베리아에 관한 자료는 Clower, Dalton, Harwitz, and Walters(1966)에 나온다.

이중 경제 이론은 Lewis(1954)가 발전시켰다. Fergusson(2010)은 이중 경제의 수학적 모형을 개발했다. Palmer and Parsons(1977)가 취합한 중요한 에세이집에서 이중 경제가 식민주의의 산물이라는 개념이 처음 제기되었다. 남아프리카 관련 논의는 Bundy(1979)와 Feinstein(2005)을 토대로 했다.

모라비아 교회 선교사는 Bundy(1979), 46쪽, 존 헤밍은 Bundy(1979), 72쪽에서 인용했다. 그리콸란드이스트의 토지 소유권 확대에 관해서는 Bundy(1979), 89쪽 참고. 스티븐 손지카의 배경은 Bundy(1979), 94쪽에 나온다. 매슈 블리스는 Bundy(1979), 97쪽에서 인용했다. 1884년 핑고랜드의 유럽인은 Bundy(1979), 100~101쪽에서 인용했다. 조지 알부는 Feinstein(2005), 63쪽에서 인용했다. 원주민 장관의 발언은 Feinstein(2005), 45쪽에 나온다. 페르부르트는 Feinstein(2005), 159쪽에 나온다. 아프리카 금광 노동자의 실질 임금 자료는 Wilson(1972), 66쪽을 참고했다. G. 핀들리는 Bundy(1979), 242쪽에서 인용했다.

서방 부유한 나라의 발전은 나머지 가난한 나라의 저개발과 대척된다는 개념은 원래 Wallertsein(1974~2011)이 제기했지만, 그가 강조하는 메커니즘은 우리와 확연히 다르다.

10장 번영의 확산

이 장은 Acemoglu, Johnson, and Robinson(2002)과 Acemoglu, Cantoni, Johnson, and Robinson(2010, 2011) 등 주로 Simon Johnson 및 Davide Cantoni와 시행했던 선행 연구를 토대로 한다.

초기 호주 제도 발전에 관한 논의는 중요한 저술인 Hirst(1983, 1988, 2003)와 Neal(1991)을 따랐다. 콜린스 법무관에게 제출된 소장 원문은 (호주 Macquarie University Law School) www.law.mq.edu.au/scnsw/html/Cable%20v%20Sinclair,%201788.htm에서 확인할 수 있다.

웬트워스 추종자에 관한 맥아더의 묘사는 Melbourne(1963), 131~132쪽에서 인용했다. 로트실트 가문의 기원에 관해서는 Fergusson(1998)을 따랐다. 메이어 로트실트가 아들에게 한 말은 Fergusson(1998), 76쪽에 나와 있다.

프랑스가 유럽 제도에 미친 영향에 관해서는 Acemoglu, Cantoni, Johnson, and Robinson(2010, 2011) 및 이 저술에 활용된 문헌을 참고했다. 프랑스혁명에 관한 일반적인 개괄은 Doyle(2002) 참고. 나사우-우징겐의 봉건적 수수료에 관한 정보는 Lenger(2004), 96쪽 참고. Ogilivie(2011)는 길드가 역사적으로 유럽 발전에 미친 영향을 개괄한다.

오쿠보 도시미치의 삶에 관해서는 Iwata(1964) 참고. 사카모토 료마의 여덟 개 항은 Jansen(2000), 310쪽에 나와 있다.

11장 선순환

블랙법 관련 논의는 Thompson(1975)을 따랐다. 침례교도 넌의 6월 27일 상황 묘사는 Thompson(1975), 65~66쪽에 나온다. 다른 인용문은 Thompson(1975), 258~269쪽의 법치 관련 부분에서 발췌했으며, 전문을 읽어볼 만하다.

잉글랜드 민주화 논의는 Acemoglu and Robinson(2000a, 2001, 2006a)을 토대로 했다. 얼 그레이의 연설은 Evans(1996), 223쪽에서 인용했다. 민주주의에 관한 스티븐스의 발언은 Briggs(1959), 34쪽에서 발췌했다. 톰슨의 발언은 Thompson(1975), 269쪽에서 인용했다.

인민헌장 전문은 Cole and Filson(1951)과 web.bham.ac.uk/1848/document/peoplech.htm에서 확인할 수 있다.

버크는 Burke(1790/1969), 152쪽에서 인용했다.

Lindert(2004, 2009)는 지난 200여 년 동안 민주주의 및 공공 정책의 공동 진화를 다룬 중요한 저술이다.

Keyssar(2009)은 미국에서 정치 권리의 진화 과정을 개괄한 중요한 저술이다. 반더빌트는 Josephson(1934), 15쪽에서 인용했다. 루스벨트 연설문 전문은 www.theodore-roosevelt.com/sotu1.html에 나와 있다.

우드로 윌슨은 Wilson(1913), 286쪽에서 인용했다.

루스벨트 대통령 노변담화 전문은 millercenter.org/scripps/archive/speeches/detail/3309에서 확인할 수 있다.

아르헨티나와 미국 대법관 임기 비교 자료는 Iaryczower, Spiller, and Tommasi(2002)에 나와 있다. Helmke(2004)는 아르헨티나 법원 물갈이 역사를 다루며, 카를로스 파야트 판사의 말도 이 책에 나온다.

12장 악순환

이번 장은 제도적 내성에 관한 우리의 이론적, 경험적 연구에 바탕을 두고 있으며, 특히 Acemoglu, Johnson, and Robinson(2005b)과 Acemoglu and Robinson(2008a)을 토대로 한다. Heath(1972)와 Kelley and Klein(1980)은 1952년 볼리비아혁명에 과두제의 철칙을 적용한 중요한 저술이다.

영국 의사록은 House of Commons(1904), 15쪽에서 인용했다. 시에라리온 독립 이후 초기 정치사는 Cartwright(1970)에 자세히 나와 있다. 시아카 스티븐스가 철로를 들어낸 이유에 관해서는 해석이 분분하지만 멘델란드를 고립시키기 위한 것이라는 해석이 두드러진다. 이 해석에 관해서는 Abraham and Sesay(1993), 120쪽, Richards(1996), 42~43쪽, Davies(2007), 684~685쪽을 따랐다. 스티븐스 정권에 관해서는 Reno(1995, 2003)가 가장 자세히 다룬다. 농업 시장기구 관련 자료는 Davies(2007)에서 발췌했다. 옥상에서 떨어뜨려 샘 방구라를 살해한 사건에 관해서는 Reno(1995), 137~141쪽 참고. ISU와 SSD 약자에 관해서는 Jackson(2004), 63쪽, Keen(2005), 17쪽에 나와 있다.

Bates(1981)는 아프리카 독립 이후 시장기구가 농업 생산성을 저하시킨 경위를 분석한 중요한 저술이다. 가나에서 추장과 정치적 인연이 토지 사유재산권과 어떤 관련이 있는지는 Goldstein and Udry(2009) 참고.

1993년 정치인과 에스파냐 정복자의 관계는 Dosal(1995) 1장과 Casaús Arzú(2007)

참고. 콘술라도의 정책에 관한 논의는 Woodward(1966)를 따랐다. 바리오스 대통령은 McCreery(1994), 187~188쪽에서 인용했다. 호르헤 우비코 정권 관련 논의는 Grieb(1979)을 따랐다.

미국 남부의 저개발 관련 논의는 Acemoglu and Robinson(2008b)을 따랐다. 남북전쟁 이전 노예 경제의 발전에 관해서는 Wright(1978) 참고. 관련 산업의 몰락에 관해서는 Bateman and Weiss(1981) 참고. Fogel and Engerman(1974)은 다른 각도의 해석으로 논란을 불러일으킨 바 있다. Wright(1986)와 Ransom and Sutch(2001)는 1865년 이후 남부 경제가 얼마나 바뀌었는지에 대해 개괄적으로 다룬다. 조지 워싱턴 줄리언은 Wiener(1978), 6쪽에서 인용했다. Wiener(1978)는 남북전쟁 이후 남부 지주 엘리트층의 내성에 관해서도 분석한다. Naidu(2009)는 1890년대 남부 주에 인두세와 문맹 시험 도입이 미친 영향을 검토한다. W.E.B. 두보이즈는 그의 저서 Du Bois(1903), 88쪽에서 인용했다. 앨라배마 주헌법 256조는 www.legislature.state. al.us/CodeOfAlabama/Constitution/1901/CA-245806.htm에서 확인할 수 있다.

남부 정치인이 남부 경제에 해가 되리라 여기는 연방 법안을 어떻게 가로막았는지는 Alston and Ferrie(1999)에서 다룬다. Woodward(1955)는 흑인차별법의 역사를 개괄한 중요한 저술이다.

에티오피아 혁명에 관한 개괄적 설명은 Halliday and Molyneux(1981) 참고. 황제의 발 받침은 Kapuściński(1983) 참고. 다위트 월드 기오르기스는 각각 Dawit Wolde Giorgis(1989), 49쪽과 48쪽에서 인용했다.

13장 오늘날 국가가 실패하는 이유

무가베 복권 당첨에 관한 BBC 보도와 짐뱅크 공개 성명서는 news.bbc.co.uk/2/hi/africa/621895.stm 참고.

로디지아 백인 정권 수립에 관해서는 Palmer(1977)와 Alexander(2006)를 따랐다. Meredith(2007)는 최근 짐바브웨 정치사를 잘 정리한 책이다.

시에라리온내전에 관해서는 Richards(1996), Truth and Reconciliation Commission (2004), Keen(2005)을 따랐다. 1995년 수도 프리타운 일간지에 실린 분석은 Keen(2005), 34쪽에서 인용했다. RUF의 '민주주의를 향한 길'은 www.sierra-leone.org/

AFRC-RUF/footpaths.html에서 확인할 수 있다.

제오마 10대 소년은 Keen(2005), 42쪽에서 인용했다. 콜롬비아 민병대에 관한 논의는 Acemoglu, Robinson, and Santos(2010)와 Chaves and Robinson(2010)을 따랐는데, 이들 저술은 특히 Romero(2003), Romero(2007)에 실린 에세이, López(2010) 등 콜롬비아 학자의 광범위한 연구 업적을 토대로 한다. León(2009)은 오늘날 콜롬비아 내분의 성격을 균형 잡힌 시각으로 알기 쉽게 설명한다.

주간지 Semana가 운영하는 웹사이트 www.verdadabierta.com도 중요한 자료다. 모든 인용은 Acemoglu, Robinson, and Santos(2010)에서 발췌했다. 마르틴 야노스와 카사나레 시장들의 계약은 www.verdadabierta.com/victimarios/los-jefes/714-perfil-hector-german-buitrago-alias-martin-llanos에서 에스파냐어로 확인할 수 있다.

엘 코랄리토의 기원과 결과는 *The Economist* 지에 연재된 글에 잘 설명되어 있다. www.economist.com/search/apachesolr_search/corralito.

아르헨티나 발전에서 내륙의 역할은 Sawers(1996) 참고. Hassig and Oh(2009)는 북한의 삶에 관한 탁월하고 귀중한 자료를 제공한다. 2장에서는 지도층의 사치스런 생활양식을 다루고 3장과 4장에서는 대부분 인민이 시달리는 경제 현실을 보여준다. BBC의 화폐 개혁 보도는 news.bbc.co.uk/2/hi/8500017.stm에서 확인할 수 있다.

아방궁과 양주 소비에 관해서는 Post(2004), 12장 참고.

우즈베키스탄의 면화 수확을 위한 아동 노동에 관한 논의는 Kandiyoti(2008)를 따랐으며, www.soas.ac.uk/cccac/events/cotton-sector-in-central-asia-2005/file49842.pdf에서 확인할 수 있다. 굴나즈는 Kandiyoti(2008), 20쪽에서 인용했다. 안디잔 봉기에 관해서는 International Crisis Group(2005) 참고. 소련의 스탈린 선출 과정 묘사는 Denny(1937)에서 발췌했다.

이집트 '정실 자본주의'에 관한 분석은 Sfakianakis(2004)를 따랐다.

14장 기존 틀을 깬 나라들

보츠와나 관련 논의는 Acemoglu, Johnson, and Robinson(2003), Robinson and Parsons(2006)와 Leith(2005)를 따랐다. Schapera(1970)와 Parsons, Henderson, and Tlou(1995) 역시 중요한 저술이다. 고등판무관 레이는 Acemoglu, Johnson, and

Robinson(2003), 96쪽에서 인용했다. 세 추장의 잉글랜드 방문은 Parsons(1998)을 따랐으며 이와 관련한 모든 인용문도 이 책에서 발췌했다. 체임벌린은 206~207쪽, 페어필드는 209쪽, 로즈는 223쪽에 나온다. 샤페라는 Schapera(1940), 72쪽에서 인용했다. 퀘트 마시르는 Masire(2006), 43쪽에서 인용했다. 츠와나 부족의 인종 구성에 관해서는 Schapera(1952) 참고.

미국 남부 관련 내용은 Acemoglu and Robinson(2008b)을 따랐다. 미국 남부의 인구 이동은 Wright(1999) 참고. 면화 수확의 기계화는 Heinicke(1994) 참고. 'FRDUM FOOF SPETGH' 사연은 Mickey(2008), 50쪽에서 인용했다. 서먼드의 1948년 연설은 www.slate.com/id/2075151/에서 인용했는데 오디오를 통해 육성을 확인할 수도 있다. 제임스 메러디스와 미시시피 옥스퍼드 관련 내용은 Doyle(2001) 참고. 시민권법이 남부 흑인의 참정권에 미친 영향에 관해서는 Wright(1999) 참고.

마오쩌둥 사후 중국 정치 이양 과정과 그 성격에 관해서는 Harding(1987)과 MacFarquhar and Schoenhals(2008) 참고. 덩샤오핑의 흑묘백묘 발언은 Harding (1987), 58쪽 참고. 문화대혁명 첫 번째 조항은 Schoenhals(1996), 33쪽에서 발췌했다. 히틀러에 관한 마오쩌둥의 발언은 MacFarquhar and Schoenhals(2008), 102쪽에 나온다. 화궈펑의 '양개범시'는 Harding(1987), 56쪽에서 다룬다.

15장 번영과 빈곤의 이해

다이궈팡의 사연은 McGregor(2010), 219~226쪽 참고. 빨간 전화기 관련 내용도 McGregor(2010), 1장에 나온다. 공산당의 언론 통제는 Pan(2008), 9장, McGregor (2010), 64~69쪽 및 235~262쪽 참고. 기업가에 대한 공산당의 태도는 McGregor (2010), 200~201쪽 및 223쪽에서 인용했다. 중국 정치개혁에 관한 원자바오의 발언은 www.guardian.co.uk/world/2010/aug/29/wen-jiabao-china-reform 참고.

근대화 가설은 Lipset(1959)에서 자세히 설명하고 있다. 근대화 가설에 관한 반증은 Acemoglu, Johnson, Robinson, and Yared(2008, 2009)에서 구체적으로 다룬다. 조지 부시 전 미 대통령의 발언은 news.bbc.co.uk/2/hi/business/752224.stm에서 인용했다.

2001년 12월 이후 아프가니스탄의 비정부기구 활동 및 해외원조 관련 논의는

Ghani and Lockhart(2008)를 참고했다. 해외원조의 문제점에 관해서는 Reinikka and Svensson(2004)과 Easterly(2006) 참고.

짐바브웨의 거시경제적 개혁과 인플레이션 관련 문제 논의는 Acemoglu, Johnson, Robinson, and Querubín(2008)을 따랐다. 세바 만디르 사연은 Banerjee, Duflo, and Glennerster(2008)를 참고했다.

브라질 노동당 창당 과정은 Keck(1992)에서 다룬다. 스카냐 노동자 파업은 Keck (1992), 4장 참고. 카르도주는 Keck(1992), 44~45쪽에서 인용했다. 룰라는 Keck (1992), 65쪽에서 인용했다.

후지모리와 몬테시노스의 언론 장악 시도 관련 논의는 McMillan and Zoido(2004)를 참고했으며 중국공산당의 장악 관련 발언은 McGregor(2010), 69쪽에 나온다.

‖ 지도 출처 ‖

지도 1 잉카제국과 도로망 지도는 다음 참고 문헌 내용을 수정해 사용 — John V. Murra(1984), "Andean Societies before 1532," in Leslie Bethell, ed., *The Cambridge History of Latin America, vol. 1*(New York: Cambridge University Press).

미타 권역 출처 — Melissa Dell(2010), "The Persistent Effects of Peru's Mining Mita," *Econometrica* 78:6, 1863~1903.

지도 2 지도에 사용된 자료 출처 — Miriam Bruhn and Francisco Gallego(2010), "The Good, the Bad, and the Ugly: Do They Matter for Economic Development?", *Review of Economics and Statistics*.

지도 3 지도에 사용된 자료 출처 — World Development Indicators(2008), the World Bank.

지도 4 야생 돼지 지도는 다음 문헌 내용을 수정해 사용 — W. L. R. Oliver; I. L. Brisbin, Jr.; and S. Takahashi(1993), "The Eurasian Wild Pig(Sus scrofa)," in W. L. R. Oliver, ed., *Pigs, Peccaries, and Hippos: Status Survey and Action Plan*(Gland, Switzerland: IUCN), 112~121쪽.

야생 소 지도는 다음 문헌의 야생 들소 지도를 수정해 사용 — Cis van Vuure(2005), *Retracing the Aurochs*(Sofia: Pensoft Publishers), 41쪽.

지도 5 다음 문헌 내용을 수정해 사용— Daniel Zohary and Maria Hopf(2001), *The Domestication of Plants in the Old World*, 3rd edition(New York: Oxford University Press), 밀 지도 4, 56쪽; 보리 지도 5, 55쪽.

벼 분포 지도는 다음 문헌 내용을 수정해 사용 — TeTzu Chang(1976), "The Origin, Evolution, Cultivation, Dissemination, and Diversification of Asian and African Rices," *Euphytica* 25, 425~441, 그림 2, 433쪽.

지도 6 쿠바왕국 출처 — Jan Vansina (1978), *The Children of Woot*(Madison: University of

Wisconsin Press), 지도 2, 8쪽.

콩고 출처 — Jan Vansina(1995), "Equatorial Africa Before the Nineteenth Century," in Philip Curtin, Steven Feierman, Leonard Thompson, and Jan Vansina, *African History: From Earliest Times to Independence*(New York: Longman), 지도 8.4, 228쪽.

지도 7   방위 기상 위성 프로그램의 지구 관측 시스템Defense Meteorological Satellite Program's Operational Linescan System(DMSP-OLS) 사용. 현지 시각으로 20:00에서 21:30까지 830km 고도에서 내려다 본 밤하늘 이미지를 전송하는 시스템이다(http://www.ngdc.noaa.gov/dmsp/sensors/ols.html).

지도 8   지도에 사용된 자료 출처 — Jerome Blum(1998), *The End of the Old Order in Rural Europe* (Princeton: Princeton University Press).

지도 9   다음 문헌 내용을 수정해 사용 — Colin Martin and Geoffrey Parker(1988), *The Spanish Armada*(London: Hamilton), i∼ii쪽, 243쪽.

지도 10   다음 문헌 내용을 수정해 사용 — Simon Martin and Nikolai Gribe(2000), *Chronicle of the Maya Kings and Queens: Deciphering the Dynasties of the Ancient Maya*(London: Thames and Hudson), 21쪽.

지도 11   다음 문헌 내용을 수정해 사용 — Mark A. Kishlansky, Patrick Geary, and Patricia O'Brien(1991), *Civilization in the West*(New York: HarperCollins Publishers), 151쪽.

지도 12   소말리아 부족 지도는 다음 문헌 내용을 수정해 사용 — Ioan M. Lewis(2002), *A Modern History of Somalia*(Oxford: James Currey), "Somali ethnic and clan-family distribution 2002".

악숨 지도는 다음 문헌 내용을 수정해 사용 — Kevin Shillington(1995), *History of Africa*, 2nd edition(New York: St. Martin's Press), 지도 5.4, 69쪽.

지도 13   J. R. Walton(1998), "Changing Patterns of Trade and Interaction Since 1500," in R. A. Butlin and R. A. Dodgshon, eds., *An Historical Geography of Europe*(Oxford: Oxford University Press), 그림 15.2, 326쪽.

지도 14   다음 문헌 내용을 수정해 사용 — Anthony Reid(1988), *Southeast Asia in the Age of Commerce, 1450~1680: Volume 1, The Land Below the Winds*(New Haven: Yale University Press), 지도 2, 9쪽.

지도 15   지도에 사용된 자료 출처 — Nathan Nunn(2008), "The Long Term Effects of Africa's Slave Trades," *Quarterly Journal of Economics* 123, no. 1, 139∼176.

지도 16   남아프리카 지도 출처 — A. J. Christopher(2001), *The Atlas of Changing South Africa* (London: Routledge), 그림 1.19, 31쪽.

짐바브웨 지도 출처 — Robin Palmer (1977), *Land and Racial Domination in Rhodesia* (Berkeley: University of California Press), 지도 5, 245쪽.

지도 17   다음 문헌 내용을 수정해 사용 — Alexander Grab(2003), *Napoleon and the Transformation* *of Europe*(London: Palgrave Macmillan), 지도 1, 17쪽; 지도 2, 91쪽.

지도 18 지도에 사용된 자료 출처 — 1840년 미국 인구조사. 국립 역사지리 정보시스템National Historical Geographic Information System에서 다운로드 가능. http://www.nhgis.org/.

지도 19 지도에 사용된 자료 출처 — 1880년 미국 인구조사. 국립 역사지리 정보시스템National Historical Geographic Information System에서 다운로드 가능. http://www.nhgis.org/.

지도 20 지도 출처 — Daron Acemoglu, James A. Robinson, and Rafael J. Santos(2010), "The Monopoly of Violence: Evidence from Colombia," at http://scholar.harvard.edu/jrobinson/files/jr_formationofstate.pdf.

‖ 참고문헌 ‖

Abraham, Arthur, and Habib Sesay (1993). "Regional Politics and Social Service Provision Since Independence." In C. Magbaily Fyle, ed. *The State and the Provision of Social Services in Sierra Leone Since Independence, 1961~1991.* Oxford, U.K.: Codesaria.

Acemoglu, Daron (2005). "Politics and Economics in Weak and Strong States." *Journal of Monetary Economics* 52: 1199~1226.

——(2008). "Oligarchic Versus Democratic Societies." *Journal of European Economic Association* 6: 1~44.

Acemoglu, Daron, Davide Cantoni, Simon Johnson, and James A. Robinson (2010). "From Ancien Régime to Capitalism: The Spread of the French Revolution as a Natural Experiment." In Jared Diamond and James A. Robinson, eds. Natural Experiments in History. Cambridge, Mass.: Harvard University Press.

——(2011). "Consequences of Radical Reform: The French Revolution." *American Economic Review*, forthcoming.

Acemoglu, Daron, Simon Johnson, and James A. Robinson (2001). "The Colonial Origins of Comparative Development: An Empirical Investigation." *American Economic Review* 91: 1369~1401.

——(2002). "Reversal of Fortune: Geography and Institutions in the Making of the Modern World Income Distribution." *Quarterly Journal of Economics* 118: 1231~1294.

——(2003). "An African Success Story: Botswana." In Dani Rodrik, ed. *In Search of Prosperity:*

Analytic Narratives on Economic Growth. Princeton, N.J.: Princeton University Press.

——(2005a). "Rise of Europe: Atlantic Trade, Institutional Change and Economic Growth." *American Economic Review* 95: 546~579.

——(2005b). "Institutions as the Fundamental Cause of Long-Run Growth." In Philippe Aghion and Steven Durlauf, eds. *Handbook of Economic Growth*. Amsterdam: North-Holland.

Acemoglu, Daron, Simon Johnson, James A. Robinson, and Pablo Querubín (2008). "When Does Policy Reform Work? The Case of Central Bank Independence." *Brookings Papers in Economic Activity*, 351~418.

Acemoglu, Daron, Simon Johnson, James A. Robinson, and Pierre Yared (2008). "Income and Democracy." *American Economic Review* 98: 808~842.

——(2009). "Reevaluating the Modernization Hypothesis." *Journal of Monetary Economics* 56: 1043~1058.

Acemoglu, Daron, and James A. Robinson (2000a). "Why Did the West Extend the Franchise? Growth, Inequality and Democracy in Historical Perspective." *Quarterly Journal of Economics* 115: 1167~1199.

——(2000b). "Political Losers as Barriers to Economic Development." *American Economic* Review 90: 126~130.

——(2001). "A Theory of Political Transitions." *American Economic Review* 91: 938~963.

——(2006a). *Economic Origins of Dictatorship and Democracy*. New York: Cambridge University Press.

——(2006b). "Economic Backwardness in Political Perspective." *American Political Science* Review 100: 115~131.

——(2008a). "Persistence of Power, Elites and Institutions." *American Economic Review* 98: 267~293.

——(2008b). "The Persistence and Change of Institutions in the Americas." *Southern Economic Journal* 75: 282~299.

Acemoglu, Daron, James A. Robinson, and Rafael Santos (2010). "The Monopoly of Violence: Evidence from Colombia." Unpublished.

Acemoglu, Daron, and Alex Wolitzky (2010). "The Economics of Labor Coercion." *Econometric*, 79: 555~600.

Aghion, Philippe, and Peter Howitt (2009). *The Economics of Growth*. Cambridge, Mass.: MIT Press.

Alexander, Jocelyn (2006). *The Unsettled Land: State-making and the Politics of Land in Zimbabwe, 1893~2003*. Oxford, U.K.: James Currey.

Allen, Robert C. (2003). *Farm to Factory: A Reinterpretation of the Soviet Industrial Revolution*. Princeton, N.J.: Princeton University Press.

——(2009a). *The British Industrial Revolution in Global Perspective*. New York: Cambridge University Press.

——(2009b). "How Prosperous Were the Romans? Evidence from Diocletian's Price Edict (301 AD)." In Alan Bowman and Andrew Wilson, eds. *Quantifying the Roman Economy: Methods and Problems*. Oxford, U.K.: Oxford University Press.

Alston, Lee J., and Joseph P. Ferrie (1999). *Southern Paternalism and the Rise of the American Welfare State: Economics, Politics, and Institutions in the South*. New York: Cambridge University Press.

Amsden, Alice H. (1992). *Asia's Next Giant*, New York: Oxford Universty Press.

Austen, Ralph A., and Daniel Headrick (1983). "The Role of Technology in the African Past." *African Studies Review* 26: 163~184.

Austin, Gareth (2005). *Labour, Land and Capital in Ghana: From Slavery to Free Labour in Asante, 1807~1956*. Rochester, N.Y.: University of Rochester Press.

Bakewell, Peter J. (1984). *Miners of the Red Mountain: Indian Labor in Potos?, 1545~1650*. Albuquerque: University of New Mexico Press.

——(2009). *A History of Latin America to 1825*. Hoboken, N.J.: WileyBlackwell.

Banerjee, Abhijit V., and Esther Duflo (2011). *Poor Economics: A Radical Rethinking of the Way to Fight Global Poverty*. New York: Public Affairs.

Banerjee, Abhijit V., Esther Duflo, and Rachel Glennerster (2008). "Putting a Band-Aid on a Corpse: Incentives for Nurses in the Indian Public Health Care System." *Journal of the European*

Economic Association 7: 487~500.

Banfield, Edward C. (1958). *The Moral Basis of a Backward Society*. Glencoe, N.Y.: Free Press.

Bang, Peter (2008). *The Roman Bazaar*. New York: Cambridge University Press.

Barker, Graeme (2006). *The Agricultural Revolution in Prehistory: Why Did Foragers Become Farmers?* New York: Oxford University Press.

Bar-Yosef, Ofer, and Avner Belfer-Cohen (1992). "From Foraging to Farming in the Mediterranean Levant." In A. B. Gebauer and T. D. Price, eds. *Transitions to Agriculture in Prehistory*. Madison, Wisc.: Prehistory Press.

Bateman, Fred, and Thomas Weiss (1981). *A Deplorable Scarcity: The Failure of Industrialization in the Slave Economy*. Chapel Hill: University of North Carolina Press.

Bates, Robert H. (1981). *Markets and States in Tropical Africa*. Berkeley: University of California Press.

——(1983). *Essays in the Political Economy of Rural Africa*. New York: Cambridge University Press.

——(1989). *Beyond the Miracle of the Market*. New York: Cambridge University Press.

——(2001). *Prosperity and Violence: The Political Economy of Development*. New York: W.W. Norton.

Benedictow, Ole J. (2004). *The Black Death, 1346~1353: The Complete History*. Rochester, N.Y.: Boydell Press.

Berliner, Joseph S. (1976). *The Innovation Decision in Soviet Industry*. Cambridge, Mass.: Harvard University Press.

Besley, Timothy, and Stephen Coate (1998). "Sources of Inefficiency in a Representative Democracy: A Dynamic Analysis." *American Economic Review* 88: 139~156.

Besley, Timothy, and Torsten Persson (2011). *Pillars of Prosperity: The Political Economics of Development Clusters*. Princeton, N.J.: Princeton University Press.

Bloch, Marc L. B. (1961). *Feudal Society*. 2 vols. Chiacgo: University of Chicago Press.

Blum, Jerome (1943). "Transportation and Industry in Austria, 1815~1848." The Journal of *Modern History* 15: 24~38.

Bogart, Dan, and Gary Richardson (2009). "Making Property Productive: Reorganizing Rights to Real and Equitable Estates in Britain, 1660 to 1830." *European Review of Economic History* 13: 3~30.

——(2011). "Did the Glorious Revolution Contribute to the Transport Revolution? Evidence from Investment in Roads and Rivers." *Economic History Review*. Forthcoming.

Bourguignon, François, and Thierry Verdier (1990). "Oligarchy, Democracy, Inequality and Growth." *Journal of Development Economics* 62: 285~313.

Brenner, Robert (1976). "Agrarian Class Structure and Economic Development in Preindustrial Europe." *Past and Present* 70: 30~75.

——(1993). *Merchants and Revolution*. Princeton, N.J.: Princeton University Press.

Brenner, Robert, and Christopher Isett (2002). "England's Divergence from China's Yangzi Delta: Property Relations, Microeconomics, and Patterns of Development." *Journal of Asian Studies* 61: 609~662.

Brewer, John (1988). *The Sinews of Power: War, Money and the English State, 1688~1773*. Cambridge, Mass.: Harvard University Press.

Briggs, Asa (1959). *Chartist Studies*. London: Macmillan.

Brunton, D., and D. H. Pennignton (1954). *Members of the Long Parliament*. London: George Allen and Unwin.

Bundy, Colin (1979). *The Rise and Fall of the South African Peasantry*. Berkeley: University of California Press.

Burke, Edmund (1790/1969). *Reflections of the Revolution in France*. Baltimore, Md.: Penguin Books.

Cartwright, John R. (1970). *Politics in Sierra Leone 1947~1967*. Toronto: University of Toronto Press.

Casaús Arzú, Marta (2007). *Guatemala: Linaje y Racismo*. 3rd ed., rev. y ampliada. Guatemala City: F&G Editores.

Chaves, Isaías, and James A. Robinson (2010). "Political Consequences of Civil Wars." Unpublished.

Cleary, A. S. Esmonde (1989). *The Ending of Roman Britain*. London: B.T. Batsford Ltd.

Clower, Robert W., George H. Dalton, Mitchell Harwitz, and Alan Walters (1966). *Growth Without Development; an Economic Survey of Liberia*. Evanston: Northwestern University Press.

Coatsworth, John H. (1974). "Railroads, Landholding and Agrarian Protest in the Early Porfiriato." *Hispanic American Historical Review* 54: 48~71.

——(1978). "Obstacles to Economic Growth in Nineteenth-Century Mexico." *American Historical Review* 83: 80~100.

——(2008). "Inequality, Institutions and Economic Growth in Latin America." *Journal of Latin American Studies* 40: 545~69.

Cole, G.D.H., and A. W. Filson, eds. (1951). *British Working Class Movements: Select Documents 1789~1875*. London: Macmillan.

Conning, Jonathan (2010). "On the Causes of Slavery or Serfdom and the Roads to Agrarian Capitalism: Domar's Hypothesis Revisited." Unpublished, Department of Economics, Hunter College, CUNY.

Corti, Egon Caeser (1928). *The Reign of the House of Rothschild*. New York: Cosmopolitan Book Corporation.

Crouzet, François (1985). *The First Industrialists: The Problem of Origins*. New York: Cambridge University Press.

Crummey, Donald E. (2000). *Land and Society in the Christian Kingdom of Ethiopia: From the Thirteenth to the Twentieth Century*. Urbana: University of Illinois Press.

Dalton, George H. (1965). "History, Politics and Economic Development in Liberia." *Journal of Economic History* 25: 569~591.

Dark, K. R. (1994). *Civitas to Kingdom: British Political Continuity 300~800*. Leicester, U.K.: Leicester University Press.

Daunton, Martin J. (1995). *Progress and Poverty: An Economic and Social History of Britain, 1700~1850*. Oxford, U.K.: Oxford University Press.

Davies, Robert W. (1998). *Soviet Economic Development from Lenin to Khrushchev*. New York: Cambridge University Press.

Davies, Robert W., and Stephen G. Wheatcroft (2004). *The Years of Hunger: Soviet Agriculture, 1931~1933*. New York: Palgrave Macmillan.

Davies, Victor A. B. (2007). "Sierra Leone's Economic Growth Performance, 1961~2000." In Benno J. Ndulu et al., eds. *The Political Economy of Growth in Africa, 1960~2000*. Vol. 2. New York: Cambridge University Press.

Dawit Wolde Giorgis (1989). *Red Teas: War, Famine and Revolution in Ethiopia*. Trenton, N.J.: Red Sea Press.

De Callataÿ, François (2005). "The Graeco-Roman Economy in the Super Longrun: Lead, Copper, and Shipwrecks." *Journal of Roman Archaeology* 18: 361~372.

de las Casas, Bartolomé (1992). *A Short Account of the Destruction of the Indies*. New York: Penguin Books.

Dell, Melissa (2010). "The Persistent Effects of Peru's Mining Mita." *Econometrica* 78: 1863~1903.

Denny, Harold (1937). "Stalin Wins Poll by a Vote of 1005." *New York Times*, December 14, 1937, p. 11.

de Sahagún, Bernardino (1975). *Florentine Codex: General History of the Things of New Spain. Book 12: The Conquest of Mexico*. Santa Fe, N.M.: School of American Research.

Diamond, Jared (1997). *Guns, Germs and Steel*. New York: W.W. Norton and Co.

Dobb, Maurice (1963). *Studies in the Development of Capitalism*. Rev. ed. New York: International Publishers.

Dosal, Paul J. (1995). *Power in Transition: The Rise of Guatemala's Industrial Oligarchy, 1871~1994*. Westport, Conn.: Praeger.

Douglas, Mary (1962). "Lele Economy Compared to the Bushong." In Paul Bohannan and George Dalton, eds. *Markets in Africa*. Evanston, Ill.: Northwestern University Press.

——(1963). *The Lele of the Kasai*. London: Oxford University Press.

Doyle, William (2001). *An American Insurrection: The Battle of Oxford Mississippi*. New York: Doubleday.

——(2002). *The Oxford History of the French Revolution*. 2nd ed. New York: Oxford University Press.

Dreyer, Edward L. (2007). *Zheng He: China and the Oceans in the Early Ming Dynasty, 1405~1433*. New York: Pearson Longman.

Du Bois, W.E.B. (1903). *The Souls of Black Folk*. New York: A.C. McClurg & Company.

Dunn, Richard S. (1969). "The Barbados Census of 1680: Profile of the Richest Colony in English America." *William and Mary Quarterly* 26: 3~30.

DuPlessis, Robert S. (1997). *Transitions to Capitalism in Early Modern Europe*. New York: Cambridge University Press.

Easterly, William (2006). *The White Man's Burden: Why the West's Efforts to Aid the Rest Have Done So Much Ill and So Little Good*. New York: Oxford University Press.

Elton, Geoffrey R. (1953). *The Tudor Revolution in Government*. New York: Cambridge University Press.

Engerman, Stanley L. (2007). *Slavery, Emancipation & Freedom: Comparative Perspectives*. Baton Rouge: University of Lousiana Press.

Engerman, Stanley L., and Kenneth L. Sokoloff (1997). "Factor Endowments, Institutions, and Differential Paths of Growth Among New World Economies." In Stephen H. Haber, ed. *How Latin America Fell Behind*. Stanford, Calif.: Stanford University Press.

——(2005). "The Evolution of Suffrage Institutions in the New World." *Journal of Economic History* 65: 891~921.

Evans, Eric J. (1996). *The Forging of the Modern State: Early Industrial Britain, 1783~1870*. 2nd ed. New York: Longman.

Evans, Peter B. (1995). *Embedded Autonomy: States and Industrial Transformation*. Princeton, N.J.: Princeton University Press.

Ewald, Janet (1988). "Speaking, Writing and Authority: Explorations in and from the Kingdom of Taqali." *Comparative Studies in History and Society* 30: 199~224.

Fagan, Brian (2003). *The Long Summer: How Climate Changed Civilization*. New York: Basic Books.

Faulkner, Neil (2000). *The Decline and Fall of Roman Britain*. Stroud, U.K.: Tempus Publishers.

Feinstein, Charles H. (2005). *An Economic History of South Africa: Conquest, Discrimination and Development*. New York: Cambridge University Press.

Ferguson, Niall (1998). *The House of Rothschild: Vol. 1: Money's Prophets, 1798~1848*. New York: Viking.

Fergusson, Leopoldo (2010). "The Political Economy of Rural Property Rights and the Persistance of the Dual Economy." Unpublished. http://economia.uniandes.edu.co.

Finley, Moses (1965). "Technical Innovation and Economic Progress in the Ancient World." *Economic History Review* 18: 29~4.

——(1999). *The Ancient Economy*. Berkeley: University of California Press.

Fischer, David H. (1989). *Albion's Seed: Four British Folkways in America*. New York: Oxford University Press.

Fogel, Robert W., and Stanley L. Engerman (1974). *Time on the Cross: The Economics of American Negro Slavery*. Boston: Little, Brown.

Foley, James A. (2003). *Korea's Divided Families: Fifty Years of Separation*. New York: Routledge.

Freudenberger, Herman (1967). "The State as an Obstacle to Economic Growth in the Hapsburg Monarchy." *Journal of Economic History* 27: 493~509.

Galenson, David W. (1996). "The Settlement and Growth of the Colonies: Population, Labor and Economic Development." In Stanley L. Engerman and Robert E. Gallman, eds. *The Cambridge Economic History of the United States, Volume I: The Colonial Era*. New York: Cambridge University Press.

Ganson, Barbara (2003). *The Guaraní Under Spanish Rule in the Río de la Plata*. Palo Alto, Calif.: Stanford University Press.

García-Jimeno, Camilo, and James A. Robinson (2011). "The Myth of the Frontier." In Dora L. Costa and Naomi R. Lamoreaux, eds. *Understanding Long-Run Economic Growth*. Chicago: University of Chicago Press.

Gerschenkron, Alexander (1970). *Europe in the Russian Mirror*. New York: Cambridge University Press.

Ghani, Ashraf, and Clare Lockhart (2008). *Fixing Failed States: A Framework for Rebuilding a Fractured World*. New York: Oxford University Press.

Gibson, Charles (1963). *The Aztecs Under Spanish Rule*. New York: Cambridge University Press.

Goldstein, Marcus, and Christopher Udry (2008). "The Profits of Power: Land Rights and Agricultural Investment in Ghana." *Journal of Political Economy* 116: 981~1022.

Goldsworthy, Adrian K. (2009). *How Rome Fell: Death of a Superpower*. New Haven, Conn.: Yale University Press.

Goody, Jack (1971). *Technology, Tradition and the State in Africa*. New York: Cambridge University Press.

Gregory, Paul R., and Mark Harrison (2005). "Allocation Under Dictatorship: Research in Stalin's Archives." *Journal of Economic Literature* 43: 721~761.

Grieb, Kenneth J. (1979). *Guatemalan Caudillo: The Regime of Jorge Ubico, 1931~1944*. Athens: Ohio University Press.

Gross, Nachum T. (1973). "The Habsburg Monarchy, 1750~1914." In Carlo M. Cipolla, ed. *The Fontana Economic History of Europe*. Glasgow, U.K.: William Collins Sons and Co.

Guiso, Luigi, Paola Sapienza, and Luigi Zingales (2006). "Does Culture Affect Economic Outcomes?" *Journal of Economic Perspectives* 20: 23~48.

Haber, Stephen H. (2010). "Politics, Banking, and Economic Development: Evidence from New World Economies." In Jared Diamond and James A. Robinson, eds. *Natural Experiments of History*. Cambridge, Mass.: Belknap Press of Harvard University Press.

Haber, Stephen H., Herbert S. Klein, Noel Maurer, and Kevin J. Middlebrook (2008). *Mexico Since 1980*. New York: Cambridge University Press.

Haber, Stephen H., Noel Maurer, and Armando Razo (2003). *The Politics of Property Rights: Political Instability, Credible Commitments, and Economic Growth in Mexico, 1876~1929*. New York: Cambridge University Press.

Haggard, Stephan (1990). *Pathways from the Periphery: The Politics of Growth in the Newly Industrializing Countries*. Ithaca, N.Y.: Cornell University Press.

Halliday, Fred, and Maxine Molyneux (1981). *The Ethiopian Revolution*. London: Verso.

Hanna, Willard (1978). *Indonesian Banda: Colonialism and Its Aftermath in the Nutmeg Islands*. Philadelphia: Institute for the Study of Human Issues.

Harding, Harry (1987). *China's Second Revolution: Reform After Mao*. Washington, D.C.: Brookings Institution Press.

Harrison, Lawrence E., and Samuel P. Huntington, eds. (2000). *Culture Matters: How Values Shape Human Progress*. New York: Basic Books.

Hassig, Ralph C., and Kongdan Oh (2009). *The Hidden People of North Korea: Everyday Life in the Hermit Kingdom*. Lanham, Md.: Rowman and Littlefield Publishers.

Hatcher, John (2008). *The Black Death: A Personal History*. Philadelphia: Da Capo Press.

Heath, Dwight (1972). "New Patrons for Old: Changing Patron-Client Relations in the Bolivian Yungas." In Arnold Strickton and Sidney Greenfield, eds. *Structure and Process in Latin America*. Albuquerque: University of New Mexico Press.

Heinicke, Craig (1994). "African-American Migration and Mechanized Cotton Harvesting, 1950~1960." *Explorations in Economic History* 31: 501~520.

Helmke, Gretchen (2004). *Courts Under Constraints: Judges, Generals, and Presidents in Argentina*. New York: Cambridge University Press.

Hemming, John (1983). *The Conquest of the Incas*. New York: Penguin Books.

Herbst, Jeffrey I. (2000). *States and Power in Africa*. Princeton, N.J.: Princeton University Press.

Hill, Christopher (1961). *The Century of Revolution, 1603~1714*. New York: W. W. Norton and Co.

——(1980). "A Bourgeois Revolution?" In Lawrence Stone, ed. *The British Revolutions: 1641, 1688, 1776*. Princeton, N.J.: Princeton University Press.

Hilton, Anne (1985). *The Kingdom of Kongo*. New York: Oxford University Press.

Hilton, Rodney (2003). *Bond Men Made Free: Medieval Peasant Movements and the English Rising of 1381*. 2nd ed. New York: Routledge.

Hirst, John B. (1983). *Convict Society and Its Enemies*: A History of Early New South Wales. Boston: Allen and Unwin.

—(1988). *The Strange Birth of Colonial Democracy: New South Wales, 1848~1884*. Boston: Allen and Unwin.

—(2003). *Australia's Democracy: A Short History*. London: Allen and Unwin.

Hopkins, Anthony G. (1973). *An Economic History of West Africa*. New York: Addison Wesley Longman.

Hopkins, Keith (1980). "Taxes and Trade in the Roman Empire, 200 BC~400 AD." *Journal of Roman Studies* LXX: 101~125.

Horrox, Rosemary, ed. (1994). *The Black Death*. New York: St. Martin's Press.

House of Commons (1904). "Papers Relating to the Construction of Railways in Sierra Leone, Lagos and the Gold Coast."

Hu-DeHart, Evelyn (1984). *Yaqui Resistance and Survival: The Struggle for Land and Autonomy, 1821~1910*. Madison: University of Wisconsin Press.

Iaryczower, Matías, Pablo Spiller, and Mariano Tommasi (2002). "Judicial Independence in Unstable Environments: Argentina 1935~1998." *American Journal of Political Science* 46: 699~716.

Inikori, Joseph (1977). "The Import of Firearms into West Africa, 1751~1807." *Journal of African History* 18: 339~368.

International Crisis Group (2005). "Uzbekistan: The Andijon Uprising," Asia Briefing No. 38, www.crisisgroup.org/en/regions/asia/central-asia/uzbekistan/ B038-uzbekistan-the-andijon-uprising.aspx.

Israel, Paul (2000). *Edison: A Life of Invention*. Hoboken, N.J.: John Wiley and Sons.

Iwata, Masakazu (1964). *Ōkubo Toshimichi: The Bismarck of Japan*. Berkeley: University of California Press.

Jackson, Michael (2004). *In Sierra Leone*. Durham, N.C.: Duke University Press.

Jansen, Marius B. (2000). *The Making of Modern Japan*. Cambridge, Mass.: Harvard University Press.

Jászi, Oscar (1929). *The Dissolution of the Habsburg Monarchy*. Chicago: University of Chicago

Press.

Johnson, Chalmers A. (1982). *MITI and the Japanese Miracle: The Growth of Industrial Policy, 1925~1975*. Palo Alto, Calif.: Stanford University Press.

Jones, A.M.H. (1964). *The Later Roman Empire*. Volume 2. Oxford, U.K.: Basil Blackwell.

Jones, Eric L. (2003). *The European Miracle: Environments, Economies and Geopolitics in the History of Europe and Asia*. 3rd ed. New York: Cambridge University Press.

Jongman, Willem M. (2007). "Gibbon Was Right: The Decline and Fall of the Roman Economy." In O. Hekster et al., eds. *Crises and the Roman Empire*. Leiden, the Netherlands: BRILL.

Josephson, Matthew (1934). *The Robber Barons*. Orlando, Fla.: Harcourt.

Kandiyoti, Deniz (2008). "Invisible to the World? The Dynamics of Forced Child Labour in the Cotton Sector of Uzbekistan." Unpublished. School of Oriental and Africa Studies.

Kapuściński, Ryszard (1983). *The Emperor: Downfall of an Autocrat*. San Diego: Harcourt Brace Jovanovich.

Keck, Margaret E. (1992). *The Workers' Party and Democratization in Brazil*. New Haven, Conn.: Yale University Press.

Keen, David (2005). *Conflict and Collusion in Sierra Leone*. New York: Palgrave Macmillan.

Kelley, Jonathan, and Herbert S. Klein (1980). *Revolution and the Rebirth of Inequality: A Theory of Inequality and Inherited Privilege Applied to the Bolivian National Revolution*. Berkeley: University of California Press.

Keyssar, Alexander (2009). The Right to Vote: *The Contested History of Democracy in the United States*. Revised Edition. New York: Basic Books.

Killick, Tony (1978). *Development Economics in Action*. London: Heinemann.

Knight, Alan (2011). Mexico: *The Nineteenth and Twentieth Centuries*. New York: Cambridge University Press.

Knights, Mark (2010). "Participation and Representation Before Democracy: Petitions and Addresses in Premodern Britain." In Ian Shapiro, Susan C. Stokes, Elisabeth Jean Wood, and Alexander S. Kirshner, eds. *Political Representation*. New York: Cambridge University Press.

Kropotkin, Peter (2009). *Memoirs of a Revolutionary*. New York: Cosimo.

Kupperman, Karen O. (2007). *The Jamestown Project*. Cambridge, Mass.: Belknap Press of Harvard University Press.

Landes, David S. (1999). *The Wealth and Poverty of Nations: Why Some Are So Rich and Some So Poor*. New York: W. W. Norton and Co.

Lane, Frederick C. (1973). *Venice: A Maritime Republic*. Baltimore, Md.: Johns Hopkins University Press.

La Porta, Rafael, Florencio Lopez-de-Silanes, and Andrei Shleifer (2008). "The Economic Consequences of Legal Origins." *Journal of Economic Literature* 46: 285~332.

Law, Robin C. (1977). *The Oyo Empire, c.1600~c.1836: West African Imperialism in the Era of the Atlantic Slave Trade*. Oxford, UK: The Clarendon Press.

——(1980). "Wheeled Transportation in Pre-Colonial West Africa." *Africa* 50: 249~262.

——, ed. (1995). *From Slave Trade to "Legitimate" Commerce: The Commercial Transition in Nineteenth-century West Africa*. New York: Cambridge University Press.

Leith, Clark J. (2005). *Why Botswana Prospered*. Montreal: McGill University Press.

Lenger, Friedrich (2004). "Economy and Society." In Jonathan Sperber, ed. *The Shorter Oxford History of Germany: Germany 1800~1870*. New York: Oxford University Press.

León, Juanita (2009). *Country of Bullets: Chronicles of War*. Albuquerque: University of New Mexico Press.

Lerner, Abba P. (1972). "The Economics and Politics of Consumer Sovereignty." *American Economic Review* 62: 258~266.

Levy, David M., and Sandra J. Peart (2009). "Soviet Growth and American Textbooks." Unpublished.

Lewis, I. M. (1961). *A Pastoral Democracy*. Oxford, U.K.: Oxford University Press.

——(2002). *A Modern History of the Somali*. 4th ed. Oxford, U.K.: James Currey.

Lewis, W. Arthur (1954). "Economic Development with Unlimited Supplies of Labour."

Manchester School of Economic and Social Studies 22: 139~191.

Lindert, Peter H. (2004). *Growing Public. Volume 1: Social Spending and Economic Growth Since the Eighteenth Century*. New York: Cambridge University Press.

——(2009). *Growing Public. Volume 2: Further Evidence: Social Spending and Economic Growth Since the Eighteenth Century*. New York: Cambridge University Press.

Lipset, Seymour Martin (1959). "Some Social Requisites of Democracy: Economic Development and Political Legitimacy." *American Political Science Review* 53: 69~105.

Lipset, Seymour Martin, and Stein Rokkan, eds. (1967). *Party System and Voter Alignments*. New York: Free Press.

López, Claudia, ed. (2010). *Y Refundaron la Patria...de cómo mafiosos y políticos reconfiguraron el Estado Colombiano*. Bogotá: Corporación Nuevo Arco Iris: Intermedio.

Lovejoy, Paul E. (2000). *Transformations in Slavery: A History of Slavery in Africa*. 2nd ed. New York: Cambridge University Press.

MacFarquhar, Roderick, and Michael Schoenhals (2008). *Mao's Last Revolution*. Cambridge, Mass.: Harvard University Press.

Mann, Michael (1986). *The Sources of Social Power. Volume 1: A History of Power from the Beginning to A.D. 1760*. New York: Cambridge University Press.

——(1993). *The Sources of Social Power. Volume 2: The Rise of Classes and Nation-states, 1760~1914*. New York: Cambridge University Press.

Manning, Patrick (1990). *Slavery and African Life: Occidental, Oriental, and African Slave Trades*. New York: Cambridge University Press.

Mantoux, Paul (1961). *The Industrial Revolution in the Eighteenth Century*. Rev. ed. New York: Harper and Row.

Martin, Simon, and Nikolai Grube (2000). *Chronicle of the Maya Kings and Queens: Deciphering the Dynasties of the Ancient Maya*. New York: Thames and Hudson.

Martinez, José (2002). *Carlos Slim: Retrato Inédito*. Mexico City: Editorial Oceano.

Masire, Quett K. J. (2006). *Very Brave or Very Foolish? Memoirs of an African Democrat*.

Gaborone, Botswana: Macmillan.

McCreery, David J. (1994). *Rural Guatemala, 1760~1940*. Palo Alto, Calif.: Stanford University Press.

McGregor, Richard (2010). *The Party: The Secret World of China's Communist Rulers*. New York: Harper.

McMillan, John, and Pablo Zoido (2004). "How to Subvert Democracy: Montesinos in Peru." *Journal of Economic Perspectives* 18: 69~92.

Melbourne, Alexander C. V. (1963). *Early Constitutional Development in Australia: New South Wales 1788~1856; Queensland 1859~1922*. With notes to 1963 by the editor. Edited and introduced by R. B. Joyce. 2nd ed. St. Lucia: University of Queensland Press.

Meredith, Martin (2007). *Mugabe: Power, Plunder, and the Struggle for Zimbabwe's Future*. New York: Public Affairs Press.

Michels, Robert (1962). *Political Parties: A Sociological Study of the Oligarchical Tendencies of Modern Democracy*. New York: Free Press.

Mickey, Robert W. (2008). *Paths out of Dixie: The Democratization of Authoritarian Enclaves in America's Deep South, 1944~1972*. Unpublished book manuscript.

Migdal, Joel S. (1988). *Strong Societies and Weak States: State-Society Relations and State Capabilities in the Third World*. Princeton, N.J.: Princeton University Press.

Mithen, Stephen (2006). *After the Ice: A Global Human History 20,000~5000 BC*. Cambridge, Mass.: Harvard University Press.

Mokyr, Joel (1990). *The Lever of Riches: Technological Creativity and Economic Progress*. New York: Oxford University Press.

—(2009). *The Enlightened Economy*. New York: Penguin.

Moore, Andrew M. T., G. C. Hillman, and A. J. Legge (2000). *Village on the Euphrates: From Foraging to Farming at Abu Hureyra*. New York: Oxford University Press.

Morgan, Edmund S. (1975). *American Slavery, American Freedom: The Ordeal of Colonial Virginia*. New York: W. W. Norton and Co.

Munro-Hay, Stuart C. (1991). *Aksum: An African Civilisation of Late Antiquity*. Edinburgh: Edinburgh University Press.

Myers, Ramon H., and Yeh-Chien Wang (2002). "Economic Developments, 1644~1800." In Willard J. Peterson, ed. *The Cambridge History of China. Volume 9, Part 1: The Ch'ing Empire to 1800*. New York: Cambridge University Press.

Naidu, Suresh (2009). "Suffrage, Schooling, and Sorting in the Post-Bellum South." Unpublished. Department of Economics, Columbia University. Available at tuvalu.santafe.edu/~snaidu/papers/suffrage_sept_16_2010_combined.pdf.

Narayan, Deepa, ed. (2002). *Empowerment and Poverty Reduction: A Sourcebook*. Washington, D.C.: The World Bank.

Neal, David (1991). *The Rule of Law in a Penal Colony*. New York: Cambridge University Press.

Neale, J. E. (1971). *Elizabeth I and Her Parliaments, 1559~1581*. London: Cape.

Nogal, C. ?lvarez, and Leandro Prados de la Escosura (2007). "The Decline of Spain(1500~1850): Conjectural Estimates." *European Review of Economic History* 11: 319~366.

North, Douglass C. (1982). *Structure and Change in Economic History*. New York: W. W. Norton and Co.

North, Douglass C., and Robert P. Thomas (1973). *The Rise of the Western World: A New Economic History*. New York: Cambridge University Press.

North, Douglass C., John J. Wallis, and Barry R. Weingast (1989). *Violence and Social Orders: A Conceptual Framework for Interpreting Recorded Human History*. Princeton, N.J.: Princeton University Press.

North, Douglass C., and Barry R. Weingast (1989). "Constitutions and Commitment: Evolution of Institutions Governing Public Choice in 17th Century England." *Journal of Economic History* 49: 803~832.

Nove, Alec (1992). *An Economic History of the USSR 1917~1991*. 3rd ed. New York: Penguin Books.

Nugent, Jeffrey B., and James A. Robinson (2010). "Are Endowments Fate? On the Political Economy of Comparative Institutional Development." *Revista de Historia Económica(Journal of Iberian and Latin American Economic History)* 28: 45~82.

Nunn, Nathan (2008). "The Long-Term Effects of Africa's Slave Trades." *Quarterly Journal of Economics* 123: 139~176.

Nunn, Nathan, and Leonard Wantchekon (2011). "The Slave Trade and the Origins of Mistrust in Africa," forthcoming in the *American Economic Review*.

O'Brien, Patrick K., Trevor Griffiths, and Philip Hunt (1991). "Political Components of the Industrial Revolution: Parliament and the English Cotton Textile Industry, 1660~1774." *Economic History Review*, New Series 44: 395~423.

Ogilvie, Sheilagh (2011). *Institutions and European Trade: Merchant Guilds 1000~1500*. New York: Cambridge University Press.

Olson, Mancur C. (1984). *The Rise and Decline of Nations: Economic Growth, Stagflation, and Social Rigidities*. New Haven, Conn.: Yale University Press.

O'Rourke, Kevin H., and Jeffrey G. Williamson (2002). "After Columbus: Explaining the Global Trade Boom 1500~1800." *Journal of Economic History* 62: 417~456.

Owen, E. Roger (1981). *The Middle East in the World Economy, 1800~1914*. London: Methuen and Co.

Owen, E. Roger, and Sؘevket Pamuk (1999). *A History of Middle East Economies in the Twentieth Century*. Cambridge, Mass.: Harvard University Press.

Owen, Thomas C. (1991). *The Corporation Under Russian Law, 1800~1917*. New York: Cambridge University Press.

Palmer, Robin H. (1977). *Land and Racial Domination in Rhodesia*. Berkeley: University of California Press.

Palmer, Robin H., and Q. Neil Parsons, eds. (1977). *The Roots of Rural Poverty in Central and Southern Africa*. London: Heinemann Educational.

Pamuk, Şevket (2006). "Estimating Economic Growth in the Middle East Since 1820." *Journal of Economic History* 66: 809~828.

Pan, Philip P. (2008). *Out Of Mao's Shadow: The Struggle for the Soul of a New China*. New York: Simon & Schuster.

Pankhurst, Richard (1961). *An Introduction to the Economic History of Ethiopia, from Early Times to 1800*. London: Lalibela House.

Parsons, Q. Neil (1998). *King Khama, Emperor Joe and the Great White Queen*. Chicago: University of Chicago Press.

Parsons, Q. Neil, Willie Henderson, and Thomas Tlou (1995). *Seretse Khama, 1921~1980*. Bloemfontein, South Africa: Macmillan.

Perkins, Dwight H., Steven Radelet, and David L. Lindauer (2006). *Development Economics*. 6th ed. New York: W. W. Norton and Co.

Pettigrew, William (2007). "Free to Enslave: Politics and the Escalation of Britain's Transatlantic Slave Trade, 1688~1714." *William and Mary Quarterly*, 3rd ser., LXIV: 3~37.

——(2009). "Some Underappreciated Connections Between Constitutional Change and National Economic Growth in England, 1660~1720." Unpublished paper. Department of History, University of Kent, Canterbury.

Phillipson, David W. (1998). *Ancient Ethiopia: Aksum, Its Antecedents and Successors*. London: British Museum Press.

Pincus, Steven C. A. (2009). *1688: The First Modern Revolution*. New Haven, Conn.: Yale University Press.

Pincus, Steven C. A., and James A. Robinson (2010). "What Really Happened During the Glorious Revolution?" Unpublished. http://scholar.harvard.edu/jrobinson.

Pintner, Walter M. (1967). *Russian Economic Policy Under Nicholas* I. Ithaca, N.Y.: Cornell University Press.

Post, Jerrold M. (2004). *Leaders and Their Followers in a Dangerous World: The Psychology of Political Behavior*. Ithaca, N.Y.: Cornell University Press.

Price, David A. (2003). *Love and Hate in Jamestown: John Smith, Pocahontas, and the Heart of a New Nation*. New York: Knopf.

Puga, Diego, and Daniel Trefler (2010). "International Trade and Domestic Institutions: The Medieval Response to Globalization." Unpublished. Department of Economics, University of Toronto.

Putnam, Robert H., Robert Leonardi, and Raffaella Y. Nanetti (1994). *Making Democracy Work:*

Civic Traditions in Modern Italy. Princeton, N.J.: Princeton University Press.

Ransom, Roger L., and Richard Sutch (2001). *One Kind of Freedom: The Economic Consequences of Emancipation*. 2nd ed. New York: Cambridge University Press.

Reid, Anthony (1993). *Southeast Asia in the Age of Commerce, 1450~1680. Volume 2: Expansion and Crisis*. New Haven, Conn.: Yale University Press.

Reinikka, Ritva, and Jacob Svensson (2004). "Local Capture: Evidence from a Central Government Transfer Program in Uganda." *Quarterly Journal of Economics*, 119: 679~705.

Relea, Francesco (2007). "Carlos Slim, Liderazgo sin Competencia." In Jorge Zepeda Patterson, ed. *Los amos de México: los juegos de poder a los que sólo unos pocos son invitados*. Mexico City: Planeta Mexicana.

Reno, William (1995). *Corruption and State Politics in Sierra Leone*. New York: Cambridge University Press.

— (2003). "Political Networks in a Failing State: The Roots and Future of Violent Conflict in Sierra Leone," *IPG* 2: 44~66.

Richards, Paul (1996). *Fighting for the Rainforest: War, Youth and Resources in Sierra Leone*. Oxford, U.K.: James Currey.

Robbins, Lionel (1935). *An Essay on the Nature and Significance of Economic Science*. 2nd ed. London: Macmillan.

Robinson, Eric (1964). "Matthew Boulton and the Art of Parliamentary Lobbying." *The Historical Journal* 7: 209~229.

Robinson, James A. (1998). "Theories of Bad Policy." *Journal of Policy Reform* 1, 1~46.

Robinson, James A, and Q. Neil Parsons (2006). "State Formation and Governance in Botswana." *Journal of African Economies* 15, AERC Supplement (2006): 100~140.

Rock, David (1992). *Argentina 1516~1982: From Spanish Colonization to the Falklands War*. Berkeley: University of California Press.

Romero, Mauricio (2003). *Paramilitares y autodefensas, 1982~2003*. Bogotá: Editorial Planeta Colombiana.

——, ed. (2007). *Para Política: La Ruta de la Expansión Paramilitar y los Acuerdos Políticos*, Bogotá: Corporación Nuevo Arco Iris: Intermedio.

Sachs, Jeffery B. (2006). *The End of Poverty: Economic Possibilities for Our Time*. New York: Penguin.

Sahlins, Marshall (1972). *Stone Age Economics*. Chicago: Aldine.

Saunders, David (1992). *Russia in the Age of Reaction and Reform, 1801~1881*. New York: Longman.

Savage-Smith, Emily (2003). "Islam." In Roy Porter, ed. *The Cambridge History of Science. Volume 4: Eighteenth-Century Science*. New York: Cambridge University Press.

Sawers, Larry (1996). *The Other Argentina: The Interior and National Development*. Boulder: Westview Press.

Schapera, Isaac (1940). "The Political Organization of the Ngwato of Bechuanaland Protectorate." In E. E. Evans-Pritchard and Meyer Fortes, eds. *African Political Systems*. Oxford, U.K.: Oxford University Press.

—— (1952). *The Ethnic Composition of the Tswana Tribes*. London: London School of Economics and Political Science.

—— (1970). *Tribal Innovators: Tswana Chiefs and Social Change 1795~1940*. London: The Athlone Press.

Schoenhals, Michael, ed. (1996). *China's Cultural Revolution, 1966~1969*. Armonk, N.Y.: M.E. Sharpe.

Sfakianakis, John (2004). "The Whales of the Nile: Networks, Businessmen and Bureaucrats During the Era of Privatization in Egypt." In Steven Heydemann, ed. *Networks of Privilege in the Middle East*. New York: Palgrave Macmillan.

Sharp, Kevin (1992). *The Personal Rule of Charles I*. New Haven, Conn.: Yale University Press.

Sheridan, Richard B. (1973). *Sugar and Slaves: An Economic History of the British West Indies 1623~1775*. Baltimore, Md.: Johns Hopkins University Press.

Sidrys, Raymond, and Rainer Berger (1979). "Lowland Maya Radiocarbon Dates and the Classic Maya Collapse." *Nature* 277: 269~77.

Smith, Bruce D. (1998). *Emergence of Agriculture*. New York: Scientific American Library.

Sokoloff, Kenneth L. (1988). "Inventive Activity in Early Industrial America: Evidence from Patent Records, 1790~1846." *Journal of Economic History* 48: 813~830.

Sokoloff, Kenneth L., and B. Zorina Khan (1990). "The Democratization of Invention During Early Industrialization: Evidence from the United States, 1790~1846." *Journal of Economic History* 50: 363~378.

Steffens, Lincoln (1931). *The Autobiography of Lincoln Steffens*. New York: Harcourt, Brace and Company.

Stevens, Donald F. (1991). *Origins of Instability in Early Republican Mexico*. Durham, N.C.: Duke University Press.

Stone, Lawrence (2001). *The Causes of the English Revolution, 1529~1642*. New York: Routledge.

Tabellini, Guido (2010). "Culture and Institutions: Economic Development in the Regions of Europe." *Journal of the European Economic Association* 8, 677~716.

Tarbell, Ida M. (1904). *The History of the Standard Oil Company*. New York: McClure, Phillips.

Tawney, R. H. (1941). "The Rise of the Gentry." *Economic History Review* 11: 1~38.

Temin, Peter, and Hans-Joachim Voth (2008). "Private Borrowing During the Financial Revolution: Hoare's Bank and Its Customers, 1702~24." *Economic History Review* 61: 541~564.

Thompson, E. P. (1975). *Whigs and Hunters: The Origin of the Black Act*. New York: Pantheon Books.

Thompson, I.A.A. (1994a). "Castile: Polity, Fiscality and Fiscal Crisis." In Philip T. Hoffman and Kathryn Norberg, eds. *Fiscal Crisis, Liberty, and Representative Government 1450~1789*. Palo Alto, Calif.: Stanford University Press.

— (1994b). "Castile: Absolutism, Constitutionalism and Liberty." In Philip T. Hoffman and Kathryn Norberg, eds. *Fiscal Crisis, Liberty, and Representative Government 1450~1789*. Palo Alto, Calif.: Stanford University Press.

Thornton, John (1983). *The Kingdom of Kongo: Civil War and Transition, 1641~1718*. Madison: University of Wisconsin Press.

Todkill, Anas (1885). *My Lady Pocahontas: A True Relation of Virginia. Writ by Anas Todkill, Puritan and Pilgrim*. Boston: Houghton, Mifflin and Company.

Truth and Reconciliation Commission (2004). *Final Report of the Truth and Reconciliation Commission of Sierra Leone*. Freetown.

Vansina, Jan (1978). *The Children of Woot: A History of the Kuba People*. Madison: University of Wisconsin Press.

Wade, Robert H. (1990). *Governing the Market: Economic Theory and the Role of Government in East Asian Industrialization*. Princeton, N.J.: Princeton University Press.

Wallerstein, Immanuel (1974~2011). *The Modern World System*. 4 Vol. New York: Academic Press.

Ward-Perkins, Bryan (2006). *The Fall of Rome and the End of Civilization*. New York: Oxford University Press.

Weber, Max (2002). *The Protestant Ethic and the Spirit of Capitalism*. New York: Penguin.

Webster, David L. (2002). *The Fall of the Ancient Maya*. New York: Thames and Hudson.

Webster, David L., Ann Corinne Freter, and Nancy Gonlin (2000). *Copan: The Rise and Fall of an Ancient Maya Kingdom*. Fort Worth, Tex.: Harcourt College Publishers.

Wheatcroft, Stephen G., and Robert W. Davies (1994a). "The Crooked Mirror of Soviet Economic Statistics." In Robert W. Davies, Mark Harrison, and Stephen G. Wheatcroft, eds. *The Economic Transformation of the Soviet Union, 1913~1945*. New York: Cambridge University Press.

—— (1994b). "Population." In Robert W. Davies, Mark Harrison, and Stephen G. Wheatcroft, eds. *The Economic Transformation of the Soviet Union, 1913~1945*. New York: Cambridge University Press.

Wiener, Jonathan M. (1978). *Social Origins of the New South: Alabama, 1860~1885*. Baton Rouge: Louisiana State University Press.

Williamson, John (1990). *Latin American Adjustment: How Much Has Happened?* Washington, D.C.: Institute of International Economics.

Wilson, Francis (1972). *Labour in the South African Gold Mines, 1911~1969*. New York: Cambridge University Press.

Wilson, Woodrow (1913). *The New Freedom: A Call for the Emancipation of the Generous Energies of a People*. New York: Doubleday.

Woodward, C. Vann (1955). *The Strange Career of Jim Crow*. New York: Oxford University Press.

Woodward, Ralph L. (1966). *Class Privilege and Economic Development: The Consulado de Comercio of Guatemala, 1793~1871*. Chapel Hill: University of North Carolina Press.

Wright, Gavin (1978). *The Political Economy of the Cotton South: Households, Markets, and Wealth in the Nineteenth Century*. New York: Norton.

——(1986). *Old South, New South: Revolutions in the Southern Economy Since the Civil War*. New York: Basic Books.

——(1999). "The Civil Rights Movement as Economic History." *Journal of Economic History* 59: 267~289.

Zahedieh, Nuala (2010). *The Capital and the Colonies: London and the Atlantic Economy, 1660~1700*. New York: Cambridge University Press.

Zewde, Bahru (2002). *History of Modern Ethiopia, 1855~1991*. Athens: Ohio University Press.

Zohary, Daniel, and Maria Hopf (2001). *Domestication of Plants in the Old World: The Origin and Spread of Cultivated Plants in West Asia, Europe, and the Nile Valley*. Third Edition, New York: Oxford University Press.

국가는 왜 실패하는가

초판 1쇄 발행일 2012년 9월 27일
초판 24쇄 발행일 2024년 10월 25일

지은이 대런 애쓰모글루 · 제임스 A. 로빈슨
옮긴이 최완규

발행인 조윤성

편집 최안나 **디자인** 윤정우
발행처 ㈜SIGONGSA **주소** 서울시 성동구 광나루로 172 린하우스 4층(우편번호 04791)
대표전화 02-3486-6877 **팩스(주문)** 02-585-1755
홈페이지 www.sigongsa.com / www.sigongjunior.com

글 ⓒ 대런 애쓰모글루 · 제임스 A. 로빈슨, 2012

이 책의 출판권은 ㈜SIGONGSA에 있습니다. 저작권법에 의해
한국 내에서 보호받는 저작물이므로 무단 전재와 무단 복제를 금합니다.

ISBN 978-89-527-6698-4 03300

*SIGONGSA는 시공간을 넘는 무한한 콘텐츠 세상을 만듭니다.
*SIGONGSA는 더 나은 내일을 함께 만들 여러분의 소중한 의견을 기다립니다.
*잘못 만들어진 책은 구입하신 곳에서 바꾸어 드립니다.

WEPUB 원스톱 출판 투고 플랫폼 '위펍' __wepub.kr
위펍은 다양한 콘텐츠 발굴과 확장의 기회를 높여주는
SIGONGSA의 출판IP 투고·매칭 플랫폼입니다.

이 책에 쏟아진 찬사

실로 대단한 책이다. 애쓰모글루와 로빈슨은 사회과학 분야에서 수 세기 동안 수많은 사상가를 괴롭혔던 가장 중요한 문제 중 하나와 씨름하며 간단하면서도 강력한 해답을 제시한다. 역사, 정치학, 경제학이 한데 어우러진 멋진 책이며 경제 발전에 관한 당신의 생각을 완전히 바꾸어놓을 것이다. 이 책 《국가는 왜 실패하는가》는 필독서다.

_ 스티븐 레빗, 《괴짜경제학》 저자

이 책은 간단하면서도 핵심적인 질문을 던진다. 왜 어떤 나라는 잘살고 어떤 나라는 못사는가? 답도 간단하다. 부유한 나라는 그만큼 한층 더 포용적인 정치제도를 발전시켰기 때문이다. 이 책의 장점은 명료하고 명쾌한 논리 전개와 확고한 논거, 굉장히 풍부한 역사적 증거로 가득하다는 것이다. 서방세계 온 정부가 전례 없는 재정 위기를 극복해야 하는 이 시점에서 반드시 읽어야 할 책이다.

_ 스티븐 핀커스, 예일대학교 역사학과 교수

흥미진진하고 재미있는 이 책은 정치제도와 경제제도가 그 방향이 좋든 나쁘든 어떤 복잡한 경위를 거쳐 진화하는지 살펴본다. 그러면서 크고 작은 '결정적 분기점'에서 역사 속 우발적 사건으로 초래된 방향 변화와 정치·경제적 행태의 논리 사이에서 조심스러운 균형을 유지한다. 애쓰모글루와 로빈슨은 엄청난 양의 역사적 사례를 통해 그런 방향 선회가 언제 우호적인 제도와 진보적 혁신, 경제적 성공으로 이어지고 또 언제 탄압적 제도와 궁극적 몰락 혹은 정체로 이어지는지 밝혀준다. 감동과 성찰을 동시에 느끼게 해주는 놀라운 책이다.

_ 로버트 솔로, 1987년 노벨 경제학상 수상자

이 흥미진진한 400년 역사 대하드라마를 통해 오늘날 사회과학계의 두 석학이 고무적이고 대단히 중요한 메시지를 전달한다. 세계를 잘살게 하는 것은 자유다. 세상 모든 독재자는 두려움에 떨지어다!

_ 이언 모리스, 스탠퍼드대학교 교수, 《왜 당분간은 서양이 지배하는가 Why the West Rules-for Now》 저자

놀랍고 흥미로울 뿐 아니라 굉장히 의미심장한 책이다. 경제적 요인과 정치, 정치적 선택이 어떻게 진화하고 서로 견제하며, 제도가 그런 진화 과정에 어떤 영향을 주는지에 관한 애쓰모글루와 로빈슨 교수의 꾸준한 연구의 결과는 두고두고 사회와 국가의 흥망성쇠를 이해하는 열쇠가 되어줄 것이다. 이 책에서 두 교수의 통찰은 대단히 쉽고 흡인력 있다. 이 책을 한번 집어 들면 잠시도 눈을 뗄 수 없을 것이다.

_ 마이클 스펜스, 2001년 노벨 경제학상 수상자, 《넥스트 컨버전스》 저자

이 책은 워낙 장점이 많아서 일일이 열거하기조차 어렵다. 아시아, 아프리카, 아메리카 대륙 등 광범위한 인류 역사를 다룬다. 좌·우는 물론 그 중간의 어떤 정치 성향이라도 만족할 것이다. 가차 없지만 그렇다고 그저 주목받기 위해 비난만 퍼붓지도 않는다. 과거를 조명하며 현재를 고민할 새로운 관점을 선사한다. 경제 분야에서 저자가 보통 사람에게 최상의 선물을 선사하고자 애썼다는 확신을 심어주는 보기 드문 바로 그런 책이다. 학자에게는 오랜 시간 논쟁거리를, 일반 독자에게는 두고두고 식사 시간에 지적 호기심을 자극할 수 있는 대화의 소재거리를 제공해줄 것이다. 간혹 모두가 반길 만한 농담도 담겨 있다. 탁월한 책이다. 당장 구입해서 저자의 연구 의욕을 북돋아주어야 한다.

_ 찰스 C. 만, 르포 작가, 《인디언》 저자

문제는 정치야, 바보야! 이것이 바로 왜 그토록 여러 나라가 발전하지 못하는지 애쓰모글루와 로빈슨이 내놓은 간단하면서도 설득력 있는 설명이다. 스튜어트 절대왕정에서 남북전쟁 이전 미국 남부, 시에라리온에서 콜롬비아에 이르기까지 이 권위 넘치는 책은 막강한 엘리트층이 규칙을 뒤흔들며 다수를 희생시켜 자신들의 배를 채운다는 사실을 여실히 보여준다. 비관과 낙관 사이를 조심스레 오가며 저자들은 역사와 지리적 요인을 숙명으로 여길 필요가 없다고 주장한다. 또한 아무리 그럴듯한 경제적 개념과 정책이라도 근본적인 정치 변화 없이는 무용지물이 될 수 있다는 사실도 증명해준다.

_ 대니 로드릭, 하버드대학교 교수